आर. गुप्ता® कृत

पॉपुलर मास्टर गाइड

HSSC

हरियाणा कर्मचारी चयन आयोग

ग्राम सचिव

भर्ती परीक्षा

RPH संपादक मंडल

द्वारा संपादित

2026
EDITION

रमेश पब्लिशिंग हाउस, नई दिल्ली

प्रकाशक

ओ.पी. गुप्ता, **रमेश पब्लिशिंग हाउस**

प्रशासनिक कार्यालय

12-H, न्यू दरियागंज रोड, ऑफिसर्स मेस के सामने,
नई दिल्ली-110002 ✆ 23275224, 23245124

E-mail: info@rameshpublishinghouse.com
For Online Shopping: www.rameshpublishinghouse.com

विक्रय केन्द्र

- बालाजी मार्किट, नई सड़क, दिल्ली-6 ✆ 23253720, 23282525
- 4457, नई सड़क, दिल्ली-6, ✆ 23918938

Book Code: R-373

ISBN: 978-81-7812-996-9

मूल्यः ₹ 340

मुद्रक: जे.पी. इन्टरप्राइजेज, दिल्ली

15. सीजीएस प्रणाली में बल की इकाई क्या है?

A. न्यूटन
B. जूल
C. पाउंड
D. डाइन

16. रानिया विधानसभा क्षेत्र हरियाणा के किस जिले में स्थित है?

A. फतेहाबाद
B. सिरसा
C. हिसार
D. जींद

17. हरियाणा से राज्यसभा के लिए कितने सदस्य मनोनीत किए जाते हैं?

A. 5
B. 10
C. 4
D. 6

18. निम्नलिखित इकाईयों में से कौन-सी आँकड़ों की सबसे बड़ी मात्रा दर्शाती है?

A. किलोबाईट
B. मेगाबाईट
C. गीगाबाईट
D. टेराबाईट

19. निम्नलिखित में से कौन हरियाणा के राज्यपाल नहीं थे?

A. धर्मवीर
B. ओमप्रकाश चौटाला
C. महावीर प्रसाद
D. जी.डी. तापसे

20. ग्राम पंचायतों की संख्या वर्तमान में हरियाणा के किस जिले में सबसे कम है?

A. फरीदाबाद
B. पंचकुला
C. रोहतक
D. पानीपत

21. विषम संख्यात्मक युग्म चुनिए।

A. 83 – 75
B. 25 – 17
C. 49 – 42
D. 58 – 50

22. पानीपत का दूसरा युद्ध कब हुआ?

A. 1556
B. 1526
C. 1761
D. 1664

23. कौन-सा नगर गुरुग्राम की तहसील नहीं है?

A. मानेसर
B. फारुख नगर
C. पटौदी
D. कोसली

24. 'a' चौड़ाई वाली एक दरार को सफेद प्रकाश से प्रकाशित किया जाता है। 'a' के किस मान के लिए तरंगदैर्घ्य 650 nm के लाल प्रकाश हेतु प्रथम न्यूनतम $\theta = 15°$ पर होगा? (दिया है $\sin 15° = 0.2588$)

A. 5 μm
B. 2.5 μm
C. 10 μm
D. 4.5 μm

25. ______ इंटरनेट पर सर्वरों के बीच ईमेल भेजने के लिए प्रयुक्त एक प्रोटोकॉल है।

A. बॉर्डर गेटवे प्रोटोकॉल (BGP)
B. सिम्पल मेल ट्रान्सफर प्रोटोकॉल (SMTP)
C. रियल टाइम प्रोटोकॉल (RTP)
D. हाइपरटेक्स्ट ट्रान्सफर प्रोटोकॉल (HTTP)

26. निम्नलिखित में से कौन-सा हरियाणा में पंचायती राज का दूसरा स्तर है?

A. जिला पंचायत
B. पंचायत समिति
C. ग्राम पंचायत
D. उपर्युक्त में से कोई नहीं

27. दिए गए विकल्पों में से सही उत्तर चुनकर प्रश्नचिह्न को प्रतिस्थापित कीजिए।

5	10	30
?	4	12
6	12	36

A. 2
B. 7
C. 4
D. 3

28. निम्नलिखित में से किस नदी का स्रोत शिवालिक की पहाड़ियों में नहीं है?

A. टांगरी
B. दोहन
C. मारकंड
D. घग्गर

29. रीना की आयु सुनीता की दोगुनी है। 3 वर्ष पूर्व, वह सुनीता से तीन गुना बड़ी थी। अब रीना की आयु क्या है?

A. 6 वर्ष
B. 12 वर्ष
C. 8 वर्ष
D. 7 वर्ष

30. शिवाजी के मंत्रिमंडल के अष्ट प्रधानों में वित्तमंत्री को ______ के नाम से जाना जाता था।

A. पेशवा
B. शुरू नवीस
C. सुमंत
D. अमात्य

31. यदि किसी भाषा में, 'REMOTE' का कूट 'ROTEME' है, तो 'PNIICC' के लिए कौन-सा शब्द आएगा?

A. PICCIN
B. PICKED
C. PICKLE
D. PIECES

पिछले प्रश्न-पत्र (हल सहित)

हरियाणा कर्मचारी चयन आयोग (HSSC)

ग्राम सचिव, भर्ती परीक्षा-2021

(Exam held on 09-01-2021, Morning Shift)

1. बसाई आर्द्रभूमि हरियाणा के किस जिले में स्थित है?
A. झज्जर B. फरीदाबाद
C. गुरुग्राम D. कुरुक्षेत्र

2. श्रीलंका की विधिक राजधानी कौन-सी है?
A. कैण्डी B. नुगेगोड़ा
C. श्री जयवर्धनेपुरा कोट्टे D. जाफना

3. हरियाणा की प्रत्येक ग्राम पंचायत, पंचायत समिति और जिला परिषद, अपनी पहली बैठक की नियत तारीख से _______ की अवधि के लिए कार्य करेगी।
A. 5 वर्ष B. 7 वर्ष
C. 6 वर्ष D. 10 वर्ष

4. निम्नलिखित में से कौन-सी झील हरियाणा में 1947 में दो छोटे टीलों को जोड़ने से बनती है?
A. कर्ण झील B. दमदमा झील
C. बड़खल झील D. हथिनी कुंड झील

5. 252 को अभाज्य संख्याओं के गुणनफल के रूप में ________ की तरह अभिव्यक्त किया जा सकता है।
A. $2 \times 2 \times 3 \times 3 \times 7$
B. $2 \times 3 \times 3 \times 3 \times 7$
C. $3 \times 3 \times 3 \times 3 \times 7$
D. $2 \times 2 \times 2 \times 3 \times 7$

6. हरियाणा कितने विधानसभा क्षेत्रों में विभाजित है?
A. 85 B. 93
C. 90 D. 80

7. क्रोमियम परमाणु के एक 3d इलेक्ट्रॉन द्वारा महसूस की जाने वाली प्रभावी केंद्रकीय आवेश की गणना कीजिए। (z = 24).
A. 3.90 B. 4.60
C. 3.55 D. 4.20

8. हरियाणा राज्य में कुल कितने जिले हैं?
A. 23 B. 22
C. '24 D. 21

9. अक्षरों का कौन-सा समूह दी गई अक्षर शृंखला के अंतरालों में क्रमानुसार रखे जाने पर उसे पूर्ण करेगा?
_ ONPM _ NPMO _ PMON _
A. PNOM B. MONP
C. ONPM D. NMPO

10. जब गजनवियों ने भारत के उत्तर-पश्चिम पर हमला किया, उस समय हरियाणा पर किस वंश का शासन था?
A. पुष्यभूति B. गुप्त
C. तुगलक D. तोमर

11. प्रत्येक आयन द्वारा वहन की जाने वाली कुल विद्युत का भाग _______ कहलाता है।
A. कूलम संख्या B. रॉल्ट संख्या
C. परिवहन संख्या D. इनमें से कोई नहीं

12. इंदिरा गाँधी सूपर थर्मल शक्ति परियोजना हरियाणा के ______ जिले में स्थित है।
A. काकरोई B. खेदर
C. झज्जर D. यमुना नगर

13. लोकसभा का 17वाँ स्पीकर कौन हैं?
A. ओम बिरला B. मीरा कुमार
C. सुमित्रा महाजन D. इनमें से कोई नहीं

14. हरियाणा का सितारा स्मारक _______ की समाधि है।
A. नारायण स्वामी B. शिवाजी
C. गोविंद सिंह D. ताराचंदजी महाराज

■ **तर्कशक्ति 1-44**

भाषिक : शृंखला; सादृश्य या संबंध; वर्गीकरण या विजातीय छांटना; सांकेतिक भाषा परीक्षण; कथन विश्लेषण; स्थान व्यवस्थीकरण; दिशा ज्ञान परीक्षण; रक्त संबंधी परीक्षण; कैलेंडर, घड़ी, समय और दूरी; श्रेणी एवं क्रम; प्रतीक (चिह्न) प्रतिस्थापन; कृत्रिम मान और लुप्त संख्याएँ; अंग्रेजी वर्णक्रम पर आधारित प्रश्न; वेन आरेख विश्लेषण।

अभाषिक : शृंखला; सादृश्य या संबंध; विजातीय का चयन; आरेखों पर आधारित प्रश्न।

■ **विज्ञान 1-24**

■ **हरियाणा ग्राम सचिव (पद संबंधित विषय)........................ 1-16**

■ **हरियाणा सामान्य ज्ञान... 1-48**

हरियाणा : एक दृष्टि में; हरियाणा के जिले : संक्षिप्त परिचय; जनसंख्या (2011 के अनुसार); पुरस्कार व सम्मान; वस्तुनिष्ठ प्रश्नोत्तर।

☆ ☆ ☆

अनुक्रमणिका

पिछले प्रश्न-पत्र, 2021 1-8
(Exam held on 09/01/2021, Morning Shift)

पिछले प्रश्न-पत्र, 2021 9-16
(Exam held on 10/01/2021, Morning Shift)

■ **सामान्य सचेतता** 1-56

हमारा भारत; राष्ट्रीय प्रतीक; हमारी पृथ्वी; विश्व बोध; संयुक्त राष्ट्र संघ; भारत का भूगोल; रक्षा; कला एवं साहित्य; महत्वपूर्ण दिवस; खेल जगत; पुरस्कार एवं सम्मान; सामान्य विज्ञान; वस्तुनिष्ठ प्रश्नोत्तर।

■ **हिन्दी** 1-40

- **व्याकरण**–शब्द सम्पदा; पर्यायवाची शब्द; विलोम-शब्द; लिंग; वचन; अनेक शब्दों के लिए एक शब्द; महत्त्वपूर्ण शब्दों की भाववाचक संज्ञा; महत्त्वपूर्ण शब्दों के विशेषण; श्रुतिसम भिन्नार्थक शब्द; अनेकार्थक शब्द; सामान्य अशुद्धियाँ; वाक्यगत अशुद्धियाँ; मुहावरे तथा लोकोक्तियाँ; वस्तुनिष्ठ प्रश्न।
- **गद्यांश (अपठित-बोध)**

■ **English** 1-48

Comprehension Passages; English Grammar; Sentence Completion; Spotting Errors; One Word Substitution; Spelling Errors.

■ **गणित** 1-60

संख्याओं संबंधी जानकारी और जोड़ना, घटाना तथा गुणा; लघुत्तम समापवर्त्य और महत्तम समापवर्तक; भिन्न और उनको हल करना; दशमलव भिन्न; प्रतिशत; वर्गमूल; औसत; अनुपात और समानुपात; हानि-लाभ; साधारण ब्याज और चक्रवृद्धि ब्याज; साझा; काम और समय; समय, दूरी और रफ्तार; क्षेत्रफल।

■ **कम्प्यूटर ज्ञान** 1-32

कम्प्यूटर की आधारभूत संरचना; ऑपरेटिंग सिस्टम; नेटवर्किंग; सॉफ्टवेयर इंजीनियरिंग; विविध प्रश्न।

32. एक विधेयक धन विधेयक है या नहीं, यह निर्णय करने का अंतिम अधिकार निम्नलिखित में से किसके पास है?

A. राष्ट्रपति B. मंत्रिमंडल

C. लोकसभा के स्पीकर D. उपराष्ट्रपति

33. हरियाणा में एच.वी.पी.एन.एल. का मतलब है :

A. हरियाणा विद्युत प्रसारण निगम लिमिटेड

B. हरियाणा वोल्टेज प्रसारण निगम लिमिटेड

C. हरियाणा वोल्टेज परचेज निगम लिमिटेड

D. हरियाणा विद्युत परचेज निगम लिमिटेड

34. ______ में कांग्रेस ने लाहौर में हुए अधिवेशन में 'पूर्ण स्वराज' को अपना लक्ष्य बनाया।

A. 1919 B. 1939

C. 1929 D. 1928

35. इल्तुतमिश किस वंश का राजा था?

A. लोदी वंश B. गुलाम वंश

C. तुगलक वंश D. मुगल वंश

36. 1946 में भारत की संविधान सभा के अंतरिम सभापति कौन थे?

A. जी.वी. मावलंकर B. राजेन्द्र प्रसाद

C. बी.आर. अम्बेडकर D. सच्चिदानंद सिन्हा

37. ''स्वतंत्रता व्यक्ति के व्यक्तित्व में बाह्य अवरोध के बिना अभिव्यक्ति करने की आजादी है'' यह ______ द्वारा कहा गया।

A. प्रोफेसर लास्की

B. सीले

C. प्रोफेसर जी.डी.एच. कोले

D. टी.एच. ग्रीन

38. हरियाणा राज्य प्रतिवर्ष 23 सितंबर को 'शहीदी दिवस' किसकी स्मृति में मनाता है?

A. राव तुलाराम B. बहादुर शाह

C. राजा नाहर सिंह D. नूर मोहम्मद खान

39. यदि $\frac{144}{0.144} = \frac{14.4}{x}$ है, तो x का मान है :

A. 0.0144 B. 144

C. 14.4 D. 1.44

40. 'असत्य घोषणा करना' हरियाणा पंचायती राज अधिनियम, 1994 की किस धारा में उल्लिखित है?

A. धारा 161 B. धारा 191

C. धारा 181 D. धारा 171

41. एक तस्वीर की ओर इशारा करके एक व्यक्ति ने कहा, ''मेरा कोई भाई या बहन नहीं है लेकिन उस व्यक्ति का पिता मेरे पिता का पुत्र है।'' वह तस्वीर किसकी है?

A. उसकी अपनी B. उसके भतीजे की

C. उसके पिता की D. उसके पुत्र की

42. हथिनी कुंड बैराज हरियाणा में किस नदी पर स्थित है?

A. यमुना B. दोहन

C. साहिबी D. सरस्वती

43. एमएस एक्सेल में, एक वर्कशीट, जिसे ______ भी कहते हैं, एक सारणी है जिसमें आप आँकड़े और आँकड़ों के नाम प्रविष्ट करते हैं।

A. आँकड़ा समुच्चय B. आँकड़ा कक्ष

C. रोम D. स्प्रैडशीट

44. हरियाणा सरकार ने करनाल जिले में एक बागवानी परियोजना स्थापित करने के लिए किस देश के साथ भागीदारी की है?

A. यू.एस.ए. B. फ्रांस

C. जापान D. इजरायल

45. हरियाणा की प्रत्येक पंचायत समिति द्वारा विभिन्न समितियों की नियुक्ति की जानी चाहिए और प्रत्येक समिति का पदेन सचिव ______ को होना चाहिए।

A. अध्यक्ष B. आयुक्त

C. कार्यपालक अधिकारी D. राष्ट्रपति

46. भूकंप की तरंगों को अभिलेखित करने वाले उपकरण का क्या नाम है?

A. पॉलीग्राफ B. बैरोग्राफ

C. सिस्मोग्राफ D. एनीमोग्राफ

47. हरियाणा की प्रत्येक पंचायत समिति को विभिन्न समितियों की नियुक्ति करनी चाहिए, प्रत्येक समिति में अध्यक्ष सहित अधिकतम कितने सदस्य होने चाहिए?

A. 6 B. 12

C. 10 D. 8

48. $\frac{2}{3}, \frac{3}{4}, \frac{4}{5}$ और $\frac{5}{6}$ में सबसे बड़ी और सबसे छोटी भिन्न का अंतर क्या है?

A. $\frac{1}{6}$
B. $\frac{1}{30}$
C. $\frac{1}{20}$
D. $\frac{1}{12}$

49. हरियाणा पंचायती राज अधिनियम, 1994 के अनुसार एक जिला परिषद की एक विशेष बैठक में कार्य होने के लिए वांछित कोरम क्या है?

A. उस समय के लिए वास्तविक रूप से सेवारत सदस्यों का एक तिहाई
B. उस समय के लिए वास्तविक रूप से सेवारत सदस्यों का आधा
C. कुल सदस्यों का एक तिहाई
D. कुल सदस्यों का आधा

50. _______ एक छोटा कैलेंडर है, जिससे डाटा-एंट्री वाले लिपिक एक तिथि प्रविष्ट कर सकते हैं।

A. टेक्स्ट बॉक्स
B. डेट पिकर
C. कॉम्बो बॉक्स
D. फॉर्म

51. हरियाणा पंचायती राज अधिनियम, 1994 का कौन-सा अध्याय 'जिला परिषद के कर्तव्यों और कार्यों' से संबंधित है?

A. अध्याय XVI
B. अध्याय IX
C. अध्याय XII
D. अध्याय X

52. 105 53 27 14 7.5 4.25
85 (*a*) (*b*) (*c*) (*d*) (*e*)

(*c*) के स्थान पर क्या होगा?

A. 9.5
B. 11
C. 9
D. 11.5

53. हरियाणा पंचायती राज अधिनियम, 1994 के लिए सही उत्तर चुनिए।

A. अध्याय XVIII 'संपत्ति, वित्त और कराधान' से संबंधित है
B. अध्याय XVIII 'कार्य के संचालन' से संबंधित है
C. अध्याय XVIII 'ज़िला परिषद' से संबंधित है
D. अध्याय XVIII 'जिला परिषद के पर्यवेक्षण' से संबंधित है

54. यदि $a + b = 5$ और $3a + 2b = 20$ है, तो $(3a + b)$ होगा :

A. 10
B. 25
C. 20
D. 15

55. निम्नलिखित में से कौन हरियाणा में बल्लभगढ़ का शासक था और भारत के स्वतंत्रता संग्राम में सक्रिय रूप से शामिल था?

A. राजा पृथु
B. यादवींद्र सिंह
C. राजा नाहर सिंह
D. महाराजा अग्रसेन

56. हरियाणा पंचायती राज अधिनियम कब लागू हुआ?

A. 22 मई, 1993
B. 22 मई, 1994
C. 22 अप्रैल, 1994
D. 22 अप्रैल, 1993

57. रामचरितमानस के रचयिता कौन थे?

A. कालीदास
B. मुंशीदास
C. प्रेमदास
D. तुलसीदास

58. जब 1966 में हरियाणा का निर्माण हुआ, तब बंसीलाल सरकार द्वारा _______ राज्य के दूसरी राजभाषा को घोषित किया गया था?

A. हिंदी
B. हरियाणवी
C. तमिल
D. पंजाबी

59. हरियाणा में वर्तमान समय में कुल कितनी तहसीले हैं?

A. 93
B. 85
C. 75
D. 58

60. $\left(\frac{\sqrt{625}}{11} \times \frac{14}{\sqrt{25}} \times \frac{11}{\sqrt{196}}\right) =$

A. 5
B. 11
C. 8
D. 6

61. वर्षा ऋतु का स्वागत करने के लिए हरियाणा में निम्नलिखित में से किस त्यौहार को मनाया जाता है?

A. गणगौर
B. बैसाखी
C. तीज
D. इनमें से कोई नहीं

62. भारत में पंचायती राज का शुभारम्भ किस वर्ष में हुआ?

A. 1957
B. 1973
C. 1952
D. 1959

63. निम्नलिखित में से कौन-सा विश्व का सबसे बड़ा महासागर है?

A. प्रशांत महासागर B. आर्कटिक महासागर
C. हिंद महासागर D. अटलांटिक महासागर

64. 2011 जनगणना और 2020 परिकल्पना के अनुसार हरियाणा के किस शहर की जनसंख्या सर्वाधिक है?

A. फरीदाबाद B. पानीपत
C. अम्बाला D. गुड़गाँव

65. हरियाणा लोक सेवा आयोग के अध्यक्ष की नियुक्ति कौन करता है?

A. राज्यपाल B. प्रधानमंत्री
C. राष्ट्रपति D. मुख्यमंत्री

66. यदि $y = 5$ है, तो $10y\sqrt{y^3 - y^2}$ का मान क्या है?

A. $50\sqrt{2}$ B. 500
C. $200\sqrt{5}$ D. 100

67. हरियाणा सरकार ने वर्ष 2015 में यह घोषित किया कि वह ________ को स्मार्टसिटी के रूप में विकसित करेंगे।

A. अम्बाला B. पानीपत
C. थारी D. गुड़गाँव

68. IPv6 की लंबाई ________ है।

A. 64 बिट्स B. 12 बिट्स
C. 128 बिट्स D. 32 बिट्स

69. चीनी यात्री जुवेन जांग ने थानेसर की यात्रा ______ के शासन काल के दौरान की।

A. अकबर B. हर्षवर्धन
C. विष्णुवर्धन D. औरंगजेब

70. ₹ 34 का 15 प्रतिशत क्या है?

A. ₹ 3.40 B. ₹ 5.10
C. ₹ 4.50 D. ₹ 3.75

71. मैं 3 किमी. दक्षिण में गया, फिर दाएँ मुड़ा और 5 किमी. चला, फिर दाएँ मुड़ा और 7 किमी. चला। अंत में किस दिशा में चला?

A. दक्षिण B. पश्चिम
C. उत्तर D. पूर्व

72. "राज्य जीवन की अनावृत आवश्यकताओं में अस्तित्व में आता है और अच्छे जीवन के लिए अस्तित्व में बना रहता है।" यह ______ ने कहा।

A. प्लेटो B. अरस्तू
C. कौटिल्य D. सुकरात

73. 3 के प्रथम पाँच गुणजों का औसत है :

A. 3 B. 15
C. 12 D. 9

74. 'दहशाला प्रणाली' नामक राजस्व एकत्रण और कृषि कर की नयी प्रणाली हरियाणा में किसने शुरू की?

A. बीरबल B. राघोबल
C. राजा टोडरमल D. भुजबल

75. किन दो पश्चिम एशियाई देशों ने 2020 में इजरायल के साथ औपचारिक संबंध स्थापित किया है?

A. यूएई, कुवैत B. यूएई, सऊदी अरब
C. यूएई, सूडान D. यूएई, बहरीन

76. एक डिस्क का वह भाग जिसमें मास्टर बूट रिकार्ड होता है :

A. फाइल एलोकेशन टेबल
B. फाइल सिस्टम
C. कैश
D. बूट सेक्टर

77. Choose the one which best expresses the meaning of the idiom given in bold in the following sentence.

She **rode roughshod over her tenant** when she decided to sell the house without informing her tenant about her plans.

A. Showed lack of consideration of feelings and wishes of
B. Insulted
C. Rejected the appeals of
D. Spoke rudely to

78. Read the sentence to find out whether there is any error in it. The error, if any, will be in one part of the sentence, mark the option of that part with error as your answer. If there is no error, mark (D). (Ignore errors of punctuation, if any.)

It was time that you started working.
A. you started
B. working
C. It was time that
D. No error

79. Fill in the blank in the following sentence with the correct form of the word given in the bracket.

The notice read ______ (accommodate) on first come first serve basis.
A. Accommodation
B. Accommodating
C. Accommodate
D. None of these

Directions (Qs. No. 80-82): *Fill in the blanks with appropriate words.*

80. Students will go on an ______ .
A. excusion B. excursion
C. ascursion D. excurtion

81. Because of the heavy rain, the match was _______ .
A. set aside B. broken off
C. fallen off D. called off

82. I hope you will not turn _______ my request.
A. off B. down
C. around D. up

83. पंत को उनकी किस कृति पर भारतीय ज्ञानपीठ पुरस्कार मिला?
A. लोकायतन B. ग्राम्या
C. गीतहंस D. चिदम्बरा

84. गुलेरीजी द्वारा संपादित पत्र था :
A. समालोचक B. भारत मित्र
C. नागरी नीरद D. माधुरी

85. किसे आधुनिक हिन्दी साहित्य के निर्माता माना जाता है?
A. भारतेंदु हरिश्चंद्र B. मैथिलीशरण गुप्त
C. प्रेमचंद D. इनमें से कोई नहीं

86. *पथगति पेखल मो राधा, तखनुक भाव परान भए।*
पीड़ित रहल कुमुद निधि साधा।।

उपर्युक्त पंक्तियाँ किस कवि की हैं?
A. विद्यापति B. मधुकर
C. प्रेमचंद D. कबीर

87. 'प्रगतिवाद' किसकी कृति है?
A. शिवदान सिंह चौहान B. डॉ. देवराज
C. प्रकाशचन्द्र गुप्त D. अमृतराय

88. मूर्धन्य व्यंजन है :
A. प B. ट
C. श D. य

89. साकेत की भाषा में _______ का अत्यंत शिष्ट और प्रौढ़ रूप मिलता है।
A. पाली B. ब्रज
C. अवधी D. खड़ीबोली

90. माधुर्य गुण को किसने 'उचित वैचित्र्य' कहा है?
A. भोज B. मम्मट
C. राजशेखर D. वामन

उत्तरमाला

1	2	3	4	5	6	7	8	9	10
C	C	A	C	A	C	B	B	B	D
11	**12**	**13**	**14**	**15**	**16**	**17**	**18**	**19**	**20**
C	C	A	D	D	B	A	D	B	A
21	**22**	**23**	**24**	**25**	**26**	**27**	**28**	**29**	**30**
C	A	D	B	B	C	A	B	B	D
31	**32**	**33**	**34**	**35**	**36**	**37**	**38**	**39**	**40**
A	C	A	C	B	D	C	A	A	B

41	42	43	44	45	46	47	48	49	50
A	A	D	D	B	C	C	A	A	B
51	**52**	**53**	**54**	**55**	**56**	**57**	**58**	**59**	**60**
A	D	D	B	C	C	D	C	A	A
61	**62**	**63**	**64**	**65**	**66**	**67**	**68**	**69**	**70**
C	D	A	A	A	B	D	C	B	B
71	**72**	**73**	**74**	**75**	**76**	**77**	**78**	**79**	**80**
C	B	D	C	D	D	A	D	A	B
81	**82**	**83**	**84**	**85**	**86**	**87**	**88**	**89**	**90**
D	B	D	A	A	A	A	B	D	D

व्याख्यात्मक उत्तर

5.

2	252
2	126
3	63
3	21
	7

$\therefore 252 = 2 \times 2 \times 3 \times 3 \times 7.$

9. _ONPM_NPMO_PMON_

अतः दूसरा पद = पहले पद के दूसरे अंतर से शुरू

$\therefore$ चौथा पद = MONP.

21. A. $83 - 75 = 8$

B. $25 - 17 = 8$

C. $49 - 42 = 7$

D. $58 - 50 = 8.$

27.

5	10	30
?	4	12
6	12	36

प्रत्येक पंक्ति से,

यहाँ $(5 + 10) \times 2 = 15 \times 2 = 30$

$(x + 4) \times 2 = 12$

$\Rightarrow 2x + 8 = 12$

$\Rightarrow 2x = 12 - 8 = 4$

$\Rightarrow x = 2$

और $(6 + 12) \times 2 = 18 \times 2 = 36$

अतः $? = x = 2.$

31. दिया है, 'REMOTE' को कूट किया गया है 'ROTEME' द्वारा।

$\Rightarrow$ 123456 को कूट किया गया है 145632 द्वारा

इसी प्रकार,

PNIICC को कूट किया गया है PICCIN द्वारा।

39. दिया है, $\dfrac{144}{0.144} = \dfrac{14.4}{x}$

$$\Rightarrow \quad x = \frac{0.144 \times 14.4}{144.000}$$

$$= \frac{1 \times 14.4}{1000} = \frac{14.4}{1000.0}$$

$$= \frac{144}{10000} = 0.0144$$

$$\Rightarrow \quad x = 0.0144.$$

48. यहाँ $\dfrac{2}{3}, \dfrac{3}{4}, \dfrac{4}{5}$ और $\dfrac{5}{6}$

$\Rightarrow \dfrac{2}{3} \times 60, \dfrac{3}{4} \times 60, \dfrac{4}{5} \times 60$ और $\dfrac{5}{6} \times 60$

$\Rightarrow$ 40, 45, 48 और 50

$\therefore$ सबसे बड़ी और सबसे छोटी भिन्न में अंतर

$$= \frac{5}{6} - \frac{2}{3} = \frac{5-4}{6} = \frac{1}{6}.$$

52.

105	53	27	14	7.5	4.25
$\times\frac{1}{2}+\frac{1}{2}$	$\times\frac{1}{2}+\frac{1}{2}$	$\times\frac{1}{2}+\frac{1}{2}$	$\times\frac{1}{2}+\frac{1}{2}$	$\times\frac{1}{2}+\frac{1}{2}$	
85	(*a*)	(*b*)	(*c*)	(*d*)	(*e*)
85	43	22	11.5	6.25	3.625

यहाँ (*c*) = 11.5.

54. दिया है, $a + b = 5 \quad ...(i)$

$3a + 2b = 20 \quad ...(ii)$

(*i*) और (*ii*) से हम पाते हैं,

$$3a + 2(5 - a) = 20$$
$$\Rightarrow \quad 3a + 10 - 2a = 20$$
$$\Rightarrow \quad a + 10 = 20$$
$$\Rightarrow \quad a = 20 - 10 = 10$$

और $b = 5 - a = 5 - 10 = -5$

$$\therefore \quad (3a + b) = 3 \times 10 - 5 = 30 - 5 = 25.$$

60. $\frac{\sqrt{625}}{11} \times \frac{14}{\sqrt{25}} \times \frac{11}{\sqrt{196}}$

$$= \frac{25}{11} \times \frac{14}{5} \times \frac{11}{14} = 5.$$

66. दिया है, $y = 5,$

$$\therefore \quad 10y\sqrt{y^3 - y^2} = 10 \times 5\sqrt{5^3 - 5^2}$$
$$= 50\sqrt{125 - 25}$$
$$= 50 \times \sqrt{100}$$
$$= 50 \times 10$$
$$= 500.$$

70. 34 का 15% $= 34 \times \frac{15}{100}$

$$= 34 \times \frac{3}{20}$$
$$= \frac{102}{20}$$
$$= ₹\ 5.10.$$

71.

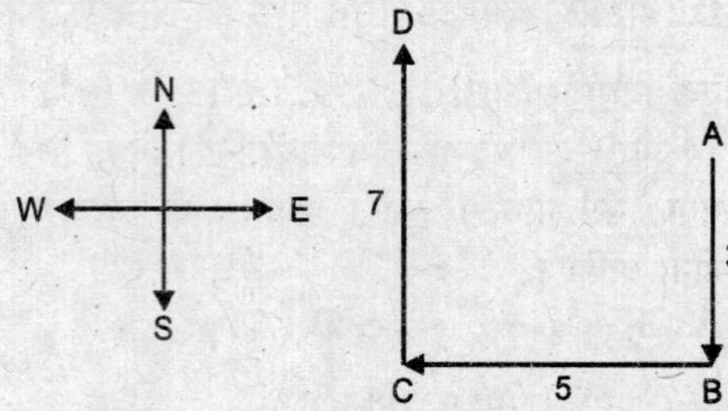

यहाँ, प्रारंभिक बिन्दु = A

मैं अंततः उत्तर दिशा में यात्रा कर रहा था।

73. 3 के प्रथम पाँच गुणज का औसत

$$= \frac{3+6+9+12+15}{5}$$
$$= \frac{45}{5} = 9.$$

पिछले प्रश्न-पत्र (हल सहित)

हरियाणा कर्मचारी चयन आयोग (HSSC)

ग्राम सचिव, भर्ती परीक्षा-2021

(Exam held on 10-01-2021, Morning Shift)

1. हरियाणा में एच.एल.आर.डी.सी. का मतलब है :

A. हरियाणा लैण्ड रेक्लेमेशन एण्ड डेवलपमेंट कॉरपोरेशन

B. हरियाणा लैण्ड रिसर्च एण्ड डेवलपमेंट कॉरपोरेशन

C. हरियाणा लिमिटेड ऑफ रेक्लेमेशन एण्ड डेवलपमेंट कॉरपोरेशन

D. हरियाणा लिमिटेड रिसर्च एण्ड डेवलपमेंट कॉरपोरेशन

2. एक विद्यार्थी को 3, 11, 7, 9, 15, 13, 8, 19, 17, 21, 14 और x का अंकगणितीय माध्य निकालने के लिए कहा गया। उसे माध्य 12 प्राप्त हुआ। x के स्थान पर क्या होना चाहिए?

A. 3 B. 31

C. 7 D. 17

3. अफ्रीका के शृंग में कौन-सा देश स्थित नहीं है?

A. लीबिया B. इथियोपिया

C. एरिट्रिया D. सोमालिया

4. शृंखला पूर्ण करें।

7, 26, 63, 124, 215, 342,?

A. 481 B. 421

C. 511 D. 391

5. एक व्यक्ति को पार्सल में कुछ डिब्बे पैक करने हैं। यदि वह 3, 4, 5 या 6 डिब्बे एक पार्सल में पैक करता है, तो एक डिब्बा बच जाता है, यदि वह एक पार्सल में 7 पैक करता है, तो कोई नहीं बचता। डिब्बों की संख्या क्या है जो वह पैक कर रहा है?

A. 106 B. 400

C. 301 D. 309

6. किस वर्ष में हरियाणा के सुल्तानपुर राष्ट्रीय उद्यान को राष्ट्रीय उद्यान का दर्जा मिला?

A. 1994 B. 1995

C. 1991 D. 1992

7. एक संख्या और इसके 3/5 के बीच का अंतर 50 है। संख्या क्या है?

A. 100 B. 125

C. 75 D. इनमें से कोई नहीं

8. 1 जनवरी, 2004 को बृहस्पतिवार था। 1 जनवरी, 2005 को सप्ताह का कौन-सा दिन था?

A. बृहस्पतिवार B. रविवार

C. शुक्रवार D. शनिवार

9. तिरिया के मजमूम _______ द्वारा लिखा गया।

A. अल्लाबख्श B. उमराव जान

C. अल्ताफ हुसैन हाली D. अमीर खुसरो

10. हरियाणा के पहले मुख्यमंत्री कौन थे?

A. राव वीरेन्द्र सिंह B. बंसी लाल

C. भजन लाल D. भगवत दयाल शर्मा

11. हरियाणा में पहली बार राष्ट्रपति शासन कब लगाया गया?

A. 12 दिसम्बर, 1970

B. 10 अप्रैल, 1969

C. 20 मार्च, 1965

D. 21 नवम्बर, 1967

12. यदि ROSE का कूट 6821 है, CHAIR का कूट 73456 है और PREACH का कूट 961473 है, तो SEARCH का कूट क्या होना चाहिए?

A. 246173 B. 214763

C. 214673 D. 276413

13. निम्नलिखित में से कौन-सी प्रणाली प्रत्यक्ष चुनाव के आधार पर स्थापित की जाती है?

A. ग्राम पंचायत B. ब्लॉक समिति

C. जिला परिषद D. (B) और (C) दोनों

14. $\frac{1095}{1168}$ का सरलतम रूप है :

A. $\frac{13}{16}$ B. $\frac{25}{26}$

C. $\frac{15}{16}$ D. $\frac{17}{26}$

15. हरियाणा में अंतर्राष्ट्रीय बागवानी बाजार _______ में स्थापित किए जाने की योजना है।

A. सोनीपत B. करनाल

C. सिरसा D. जींद

16. कौन-सा ब्रिटिश गवर्नर प्लासी के युद्ध के दौरान बंगाल के नवाब से लड़ा?

A. रॉबर्ट क्लाइव B. लॉर्ड कॉर्नवालिस

C. लॉर्ड डलहौजी D. वॉरेन हेस्टिंग्स

17. इस संवैधानिक संशोधन अधिनियम द्वारा भारत में मतदान की आयु घटाकर 18 वर्ष कर दी गई है :

A. 61वें B. 89वें

C. 86वें D. 93वें

18. 4 व्यक्ति 4 चटाईयाँ 4 दिनों में बुन सकते हैं। इसी दर से 8 व्यक्ति द्वारा 8 दिनों में कितनी चटाईयाँ बुनी जाएंगी?

A. 4 B. 16

C. 8 D. 12

19. शिवम उत्तर की ओर 10 किमी. चलता है। वहाँ से वह दक्षिण की ओर 6 किमी. चलता है। फिर वह पूर्व की ओर 3 किमी. चलता है। आरंभिक बिंदु के सापेक्ष वह किस दिशा में और कितनी दूर है?

A. उत्तर-पूर्व दिशा में 5 किमी.

B. दक्षिण-पश्चिम दिशा में 3 किमी.

C. दक्षिण-पूर्व दिशा में 3 किमी.

D. उत्तर-पश्चिम दिशा में 5 किमी.

20. फॉन्ट आकार को बिंदुओं में मापा जाता है; एक बिंदु एक इंच का _______ होता है।

A. 1/32 B. 1/72

C. 1/70 D. 1/52

21. हरियाणा को _______ कहा जाता है।

A. पवित्र राज्य B. भारत की गेहूँ की टोकरी

C. मंदिरों की भूमि D. फूलों की भूमि

22. वह वायसराय जिसे भारत में 'स्थानीय स्वशासन का जनक' कहा जाता है :

A. लॉर्ड लिटन B. लॉर्ड रिपन

C. लॉर्ड कैनिंग D. लॉर्ड कर्जन

23. हरियाणा में डेरू क्या है?

A. हरियाणा में लोकप्रिय रूप से पिया जाने वाला स्फूर्तिदायक पेय का एक प्रकार

B. लकड़ी के खोल से बना एक यंत्र

C. बसंत ऋतु का स्वागत करने के लिए मनाया जाने वाला एक त्यौहार

D. उपर्युक्त में से कोई नहीं

24. तुषार क्या है?

A. वह नमी जो ठोस वस्तुओं की ठंडी सतहों पर जल की बूँदों के रूप में जमा हो जाती है

B. जलवाष्प के संघनन द्वारा बने छोटी जल की बूँदों या बर्फ के छोटे कणों का ढेर

C. धरातल पर या इसके निकट आधार वाला एक बादल

D. ठंडी सतहों पर बने जो हिमांक से नीचे संघनन होने पर बनते हैं

25. भारतीय संविधान के अनुच्छेद 51 के अनुसार राज्य को निम्नलिखित प्रयास करने चाहिए :

(*a*) अंतर्राष्ट्रीय शांति और सुरक्षा को बढ़ावा देना

(*b*) राष्ट्रों के बीच न्यायपूर्ण और सम्मानजनक संबंध बनाए रखना

(*c*) विवाचन द्वारा आंतरिक विवादों को बढ़ावा देना

(*d*) अंतर्राष्ट्रीय कानून का सम्मान करना

(*e*) अन्य देशों को उनकी आंतरिक समस्याओं को हल करने में मदद करना

A. (*a*), (*b*), (*e*) सत्य हैं

B. (*a*), (*b*), (*c*), (*e*) सत्य हैं

C. (*a*), (*b*), (*d*) सत्य हैं

D. (*b*), (*c*), (*e*) सत्य हैं

26. करनाल का युद्ध _______ के बीच लड़ा गया।

A. नादिर शाह और औरंगजेब

B. शाह आलम और मोहम्मद शाह

C. नादिर शाह और शाह आलम

D. नादिर शाह और मोहम्मद शाह

27. निम्नलिखित में से कौन-सा एक मध्य एशियाई देश नहीं है?

A. तुर्कमेनिस्तान B. ताजिकिस्तान
C. उज्बेकिस्तान D. अजरबैजान

28. एक _______ सभी स्रोत कूटों को मशीन कूट में बदल देता है और एक निष्पादनयोग्य फाइल बनाता है।

A. कंपाइलर B. लोडर
C. इंटरप्रिटर D. एसेंबलर

29. किस प्राधिकरण द्वारा मानेसर में औद्योगिक मॉडल टाउनशिप विकसित की गई है?

A. हरियाणा राज्य शहरी विकास प्राधिकरण
B. भारत सरकार
C. हरियाणा राज्य निवेश प्रचार बोर्ड
D. हरियाणा राज्य औद्योगिक विकास निगम

30. एस.सी.एस.आई. (SCSI) का विस्तृत रूप है :

A. स्मॉल कम्प्यूटर सॉफ्टवेयर इंटरफेस
B. स्मॉल कम्प्यूटर सिस्टम इंटरफेस
C. स्मॉल कम्प्यूटर स्टोरेज इंटरफेस
D. स्मॉल कम्प्यूटर स्टैंडर्ड इंटरफेस

31. 1789-1794, के दौरान दिल्ली और हरियाणा पर _______ का शासन था।

A. महादजी सिंधिया B. राजा उमेद सिंह
C. माधवराव सिंधिया D. राजाजी सिंधिया

32. निम्नलिखित में से सम-इलेक्ट्रॉनिक आयन हैं :

A. S^{2-}, N^{3-}, Cl^{-} B. N^{3-}, O^{2-}, Ca^{2+}
C. N^{3-}, S^{2-}, Br^{-} D. N^{3-}, O^{2-}, F^{-}

33. राजा गजपत सिंह द्वारा 1775 में बनाए गए किले का नाम बताइए।

A. गोहाना किला B. कैथल किला
C. जींद किला D. लोहारू किला

34. विषम शब्द चुनिए।

A. गाजर B. आलू
C. अदरक D. टमाटर

35. हरियाणा की विधान सभा के पहले स्पीकर कौन थे?

A. रण सिंह B. शन्नो देवी
C. स्वरूप सिंह D. राव वीरेंद्र सिंह

36. निम्नलिखित में से किस समिति ने भारत में पंचायती राज प्रणाली की अनुशंसा की थी?

A. सिंघवी समिति
B. पुंछी समिति
C. बलवंतराय मेहता समिति
D. उपर्युक्त में से कोई नहीं

37. एक लड़का 7 मी. त्रिज्या के एक अर्धवृत्त को 5 सेकंड में पूर्ण करता है। लड़के द्वारा तय की गई दूरी है :

A. 7 मी. B. 22 मी.
C. 10 मी. D. 11 मी.

38. हरियाणा के किस जिले में कालेसर वन्यजीव अभयारण्य स्थित है?

A. फरीदाबाद B. यमुनानगर
C. नूँह D. गुरुग्राम

39. हरियाणा पंचायती राज अधिनियम, 1994 की कौन-सी धारा मुख्य कार्यपालक अधिकारी और जिला परिषद के अन्य स्टाफ की नियुक्ति से संबंधित है?

A. धारा 132 B. धारा 134
C. धारा 131 D. धारा 133

40. कौन-से दो भारतीय राष्ट्रपति अपने कार्यकाल के दौरान मृत्यु को प्राप्त हुए?

(*i*) जाकिर हुसैन
(*ii*) राजेंद्र प्रसाद
(*iii*) फखरुद्दीन अली अहमद
(*iv*) ए.पी.जे. अब्दुल कलाम

A. (*i*) और (*iv*) B. (*iii*) और (*iv*)
C. (*i*) और (*iii*) D. (*ii*) और (*iv*)

41. हरियाणा के उस क्रिकेट व्यक्तित्व का नाम बताइए, जिसकी कप्तानी में भारत ने 1983 में प्रथम क्रिकेट विश्व कप जीता था?

A. जोगिंदर शर्मा B. अजय जडेजा
C. महेंद्र सिंह धोनी D. कपिल देव

42. हरियाणा पंचायती राज अधिनियम, 1994 में निम्नलिखित में से सही उत्तर की पहचान कीजिए।

A. अध्याय XX 'चुनावों से संबंधी प्रावधानों' से संबंधित है

B. अध्याय XX 'जिला परिषद के कर्तव्य और कार्य' से संबंधित है
C. अध्याय XX 'जिला परिषद के पर्यवेक्षण' से संबंधित है
D. अध्याय XX 'संपत्ति, वित्त और कराधान' से संबंधित है

43. यदि ₹ 782 को $\frac{1}{2}:\frac{2}{3}:\frac{3}{4}$ के अनुपात में तीन भागों में बाँटा जाए तो प्रथम भाग है :
A. ₹ 182 B. ₹ 204
C. ₹ 190 D. ₹ 196

44. आवेग का विमीय सूत्र है :
A. $[MLT^{-1}]$ B. $[ML^{-2}T]$
C. $[MLT^{-2}]$ D. $[ML^{-1}T]$

45. पंचायती राज प्रणाली में 'राज' शब्द का मतलब क्या है?
A. रूल B. रिव्यू
C. रोल D. इनमें से कोई नहीं

46. टोडरमल ने किस मुगल सम्राट के शासन के दौरान भूराजस्व की शुरुआत की?
A. हुमायूँ B. शाहजहाँ
C. औरंगजेब D. अकबर

47. हरियाणा के उस जिले का नाम बताइए, जो प्रसिद्ध हिंदुस्तानी शास्त्रीय संगीतज्ञ पंडित जसराज का जन्म स्थान है?
A. फरीदाबाद B. भिवानी
C. अम्बाला D. हिसार

48. हरियाणा के राज्य विधानसभा में धन विधेयक किसकी पूर्व मंजूरी पर पेश होता है?
A. मुख्यमंत्री B. अध्यक्ष
C. राष्ट्रपति D. राज्यपाल

49. आनुवंशिकता का नियम ________ द्वारा प्रतिपादित किया गया।
A. चार्ल्स डार्विन B. ग्रेगर मेंडल
C. थॉमस एडिसन D. मैरी क्यूरी

50. हरियाणा के पिंजौर में स्थित 'यादविंद्र गार्डन' के डिजाइनर कौन थे?
A. औरंगजेब B. महाराजा तारा चंद
C. राजा यादविंद्र सिंह D. नवाब फिदाई खान

51. ताजा बना सिल्वर क्लोराइड अवक्षेप में उपयुक्त विद्युत अपघट्य डालकर कलिलीय विलयन में बदला जा सकता है। इसे ________ कहते हैं।
A. संघनन
B. प्रकीर्णन विधि
C. विद्युतीय प्रकीर्णन
D. पेप्टीकरण

52. हरियाणा में दरी बनाने का केंद्र कहाँ है?
A. पिंजौर B. पानीपत
C. सिरसा D. झज्जर

53. भारत के कुल भौगोलिक क्षेत्रफल में हरियाणा का ________ % हिस्सा है।
A. 3.25 B. 2.58
C. 2.76 D. 1.34

54. रजिस्टरों का आकार, जो कभी-कभी ________ कहलाते हैं, किसी दिए गए समय पर कम्प्यूटर जिस आँकड़े की मात्रा के साथ कार्य कर सकता है, उसे दर्शाता है।
A. रजिस्टर वर्ड
B. सहायक आकार
C. वर्ड आकार
D. रैन्डम एक्सेस मेमोरी (RAM) आकार

55. हरियाणा पंचायती राज अधिनियम, 1994 की कौन-सी धारा 'मतदान की गुप्तता का अनुरक्षण' से संबंधित है?
A. धारा 184 B. धारा 183
C. धारा 180 D. धारा 181

56. लड़कियों की एक पंक्ति में रत्ना जो बाएँ से 10वीं है और वनिता जो दाएँ से 9वीं है, अपना स्थान आपस में बदलती हैं तो रत्ना बाएँ से 15वीं है। पंक्ति में कितनी लड़कियाँ हैं?
A. 16 B. 25
C. 23 D. 32

57. पंचायती राज प्रणाली ________ के सिद्धांत पर आधारित है।
A. सत्ता का केन्द्रीकरण
B. लोकतन्त्रीय केन्द्रवाद
C. सत्ता का विकेन्द्रीकरण
D. इनमें से कोई नहीं

58. निम्नलिखित में से कौन-सी भिन्न $\frac{3}{4}$ से बड़ी है और $\frac{5}{6}$ से छोटी है?

A. $\frac{1}{2}$ B. $\frac{9}{10}$

C. $\frac{2}{3}$ D. $\frac{4}{5}$

59. पंचायत के सदस्यों की अनर्हता किस संवैधानिक अनुच्छेद में परिभाषित है?

A. अनुच्छेद 243 G

B. अनुच्छेद 243 I

C. अनुच्छेद 243 F

D. उपर्युक्त में से कोई नहीं

60. विश्व जनसंख्या दिवस कब मनाया जाता है?

A. 11 जून B. 11 अप्रैल

C. 11 जुलाई D. 11 अगस्त

61. किसे 'पंचायती राज का शिल्पकार' कहा जाता है?

A. महात्मा गांधी B. जवाहरलाल नेहरू

C. बलवंतराय मेहता D. इनमें से कोई नहीं

62. यदि $3^{x-y} = 27$ और $3^{x+y} = 243$, तो x बराबर है :

A. 0 B. 6

C. 2 D. 4

63. हरियाणा में ______ भिवानी जिले का विधानसभा क्षेत्र है।

A. लोहारू B. लाड़वा

C. बलरामगढ़ D. कैथल

64. भारत के पंचायत राज प्रणाली में कितने स्तर हैं?

A. एक स्तर B. चार स्तर

C. दो स्तर D. तीन स्तर

65. एक मॉनीटर का ________ प्रति सेकंड समय की वह संख्या जो इलेक्ट्रॉन गन स्क्रीन पर प्रत्येक पिक्सेल को स्कैन कर सके।

A. गति B. रिफ्रेश दर

C. रिजोल्यूशन D. व्यू एरिया

66. उस जिले का नाम बताइए, जो हरियाणा में 'लौह नलिकाओं का सबसे बड़ा उत्पादक' है।

A. गुरुग्राम B. जींद

C. यमुनानगर D. हिसार

67. भारत के किस राज्य में पंचायती राज प्रणाली अस्तित्व में नहीं है?

A. मेघालय B. मिजोरम

C. नगालैंड D. उपर्युक्त सभी

68. प्रश्नचिह्न (?) के स्थान पर क्या आएगा?
ABABCABCDABCD?

A. A B. कोई नहीं

C. C D. E

69. पंजाब और हरियाणा उच्च न्यायालय के प्रथम मुख्य न्यायाधीश कौन थे?

A. न्यायमूर्ति एरिक वेस्टन

B. न्यायमूर्ति सुधी रंजन दास

C. न्यायमूर्ति गोपाल दास खोसला

D. न्यायमूर्ति राम लाल

70. हरियाणा पंचायती राज अधिनियम, 1994 से सही उत्तर पहचानिए।

A. धारा 212 राज्य चुनाव आयोग के निर्माण से संबंधित है

B. धारा 214 राज्य चुनाव आयोग के निर्माण से संबंधित है

C. धारा 211 राज्य चुनाव आयोग के निर्माण से संबंधित है

D. धारा 213 राज्य चुनाव आयोग के निर्माण से संबंधित है

71. निम्नलिखित में से कौन-सा गैर-वोलटाइल मेमोरी का एक उदाहरण है?

A. रीड ओनली मेमोरी (ROM)

B. रैन्डम एक्सेस मेमोरी (RAM)

C. वेरी लार्ज स्केल इन्टेग्रेशन (VLSI)

D. लार्ज स्केल इन्टेग्रेशन (LSI)

72. हरियाणा सरकार द्वारा दिया जाने वाला उच्चतम खेल पुरस्कार का नाम बताइए।

A. भीम अवार्ड

B. एकलव्य अवार्ड

C. गुरु वशिष्ठ अवार्ड

D. विक्रमादित्य अवार्ड

73. 2010 में राष्ट्रीय पंचायती राज दिवस का उद्‍घाटन किसने किया?

A. नरेन्द्र मोदी B. मनमोहन सिंह

C. प्रणब मुखर्जी D. सोनिया गांधी

74. ABCD का संबंध OPQR से उसी तरह है, जिस तरह WXYZ ______ से संबंधित है।

A. QRST B. KLMN
C. EFGH D. STUV

75. हरियाणा में सबसे अधिक साक्षरता वाला जिला कौन-सा है?

A. फरीदाबाद B. गुरुग्राम
C. भिवानी D. पंचकुला

76. महात्मा गांधी ने अपनी प्रसिद्ध डांडी यात्रा ______ को आरंभ की।

A. 12 अप्रैल, 1930 B. 6 मार्च, 1930
C. 6 अप्रैल, 1930 D. 12 मार्च, 1930

77. Pick out the one which can substitute the underlined group of words correctly, without changing the meaning of the sentence.

If you have power or money <u>you misuse and if you don't</u> have it you yearn for it.

A. you misuse it when you don't
B. you misuse and if you can't
C. you misuse it and if you don't
D. you misuse so that you don't

78. Fill in the blank in the following sentence with the correct form of the word given in the bracket.

They ______ (frequent) quarrel over petty issues.

A. frequent B. frequency
C. frequence D. frequently

79. Choose the word or group of words that best expresses the meaning of the capitalised word given below.

MASQUERADE

A. To provide support
B. To run in a marathon race
C. To go in disguise
D. To mesmerise

Directions (Qs. No. 80-82): *Fill in the blanks with appropriate words:*

80. Make hay ____ the sun shines.

A. while B. wail
C. vile D. wile

81. His bad driving almost _______ an accident.

A. created B. made
C. caused D. resulted

82. Diseases are ________ through contact with infected animals.

A. transmitted B. transplanted
C. transported D. transacted

83. 'त्रिशूल' उपनाम किसका है?

A. नाथूराम शर्मा 'शंकर'
B. रायदेवी प्रसाद पूर्ण
C. सियारामशरण गुप्त
D. गया प्रसाद शुक्ल 'सनेही'

84. हिन्दी किस परिवार की भाषा है :

A. सामी हामी B. पापुई
C. भारोपीय D. काकेसी

85. "निबंध गद्य की कसौटी है," यह विचार किसका है?

A. शिवदान सिंह चौहान
B. हजारीप्रसाद द्विवेदी
C. महावीरप्रसाद द्विवेदी
D. रामचन्द्र शुक्ल

86. इनमें से कौन प्रथम तारसप्तक के रचयिता हैं?

A. नेमिचन्द्र जैन B. राजकुमार कुम्भज
C. कुंवर नारायण D. अवधेश कुमार

87. भाव विस्तार को ______ भी कहा जाता है।

A. समास B. मुहावरा
C. पल्लवन D. इनमें से कोई नहीं

88. 'बंगाल का काव्य' के लेखक हैं :

A. रघुवीर सहाय B. भीष्म साहनी
C. निर्मल वर्मा D. हरिवंश राय 'बच्चन'

89. 'बरवै नायिका भेद' ग्रंथ के रचयिता हैं :

A. रहीम B. केशवदास
C. घनानंद D. इनमें से कोई नहीं

90. हिन्दी में वैज्ञानिक आलोचना का सूत्रपात किसने किया?

A. पं. महावीर प्रसाद द्विवेदी
B. डॉ. रामस्वरूप चतुर्वेदी
C. आचार्य रामचंद्र शुक्ल
D. डॉ. शिवदान सिंह चौहान

उत्तरमाला

1	2	3	4	5	6	7	8	9	10
A	C	A	C	C	C	B	D	C	D
11	**12**	**13**	**14**	**15**	**16**	**17**	**18**	**19**	**20**
D	C	A	C	A	A	A	B	A	B
21	**22**	**23**	**24**	**25**	**26**	**27**	**28**	**29**	**30**
B	B	B	D	C	D	D	A	D	B
31	**32**	**33**	**34**	**35**	**36**	**37**	**38**	**39**	**40**
A	D	C	D	B	C	B	B	D	C
41	**42**	**43**	**44**	**45**	**46**	**47**	**48**	**49**	**50**
D	A	B	A	A	D	D	D	B	D
51	**52**	**53**	**54**	**55**	**56**	**57**	**58**	**59**	**60**
D	B	D	D	B	C	C	D	C	C
61	**62**	**63**	**64**	**65**	**66**	**67**	**68**	**69**	**70**
C	D	A	D	B	D	D	D	D	A
71	**72**	**73**	**74**	**75**	**76**	**77**	**78**	**79**	**80**
A	A	B	B	B	A	C	D	C	A
81	**82**	**83**	**84**	**85**	**86**	**87**	**88**	**89**	**90**
C	A	D	C	D	A	C	D	A	C

व्याख्यात्मक उत्तर

2. समांतर माध्य

$$= \frac{3+11+7+9+15+13+8+19+17+21+14+x}{12}$$

$$\Rightarrow \quad 12 = \frac{137+x}{12}$$

$$\Rightarrow \quad 144 = 137 + x$$

$$\Rightarrow \quad x = 144 - 137 = 7.$$

4. श्रेणी : 7, 26, 63, 124, 215, 342, ?

$\Rightarrow$ 7 + 1, 26 + 1, 63 + 1, 124 + 1, 215 + 1, 342 + 1, ?

$\Rightarrow$ 8, 27, 64, 125, 216, 343, ?

$\Rightarrow 2^3, 3^3, 4^3, 5^3, 6^3, 7^3, 8^3$

अतः रिक्त स्थान $= 8^3 - 1 = 512 - 1 = 511.$

7. माना कि संख्या $= x$

तब, $\quad x - \frac{3}{5}x = 50$

$$\Rightarrow \quad \frac{5x-3x}{5} = 50$$

$$\Rightarrow \quad 2x = 5 \times 50$$

$$\Rightarrow \quad 2x = 250 \Rightarrow x = 125.$$

8. वर्ष 2004 एक लीप वर्ष है

इसलिए इसमें 2 अतिरिक्त दिन होंगे

$\because$ वर्ष 2004 का प्रथम दिन बृहस्पतिवार था

$\therefore$ वर्ष 2005 का प्रथम दिन बृहस्पतिवार के दो दिन बाद होगा।

अतः यह दिन शनिवार होगा।

12. दिया है, कूट भाषा में, Rose = 6821

CHAIR = 73456

PREACH = 961473

$\therefore$ C = 7, H = 3, A = 4, I = 5, R = 6

P = 9, E = 1, O = 8, S = 2

$\therefore$ SEARCH = 214673

अतः SEARCH का कूट 214673 होगा।

14. $\dfrac{1095}{1168} = \dfrac{73 \times 5 \times 3}{73 \times 16} = \dfrac{15}{16}$

अतः सरलतम रूप $= \dfrac{15}{16}$.

18. यहाँ, M_1 = 4 आदमी, W_1 = 4 चटाईयाँ, D_1 = 4 दिन

M_2 = 8 आदमी, D_2 = 8 दिन, W_2 = ?

$\because \quad \dfrac{M_1D_1}{W_1} = \dfrac{M_2D_2}{W_2}$

$\therefore \quad \dfrac{4 \times 4}{4} = \dfrac{8 \times 8}{W_2}$

$\Rightarrow \quad W_2 = \dfrac{8 \times 8}{4} = 8 \times 2 = 16$

इसलिए, W_2 = 16 चटाईयाँ।

19. यहाँ, प्रारंभिक बिन्दु = A

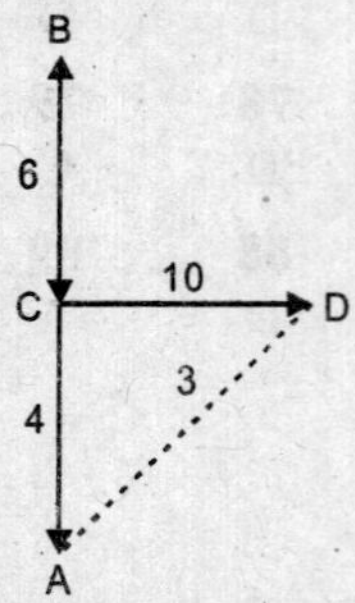

AB = 10 किमी., BC = 6 किमी., CD = 3 किमी.

$\therefore$ CA = 4 किमी.

$\therefore \quad AD = \sqrt{AC^2 + CD^2} = \sqrt{4^2 + 3^2}$

$= \sqrt{16+9} = \sqrt{25}$ = 5 किमी.

वह अपने प्रारंभिक बिन्दु से 5 किमी. उत्तर-पूर्व दिशा में है।

43. अनुपात $= \dfrac{1}{2} : \dfrac{2}{3} : \dfrac{3}{4}$

$= 6 : 8 : 9$

राशि = ₹ 782

$\therefore$ प्रथम भाग $= 782 \times \dfrac{6}{6+8+9}$

$= 782 \times \dfrac{6}{23}$

$= 34 \times 6 =$ ₹ 204.

56.

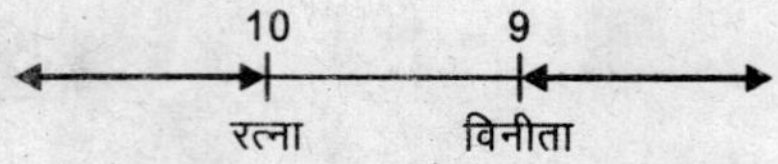

दोनों स्थान बदलने के बाद की स्थिति

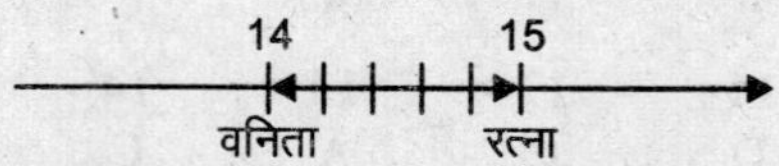

यहाँ पंक्ति में लड़कियों की संख्या = 15 + 8 = 23.

58. यहाँ $\dfrac{3}{4} = 0.75$ और $\dfrac{5}{6} = 0.83$

A. $\dfrac{1}{2} = 0.5$

B. $\dfrac{9}{10} = 0.9$

C. $\dfrac{2}{3} = 0.66$

D. $\dfrac{4}{5} = 0.80$

यहाँ, $0.75 < 0.80 < 0.83$

$\therefore \quad \dfrac{3}{4} < \dfrac{4}{5} < \dfrac{5}{6}$.

62. दिया है, $3^{x-y} = 27 = 3^3$

$\Rightarrow \quad x - y = 3 \quad ...(i)$

और $3^{x+y} = 243 = 3^5$

$\Rightarrow \quad x + y = 5 \quad ...(ii)$

(*i*) और (*ii*) से हम पाते हैं,

$2x = 8 \Rightarrow x = 4$.

68. AB ABC ABCD ABCDE

यहाँ ? = E.

74.

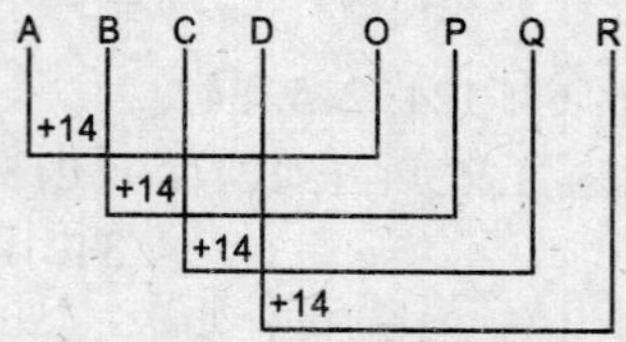

इसी प्रकार,

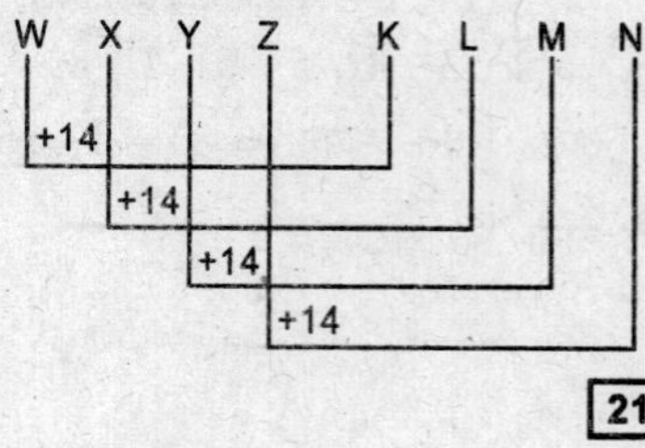

सामान्य सचेतता
(General Awareness)

हमारा भारत

भारत एक दृष्टि में

राजधानी-नई दिल्ली

क्षेत्रफल-32,87,263 वर्ग कि.मी.

क्षेत्रफल की दृष्टि से विश्व में स्थान-सातवां

स्थित-भूमध्य रेखा के उत्तर में 8°4′ और 37°6′ उत्तरी अक्षांश और 68°7′ तथा 97°25′ पूर्वी देशांतर के मध्य

विस्तार-उत्तर से दक्षिण तक 3,214 किमी., पूर्व से पश्चिम तक 2,933 किमी.

भूमि सीमा-15,200 किमी.

समुद्री तट-7,516.6 किमी.

सीमावर्ती देश-उत्तर-पश्चिम में पाकिस्तान और अफगानिस्तान, उत्तर में चीन, नेपाल और भूटान, पूर्व में म्यांमार और बंगलादेश, दक्षिण में मन्नार की खाड़ी और पाक-जलडमरूमध्य श्रीलंका से अलग करते हैं।

प्राकृतिक संरचना-मुख्य भूमि चार भागों में विभक्त–विस्तृत पर्वतीय क्षेत्र, सिंधु और गंगा के मैदान, रेगिस्तानी क्षेत्र, दक्षिणी प्रायद्वीप

प्रमुख नदियाँ–(क) हिमालय समूह : गंगा, यमुना, सिन्धु तथा ब्रह्मपुत्र; (ख) दक्षिणी नदियाँ : कृष्णा, कावेरी, गोदावरी, महानदी, दामोदर, भारत पुष्पा, नर्मदा, ताप्ती, पम्बा, पेरियार, पेण्णार, शरावती, नेत्रवती

जलवायु-ऊष्ण कटिबंधीय चार ऋतुएँ–शीत ऋतु, ग्रीष्म ऋतु, वर्षा ऋतु, शरद ऋतु

जीव-जंतु-लगभग 89,451 किस्म के

राष्ट्रीय उद्यान-106 (2021)

वन्य जीव अभ्यारण्य-564 (2021)

राजभाषा-हिन्दी, **मान्य भाषाएं**-22

उच्च न्यायालयों की संख्या-25

भारतीय संघ : राज्य व संघीय प्रदेश

संघ राज्य एवं संघीय प्रदेश	राजधानी	क्षेत्रफल (वर्ग कि॰मी॰)	भाषा
भारत	नई दिल्ली	32,87,263	हिन्दी-राजभाषा
		राज्य	
आंध्र प्रदेश	अमरावती	2,75,045	तेलुगू
असम	दिसपुर	78,438	असमिया
ओडिशा	भुवनेश्वर	1,55,707	ओडिया
उत्तर प्रदेश	लखनऊ	2,40,928	हिन्दी
केरल	तिरुवनन्तपुरम्	38,863	मलयालम
गुजरात	गांधीनगर	1,96,024	गुजराती
तमिलनाडु	चेन्नई	1,30,058	तमिल
त्रिपुरा	अगरतला	10,492	त्रिपुरी, बंगला
नगालैण्ड	कोहिमा	16,579	अंग्रेजी, सेमा (सेमांग)
पंजाब	चण्डीगढ़	50,362	पंजाबी
प. बंगाल	कोलकाता	88,752	बांग्ला
बिहार	पटना	94,163	हिन्दी, मैथिली, भोजपुरी, मगही
मध्य प्रदेश	भोपाल	3,08,000	हिन्दी
महाराष्ट्र	मुम्बई	3,07,713	मराठी
मेघालय	शिलांग	22,429	खासा भारा

मणिपुर	इम्फाल	22,327	मणिपुरी, अंग्रेजी
राजस्थान	जयपुर	3,42,239	हिन्दी, मारवाड़ी
हरियाणा	चण्डीगढ़	44,212	हिन्दी
हिमाचल प्रदेश	शिमला	55,673	हिन्दी, पहाड़ी
कर्नाटक	बंगलुरू	1,91,791	कन्नड़
सिक्किम	गंगटोक	7,096	लेपचा, नेपाली, हिन्दी
मिजोरम	आइजल	20,987	मिजो, अंग्रेजी
अरुणाचल प्रदेश	ईटानगर	83,743	बिस्सी, वांची
गोवा	पणजी	3,702	कोंकणी, मराठी
छत्तीसगढ़	रायपुर	1,35,191	हिन्दी
झारखण्ड	रांची	79,714	हिन्दी, संथाली, बांग्ला तथा ओडिया
उत्तराखंड	देहरादून	53,483	हिन्दी, गढ़वाली, कुमायुँनी
तेलंगाना	हैदराबाद	1,14,840	तेलुगू
संघ शासित प्रदेश			
अण्डमान निकोबार द्वीप समूह	पोर्टब्लेयर	8,249	निकोबारी, हिन्दी
चण्डीगढ़	चण्डीगढ़	114	हिन्दी, पंजाबी
दिल्ली	दिल्ली	1,483	हिन्दी, पंजाबी
दादरा-नगर हवेली एवं दमन-दीव	दमन	603	भीली, गुजराती
पुडुचेरी	पुडुचेरी	480	तमिल, हिन्दी
लक्षद्वीप	कावारत्ती	32	मलयालम
जम्मू-कश्मीर	श्रीनगर	2,22,236*	कश्मीरी, उर्दू, डोगरी
लद्दाख	लेह	—	लद्दाखी

**केन्द्रशासित प्रदेश लद्दाख का क्षेत्रफल तथा पाकिस्तान और चीन द्वारा अवैध रूप से कब्जा किए गए क्षेत्र सहित।*

भारत की जनगणना 2011

भारत में जनगणना का विधिवत् कार्य 1881 में आरम्भ हुआ। 2011 की जनगणना (अंतिम) के अनुसार भारत की कुल जनसंख्या **121**,08,54,977 थी। जबकि 10 वर्ष पूर्व 2001 में कुल जनसंख्या 102,70,15,247 थी। वर्ष 2011 की जनगणना के प्रमुख तथ्य निम्नलिखित हैं:

कुल जनसंख्या-121,08,54,977

पुरुष-62,32,70,258

महिला-58,75,84,719

कुल जनसंख्या में पुरुषों का प्रतिशत-51.53%

कुल जनसंख्या में महिलाओं का प्रतिशत-48.46%

भारत की जनसंख्या का विश्व जनसंख्या में भाग-17.5%

दशकीय वृद्धि दर (2001-2011)-17.7%

सर्वाधिक वृद्धि दर-मेघालय 27.9%

न्यूनतम वृद्धि दर-नगालैंड–0.6%

सर्वाधिक जनसंख्या वाला राज्य-उत्तर प्रदेश (19,98,12,341)

न्यूनतम जनसंख्या वाला राज्य-सिक्किम (6,10,577)

स्त्री-पुरुष अनुपात-943 : 1000

सर्वाधिक लिंगानुपात-केरल, 1084 : 1000

न्यूनतम लिंगानुपात-हरियाणा 879 : 1000

जनसंख्या घनत्व-382 व्यक्ति प्रति वर्ग किलोमीटर

सर्वाधिक घनत्व-बिहार (1,106)

न्यूनतम घनत्व-अरुणाचल प्रदेश (17)

केन्द्रशासित प्रदेशों में सर्वाधिक घनत्व-दिल्ली (11,320)

केन्द्रशासित प्रदेशों में न्यूनतम घनत्व-अण्डमान निकोबार द्वीप समूह (46)

साक्षरता प्रतिशत-73%

पुरुष साक्षरता-80.9%

महिला साक्षरता-64.6%

सर्वाधिक साक्षरता-केरल (94%)

न्यूनतम साक्षरता-बिहार (61.8%)

विभिन्न राज्यों/संघ शासित प्रदेशों में मिलने वाली जनजातियां

प्रदेश	जनजातियां
उत्तर प्रदेश, उत्तराखंड	बुक्सा, थारू, बिड़कोल, भोटिया, खरवार, जौनसारी, राजी
पश्चिम बंगाल, बिहार, झारखंड	संथाल, भुइया, कोरबा, उरांव, हो, विरहोर, असुर, मुंडा, कोल
राजस्थान	मीणा, भील, गरासिया, सहरिया, सांसी, दमोर, मेव, मेरात, कोली
अण्डमान-निकोबार द्वीप समूह	ओंग, सोपन, आरबा, अण्डमानी, निकोबारी
हिमाचल प्रदेश, जम्मू एवं कश्मीर, लद्दाख	बकरवाल, गद्दी, गुर्जर, लाहौल लांबा, पंगवाला, किन्नर
असम, अरुणाचल प्रदेश, नगालैंड, मेघालय, मणिपुर	गुरूंग, रियांग, चकमा, मिनीपोंग, पासी, ग्लोंग, सिंगपो, रेंगमा, सेंगमा, यांग, नागा, गारो
मिजोरम	खासी
गुजरात	टोड़िया, भील, डाफर, रैवारी, पटेलिया, डूबला, कथोड़ी, सिद्दीस
केरल	कडर, इरुला, मुथुवन, कनिक्कर, मलनकुरावन, मलयारायन, मलावेतन, मलायन, मन्नान, उल्लातन, यूराली, पनियां, पुलायन, मल्लार, कुरुम्बा
तमिलनाडु, ओडिशा	जुवांग, खोंड, गोंड, बड़गा, बोंडो, जुआंग, परजा, भूमिज
महाराष्ट्र, आन्ध्र प्रदेश, तेलंगाना	भील, गोंड, अगरिया, असुरा, भारिया, कोया, वर्ली, कोली, डुका, बैगा, गडावास, कामर, खडिया, खोंडा, कोल, कोलम, कोरबा, मुन्डा
मध्य प्रदेश, छत्तीसगढ़	कोरकू, भील, बैगा, गोंड, अंगरिया, भारिया, कोरबा, कोल, उरांव, प्रधान, नगेशिया, हल्वा, भतरा, माड़िया, सहरिया, कमार, कंवर
त्रिपुरा	लुभाई, माग, हलम, खशिया, भूटिया, मुन्डा, संथाल, भील, जमनिया, रियांग, उचाई
कर्नाटक	गौडालू, हक्की, पिक्की, इरुगा, जेनु, कुरुव, मलाईकुड, भील, गोंड, टोडा, वर्ली, चेन्चू, कोया, अर्नादन, चेरवा, होलेया, कोरमा
पंजाब	गद्दी, स्वांगला, भोट

विशेष दर्जा प्राप्त राज्य

राज्य	विशेष दर्जा प्राप्त करने का वर्ष	राज्य	विशेष दर्जा प्राप्त करने का वर्ष
असम	1969	त्रिपुरा	1972
नगालैंड	1969	सिक्किम	1975-76
हिमाचल प्रदेश	1971	मिजोरम	1986-87
मणिपुर	1972	अरुणाचल प्रदेश	1986-87
मेघालय	1972	उत्तराखंड	2001-02

भारत में प्रथम

नोबेल पुरस्कार प्राप्तकर्ता

1. **साहित्यः** रवीन्द्रनाथ टैगोर (1913)
2. **भौतिकीः** सी॰वी॰ रमन (1929)
3. **शान्तिः** मदर टेरेसा (1979)
4. **अर्थशास्त्रः** अमर्त्य सेन (1998)

स्वतंत्र भारत के प्रथम एवं अंतिम भारतीय गवर्नर जनरल	चक्रवर्ती राजगोपालाचारी
महिला राष्ट्रपति	प्रतिभा पाटिल
महिला राज्यपाल	श्रीमती सरोजिनी नायडू
सुप्रीम कोर्ट की महिला न्यायाधीश	श्रीमती मीरा साहिब फातिमा बीबी
महिला प्रधानमंत्री	श्रीमती इंदिरा गांधी
भारतीय सेनापति	जनरल के॰ एम॰ करियप्पा
महिला मुख्यमंत्री	श्रीमती सुचेता कृपलानी
संयुक्त राष्ट्र महासभा की महिला अध्यक्ष	श्रीमती विजयालक्ष्मी पंडित (1954)
अंतर्राष्ट्रीय न्यायालय के भारतीय अध्यक्ष	डॉ॰ नगेन्द्र सिंह
इंगलिश चैनल तैरकर पार करने वाली भारतीय महिला	आरती गुप्ता
इंगलिश चैनल तैरकर पार करने वाला भारतीय पुरुष	मिहिर सेन
ब्रिटिश पार्लियामेंट के भारतीय सदस्य	दादा भाई नौरोजी
फील्ड मार्शल	एस॰एच॰एफ॰जे॰ मानेकशा
विक्टोरिया क्रॉस विजेता	खुदादाद खां
एवरेस्ट शिखर पर चढ़ने वाला भारतीय	शेरपा तेंजिंग (29 मई, 1953)
एवरेस्ट पर चढ़ने वाली भारतीय महिला	कु॰ बचेन्द्रीपाल (23 मई, 1984)
एवरेस्ट पर दो बार विजय प्राप्त करने वाली भारतीय महिला	संतोष यादव (10 मई, 1992; 10 मई, 1993)
भारतीय अंतरिक्ष यात्री (पुरुष)	राकेश शर्मा (3 अप्रैल, 1984)
भारतीय अंतरिक्ष यात्री (महिला)	कल्पना चावला (19 नवम्बर, 1997)
भारत रत्न से विभूषित महिला	श्रीमती इंदिरा गांधी
संयुक्त राष्ट्र संघ की महासभा में हिन्दी में भाषण देने वाला प्रथम भारतीय	अटल बिहारी वाजपेयी
भारतीय महिला मिस यूनिवर्स	कु॰ सुष्मिता सेन
भारतीय महिला मिस वर्ल्ड	रीता फारिया
समाचार-पत्र	बंगाल गजट (27 जनवरी, 1780)
डाक टिकट	1852
तार लाइन	1851 (कलकत्ता-डायमंड हार्बर)
रेल	16 अप्रैल, 1853 (बम्बई-थाणे)
विद्युत रेल	1925 (बम्बई-कुर्ला)
उपग्रह	आर्यभट्ट (1975)
रॉकेट	रोहिणी (1967)
आणविक रियेक्टर	अप्सरा (1956)
आणविक बिजलीघर	तारापुर आणविक बिजलीघर (1969)
भारतीय वायु सेना की महिला पायलट	हरित कौर देओल
फास्ट ब्रीडर आणविक रियेक्टर	कलपक्कम
बिना ऑक्सीजन एवरेस्ट की चोटी पर पहुंचने वाला भारतीय	फु दोरजी (1987)
मेट्रो रेलवे	कोलकाता (1984)

फिल्म (मूक)	राजा हरिश्चन्द्र (1913)
फीचर फिल्म (बोलती हुई)	आलम आरा (1931)
इंडियन नेशनल कांग्रेस की प्रथम महिला अध्यक्ष	श्रीमती एनी बेसेंट
इंडियन नेशनल कांग्रेस के प्रथम अध्यक्ष	व्योमेशचन्द्र बनर्जी (1888)
आई॰सी॰एस॰ में सफल होने वाला प्रथम भारतीय	सत्येन्द्र नाथ टैगोर
चीफ ऑफ डिफेंस स्टाफ (CDS)	जनरल बिपिन रावत

भारत में सबसे बड़ा/लम्बा/ऊँचा आदि

सबसे ऊंची चोटी*-के-2

सर्वाधिक आबादी वाला शहर-मुम्बई

सबसे लम्बी नदी-गंगा (2525 कि॰मी॰)

सबसे बड़ा राज्य (क्षेत्रफल में)-राजस्थान

सबसे बड़ा राज्य (आबादी में)-उत्तर प्रदेश

सबसे लम्बा पुल (सड़क)-असम में लोहित नदी पर भूपेन हजारिका सेतु (9.15 कि॰मी॰)

सर्वाधिक जनसंख्या घनत्व वाला राज्य-बिहार (1,106 प्रति वर्ग कि॰मी॰)

सर्वाधिक साक्षर राज्य-केरल (साक्षरता लगभग 94%)

सबसे बड़ा अजायबघर-इण्डिया म्यूजियम, कोलकाता

सबसे लम्बा बांध-हीराकुड (ओडिशा)

सबसे लम्बी सुरंग (सड़क)-डॉ. श्यामा प्रसाद मुखर्जी सुरंग (जम्मू–कश्मीर 9.28 किमी.)

सबसे लम्बी सुरंग (रेलवे)-जम्मू–कश्मीर में बनिहाल और काजीगुंड स्टेशनों के मध्य पीर पंजाल सुरंग (11.21 किमी.)

सबसे बड़ा चिड़ियाघर-जुलोजिकल गार्डन्स, कोलकाता

सबसे लम्बी सड़क-ग्राण्ड ट्रंक रोड (1500 मील)

सबसे ऊंची मीनार-कुतुबमीनार, दिल्ली (72.5 मी॰)

सबसे बड़ी मस्जिद-जामा मस्जिद, दिल्ली

बहादुरी के लिए सबसे बड़ा पुरस्कार-परमवीर चक्र

सबसे बड़ा रेगिस्तान-थार (राजस्थान)

सबसे बड़ा डेल्टा-सुन्दरवन डेल्टा, (75,000 वर्ग कि॰मी॰)

सबसे बड़ा गुम्बज-गोल गुम्बज (बीजापुर-42 मी॰ व्यास)

सबसे ऊँचा दरवाजा-बुलंद दरवाजा (फतेहपुर सीकरी : 176 फीट)

सबसे बड़ी मीठे पानी की झील-वुलर झील (जम्मू–कश्मीर)

सबसे बड़ा प्लेटफार्म-श्री सिद्धारूढ़ा स्वामी जी रेलवे स्टेशन (हुब्बल्लि, कर्नाटक 1507 मी. लम्बा)

सर्वाधिक वर्षा (वार्षिक औसत)-चेरापूंजी के निकट मासिनराम (12,000 मि॰मी॰)

झरना, सबसे ऊँचा-कुंचिकल (कर्नाटक : 455 मी.)

सबसे बड़ा पशुओं का मेला-सोनपुर (बिहार)

सबसे बड़ा गुफा मंदिर-कैलाश मंदिर (एलोरा)

सबसे अधिक वन क्षेत्रफल वाला राज्य-मध्य प्रदेश

सबसे बड़ी कृत्रिम झील-गोविन्द सागर (भाखड़ा)

* विश्व की सबसे ऊंची चोटी मांउट एवरेस्ट है जो नेपाल में है। के-2 विश्व की दूसरी सबसे ऊँची और भारत की सबसे ऊँची (8611 मी॰) चोटी है।

^ ^ ^ ^ ^

राष्ट्रीय प्रतीक

राष्ट्रीय ध्वज

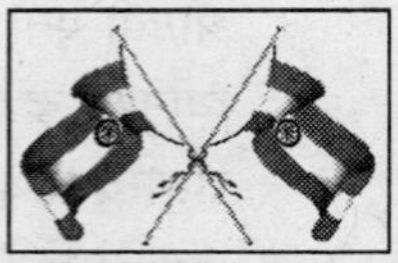

भारत का राष्ट्रीय ध्वज **तिरंगा** है। यह आयताकार तीन पट्टियों से बना है। इसमें सबसे ऊपर केसरिया, मध्य में श्वेत और नीचे हरा रंग है। केसरिया शक्ति, श्वेत शांति और हरा समृद्धि का प्रतीक माना जाता है। झण्डे की लम्बाई-चौड़ाई का अनुपात 3 : 2 है। श्वेत पट्टी के मध्य नीले रंग का एक चक्र है। चक्र में 24 तीलियाँ हैं। झण्डा फहराने के संबंध में भारत सरकार ने कुछ नियम बनाए हैं जिनका पालन करना अति आवश्यक है। संविधान सभा ने इसे 22 जुलाई 1947 को अंगीकार किया था।

राजचिह्न

भारत का राजचिह्न सारनाथ में अशोक निर्मित सिंह स्तम्भ की अनुकृति है। इस चिह्न में चार सिंह हैं, जो एक दूसरे के विपरीत दिशा में घूम कर बैठे हुए हैं। इन चार में से केवल तीन सिंह दिखाई देते हैं, चौथा पीछे की ओर छिपा हुआ है और दिखाई नहीं देता। नीचे चौरस पट्टी के मध्य में उभरी हुई नक्काशी में एक चक्र है, जिसके दाईं ओर एक सांड और बाईं ओर एक घोड़ा है। नीचे मुण्डकोपनिषद से लिया गया सूत्र 'सत्यमेव जयते' देवनागरी लिपि में लिखा गया है। इसका अर्थ है 'सत्य की **ही** विजय होती है'। सरकार ने राजचिह्न को 26 जनवरी 1950 को स्वीकृत किया।

राष्ट्र गीत

श्री बंकिम चन्द्र चटर्जी द्वारा रचित गीत 'वन्दे मातरम्' को राष्ट्र गान के समकक्ष स्थान दिया गया है। उनके विख्यात उपन्यास 'आनन्द मठ' से उद्धृत यह गीत राष्ट्रीय आन्दोलन में एक महान प्रेरणा-स्रोत रहा है। इस गीत को सबसे पहले 1896 में भारतीय राष्ट्रीय कांग्रेस के अधिवेशन में गाया गया था।

राष्ट्र गान

रवीन्द्र नाथ टैगोर के गीत 'जन गण मन' को 24 जनवरी, 1950 को राष्ट्र गान के रूप में स्वीकार किया गया। यह गीत 'भारत-विधाता' शीर्षक से सर्वप्रथम 'तत्व-बोधिनी' पत्रिका के जनवरी 1912 के अंक में प्रकाशित हुआ था। यह गीत पहली बार 27 दिसम्बर 1911 को भारतीय कांग्रेस के कलकत्ता (कोलकाता) अधिवेशन में गाया गया था। पूरे गीत के 5 पद हैं। इसमें से प्रथम पद को राष्ट्र गान स्वीकार किया गया है। इसे गाने का निर्धारित समय लगभग 52 सेकण्ड है।

राष्ट्रीय पंचांग

सरकारी कार्यों में प्रयोग हेतु राष्ट्रीय पंचांग 22 मार्च, 1957 से अपनाया गया है। यह पंचांग शक संवत् पर आधारित है। 78 ई. में प्रारम्भ हुए शक संवत् का पहला महीना चैत्र है और वर्ष 365 दिन का है। इस पंचांग के दिन स्थायी रूप से ग्रेगेरियन कैलेंडर से सम्बद्ध दिनों के अनुरूप बैठते हैं। इस प्रकार सामान्य वर्षों में इस पंचांग का पहला दिन 22 मार्च के दिन आता है और लौंद (लीप) वर्ष में 21 मार्च के दिन।

राष्ट्रीय पंचांग के माह इस प्रकार हैः 1. चैत्र, 2. बैशाख, 3.ज्येष्ठ, 4. आषाढ़, 5. श्रावण, 6. भाद्रपद, 7. आश्विन, 8. कार्तिक, 9. मार्गशीर्ष, 10. पौष, 11. माघ, 12. फाल्गुन।

राष्ट्रीय पशु : बाघ (पैंथरा टाइग्रिस-लिन्नायस)

राष्ट्रीय पक्षी : मोर (पावो क्रिस्टेटस)

राष्ट्रीय पुष्प : कमल

✧✧✧✧✧

हमारी पृथ्वी

पृथ्वी सूर्य के अलावा आठ अन्य ग्रहों बुध, शुक्र, पृथ्वी, मंगल, बृहस्पति, शनि, यूरेनस और नेपच्यून वाले सौर मण्डल का एक सदस्य ग्रह है। ग्रहों के पास अपना स्वयं का प्रकाश नहीं होता और शुक्र और यूरेनस के अलावा सभी ग्रह अपनी धुरी पर पश्चिम से पूर्व की ओर परिक्रमा करते हैं। अनेक उपग्रह संबंधित ग्रह की परिक्रमा करते हैं। अंतरिक्ष में हजारों पुच्छल तारे और करोड़ों उल्काएं भी मौजूद हैं। पृथ्वी का एक ही उपग्रह है 'चन्द्रमा'। शनि के पास सबसे ज्यादा उपग्रह हैं जबकि बुध और शुक्र का कोई भी उपग्रह नहीं है। सूर्य से पृथ्वी की औसत दूरी $1,496 \times 10^{8}$ कि.मी. है। पृथ्वी सूर्य का तीसरा सबसे निकट और पांचवाँ सबसे बड़ा ग्रह है।

पृथ्वी : तथ्य और आँकड़े

पृथ्वी का द्रव्यमान	5.882×10^{21} टन
पृथ्वी का घनत्व	पानी की अपेक्षा 5.517 गुणा
पृथ्वी का आयतन	1.083×10^{11} घन किमी.
भूमध्यरेखीय परिधि	4.007×10^{4} किमी.
ध्रुवीय व्यास	12,714 किमी.
विषुवतीय व्यास	12,756 किमी.
ध्रुवीय परिधि	4.0×10^{4} किमी.
अनुमानित आयु	लगभग 4600 करोड़ वर्ष
भू-पृष्ठ	148,951,000 वर्ग किमी.
जलीय सतह	361,150,000 वर्ग किमी.
भू-सतह का सबसे उच्च बिन्दु	माउंट एवरेस्ट (8,848 मीटर)
भू-सतह का सबसे निम्न बिन्दु	मृत सागर का तट (समुद्र तल से 396 मीटर नीचे)
महासागर की सर्वाधिक गहराई	फिलीपींस के पूर्व में प्रशान्त महासागर में मेरियाना ट्रेंच (समुद्र तल से 11,033 मीटर नीचे)

सौरमण्डल

सबसे बड़ा ग्रह	बृहस्पति (Jupiter)
सबसे छोटा ग्रह	बुध (Mercury)
पृथ्वी का उपग्रह	चन्द्रमा (Moon)
सूर्य के सबसे निकट ग्रह	बुध (Mercury)
सूर्य से सबसे दूर स्थित ग्रह	वरुण (Neptune)
पृथ्वी के सबसे निकट स्थित ग्रह	शुक्र (Venus)
सबसे अधिक चमकीला ग्रह	शुक्र (Venus)
सबसे अधिक चमकीला तारा	साइरस (Dog Star)
सबसे अधिक उपग्रहों वाला ग्रह	शनि (Saturn)
सबसे अधिक ठण्डा ग्रह	वरुण (Neptune)
सबसे अधिक गर्म ग्रह	शुक्र (Venus)
रात्रि में लाल दिखाई देने वाला ग्रह	मंगल (Mars)
सबसे बड़ा उपग्रह	गैनीमेड (Gannymede)
सबसे छोटा उपग्रह	डिमोस (Deimos)
नीला ग्रह	पृथ्वी (Earth)
भोर का तारा	शुक्र (Venus)
साँझ का तारा	शुक्र (Venus)
पृथ्वी की बहन	शुक्र (Venus)
हरा ग्रह	वरुण (Neptune)
विशाल लाल धब्बे वाला ग्रह	बृहस्पति (Jupiter)

पृथ्वी का आकार : पृथ्वी का आकार पूर्णरूप से वृत्तीय नहीं है बल्कि अंडाकार है। ऐसा इस वजह से है क्योंकि यह ध्रुवों पर चपटी और विषुवत पर उभरी हुई है। पृथ्वी का ध्रुवीय व्यास विषुवतीय व्यास से 42 किलोमीटर छोटा है। अतः पृथ्वी अंडाकार है।

पृथ्वी की गतियाँ : पृथ्वी अपनी धुरी पर किसी लट्टू की भांति घूमती है और 24 घंटे में एक चक्कर पूरा कर लेती है जबकि सूर्य की परिक्रमा करने में उसे 365 दिन, 5 घंटे, 45 मिनट और 46 सेकेंड लगते हैं। पृथ्वी की दैनिक गति के कारण रात और दिन होते हैं जबकि वार्षिक गति (परिक्रमा) के कारण ऋतु परिवर्तन होता है। पृथ्वी गैर-ज्योतिर्मय वृत्त है। पृथ्वी का जो भाग सूर्य के सामने आ जाता है वहाँ दिन होता है और जो भाग सूर्य के सामने नहीं होता वहाँ रात होती है। पृथ्वी का आवर्तन पश्चिम से पूर्व की तरफ होता है। इसी कारणवश हमें यह प्रतीत होता है कि सूर्य, चन्द्रमा और तारे विपरीत दिशा में घूम रहे हैं।

आवर्तन के प्रभाव : (क) दिन और रात होते हैं। (ख) देशांतर और समय में अंतर आ जाता है। (ग) वायु और तरंगों की दिशा में परिवर्तन होता है। (घ) दिन में दो बार समुद्र में लहरें उठती हैं।

परिक्रमा के प्रभाव : पृथ्वी दीर्घवृत्तीय कक्षा में सूर्य की परिक्रमा करती है। पृथ्वी को एक बार सूर्य का चक्कर लगाने में 365.25 दिन लग जाते हैं। एक सामान्य वर्ष 365 दिन का होता है जबकि चार वर्षों में 5 घंटे 45 मिनट और 46 सेकेंड एक दिन बना देते हैं और हर चौथा वर्ष अधि वर्ष (लीप ईयर) बन जाता है, जिसमें 366 दिन होते हैं। ऋतु में परिवर्तन मुख्यत: परिक्रमण की वजह से ही होता है।

21 जून : इस समय उत्तरी गोलार्द्ध में ग्रीष्मकाल होता है जबकि दक्षिणी गोलार्द्ध में शरदकाल होता है। दोपहर में सूर्य की सीधी किरणें कर्क रेखा पर पड़ती हैं।

22 दिसम्बर : इस समय उत्तरी गोलार्द्ध में शरदकाल और दक्षिणी गोलार्द्ध में ग्रीष्मकाल होता है। दोपहर में सूर्य की सीधी किरणें मकर रेखा पर पड़ती हैं।

सम्पात : 21 मार्च और 23 सितम्बर को पृथ्वी का प्रत्येक भाग सूर्य के सामने आ जाता है और सूर्य ठीक भूमध्य रेखा के ऊपर होता है। इन अवस्थाओं में पृथ्वी के प्रत्येक भाग में रात और दिन बराबर होते हैं। 21 मार्च को वसन्त सम्पात (Vernal equinox) और 23 सितम्बर को शरद सम्पात (Autumnal equinox) कहते हैं।

चट्टानों का रूपान्तरण

मूल चट्टान	रूपान्तरित चट्टान
शैल	स्लेट
चूना पत्थर	संगमरमर
चॉक तथा डोलोमाइट	संगमरमर
बलुआ पत्थर	क्वार्टजाइट
ग्रेनाइट	नीस
बेसाल्ट	सिस्ट
स्लेट	फाइलाइट
कांग्लोमरेट	क्वार्टजाइट

वायुमण्डल की संरचना

मण्डल	ऊँचाई (किमी)	विशेष तथ्य
क्षोभमण्डल	0-18	मौसमी घटनाएँ होती हैं।
समतापमण्डल	18-50	वायु परिवहन होता है तथा ओजोन परत पाई जाती है।
मध्यमण्डल	50-80	ऊँचाई के साथ तापमान में गिरावट होती है।
आयनमण्डल	80-640	विद्युत आवेशित कण पाए जाते हैं। रेडियो तरंगें इसी मण्डल से वापस पृथ्वी पर लौटती हैं।
बाह्यमण्डल	640 किमी से ऊपर	तापमान 5000ºC होता है।

✧✧✧✧✧

विश्व बोध

विभिन्न देशों के राष्ट्रीय प्रतीक

देश	प्रतीक
ऑस्ट्रेलिया	कंगारू
फ्रांस	लिली
ईरान	गुलाब
जापान	गुलदाउदी
यूनाइटेट किंगडम	गुलाब
कनाडा	सफेद लिली
जर्मनी	कार्न फ्लावर
आयरलैंड	तीन पत्ती वाली घास
पाकिस्तान	अर्द्धचंद्र
यू.एस.ए.	सुनहरी छड़ी
डेनमार्क	वुलिन
भारत	सिंह स्तम्भ
इटली	सफेद लिली
स्पेन	बाज

शहरों, राज्यों एवं देशों के परिवर्तित नाम

पुराना नाम	परिवर्तित नाम
एबिसीनिया	इथियोपिया
अंगोरा	अंकारा
औरंगाबाद	संभाजी नगर
बनारस	वाराणसी
बड़ौदा	बड़ोदरा
बताविया	जकार्ता
बसुतोलैण्ड	लिसोथो
बेचुआनालैण्ड	बोत्सवाना
बॉम्बे	मुम्बई
ब्रिटिश गुयाना	गुयाना
बर्मा	म्यांमार
कालीकट	कोझीकोड
कलकत्ता	कोलकाता
केप केनवरल	केप केनेडी
काउनपुर	कानपुर
सेंट्रल प्रोविंसेज	मध्य प्रदेश

पुराना नाम	परिवर्तित नाम
अपर बोल्टा	बुर्कीना फासो
जुबुलपोर	जबलपुर
लियोपोलदविले	किन्हास
मेडागास्कर	मालागासी
मद्रास	चेन्नई
मलाया	मलेशिया
जुलन्धर	जालंधर
मंयुक्यिो	मंचूरिया
मैसोपोटामिया	इराक
सिलोन	श्रीलंका
क्रिस्टिना	ओस्लो
कांगो	जायरे
कांस्टेटिनपोल	इस्तान्बूल
डाका	ढाका
डहोमे	बेनिन
डच ईस्ट इंडीज	इंडोनेशिया
डच गुयाना	सूरीनाम
लोर सेई	पूर्वी तिमोर
एलिस आइसलैंड	तुवालू
फार्मोसा	ताइवान
गौहाटी	गुवाहाटी
गोल्ड कोस्ट	घाना
हालैण्ड	नीदरलैण्ड
रोडेशिया	जिम्बाब्वे
सैगोन	हो चिन मिन्ह सिटी
सेलिसबरी	हरारे
सैंडविच आइसलैंड	हवाईअन द्वीप
तंजानिका व जंजीबार	तंजानिया
सियाम	थाईलैंड
सिमला	शिमला
साउथ वेस्ट अफ्रीका	नामीबिया
स्पेनिस गुयाना	विषुवतीय गुयाना
न्यू हेब्रिडस	वनुआतु
उत्तरी रोडेशिया	जाम्बिया
न्यासालैण्ड	मालावी

पुराना नाम	परिवर्तित नाम
पंजिम	पणजी
पेट्रोगार्ड	लेनिनग्राड
पीकिंग	बीजिंग
पर्शिया	ईरान
पूना	पुणे
स्टालिनग्राड	वोल्गोगार्ड
सेंट पीट्सबर्ग	लेनिनग्राड
तंजौर	तंजावुर
यूनाइटेड प्रोविंसेज	उत्तर प्रदेश
यू.एस.एस.आर.	सीआईएस
विशाखापट्नम	विशाखापत्तनम
यूगोस्लाविया	सर्बिया
बंगलौर	बेंगलुरु
इलाहाबाद	प्रयागराज
उत्तरांचल	उत्तराखंड
पांडिचेरी	पुडुचेरी
पूर्वी पाकिस्तान	बांग्लादेश
रंगून	यांगून
मिस्र	संयुक्त अरब गणराज्य
उड़ीसा	ओडिशा

महत्त्वपूर्ण सीमा रेखाएं

- **डूरंड लाइन :** यह भारत और अफगानिस्तान के बीच सीमा के विभाजन को परिलक्षित करती थी। इसका सीमांकन सर मोर्टीमर डूरंड ने 1896 में किया था। अब यह पाकिस्तान और अफगानिस्तान के बीच की सीमा रेखा है।
- **हिंडेनवर्ग लाइन :** यह वह रेखा है जहां से विश्व युद्ध के दौरान जर्मनी की सेना वापस लौट गई थी। यह रेखा पोलैण्ड और जर्मनी के बीच की सीमा रेखा है।
- **मैकमोहन रेखा :** यह भारत और चीन के बीच सीमा रेखा है जिसका सीमांकन सर हेनरी मैकमोहन ने किया था।
- **मैगिनोट रेखा :** यह फ्रांस और जर्मनी के बीच सीमा रेखा है।
- **रेडक्लिफ रेखा :** यह भारत और पाकिस्तान के बीच सीमा रेखा है जिसका सीमांकन सर सिरिल रेडक्लिफ ने किया था।
- **17वां पैरेलल :** यह उत्तरी एवं दक्षिणी वियतनाम के बीच की सीमा रेखा है।
- **38वां पैरलल :** यह उत्तर और दक्षिण कोरिया के बीच सीमा रेखा है।
- **49वां पैरलल :** यह यू.एस. और कनाडा के बीच सीमा रेखा है।
- **अदूर निसे रेखा :** यह रेखा पोलैण्ड और पूर्वी जर्मनी के बीच की सीमा रेखा है जो द्वितीय विश्व युद्ध में खींची गई थी।
- **सिंगफ्रेड रेखा :** प्रथम विश्व युद्ध में फ्रांस और जर्मनी के बीच की सीमा रेखा।

विश्व के प्रमुख जल प्रपात

जल प्रपात	स्थान	ऊँचाई (मी०)
एंजिल	वेनेजुएला	979 (यह कैरो नदी पर स्थित संसार का सबसे ऊँचा जल प्रपात है।)
योसेमाइट	कैलिफोर्निया	739
दक्षिण-मर्डाल्फोसेन	नार्वे	655
तुगेला	द० अफ्रीका	614
कुकवेनन	वेनेजुएला	610
सूथरलैंड	न्यूजीलैंड	580
रिब्बोन	कैलिफोर्निया	491
ग्रेट-कामारना	गुयाना	488
डेल्ला	कनाडा	440
गवार्नी	फ्रांस	422
जोग (गरसोप्पा)	भारत	255 (शरावती नदी पर स्थित इस जल प्रपात को महात्मा गाँधी जल प्रपात भी कहते हैं।)
नियाग्रा	कनाडा एवं अमेरिका की सीमा	120

विश्व की प्रमुख नहरें

नाम	स्थिति	स्थान
ईरी	ईरी झील और मिशीगन झील को जोड़ती है।	अमेरिका
सू नहर	सुपीरियर झील और ह्यूइन झील को जोड़ती है।	अमेरिका
कील नहर	उत्तरी सागर को बाल्टिक सागर से जोड़ती है।	जर्मनी
पनामा नहर	कैरीबियन सागर और प्रशांत महासागर	पनामा
स्वेज नहर	लाल सागर और भूमध्य सागर	मिस्र
मैनचेस्टर नहर	मैनचेस्टर एवं लिवरपूल के बीच	ग्रेट ब्रिटेन

विश्व की प्रमुख नदियाँ

नाम	उद्गम स्थल	गिरने का स्थान	लम्बाई (किमी)	प्रमुख स्थान
नील (विश्व की सबसे लम्बी नदी)	विक्टोरिया झील	भूमध्य सागर	6670	आस्वान बाँध व नासिर झील स्थित है।
अमेजन (आयतन की दृष्टि से विश्व की सबसे बड़ी नदी)	एण्डीज पर्वत	अटलांटिक महासागर	6448	
मिसीसिपी मिसौरी	अलास्का झील	मैक्सिको की खाड़ी	6300	पक्षीपाद डेल्टा बनाती है।
यांग्टिसीक्यांग	तिब्बत का पठार	चीन सागर	5494	
ह्वांग हो	कुललुन पर्वत	चीन की खाड़ी	4840	
कांगो / जायरे	लुआलिया और लुआपुआ का संगम	अटलाण्टिक महासागर	4800	विषुवत् रेखा को दो बार काटती है।
अमूर	शिल्का रूस, आरगून का संगम	टार्टइ स्ट्रेट	4510	चीन और रूस की सीमा बनाती है।
वोल्गा	बल्डाई पठार	कैस्पियन सागर	3700	यूरोप की सबसे लम्बी नदी
डेन्यूब	ब्लैक फॉरेस्ट	काला सागर	2820	बेलग्रेड, बुखारेस्ट, बुडापेस्ट और वियना शहर स्थित है।
सेंट लारेंस	आण्टेरियो झील	सेंट-लॉरेंस की खाड़ी	3058	नियाग्रा जल प्रपात स्थित है।
कोलोरेडो	ग्रैण्ड कंट्री	कैलीफोर्निया की खाड़ी	2333	ह्यूबर बाँध स्थित
नाइजर	गिनी	गिनी की खाड़ी	4800	तेल नदी कहलाती है।
मेकांग	तिब्बत का पठार	दक्षिण चीन सागर	4023	द.पू. एशिया की सबसे लम्बी नदी।
सिन्धु	मानसरोवर झील के पास	अरब सागर	3180	
ब्रह्मपुत्र	मानसरोवर झील	बंगाल की खाड़ी	2900	
डार्लिंग-मर्रे	ऑस्ट्रेलिया आल्पस	हिन्द महासागर	3720	ऑस्ट्रेलिया की सबसे बड़ी नदी।

विश्व की प्रमुख झीलें

झील का नाम	भौगोलिक क्षेत्र	क्षेत्रफल (वर्ग.किमी.)	विशेष तथ्य
कैस्पियन सागर	पूर्व सोवियत संघ तथा ईरान	3,94,299	खारे पानी की सबसे बड़ी झील
सुपीरियर झील	संयुक्त राज्य अमेरिका एवं कनाडा	82,414	ताजे पानी की सबसे बड़ी झील
विक्टोरिया झील	केन्या, युगाण्डा तथा तंजानिया	69,485	
अरल सागर झील	कजाकिस्तान एवं उज्बेकिस्तान	64,457	
ह्यूरन झील	संयुक्त राज्य अमेरिका तथा कनाडा	59,600	
मिशीगन झील	संयुक्त राज्य अमेरिका	57,800	
बैकाल झील	रूस	31,500	यह सबसे गहरी (1940 मी.) झील है।

ग्रेट बेरियर झील	कनाडा	31,080	
ग्रेट स्लेव झील	कनाडा	28,438	
विनीपेग झील	कनाडा	24,341	
ओण्टेरियो झील	सं.रा. अमेरिका तथा कनाडा	19,529	
टिटिकाका	पेरू-बोलीविया	9,065	यह विश्व की सबसे ऊँची (3811 मी.) झील है।
आयर झील	ऑस्ट्रेलिया	9,583	

विश्व की प्रमुख खाड़ियाँ

खाड़ी	क्षेत्रफल (वर्ग.किमी.)	खाड़ी	क्षेत्रफल (वर्ग.किमी.)
मैक्सिको की खाड़ी	15,44,000	हडसन की खाड़ी	12,33,000
अरब की खाड़ी	2,38,000	सेंट लॉरेन्स की खाड़ी	2,37,000
कैलिफोर्निया की खाड़ी	1,62,000		

महासागरों की प्रमुख जलधाराएं

जलधारा का नाम	प्रकृति	विशेष विवरण	महासागर का नाम
• उत्तरी विषुवतीय जलधारा	उष्ण अथवा गर्म		अटलांटिक महासागर
• गल्फस्ट्रीम धारा	उष्ण	हेटेरस अंतरीप तक इसे फ्लोरिडा धारा कहते हैं।	अटलांटिक महासागर
• कनारी धारा	ठंडी		अटलांटिक महासागर
• फ्लोरिडा की धारा	उष्ण		अटलांटिक महासागर
• लेब्राडोर की धारा	ठंडी		अटलांटिक महासागर
• बैंगुला की धारा	ठंडी		अटलांटिक महासागर
• फाकलैंड की धारा	ठंडी		अटलांटिक महासागर
• विपरीत भूमध्यरेखीय जलधारा	गर्म	इसे गिनी की धारा भी कहते हैं।	अटलांटिक महासागर
• उत्तरी भूमध्यरेखीय जलधारा	गर्म		प्रशांत महासागर
• क्यूरोसीवो जलधारा	गर्म	जापानी लोग इसे काली धारा भी कहते हैं।	प्रशांत महासागर
• कैलिफोर्निया जलधारा	ठंडी		प्रशांत महासागर
• पूर्वी ऑस्ट्रेलिया की जलधारा	गर्म	इसे न्यू साउथवेल्स की धारा के नाम से भी जाना जाता है।	प्रशांत महासागर
• अलास्का धारा	गर्म		प्रशांत महासागर
• दक्षिणी विषुवतीय जलधारा	गर्म		हिन्द महासागर
• मोजाम्बिक धारा	गर्म		हिन्द महासागर
• अगुलहास धारा	गर्म		हिन्द महासागर
• पश्चिमी ऑस्ट्रेलिया की धारा	ठंडी		हिन्द महासागर
• ग्रीष्मकाल मानसून प्रवाह	गर्म		हिन्द महासागर
• शीतकालीन मानसून प्रवाह	परिवर्तनशील		हिन्द महासागर

विश्व की प्रमुख जनजातियाँ

जनजाति	सम्बन्धित क्षेत्र/देश
माओरी	न्यूजीलैंड
बुशमैन	कालाहारी मरुस्थल (बोत्सवाना)
वेद्दा	श्रीलंका
बद्दू	अरब
आइनू	जापान
यूकाधिर	साइबेरिया
एस्कीमो	ग्रीनलैंड, कनाडा
मसाई	पूर्वी अफ्रीका
बोरो	ब्राजील
सेमांग	मलेशिया
जूलू	नेटाल (दक्षिण अफ्रीका)
खिरगीज	मध्य एशिया
रेड इंडियन	उ. अमेरिका
पिग्मीज	कांगो बेसिन
नीग्रो	मध्य एशिया
याइ	टुण्ड्रा प्रदेश

विश्व की प्रमुख भौगोलिक खोजें

1. **क्रिस्टोफर कोलम्बस**–प. द्वीप समूह (1492), द. अमेरिका (1498 ई.)
2. **जॉन कैवेट**–न्यूफाउण्डलैण्ड (1497 ई.)
3. **कोपरनिकस**–सौरमंडल (1540 ई.)
4. **केपलर**–ग्रहों की गति नियम (1600 ई.)
5. **मैगलन**–विश्व का भ्रमण, अटलांटिक के दक्षिण से प्रशांत महासागर की खोज (1519 ई.)
6. **वास्को-डि-गामा**–केप ऑफ गुड होप होकर भारत आगमन (1498 ई.)
7. **कैप्टन कुक**–हवाई द्वीप समूह (1770 ई.)
8. **फ्रिड्टजौफ नानसेन**–ग्रीनलैंड एवं उत्तरी ध्रुव का पहाड़ी भाग (1888 ई.)
9. **आर. एमण्डसन**–दक्षिणी ध्रुव पर पहुँचने वाला प्रथम व्यक्ति (1911 ई.)
10. **रॉबर्ट पियरे**–उत्तरी ध्रुव की खोज (1909 ई.)

विश्व के प्रसिद्ध स्थान

1. झुकी हुई मीनार : पीसा (इटली)
2. मर्डेका पैलेस : जकार्ता (इण्डोनेशिया)
3. रेड स्क्वायर, क्रेमलिन : मास्को
4. स्फिंक्स, पिरामिड : मिस्र
5. पोर्सलिन टावर : नानकिंग (चीन)
6. लोवर, एफिल टावर : पेरिस (फ्रांस)
7. पोटाला : ल्हासा (तिब्बत)
8. श्वेत डेगेन पैगोडा : रंगून
9. ओपेरा हाउस : सिडनी
10. ब्राडवे स्ट्रीट, स्टेच्यू ऑफ लिबर्टी, एंपायर स्टेट बिल्डिंग : न्यूयार्क (स. रा. अमेरिका)
11. अल अक्सा, वेलिंग वाल, टेंपल माउंट : जेरूसलम (इजरायल)

विश्व के प्रमुख भौगोलिक उपनाम

उपनाम	नगर/देश
एण्टीलीज का मोती	क्यूबा
गगनचुम्बी इमारतों का नगर	न्यूयॉर्क (सं.रा.अमेरिका)
एटरनल सिटी (होली सिटी)	रोम
क्वेकर सिटी	फिलाडेल्फिया
चीन का शोक	ह्वांगहो नदी (पीली नदी)
निरंतर-बाही झरनों का शहर	क्विटो (इक्वेडोर)
शुगर बाऊल ऑफ द वर्ल्ड	क्यूबा
सात पहाड़ियों का नगर	रोम (इटली)
पर्ल ऑफ दी ऑरियण्ट	सिंगापुर
गार्डन सिटी	शिकागो
पूर्व का मोती	श्रीलंका
लैंड ऑफ मॉर्निंग काम	कोरिया
लैंड ऑफ थाउजेण्ड लेक्स	फिनलैंड
भूमध्यसागर का द्वार	जिब्राल्टर
लैंड ऑफ दी थाउजेंड एलीफैन्ट्स	लाओस
स्वर्णिम पैगोडा का देश	म्यांमार
सिटी ऑफ गोल्डन गेट	सैन फ्रांसिस्को
क्वीन ऑफ एड्रियाटिक	वेनिस (इटली)
पिलर्स ऑफ हरक्यूलिस	स्ट्रेट ऑफ जिब्राल्टर
श्वेत शहर	बेलग्रेड
पूर्व का मैनचेस्टर	ओसाका (जापान)
लिली का देश	कनाडा
होली लैंड	जेरूसलम (इजरायल)
सूर्योदय का देश	जापान
कॉकपिट ऑफ यूरोप	बेल्जियम

उपनाम	देश
आंसुओं का प्रवेश द्वार	बाब-अल-मंडब जलडमरूमध्य
लैंड ऑफ मिडनाइट सन	नार्वे
अरब सागर की रानी	कोच्चि (भारत)
लैंड ऑफ ह्वाइट एलीफैंट्स	थाइलैंड
दक्षिण का ब्रिटेन	न्यूजीलैंड
वेनिस ऑफ द वर्ल्ड	स्टॉकहोम (स्वीडन)
स्मारकों की नगरी	वियना (ऑस्ट्रिया)
पवनचक्कियों की भूमि	नीदरलैण्ड
आइलैंड ऑफ क्लोव्ज	जंजीवार (तंजानिया)
फॉरबिडन सिटी	ल्हासा (तिब्बत)
नील नदी का देश	मिस्र
एमराल्ड द्वीप	आयरलैंड
लैंड ऑफ थंडरवोल्ट	भूटान
मोतियों का द्वीप	बहरीन

नदियों के तट पर बसे विश्व के प्रमुख नगर

नगर	नदी
लन्दन (इंग्लैंड)	टेम्स
कैन्टन (चीन)	सीक्यांग
मास्को (रूस)	मस्कोवा
न्यूयार्क (सं.रा.अ.)	हडसन
बर्लिन (जर्मनी)	स्प्री
बेलग्रेड	डेन्यूब
पेरिस (फ्रांस)	सीन
बुडापेस्ट (हंगरी)	डेन्यूब
पर्थ (ऑस्ट्रेलिया)	स्वान
वाशिंगटन	पोटोमेक
बगदाद (इराक)	टाइग्रिस
वियाना (ऑस्ट्रिया)	डेन्यूब
आस्वान (मिस्र)	नील
टोकियो (जापान)	अराकावा
सेंट लुईस (अमेरिका)	मिसिसिपी
शंघाई (चीन)	यांग्टिसीक्यांग
रोम (इटली)	टाइबर
यंगून (म्यांमार)	इरावदी
प्राग	विंतावा
ओटावा (कनाडा)	सेंट लारेंस
सिडनी (ऑस्ट्रेलिया)	डार्लिंग
मैड्रिड (स्पेन)	मैजेनसेस
लिस्बन	टेगस
लिस्बन (पुर्तगाल)	टंगस
अंकारा (तुर्की)	किजिल
लाहौर (पाकिस्तान)	रावी
मॉण्ट्रियल (कनाडा)	सेंट लारेंस
कराची (पाकिस्तान)	सिंधु
बोन (जर्मनी)	राइन
डबलिन (आयरलैंड)	लीफें
काहिरा (मिस्र)	नील
दिल्ली (भारत)	यमुना
ब्यूनस आयर्स (अर्जेंटीना)	लाप्लाटा
शिकागो (सं.रा.अ.)	शिकागो
लिवरपुल (इंग्लैंड)	मर्सी
ब्रिस्टल (इंग्लैंड)	एवन्
बसरा (इराक)	दंजला एवं फरात
कीव (युक्रेन)	नीपर

विश्व के प्रमुख घास के मैदान

घास के मैदान	सम्बन्धित देश
पम्पास	अर्जेन्टीना
प्रेयरी	अमेरिका
वेल्ड	दक्षिण अफ्रीका
डाउन्स	ऑस्ट्रेलिया
केन्टरबरी	न्यूजीलैण्ड
स्टेपी	यूरेशिया

प्रमुख देशों में स्थानान्तरित कृषि

कृषि	देश
चेन्ना	श्रीलंका
हुमा	जावा
कैगिन	फिलीपीन्स
लैडान	इण्डोनेशिया एवं मलेशिया
रोका	ब्राजील
तमाराई	थाइलैण्ड
कोनुको	वेनेजुएला

✧✧✧✧✧

संयुक्त राष्ट्र संघ

स्थापना	:	24 अक्टूबर, 1945
संस्थापक सदस्य	:	50
मुख्यालय	:	न्यूयार्क
वर्तमान सदस्य संख्या	:	193 (इस संगठन का सदस्य बनने वाला अन्तिम देश दक्षिण सूडान है)।
ध्वज	:	ध्वज की पृष्ठभूमि हल्की नीली है और उस पर श्वेत रंग से राष्ट्र संघ का प्रतीक बना हुआ है।
कार्यकारी भाषाएँ	:	अंग्रेजी तथा फ्रेंच
अन्य मान्यता प्राप्त भाषाएँ	:	रशियन, अरबी, स्पेनिश तथा चीनी।

संयुक्त राष्ट्र संघ के लक्ष्य और उद्देश्य

संयुक्त राष्ट्र के कार्यों को तीन भागों में विभाजित किया जा सकता है, यथा–सुरक्षा, कल्याण और मानव अधिकार। संयुक्त राष्ट्र संघ के सदस्य-राष्ट्रों से चार कर्त्तव्यों के पालन की अपेक्षा की जाती है कि–(क) वे अपने विवादों को शांतिपूर्वक ढंग से निपटायेंगे, (ख) वे सैन्यबल का प्रयोग नहीं करेंगे, (ग) घोषणा-पत्र के पालन में सहायता करेंगे और (घ) आक्रामक की सहायता नहीं करेंगे। संयुक्त राष्ट्र संघ–जाति, भाषा, लिंग और धर्म का विचार किए बिना सब मनुष्यों के मानवीय अधिकारों को मान्यता देता है।

संयुक्त राष्ट्र संघ के प्रमुख अंग

प्रमुख अंग 6 हैं–**1.** साधारण महासभा, **2.** सुरक्षा परिषद्, **3.** आर्थिक व सामाजिक परिषद्, **4.** अंतर्राष्ट्रीय न्यायालय, **5.** प्रन्यास परिषद्, **6.** सचिवालय

प्रमुख अंतर्राष्ट्रीय संगठनों के मुख्यालय और स्थापना वर्ष

अंतर्राष्ट्रीय संगठन	मुख्यालय	स्थापना वर्ष
संयुक्त राष्ट्र संघ (UNO)	न्यूयार्क	1945
अंतर्राष्ट्रीय मुद्रा कोष (IMF)	वाशिंगटन डी.सी.	1945
विश्व स्वास्थ्य संगठन (WHO)	जेनेवा	1948
खाद्य एवं कृषि संगठन (FAO)	रोम	1945
अंतर्राष्ट्रीय श्रम संगठन (ILO)	जेनेवा	1919
यूनेस्को (UNESCO)	पेरिस	1946
अंतर्राष्ट्रीय न्यायालय	हेग	1945
विश्व डाक संघ (UPU)	बर्न	1874
अंतर्राष्ट्रीय नागरिक उड्डयन संगठन (ICAO)	मांट्रियल	1947

अंतर्राष्ट्रीय संगठन	मुख्यालय	स्थापना वर्ष
सं॰ रा॰ औद्यो॰ विकास संगठन (UNIDO)	वियना	1966
अंतर्राष्ट्रीय परमाणु ऊर्जा अभिकरण (IAEA)	वियना	1957
अंतर्राष्ट्रीय वित्त निगम (IFC)	वाशिंगटन डी.सी.	1956
सं॰ रा॰ विकास कार्यक्रम (UNDP)	न्यूयॉर्क	1965
यूनिसेफ (UNICEF)	न्यूयॉर्क	1946
अंतर्राष्ट्रीय समुद्री संगठन (IMO)	लंदन	1948
विश्व मौसम विज्ञान संगठन (WMO)	जेनेवा	1950
अंतर्राष्ट्रीय दूर संचार संघ (ITU)	जेनेवा	1865
अरब लीग	काहिरा	1945
राष्ट्रमंडल (Commonwealth)	लंदन	1931
विश्व व्यापार संगठन (WTO)	जेनेवा	1995
अंतर्राष्ट्रीय विकास संघ (IDA)	वाशिंगटन डी.सी.	1960
अंतर्राष्ट्रीय पुनर्निर्माण एवं विकास बैंक (विश्व बैंक) (IBRD)	वाशिंगटन डी.सी.	1944
विश्व बौद्धिक संपदा संगठन (WIPO)	जेनेवा	1967
मुस्लिम राष्ट्रों का संघ (OIC)	जेद्दा	1969
यूरोपियन संघ	ब्रुसेल्स	(1958 में स्थापित EEC का परिवर्तित रूप)
रेडक्रास	जेनेवा	1863
इंटरपोल (INTERPOL)	लियोन	1923
एशियाई विकास बैंक (ADB)	मनीला	1966
उत्तरी अटलांटिक संधि संगठन (NATO)	ब्रुसेल्स	1949
आसियान (ASEAN)	जकार्ता	1967
BRICS बैंक	शंघाई	2014
संयुक्त राष्ट्र व्यापार एवं विकास सम्मेलन (UNCTAD)	जेनेवा	1964
जी-15	जेनेवा	1989
दक्षेस (SAARC)	काठमांडू	1985

✧✧✧✧✧

भारत का भूगोल

प्रसिद्ध पर्वत शिखर

पर्वत शिखर	समुद्र तल से ऊंचाई (मीटर में)
1. K-2	8,611 पाकिस्तान के कब्जे में
2. कंचनजंगा	8,598
3. नंगा पर्वत	8,126
4. गशेर ब्रुम	8,068 पाकिस्तान के कब्जे में
5. ब्रॉड पीक	8,047 पाकिस्तान के कब्जे में
6. डिस्तगिल सर	7,885 पाकिस्तान के कब्जे में
7. माशेर ब्रुम (पूर्वी)	7,821
8. नंदा देवी	7,817
9. माशेर ब्रुम (पश्चिम)	7,806 पाकिस्तान के कब्जे में
10. राकापोशी	7,788 पाकिस्तान के कब्जे में

भारत के प्रमुख दर्रे

दर्रे	राज्य/केन्द्रशासित प्रदेश
काराकोरम	लद्दाख
माना	उत्तराखण्ड
जोजिला	लद्दाख
नीति	उत्तराखण्ड
पीरपंजाल	जम्मू-कश्मीर
नाथूला	सिक्किम
बनिहाल	जम्मू-कश्मीर
जैलेप्ला	सिक्किम
बुर्जिल	जम्मू-कश्मीर
बोम्डिला	अरुणाचल प्रदेश
शिपकी	हिमाचल प्रदेश
यांग्याप	अरुणाचल प्रदेश
रोहतांग	हिमाचल प्रदेश
दिफू	अरुणाचल प्रदेश
बड़ालाचा	हिमाचल प्रदेश
तुजु	मणिपुर
लिपुलेख	उत्तराखण्ड

पश्चिमी घाट के दर्रे

दर्रा	ऊं. (मी.)	स्थिति
थालघाट	580	नासिक एवं मुम्बई के बीच का संपर्क मार्ग
भोरघाट	520	मुम्बई एवं पुणे के बीच का संपर्क मार्ग
पालघाट	530	कोयंबटूर एवं कोचीन के बीच का संपर्क मार्ग
सिनकोट	280	तिरुवनंतपुरम एवं मदुरै के बीच का संपर्क मार्ग

प्रमुख जल–अन्तराल

नाम	अवस्थिति
8° चैनल	मालदीव व मिनीकॉय के मध्य
9° चैनल	लक्षद्वीप व मिनीकॉय के मध्य
10° चैनल	छोटा अंडमान व कारनिकोबार के मध्य
ग्रैण्ड चैनल	सुमात्रा (इंडोनेशिया) व निकोबार के मध्य
पाक स्ट्रेट	तमिलनाडु व श्रीलंका के मध्य
डुंकन पास	दक्षिण अंडमान व लघु अंडमान के मध्य
पाक खाड़ी	तमिलनाडु व श्रीलंका के मध्य
कोको स्ट्रेट	काको द्वीप (म्यांमार) व उ. अंडमान के मध्य
मन्नार खाड़ी	द.पू. तमिलनाडु व श्रीलंका के मध्य
लक्षद्वीप सागर	लक्षद्वीप व मालाबार तट के मध्य

भारत की महत्वपूर्ण झीलें

झीलें	राज्य/केन्द्रशासित प्रदेश
चिल्का	ओडिशा
कोलेरू, पुलीकट	आन्ध्र प्रदेश
लोकटक	मणिपुर
सुकना	चण्डीगढ़
लोनार	महाराष्ट्र
निजाम सागर	तेलंगाना
उमियम झील	मेघालय
नैनीताल, भीमताल	उत्तराखंड
वुलर, डल	जम्मू-कश्मीर
पुल्ह झील	उत्तर प्रदेश
अष्टमुदी	केरल
परशुराम कुण्ड	अरुणाचल प्रदेश
पोगांग शो	लद्दाख

भारत की प्रमुख नदियाँ

नदी	उद्गम	मुहाना	लम्बाई (किमी.)	विशेष तथ्य
सिन्धु	मानसरोवर झील (तिब्बत)	अरब सागर	3100 (भारत में 1114)	सतलज, रावी, व्यास, झेलम इसकी सहायक नदियाँ हैं। लद्दाख में यह नदी गिलगित गॉर्ज का निर्माण करती है।
सतलज	राक्षसताल	चिनाब	1450 (भारत में 1050)	भाखड़ा, नांगल व नाथपा झांकरी बाँध।
गंगा	गंगोत्री के पास गोमुख से	बंगाल की खाड़ी	2525	देव प्रयाग में भागीरथी अलकनंदा से मिलती है और संयुक्त धारा का नाम गंगा हो जाता है। फरक्का बाँध एवं भागीरथी पर टिहरी बाँध।
यमुना	यमुनोत्री के पास बंदरपूंछ से	गंगा	1376	चम्बल, बेतवा, केन सहायक नदियाँ हैं।
चम्बल	महूँ (जानपाव पहाड़ी)	यमुना	1050	गाँधीनगर, राणासागर तथा जवाहर सागर बाँध स्थित है।
गण्डक	धौलाधार पर्वत	गंगा	300	त्रिवेणी के पास बाँध
सोन	अमरकंटक पहाड़ी	गंगा	784	बाणसागर व रिहन्द बाँध
ब्रह्मपुत्र	मानसरोवर झील (तिब्बत)	बंगाल की खाड़ी	2900 (भारत में 916)	ब्रह्मपुत्र नदी अरुणाचल प्रदेश में दिहांग, तिब्बत में शांग-पो और बांग्लादेश में 'जमुना' के नाम से प्रसिद्ध।
नर्मदा	अमरकंटक	अरब सागर	1290	इंदिरा सागर, महेश्वर, सरदार सरोवर बाँध। डेल्टा के बजाएं एश्चुअरी बनाती है।
ताप्ती	मुलताई (बैतूल)	खम्भात की खाड़ी	720	काकरापार व ऊकाई बाँध/यह नदी डेल्टा के बजाए एश्चुअरी बनाती है।
महानदी	सिहावा के समीप	बंगाल की खाड़ी	890	हीराकुड, तिरकपाड़ा बाँध स्थित है, डेल्टा बनाती है।
कृष्णा	पश्चिमी घाट की पहाड़ी (महाबलेश्वर के पास)	बंगाल की खाड़ी	1290	शैलम तथा नागार्जुन सागर बाँध स्थित है। डेल्टा बनाती है।
गोदावरी	त्रयम्बक गाँव की पहाड़ी	बंगाल की खाड़ी	1450	दक्षिण की गंगा कहा जाता है। एनीकट बाँध स्थित है। डेल्टा बनाती है।
कावेरी	ब्रह्मगिरि की पहाड़ी	बंगाल की खाड़ी	760	शिवसमुद्रम जल प्रपात स्थित है। डेल्टा बनाती है।
तुंगभद्रा	कर्नाटक के पश्चिमी घाट	कृष्णा	331	कुमुदवती, वर्धा, मगारी आदि सहायक नदियाँ हैं।
माही	विन्ध्याचल पर्वत	खम्भात की खाड़ी	533	वनकवोरी बाँध।

भारत के महत्वपूर्ण जल प्रपात

जल प्रपात	ऊँचाई (मी.)	नदी	राज्य
कुंचिकल	455	वरही	कर्नाटक
शिवसमुद्रम	90	कावेरी	कर्नाटक
गरसोप्पा	260	शरावती	कर्नाटक
हुण्डरू	–	स्वर्णरेखा	झारखण्ड
केवटी	98	महाना	मध्य प्रदेश
रकीमकुण्ड	168	गायघाट	बिहार

नदियों के किनारे बसे प्रमुख नगर

नगर	नदी	नगर	नदी
दिल्ली	यमुना	गुवाहाटी	ब्रह्मपुत्र
आगरा	यमुना	जबलपुर	नर्मदा
बद्रीनाथ	अलकनंदा	कोटा	चम्बल
प्रयागराज	गंगा, यमुना	कटक	महानदी
हरिद्वार	गंगा	नासिक	गोदावरी
कानपुर	गंगा	श्रीरंगपट्टनम	कावेरी
पटना	गंगा	जौनपुर	गोमती
श्रीनगर	झेलम	हैदराबाद	मूसी
अयोध्या	सरयु	मथुरा	यमुना
सूरत	ताप्ती	जमशेदपुर	स्वर्णरेखा
कोलकाता	हुगली	भागलपुर	गंगा
लखनऊ	गोमती	वाराणसी	गंगा
उज्जैन	क्षिप्रा		

प्रमुख बहुउद्देशीय नदी घाटी परियोजनाएँ

परियोजना का नाम	नदी	लाभान्वित राज्य
दामोदर घाटी परियोजना	दामोदर	झारखंड, पश्चिम बंगाल
टिहरी बाँध परियोजना	भागीरथी	उत्तराखंड
नागार्जुन सागर परियोजना	कृष्णा	आन्ध्र प्रदेश, तेलंगाना
कोसी परियोजना	कोसी	बिहार तथा नेपाल
हीराकुड बाँध परियोजना	महानदी	ओडिशा
व्यास परियोजना	व्यास	राजस्थान, पंजाब, हरियाणा, हिमाचल प्रदेश
चम्बल परियोजना	चम्बल	राजस्थान, मध्य प्रदेश
मयूराक्षी परियोजना	मयूराक्षी	पश्चिम बंगाल
तुंगभद्रा परियोजना	तुंगभद्रा	आन्ध्र प्रदेश, कर्नाटक
गण्डक परियोजना	गण्डक	बिहार, नेपाल
फरक्का परियोजना	गंगा, भागीरथी	पश्चिम बंगाल
काकरापारा परियोजना	ताप्ती	गुजरात
नागपुर शक्तिगृह परियोजना	कोराडी	महाराष्ट्र
इन्दिरा गाँधी नहर परियोजना	सतलज	राजस्थान, पंजाब तथा हरियाणा
रिहन्द परियोजना	रिहन्द	उत्तर प्रदेश
महानदी डेल्टा परियोजना	महानदी	ओडिशा
कुण्डा परियोजना	कुण्डा	तमिलनाडु
इडुक्की परियोजना	पेरियार	केरल
कोयना परियोजना	कोयना	महाराष्ट्र
सतलज परियोजना	चिनाब	जम्मू-कश्मीर
रंजीत सागर बाँध परियोजना	रावी	पंजाब
नाथपा-झाकरी परियोजना	सतलज	हिमाचल प्रदेश
शरावती परियोजना	शरावती	कर्नाटक
नर्मदा सागर परियोजना	नर्मदा	मध्य प्रदेश, गुजरात
जवाहर सागर परियोजना	चम्बल	राजस्थान
तुलबुल परियोजना	झेलम	जम्मू कश्मीर
सरदार सरोवर परियोजना	नर्मदा	गुजरात, मध्य प्रदेश, महाराष्ट्र एवं राजस्थान
दुलहस्ती परियोजना	चिनाब	जम्मू-कश्मीर
तिलैया परियोजना	बराकर	झारखंड

कृषि क्रांतियाँ

क्रांति	क्षेत्र
हरित क्रांति	खाद्यान्न उत्पादन
लाल क्रांति	टमाटर उत्पादन
श्वेत क्रांति	दुग्ध उत्पादन
गोल क्रांति	आलू उत्पादन
भूरी क्रांति	उर्वरक उत्पादन
रजत क्रांति	अंडा उत्पादन
नीली क्रांति	मत्स्य उत्पादन
सुनहरी क्रांति	बागवानी उत्पादन
पीली क्रांति	तिलहन उत्पादन
गुलाबी क्रांति	झींगा उत्पादन

राष्ट्रीय उद्यान और अभयारण्य

वर्ष 2021 तक हमारे देश में 106 राष्ट्रीय उद्यान और 564 वन्यजीव अभयारण्य हैं। कुछ महत्त्वपूर्ण अभयारण्यों और उद्यानों के नाम नीचे दिए गए हैं।

- कान्हा राष्ट्रीय उद्यान (म.प्र.)
- शिवपुरी राष्ट्रीय उद्यान (म.प्र.)
- जलदापाड़ा अभयारण्य (प. बंगाल)
- काजीरंगा अभयारण्य (असम)
- मानस अभयारण्य (असम)
- हजारीबाग राष्ट्रीय उद्यान (झारखंड)
- पलामू राष्ट्रीय उद्यान (झारखंड)
- डालमा वन्य जीव अभयारण्य (झारखंड)
- सेमलीपाल राष्ट्रीय पार्क (ओडिशा)
- वनकटना वन्य जीव अभयारण्य (उ.प्र.)
- भरतपुर वन्य जीव अभयारण्य (राजस्थान)
- डर्राह वन्य जीव अभयारण्य (राजस्थान)
- कॉर्बेट राष्ट्रीय उद्यान (उत्तराखंड)
- चन्द्रप्रभा अभयारण्य (उ.प्र.)
- डाचीगाम अभयारण्य (जम्मू-कश्मीर)
- दुधवा राष्ट्रीय उद्यान (उ.प्र.)
- नन्दा देवी कस्तूरी मृग वन (उत्तराखंड)
- माउंट आबू वन्य जीव अभयारण्य (राजस्थान)
- रणथम्भौर वन्य जीव अभयारण्य (राजस्थान)
- सरिस्का क्रीड़ा अभयारण्य (राजस्थान)
- रंगथिट्टू पक्षी अभयारण्य (कर्नाटक)
- बांदीपुर अभयारण्य (कर्नाटक)
- डंडेली अभयारण्य (कर्नाटक)
- महावीर अभयारण्य (गोवा-कर्नाटक सीमा)
- पेरियार अभयारण्य (केरल)
- वेदान्त-गाल पक्षी अभयारण्य (तमिलनाडु)
- गिरि वन (गुजरात)
- बोरीवल्ली राष्ट्रीय उद्यान (महाराष्ट्र)
- मोलेम क्रीड़ा अभयारण्य (गोवा)
- कोट्टीगांव क्रीड़ा अभयारण्य (गोवा)
- नागजीरा वन्य जीव अभयारण्य (महाराष्ट्र)
- वान्धवगढ़ राष्ट्रीय उद्यान (मध्य प्रदेश)
- घाट प्रभा पक्षी अभयारण्य (कर्नाटक)
- खंगचन्दजेन्दा राष्ट्रीय उद्यान (सिक्किम)
- पेंच राष्ट्रीय उद्यान (महाराष्ट्र)
- रोहिया राष्ट्रीय उद्यान (हिमाचल प्रदेश)
- सुल्तानपुर सरोवर पक्षी अभयारण्य (हरियाणा)
- तोदोवा राष्ट्रीय उद्यान (महाराष्ट्र)
- मुदमलाई अभयारण्य (तमिलनाडु)
- नगर होल अभयारण्य (कर्नाटक)
- नाल सरोवर पक्षी अभयारण्य (गुजरात)
- बोंडला क्रीड़ा अभयारण्य (गोवा)
- तनसा झील वन्य जीव अभयारण्य (महाराष्ट्र)
- बनारघट्टा राष्ट्रीय उद्यान (कर्नाटक)
- ईराविकुलम राजमल्ली राष्ट्रीय उद्यान (केरल)

भारत के प्रसिद्ध पर्वतीय स्थल

स्थान	राज्य/केन्द्रशासित प्रदेश
अल्मोड़ा	उत्तराखंड
माउण्ट आबू	राजस्थान
चेरापूंजी	मेघालय
मसूरी	उत्तराखंड
कोडईकनाल	तमिलनाडु
नैनीताल	उत्तराखंड
डलहौजी	हिमाचल प्रदेश
ऊटकमंड	तमिलनाडु
दार्जिलिंग	पश्चिम बंगाल
पंचमढ़ी	मध्य प्रदेश
गुलमर्ग	जम्मू और कश्मीर
रानीखेत	उत्तराखंड
कसौली	हिमाचल प्रदेश
शिलांग	मेघालय
महाबलेश्वर	महाराष्ट्र
शिमला	हिमाचल प्रदेश

✧✧✧✧✧

रक्षा

भारत की रक्षा सेनाओं का सर्वोच्च कमाण्डर भारत का राष्ट्रपति होता है। भारत की सशस्त्र सेनाओं में तीन मुख्य सेवाएं हैं–थल सेना, नौ सेना और वायु सेना। तीनों सेनाओं के प्रमुख क्रमश: थल सेनाध्यक्ष, नौ सेनाध्यक्ष और वायु सेनाध्यक्ष होते हैं।

सेना में कमीशंड पद (Commissioned Ranks)

थल सेना

1. जनरल
2. लेफ्टिनेंट जनरल
3. मेजर जनरल
4. ब्रिगेडियर
5. कर्नल
6. लेफ्टिनेंट कर्नल
7. मेजर
8. कैप्टन
9. लेफ्टिनेंट

वायु सेना

1. एयर चीफ मार्शल
2. एयर मार्शल
3. एयर वाइस मार्शल
4. एयर कॉमोडोर
5. ग्रुप कैप्टन
6. विंग कमाण्डर
7. स्क्वाड्रन लीडर
8. फ्लाइट लेफ्टिनेंट
9. फ्लाइंग ऑफिसर

नौ सेना

1. एडमिरल
2. वाइस एडमिरल
3. रियर एडमिरल
4. कॉमोडोर
5. कैप्टन
6. कमाण्डर
7. लेफ्टिनेंट कमाण्डर
8. लेफ्टिनेंट
9. सब लेफ्टिनेंट

थल सेना कमाण्ड :

कमाण्ड	मुख्यालय
पश्चिमी कमाण्ड	चांडी मंदिर (चंडीगढ़)
पूर्वी कमाण्ड	कोलकाता
उत्तरी कमाण्ड	ऊधमपुर
दक्षिणी कमाण्ड	पुणे
मध्य कमाण्ड	लखनऊ
द.प. कमाण्ड	जयपुर
ट्रेनिंग कमाण्ड	शिमला

जल सेना कमाण्ड :

कमाण्ड	मुख्यालय
पूर्वी कमाण्ड	विशाखापट्टनम
दक्षिणी कमाण्ड	कोच्चि
पश्चिमी कमाण्ड	मुम्बई

वायु सेना कमाण्ड :

कमाण्ड	मुख्यालय
पूर्वी कमाण्ड	शिलांग
पश्चिमी कमाण्ड	नई दिल्ली
केन्द्रीय कमाण्ड	इलाहाबाद
दक्षिणी कमाण्ड	तिरुअनंतपुरम
द.-प. कमाण्ड	गांधीनगर
ट्रेनिंग कमाण्ड	बेंगलुरु
मेन्टेनेन्स कमाण्ड	नागपुर

थल सेना प्रशिक्षण संस्थान :

कमाण्ड	मुख्यालय
नेशनल डिफेन्स एकेडमी (NDA)	खड़कवासला
नेशनल डिफेन्स कॉलिज	नई दिल्ली
इंडियन मिलिट्री एकेडमी (IMA)	देहरादून
डिफेन्स सर्विस स्टाफ कॉलिज	विलिंग्टन
इन्फेनटरी स्कूल	महू
आर्म्ड सेण्टर	अहमदनगर
आर्टीलरी स्कूल	देवलाली

वायु सेना प्रशिक्षण संस्थान :

कमाण्ड	मुख्यालय
एयर फोर्स एडमिनिस्ट्रेटिव कॉलिज	कोयम्बटूर
एयर फोर्स एकेडमी	हैदराबाद
पैराटूपर ट्रेनिंग स्कूल	आगरा
एयर फोर्स टेक्निकल कॉलिज	जलाहली (बेंगलुरु)
एलीमेन्ट्री फ्लाइंग स्कूल	बिदर

नौ सेना प्रशिक्षण संस्थान :

कमाण्ड	मुख्यालय
आइ.एन.एस. चिल्का	भुवनेश्वर
आइ.एन., बेन्दुरथी	कोचीन
आइ.एन.एस. तसिरकार्स	विशाखापट्टनम
इण्डियन नेवल एकेडमी	कोचीन
आइ.एन.एस. शिवाजी	लोनावाला

आंतरिक सुरक्षा के संगठन

संगठन	स्थापना वर्ष	मुख्यालय
असम राइफल्स	1835	शिलांग
केन्द्रीय रिजर्व पुलिस बल	1939	नई दिल्ली
भारत-तिब्बत सीमा पुलिस	1962	नई दिल्ली
सीमा सुरक्षा बल (BSF)	1965	नई दिल्ली
केन्द्रीय औद्योगिक सुरक्षा बल	1969	नई दिल्ली
तट रक्षक बल	1978	नई दिल्ली
राष्ट्रीय सुरक्षा गार्ड	1984	नई दिल्ली

रक्षा स्टाफ प्रमुख (सीडीएस)

देश में उच्चतर रक्षा प्रबंधन में सुधार लाने के लिए सेवा प्रमुख समतुल्य वेतन और अतिरिक्त सुविधाओं वाले रक्षा स्टाफ प्रमुख (सीडीएस) का पद गठित किया गया है जो फोर स्टार वाले जनरल रैंक का है। रक्षा स्टाफ प्रमुख (चीफ ऑफ डिफेंस स्टाफ) रक्षा मंत्रालय में बनाये जाने वाले सैन्य मामलों के विभाग (डीएमए) के भी मुखिया होंगे और इसके सचिव के रूप में कार्य करेंगे। जनरल विपिन रावत ने 1 जनवरी, 2020 से 08 दिसम्बर, 2021 तक देश के प्रथम सीडीएस के रूप में कार्य किया।

◇◇◇◇◇

कला एवं साहित्य

भारत के प्रमुख चित्रकार एवं उनकी कृतियां

अवनीन्द्र नाथ टैगोर	शाहजहाँ का ताज को देखना, बुद्ध और सुजाता, कमल के पत्ते पर अश्रुकण, वन साम्राज्ञी, औरंगजेब का बुढ़ापा, भारतमाता आदि।
गगनेन्द्र नाथ टैगोर	माँ से विदा लेते चैतन्य, कल्कि अवतार आदि।
राजा रवि वर्मा	दुष्यन्त को प्रेम-पत्र लिखती शकुन्तला, नायर लेडी, शकुन्तला वियोग आदि।
नन्द लाल बोस	उमा की तपस्या, घायल बकरी को ले जाते भगवान बुद्ध, कृष्णार्जुन, उड़ीसा की एक दुकान, प्रणाम, बसन्त, गोपिनी आदि।
के॰ वेंकटप्पा	हनुमान द्वारा लंका दहन, स्वर्ण मृग, राम और मृग तृष्णा आदि।
जॉर्ज कीट	कृष्ण जन्म, कर्ण जन्म, यम मार्कण्डेय, निराभरण गोपियाँ आदि।
भवेश चन्द्र सन्याल	आश्रयहीन लड़की, गोल मार्केट के भिखारी आदि।
मनीषी डे	नारी-शृंगार, पनघट की ओर, बंगाली शरणार्थी।
अमृता शेरगिल	एलिफेन्ट्स बाथिंग इन ग्रीन पुल, हिल साईड, भारतीय लड़कियाँ आदि।
नारायण श्रीधर बेन्द्रे	स्टेशन पर यात्री, बुद्ध पूजा आदि।
देवी प्रसाद राय चौधरी	लेपचा कुमारी, भौटिया आदि।
शोभा सिंह	हीर-रांझा
सतीश गुजराल	काला चांद

संगीत

भारत में चार प्रकार के संगीत-साज मिलते हैं—तंतु या तार वाले, समीर या वायु वाले, अवनाद अथवा थाप से संचालित होने वाले और घन जिसमें घंटियाँ, मंजीरे, घड़ियाल आदि शामिल हैं। तंतु या तार वाले सामान्य साज हैं जैसे—वीणा, सितार, सारंगी, सरोद, दिलरुबा, इसराज, एकतारा, तानपुरा और मयूरी। वायु संचालित साज हैं शहनाई, बाँसुरी, नादस्वरम, निनकिर्नस और पोंगी। थाप अथवा संघात से संचालित होने वाले साज हैं: तबला, मृदंग, ढोलक, पखावज, घटाम तथा कंजीरा-मंजीरा। करतल, जल तरंग आदि अन्य भारतीय साज हैं। गायन के क्षेत्र में विष्णु नारायण भातखण्डे, बेगम अख्तर, बड़े गुलाम अली, हीराबाई बरोडकर, भीमसेन जोशी, केसरभाई केलकर, ओंकारनाथ ठाकुर, सिद्धेश्वरी देवी, त्यागराज, विष्णु दिगंबर पलुसकर, पंकज मलिक, एम.एस. सुब्बालक्ष्मी, पंडितं जसराज, गंगूभाई हंगल, मल्लिकार्जुन मंसूर, डागर बंधु, डी.के. जयरामन, के.जे. यशुदास, गुलाम मुस्तफा खान, कुमार गंधर्व, के.एल. वसंधा कुमारी, किशोरी अमोनकर, गिरिजा देवी, वी.के. नारायण स्वामी दीक्षित, तानसेन, श्यामा शास्त्री, स्वाति तिरूनल आदि साजपरक संगीत के कुछ दिग्गज कलाकार रहे हैं।

साजपरक संगीत के कुछ दिग्गज कलाकार निम्न हैं:–

बाँसुरी—हरि प्रसाद चौरसिया, पन्नालाल घोष, टी.आर. महालिंगम, एन. रमानी, विजय राघव राव, रघुनाथ सेठ, राजेन्द्र कुलकर्णी

जंजीरा—वी. नागराजन

घटाम—टी.एच. विनयाकरम

गिटार—पंडित विष्णु मोहन भट्ट, मोहन भट्ट, बृजभूषण कालरा, श्रीकृष्ण नलिन

हारमोनियम—पुरुषोत्तम वालावाकर, एम. धौलपुरी

मृदंग—पालघात आर. रघु, यू.एस. वर्मन

पखावज—गोविन्द राव, अनोखे लाल, कंठी महाराज

रूद्रवीणा—जिया मोहिउद्दीन डागर, असद अली खान

संतूर—शिव कुमार शर्मा, तरुण भट्टाचार्य

सितार—पंडित रविशंकर, बिलायत खान, देबू चौधरी, अब्दुल हलीम, जफर खान

सरोद—अली अकबर खान, अमजद अली खान, अलाउद्दीन खान, सरेन रानी, बज नारायण, मुकेश शर्मा, चंदन राय

शहनाई—बिस्मिल्ला खान, सुरबहार इमरत खान, दयाशंकर जगन्नाथ

वायलिन—लालगुडी जयारमण, एल. सुब्रह्मण्यम, एम.एस. गोपालकृष्णन, एस. सुब्रह्मण्यम, वी.जी. जोग, एन. राजन

तबला—अल्लारखा खां, गुदई महाराज, जाकिर हुसैन, लतीफ खाँ, किशन महाराज आदि।

नृत्य

- **भरतनाट्यम :** इस नृत्य शैली का ताल्लुक तमिलनाडु से है। यह कर्नाटक संगीत के साथ किया जाने वाला एकांतिक नृत्य है। अपने शुद्ध रूप में यह नृत्य शरीर की विभिन्न हलचलों, कोणों व घुमाव के जरिए लय-ताल का एक बेहतरीन नमूना पेश करता है।
- **ओडिसी :** इसकी उत्पत्ति ओडिशा में हुई है। यह नृत्य भरतनाट्यम के समानांतर है। 'गीत-गोविन्द' नामक काव्य की संरचना इस नृत्य शैली के काव्य तथा संगीत घटकों पर हावी रही है।
- **मणिपुरी :** यह मणिपुर का लयबद्ध नृत्य है। यह राधा-कृष्ण और गोपियों की अवधारणा के इर्द-गिर्द संकेद्रित रही है। नगाड़ों और मंजीरों पर बजने वाले कई प्रकार के ताल इस नृत्य के साथ-साथ चलते हैं।
- **कत्थक :** यह उत्तरी भारत का एक विशिष्ट शहरी नृत्य है। पूर्व में इसे दरबारों से जुड़ी नृत्य परंपरा के रूप में लिया जाता था। इस नृत्य के दौरान गायन चलता रहता है, मृदंग बजते रहते हैं तथा एक और कलाकार साज बजाता रहता है। कलाकारों का यह समूह सुर-ताल का आकर्षक नजारा पेश करता है।
- **कथकली :** यह केरल की शास्त्रीय नृत्य नाटिका है। अपने स्वरूप में यह नृत्य वर्णात्मक होने के बजाय नाट्यरूप में होता है। यह नृत्य महाकाव्यों के मिथकीय घटनाओं पर आधारित होता है जिसे अतिनाटकीय अंदाज में प्रस्तुत किया जाता है। नाटकीय कथा आँखों और भौहों के संचालन से, हाथों की भाव-भंगिमाओं से तथा शरीर के विशिष्ट संचालन से आगे बढ़ती है।
- **कुचिपुड़ी :** इस नृत्य का अभ्युदय आंध्र प्रदेश में हुआ माना जाता है। पारंपरिक रूप से यह नृत्य-नाटिका मंदिरों से संबद्ध रही है।

विभिन्न राज्यों के कुछ महत्वपूर्ण लोक-नृत्य :

- **महाराष्ट्र :** तमाशा, दही हण्डी, गोफ, दीपक, डिंडी
- **गुजरात :** गरबा, रासलीला, तिप्पनी, डांडिया
- **ओडिशा :** छऊ, माया शवरी, दलचाई
- **राजस्थान :** घूमर, कठपुतली, तेरा ताली
- **मध्य प्रदेश/छत्तीसगढ़ :** लोटा नृत्य, जवारा
- **हिमाचल प्रदेश :** दशहरा नृत्य, हिकत, नेतियो
- **पंजाब :** गिद्धा, भांगड़ा, पणिहारी
- **उत्तर प्रदेश/उत्तराखंड :** रासलीला, नौटंकी, थाली, धुरंग, झुमेला, हुड़का बोल, कजरी
- **नगालैण्ड :** बांस नृत्य, केदोहोह
- **असम :** बिहू, केली गोपाल, सतरिया
- **पश्चिम बंगाल :** कीर्तन, कालत्री, असुरबध, वृता, काली नाच
- **बिहार/झारखंड :** छऊ, मगही, दुर्गा नृत्य
- **तमिलनाडु :** तेरुकलथु, कबलतम, कर्गम, पुली वेशम
- **केरल :** मोहिनी अट्टम, पदायुनी
- **कर्नाटक :** यक्षगान, कुजीता, कोडवास
- **जम्मू-कश्मीर/लद्दाख :** दुम्हल, हिकत, चाकरी
- **त्रिपुरा :** हजागिरि
- **आंध्र प्रदेश/तेलंगाना :** डंडारिया, बंजारा, घण्टा मरदाला
- **गोवा :** गोडे मोदनी, ढकनी
- **मेघालय :** नोंगकरेम, बांग्ला
- **मणिपुर :** ढोल चोलम, बसंत रस
- **हरियाणा :** धमचाल, लहूर, भांगड़ा, गिद्दा
- **झारखंड :** सरहुल, सोहराई

शास्त्रीय नृत्य के कुछ प्रख्यात कलाकार :

- **भरतनाट्यम :** यामिनी कृष्णमूर्ति, रुक्मिणी देवी अरुण्डेल, स्वप्न सुन्दरी, सोनल मानसिंह, वैजयंती माला, मृणालिनी साराभाई, चंद्रलेखा, इंद्राणी, राम गोपाल, बाल सरस्वती
- **कथकली :** गोपीनाथ, के.के. नायर, कुंजुकुरुप, टी.के. चंदू, शांताराव, उदयशंकर
- **कुचिपुड़ी :** स्वप्न सुंदरी, राजा रेड्डी, राधा रेड्डी, शोभा नायर, वेदांतम सत्यनारायण, विम्पत्ति चिन्ना सत्यम
- **कत्थक :** बिरजू महाराज, गोपीकृष्ण, शंभू महाराज, सितारा देवी, उमा शर्मा, दुर्गा लाल, शोभना नारायण
- **मणिपुरी :** उदय शंकर, दरोहरा झावेरी, चैतम्बि सिंह, बिपिन सिंह, सूर्यमुखी
- **ओडिसी :** केलुचरण महापात्र, इंद्राणी रहमान, माधवी मुद्गल, प्रोतिमा बेदी, संयुक्ता पाणिग्रही, सोनल मानसिंह, देवू दास, प्रियवंदा मोहन्ती, मिनाती दास

✧✧✧✧✧

महत्वपूर्ण दिवस

दिवस	महत्व
9 जनवरी	प्रवासी दिवस
15 जनवरी	थल सेना दिवस
25 जनवरी	भारतीय पर्यटन दिवस
26 जनवरी	भारतीय गणतंत्र दिवस
30 जनवरी	शहीद दिवस, विश्व कुष्ठ निवारण दिवस (महात्मा गाँधी की पुण्य तिथि)
1 फरवरी	तटरक्षक दिवस, डाक जीवन बीमा दिवस
4 फरवरी	विश्व कैंसर दिवस
20 फरवरी	विश्व सामाजिक न्याय दिवस
21 फरवरी	विश्व मातृभाषा दिवस
22 फरवरी	पल्स पोलियो दिवस
28 फरवरी	राष्ट्रीय विज्ञान दिवस (रमन प्रभाव की स्मृति में)
8 मार्च	अन्तर्राष्ट्रीय महिला दिवस
15 मार्च	विश्व उपभोक्ता अधिकार दिवस, विश्व विकलांगता दिवस
21 मार्च	विश्व वानिकी दिवस, विश्व रंगभेद उन्मूलन दिवस
22 मार्च	विश्व जल दिवस
23 मार्च	शहीद दिवस, विश्व मौसम विज्ञान दिवस
24 मार्च	विश्व तपेदिक दिवस
7 अप्रैल	विश्व स्वास्थ्य दिवस
18 अप्रैल	विश्व विरासत दिवस
22 अप्रैल	विश्व पृथ्वी दिवस
1 मई	मई दिवस (अन्तर्राष्ट्रीय श्रम दिवस)
8 मई	विश्व रेडक्रॉस दिवस
9 मई	अन्तर्राष्ट्रीय थैलीसीमिया दिवस
11 मई	राष्ट्रीय प्रौद्योगिकी दिवस
24 मई	कॉमनवेल्थ दिवस
31 मई	धूम्रपान विरोध दिवस
1 जून	अन्तर्राष्ट्रीय बाल दिवस
5 जून	विश्व पर्यावरण दिवस
14 जून	वर्ल्ड ब्लड डोनर डे
20 जून	शरणार्थी दिवस
21 जून	विश्व योग दिवस
11 जुलाई	विश्व जनसंख्या दिवस
6 अगस्त	विश्व शांति दिवस, हिरोशिमा दिवस
10 अगस्त	अंतर्राष्ट्रीय युवा दिवस
29 अगस्त	राष्ट्रीय खेल दिवस
5 सितम्बर	शिक्षक दिवस
8 सितम्बर	विश्व साक्षरता दिवस
14 सितम्बर	हिन्दी दिवस
16 सितम्बर	विश्व ओजोन दिवस
21 सितम्बर	अन्तर्राष्ट्रीय शांति दिवस
27 सितम्बर	विश्व पर्यटन दिवस
2 अक्टूबर	गाँधी जयन्ती / अन्तर्राष्ट्रीय अहिंसा दिवस
3 अक्टूबर	विश्व पर्यावास दिवस
5 अक्टूबर	विश्व आवास दिवस
9 अक्टूबर	विश्व डाक दिवस
16 अक्टूबर	विश्व खाद्य दिवस
17 अक्टूबर	विश्व गरीबी उन्मूलन दिवस
20 अक्टूबर	राष्ट्रीय एकता दिवस, विश्व सांख्यिकी दिवस
14 नवम्बर	विश्व मधुमेह दिवस
19 नवम्बर	अन्तर्राष्ट्रीय नागरिक दिवस
26 नवम्बर	विश्व पर्यावरण संरक्षण दिवस
1 दिसम्बर	विश्व एड्स दिवस
10 दिसम्बर	अन्तर्राष्ट्रीय मानवाधिकार दिवस
18 दिसम्बर	अन्तर्राष्ट्रीय प्रवास दिवस
29 दिसम्बर	विश्व जैव विविधता दिवस

✧✧✧✧✧

खेल जगत

खेलों से जुड़ी शब्दावली

- **एथलेटिक्स:** ऐली, स्प्रॉम, बैटन, बेंड, ब्लाइंड पास, बॉक्स, सर्किल, क्लियरेंस, क्रासबार, हीट्स, फाल्स स्टार्ट, फ्लॉप स्टाइल, फाउल, हर्डलेस, लेन, लैप, डेकाथलॉन, हैप्टेथलॉन, मैराथन, पेंटाथलोन, स्क्रैच, शॉट पुट, स्प्रिंट, स्टार्टिंग ब्लॉक स्टेपल चेज, स्ट्रॅडल, टाई, जोन।

- **बैडमिंटन:** एश, एली, बैक हैण्ड, ब्लाक, कैरी, चैकिंग द स्मैस, कोर्ट, क्रास कोर्ट, डबल हिट, ड्राप शाट, फाल्ट, फोरहैण्ड, फ्रेम, गेम प्वाइंट, किल, लोब, लव, नेट, रैकेट, रैली, सर्व, शार्ट सर्व, शटल (बर्ड भी कहते हैं) साइड आउट, अंडर हैंड।

- **बेसबॉल:** आर्म थ्रोअर, एराउंड द हार्न, बल्क, बाल, बाल हॉक, बेस ओपन बेस रनर, बैट, बैटर, कैचर, काक्ड आर्म, क्रास फायर, डाउनर, होम, हाट कार्नर, इनफील्ड फ्लाई, की स्टोन सैक, लेट अप, पेग, पिंच हिटर, पॉपी, पंच, रबर, इनअप, सिंकर, स्लाइडर, थ्री फुट लाइन।

- **बास्केट बॉल:** बैक डोर, बैंग बोर्ड, बैंक शाट, बाउंस पास, चार्ज, चेस्ट पास, कार्नर प्लेयर, कट, डेड बॉल, डबल फाउल, ड्रिबल, फेक, फील्ड गोल, फाउल, फ्री थ्रो, गोल, हेल्ड बॉल, जम्प बॉल, पायवोट, रिवाइंड, रिस्ट्रेनिंग सर्कल, टी, टैक्नीकल फाउल, थ्रो इन।

- **बिलियर्डस एंड स्नूकर:** एंगल, राउण्ड द टेबल, बल्क, बॉल, ब्रेक, ब्रिज, केनन, क्यू बॉल, कॉप, फॉलो, हजार्ड, पाकेट, पॉट, पिरामिड, रेडबॉल, रेस्ट्स, रन, सेट अप, शार्ट स्विंग, टेबल।

- **बॉक्सिंग:** स्प्रॉन, अटैक, ब्लैक पेडल, बैक हैंड पंच, ब्लाकिंग, बोली, बाउट, बट, चॉप, कम्बीनेशन, कट, डाइव, एलबोइंग, फर्स्ट ब्लड, फ्लोर, फुल काउंट, ग्लोब्स, हीलिंग, होल्डिग, हुक, जब, माउथपीस, पंच, रिंग, स्कोरिंग, सेकेण्ड, स्पॉट, वार्निंग।

- **क्रिकेट:** ऑल राउण्डर, ऐशेज, बैकफुट, बेल्स, बॉल, बैट, बैटिंग, बैट्समैन, बीमर, बाउंसर, बाउण्ड्री, बॉलर, बॉलिंग क्रीज, बाई, कॉट एण्ड बोल्ड, कॉल, कैच, कॉट बिहाइंड, सेंचुरी, क्लीन बोल्ड, कवर प्वाइंट, क्रास बैट, कट, कटर, डेड बॉल, एक्स्ट्राज, फास्ट मीडियम, फॉलोआन, फ्रंट फुट, फुलटॉस, ग्लास, गुगली, गार्ड, गिल्ली, हाफ वॉली, हैट्रिक, हिट विकेट, हुक, इनस्वींगर, लेटकट, लेग ब्रेक, लेग साइड, मेडन, मिड ऑफ, मिड ऑन, मिड विकेट, नाइट वाचमैन, प्वांइट, ओपनर, ओवर, ओवर थ्रो, ओवर द विकेट, पिच, पुल-राउण्ड द विकेट, स्क्वायर कट, स्क्वायर लेग, स्वीप, टॉस, अम्पायर, विकेट कीपर, यार्कर।

- **गोल्फ:** एश, एड्रेस, एयर शॉट, एप्रोन, अवे, बॉल मार्क, ब्रिडी, बोगी, बाई, चिप, क्लब, कप, ड्राइव, ईगल, फ्लफ्फ, हाल्वड्, हैण्डीकैप, हजार्ड, होल, ऑनर, हुक, जिग्गर, लाई, पार, पिन, पुट, रन, स्लाइस, स्टांस, स्विंग, टी, वेज।

- **हॉकी:** बैकपास, बुली, कैरिंग द बॉल, सेंटर फारवर्ड, चार्जिंग, कार्नर, डी, डिफेंडर, ड्रिवलिंग, फ्लिक, फारवर्ड, फाउल, फ्रीहिट, फुल बैक्स, गोल, हाब्स, हिट, हुकिंग, इंटरसेप्टिंग, लांग कार्नर, शार्ट पेनल्टी स्ट्रोक, पुश, रिवर्स स्टिक, स्कूप, सिक्सटीन यार्ड हिट, स्टिक, स्ट्राइकिंग सर्कल, टैकलिंग, थ्रू पास, ट्रैपिंग, ट्वेन्टी फाइव यार्ड लाइन, अंडरकटिंग।

- **सॉकर:** बाईसाईकिल किक, बाड़ी सर्व, बाक्स या पेनल्टी एरिया, कैरिंग, चेस्टिंग, क्लीयरिंग, कार्नर किक, कार्नर फ्लैग, क्रास, क्रास ओवर, डी, डायरेक्ट फ्री किक, डाइव, डबल फाउल, ड्रिवल, ड्राप वॉल, एक्स्ट्रा टाइम, फिनिशिंग, फ्लैंक, फाउल, गोल किक, गोल पोस्ट, गोल्स, हॉफ वॉली, हैट्रिक, हैडिंग, इनडायरेक्ट फ्री किक, इंटरसेप्सन, किक ऑफ, लाइंस मैन, लिंक मैन, लोब, मार्किंग, न्यूटमैग, ऑफ साइड, पास, पेनल्टी स्पॉट, रिवर्स पास, सीजर्स किक, शैडो मार्किंग, साइड लाइंस, स्ट्राइकर, स्वीपर, टेंकल, थ्रोइन, ड्रिपिंग, विंगर, येलो कार्ड।

- **स्क्वैश:** एंगल, बोर्ड कोर्ट, कट लाइन, ड्राइव, फुट फाउल्ट, हॉफ कोर्ट लाइन, हैमर, हैंड इन, किल, निक, पेनल्टी प्वाइंट, रैली, सर्विस बाक्स, सेट, शार्ट लाइन, वॉली, वेल्स।

- **स्वीमिंग:** बैकस्ट्रोक, बटरफ्लाई, ब्रेस्ट स्ट्रोक, कैसल, क्राउल, फाल्स स्टार्ट, फ्री स्टाइल, किकिंग, लेग, मेडले रिले, पुल, टच।

- **टेबल टेनिसः** एश, बैकहैण्ड, शॉट, ब्लेड, ब्लॉक शॉट, ड्यूस, ड्राप शॉट, गेम, ग्रिप, रैली, सर्विस, स्मैश, टॉप स्पिन, रिवर्स सेंटर लाइन।
- **टेनिसः** एश, एडवांटेज, बैक कोर्ट, बैक हैण्ड, बॉल ब्वाय या बॉल गर्ल, ब्रेक, बाई, सेंट्रल लाइन, चिप, चाप, कोर्ट, डेड, ड्यूस, डबल फाल्ट, डाउन द लाइन, ड्राप शॉट, ड्राप वॉली, इरर, फेस या रैकेट, फाउल्ट, फोर कोर्ट, फ्रेम, गेम, गेम प्वाइंट,, ग्राउंड स्ट्रोक, लेट, लाइन बॉल, लोब, लव, मैच प्वाइंट, नेट, नेट बॉल, ओवर हैड, स्मैश, पासिंग शॉट, रैली रिटायर, रिटर्न, सर्व, सर्विस, सेट, सेटप्वाइंट, शार्ट बाल, स्मैश, स्ट्रोक, टॉस, अंडरहैंड, वॉली।
- **वॉलीबॉलः** एश, एड ऑन, बैकलाइन, ब्लॉक, बॉडी फाउल, कैरिंग द बॉल, चेस्टपास, कवर, क्रास कोर्ट शाट, ड्यूस, डिग,. डबल हिट, फुट फाउल्ट, गेम प्वाइंट, किल, हेल्ड, बॉल, मल्टीपल टचेज, नेट, ओवर नेट, प्वांइट, पावर सर्व, सर्व, सेट, साइड आउट, स्मैश, स्पाइकर टाइम आउट।

खेल के मैदान की माप

- **बैडमिंटन कोर्ट** : 20 फीट × 44 फीट (युगल); 17 फीट × 44 फीट (एकल)
- **बेसबॉल** : डायगोनल बेस में से निकटतम आधार के बीच की दूरी 90 फीट और 127 फीट 3 इंच होती है। पिचर के सर्किल और बॉलर के बीच 60½ फीट की दूरी होती है।
- **बास्केटबॉल कोर्ट** : 85 फीट × 46 फीट।
- **बिलियड्र्स टेबल** : 12 फीट × 6 फीट 1½ इंच।
- **बॉक्सिग रिंग** : 20 फीट वर्ग।
- **क्रिकेट** : दोनों विकेट 22 गज की दूरी पर होते हैं। बॉल का व्यास लगभग 9 से.मी. और वजन 5½ से 5¾ औंस होता है।
- **हैंडबाल कोर्ट** : 126 से 147 फीट लम्बा और 60 से 73 फीट चौड़ा।
- **हाकी का मैदान** : 100 गज × 55 गज।
- **रग्बी मैदान** : यह मैदान अंडाकार होता है जिसकी अधिकतम लम्बाई 150 से 200 गज और अधिकतम चौड़ाई 120 से 170 गज होती है।
- **रोविंग** : एकल नौका चालन हेतु नौका की लम्बाई 27 फीट और युगल के लिए 34 फीट होती है। कॉक्स्ड जोड़ा 35 फीट, काक्सलेस फोर 44 फीट, कॉक्स्ड फोर 45 फीट और कॉक्स्ड एट 62 फीट होता है।
- **फुटबॉल मैदान** : 100 से 130 गज लम्बा और 50 से 100 गज चौड़ा।
- **स्क्वैश कोर्ट** : 32 फीट × 21 फीट, कट लाइन 6 फीट का और टिन 19 इंच का होता है।
- **स्वीमिंग पुल** : 50 मीटर लम्बा।
- **टेबल टेनिस** : टेबल 9 फीट × 5 फीट का होता है तथा नेट की ऊंचाई 6 इंच होती है।
- **टेनिस कोर्ट** : एकल के लिए 78 फीट × 27 फीट और युगल के लिए 78 फीट × 36 फीट।
- **वालीबॉल कोर्ट** : 18 मीटर × 9 मीटर।
- **मैराथन दौड़** : 26 मील 385 गज।

ओलंपिक

प्राचीन काल में अपने नागरिकों को स्वस्थ एवं फिट बनाए रखने के लिए यूनानवासी प्रतियोगी खेल स्पर्द्धाओं का आयोजन करते थे। जौस देवता के सम्मान में प्रथम ओलम्पिक खेलों का आयोजन ओलम्पस माउंट में ईसा पूर्व 776 में किया गया था। इसके बाद 394 ईस्वी जबकि यूनानी सभ्यता का पतन हो गया, प्रत्येक 4 वर्षों के अंतराल के बाद ओलम्पिक खेलों का आयोजन किया जाता रहा। आधुनिक समय में फ्रांस के धनकुबेर पियरे डी कुबर्टिन ने आधुनिक खेलों को पुनर्जीवित किया। प्रथम आधुनिक ओलम्पिक खेल का आयोजन 1896 में एथेंस (यूनान) में किया गया। इसके बाद से विश्व युद्धों को छोड़कर प्रत्येक 4 वर्ष के अंतराल पर ओलम्पिक खेलों का आयोजन होता रहा है। ओलम्पिक खेलों का ध्वज श्वेत रंग का है जिस पर 5 रंगीन छल्ले बने हैं। प्रत्येक रिंग एक महादेश का प्रतिनिधित्व करता है। एक ही वर्ष में ग्रीष्मकालीन और शीतकालीन ओलंपिक खेलों का आयोजन किया जाता है।

वर्ष	ग्रीष्मकालीन ओलम्पिक (स्थल)
1896	एथेंस (यूनान)
1900	पेरिस (फ्रांस)
1904	सेंट लुईस (यूएसए)
1908	लंदन (ब्रिटेन)
1912	स्टॉकहोम (स्वीडन)
1920	एंटवर्प (बेल्जियम)
1924	पेरिस (फ्रांस)
1928	एम्सटर्डम (नीदरलैंड्स)
1932	लॉस एंजिल्स (यूएसए)
1936	बर्लिन (जर्मनी)
1948	लंदन (ब्रिटेन)
1952	हेलसिंकी (फिनलैण्ड)
1956	मेलबोर्न (ऑस्ट्रेलिया)
1960	रोम (इटली)
1964	टोकियो (जापान)
1968	मैक्सिको सिटी (मैक्सिको)
1972	म्यूनिख (जर्मनी)
1976	मांट्रियल (कनाडा)
1980	मास्को (यूएसएसआर)
1984	लॉस एंजिल्स (यूएसए)
1988	सियोल (दक्षिण कोरिया)
1992	बार्सिलोना (स्पेन)
1996	अटलांटा (अमेरिका)
2000	सिडनी (ऑस्ट्रेलिया)
2004	एथेंस (ग्रीस)
2008	बीजिंग (चीन)
2012	लंदन, (ब्रिटेन)
2016	रियो डि जनेरियो, ब्राजील
2020	टोक्यो, जापान (2021 में सम्पन्न)
2024	पेरिस, फ्रांस (प्रस्तावित)

एशियाई खेल

द्वितीय विश्व युद्ध के पश्चात् अनेकों एशियाई देशों ने स्वतंत्रता प्राप्त की। ओलंपिक खेलों की तर्ज पर प्रत्येक चार वर्षों बाद एशियाई खेलों के आयोजन की योजना बनायी गई। भारत ने 1951 में नई दिल्ली में प्रथम एशियाई खेलों का आयोजन किया।

वर्ष	आयोजन स्थल
1951	नई दिल्ली (भारत)
1954	मनीला (फिलीपींस)
1958	टोकियो (जापान)
1962	जकार्ता (इंडोनेशिया)
1966	बैंकाक (थाईलैण्ड)
1970	बैंकाक (थाईलैण्ड)
1974	तेहरान (ईरान)
1978	बैंकाक (थाईलैण्ड)
1982	नई दिल्ली (भारत)
1986	सियोल (दक्षिण कोरिया)
1990	बीजिंग (चीन)
1994	हिरोशिमा (जापान)
1998	बैंकाक (थाईलैण्ड)
2002	बुसान (दक्षिण कोरिया)
2006	दोहा (कतर)
2010	ग्वांगझो (चीन)
2014	इंचियोन (द. कोरिया)
2018	जकार्ता (इंडोनेशिया)
2022	हांगझाउ (चीन) (2023 में प्रस्तावित)

राष्ट्रमंडल खेल

राष्ट्रमंडल खेल भी प्रत्येक चार वर्ष बाद आयोजित किए जाते हैं उसी वर्ष में जिसमें एशियाई खेल आयोजित होते हैं। सभी राष्ट्रमंडल देश (ब्रिटेन के पूर्व उपनिवेश) इसमें भाग ले सकते हैं। प्रथम राष्ट्रमंडल खेल 1930 में हैमिल्टन (कनाडा) में आयोजित हुआ। 2022 में राष्ट्रमंडल खेलों का आयोजन बर्मिंघम (ब्रिटेन) में हुआ।

वर्ष	आयोजन-स्थल
1930	हेमिल्टन (कनाडा)
1934	लन्दन (ब्रिटेन)
1938	सिडनी (आस्ट्रेलिया)
1950	ऑकलैण्ड (न्यूजीलैण्ड)
1954	बैंकूवर (कनाडा)
1958	कारडिफ (ब्रिटेन)
1962	पर्थ (आस्ट्रेलिया)
1966	किंग्सटन (जमैका)
1970	एडिनबरा (स्कॉटलैण्ड)

वर्ष	आयोजन-स्थल
1974	क्राइस्ट चर्च (न्यूजीलैण्ड)
1978	एडमन्टन (कनाडा)
1982	ब्रिसबेन (आस्ट्रेलिया)
1986	एडिनबरा (स्कॉटलैण्ड)
1990	ऑकलैण्ड (न्यूजीलैण्ड)
1994	विक्टोरिया (कनाडा)
1998	क्वालालम्पुर (मलेशिया)
2002	मैनचेस्टर (ब्रिटेन)
2006	मेलबोर्न (आस्ट्रेलिया)
2010	नई दिल्ली (भारत)
2014	ग्लासगो (स्कॉटलैण्ड)
2018	गोल्ड कोस्ट (ऑस्ट्रेलिया)
2022	बर्मिंघम (ब्रिटेन)
2026	विक्टोरिया (आस्ट्रेलिया) में प्रस्तावित

पहले राष्ट्रमंडल खेल, जो 1930 में कनाडा के हैमिल्टन में आयोजित किये गये थे, को ''ब्रिटिश अम्पायर गेम'' के नाम से जाना गया। 1954 में इनका नाम बदलकर ''ब्रिटिश अम्पायर एण्ड कॉमनवेल्थ गेम्स'' कर दिया गया। 1970 में एक बार फिर इनका नाम परिवर्तन कर 'ब्रिटिश कॉमनवेल्थ गेम्स' किया गया। वर्ष 1978 से इन्हें कामनवेल्थ गेम्स अथवा राष्ट्रमंडल खेलों के नाम से जाना जा रहा है।

विश्व कप फुटबॉल : एक दृष्टि में

वर्ष	आयोजक देश	विजेता	उप-विजेता
1930	उरुग्वे	उरुग्वे	अर्जेन्टीना
1934	इटली	इटली	चेकोस्लोवाकिया
1938	फ्रांस	इटली	हंगरी
1950	ब्राजील	उरुग्वे	ब्राजील
1954	स्विट्जरलैंड	प. जर्मनी	हंगरी
1958	स्वीडन	ब्राजील	स्वीडन
1962	चिली	ब्राजील	चेकोस्लोवाकिया
1966	इंग्लैंड	इंग्लैंड	प. जर्मनी
1970	मैक्सिको	ब्राजील	इटली
1974	प. जर्मनी	प. जर्मनी	हालैंड
1978	अर्जेन्टीना	अर्जेन्टीना	हालैंड
1982	स्पेन	इटली	प. जर्मनी
1986	मैक्सिको	अर्जेन्टीना	प. जर्मनी
1990	इटली	प. जर्मनी	अर्जेन्टीना
1994	अमेरिका	ब्राजील	इटली
1998	फ्रांस	फ्रांस	ब्राजील
2002	जापान और दक्षिण कोरिया	ब्राजील	जर्मनी
2006	जर्मनी	इटली	फ्रांस
2010	दक्षिण अफ्रीका	स्पेन	नीदरलैंड
2014	ब्राजील	जर्मनी	अर्जेन्टीना
2018	रूस	फ्रांस	क्रोएशिया
2022	कतर	अर्जेन्टीना	फ्रांस

विश्व कप क्रिकेट : एक दृष्टि में

वर्ष	आयोजक देश	विजेता	उप-विजेता
1975	इंग्लैंड	वेस्टइंडीज	ऑस्ट्रेलिया
1979	इंग्लैंड	वेस्टइंडीज	इंग्लैण्ड
1983	इंग्लैंड	भारत	वेस्टइण्डीज
1987	भारत-पाकिस्तान	आस्ट्रेलिया	इंग्लैंड
1992	आस्ट्रेलिया, न्यूजीलैंड	पाकिस्तान	इंग्लैंड
1996	भारत, पाकिस्तान, श्रीलंका	श्रीलंका	आस्ट्रेलिया
1999	इंग्लैंड	आस्ट्रेलिया	पाकिस्तान
2003	दक्षिण अफ्रीका	आस्ट्रेलिया	भारत
2007	वेस्टइण्डीज	आस्ट्रेलिया	श्रीलंका
2011	भारत, बांग्लादेश, श्रीलंका	भारत	श्रीलंका
2015	आस्ट्रेलिया, न्यूजीलैंड	आस्ट्रेलिया	न्यूजीलैंड
2019	इंग्लैंड	इंग्लैंड	न्यूजीलैंड
2023	भारत में प्रस्तावित		

विश्व के प्रसिद्ध कप और ट्राफियाँ

- अमेरिकन कप — याच रेसिंग
- एशेज — क्रिकेट (इंग्लैंड बनाम आस्ट्रेलिया)
- कनाडा कप — गोल्फ (विश्व चैम्पियनशिप)
- कोलम्बो कप — सॉकर
- चैम्पियन ट्रॉफी — हॉकी (पुरुष) विश्व की 6 श्रेष्ठ टीमों के मध्य
- कोरबिलन कप — टेबल टेनिस (महिला) विश्व कप
- डेविस कप — लॉन टेनिस (पुरुष)
- डर्बी — घुड़ दौड़ (इंग्लैंड)

- जुल्स रिमेट कप — सॉकर—विश्व कप (पुरुष)
- किंग्स कप — एयर रेसेज (इंगलैंड)
- मर्डेका कप — सॉकर (पुरुष) (मलेशिया)
- प्रिंस ऑफ वेल्स कप — गोल्फ (इंगलैंड)
- रोथमेंस कप — क्रिकेट
- रायडर कप — गोल्फ (इंगलैंड)
- स्वेथलिंग कप — विश्व टेबल टेनिस (पुरुष)
- थॉमस कप — विश्व बैडमिंटन (पुरुष)
- टुंकु अब्दुल रहमान कप — बैडमिंटन
- उबेर कप — विश्व बैडमिंटन (महिला)
- वाकर कप — गोल्फ (इंगलैंड)
- विटमैन कप — लॉन टेनिस (महिला)
- विम्बलडन कप — लॉन टेनिस (इंगलैंड)

प्रसिद्ध खेल मैदान एवं उनसे सम्बन्धित खेल

खेल-मैदान	खेल	स्थान
इन्द्रप्रस्थ स्टेडियम	इन्डोर गेम	दिल्ली
जवाहरलाल नेहरू स्टेडियम	एथलेटिक्स	दिल्ली
अरुण जेटली स्टेडियम	क्रिकेट	दिल्ली
अम्बेडकर स्टेडियम	फुटबॉल	दिल्ली
शिवाजी स्टेडियम	हॉकी	दिल्ली
नेशनल स्टेडियम	हॉकी	दिल्ली
वानखेडे स्टेडियम	क्रिकेट	मुम्बई
ब्रेबोर्न स्टेडियम	क्रिकेट	मुम्बई
ईडन गार्डन	क्रिकेट	कोलकाता
ग्रीन पार्क स्टेडियम	क्रिकेट	कानपुर
कीनन स्टेडियम	क्रिकेट	जमशेदपुर
नेहरू (चेपक) स्टेडियम	क्रिकेट	चेन्नई
वाराबती स्टेडियम	क्रिकेट	कटक
इप्सम	डर्बी घुड़दौड	ब्रिटेन
हेडिंग्ले मानचेस्टर	क्रिकेट	ब्रिटेन
लार्ड्स, ओवल, लीड्स	क्रिकेट	ब्रिटेन
ब्लैक हीथ	रग्बी फुटबॉल	लन्दन
विम्बलडन	लॉन टेनिस	लन्दन
वेम्बले स्टेडियम	फुटबॉल	लन्दन
ब्रुकलैण्ड	फुटबॉल	इंगलैंड
टिबंकहम	रग्बी फुटबॉल	इंगलैंड
पटनी मार्टलेक	नौका दौड़	इंगलैंड
टेंट ब्रिज	क्रिकेट	इंगलैंड
एण्ट्री	घुड़दौड़	इंगलैंड
व्हाइट सिटी	कुत्तों की दौड	इंगलैंड
हरलिघम	पोलो	इंगलैंड
पर्थ, ब्रिस्बेन, मेलबोर्न	क्रिकेट	आस्ट्रेलिया
यांकी स्टेडियम	बॉक्सिंग	न्यूयार्क
ब्रूकलिन	बेसबॉल	न्यूयार्क
फोरस्ट हिल	टेनिस	न्यूयार्क
नरेन्द्र मोदी स्टेडियम	क्रिकेट	अहमदाबाद

✧✧✧✧✧

पुरस्कार एवं सम्मान

राष्ट्रीय पुरस्कार

भारत रत्न

यह भारत का सर्वोच्च असैनिक सम्मान है। यह कला, साहित्य, विज्ञान एवं खेलकूद के क्षेत्र में अतिविशिष्ट सेवाओं तथा सार्वजनिक क्षेत्र में उत्कृष्टतम योगदान के लिए प्रदान किया जाता है। सरकारी सेवाओं में लगे व्यक्तियों को यह पुरस्कार नहीं दिया जाता। निम्नलिखित व्यक्तियों को अब तक भारत रत्न से सम्मानित किया जा चुका है:

भारत रत्न से अलंकृत व्यक्ति

क्र.	नाम	वर्ष
1.	डा॰ एस॰ राधाकृष्णन	1954
2.	सी॰ राजगोपालाचारी	1954
3.	डा॰ सी॰वी॰ रमण	1954
4.	डा॰ भगवान दास	1955
5.	डा॰ एम॰ विश्वेश्वरैया	1955
6.	जवाहरलाल नेहरू	1955
7.	गोविन्द बल्लभ पन्त	1957
8.	डा॰ डी॰के॰ कर्वे	1958
9.	डा॰ विधानचंद्र राय	1961
10.	पुरुषोत्तम दास टंडन	1961
11.	डा॰ राजेन्द्र प्रसाद	1962
12.	डा॰ जाकिर हुसैन	1963
13.	डा॰ पाण्डुरंग वामन काणे	1963
14.	लालबहादुर शास्त्री*	1966
15.	इन्दिरा गांधी	1971
16.	वी॰वी॰ गिरि	1975
17.	के॰ कामराज*	1976
18.	मदर टेरेसा	1980
19.	आचार्य विनोबा भावे*	1983
20.	खान अब्दुल गफ्फार खां	1987
21.	एम॰जी॰ रामचन्द्रन*	1988
22.	डा॰ बी॰आर॰ अम्बेडकर*	1990
23.	डा॰ नेल्सन मण्डेला	1990
24.	मोरारजी देसाई	1991
25.	राजीव गांधी*	1991
26.	सरदार वल्लभभाई पटेल*	1991
27.	मौ॰ अबुल कलाम आजाद*	1992
28.	जे॰आर॰डी॰ टाटा	1992
29.	सत्यजीत रे	1992
30.	गुलजारी लाल नंदा	1997
31.	अरुणा आसफ अली*	1997
32.	डा॰ ए॰पी॰जे॰ अब्दुल कलाम	1998
33.	एम॰एस॰ सुब्बालक्ष्मी	1998
34.	सी॰ सुब्रहमण्यम	1998
35.	जयप्रकाश नारायण*	1999
36.	अमर्त्य सेन	1999
37.	पंडित रविशंकर	1999
38.	गोपी नाथ बारदोलाई	1999
39.	लता मंगेशकर	2001
40.	बिस्मिल्ला खान	2001
41.	भीमसेन जोशी	2009
42.	सचिन तेंदुलकर	2014
43.	सीएनआर राव	2014
44.	पं. मदन मोहन मालवीय*	2015
45.	अटल बिहारी वाजपेयी	2015
46.	नानाजी देशमुख*	2019
47.	भूपेन हजारिका*	2019
48.	प्रणब मुखर्जी	2019

* मरणोपरांत

पद्म विभूषण

यह अलंकरण सभी क्षेत्रों में उल्लेखनीय योगदान के लिए दिया जाता है। सरकारी सेवाओं में लगे व्यक्ति भी इसके पात्र माने जाते हैं।

पद्म भूषण

सभी क्षेत्रों में उल्लेखनीय योगदान के लिए यह उपाधि प्रदान की जाती है। सरकारी सेवाओं में रत व्यक्ति भी इसे पाने के हकदार हैं।

पद्म श्री

विविध क्षेत्रों में उत्तम कार्य करने के उपलक्ष्य में यह उपाधि प्रदान की जाती है। सरकारी सेवा में लगे लोगों को भी इस उपाधि से अलंकृत किया जा सकता है।

शौर्य पदक

परमवीर चक्र

शत्रु के समक्ष दृढ़ता से वीरता-प्रदर्शन के फलस्वरूप दिया जाने वाला यह सबसे बड़ा पुरस्कार है। यह अत्यन्त वीरतापूर्ण कार्य जल, थल तथा नभ में से किसी भी सेना के कर्मचारी द्वारा किये जाने पर दिया जाता है।

महावीर चक्र

यह दूसरा सर्वोच्च पदक है जो शत्रु के समक्ष अद्वितीय शौर्य प्रदर्शन के फलस्वरूप प्रदान किया जाता है। इस प्रकार का वीरतापूर्ण कार्य थल, जल एवं नभ सेनाओं में से किसी के भी द्वारा किया गया हो सकता है।

वीर चक्र

यह तीसरी श्रेणी का सेना पदक है जो शत्रु के समक्ष वीरता-प्रदर्शन करने के उपलक्ष्य में प्रदान किया जाता है। यह पदक जल, थल और नभ सेना के किसी भी वर्ग के कर्मचारी को वीरतापूर्ण कार्य के लिए प्राप्त हो सकता है।

अशोक चक्र

यह ऐसा पदक है जो जल, थल और नभ कहीं पर भी उत्कृष्ट वीरतापूर्ण कार्य करने अथवा आत्म-बलिदान होने के फलस्वरूप प्रदान किया जाता है। लेकिन इस प्रकार का काम शत्रु के समक्ष होना आवश्यक नहीं। गुणों के आधार पर इस पदक के तीन वर्ग हैं—प्रथम, द्वितीय तथा तृतीय। द्वितीय पदक का नाम कीर्ति चक्र तथा तृतीय पदक का नाम शौर्य चक्र है।

अन्य राष्ट्रीय पुरस्कार/सम्मान

ज्ञानपीठ पुरस्कार

यह पुरस्कार सांस्कृतिक एवं साहित्यिक संस्था 'भारतीय ज्ञानपीठ' द्वारा वर्ष 1965 से प्रदान किया जाता है। प्रत्येक वर्ष यह पुरस्कार संविधान की आठवीं अनुसूची में सम्मिलित 22 भारतीय भाषाओं और अंग्रेजी में से चयनित भारतीय लेखकों को प्रदान किया जाता है। इस पुरस्कार से पुरस्कृत साहित्यकार को 11 लाख रुपए नकद, एक स्मृति चिह्न, एक प्रशस्ति-पत्र तथा वाग्देवी (सरस्वती) की प्रतिमा प्रदान की जाती है।

दादा साहब फाल्के पुरस्कार

इस पुरस्कार की स्थापना भारतीय फिल्म उद्योग के संस्थापक दादा साहब फाल्के की याद में भारत सरकार के सूचना एवं प्रसारण मंत्रालय द्वारा की गई है। इस पुरस्कार की धनराशि 10 लाख रुपए है। अब तक इस पुरस्कार से सम्मानित कलाकार निम्नलिखित हैं—

पुरस्कार प्राप्तकर्ता	वर्ष
श्रीमती देविका रानी	1969
बी॰एन॰ सरकार	1970
पृथ्वीराज कपूर	1971
पंकज मलिक	1972
सुलोचना रूबीमायर	1973
बी॰ एन॰ रेड्डी	1974
धीरेन गांगुली	1975
कानन देवी	1976
नितिन बोस	1977
आर॰सी॰ बोराल	1978
सोहराब मोदी	1979
पी॰ जयराज	1980
नौशाद अली	1981
एल॰वी॰ प्रसाद	1982
दुर्गा खोटे	1983
सत्यजीत रे	1984
व्ही॰ शांताराम	1985
बी॰ नागी रेड्डी	1986
राजकपूर	1987
अशोक कुमार	1988
लता मंगेशकर	1989
ए॰ नागेश्वर राव	1990
भालजी पेंढारकर	1991
भूपेन हजारिका	1992
मजरूह सुल्तानपुरी	1993
दिलीप कुमार	1994
डॉ॰ राजकुमार	1995

पुरस्कार प्राप्तकर्ता	वर्ष
शिवाजी गणेशन	1996
प्रदीप जी (कवि, गीतकार)	1997
बी०आर० चोपड़ा	1998
ऋषिकेश मुखर्जी	1999
आशा भोंसले	2000
यश चोपड़ा	2001
देवानंद	2002
मृणाल सेन	2003
अडूर गोपालकृष्णन	2004
श्याम बेनेगल	2005
तपन सिन्हा	2006
मन्ना डे	2007
वी.के. मूर्ति	2008
डी. रामानायडू	2009
के. बालाचंदर	2010
सौमित्र चटर्जी	2011
प्राण	2012
गुलजार	2013
शशि कपूर	2014
मनोज कुमार	2015
के. विश्वनाथ	2016
विनोद खन्ना	2017
अमिताभ बच्चन	2018
रजनीकांत	2019
आशा पारेख	2020

जमनालाल बजाज पुरस्कार

यह पुरस्कार रचनात्मक सामाजिक कार्य क्षेत्र में महत्त्वपूर्ण योगदान, ग्रामीण विकास हेतु विज्ञान एवं प्रौद्योगिकी के उपयोग तथा महिलाओं एवं बच्चों के उत्थान व कल्याण कार्यों हेतु प्रदान किया जाता है। इन पुरस्कारों के तहत 10-10 लाख की पुरस्कार राशि अब प्रदान की जाती है।

सरस्वती सम्मान

15 लाख रु० का यह पुरस्कार उत्कृष्ट साहित्यिक कृति पर दिया जाता है।

व्यास सम्मान

के० के० बिड़ला फाउंडेशन द्वारा स्थापित यह पुरस्कार किसी एक साहित्यिक कृति को प्रदान किया जाता है। इसके तहत एक प्रशस्ति पत्र तथा 4 लाख रुपये की धनराशि प्रदान की जाती है।

मेजर ध्यानचंद खेल रत्न पुरस्कार

(पहले राजीव गांधी खेल रत्न पुरस्कार)

1992 में स्थापित यह पुरस्कार भारत सरकार द्वारा खेलों में सराहनीय प्रदर्शन करने वाले खिलाड़ियों को प्रदान किया जाता है। इसमें 25 लाख रुपये की धनराशि, एक पदक और एक प्रशस्ति पत्र प्रदान किया जाता है।

अर्जुन पुरस्कार

1961 में स्थापित यह पुरस्कार भारत सरकार द्वारा विभिन्न खेलों में विशेष उपलब्धि प्राप्त करने वाले खिलाड़ियों को प्रदान किया जाता है। इसमें अर्जुन की काँस्य प्रतिमा, प्रशस्ति पत्र तथा 15 लाख रुपये की धनराशि और समारोह परिधान प्रदान किया जाता है।

द्रोणाचार्य पुरस्कार

1985 में स्थापित यह पुरस्कार भारत सरकार द्वारा खेल प्रशिक्षकों द्वारा की गयी उत्कृष्ट सेवाओं के लिए प्रदान किया जाता है। यह पुरस्कार दो वर्गों आजीवन और नियमित में प्रदान किया जाता है। आजीवन वर्ग में 15 लाख रुपये तथा नियमित वर्ग में 10 लाख रुपये गुरु द्रोणाचार्य की प्रतिमा, प्रशस्ति पत्र, तथा समारोह परिधान प्रदान किया जाता है।

अंतर्राष्ट्रीय पुरस्कार

नोबेल पुरस्कार

इस पुरस्कार का प्रवर्तन सन् 1901 में डाइनामाइट के आविष्कारक अल्फ्रेड बर्नहर्ड नोबेल (1833-1896 ई०) द्वारा व्यक्त की गई इच्छा के परिणामस्वरूप किया गया था। नोबेल पुरस्कार प्रति वर्ष रसायन शास्त्र, भौतिकी, साहित्य, चिकित्सा, शान्ति-प्रोत्साहन और अर्थशास्त्र (अर्थशास्त्र के लिए यह पुरस्कार 1969 से दिया जाना शुरू किया गया) के क्षेत्र में दिये जाते हैं। निम्न भारतीय अब तक इस पुरस्कार से सम्मानित किए जा चुके हैं: *(i)* डॉ० रवीन्द्रनाथ टैगोर (1913) उनकी कृति 'गीतांजलि' के लिए, *(ii)* डा० सी० वी० रमन (1929) भौतिकी के लिए, *(iii)* मदर टेरेसा (1979) शान्ति के लिए, *(iv)* प्रो० अमर्त्य सेन (1998) अर्थशास्त्र के लिए और *(v)* कैलाश सत्यार्थी (2014) शान्ति के लिए। इसके अलावा भारतीय मूल के चार लोगों सुब्रमण्यन चंद्रशेखर (भौतिक विज्ञान), हर गोविंद खुराना (चिकित्सा विज्ञान), वेंकटरामन रामकृष्णन (रसायन विज्ञान) और अभिजीत बनर्जी (अर्थशास्त्र) को भी यह पुरस्कार मिल चुका है।

रेमन मैग्सेसे पुरस्कार

एशिया महाद्वीप का सबसे बड़ा पुरस्कार फिलीपीन्स के भूतपूर्व राष्ट्रपति की स्मृति में वर्ष 1957 से प्रदान किया जाता है। इसमें एक स्वर्ण पदक तथा पचास हजार डॉलर प्रदान किये जाते हैं। इसे एशिया का नोबेल पुरस्कार भी कहा जाता है।

शान्ति, निःशस्त्रीकरण व विकास के लिए इन्दिरा गांधी पुरस्कार

1986 में स्थापित यह पुरस्कार भारत सरकार द्वारा अन्तर्राष्ट्रीय शान्ति, निरस्त्रीकरण एवं विकास के क्षेत्र में उल्लेखनीय योगदान हेतु प्रदान किया जाता है। पुरस्कार राशि 25 लाख रुपये नगद व साथ में एक स्मृति-चिन्ह दिया जाता है।

महात्मा गांधी अन्तर्राष्ट्रीय पुरस्कार

एक करोड़ रु. की राशि का यह पुरस्कार भारत सरकार का सर्वोच्च असैनिक अन्तर्राष्ट्रीय पुरस्कार है जो 1995 में शुरू किया गया था। यह पुरस्कार अहिंसा के जरिए सामाजिक, आर्थिक और राजनीतिक परिवर्तन के लिए काम करने वाले व्यक्ति को दिया जाता है।

मैन बुकर पुरस्कार

ब्रिटेन की संस्था बुकर मैकोनल कंपनी एंड पब्लिशर्स एसोसियेशन के द्वारा यह पुरस्कार 1969 में स्थापित हुआ। यह प्रतिवर्ष किसी लेखक को अंग्रेजी भाषा की उत्कृष्ट रचना हेतु प्रदान किया जाता हैं। इसकी पुरस्कार राशि 50,000 पाउण्ड है।

ऑस्कर पुरस्कार

संयुक्त राज्य अमेरिका की 'नेशनल एकेडमी ऑफ मोशन पिक्चर आर्ट्स एण्ड साइंसेज' द्वारा फिल्म जगत का अत्यन्त प्रतिष्ठित यह पुरस्कार प्रतिवर्ष प्रदान किया जाता है।

अन्तर्राष्ट्रीय नेहरू पुरस्कार

भारत सरकार द्वारा 1964 में स्थापित यह पुरस्कार प्रत्येक वर्ष ऐसे व्यक्ति को प्रदान किया जाता है, जिसने विश्व में अन्तर्राष्ट्रीय सद्भावना और मित्रता का प्रसार करने में उल्लेखनीय भूमिका अदा की हो। वर्ष 1965 में पहला नेहरू सद्भावना पुरस्कार यू थांट (संयुक्त राष्ट्र संघ के तृतीय महासचिव) को प्रदान किया गया।

प्रमुख देशों के सर्वोच्च सम्मान

देश	सर्वोच्च सम्मान
भारत	भारत रत्न
पाकिस्तान	निशान-ए-पाकिस्तान
कुवैत	मुबारक अल कबीर पदक
सऊदी अरब	शाह अब्दुल अजीज पदक
अर्जेन्टीना	द ऑर्डर ऑफ सॉन मार्टिन
निकारागुआ	आगस्टोसीजर सैण्डिनो ऑर्डर
हंगरी	द ऑर्डर ऑफ वैनर
वियतनाम	द ऑर्डर ऑफ द गोल्डेन स्टार
ब्रिटेन	मेम्बर ऑफ ब्रिटिश एम्पायर, विक्टोरिया क्रॉस
जापान	ऑर्डर आफ मौलोवनिश सन
डेनमार्क	आर्डर ऑफ द डैने ब्रोग
फ्रांस	लेजेण्ड ऑफ ऑनर
अमेरिका	प्रेसिडेंशियल मेडल ऑफ फ्रीडम
जर्मनी	पोर ली मैरिट आयरन क्रॉस
नीदरलैण्ड्स	नीदरलैण्ड्स लॉयन

✧✧✧✧✧

सामान्य विज्ञान

विज्ञान की विविध शाखाएं

नाम	अध्ययन	नाम	अध्ययन
एरोनॉटिक्स	वैमानिकी का अध्ययन	फिलाटेली	टिकट संग्रह कला
एनाटोमी	मानव शरीर की रचना	हार्टीकल्चर	बागवानी
आर्कियोलॉजी	पुरातत्व अध्ययन	सीस्मोलॉजी	भूकंप का अध्ययन
एकॉस्टिक	ध्वनि से संबंधित अध्ययन	ऑस्टोलॉजी	हड्डियों का अध्ययन
एस्ट्रोनामी	खगोल अध्ययन	जेनेटिक्स	आनुवंशिकी का अध्ययन
एण्टोमोलॉजी	कीटाणुओं का अध्ययन	जूलॉजी	जन्तु विज्ञान
एस्ट्रोफिजिक्स	ग्रह-मंडल का अध्ययन	बायलॉजी	प्राणी विज्ञान
कैलिस्थेनिक्स	व्यायाम विद्या का अध्ययन	जिओलॉजी	भूगर्भ की बनावट का अध्ययन
क्रोनोलॉजी	ऐतिहासिक क्रम का अध्ययन	पैथॉलाजी	रोगों का अध्ययन
बॉटनी	वनस्पति का अध्ययन	फिजिक्स	भौतिक विज्ञान
केमिस्ट्री	रसायन का अध्ययन	बायोकेमिस्ट्री	प्राणी का रासायनिक अध्ययन
सेरामिक्स	चीनी के बर्तनों के निर्माण का अध्ययन	युजेनिक्स	नस्ल सुधार का अध्ययन
इकोलॉजी	जीव एवं पर्यावरण संबंधों का अध्ययन	एटिमोलॉजी	शब्द व्युत्पत्ति का अध्ययन
एन्टोमोलॉजी	कीट-पतंगों का अध्ययन		

आविष्कार और आविष्कारक

आविष्कार	आविष्कारक	देश	सन्
वायुयान	ओरविल और विलबर राइट	अमेरिका	1903
बॉल-पाइंट	जॉन जे॰ लाउड	अमेरिका	1888
बैरोमीटर	इवेंजलिस्ता टौरीसेली	इटली	1644
बाईसिकिल	कर्कपैट्रिक मैकमिलन	इंग्लैंड	1839-40
बाईफोकल लेंस	बेन्जामिन फ्रैंकलिन	अमेरिका	1780
बनसेन बर्नर	आर॰ विल्हेम वोन बनसेन	जर्मनी	1855
कार (पेट्रोल)	कार्ल बेन्ज	जर्मनी	1888
सीमेंट (पोर्टलैंड)	जोसेफ एस्पडिन	इंग्लैंड	1824
सिनेमा	निकोलस और जीन लूमियर	फ्रांस	1895
क्लॉक (मैकेनिकल)	आई.सिंग और लियांग लिंग-तसान	चीन	1725
डीजल इंजन	रूडोल्फ डीजल	जर्मनी	1895
डायनेमो	हाइपोलाइट पिक्सी	फ्रांस	1832
इलैक्ट्रिक लैम्प	थॉमस अल्वा एडिसन	अमेरिका	1879
सेफ्टी पिन	वाल्टर हन्ट	अमेरिका	1849
सिलाई मशीन	बार्थलेमी थिम्मोनियर	फ्रांस	1829
जहाज (भाप)	जे॰सी॰ पेरियर	फ्रांस	1775

जहाज (टरबाइन)	होन॰ सर सी॰ पारसंस	इंग्लैंड	1894
स्लाइड रूल	विलियम ऑग्ट्रेड	इंग्लैंड	1621
भाप का इंजन	जेम्स वॉट	इंग्लैंड	1765
स्टैनलेस स्टील	हेरि ब्रियरले	इंग्लैंड	1913
समुद्री जहाज	डेविड बुशनेल	अमेरिका	1776
टैंक	सर अर्नस्ट स्विनटन	इंग्लैंड	1914
टेलीग्राफ	एम॰ लम्मोंड	फ्रांस	1787
टेलीग्राफ कोड	सैमुअल एफ॰ बी॰ मोर्स	अमेरिका	1837
टेलीफोन (परफैक्टेड)	अलेक्जैण्डर ग्राहम बेल	अमेरिका	1876
टेलीस्कोप	हेन्स लिप्परशे	नीदरलैंड्स	1608
टेलीविजन (मैकेनिकल)	जे॰एल॰ बेयर्ड	इंग्लैंड	1926
टेलीविजन (इलेक्ट्रॉनिक)	पी॰टी॰ फार्न्सवर्थ	अमेरिका	1927
थर्मामीटर	गैलिलियो गैलिली	इटली	1593
ट्रांसफार्मर	माइकल फैराडे	इंग्लैंड	1831
ट्रांजिस्टर	बरडीन, शोकले तथा ब्राट्टेन	अमेरिका	1948
टाइपराइटर	पेलेग्रिन टेरी	इटली	1808
कपड़ा धोने की मशीन (विद्युत)	हर्ले मशीन कम्पनी	अमेरिका	1907
घड़ी	बारथोलोम्यू मैनफ्रेडी	इटली	1462

माप/तौल की इकाइयां

वॉट	बिजली की शक्ति की इकाई
ओम	विद्युत प्रतिरोध
हट्र्ज	तरंगों की आवृत्ति
डाइन	बल की सापेक्ष इकाई
कैलोरी	ऊष्मा की इकाई
कूलम्ब	विद्युत की मात्रा
एम्पियर	विद्युत धारा
नॉट	समुद्र पोतों की गति
बार	वायुमंडलीय दाब की इकाई
डेसीबल	सापेक्ष ध्वनि की तीव्रता
एंगस्ट्रम	प्रकाश तरंगों की लम्बाई
कैरेट	बहुमूल्य पत्थर की तौल
फैदम	समुद्र की गहराई की इकाई
न्यूटन	बल
कैन्डला	ज्योति तीव्रता
प्रकाश वर्ष	आकाश के ग्रहों आदि की दूरी की इकाई

चिकित्सा विज्ञान संबंधी आविष्कार

रफ-बैटिन	इन्सुलिन (डायबिटीज के उपचार के लिए)
ब्रह्मचारी यू.एन.	काल-ज्वर बुखार की चिकित्सा
डॉ. क्रिश्चियन बर्नार्ड	हृदय प्रत्यारोपण
जी. डोमाग	सल्फा ड्रग्स
राबर्ट कोच	हैजे का टीका
डॉ. पाल मुलर	डी.डी.टी.
आइजकमेन	बेरी-बेरी की चिकित्सा
आर्थर बर्ग तथा जेम्स वाटसन	आर.एन.ए.
जेम्स वाटसन तथा क्रिक	डी.एन.ए.
ड्रेसर	एस्प्रिन
रेबी	क्लोरोक्वीन (कुनैन)
हरगोविन्द खुराना	कृत्रिम जीन
फिनले	टेरामाइसिन
ल्यूवेनहॉक	बैक्टीरिया
रोबर्थ	टायफायड के जीवाणु
रीड	पीले बुखार की चिकित्सा
फिन्सेन	अल्ट्रा वायलेट रेंज द्वारा चिकित्सा
पाल एरिक	सिफलिस की चिकित्सा
सर अलेक्जेंडर फ्लेमिंग और फ्लोरे	पेन्सिलिन
विलियम हार्वे	रक्त परिवहन (संचरण)
कार्ल लैंडस्टीनर	रक्त-आधान

हैनीमेन	होम्योपैथी की स्थापना
फंक	विटामिन
मैकुलन	विटामिन 'ए'
मैकुलन	विटामिन 'बी'
यूजोक्ट होल्कट	विटामिन 'सी'
एफ.जी. हॉपकिन्स	विटामिन 'डी'
एडवर्ड जेनर	चेचक का टीका
राबर्ट कोच	टी.बी. की चिकित्सा
लेनेक	स्टेथॉस्कोप
लार्डजोसेफ लिस्टर	एण्टीसेप्टिक द्वारा चिकित्सा
लुई पाश्चर	हाइड्रोफोबिया की चिकित्सा
डॉ. रोनेल्ड रॉस	मलेरिया की चिकित्सा
डॉ. जोन्स इ. साल्क	एण्टी पोलियो वैक्सीन
सर जेम्स हैरीसन	क्लोरोफ़ार्म की खोज
वैक्समैन	स्ट्रेप्टोमाइसिन
हैनीमेन	होम्योपैथी

विटामिन की कमी से होने वाले रोग

विटामिन	रोग	स्रोत
विटामिन A	रतौंधी	गाजर, दूध, अंडा
विटामिन B_{12}	अरक्तता	कलेजी, अंडा
विटामिन B_1	बेरी-बेरी	दाल, अंडा, मूंगफली
विटामिन C	स्कर्वी	संतरा, टमाटर
विटामिन B_2	मुँह की त्वचा	कलेजी, दूध, मांस
विटामिन D	सूखा रोग	सूर्य का प्रकाश,
विटामिन B_6	एनीमिया और होंठ फटना	कलेजी, दूध, मांस मछली का तेल
विटामिन E	बांझपन	हरी सब्जियाँ, दूध, कलेजी
विटामिन B_3	पेलाग्रा	मछली, अंडा
विटामिन K	रक्त का थक्का जमने में कमी	हरी सब्जी

प्रमुख बीमारियों द्वारा प्रभावित अंग

बीमारी	प्रभावित अंग
निमोनिया	फेफड़े
टायफाइड	आँत
डिप्थीरिया	श्वसन नलिका
सिफलिस	जनन अंग
मेनिनजाइटिस	मस्तिष्क
आर्थ्राइटिस	जोड़ों की सूजन
एग्जीमा	चमड़ी
पीलिया	यकृत
अतिसार	आँत का अग्रभाग
सुजाक, श्वेत प्रदर	मूत्र मार्ग
प्लूरिसी	छाती
पायरिया	दाँत तथा मसूड़े
गठिया या ट्यूमैटिज्म	जोड़ों में
टिटनेस	तंत्रिका तंत्र, मांसपेशी
कुष्ठ	त्वचा, तंत्रिकाएं
हैजा	आँत, आहार नाल
रिकेट्स	हड्डियाँ
गोइटर (गण्डमाला)	थाइराइड ग्रंथि
काली खाँसी	श्वसन तंत्र
बॉट्यूलिज्म	तंत्रिका-तंत्र
एड्स	सम्पूर्ण शरीर
प्लेग	फेफड़े, लाल रक्त कणिकाएं
रेबीज या हाइड्रोफोबिया	तंत्रिका तंत्र
खसरा	सम्पूर्ण शरीर
कालाजार	रुधिर, प्लीहा व अस्थि मज्जा
हरपीस	त्वचा, श्लेष्मकला
क्षय रोग	शरीर का कोई भी अंग, विशेषकर फेफड़े
केटेरेक्ट, ग्लाइकोमा, ट्रेकोमा, मायोपिया	आँख
चेचक	सम्पूर्ण शरीर, विशेषकर चेहरा तथा हाथ-पैर

प्रमुख पाचक एन्जाइम एवं उनके कार्य

पाचक एन्जाइम	स्रोत	कार्य
टाइलिन	लार ग्रन्थि	स्टार्च का माल्टोस में परिवर्तन
एमाइलेज	लार ग्रन्थि, अग्न्याशय	पॉलीसैकेराइड का डाइसैकेराइड में परिवर्तन
पेप्सिन	आमाशय	प्रोटीन को पेप्टाइड खण्डों में तोड़ना
ट्रिप्सिन एवं काइमोट्रिप्सिन	अग्न्याशय	प्रोटीन एवं पॉलीपेप्टाइड को पेप्टाइड खण्डों में तोड़ना
लाइपेस	अग्न्याशय	ट्राइग्लिसराइड को वसीय अम्ल एवं मोनोग्लिसराइड में तोड़ना

मानव शरीर से सम्बन्धित महत्वपूर्ण तथ्य

तथ्य	स्थिति/मात्र
अस्थियों की कुल संख्या	206
सबसे छोटी अस्थि	स्टेपीज (मध्य कर्ण में)
सबसे लम्बी अस्थि	फीमर (जंघा में)
कशेरुकाओं की कुल संख्या	33
पेशियों की कुल संख्या	+639
सबसे लम्बी पेशी	सारटोरियस
बड़ी आँत की लम्बाई	1.5 मी (4.9 फीट)
छोटी आँत की लम्बाई	6.25 मी (20 फीट)
यकृत का भार (पुरुष में)	1.4-1.8 किग्रा
यकृत का भार (महिला में)	1.2-1.4 किग्रा
सबसे बड़ी ग्रन्थि	यकृत
सर्वाधिक पुनरुद्भवन की क्षमता	यकृत में
सबसे कम पुनरुद्भवन की क्षमता	मस्तिष्क में
शरीर का सबसे कठोर भाग	दाँत का इनेमल
सबसे बड़ी लार ग्रन्थि	पैरोटिड ग्रन्थि
शरीर का सामान्य तापमान	98.4°F (37°C)
शरीर में रुधिर की मात्रा	5.5 ली
हीमोग्लोबिन की औसत मात्रा (पुरुष में)	13.16 g/dl
हीमोग्लोबिन की औसत मात्रा (महिला में)	11.5-14 g/dl
श्वेत रुधिर कोशिकाओं (WBCs) की संख्या	5000-10000/cu mm
सबसे छोटी श्वेत रुधिर कोशिका	लिम्फोसाइट
सबसे बड़ी श्वेत रुधिर कोशिका	मोनोसाइट कोशिका
श्वेत रुधिर कोशिकाओं का जीवनकाल	120 दिन
लाल रुधिर कोशिकाओं (RBCs) का जीवनकाल	2-5 दिन
रुधिर का थक्का बनने का समय	3-6 मिनट
सर्वग्राही रुधिर वर्ग	AB
सर्वदाता रुधिर वर्ग	O
सामान्य रुधिर दाब	120/80 Hg
वयस्क में हृदय गति	72 बार प्रति मिनट

श्वसन अंग और उसके उदाहरण

श्वसन अंग	उदाहरण
फेफड़े	मनुष्य, मेंढक, पक्षी, छिपकली, पशु इत्यादि
त्वचा	मेंढक, केंचुआ
गिल्स	टैडपोल, मछली प्रॉन
श्वसन नाल	कीट
शरीर सतह	अमीबा, युग्लीना

जन्तु विज्ञान से सम्बन्धित महत्वपूर्ण तथ्य

विशेषता — **नाम**

- सबसे बड़ी स्तनी—**नीली व्हेल**
- सबसे विशाल स्थलीय स्तनी—**हाथी**
- सबसे बड़ी अस्थि—**फीमर (जंघा में)**
- सबसे बड़ा अण्डा—**शतुरमुर्ग**
- सबसे बड़ा शिरा—**इन्फीरियर वेना केवा**
- सबसे बड़ा स्थलीय पक्षी—**शतुरमुर्ग**
- विशालतम जीवित सरीसृप—**टर्टिल**
- विश्व में सबसे विषैला सर्प—**ऑस्ट्रेलिया का पेनिन्सुलर टाइगर सर्प**
- सबसे लम्बा स्तनी—**जिराफ**
- सबसे छोटी चिड़िया—**हमिंग बर्ड**
- दाँत रहित स्तनी—**चींटीखोर**
- शरीर का सबसे व्यस्त अंग—**यकृत**
- शरीर का सबसे भारी अंग—**यकृत**
- सबसे भारी कशेरुका—**लुम्बर**
- सबसे मजबूत पेशी—**जबड़े की पेशी**
- सबसे पुराना प्राइमेट—**लीमर**
- सबसे पुरानी स्तनी—***एकिडना***
- सबसे पुराना कपि—**गिब्बन**
- सबसे विषैला भारतीय सर्प—**किंग कोबरा**
- विषैली छिपकली—***हीलोडर्मा***
- विषैली मछली—**स्टोन मछली**
- अण्डा देने वाली स्तनी—***एकिडना,* डक बिल्ड प्लेटीपस**
- सबसे छोटा स्तनी—**छछुँदर**
- सबसे तेज दौड़ने वाला जन्तु—**चीता**
- सबसे बड़ा सर्प—**पाइथन**
- घोंसला बनाने वाला साँप—**किंग कोबरा**

✧✧✧✧✧

वस्तुनिष्ठ प्रश्नोत्तर

1. मोहनजोदड़ो और हड़प्पा के प्राचीन नगर अब कहाँ स्थित हैं?
A. भारत में B. पाकिस्तान में
C. बांग्लादेश में D. तिब्बत में

2. सिन्धु सभ्यता से प्राप्त मुहरें निम्नलिखित में से किससे बनी थीं?
A. लाजवर्द B. कांस्य
C. रजत D. स्टेटाइट

3. निम्नलिखित में से कौन-सा वेद गद्य एवं पद्य में रचित है?
A. ऋग्वेद B. यजुर्वेद
C. सामवेद D. अथर्ववेद

4. ऋग्वैदिककालीन आर्यों के युद्ध के देवता कौन थे?
A. मंगल B. इन्द्र
C. रुद्र D. शिव

5. महावीर स्वामी को किस स्थान पर ज्ञान प्राप्त हुआ?
A. ऋजुपालिका नदी के तट पर
B. पुनपुन नदी के तट पर
C. गंगा नदी के तट पर
D. कोसी नदी के तट पर

6. अशोक के अभिलेखों को पढ़ने का प्रथम श्रेय प्राप्त है–
A. विल्किन्स को B. विलियम जोन्स को
C. जेम्स विलियम को D. जेम्स प्रिंसेप को

7. किसने भारत में सर्वप्रथम स्वर्ण सिक्के को चलाया था?
A. कुषाण B. मौर्य
C. हिन्द यवन D. गुप्त

8. गुप्तकाल में प्रमुख गणितज्ञ एवं खगोलशास्त्री था–
A. वराहमिहिर B. आर्यभट्ट
C. रामानुजाचार्य D. उपर्युक्त सभी

9. निम्नलिखित का काल क्रम है–
1. हल्दीघाटी युद्ध
2. बैरम खाँ का पतन
3. असीरगढ़ की विजय
4. अबुल फजल की हत्या
A. 1, 2, 3, 4 B. 3, 2, 4, 1
C. 1, 4, 2, 3 D. 2, 4, 3, 1

10. विदेशी आक्रमणकारियों को ऐतिहासिक क्रम में लिखिए–
1. मुहम्मद-बिन-कासिम 2. मुहम्मद गोरी
3. महमूद गजनवी 4. चंगेज खाँ
A. 1, 3, 4, 2 B. 4, 3, 2, 1
C. 1, 3, 2, 4 D. 4, 2, 3, 1

11. किस शासक के दरबार में सर्वाधिक हिन्दू पदाधिकारी थे?
A. अकबर B. शाहजहाँ
C. जहाँगीर D. औरंगजेब

12. किस शासक ने सिंचाई कर लगाया था?
A. मुहम्मद तुगलक B. फिरोज तुगलक
C. अलाउद्दीन खिलजी D. सिकन्दर लोदी

13. कबीर की मृत्यु किस स्थान पर हुई?
A. प्रयाग B. काशी
C. मगहर D. मथुरा

14. अंग्रेजों ने सर्वप्रथम अपना व्यापारिक कारखाना लगाया था–
A. मुम्बई में B. हुगली में
C. सूरत में D. बंगलौर में

15. भारतीय राष्ट्रीय कांग्रेस के प्रथम मुस्लिम अध्यक्ष थे–
A. बदरुद्दीन तैयबजी
B. मौलाना अबुल कलाम आजाद
C. सर सैयद अहमद खाँ
D. मो. जिन्ना

16. ऑल इण्डिया ट्रेड यूनियन के प्रथम अध्यक्ष थे–
A. लाला लाजपत राय B. एम.एन. जोशी
C. स्वामी सदानन्द D. बाल गंगाधर तिलक

17. भारत में सर्वप्रथम टेलीग्राफ व्यवस्था प्रारम्भ हुई थी–
A. 1850 में B. 1853 में
C. 1854 में D. 1856 में

18. असहयोग आन्दोलन वापस ले लिया गया था–
A. रौलट एक्ट के बाद
B. प्रथम विश्व युद्ध के बाद
C. जलियाँवाला बाग हत्याकाण्ड के बाद
D. चौरी-चौरा घटना के बाद

19. क्रिप्स मिशन को किसने 'उत्तर तिथिय चैक' की संज्ञा दी?
A. महात्मा गांधी B. पं. जवाहर लाल नेहरू
C. राजेन्द्र प्रसाद D. मोतीलाल नेहरू

20. थियोसोफिकल सोसाइटी का अन्तर्राष्ट्रीय मुख्यालय है–
A. अड्यार B. सैनफ्रांसिस्को
C. न्यूयार्क D. जेनेवा

21. सत्यशोधक समाज की स्थापना किसने की थी?
A. गोपाल कृष्ण गोखले B. महादेव गोविन्द रानाडे
C. ज्योतिबा फूले D. गोपाल हरि देशमुख

22. तैमूर ने किसके शासनकाल में भारत पर आक्रमण किया था?
A. बलबन
B. इल्तुतमिश
C. फिरोजशाह तुगलक
D. नासिरुद्दीन महमूदशाह तुगलक

23. समुद्रगुप्त ने अपने दक्षिण अभियान में किस वेंगी शासक को हराया था?
A. नंदी वर्मन B. हस्ती वर्मन
C. देव वर्मन D. नीरू वर्मन

24. मुहम्मद-बिन-तुगलक द्वारा अपनाया गया सांकेतिक मुद्रा किस धातु का बना हुआ था?
A. कांसा B. पीतल और तांबा
C. चाँदी D. लोहा

25. अकबर के शासन काल में मुगल सेना का सेनापति कौन था?
A. राजा मान सिंह B. टोडरमल
C. भगवंत दास D. फकीर अजीउद्दीन

26. इनमें से दिल्ली के सिंहासन पर बैठने वाला पहला अफगान शासक कौन था?
A. सिकन्दर लोदी B. शेरशाह
C. बहलोल लोदी D. इनमें से कोई नहीं

27. महमूद गवाँ का सम्बन्ध निम्नलिखित में किस दक्षिण राज्य से था?
A. बीजापुर B. वारंगल
C. काकतीय D. बहमनी

28. राष्ट्रीय कांग्रेस ने किस वर्ष "पूर्ण स्वराज्य" का प्रस्ताव पारित किया?
A. 1929 में B. 1916 में
C. 1924 में D. 1930 में

29. कांग्रेस तथा मुस्लिम लीग के बीच लखनऊ समझौता कब हुआ था?
A. 1906 में B. 1916 में
C. 1924 में D. 1929 में

30. सुभाष चन्द्र बोस के राजनीतिक गुरु कौन थे?
A. चित्तरंजन दास B. अरविन्द घोष
C. महात्मा गांधी D. बाल गंगाधर तिलक

31. पाकिस्तान के प्रथम प्रधानमंत्री कौन थे?
A. मुहम्मद अली जिन्ना
B. लियाकत अली खाँ
C. फीरोज खाँ नून
D. मौलाना मुहम्मद अली

32. भारतीय स्वतंत्रता के समय ब्रिटेन का प्रधानमंत्री कौन था?
A. लॉर्ड एटली B. विंस्टन चर्चिल
C. रैम्से मैक्डोनाल्ड D. रॉबर्ट वॉलपोल

33. 15 अगस्त, 1947 से 26 जनवरी, 1950 तक भारत का राजनीतिक दर्जा क्या था?
A. ब्रिटिश उपनिवेश
B. ब्रिटिश न्यास क्षेत्र
C. ब्रिटिश संरक्षण प्रदेश
D. ब्रिटिश राष्ट्रमंडल का एक अधिराज्य

34. किस वायसराय ने 1878 में भारतीय भाषाओं के समाचार-पत्रों पर अंकुश लगाया था?
A. लॉर्ड रिपन B. लॉर्ड नार्थबुक
C. लॉर्ड लिटन D. लॉर्ड एलगिन

35. निम्नलिखित में से किस अधिवेशन में राष्ट्रीय कांग्रेस के नरम एवं गरम दलों का पुनः विलय हो गया?
A. लाहौर (1929) B. पुणे (1917)
C. लखनऊ (1916) D. मद्रास (1915)

36. मुस्लिम लीग द्वारा "प्रत्यक्ष कार्यवाही दिवस" कब मनाया गया था?
A. 24 मार्च, 1946 B. 30 मार्च, 1946
C. 17 जून, 1946 D. 16 अगस्त, 1946

37. सिन्धु घाटी सभ्यता के लोग किस धातु से परिचित नहीं थे?
A. लोहा B. चाँदी
C. ताँबा D. सोना

38. सिन्धु घाटी सभ्यता का वह नगर कौन-सा है जहाँ बृहत् स्नानागार (Great Bath) के अवशेष मिले हैं?

A. लोथल
B. मोहनजोदड़ो
C. कालीबंगा
D. हड़प्पा

39. विक्रम संवत् कब-से प्रारम्भ हुआ?

A. 38 ई.पू.
B. 58 ई.पू.
C. 78 ई.पू.
D. 87 ई.पू.

40. पंचमार्क सिक्के सर्वाधिक रूप से किस धातु के बने थे?

A. सोना
B. चाँदी
C. ताँबा
D. काँच

41. निम्नलिखित में से कौन-सा ग्रह सबसे कम समय में सूर्य का चक्कर लगाता है?

A. शुक्र
B. बुध
C. पृथ्वी
D. शनि

42. पृथ्वी के अलावा किस आकाशीय पिंड पर जीवन की सम्भावना है, क्योंकि वहाँ का पर्यावरण जीवन के लिए अनुकूल है–

A. बृहस्पति
B. मंगल
C. यूरोपा-बृहस्पति का चन्द्रमा
D. चन्द्रमा-पृथ्वी का चन्द्रमा

43. दो ग्रह जिनके उपग्रह नहीं हैं, वे हैं–

A. पृथ्वी एवं बृहस्पति
B. बुध एवं शुक्र
C. बुध एवं शनि
D. शुक्र एवं मंगल

44. मानक समय क्या होता है?

A. किसी देशान्तर का सूर्य के अनुसार समय
B. ग्रीनविच औसत का समय
C. देश के लगभग बीच से गुजरने वाले देशान्तर का स्थानीय समय
D. उपर्युक्त में से कोई नहीं

45. रात और दिन होने की प्रक्रिया में कौन-सा तथ्य सही है?

A. पृथ्वी का अक्ष का 66½° अंश का झुका होना
B. पृथ्वी का सूर्य के चारों ओर परिक्रमणं
C. पृथ्वी का अपनी (अक्ष) धुरी पर घूमना
D. उपर्युक्त में से कोई नहीं

46. ओजोन पर्त अवस्थित है–

A. क्षोभमंडल में
B. क्षोभसीमा में
C. समतापमंडल में
D. प्रकाशमंडल में

47. विली-विली है–

A. एक प्रकार का वृक्ष जो शीतोष्ण कटिबंध में उगता है
B. एक प्रकार की हवा जो मरुस्थल में चलती है
C. उत्तर-पश्चिम आस्ट्रेलिया का उष्णकटिबंधीय चक्रवात
D. लक्षद्वीप समूह के निकट सामान्यतः पाई जाने वाली मछली का एक प्रकार

48. चावल की खेती के लिए आदर्श जलवायु परिस्थितियाँ हैं–

A. 100 सेमी. से ऊपर वर्षा और 25°C से ऊपर ताप
B. फसल की पूरी अवधि के लिए ठण्डी और नम जलवायु
C. 100 सेमी. से कम वर्षा व 25°C से कम ताप
D. पूरी फसल अवधि में कुछ गरम और शुष्क जलवायु

49. सदाबहार वर्षा वन पाए जाते हैं–

A. आस्ट्रेलिया में
B. ब्राजील में
C. कनाडा में
D. फ्रांस में

50. सूची-I तथा सूची-II को सुमेलित कीजिए तथा सूचियों के नीचे दिए गए कूट का प्रयोग कर सही उत्तर चुनिए–

सूची-I (अग्रणी उत्पादक देश)	**सूची-II (पदार्थ)**
(*a*) चीन	1. प्राकृतिक रबड़
(*b*) भारत	2. दूध
(*c*) सऊदी अरब	3. लौह-अयस्क
(*d*) थाइलैण्ड	4. पेट्रोलियम

कूट :

	(*a*)	(*b*)	(*c*)	(*d*)
A.	1	2	3	4
B.	4	3	2	1
C.	3	2	4	1
D.	2	3	1	4

51. किस घास के मैदान में वृक्ष नहीं पाए जाते हैं?

A. लैनॉस
B. पम्पास
C. सवाना
D. स्टेपी

52. माओरी जनजाति का निवास स्थान है–

A. इंग्लैण्ड
B. न्यूजीलैण्ड
C. ग्रीनलैण्ड
D. आयरलैण्ड

53. क्षेत्रफल की दृष्टि से भारत का सबसे बड़ा राज्य है–

A. बिहार
B. पंजाब
C. राजस्थान
D. उत्तर प्रदेश

54. पश्चिमी घाटों के मालाबार तट पर स्थित माहे निम्नलिखित में से किसका भाग है?

A. केरल　B. महाराष्ट्र
C. पुदुचेरी　D. तमिलनाडु

55. निम्नलिखित में से कहाँ प्राचीन चट्टानें पाई जाती हैं?

A. अरावली　B. हिमालय
C. शिवालिक　D. उपर्युक्त सभी

56. भारत में 'मरुस्थल की राजधानी' किसे कहते हैं?

A. उदयपुर　B. जैसलमेर
C. जयपुर　D. पालामऊ

57. 'मानसून प्रस्फोट' से क्या तात्पर्य है?

A. वर्षा की कृत्रिम वैज्ञानिक प्रक्रिया
B. आकाश में बादलों का गलत सघन रूप में आच्छादित होना
C. मेघाच्छन्न मौसम, जिसमें एक लम्बे समय तक वर्षा होती रहे
D. मानसून के समय विद्युत चमकने, बादल गरजने के साथ तीव्र मूसलाधार वर्षा

58. भारत में उगाई जाने वाली अधिकतर कॉफी की किस्म है–

A. ओल्ड चिक्स　B. कुर्गूस
C. अरेबिका　D. केन्ट्स

59. सूची-I को सूची-II से सुमेलित कीजिए तथा सूचियों के नीचे दिए गए कूट का प्रयोग कर सही उत्तर चुनिए–

सूची-I	**सूची-II**
(*a*) कोयम्बटूर	1. तेलशोधन
(*b*) राउरकेला	2. रेल डिब्बा
(*c*) कपूरथला	3. लौह-इस्पात
(*d*) बरौनी	4. सूती वस्त्र

कूट :

	(*a*)	(*b*)	(*c*)	(*d*)
A.	4	3	2	1
B.	1	2	3	4
C.	2	3	4	1
D.	4	2	3	1

60. 'दचिगाम अभयारण्य' स्थित है :

A. जम्मू-कश्मीर में
B. महाराष्ट्र में
C. हिमाचल प्रदेश में
D. उत्तराखण्ड में

61. सड़कों की कुल लम्बाई का सर्वाधिक हिस्सा निम्नलिखित में से किस प्रांत में है?

A. पंजाब　B. महाराष्ट्र
C. उत्तर प्रदेश　D. बिहार

62. भारत का सुदूर दक्षिण-बिन्दु कौन है?

A. कन्याकुमारी
B. लक्षद्वीप
C. रामेश्वरम्
D. ग्रेट निकोबार स्थित इंदिरा प्वाइंट

63. 'हजार झीलों की भूमि' किसे कहा जाता है?

A. स्वीडन　B. फिनलैण्ड
C. डेनमार्क　D. फ्रांस

64. नागार्जुन सागर बाँध किस नदी पर बनाया गया है?

A. कृष्णा (आन्ध्र प्रदेश)
B. गोदावरी (महाराष्ट्र)
C. कृष्णा (कर्नाटक)
D. गोदावरी (गुजरात)

65. निम्नलिखित में से किस प्रदेश में काली मिट्टी वाले क्षेत्र में सबसे अधिक खेती होती है?

A. बिहार　B. उत्तर प्रदेश
C. महाराष्ट्र　D. गुजरात

66. भू-वैज्ञानिकों की दृष्टि में भारत में सबसे पुरानी पर्वतमालाएँ कौन-सी हैं?

A. विन्ध्य　B. सतपुड़ा
C. हिमालय　D. अरावली

67. निम्नलिखित में से कौन-सी नदी समुद्र में नहीं मिलती है?

A. गंगा　B. यमुना
C. नर्मदा　D. गोदावरी

68. मानसून निवर्तन से अधिकतम वर्षा कहाँ पर होती है?

A. मुम्बई　B. चेन्नई
C. दिल्ली　D. कोलकाता

69. प्राचीन भारतीयों को वर्मा (म्यांमार) किस नाम से ज्ञात था?

A. सुवर्णभूमि　B. सुवर्णद्वीप
C. यवद्वीप　D. मलयमण्डलम्

70. चीन का शोक है:

A. लिन पियाओ　B. सिकियांग
C. ह्वांगहो　D. सैंग हो

71. चाय की खेती निम्नलिखित में से किसका उदाहरण है?
A. बृहत् (Extensive) कृषि
B. सघन (Intensive) कृषि
C. जीविकोपार्जन (Subsistence) कृषि
D. रोपण (Plantation) कृषि

72. मानचित्र में समुद्र तल से समान ऊँचाई वाले स्थानों को दर्शाने वाली रेखाओं को कहते हैं–
A. आइसोनेफ B. कंटूर रेखा
C. आइसोबार D. आइसोहेल

73. ब्राजील स्थित अमेजन बेसिन के वन कहलाते हैं–
A. पम्पास B. सेल्वास
C. कैम्पोस D. लानोस

74. किस महासागर में द्वीपों की संख्या सर्वाधिक है?
A. प्रशान्त महासागर में
B. हिन्द महासागर में
C. उत्तरी अटलाण्टिक महासागर में
D. दक्षिण अटलाण्टिक महासागर में

75. लूनी नदी किस राज्य में प्रवाहित होती है?
A. महाराष्ट्र B. बिहार
C. पंजाब D. राजस्थान

76. सम दिवारात्रि (Equinox) कब होता है?
A. 21 जून
B. 22 दिसम्बर
C. 21 मार्च एवं 22 सितम्बर
D. 21 जून एवं 22 दिसम्बर

77. दक्षिणी अमरीका के वृक्ष रहित घास के मैदान को क्या कहते हैं?
A. पम्पास B. डाउन्स
C. प्रेयरीज D. लानोस

78. मिट्टी का वैज्ञानिक एवं क्रमबद्ध अध्ययन कहलाता है–
A. विश्व रचना विज्ञान B. भौतिक भूगोल
C. मृत्तिका विज्ञान D. इनमें से कोई नहीं

79. गोबी रेगिस्तान कहाँ है?
A. पश्चिमी अफ्रीका में B. दक्षिणी अमरीका में
C. दक्षिणी आस्ट्रेलिया में D. मंगोलिया में

80. भारत निम्नलिखित में से किस संगठन का सदस्य नहीं है?
A. जी-15 B. आसियान
C. यूएनओ D. राष्ट्रमंडल

81. भारत की संविधान सभा का प्रथम अधिवेशन कब शुरूहुआ?
A. 10 जून, 1946 B. 9 दिसम्बर, 1946
C. 19 दिसम्बर, 1947 D. 30 जून, 1949

82. भारतीय संविधान सभा के किस अनुच्छेद में देवनागरी लिपि में हिन्दी को भारत की राजकीय भाषा के रूप में मान्यता दी गई है?
A. अनुच्छेद 343 B. अनुच्छेद 345
C. अनुच्छेद 348 D. अनुच्छेद 347

83. भारत के संविधान में अंतर्राष्ट्रीय शान्ति और सुरक्षा की अभिवृद्धि का उल्लेख है–
A. संविधान की उद्देशिका में
B. राज्य की नीति के निर्देशक तत्वों में
C. मूल कर्त्तव्यों में
D. नवीं अनुसूची में

84. सूची-I को सूची-II से सुमेलित कीजिए तथा सूचियों के नीचे दिए गए कूट का प्रयोग कर सही उत्तर चुनिए–

सूची-I	**सूची-II**
(*a*) अन्तर्राज्यीय परिषद्	1. अनुच्छेद 315
(*b*) वित्त आयोग	2. अनुच्छेद 280
(*c*) प्रशासनिक अधिकरण	3. अनुच्छेद 263
(*d*) संघ लोक सेवा आयोग	4. अनुच्छेद 323(ए)

कूट :

	(*a*)	(*b*)	(*c*)	(*d*)
A.	2	4	3	1
B.	3	2	1	4
C.	1	2	4	3
D.	3	2	4	1

85. राष्ट्रपति के उम्मीदवार के लिए क्या आवश्यक नहीं है?
A. आयु 35 वर्ष हो
B. पढ़ा-लिखा हो
C. सांसद चुने जाने की योग्यता रखता हो
D. देश का नागरिक हो

86. सर्वसम्मति से निर्वाचित भारत के राष्ट्रपति थे–
A. एस. राधाकृष्णन B. वी.वी. गिरि
C. एन. संजीवारेड्डी D. ज्ञानी जैल सिंह

87. संसद/विधान सभा के किसी सदस्य की सदस्यता तब समाप्त समझी जाती है, यदि वह बिना सदन को सूचित किए अनुपस्थित रहता है–
A. 60 दिन B. 90 दिन
C. 120 दिन D. 150 दिन

88. किस सभा का सभापति उसका सदस्य नहीं होता है?

A. राज्य सभा B. लोक सभा
C. विधान सभा D. विधान परिषद्

89. शिक्षा का विषय–

A. संघीय सूची में B. राज्य सूची में
C. समवर्ती सूची में है D. अवशिष्ट विषयों में है

90. सूची-I को सूची-II से सुमेलित कीजिए तथा सूचियों के नीचे दिए गए कूट का प्रयोग कर सही उत्तर चुनिए–

सूची-I (स्थापना वर्ष)	**सूची-II (राज्य)**
(*a*) 1960	1. सिक्किम
(*b*) 1962	2. गोआ
(*c*) 1975	3. महाराष्ट्र
(*d*) 1987	4. नागालैण्ड

कूट :

	(*a*)	(*b*)	(*c*)	(*d*)
A.	2	4	3	1
B.	3	4	1	2
C.	4	3	1	2
D.	3	4	2	1

91. प्रथम पंचायती राजव्यवस्था का उद्घाटन पं. जवाहर लाल नेहरू द्वारा 2 अक्टूबर, 1959 को किया गया था–

A. साबरमती में B. वर्धा में
C. नागौर में D. सीकर में

92. निम्नलिखित विधेयकों में से किसी एक का भारतीय संसद के दोनों सदनों द्वारा अलग-अलग विशेष बहुमत से पारित होना आवश्यक है?

A. साधारण विधेयक
B. धन विधेयक
C. वित्त विधेयक
D. संविधान संशोधन विधेयक

93. भाषा के आधार पर राज्यों के गठन हेतु राज्य पुनर्गठन आयोग की स्थापना कब की गई थी?

A. 1856 B. 1956
C. 1957 D. 1960

94. पंचायतों के निर्वाचन में चुनाव लड़ने के लिए उम्मीदवार की न्यूनतम आयु कितनी होनी चाहिए?

A. 21 वर्ष B. 18 वर्ष
C. 25 वर्ष D. 30 वर्ष

95. भारतीय संविधान के किस अनुच्छेद के तहत् जीवन रक्षा तथा व्यक्तिगत स्वतंत्रता का प्रावधान है?

A. अनुच्छेद 20 B. अनुच्छेद 21
C. अनुच्छेद 22 D. अनुच्छेद 23

96. संविधान निर्माण का कार्य पूरा करके संविधान सभा ने संविधान को कब स्वीकार किया?

A. 15 अगस्त, 1947 को B. 26 जनवरी, 1950 को
C. 26 नवम्बर, 1949 को D. 24 जनवरी, 1950 को

97. निम्नलिखित में से किस संविधान संशोधन के अनुसार राष्ट्रपति निर्वाचन के निर्वाचक मण्डल में पांडिचेरी तथा दिल्ली विधान सभा के निर्वाचित सदस्यों को भी रखा गया है?

A. 71वाँ B. 42वाँ
C. 73वाँ D. इनमें से कोई नहीं

98. भारतीय संविधान के किस भाग को उसकी 'आत्मा' की संज्ञा दी जाती है?

A. मौलिक अधिकारों को
B. राज्य के नीति-निर्देशक सिद्धान्तों को
C. संविधान की प्रस्तावना को
D. अनुसूचियों को

99. भारत की संचित निधि से धन का व्यय निम्नलिखित में से किस माध्यम से किया जा सकता है?

A. संसद की अनुमति से
B. योजना आयोग की अनुमति से
C. भारत के नियंत्रक एवं महालेखा परीक्षक की अनुमति से
D. राष्ट्रपति की अनुमति से

100. नीति आयोग की स्थापना हुई–

A. 26 नवम्बर, 1950 B. 15 जून, 1950
C. 1 जनवरी, 2015 D. 15 जनवरी, 1950

101. भारत में संविधान के किस अनुच्छेद में अस्पृश्यता समाप्त की गई है?

A. अनुच्छेद 42 B. अनुच्छेद 15
C. अनुच्छेद 14 D. अनुच्छेद 17

102. वह रिट, जो भारत में उच्च न्यायालय अथवा सर्वोच्च न्यायालय द्वारा किसी व्यक्ति अथवा व्यक्ति समुदाय को आदेश देती है कि वह अपना कर्त्तव्य पालन करे, है–

A. बन्दी प्रत्यक्षीकरण रिट
B. उत्प्रेक्षण रिट
C. परमादेश रिट
D. इनमें से कोई नहीं

103. संविधान में जोड़ी गई दसवीं अनुसूची किससे सम्बन्धित है?
A. मिजोरम राज्य के लिए विशेष प्रावधानों से
B. दल-बदल के आधार पर अयोग्यता सम्बन्धी प्रावधानोंसे
C. सिक्किम के स्तर से सम्बन्धित शर्तों से
D. उपर्युक्त में से किसी से नहीं

104. राज्यसभा के सदस्यों की कुल संख्या .... हो सकती है।
A. 240 B. 260
C. 241 D. 250

105. सर्वोच्च न्यायालय के न्यायाधीशों की नियुक्ति के पूर्व मुख्य न्यायाधीश से विचार-विमर्श करना राष्ट्रपति के लिए–
A. बाध्यकारी है
B. बाध्यकारी नहीं है
C. विवेक का प्रश्न है
D. संविधान इस विषय पर मौन है

106. निम्नलिखित में से कौन-सा पदाधिकारी संसद के किसी भी सदन की कार्यवाही में भाग ले सकता है?
A. भारत का मुख्य न्यायाधीश
B. भारत का महान्यायवादी (एटॉर्नी जनरल)
C. भारत का रक्षा सचिव
D. भारत का गृह सचिव

107. भारत में वस्तु एवं सेवा कर (GST) किस वर्ष से लागू हुआ है?
A. 2016 B. 2017
C. 2018 D. 2019

108. भारतीय संविधान की कौन-सी विशेष व्यवस्था इंग्लैंड से ली गई है?
A. संसदीय प्रणाली B. संघीय प्रणाली
C. मूल अधिकार D. सर्वोच्च न्यायपालिका

109. संविधान के किस संशोधन द्वारा सम्पत्ति के अधिकार को मूल अधिकारों की श्रेणी से निकाल दिया गया है?
A. 42वें संशोधन B. 44वें संशोधन
C. 48वें संशोधन D. 24वें संशोधन

110. भारत के राष्ट्रपति की मर्जी तक निम्नलिखित में से कौन अपने पद पर रह सकता है?
A. सर्वोच्च न्यायालय के न्यायाधीश
B. चुनाव आयुक्त
C. राज्यपाल
D. लोकसभा अध्यक्ष

111. निम्न में से किसका उपयोग ऊँचाई नापने के लिए होता है?
A. बैरोमीटर B. प्लानोमीटर
C. अल्टीमीटर D. हाइड्रोमीटर

112. फ्लक्स घनता और चुम्बकीय क्षेत्र की क्षमता का अनुपात किसी माध्यम में होता है उसका–
A. चुम्बक की घनता B. ग्रहणशीलता
C. सम्बन्धित व्याकता D. पारगम्यता

113. ध्वनि तरंगें हैं–
A. अनुदैर्ध्य
B. अनुप्रस्थ
C. आंशिक लम्बवत्, आंशिक अनुदैर्ध्य
D. कभी-कभी अनुदैर्ध्य, कभी-कभी अनुप्रस्थ

114. कैमरे में किस प्रकार का लेन्स उपयोग में लाया जाता है?
A. उत्तल B. अवतल
C. वर्तुलाकार D. समान मोटाई का

115. एक स्वतंत्र रूप से लटका हुआ चुम्बक सदा ठहरता है (स्थिर होता है) वह दिशा है–
A. पूर्व-उत्तर B. उत्तर-पश्चिम
C. उत्तर-दक्षिण D. दक्षिण-पश्चिम

116. प्रकाश संश्लेषण में पौधे कौन-सी गैस का अवचूषण करते हैं?
A. CO_2 B. O_2
C. N_2 D. H_2

117. विद्युत मात्रा की इकाई है–
A. ऐम्पियर B. ओम
C. वोल्ट D. कूलॉम

118. 1 किग्रा. राशि का वजन है–
A. 1 न्यूटंन B. 10 न्यूटन
C. 9.8 न्यूटन D. 9 न्यूटन

119. एक्स-रे के आविष्कारक थे–
A. आइन्स्टीन B. डब्ल्यू.एच. ब्रॅग
C. रॉन्जन D. हेनरी बेकरेल

120. नाड़ी गति द्वारा डॉक्टर ज्ञात करता है–
A. रक्तचाप B. साँस गति
C. हृदय की धड़कन D. उपर्युक्त में से कोई नहीं

121. निम्न में से कौन आवेश की इकाई नहीं है?
A. फैराडे B. फ्रैंकलीन
C. कुलम्ब D. एम्पीयर/सेकण्ड

122. मानव शरीर में क्रोमोसोम की संख्या होती है–
A. 46 B. 48
C. 49 D. 50

123. एक प्रकाशवर्ष इससे सर्वाधिक समीप है–
A. 10^8 मीटर B. 10^{12} मीटर
C. 10^{16} मीटर D. 10^{20} मीटर

124. हवाई जहाज के 'ब्लैक बॉक्स' का क्या रंग होता है?
A. काला B. लाल
C. बैंगनी D. नारंगी

125. निम्नांकित में से कौन एक कीट के शरीर से निकला स्राव है?
A. मोती B. मूँगा
C. लाख D. गोंद

126. निम्नांकित में से कौन-सी धातु किसी नगर की वायु को, जहाँ बहुत अधिक संख्या में मोटर कारें आदि हों, प्रदूषित करती है?
A. कैडमियम B. क्रोमियम
C. सीसा D. ताँबा

127. परमाणु के नाभिक में होते हैं–
A. इलेक्ट्रॉन तथा न्यूट्रॉन B. इलेक्ट्रॉन तथा प्रोट्रॉन
C. प्रोट्रॉन तथा न्यूट्रॉन D. प्रोट्रॉन तथा रेडान

128. निम्नांकित में कौन कठोरतम है?
A. सोना B. हीरा
C. लोहा D. टंगस्टन

129. शरीर के किस भाग में पित्त का निर्माण होता है?
A. यकृत B. तिल्ली
C. पित्ताशय की थैली D. पैन्क्रियाज

130. एन्जाइम मूलतः क्या है?
A. वसा B. शर्करा
C. प्रोटीन D. विटामिन

131. मानव शरीर में सबसे छोटी ग्रन्थि कौन है?
A. एड्रीनल B. थाइरॉइड
C. पैन्क्रियाज D. पिट्यूटरी

132. रेफ्रीजरेटर में थर्मोस्टेट का कार्य है–
A. तापमान को कम करना
B. हिमायन ताप को बढ़ाना
C. एक समान तापमान को बनाए रखना
D. गलनांक को घटाना

133. सूर्य की ऊर्जा उत्पन्न होती है–
A. आयनन द्वारा
B. नाभिकीय संलयन द्वारा
C. नाभिकीय विखण्डन द्वारा
D. ऑक्सीकरण द्वारा

134. द्रव क्रिस्टल प्रयुक्त होते हैं–
A. कलाई घड़ियों में B. प्रदर्शन युक्तियों में
C. पॉकेट कैलकुलेटरों में D. उपर्युक्त सभी में

135. निम्नांकित में से कौन-सा उर्वरक मृदा में सर्वाधिक अम्ल छोड़ता है?
A. यूरिया
B. अमोनियम सल्फेट
C. अमोनियम नाइट्रेट
D. कैल्सियम अमोनियम नाइट्रेट

136. खाद्य पदार्थों के संरक्षण हेतु निम्नांकित में से कौन-सा प्रयुक्त होता है?
A. सोडियम कार्बोनेट B. एसीटिलीन
C. बेंजोइक अम्ल D. सोडियम क्लोराइड

137. कृष्ण-छिद्र सिद्धान्त को प्रतिपादित किया था–
A. सी.वी. रमन ने B. एच.जे. भाभा ने
C. एस. चन्द्रशेखर ने D. हरगोविन्द खुराना ने

138. साइनोकोबालमिन है–
A. विटामिन सी B. विटामिन बी-2
C. विटामिन बी-6 D. विटामिन बी-12

139. निम्नांकित जोड़ों में किसका सुमेल है?
A. निमोनिया-फेफड़े
B. मोतिया बिन्द-थायराइड ग्रन्थि
C. पीलिया-आँख
D. मधुमेह-यकृत

140. दूध उदाहरण है–
A. एक शिलिषि का B. एक पायस का
C. एक निलम्बन का D. एक फेन का

141. भारत के राष्ट्रीय ध्वज में केसरिया, सफेद और हरे रंग की तीन–
A. आड़ी पट्टियाँ हैं
B. खड़ी पट्टियाँ हैं
C. एक दूसरे को काटती हुई पट्टियाँ हैं
D. तिरछी पट्टियाँ हैं

142. हमारे राष्ट्रीय ध्वज की लम्बाई और चौड़ाई का अनुपात–
A. 2 : 3 है
B. 3 : 4 है
C. 4 : 3 है
D. 3 : 2 है

143. भारत के राष्ट्रीय ध्वज के बीच में एक गोल चक्र है; यह चक्र–
A. तीनों रंग की पट्टियों पर है
B. केसरिया रंग की पट्टी पर है
C. सफेद रंग की पट्टी पर है
D. हरे रंग की पट्टी पर है

144. किसी भाषा को किसी राज्य की राजभाषा के रूप में अंगीकार करने का अधिकार किसे है?
A. राष्ट्रपति
B. संसद
C. राज्य विधान सभा
D. राजभाषा आयोग

145. हमारे राष्ट्रीय ध्वज में तीन पट्टियाँ हैं; उनमें सबसे नीचे वाली पट्टी किस रंग की है?
A. केसरिया
B. सफेद
C. हरे
D. इनमें से कोई नहीं

146. हमारे राष्ट्रगान 'जन-गण-मन' में कुल कितने पद हैं?
A. तीन
B. पाँच
C. चार
D. दो

147. राष्ट्र गीत 'वन्देमातरम्', 'आनन्दमठ' नामक ग्रंथ से लिया गया है, जिसके लेखक हैं–
A. बंकिम चन्द्र चटर्जी
B. रवीन्द्र नाथ टैगोर
C. व्योमेश चन्द्र बनर्जी
D. सुरेन्द्रनाथ बनर्जी

148. हमारे राजचिह्न में ऊपर चार सिंह बने हैं और उनके नीचे देवनागरी लिपि में 'सत्यमेव जयते' लिखा है। यह 'सत्यमेव जयते' कहाँ से उद्धृत किया गया है?
A. भगवद्गीता से
B. मुण्डक उपनिषद से
C. ऋग्वेद से
D. स्कन्द पुराण से

149. भारत का राष्ट्रीय पंचांग–
A. शक् संवत् पर आधारित है
B. हिजरी संवत् पर आधारित है
C. विक्रमी संवत् पर आधारित है
D. विक्रमांक-चालुक्य संवत् पर आधारित है

150. भारत का राष्ट्रीय पशु है–
A. गाय
B. हाथी
C. अश्व
D. बाघ

151. होमगार्ड का गठन कब हुआ था?
A. 1972
B. 1962
C. 1968
D. 1965

152. स्थल सेना के निम्नलिखित पदों में सबसे छोटा कौन-सा है?
A. लेफ्टिनेंट
B. ब्रिगेडियर
C. कर्नल
D. कैप्टन

153. प्रादेशिक सेना का गठन कब हुआ था?
A. 1949
B. 1957
C. 1962
D. 1972

154. प्रादेशिक सेना में भर्ती होने के लिए क्या आयु होनी चाहिए?
A. 21 से 30 वर्ष
B. 21 से 35 वर्ष
C. 18 से 35 वर्ष
D. 20 से 35 वर्ष

155. एन.सी.सी. में कितने डिवीजन हैं?
A. चार
B. पांच
C. तीन
D. दो

156. एयरफोर्स अकादमी कहां है?
A. बेलगाम
B. कोयम्बटूर
C. हैदराबाद
D. सिकन्दराबाद

157. असम राइफल्स का मुख्यालय कहाँ है?
A. इंफाल
B. आइजोल
C. दिसपुर
D. शिलांग

158. हर साल 7 दिसम्बर को भारत में मनाया जाता है–
A. वायु सेना दिवस
B. झंडा दिवस
C. नौसेना दिवस
D. कोस्ट गार्ड दिवस

159. भारत में नौसेना दिवस किस दिन मनाया जाता है?
A. 8 अक्टूबर
B. 15 जनवरी
C. 21 दिसम्बर
D. 7 दिसम्बर

160. भारत की सेना के प्रथम भारतीय सेनापति थे–
A. जनरल के.एम. करियप्पा
B. फील्ड मार्शल मानेकशा
C. जनरल राजेन्द्र सिंह
D. उपरोक्त में से कोई भी नहीं

161. वीटो का अधिकार–
A. संयुक्त राष्ट्र के सभी सदस्यों को प्राप्त है
B. सुरक्षा परिषद् के सभी सदस्यों को प्राप्त है
C. सुरक्षा परिषद् के सभी स्थायी सदस्यों को प्राप्त है
D. सुरक्षा परिषद् के सभी अस्थायी सदस्यों को प्राप्त है

162. संयुक्त राष्ट्र संघ का मुख्यालय कहाँ है–
A. वाशिंगटन B. न्यूयार्क
C. बोस्टन D. शिकागो

163. संयुक्त राष्ट्र संघ का ध्वज किस रंग का है?
A. हल्के नीले रंग का
B. हल्के गुलाबी रंग का
C. गहरे केसरिया रंग का
D. आधा हल्के रंग का और आधा केसरिया रंग का

164. संयुक्त राष्ट्र संघ की बैठकों में आमतौर से काम-काज किस भाषा में होता है?
A. अंग्रेजी B. रूसी
C. फ्रेंच D. अंग्रेजी और फ्रेंच

165. अंतर्राष्ट्रीय न्यायालय का मुख्यालय कहाँ है?
A. हेग B. जेनेवा
C. रोम D. बर्न

166. राष्ट्रमंडल के सदस्य वे देश हैं, जो–
A. ब्रिटेन के अधीन हैं
B. ब्रिटेन से आर्थिक सहायता पाते हैं
C. पहले ब्रिटेन के अधीन थे किन्तु अब स्वाधीन हैं
D. ब्रिटेन से अस्त्र-शस्त्र प्राप्त करते हैं

167. सार्क (दक्षिण एशियाई सहयोग संगठन) में कितने देश सदस्य हैं?
A. पांच B. छः
C. आठ D. सात

168. निम्नलिखित देशों में से कौन-सा देश सार्क (SAARC) का सदस्य नहीं है?
A. भारत B. पाकिस्तान
C. बांग्लादेश D. म्यांमार

169. गुट निरपेक्ष देशों का पहला शिखर सम्मेलन किस वर्ष हुआ था?
A. 1955 में B. 1961 में
C. 1983 में D. 1976 में

170. गुट निरपेक्ष आन्दोलन के सदस्य देश–
A. शक्तिशाली देशों के गुटों से दूर रहते हैं
B. परस्पर एक-दूसरे की रक्षा के लिए वचनबद्ध हैं
C. एक दूसरे को सैनिक सहायता देते हैं
D. एक सैनिक संधि के सदस्य हैं

171. जमनालाल बजाज पुरस्कार किस क्षेत्र में सराहनीय योगदान के लिए प्रदान किया जाता है?
A. शांति व निःशस्त्रीकरण B. कृषि
C. रचनात्मक कार्य D. साहित्य

172. भारत वर्ष में प्रथम रेमन मैग्सेसे पुरस्कार विजेता कौन था?
A. सी.डी. देशमुख B. जय प्रकाश नारायण
C. डॉ. वर्गीज कुरियन D. आचार्य विनोबा भावे

173. भारतीय ज्ञानपीठ पुरस्कार किसे प्रदान किया जाता है?
A. उत्कृष्ट हिन्दी कविता के लिए
B. भारतीय साहित्य में उत्कृष्ट योगदान के लिए
C. हिन्दी साहित्य में उत्कृष्ट योगदान के लिए
D. भारतीय दर्शन की उत्कृष्ट समीक्षा के लिए

174. अध्यापकों के लिए राष्ट्रीय पुरस्कारों की घोषणा कब की जाती है?
A. 14 नवम्बर B. 5 सितम्बर
C. 30 जनवरी D. 26 जनवरी

175. निम्नलिखित में से किस विषय पर नोबेल पुरस्कार नहीं दिया जाता है?
A. चिकित्सा B. गणित
C. अर्थशास्त्र D. रसायन शास्त्र

176. बुकर पुरस्कार किस क्षेत्र में प्रदान किया जाता है?
A. कल्पना साहित्य लेखन
B. औषधि
C. साहस के कार्य
D. विज्ञान

177. हर गोविन्द खुराना को नोबेल पुरस्कार किस क्षेत्र में योगदान के लिए मिला था?
A. चिकित्सा शास्त्र B. भौतिक शास्त्र
C. अर्थशास्त्र D. शांति

178. सर्वोच्च शौर्य पुरस्कार 'परमवीर चक्र' के प्रथम विजेता कौन थे?
A. मेजर ध्यान सिंह B. के. गुरुवचन सिंह
C. मेजर शैतान सिंह D. मेजर सोमनाथ शर्मा

179. धन्वन्तरि पुरस्कार किस क्षेत्र में विशिष्ट योगदान के लिए दिया जाता है?
A. संगीत
B. नृत्य
C. दर्शन
D. चिकित्सा

180. कलिंग पुरस्कार किस क्षेत्र में दिया जाता है?
A. साहित्य के क्षेत्र में
B. विज्ञान के क्षेत्र में
C. सामाजिक कल्याण के लिए किए गए कार्य के लिए
D. अन्तर्राष्ट्रीय शान्ति एवं सद्भावना के लिए

181. नोबेल पुरस्कार का आरम्भ कब से हुआ?
A. सन् 1901 से
B. सन् 1905 से
C. सन् 1896 से
D. सन् 1934 से

182. अर्थशास्त्र के लिए नोबेल पुरस्कार कब से आरम्भ हुआ?
A. सन् 1969 ई. से
B. सन् 1939 ई. से
C. सन् 1901 ईं. से
D. सन् 1935 ई. से

183. निम्नलिखित किस अफ्रीकी नेता को भारत-रत्न से सम्मानित किया गया है?
A. होस्नी मुबारक
B. जोमो केन्योटा
C. अनवर सादात
D. नेल्सन मंडेला

184. विज्ञान को सर्वसुलभ व सर्वोपयोगी बनाने में सर्वाधिक योगदान देने वाले व्यक्ति को भारतीय नाम वाले किस अन्तर्राष्ट्रीय पुरस्कार से सम्मानित किया जाता है?
A. कालिंजर पुरस्कार
B. कलिंग पुरस्कार
C. मानवता पुरस्कार
D. ऐसा कोई पुरस्कार नहीं है

185. नेहरू पुरस्कार कौन-सी संस्था प्रदान करती है?
A. इंडियन कौंसिल ऑफ कल्चरल रिलेशन्स
B. इंडो-सोवियत कल्चरल सोसाइटी
C. भारतीय राष्ट्रीय कांग्रेस
D. भारतीय ज्ञानपीठ

186. वीरता का सर्वोच्च सम्मानसूचक पदक जो शत्रु के सामने असीम शौर्य और अदम्य साहस दिखाने या आत्म-बलिदान करने पर भेंट किया जाता है, उसका क्या नाम है?
A. चक्रव्यूह
B. अशोक चक्र
C. महावीर चक्र
D. परमवीर चक्र

187. प्रथम मरणोपरान्त 'भारत-रत्न' अलंकरण किसे प्रदान किया गया था?
A. के. कामराज नाडार
B. आचार्य विनोबा भावे
C. लाल बहादुर शास्त्री
D. एम.जी. रामचन्द्रन

188. निम्नलिखित में से कौन-सा पुरस्कार केवल एशियावासियों को दिया जाता है?
A. नेहरू सद्भावना पुरस्कार
B. पुलित्जर पुरस्कार
C. इन्दिरा गांधी शान्ति पुरस्कार
D. मैग्सेसे पुरस्कार

189. अर्जुन पुरस्कार कब से प्रारम्भ हुए?
A. 1961 ई. से
B. 1962 ई. से
C. 1963 ई. से
D. 1964 ई. से

190. ऑस्कर अवॉर्ड जीतने वाले पहले भारतीय थे–
A. नरगिस दत्त
B. शशि कपूर
C. सत्यजीत रे
D. भानु अथैया

191. अपर कट शब्द किस खेल में प्रयोग किया जाता है?
A. टेनिस
B. वॉलीबॉल
C. क्रिकेट
D. बॉक्सिंग

192. निम्नलिखित में से कौन-सा कप/ट्रॉफी फुटबॉल से सम्बन्धित नहीं है?
A. मर्डेका कप
B. डूरण्ड कप
C. सन्तोष ट्रॉफी
D. दिलीप ट्रॉफी

193. फिनिस शब्द का प्रयोग किस खेल में होता है?
A. शतरंज
B. ब्रिज
C. बिलियड्र्स
D. रग्बी

194. एक दिवसीय क्रिकेट तथा टेस्ट मैचों में सर्वाधिक रन बनाने का रिकॉर्ड किसके नाम है?
A. सौरभ गांगुली
B. सचिन तेन्दुलकर
C. डॉन ब्रेडमैन
D. ब्रायन लारा

195. निम्नलिखित में से कौन-सी अन्तर्राष्ट्रीय टेनिस खेल प्रतियोगिता घास के मैदान पर खेली जाती है?
A. यू.एस. ओपन
B. फ्रेंच ओपन
C. विम्बलडन
D. ऑस्ट्रेलियाई ओपन

196. 'विम्बलडन ट्रॉफी' का सम्बन्ध किस खेल से है?
A. पोलो (इंग्लैंड) से
B. समुद्री दौड़ से
C. घुड़दौड़ से
D. टेनिस से

197. निम्नलिखित में से किस पदक का सम्बन्ध हॉकी से नहीं है?
A. आगा खां कप B. वर्दवान ट्रॉफी
C. ध्यानचन्द ट्रॉफी D. बम्बई गोल्ड कप

198. 'रिवर्स स्विंग' एवं 'बीमर' नामक शब्दावलियां किस खेल से संबंधित हैं?
A. नौकायन B. क्रिकेट
C. फुटबॉल D. हॉकी

199. निम्नलिखित में से किस ट्रॉफी का सम्बन्ध हॉकी से है?
A. सिन्धिया गोल्ड कप B. संतोष ट्रॉफी
C. रोहिंगटन बेरिया ट्रॉफी D. सुब्रतो मुखर्जी ट्रॉफी

200. 'ज्यूल्स रिमेट ट्रॉफी का सम्बन्ध किस खेल से है?
A. फुटबॉल (विश्व) से B. गोल्फ से
C. हॉकी (भारत) से D. लॉन टेनिस (विश्व) से

201. 'मर्डेका' का सम्बन्ध किस खेल से है?
A. फुटबाल (विश्व) से
B. फुटबाल (भारत) से
C. फुटबाल (एशिया) से
D. क्रिकेट (आस्ट्रेलिया-इंग्लैंड) से

202. प्रथम ओलम्पिक खेल ओलम्पिया (ग्रीस) में कब खेले गए थे?
A. 233 ई.पू. में B. 1500 ई.पू. में
C. 500 ई.पू. में D. 776 ई.पू. में

203. 394 ई. में रोम के बाद एक सम्राट ने ओलम्पिक खेलों को बंद कर दिया था। इसको पुनः किसने शुरू किया?
A. मि. स्पोर्ट्समैन ने
B. बैरन पीयरे डी कोबर्टिन ने
C. जनरल फ्रेंको ने
D. अब्राहम लिंकन ने

204. सर्वप्रथम आधुनिक ओलिम्पिक ध्वज कब फहराया गया?
A. 1896 में B. 1908 में
C. 1920 में D. 1924 में

205. ग्रैंड स्लेम निम्नलिखित में से किस खेल से सम्बन्धित है?
A. फुटबॉल B. टेनिस
C. हॉकी D. पोलो

206. प्रथम आधुनिक ओलम्पिक खेल कब और कहां खेले गए?
A. रोम, 1894 ई. में B. मैड्रिड, 1840 ई. में
C. लिस्बन, 1800 ई. में D. एथेन्स, 1896 ई. में

207. फीफा विश्व कप फुटबॉल-2022 का विजेता कौन है?
A. ब्राजील B. अर्जेन्टीना
C. फ्रांस D. इटली

208. भारत में खेल सम्बन्धी दो राष्ट्रीय इंस्टीट्यूट हैं। एक नेताजी सुभाष बोस के नाम से पटियाला में है, दूसरा किसके नाम से ग्वालियर में है?
A. राणा प्रताप B. पृथ्वीराज चौहान
C. शिवाजी D. रानी लक्ष्मीबाई

209. सबसे बड़े मैदान में खेला जाने वाला खेल कौन-सा है?
A. हॉकी B. क्रिकेट
C. पोलो D. कबड्डी

210. लॉन टेनिस जाल की ऊँचाई कितनी होती है?
A. 2 फुट 6 इंच B. 3 फुट 6 इंच
C. 4 फुट D. 2 फुट 2 इंच

211. 'ए सूटेबल ब्वाय' पुस्तक का लेखक कौन है?
A. खुशवंत सिंह B. अरुण शोरी
C. विक्रम सेठ D. उपरोक्त में से कोई नहीं

212. 'कैन्टरबरी टेल्स' पुस्तक का लेखक कौन है?
A. ज्योफरी चासर B. लियो टॉलस्टाय
C. गुन्नार मिर्डल D. विलियम शेक्सपियर

213. निम्नलिखित में से कौन-सी पुस्तक प्रेमचन्द द्वारा रचित नहीं है?
A. गोदान B. गबन
C. प्रेम पचीसी D. आनंदमठ

214. बांग्लादेश की लेखिका तस्लीमा नसरीन को किस पुस्तक से ख्याति मिली?
A. शर्म B. लज्जा
C. नारी स्वातंत्र्य D. अबला

215. 'पावर्टी एण्ड अन-ब्रिटिश रूल इन इण्डिया' का लेखक कौन है?
A. लाला लाजपत राय
B. लाला हरदयाल
C. विनायक दामोदर सावरकर
D. दादाभाई नौरोजी

216. 'मुद्राराक्षस' ग्रंथ का लेखक कौन है?
A. विशाखदत्त B. कालिदास
C. भारवि D. माघ

217. 'माई प्रेसिडेंशल ईयर्स' पुस्तक का लेखक कौन है?
A. ज्ञानी जैल सिंह
B. वी.वी. गिरि
C. आर. बेंकटरमन
D. डॉ. शंकर दयाल शर्मा

218. 'जय सोमनाथ' किसकी कृति है?
A. के.एम. मुंशी
B. वृन्दावन लाल वर्मा
C. अमृत लाल नागर
D. मदन मोहन मालवीय

219. वर्शिपिंग फाल्स गॉड्स पुस्तक के लेखक हैं–
A. विक्रम सेठ
B. अरुण शौरी
C. सलमान रुश्दी
D. खुशवन्त सिंह

220. निम्नलिखित पुस्तकों में से कौन-सी पुस्तक सलमान रुश्दी की है?
A. दि वर्ल्ड ऑफ फतवाज
B. दि मूर्स लास्ट साई
C. दि अदर हॉफ
D. फूल्स पैराडाइज

221. मार्ग्रेट थैचर द्वारा रचित पुस्तक है–
A. लांग वॉक टु फ्रीडम
B. दि पाथ टु पावर
C. इमेज एंड इमेजिनेशन
D. 10 डाउनिंग स्ट्रीट

222. 'फ्रीडम एट मिडनाइट' के लेखक कौन हैं?
A. जवाहरलाल नेहरू तथा डॉ. राजेन्द्र प्रसाद
B. एम.ओ. मथाई तथा फ्रैंक मोरेस
C. मैक्सिम गोर्की तथा दोस्तोवस्की
D. लैरी कॉलिन्स और डोमिनिक लापियर

223. 'अंकल टॉम्स केबिन' के लेखक का क्या नाम है?
A. एच.बी. स्टोव
B. एडम स्मिथ
C. टॉल्स्टॉय
D. थामस मूर

224. 'वार एण्ड पीस' और 'अन्ना कैरेनिना' दोनों एक ही अन्तर्राष्ट्रीय ख्याति प्राप्त लेखक की कृतियाँ हैं; उस लेखक का क्या नाम है?
A. ओलीवर गोल्डस्मिथ
B. श्वेतलाना
C. लुई ब्रोमफील्ड
D. लियो टाल्स्टॉय

225. नीरज चोपड़ा का संबंध किस खेल से है?
A. हॉकी
B. क्रिकेट
C. फुटबॉल
D. भाला फेंक

226. 'दास कैपिटल' के लेखक कौन हैं?
A. शेक्सपियर
B. कौटिल्य
C. कर्नल जॉन हण्ट
D. कार्ल मार्क्स

227. 'मदर' के लेखक का क्या नाम है?
A. मैक्सिम गोर्की
B. पर्ल एस. बक
C. कैथराइन मेयो
D. टी.एस. इलियट

228. 'कलम का सिपाही' में किसकी जीवनी प्रस्तुत की गई है?
A. शरतचन्द्र
B. प्रेमचन्द
C. राहुल सांकृत्यायन
D. जोश मलीहाबादी

229. 'झण्डा ऊँचा रहे हमारा' गीत किस कवि की रचना है?
A. श्यामलाल गुप्त 'पार्षद'
B. मैथिलीशरण गुप्त
C. सोहनलाल द्विवेदी
D. रामधारी सिंह 'दिनकर'

230. 'आइने अकबरी' का लेखक कौन था?
A. इब्न बतूता
B. अकबर
C. अबुल फजल
D. अकबर मुरादाबादी

231. कम्प्यूटर–
A. एक उपकरण है जो गणितीय और तार्किक संक्रियायें सम्पन्न करता है
B. एक उपकरण है, जो केवल गणितीय संक्रियायें सम्पन्न करता है
C. एक स्मृति उपकरण है
D. एक गणना उपकरण है

232. 'PC' का अर्थ है–
A. प्राइवेट कम्प्यूटर
B. पर्सनल कल्कुलेटर
C. पर्सनल कम्प्यूटर
D. प्रोफेसनल कम्प्यूटर

233. 'बाइनरी अंक प्रणाली' में अधिकतम अंक (digit) कितने होते हैं?
A. 1
B. 10
C. 2
D. 4

234. निम्नलिखित में से कौन-सा 'इनपुट' उपकरण है?
A. मॉनीटर
B. प्रिंटर
C. प्लॉटर
D. माउस

235. CPU का पूरा नाम है–
A. सेन्ट्रल प्रोग्रामिंग यूनिट
B. सेन्ट्रल प्रोसेसिंग यूनिट
C. सेन्ट्रल प्रोग्रामिंग अण्डरस्टैंडिंग
D. सेन्ट्रल प्रोसेसिंग अण्डरस्टैंडिंग

236. गणना हेतु प्रयोग में लाया गया पहला उपकरण था
A. ENIAC
B. ABACUS
C. एनालिटिकल इंजन
D. EDSAC

237. ABACUS का प्रयोग कब शुरू हुआ था?
A. 250 ई. B. 450 ई.पू.
C. 1200 ई.पू. D. 1200 ई.

238. किस अंग्रेज को 'कम्प्यूटर का जनक' कहा जाता है?
A. ब्लेज पास्कल B. लेबनित्ज
C. चार्ल्स बैबेज D. जे.पी. एकर्ट

239. निम्नलिखित में से कौन-सी कम्प्यूटर की सेकेण्डरी मेमोरी है?
A. RAM B. ROM
C. रजिस्टर्स D. फ्लॉपी

240. निम्नलिखित में से कौन पैकेज नहीं है?
A. BASIC B. dBASE
C. वर्ड परफेक्ट D. पेज मेकर

241. कौन-सा बेमेल है?
A. वर्ड स्टार B. वर्ड परफेक्ट
C. DOS Editor D. विण्डो

242. डाटा के समुच्चय (Set) को क्या कहते हैं?
A. फील्ड B. रेकार्ड
C. फाइल D. इनमें से कोई नहीं

243. Keyboard है?
A. इनपुट यूनिट है
B. आउटपुट यूनिट है
C. इनपुट यूनिट और आउटपुट यूनिट दोनों हैं
D. उपरोक्त में से कोई भी नहीं है

244. प्रिंटर–
A. आउटपुट यूनिट है
B. इनपुट यूनिट है
C. उपरोक्त दोनों हैं
D. उपरोक्त में से कोई भी नहीं है

245. फ्लॉपी–
A. इनपुट यूनिट है
B. आउटपुट यूनिट है
C. इनपुट यूनिट और आउटपुट यूनिट दोनों हैं
D. उपरोक्त में से कोई भी नहीं है

246. कम्प्यूटर की विशेषताएं हैं–
1. तेज रफ्तार 2. स्वचालन
3. कार्यशीलता 4. परिवर्तनशीलता
निम्नलिखित में से कौन-सी विशेषता सही है?
A. 1 और 2 सही हैं B. 1, 2 और 4 सही हैं
C. 1, 2 और 3 सही हैं D. उपरोक्त सभी सही हैं

247. 1 बाइट बराबर है–
A. 8 बिट B. 16 बिट
C. 36 बिट D. 64 बिट

248. असंसाधित तथ्य को क्या कहा जाता है?
A. डाटम B. डाटा
C. फाइल D. फील्ड

249. कम्प्यूटर–
A. सूचना ग्रहण करता है
B. सूचना को निर्दिष्ट प्रयोजन के लिए अनुकूल बनाता है
C. परिणाम प्रदर्शित करता है
D. उपरोक्त सभी बातें सही हैं

250. डाटा क्या है–
A. संसाधित तथ्य
B. असंसाधित तथ्य
C. अंक और अक्षर
D. उपरोक्त में से कोई भी नहीं

251. 'जीने की कला' (आर्ट ऑफ लिविंग) के प्रतिपादक और प्रचारक कौन हैं?
A. महर्षि महेश योगी B. श्री श्री रवि शंकर
C. स्वामी चिन्मयानंद D. भगवान रजनीश

252. डंकन पैसेज निम्नलिखित में से किसके बीच स्थित है?
A. दक्षिणी और लिटिल अंडमान
B. उत्तरी और दक्षिणी अंडमान
C. उत्तरी और मध्य अंडमान
D. अंडमान और निकोबार

253. ₹ 2000 के नए नोट आरबीआई ने किस साल जारी किए हैं?
A. 2015 में B. 2014 में
C. 2016 में D. 2017 में

254. रासायनिक रूप से 'मिल्क ऑफ मैग्नेशिया' क्या होता है?
A. मैग्नीशियम कार्बोनेट
B. सोडियम बाइकार्बोनेट
C. कैल्सियम हाइड्रॉक्साइड
D. मैग्नीशियम हाइड्रॉक्साइड

255. वन अनुसंधान संस्थान कहाँ स्थित है?
A. देहरादून में
B. भोपाल में
C. लखनऊ में
D. दिल्ली में

256. निम्नलिखित कलाकारों और उनके कला-रूपों के मेल मिलाइए–

कलाकार	**कला-रूप**
(*a*) पन्नालाल घोष	1. चित्रकला
(*b*) पंडित भीमसेन जोशी	2. कर्नाटक संगीत (कंठ संगीत)
(*c*) अंजलि ईला मेनन	3. बाँसुरी
(*d*) मदुराई मणि अय्यर	4. हिन्दुस्तानी संगीत (कंठ संगीत)

कूट :

	(*a*)	(*b*)	(*c*)	(*d*)
A.	1	3	2	4
B.	2	1	4	3
C.	3	4	1	2
D.	4	2	3	1

257. त्वचा का रंग किसके कारण होता है?
A. एन्जाइम
B. एपीडरमिस
C. हारमोन्स
D. मेलानिन

258. किस क्षेत्र में अधिकांश मौसम सम्बन्धी गतिविधियाँ होती हैं?
A. आयनमंडल
B. क्षोभमंडल
C. समतापमंडल
D. क्षोभसीमा

259. निम्नलिखित में से वह पर्वत श्रेणी कौन-सी है जो भारत में सबसे पुरानी है?
A. हिमालय
B. विंध्याचल
C. अरावली
D. सहयाद्रि

260. निमज्जित वस्तु का पता लगाने के लिए किस उपकरण का प्रयोग किया जाता है?
A. राडार
B. सोनार
C. क्वासार
D. पल्सार

उत्तरमाला

1	2	3	4	5	6	7	8	9	10
B	D	B	B	A	D	C	B	A	C
11	**12**	**13**	**14**	**15**	**16**	**17**	**18**	**19**	**20**
D	B	C	C	A	A	B	D	A	A
21	**22**	**23**	**24**	**25**	**26**	**27**	**28**	**29**	**30**
C	D	B	B	C	C	D	A	B	A
31	**32**	**33**	**34**	**35**	**36**	**37**	**38**	**39**	**40**
B	A	D	C	C	D	A	B	B	B
41	**42**	**43**	**44**	**45**	**46**	**47**	**48**	**49**	**50**
B	B	B	C	C	C	C	A	B	C
51	**52**	**53**	**54**	**55**	**56**	**57**	**58**	**59**	**60**
D	B	C	C	A	B	D	C	A	A
61	**62**	**63**	**64**	**65**	**66**	**67**	**68**	**69**	**70**
B	D	B	A	C	D	B	B	A	C
71	**72**	**73**	**74**	**75**	**76**	**77**	**78**	**79**	**80**
D	B	B	A	D	C	A	C	D	B
81	**82**	**83**	**84**	**85**	**86**	**87**	**88**	**89**	**90**
B	A	B	D	B	C	A	A	C	B
91	**92**	**93**	**94**	**95**	**96**	**97**	**98**	**99**	**100**
C	D	B	A	B	C	D	C	A	C
101	**102**	**103**	**104**	**105**	**106**	**107**	**108**	**109**	**110**
D	C	B	D	A	B	B	A	B	C

111	112	113	114	115	116	117	118	119	120
C	B	A	A	C	A	D	C	C	C
121	122	123	124	125	126	127	128	129	130
D	A	C	D	C	C	C	B	A	C
131	132	133	134	135	136	137	138	139	140
D	C	B	D	B	C	C	D	A	B
141	142	143	144	145	146	147	148	149	150
A	D	C	C	C	B	A	B	A	D
151	152	153	154	155	156	157	158	159	160
B	A	A	C	C	C	D	B	C	A
161	162	163	164	165	166	167	168	169	170
C	B	A	D	A	C	C	D	B	A
171	172	173	174	175	176	177	178	179	180
C	D	B	B	B	A	A	D	D	B
181	182	183	184	185	186	187	188	189	190
A	A	D	B	A	D	C	D	A	D
191	192	193	194	195	196	197	198	199	200
D	D	B	B	C	D	B	B	A	A
201	202	203	204	205	206	207	208	209	210
C	D	B	B	B	D	B	D	C	B
211	212	213	214	215	216	217	218	219	220
C	A	D	B	D	A	C	A	B	B
221	222	223	224	225	226	227	228	229	230
B	D	A	D	D	D	A	B	A	C
231	232	233	234	235	236	237	238	239	240
A	C	C	D	B	B	A	C	D	A
241	242	243	244	245	246	247	248	249	250
D	A	A	A	C	D	A	B	D	B
251	252	253	254	255	256	257	258	259	260
B	A	C	D	A	C	D	B	C	B

✧✧✧✧✧

सामान्य हिंदी

व्याकरण

व्याकरण वह शास्त्र है जिसके द्वारा किसी भी भाषा के शब्दों और वाक्यों के शुद्ध स्वरूपों एवं शुद्ध प्रयोगों का ज्ञान कराया जाता है।

व्याकरण के चार अंग हैं : (i) वर्ण विचार (ii) शब्द विचार (iii) पद विचार और (iv) वाक्य विचार

भाषा : भाषा अभिव्यक्ति का एक ऐसा साधन है जिसके द्वारा मनुष्य अपने विचारों को दूसरों पर प्रकट कर सकता है और दूसरों के विचार जान सकता है। भाषा के दो रूप हैं–(i) मौखिक और (ii) लिखित।

बोली : भाषा का क्षेत्रीय रूप बोली कहलाता है।

लिपि : किसी भी भाषा के लिखने की विधि को लिपि कहते हैं।

वर्ण : हिन्दी भाषा में प्रयुक्त सबसे छोटी ध्वनि वर्ण कहलाती है। जैसे–अ, आ, ई, क्, ख्, आदि

वर्णमाला : वर्णों के समुदाय को वर्णमाला कहते हैं। हिन्दी वर्णमाला में 44 वर्ण हैं। जिनमें 11 स्वर तथा 33 व्यंजन हैं।

स्वरवर्ण : उन वर्णों को कहते हैं, जिनका उच्चारण बिना किसी दूसरे वर्ण की सहायता से होता है। हिन्दी में 11 स्वर हैं–अ, आ, इ, ई, उ, ऊ, ए, ऐ, ओ, औ, ऋ।

व्यंजन वर्ण : उन वर्णों को कहते हैं, जिनका उच्चारण स्वर वर्णों की सहायता के बिना नहीं हो सकता है। इनकी संख्या 33 है–

क ख ग घ ड़ च
छ ज झ ञ ट् ठ
ड ढ़ ण त थ द
ध न प फ ब भ
म य र ल व श
ष स ह।

वर्ण : एक या अधिक वर्णों से बनी हुई स्वतन्त्र सार्थक ध्वनि शब्द कहलाती है।

शब्दों को तत्सम, तद्भव, देशज और विदेशी भागों में बाँटा जाता है।

तत्सम : जो शब्द संस्कृत भाषा से हिन्दी में बिना किसी परिवर्तन के लिए जाते हैं वे तत्सम कहलाते हैं, जैसे– अग्नि, क्षेत्र, मित्र, नासिका आदि।

तद्भव : उन शब्दों को कहते हैं, जो संस्कृत से ही लिए गए हैं, परन्तु हिन्दी में आने पर जिनका रूप बदल गया है। जैसे–आग, खेत, रात आदि।

देशज : उन शब्दों को कहते हैं, जो बोलचाल तथा देश की अन्य भाषाओं से लिए गए हैं। जैसे–कटोरा, झंझत, डिबिया, लोटा आदि।

विदेशज या विदेशी : उन शब्दों को कहते हैं, जो किसी विदेशी भाषा से आए हैं।

जैसे–स्कूल, कार, कमरा, खुदा, जोश, सरकार आदि।

शब्द सम्पदा

तत्सम शब्दों के तद्भव रूप

तत्सम	तद्भव	तत्सम	तद्भव	तत्सम	तद्भव	तत्सम	तद्भव
अग्नि	आग	अद्य	आज	ग्राम	गाँव	गर्दभ	गधा
अष्ट	आठ	अक्षि	आँख	गृघ्र	गीध	गौर	गोरा
अर्ध	आधा	अस्थि	हड्डी	गृह	घर	घट	घड़ा
अश्रु	आँसू	आम्र	आम	धातु	धात	धृत	घी

तत्सम	तद्भव	तत्सम	तद्भव
लक्ष	लाख	सप्त	सात
त्वम्	तुम	दुग्ध	दूध
रत्न	रतन	वर्ष	बरस
भक्त	भगत	मर्कट	बन्दर
रात्रि	रात	उलूक	उल्लू
अन्धकार	अन्धेरा	क्षीर	खीर
निद्रा	नींद	पृष्ठ	पीठ
ज्येष्ठ	जेठ	स्वर्ण	सोना
श्वास	साँस	काक	काग
कार्य	काज	कर्ण	कान
पाद	पाँव	हस्त	हाथ
नासिका	नाक	कंटक	काँटा
दश	दस	दधि	दही
दीप	दीया	निद्रा	नींद
नव	नौ	पत्र	पत्ता

तत्सम	तद्भव	तत्सम	तद्भव
प्रस्तर	पत्थर	जिह्वा	जीभ
हस्ती	हाथी	दन्त	दाँत
क्षेत्र	खेत	नृत्य	नाच
सूचिका	सूई	स्वर्णकार	सुनार
लोक	लोग	पर्यड़्क	पलंग
स्वप्न	सपना	कातर	कायर
पुत्र	पूत	मानव	मनुष्य
शत	सौ	पुष्प	फूल
पक्व	पक्का	कृषक	किसान
कर्म	कार्य	आम्र	आम
कर्ण	कान	अष्ट	आठ
घंटिका	घंटी	चन्द्र	चन्द
यव	जौ	धूम्र	धुआँ
भ्रमर	भँवर		

विराम चिह्न

विराम का अर्थ रुकना। अपने विचारों को ठीक ढंग से प्रकट करने के पढ़ते अथवा लिखते समय हमें कुछ रुकना पड़ता है। इस प्रकार के रुकने को विराम कहते हैं। प्रत्येक-विराम के लिए अलग-अलग चिह्न हैं–

पूर्ण विराम	[।]
अल्प विराम	[,]
अर्ध विराम	[;]
प्रश्न बोधक	[?]
विस्मयादि बोधक	[!]
योजक	[–]
उद्धरण	[“ ”]

कारक

कारक शब्द उस रूप को कहते हैं, जिससे संज्ञा या सर्वनाम वाक्य के साथ सम्बन्ध जाना जाता है।

जैसे–शीला कलम **से** लिखती है।

यह सीमा **की** पुस्तक है।

कारक के भेद विभक्ति चिह्नों सहित

कारक	विभक्ति
कर्त्ता	ने
कर्म	को
करण	से
सम्प्रदान	के लिए
अपादान	से
सम्बन्ध	का, के, की
अधिकरण	में, पर
सम्बोधन	हे, अरे!

पर्यायवाची शब्द

जिन शब्दों से एक समान अर्थ का बोध होता है, उन्हें पर्यायवाची या समानार्थी शब्द कहते हैं।

कुछ पर्यायवाची शब्दों के उदाहरण निम्नलिखित हैं–

आग – अग्नि, अनल, पावक, हुताशन, ज्वाला।

आकाश – नभ, आसमान, गगन, लोभ।

असुर – राक्षस, दानव, निशाचर, दैत्य।

अमृत – अभिय, पीयूष, सुधा, सोम।

अन्धकार – अन्धेरा, तिमिर, तम, तमिस्त्र।

आँख – नेत्र, नयन, लोचन, चक्षु, दृग।

कमल – जलज, पंकज, नीरज, राजीव।

इन्द्र – सुरपति, देवेन्द्र, सुरेन्द्र, देवेश।
ईश्वर – प्रभु, भगवान, जगदीश, दीनबन्धु।
पक्षी – खग, विहग, चिड़िया, नभचर।
बादल – घन, जलधर, वारिद, नीरद।
गंगा – सुरसरि, जाह्नवी, त्रिपथगा, देवनदी, विष्णुपदी।
चन्द्रमा – शशि, मयंक, निशाकर, सुधाकर, सुधांशु, सोम हिमांशु, राकेश।
जल – पानी, नीर, लोभ, अम्बु, सलिल, क्षीर, वारि।
फूल – पुष्प, कुसुम, सुमन, प्रसून, सारंग।
पृथ्वी – भू, भूमि, धरा, वसुन्धरा, वसुधा, धरती क्षमा, लोक।
कपड़ा – पट, वस्त्र, चीर, अम्बर, दुकूल।
घर – गृह, गेह, निकेतन, आलय, निलय, भवन, शाला, धाम, सदन।
जंगल – वन, कानन, अरण्य, विपिन।
तालाब – सरोवर, ताल, जलाशय, तड़ाग।
दिन – दिवस, वासर, वार।
पहाड़ – गिरि, पर्वत, गूधर, नग, महीधर, मेरू।
पत्थर – पहाड़, प्रस्तर, पाहन।
पवन – वायु, समीर, हवा, मारुत, अनिल।
पुत्र – सुत, तनय, पूत, आत्मज।
बिजली – तड़ित, चपला, दामिनी।
वृक्ष – तरू, रूख, विटप, पेड़।
मनुष्य – नर, मानव, मनुज, आदमी।
हाथी – करि, हस्ती, गज।
मित्र – सखा, मीत, सहचर, दोस्त।
राजा – नरेश, नृप, महीप, भूप।
समुद्र – सागर, सिन्धु, जलधि, नीरधि।
सरस्वती – शारदा, वागेश्वरी, भारती, महाश्वेता।
साँप – पन्नग, सर्प, विषधर, अहि, व्याल।
सूर्य – दिनकर, दिवाकर, रवि, भानु, भास्कर।
स्त्री – नारी, महिला, दारा, वामा।
शरीर – देह, तन, काया, गात, बदन।
गणेश – गजानन, गणपति, विनायक, एकदन्त, गजवदन लम्बोदर, विघ्न नाशक।
घोड़ा – तुरंग, बाजि, हय, अश्व, घोटक।
युद्ध – समर, रण, संग्राम।
सिंह – केसरी, मृगराज, केहरी।
शत्रु – अरि, रिपु, बैरी।
विष्णु – हरि, कमलेश, रमापति, चक्रपाणि, केशव, माधव, पीताम्बर।
कोष – खजाना, भण्डार, निधि।
धन – दौलत, द्रव्य, मुद्रा।
तलवार – कृपाण, असि, खड्ग।
अंग – भाग, हिस्सा, अवयव।
चोर – तस्कर, दस्यु, रजनीचर।
पत्नी – भार्या, दारा, गृहिणी।
पुत्र – तनय, सुत, लड़का, बेटा।
पुत्री – तनया, सुता, लड़की, बेटी।
माता – जननी, अम्बा, अम्बिका, अम्मा, माँ, धात्री।
मोर – शिखी, नीलकण्ठ, मयूर।
मृत्यु – मौत, काल, देहान्त।
रक्त – रुधिर, शोणित, खून, लहू।
विष – जहर, हलाहल, गरल।
सोना – कंचन, स्वर्ण, कनक।
हृदय – उर, छाती, वक्ष, वक्षस्थल, हिय, हिया।
सभा – अधिवेशन, परिषद्, बैठक, महासभा, समागम, समिति, सम्मेलन।
यमुना – कालिन्दी, कृष्णा, जमुना, रविसुता तरणि-तनुजा।

विलोम-शब्द

शब्दों के अपने निश्चित अर्थ होते हैं। उन अर्थों के विपरीत अर्थ देने वाले शब्द को विलोम-शब्द कहते हैं।

शब्द	विलोम	शब्द	विलोम	शब्द	विलोम	शब्द	विलोम
अमृत	विष	उदार	संकीर्ण	आदि	अन्त	उत्थान	पतन
अनुकूल	प्रतिकूल	अनुराग	विराग	इच्छा	अनिच्छा	उचित	अनुचित

शब्द	विलोम	शब्द	विलोम
अल्पायु	दीर्घायु	अनुज	अग्रज
उन्नति	अवनति	आकाश	पाताल
अधिक	न्यून	आयात	निर्यात
एक	अनेक	अन्धकार	प्रकाश
अर्थ	अनर्थ	उदय	अस्त
परकीया	स्वकीया	जड़	चेतन
जय	पराजय	अनिवार्य	वैकल्पिक
नकद	उधार	अपेक्षा	उपेक्षा
उपस्थित	अनुपस्थित	आदर	अनादर
अन्धेरा	उजाला	अपना	पराया
उत्तम	अधम	आय	व्यय
सुपुत्र	कुपुत्र	स्वाधीन	पराधीन
आहार	निराहार	कठोर	कोमल
दाता	याचक	दोषी	निर्दोषि
खेद	प्रसन्नता	धनी	निर्धन
निकट	दूर	चर	अचर
देव	दानव	खरा	खोटा
गरीब	अमीर	प्रेम	घृणा
जीवन	मृत्यु	बुरा	भला
सजीव	निर्जीव	मित्र	शत्रु
सुगन्ध	दुर्गन्ध	मौखिक	लिखित
संक्षेप	विस्तार	कटु	मधुर
आरम्भ	अन्त	कड़वा	मीठा
कृतज्ञ	कृतघ्न	दिन	रात
साक्षर	निरक्षर	पवित्र	अपवित्र
पाप	पुण्य	जल	थल
धीर	अधीर	निर्मल	मलिन
गुण	अवगुण	नश्वर	अनश्वर
निन्दा	स्तुति	भारी	हल्का
मनुष्यता	पशुता	सरस	नीरस
मान	अपमान	क्रय	विक्रय

शब्द	विलोम	शब्द	विलोम
धर्म	अधर्म	गहरा	उथला
गुरु	शिष्य	पक्ष	विपक्ष
जन्म	मृत्यु	बन्धन	मुक्ति
यश	अपयश	ज्ञान	अज्ञान
आदर	अनादर	पूर्ण	अपूर्ण
सफल	असफल	शान्त	अशान्त
कीर्ति	अपकीर्ति	वादी	प्रतिवादी
आस्तिक	नास्तिक	स्वदेश	परदेश
सज्जन	दुर्जन	राग	द्वेष
ऊसर	उर्वर	उदार	कृपण
अगला	पिछला	अगम	सुगम
अग्नि	जल	अति	अल्प
अर्थ	अनर्थ	अतल	वितल
अत्यधिक	स्वल्प	अधः	उपरि
अधिकतम	न्यूनतम	अतिवृष्टि	अनावृष्टि
अनाथ	सनाथ	ईश्वर	जीव
अनुलोम	विलोम	अर्पण	ग्रहण
अवनि	अम्बर	अस्त	उदय
आकर्षण	विकर्षण	आगे	पीछे
आजाद	गुलाम	आदान	प्रदान
आधुनिक	प्राचीन	आना	जाना
आय	व्यय	आयात	निर्यात
आवश्यक	अनावश्यक	आशा	निराशा
आस्था	अनास्था	इहलोक	परलोक
उच्च	निम्न	उत्थान	पतन
उपकार	अपकार	उपयोग	दुरुपयोग
एकता	अनेकता	कल	आज
कृत्रिम	प्राकृत	कृष्ण	शुक्ल
कपूत	सपूत	कोमल	कठोर
गगन	धरा	ज्ञान	अज्ञान
झूठ	सच		

लिंग

लिंग का अर्थ है 'चिह्न'। लिंग शब्द उस चिह्न को कहते हैं जिससे वस्तु के पुरुष या स्त्री होने की कल्पना हो। लिंग दो प्रकार के होते हैं—(1) पुल्लिंग (2) स्त्रीलिंग

पुल्लिंग–पुल्लिंग संज्ञा के उस रूप को कहते हैं जिससे उसके पुरुष होने का ज्ञान होता है। जैसे–राम, श्याम, घोड़ा, हाथी, कुत्ता आदि। **स्त्रीलिंग**–स्त्रीलिंग संज्ञा के उस रूप को

कहते हैं जिससे उसके स्त्री होने का ज्ञान हो। जैसे–भैंस, गाय, बकरी, सीता, रमा इत्यादि।

पुल्लिंग	स्त्रीलिंग	पुल्लिंग	स्त्रीलिंग
इन्द्र	इन्द्राणी	मेहतर	मेहतरानी
नौकर	नौकरानी	जेठ	जेठानी
देवर	देवरानी	सेठ	सेठानी
पण्डित	पण्डिताइन	ओझा	ओझाइन
बनिया	बनियाइन	दुबे	दुबाइन
हलवाई	हलवाइन	चौबे	चौबाइन
गुरु	गुरुआइन	लड़का	लड़की
दास	दासी	कबूतर	कबूतरी
हिरण	हिरणी	क्षत्रिय	क्षत्राणी
मुगल	मुगलानी	हिन्दू	हिन्दुआनी
चौधरी	चौधरानी	भव	भवानी
लाला	ललाइन	पण्डा	पण्डाइन
ठाकुर	ठकुराइन	बाबू	बबुआइन
घोड़ा	घोड़ी	गूँगा	गूँगी
बच्चा	बच्ची	चाचा	चाची
बकरा	बकरी	मागा	मामी
मुर्गा	मुर्गी	साला	साली
चींटा	चींटी	रस्सा	रस्सी
देव	देवी	ब्राह्मण	ब्राह्मणी
बेटा	बेटी	बूढ़ा	बुढ़िया
चूहा	चुहिया	डिब्बा	डिबिया
गुड्डा	गुड़िया	कुम्हार	कुम्हारिन
सुनार	सुनारिन	नाती	नातिन
जुलाहा	जुलाहिन	दर्जी	दर्जिन
पापी	पापिन	हाथी	हथिनी
पिता	माता	बैल	गाय
कवि	कवयित्री	विधुर	विधवा
बाप	माँ	बादशाह	बेगम

पुल्लिंग	स्त्रीलिंग	पुल्लिंग	स्त्रीलिंग
नर	मादा	मर्द	औरत
युवक	युवती	वर	वधू
सम्राट्	सम्राज्ञी	साढू	साली
फूफा	बुआ	पुत्र	पुत्री
पहाड़	पहाड़ी	गोप	गोपी
गधा	गधी	तरुण	तरुणी
नर्तक	नर्तकी	बेटा	बिटिया
बछड़ा	बछिया	चिड़ा	चिड़िया
बन्दर	बन्दरिया	कुत्ता	कुतिया
नाई	नाइन	धोबी	धोबिन
ग्वाला	ग्वालिन	भंगी	भंगिन
स्वामी	स्वामिनी	विद्वान्	विदुषी
साधु	साध्वी	पुरुष	स्त्री
पति	पत्नी	वीर	वीरांगना
साहब	मेम	सास	ससुर
मियाँ	बीबी	राजा	रानी
बिलाड़	बिल्ली	अनुज	अनुजा
छात्र	छात्रा	महोदय	महोदया
प्रिय	प्रिया	मामा	मामी
लोटा	लुटिया	मोर	मोरनी
शेर	शेरनी	जाट	जाटिन
डाक्टर	डाक्टरनी	मालिक	मालकिन
माली	मालिन	बाघ	बाघिन
हाथी	हथिनी	स्वामी	स्वामिनी
बालक	बालिका	धनवान	धनवती
धावक	धाविका	नेता	नेत्री
गुणवान	गुणवती	नर	मादा
अभिनेता	अभिनेत्री	प्राचार्य	प्राचार्या
प्रबन्धकर्ता	प्रबन्धकर्ती	दाता	दात्री
ननदोई	ननद	अध्यापक	अध्यापिका

वचन

शब्द के जिस रूप से उसके एक अथवा अनेक होने का बोध हो, उसे वचन कहते हैं।

हिन्दी में दो वचन होते हैं–

(1) एकवचन और (2) बहुवचन

एकवचन–शब्द के जिस रूप से एक ही वस्तु का बोध हो, उसे एकवचन कहते हैं। जैसे–लड़का, गाय, बकरी, घोड़ा, राम, सीता आदि।

बहुवचन–शब्द के जिस रूप से अनेकता का बोध हो उसे बहुवचन कहते हैं। जैसे–लड़के, कपड़े, गायें आदि।

एकवचन	बहुवचन	एकवचन	बहुवचन
लड़का	लड़के	कौवा	कौवे
बेटा	बेटे	कमरा	कमरे
कपड़ा	कपड़े	बहन	बहनें
चीज	चीजें	गधा	गधे
रुपया	रुपये	घोड़ा	घोड़े
नहर	नहरें	रात	रातें
बात	बातें	सड़क	सड़कें
दाना	दाने	लोटा	लोटे
पैसा	पैसे	पुस्तक	पुस्तकें
कन्या	कन्याएँ	वधू	वधुएँ
नारी	नारियाँ	लड़की	लड़कियाँ
मुर्गा	मुर्गे	घण्टा	घण्टे
गद्दा	गद्दे	हीरा	हीरे
बच्चा	बच्चे	प्याला	प्याले
छाता	छाते	गाय	गायें
कथा	कथाएँ	कविता	कविताएँ
बहू	बहुएँ	टोपी	टोपियाँ
नाली	नालियाँ	बेटा	बेटे
ताला	ताले	जूता	जूते

एकवचन	बहुवचन	एकवचन	बहुवचन
डिबिया	डिबियाँ	नाक	नाकें
पूँछ	पूँछें	मूँछ	मूँछें
चिड़िया	चिड़ियाँ	सरिता	सरिताएँ
बालिका	बालिकाएँ	चाभी	चाभियाँ
कहानी	कहानियाँ	दरवाजा	दरवाजे
कलम	कलमें	कुटिया	कुटियाँ
रानी	रानियाँ	नाई	नाइयों
माता	माताएँ	बाल	बालों
हाथ	हाथों	मुख	मुख
कोट	कोट	दाँत	दाँतों
नाखून	नाखूनों	पैर	पैरों
बैल	बैलों	माली	मालियों
राजा	राजाओं	पिता	पिता
चन्द्रमा	चन्द्रमा	कवि	कवियों
मुनि	मुनियों	कौआ	कौए
छात्रा	छात्राएँ	सेना	सेनाएँ
दिशा	दिशाएँ	गुड़िया	गुड़ियाँ
मेज	मेजें	भैंस	भैंसें
अंगूर	अंगूरों	समुद्र	समुद्र
केला	केले	पत्ता	पत्ते

अनेक शब्दों के लिए एक शब्द

जिसकी कोई उपमा न हो : **अनुपम**
तेज बुद्धि वाला : **कुशाग्रबुद्धि**
कल्पना से परे हो : **कल्पनातीत**
जो उपकार नहीं मानता है : **कृतघ्न**
जो उपकार मानता है : **कृतज्ञ**
किसी की हँसी उड़ाना : **उपहास**
ऊपर कहा हुआ : **उपर्युक्त**
ऊपर लिखा हुआ : **उपरलिखित**
जिस पर उपकार किया गया हो : **उपकृत**
इतिहास का ज्ञाता : **इतिहासज्ञ**
आलोचना करने वाला : **आलोचक**
ईश्वर में आस्था रखने वाला : **आस्तिक**
बिना वेतन का : **अवैतनिक**
जो कहा न जा सके : **अकथनीय**
जो गिना न जा सके : **अगणित**

जिसका कोई शत्रु ही न जन्मा हो : **अजातशत्रु**
जिसके समान कोई दूसरा न हो : **अद्वितीय**
जो परिचित न हो : **अपरिचित**
आकाश में उड़ने वाला : **नभचर**
जो टुकड़े-टुकड़े हो गया हो : **खण्डित**
मछली की तरह आँखों वाली : **मीनाक्षी**
मयूर की तरह आँखों वाली : **मयूराक्षी**
बच्चों के लिए काम की वस्तु : **बालोपयोगी**
जिसकी बहुत अधिक चर्चा हो : **बहुचर्चित**
जिस स्त्री को कभी सन्तान न हुई हो : **बन्ध्या (बाँझ)**
फेन से भरा हुआ : **फेनिल**
प्रिय बोलने वाली स्त्री : **प्रियम्वदा**
जिसकी उपमा न हो : **निरुपम**
जो थोड़ी देर पहले पैदा हुआ हो : **नवजात**
जिसका कोई आधार न हो : **निराधार**

नगर में वास करने वाला	: नागरिक
रात में घूमने वाला	: निशाचर
ईश्वर में विश्वास न रखने वाला	: नास्तिक
माँस न खाने वाला	: निरामिष
बिल्कुल बर्बाद हो गया	: ध्वस्त
जिसकी धर्म में निष्ठा हो	: धर्मनिष्ठ
देखने योग्य	: दर्शनीय
बहुत तेज चलने वाला	: द्रुतगामी
जो किसी पक्ष में न रहे	: तटस्थ
तत्त्व को जानने वाला	: तत्त्वज्ञ
तप करने वाला	: तपस्वी
जिसे देखकर डर लगे	: डरावना
जो जन्म से अन्ध हो	: जन्मान्ध
जीने की प्रबल इच्छा	: जिजीविषा
जिसने इन्द्रियों को जीत लिया हो	: जितेन्द्रिय
चिन्ता में डूबा हुआ	: चिन्तित
जो बहुत समय तक ठहरे	: चिरस्थायी
जिसकी चार भुजाएँ हों	: चतुर्भुज
जिसके हाथ में चक्र हों	: चक्रपाणि
जिससे घृणा की जाए	: घृणित
जिसे गुप्त रखा जाए	: गोपनीय
गणित ज्ञाता	: गणितज्ञ
आकाश को चूमने वाला	: गगनचुम्बी
जिसका आदि न हो	: अनादि
जो कुछ न जानता हो	: अज्ञ
जो अनुकरण करने योग्य हो	: अनुकरणीय
जिसका अन्त न हो	: अनन्त
जो कभी न मरे	: अमर
जो कम बोलता हो	: अल्पभाषी
जिसका इलाज न हो	: लाइलाज
जिसका कोई नाथ न हो	: अनाथ
कम जानने वाला	: अल्पज्ञ
जहाँ जाना सम्भव न हो	: अगम
बड़ा भाई	: अग्रज
कम खाने वाला	: अल्पाहारी
जो बात पहले कभी न हुई हो	: अभूतपूर्व
दूसरों के पीछे चलने वाला	: अनुचर
जो पहले न पढ़ा हो	: अपठित
जिसके आर-पार दिखाई देता हो	: पारदर्शी
आज्ञा पालन करने वाला	: आज्ञाकारी
काम से जी चुराने वाला	: कामचोर
प्रतिदिन होने वाला	: दैनिक
जिसका कोई अर्थ न हो	: निरर्थक
हाथ से लिखा हुआ	: हस्तलिखित
आँखों के सामने होने वाला	: प्रत्यक्ष
जिसका आचरण अच्छा हो	: सदाचारी
वह पुरुष जिसकी पत्नी मर गई हो	: विधुर
वह स्त्री जिसका पति मर गया हो	: विधवा
जिसका रूप अच्छा न हो	: कुरूप
सदा सत्य बोलने वाला	: सत्यवादी
बड़ी इमारत के टूटे-फूटे भाग	: खण्डहर
प्रशंसा के योग्य	: प्रशंसनीय
जहाँ अनाथ रहते हों	: अनाथालय
प्रत्येक मास होने वाला	: मासिक
जहाँ पानी के जहाज आकर रुकते हैं	: बन्दरगाह
प्रत्येक सप्ताह होने वाला	: साप्ताहिक
प्रत्येक वर्ष होने वाला	: वार्षिक
जो कठिनाई से मिले	: दुर्लभ
जिसका आकार हो	: साकार
जिसका आकार न हो	: निराकार
जो कभी बूढ़ा न हो	: अजर
बहुत बोलने वाला	: वाचाल
पृथ्वी पर रहने वाला	: थलचर
जल में रहने वाला	: जलचर
नभ में विचरण करने वाला	: नभचर
जल-थल दोनों में रहने वाला	: उभयचर
जिसमें रस न हो	: नीरस
पढ़ने वाला	: पाठक
जो भाषण देता हो	: वक्ता
जो साथ में पढ़ता हो	: सहपाठी
जिसके नीचे रेखा खींची हो	: रेखांकित
जानने की इच्छा रखने वाला	: जिज्ञासु
जिसकी कोई सन्तान न हो	: निःसन्तान
जिसका कोई मूल्य न हो	: अमूल्य
जो वन में घूमता हो	: वनचर
जो इस लोक के बाहर की बात हो	: अलौकिक

जो इस लोक की बात हो	: **लौकिक**
जिसका सम्बन्ध पश्चिम से हो	: **पाश्चात्य**
जो स्थिर रहे	: **स्थावर**
दुःखान्त नाटक	: **त्रासदी**
ज्ञान देने वाली	: **ज्ञानदा**
भूत, वर्तमान भविष्य को देखने वाला	: **त्रिकालदर्शी**
जो क्षमा के योग्य हो	: **क्षम्य**
हिंसा करने वाला	: **हिंसक**
हित चाहने वाला	: **हितैषी**
सब कुछ जानने वाला	: **सर्वज्ञ**
जो स्वयं पैदा हुआ हो	: **स्वयंभू**
जो शरण में आया हो	: **शरणागत**
जिसका वर्णन न किया जा सके	: **वर्णनातीत**
व्याकरण जानने वाला	: **वैयाकरण**
रचना करने वाला	: **रचयिता**
खून से रंगा हुआ	: **रक्तरंजित**
अत्यन्त सुन्दर स्त्री	: **रूपसी**
कीर्तिमान पुरुष	: **यशस्वी**

महत्त्वपूर्ण शब्दों की भाववाचक संज्ञा

शब्द	भाववाचक संज्ञा	शब्द	भाववाचक संज्ञा
दास	दासता	क्षत्रिय	क्षत्रियत्व
पशु	पशुता	बालक	बालकपन
बन्धु	बन्धुत्व	मित्र	मित्रता
बूढ़ा	बुढ़ापा	सती	सतीत्व
सेवक	सेवा	शिशु	शैशव
अपना	अपनत्व	पराया	परायापन
सर्व	सर्वस्व	मम	ममत्व
पण्डित	पाण्डित्य	पुरुष	पुरुषत्व
ब्राह्मण	ब्राह्मणत्व	बच्चा	बचपन
प्रभु	प्रभुता	नारी	नारीत्व
देव	देवत्व	लड़का	लड़कपन
मनुष्य	मनुष्यता	दानव	दानवता
निज	निजता	स्व	स्वत्व

शब्द	भाववाचक संज्ञा	शब्द	भाववाचक संज्ञा
अहं	अहंकार	अपना	अपनापन
व्यक्ति	व्यक्तित्व	मीठा	मिठास
गरीब	गरीबी	सफल	सफलता
बुरा	बुराई	स्वस्थ	स्वास्थ्य
सरल	सरलता	कंजुस	कंजुसी
कमजोर	कमजोरी	हरा	हरियाली
गर्म	गर्मी	मोटा	मोटाई
चालाक	चालाकी	गम्भीर	गम्भीरता
पढ़ना	पढ़ाई	लिखना	लिखाई
थकना	थकावट	लिखना	लिखावट
लूटना	लूट	लड़ना	लड़ाई
हँसना	हँसी	आप	अपनत्व

महत्त्वपूर्ण शब्दों के विशेषण

शब्द	विशेषण	शब्द	विशेषण
अंक	अंकित	अर्थ	आर्थिक
इतिहास	ऐतिहासिक	उदासी	उदास
कलंक	कलंकित	कुसुम	कुसुमित
जटा	जटिल	भार	भारी
बनारस	बनारसी	बाजार	बाजारू
प्यास	प्यासा	पुराण	पौराणिक
पंक	पंकित	पक्ष	पाक्षिक
धन	धनी	दो	दूसरा

शब्द	विशेषण	शब्द	विशेषण
तीन	तीसरा	झगड़ा	झगड़ालू
ठण्ड	ठण्डा	जाति	जातीय
काँटा	कँटीला	विदेश	विदेशी
रोज	रोजाना	भूगोल	भौगोलिक
पीड़ा	पीड़ित	पुत्र	पुत्रवान
आलस्य	आलसी	अंतर	आंतरिक
ईर्ष्या	ईर्ष्यालु	कर्म	कर्मठ
करुणा	कारुणिक	कृपा	कृपालु

शब्द	विशेषण	शब्द	विशेषण	शब्द	विशेषण	शब्द	विशेषण
गुण	गुणी	जल	जलमय	फ्रांस	फ्रांसीसी	बाहर	बाहरी
जीव	जैविक	तट	तटस्थ	भय	भयभीत	मधु	मधुर
तर्क	तार्किक	धर्म	धार्मिक	मौन	मौनी	मन	मानसिक
नमक	नमकीन	पत्थर	पथरीला	मानव	मानवीय	रक्षा	रक्षक
पल्लव	पल्लवित	पान	पनवाड़ी	रघु	राघव	रोग	रोगी
मुख	मुखर	मिठास	मीठा	वर्ष	वार्षिक	शक्ति	शक्तिशाली
मास	मासिक	मद	मादक	श्रम	श्रमिक	अंत	अंतिम
रक्त	रक्तिम	रस	रसीला	कागज	कागजी	मर्म	मार्मिक
वन	वन्य	विष्णु	वैष्णव	शब्द	शाब्दिक	अज्ञान	अज्ञानी
शहर	शहरी	तप	तपस्वी	गुलाब	गुलाबी	प्रकृति	प्राकृतिक
जापान	जापानी	तेज	तेजस्वी	परिचय	परिचित	पूजा	पुजारी
तत्त्व	तात्त्विक	दया	दयालु	रोग	रोगी	ग्राम	ग्रामीण
देव	दैविक	निंदा	निंदक	सुगंध	सुगंधित	मैं	मेरा
नव	नवीन	पोषण	पोषक	जो	जैसा	आप	आप-सा
पेट	पेटू	पाप	पापी	तुम	तुम्हारा	कौन	कैसा
पूजा	पूज्य	भूख	भूखा	वह	वैसा	पढ़ना	पढ़ाकू
फेन	फेनिल	भारत	भारतीय	गाना	गायक	बेचना	बिकाऊ
माया	मायावी	रंग	रंगीन	भागना	भगोड़ा	वन्द	वन्दनीय
विष	विषैला	श्री	श्रीमान	चलना	चलती	घूमना	घुमक्कड़
सुर	सुरीला	विवाह	वैवाहिक	चलना	चालू	मरना	मरियल
आदर	आदरणीय	ऋण	ऋणी	भूलना	भुलक्कड़	पीछे	पिछला
किताब	किताबी	क्रम	क्रमिक	भीतर	भीतरी	नीचे	निम्न
ग्राम	ग्रामीण	घर	घरेलू	अणु	आणविक	अधिकार	आधिकारिक
चतुर	चतुरता	जहर	जहरीला	अनुभव	अनुभवी	अन्याय	अन्यायी
सप्ताह	साप्ताहिक	अनुभव	अनुभवी	अपमान	अपमानित	अभ्यास	अभ्यासी
ओज	ओजस्वी	कल्पना	काल्पनिक	अवश्य	आवश्यक	आदि	आदिम
कुल	कुलीन	गाँव	गँवार	आयु	आयुष्मान्	उदय	उदित
चमक	चमकीला	चाचा	चचेरा	उपज	उपजाऊ	एकता	एक
दीन	दीनता	नगर	नागरिक	अंत	अंतिम	कुल	कुलीन
नागपुर	नागपुरी	परिवार	पारिवारिक	खर्च	खर्चीला	खून	खूनी
पुष्प	पुष्पित	पिता	पैतृक	गुण	गुणी		

श्रुतिसम भिन्नार्थक शब्द

शब्द	अर्थ	शब्द	अर्थ	शब्द	अर्थ	शब्द	अर्थ
आदि	आरम्भ	आदी	अभ्यस्त	अरि	शत्रु	अरी	सम्बोधन
कुल	वंश	कूल	किनारा	अगम	दुर्गम	आगम	शास्त्र

शब्द	अर्थ	शब्द	अर्थ
अयश	अपकीर्ति	अयस्क	लोहा
अपेक्षा	चाहना, तुलना में	उपेक्षा	निरादर
अनिल	हवा	अनल	आग
अवधि	काल, समय	अवधी	अवध की भाषा
आयात	बाहर से आना	आयत	एक आकृति
चिर	पुराना	चीर	कपड़ा
तनु	पतला	तनू	पुत्र, गाय
तरंग	लहर	तुरंग	घोड़ा
दारा	स्त्री	द्वार	दरवाजा
दूत	संदेशवाहक	द्यूत	जुआ
जलद	बादल	जलज	कमल
प्रदीप	दीपक	प्रतीप	उल्टा
प्रसाद	कृपा	प्रासाद	महल
पास	निकट	पाश	बन्धन
द्विप	हाथी	द्वीप	टापू
देव	देवता	दैव	भाग्य
नीर	जल	नीड़	घोंसला
पवन	वायु	पावन	पवित्र
बन्द	खुला नहीं	बद	बुरा
पथ	रास्ता	पथ्य	रोगी का भोजन

शब्द	अर्थ	शब्द	अर्थ
पुर	नगर	पूर	बाढ़
भवन	महल	भुवन	संसार
लक्ष्य	उद्देश्य	लक्ष	लाख
सर	तालाब	शर	बाण
सर्ग	अध्याय	स्वर्ग	एक लोक
कर्म	कार्य	क्रम	सिलसिला
चिता	शव जलाने के लिए लकड़ियों का ढेर	चीता	बाघ
शव	लाश	शब	रात
शस्त्र	हथियार	शास्त्र	ग्रन्थ
श्रवण	सुनना	श्रमण	बौद्ध संन्यासी
मत	विचार	मत्त	मस्त
शोक	दुःख	शौक	चाव
ग्रह	नक्षत्र	गृह	घर
कपट	धोखा	कपाट	दरवाजा
उपयुक्त	ठीक	उपर्युक्त	ऊपर कहा गया
सुत	बेटा	सूत	धागा
शूर	वीर	सूर	अंधा
श्याम	कृष्ण	शाम	संध्या
दिन	वार	दीन	गरीब
कटिबद्ध	तैयार रहना	करबद्ध	हाथ जोड़ना

अनेकार्थक शब्द

शब्द	विभिन्न अर्थ
अंक	संख्या, गोद
अक्षर	वर्ण, ईश्वर
पानी	जल, प्रतिष्ठा
अचल	पवर्त, स्थिर
आम	फल, सामान्य
अंबर	वस्त्र, आकाश
अवस्था	आयु, दशा
उत्तर	दिशा, जबाव
विधि	तरीका, भाग्य
कर	हाथ, टैक्स
कनक	सोना, धतुरा
गुरु	श्रेष्ठ, शिक्षक
हान	भारी हथौड़ा, बादल

शब्द	विभिन्न अर्थ
जड़	मूर्ख, मूल
कल	मशीन, आनेवाला कल, चैन
सुर	देवता, स्वर
द्विज	पक्षी, ब्राह्मण
तीर	किनारा, बाण
प्रकृति	स्वभाव, कुदरत
पत्र	चिट्ठी, पत्र
पद	पैर, उपाधि
फल	परिणाम, फल
तनु	पतला, कोमल
वर्ण	रंग, जाति
हल	समाधान, खेत जोतने का साधन
अशोक	राजा, वृक्ष

शब्द	विभिन्न अर्थ	शब्द	विभिन्न अर्थ
आभीर	अहीर, एक राग	घट	घड़ा, हृदय
एकाक्ष	काना, कौआ	जलज	कमल, मछली
खल	दुष्ट, खलिहान	हेम	सोना, जल

सामान्य अशुद्धियाँ

अशुद्ध	शुद्ध	अशुद्ध	शुद्ध	अशुद्ध	शुद्ध	अशुद्ध	शुद्ध
दुनियां	दुनिया	श्रीमति	श्रीमती	शताब्दि	शताब्दी	लड़ायी	लड़ाई
सामिग्री	सामग्री	वापिस	वापस	स्थाई	स्थायी	लिखायी	लिखाई
प्रदर्शिनी	प्रदर्शनी	द्वारिका	द्वारका	अलोकिक	अलौकिक	कृप्या	कृपया
ऊत्थान	उत्थान	दुसरा	दूसरा	गंवार	गँवार	असोक	अशोक
प्रशाद	प्रसाद	अमावश्या	अमावस्या	दुस्कर	दुष्कर	मूल्यावान	मूल्यवान्
बसंत	वसंत	बर्ष	वर्ष	नवम्	नवम	क्षात्र	छात्र
विना	बिना	बन	वन	छमा	क्षमा	प्रन्तु	परन्तु
दाइत्व	दायित्व	सम्वाद	संवाद	प्रीक्षा	परीक्षा	मरयादा	मर्यादा
कुन्डली	कुण्डली	मॉसिक	मानसिक	दुदर्शा	दुर्दशा	विषेश	विशेष
कन्ठ	कण्ठ	अगामी	आगामी	उज्वल	उज्ज्वल	आल्हाद	आह्लाद्
सप्ताहिक	साप्ताहिक	संसारिक	सांसारिक	महत्व	महत्त्व	उपलक्ष	उपलक्ष्य
आधीन	अधीन	हस्ताक्षेप	हस्तक्षेप	लीये	लिये	पिओ	पियो
बरात	बारात	क्षत्रीय	क्षत्रिय	हुये	हुए	कवित्री	कवयित्री
तिथी	तिथि	कालीदास	कालिदास	प्रमात्मा	परमात्मा	घनिष्ट	घनिष्ठ
पुर्ती	पूर्ति	अतिथी	अतिथि	यथेष्ठ	यथेष्ट	पियास	प्यास
नीती	नीति	ग्रहणी	गृहिणी	व्यस्क	वयस्क	त्यौहार	त्योहार
क्यूँ	क्यों	साधू	साधु	मुसलिम	मुस्लिम	ऐनक	ऐनक
वधु	वधू	रेणू	रेणु	नोकरी	नौकरी	कल्यान	कल्याण
नुपुर	नूपुर	निर्वान	निर्वाण	पाणी	पानी	आसा	आशा
जादु	जादू	द्रश्य	दृश्य	हृदय	हृदय	घ्रणा	घृणा
अनुग्रहीत	अनुगृहीत	बृज	ब्रज	श्रंगार	श्रृंगार	हिन्दुस्थान	हिन्दुस्तान
बनस्पति	वनस्पति	श्राप	शाप	प्रशन	प्रश्न	ग्यान	ज्ञान
सैना	सेना	सेनिक	सैनिक	अन्धेरा	अँधेरा	पेड	पेड़
इतिहासिक	ऐतिहासिक	प्रथक	पृथक	महयान्ह्न	मध्यान्ह	मेंहदी	मेहंदी
सम्पति	सम्पत्ति	कृतघन	कृतघ्न	शमशान	श्मशान	चिन्ह	चिह्न
बिमारी	बीमारी	व्यक्तिक	वैयक्तिक	कुंज	कुञ्ज	ग्रहस्थ	गृहस्थ
वितीत	व्यतीत	निस्वार्थ	निःस्वार्थ	अजोध्या	अयोध्या	अनधिकार	अनाधिकार
परिस्थित	परिस्थिति	रचियता	रचयिता	अनिष्ठा	अनिष्ट	अनुकुल	अनुकूल
मैथिलिशरण	मैथिलीशरण	आर्शिवाद	आशीर्वाद	अनुसंगिक	आनुषंगिक	अनुशरण	अनुसरण
निरिक्षण	निरीक्षण	पत्नि	पत्नी	अभिसेक	अभिषेक	अरमाण	अरमान

अशुद्ध	शुद्ध	अशुद्ध	शुद्ध
अहिल्या	अहल्या	आदरनीय	आदरणीय
आविस्कार	आविष्कार	उँचाई	ऊँचाई
उत्तरदाई	उत्तरदायी	उपर	ऊपर
उपरोक्त	उपर्युक्त	उश्रृंखल	उच्छृंखल
कलस	कलश	कल्यान	कल्याण
गनित	गणित	जवाब	जवाब
तत्व	तत्त्व	तलाब	तालाब
तिरष्कार	तिरस्कार	त्रिवार्षिक	त्रैवार्षिक
दिपिका	दीपिका	देहिक	दैहिक
द्वन्द	द्वन्द्व	नरायन	नारायण
निरव	नीरव	निरोग	नीरोग
पुष्टी	पुष्टि	पुस्प	पुष्प
पेत्रिक	पैतृक	प्रनय	प्रणय
प्रनाम	प्रणाम	प्रयाप्त	पर्याप्त
प्रसंशा	प्रशंसा	प्रांगन	प्रांगण
प्रान	प्राण	पृष्ट	पृष्ठ
ब्रत	व्रत	भगीरथी	भागीरथी
भरथ	भरत	भष्म	भस्म
मंत्रीमंडल	मंत्रिमण्डल	रसायण	रसायन
राज्यमहल	राजमहल	रामायन	रामायण
वनोवास	वनवास	वानी	वाणी
वाल्मीकी	वाल्मीकि	वास्प	वाष्प
व्योहार	व्यवहार	सन्यासी	संन्यासी

अशुद्ध	शुद्ध	अशुद्ध	शुद्ध
सम्राज	साम्राज्य	सविनयपूर्वक	सविनय
सिंदुर	सिंदूर	स्त्रवण	श्रवण
हरीश्चन्द्र	हरिश्चन्द्र	हिन्दु	हिन्दू
हिन्दूस्तान	हिन्दुस्तान	बुद्धिवान	बुद्धिमान्
भाग्यमान	भाग्यवान	विद्वान	विद्वान्
श्रीमान	श्रीमान्	आंख	आँख
ऊंट	ऊँट	कंगना	कँगना
गँगा	गंगा	गांधी	गाँधी
जांच	जाँच	तांगा	ताँगा
दांत	दाँत	मंहगा	महँगा
मांस	माँस	मुंह	मुँह
सांप	साँप	सांस	साँस
हुँकार	हुंकार	निर्पेक्ष	निरपेक्ष
भाष्कर	भास्कर	सन्मुख	सम्मुख
माताहीन	मातृहीन	विद्यार्थि	विद्यार्थी
गुणि	गुणी	द्वैवाषिक	द्विवार्षिक
पूज्यनीय	पूजनीय	अकाश	आकाश
इद	ईद	इसलाम	इस्लाम
ऐसा	ऐसा	दोसरा	दूसरा
पुत्रि	पुत्री	प्रस्तूत	प्रस्तुत
हरयाली	हरियाली	दिवाली	दीवाली
राष्ट्रिय	राष्ट्रीय	एकहरा	इकहरा
एतवार	इतबार		

वाक्यगत अशुद्धियाँ

अशुद्ध	शुद्ध
हम अच्छी भाषण दिए थे।	हमने अच्छा भाषण दिया था।
आप खाए कि नहीं?	आपने खाया कि नहीं?
वह मुझे देखा तो घबरा गया।	उसने मुझे देखा तो घबरा गया।
मैं किताब पढ़ा हूँ।	मैंने किताब पढ़ी है।
मैं सारी पुस्तक पढ़ डाली।	मैंने सारी पुस्तक पढ़ डाली।
सीता भात खायी।	सीता ने भात खाया।
राम रोटी खाया।	राम ने रोटी खायी।
लड़की ने दही गिरा दी।	लड़की ने दही गिरा दिया।
शुद्ध गाय की घी दो।	गाय का शुद्ध घी दो।
तुम, मैं और वह चलेगा।	तुम, वह और मैं चलूँगा।

अशुद्ध	शुद्ध
राम और सीता आयी थी।	राम और सीता आए थे।
भाई-बहन जा रही हैं।	भाई-बहन जा रहे हैं।
वह लड़की को बुलाओ।	उस लड़की को बुलाओ।
मेरे लिए पढ़ता हूँ।	अपने लिए पढ़ता हूँ।
सीता राम की आज्ञाकारी पत्नी थी।	सीता राम की आज्ञाकारिणी पत्नी थीं।
देरी न करना।	देर न करना।
उसे मृत्युदण्ड की सजा मिली।	उसे मृत्युदण्ड मिला।
हमारे शिक्षक प्रश्न पूछते हैं।	हमारे शिक्षक प्रश्न करते हैं।
कै बजे? तीन बजा।	कितना बजा? तीन बजे।

अशुद्ध	शुद्ध
उसका प्राण उड़ गया।	उसके प्राण उड़ गये।
मैंने आँख से देखा।	मैंने आँखों से देखा।
अपन को पढ़ना है।	मुझे पढ़ना है।
पुस्तक फट गया।	पुस्तक फट गई है।
घोड़ी तेज दौड़ता है।	घोड़ी तेज दौड़ती है।
मेरा प्रणम स्वीकार करो।	मेरा प्रणाम स्वीकार करो।
दो बालक खेलता है।	दो बालक खेलते हैं।
ये सब मेरा पुस्तक है।	ये सब मेरी पुस्तकें हैं।
सूरज पूरब में उगते हैं।	सूरज पूर्व में उगता है।
वह लौट आए।	वे लौट आए।
वहाँ अनेकों लोग थे।	वहाँ अनेक लोग थे।
मेरे को मत मारो।	मुझे मत मारो।
मोहन ने पत्र को पढ़ा।	मोहन ने पत्र पढ़ा।
पुस्तक पर नहीं लिखो।	पुस्तक पर मत लिखो।
वह सज्जन पुरुष है।	वह सज्जन है।
आप हमारे घर आओ।	आप हमारे घर आइए।
हम आपसे कुछ कहे थे।	हमने आपसे कुछ कहा था।
मकान की दायीं ओर सड़क है।	मकान के दायीं ओर सड़क है।
पिताजी घर नहीं हैं।	पिताजी घर पर नहीं हैं।
घर पर सब कुशल हैं।	घर में सब कुशल हैं।
उसे भारी दुःख हुआ।	उसे बहुत दुःख हुआ।
सड़क में मत खेलो।	सड़क पर मत खेलो।

मुहावरे तथा लोकोक्तियाँ

- अँगूठी का नगीना–अत्यन्त महत्त्वपूर्ण।
- अंधा दरबार–न्यायहीन स्थान।
- अंधेर नगरी–न्याय का अभाव।
- अक्ल का दुश्मन–मूर्ख।
- अक्ल का दुम–मूर्ख।
- आँख का तारा–अतिप्रिय।
- ईद का चाँद–बहुत दिनों के बाद दिखाई देना।
- कछुआ चाल–धीमी गति।
- काला नाग–दुष्ट आदमी।
- किताबी कीड़ा–सदैव कुछ-न-कुछ पढ़ना।
- किस्मत का मारा–भाग्य का मन्द।
- कोल्हू का बैल–बहुत कठिन परिश्रम करनेवाला।
- कोड़ी का तीन–तुच्छ।
- खाली हाथ–पैसे का अभाव।
- गाजर-मूली–अशक्त।
- गुलर का फूल–दुर्लभ वस्तु।
- गोबर-गणेश–निरामूर्ख।
- घर का उजाला–कुल-दीपक।
- घड़ियाली आँसू–बनावटी शोक।
- चलता-पुरजा–चालाक।
- चाँद का टुकड़ा–परम सुन्दर वस्तु या व्यक्ति।
- चाँदी का जूता–रिश्वत।
- चार दिन की चाँदनी–थोड़े समय का सुख।
- जलती आँख–क्रोधाभिभूत।
- जीभ का पतला–लालची।
- टेढ़ी खीर–विकट काम।
- ठिकाने की बात–न्यायसंगत बात।
- अढ़ाई दिन की हुकूमत–थोड़े समय का ऐश्वर्य।
- तकदीर का सिकन्दर–भाग्य का बलवान्।
- थाली का बैंगन–मत बदलते रहना।
- दाँत कटी रोटी–घनिष्ठता।
- दाहिना हाथ–सहायक।
- दिल का बादशाह–बहुत बड़ा उदार।
- दूध का दूध और पानी का पानी–उचित न्याय।
- दूध का धोआ–निर्दोष।
- दो दिन का मेहमान–बहुत थोड़े समय ठहरने वाला।
- धरती का फूल–ऐसा व्यक्ति जो हाल में अमीर हुआ है।
- धोबी का कुत्ता–निकम्मा।
- नसीब का मारा–बुरे दिन देखनेवाला।
- निन्यानबे का फेरा–धन बढ़ाने की चिन्ता।
- पत्थर का कलेजा–हर दुःख सहने की शक्ति।
- पत्थर की लकीर–चिरस्थायी सदा सत्य।
- फूलों की सेज–आनन्ददायक कार्य।
- बगुला-भगत–कपटी व्यक्ति।
- बच्चों का खेल–साधारण काम।
- बलि का बकरा–निःसहाय व्यक्ति।

- बरसाती बादल–अस्थायी।
- बात का पक्का–सत्यवादी।
- बायें हाथ का खेल–सरल काम।
- बिन बादल बरसात–असमय लाभ।
- बे-पेंदी का लोटा–बे ठिकाने का आदमी।
- भागीरथ प्रयत्न–अत्यधिक परिश्रम।
- भीष्म प्रतिज्ञा–दृढ़ संकल्प।
- मक्खी चूस–कंजूस।
- मिट्टी के मोल–बहुत सस्ता।
- मोटा असामी–मूर्ख मालदार।
- राम कहानी–आत्मवृतान्त।
- लँगोटिया यार– बचपन का मित्र।
- हवाई महल–कोरी कल्पना।
- आँख लगना–नींद आना।
- आँख खुलना–होश में आना।
- आँखें दिखाना–क्रोध से घूरना।
- आँसू पोंछना–धैर्य बँधाना।
- अन्धे की लकड़ी–एकमात्र सहारा।
- कान भरना–चुगली करना।
- कान पर जूँ न रेंगना–कोई असर न होना।
- नाक कटना–प्रतिष्ठा खत्म होना।
- नाक रगड़ना–दीनता दिखाना।
- नाकों चने चबवाना–खूब सताना।
- मुँह की खाना–बुरी तरह हारना।
- आस्तीन का साँप–विश्वासघाती मित्र।
- कन्धे से कन्धा मिलाना–पूरा सहयोग करना।
- ईंट से ईंट बजाना–पूरी तरह नष्ट कर देना।
- नौ दो ग्यारह होना–भाग जाना।
- दाँत खट्टे करना–बुरी तरह हराना।
- हाथ मलना–पछताना।
- खून का प्यासा–जानी दुश्मन।
- घी के दिए जलाना–खुशी मनाना।
- चार चाँद लगाना–प्रतिष्ठा बढ़ाना।
- तीन तेरह होना–अलग-अलग होना।
- पानी फेर देना–नाश कर देना।
- गाल बजाना–डींगे मारना।
- जान से हाथ धो बैठना–मारा जाना।
- पानी-पानी होना–बहुत लज्जित होना।
- फूला न समाना–बहुत प्रसन्न होना।
- अपना उल्लू सीधा करना–अपना मतलब निकालना।
- आँखें चुरा लेना–अनदेखा कर देना।
- अन्धे की लाठी–एकमात्र सहारा।
- आसमान पर चढ़ना–बहुत अभिमान करना।
- आँखें खुलना–होश आना।
- चोरी और सीना जोरी–दोषी होकर धमकाना।
- आग में घी डालना–क्रोध को भड़काना।
- अँगुली पर नचाना– अच्छी तरह वश में करना।
- एक आँख से देखना–समान दृष्टि से देखना।
- एक ही थैले के चट्टे-बट्टे–एक जैसे।
- ओखली में सिर देना–जान-बूझकर आपत्ति मोल लेना।
- कलेजा मुँह को आना–बहुत दुःखी होना।
- कफन बाँधकर चलना–मौत से न घबराना।
- काँटे बिछाना–बाधा डालना।
- कलेजा ठण्डा होना–सन्तोष होना।
- कमर कसना–तैयार होना।
- खून खौलना–जोश में आना।
- खाक छानना–मारे-मारे फिरना।
- गागर में सागर भरना–थोड़े शब्दों में बहुत कुछ कह देना।
- घाव पर नमक छिड़कना–दुखी को अधिक दुखी करना।
- घी के दिए जलाना–खुशी मनाना।
- घोड़े बेचकर सोना–गहरी नींद में सोना।
- चल बसना–परलोक सिधारना।
- छठी का दूध याद आना–भारी संकट में पड़ना।
- छाती पर साँप लोटना–बहुत ईर्ष्या होना।
- जमीन पर पैर न रखना–अधिक घमण्ड होना।
- झक मारना–व्यर्थ समय खोना।
- टेढ़ी खीर–कठिन काम।
- डींग मारना–अपनी झूठी प्रशंसा करना।
- डूब मरना–बहुत लज्जित होना।
- तलवे चाटना–चापलूसी करना।
- ताक में रहना–मौका ढूँढ़ते रहना।
- दंग रह जाना–आश्चर्य में पड़ जाना।
- दाल न गलना–वश न चलना।
- दाल में काला होना–संदेह होना।
- पीठ दिखाना–हारकर भागना।
- मुँह तोड़ उत्तर देना–खरा उत्तर देना।

वस्तुनिष्ठ प्रश्न

अभ्यास-1

निर्देशः *नीचे प्रत्येक शुद्ध शब्द की वर्तनी के लिए चार विकल्प दिए गए हैं। आपको सही विकल्प का चयन करना है।*

1. A. ऋषि B. ऋषी C. रिषी D. ऋसि
2. A. विषेसन B. विशेषण C. विसेशन D. विशेशन
3. A. दुशासन B. दुसाशन C. दूशाषण D. दुःशासन
4. A. संस्कृति B. संसकृति C. संष्कृति D. संस्कृती
5. A. दूनियां B. दुनियां C. दुनिया D. दूनिआ
6. A. टिपनी B. टिप्पणि C. टिप्पणी D. टिप्पनी
7. A. शाषण B. साशन C. शासन D. शाशन
8. A. किसमस B. किरसमस C. क्रिसमस D. कृसमस
9. A. अनुग्रहित B. अनुग्रहीत C. अनुगृहीत D. अनुग्रहित
10. A. पराकम B. प्राक्रम C. पराक्रम D. प्राकर्म
11. A. नायका B. नाइका C. नाइक D. नायिका
12. A. समरिधी B. समद्धी C. समृद्धि D. समरिद्धि
13. A. युधिष्ठर B. यूधिष्ठर C. युधिष्ठिर D. युधिष्टर
14. A. वाल्मीकि B. बाल्मीकि C. बालमीकि D. बाल्मिक
15. A. परलोकिक B. प्रलौकिक C. पारलौकिक D. परलौकिक
16. A. त्रितीय B. तर्तीय C. तृतीय D. तिरतीय
17. A. व्योहार B. व्यौहार C. व्यवहार D. ब्यवहार
18. A. अहिल्या B. अहल्या C. अहिलया D. अहीलया
19. A. आदरनीय B. आदरणीय C. आदरनीया D. आदरणीया
20. A. आर्द B. आद्र C. आर्द्र D. आर्दृ
21. A. आधीन B. अधिन C. अधीन D. अधीम
22. A. आविस्कार B. आविष्कार C. आवीस्कार D. आविश्कार
23. A. आसा B. आषा C. आशा D. अशा
24. A. उज्वल B. उजज्वल C. उजज्वल D. उज्ज्वल
25. A. उन्नती B. उन्नित C. उन्नति D. उन्नती
26. A. कलस B. कलष C. कलश D. कलशा
27. A. गनीत B. गनित C. गणीत D. गणित
28. A. तलाव B. तालाव C. तलाब D. तालाब
29. A. दुष्ट B. दूष्ट C. दुस्त D. दुश्त
30. A. निरोग B. निररोग C. नीरोग D. नीरोगी

उत्तरमाला

1. A	2. B	3. D	4. A	5. C
6. C	7. C	8. C	9. C	10. C
11. D	12. C	13. C	14. A	15. C
16. C	17. C	18. B	19. B	20. C
21. C	22. B	23. C	24. D	25. C
26. C	27. D	28. D	29. A	30. C

अभ्यास-2

निर्देशः *नीचे कुछ शब्द दिए गए हैं। प्रत्येक के पर्यायवाची के चार विकल्प दिए गए हैं। इनमें से एक विकल्प सही पर्यायवाची है, उसका चयन कीजिए :*

1. अग्नि
A. अनिल B. अनल
C. गर्म D. ताप

2. अमृत
A. पीयूष B. गरल
C. सरस D. जीवनदायनी

3. आँख
A. लोचन B. आस्थि
C. वदन D. जलज

4. आकाश
A. अनन्त B. पाताल
C. वितल D. तल

5. कपड़ा
A. परिधान B. पटिका
C. पीताम्बर D. लँहगा

6. कमल
A. सरोज B. सरोवर
C. पंक D. पुष्प

7. गंगा
A. पाताल नदी B. हिमनदी
C. भागीरथ D. त्रिपथगा

8. चाँद
A. मयंक B. भानु
C. दिनकर D. रवि

9. नदी
A. सरिता B. प्रवाह
C. धारा D. जलधर

10. पर्वत
A. पत्थर B. चट्टान
C. शिखर D. मेरू

11. पवन
A. अनिल B. अनल
C. अग D. विहग

12. पति
A. साजन B. प्रिया
C. भार्या D. दारा

13. पानी
A. मही B. मेदिनी
C. अम्बु D. तरणी

14. पुत्र
A. आत्मज B. तनया
C. सुता D. आत्मजा

15. पुत्री
A. सुता B. सुत
C. आत्मज D. नन्दन

16. फूल
A. बहार B. मधु
C. माधव D. सुमन

17. वृक्ष
A. विटप B. अग्र
C. प्रसून D. रसा

18. बादल
A. अज B. व्यामोह
C. नीरद D. मधुप

19. बिजली
A. चंचला B. खटका
C. त्रास D. संत्रास

20. माता
A. धात्री B. धरणी
C. धरित्री D. श्यामा

21. घोषणा
A. आवाज B. पुकारना
C. ऐलान D. ललकारना

22. उत्कर्ष
A. आकर्षण B. विकर्षण
C. उन्नति D. निष्कर्ष

23. उदय
A. अन्त B. विकास
C. प्रगट D. व्यस्त

24. दक्ष
A. निपुण B. समर्थ
C. कर्मठ D. मेहनती

25. संवाद
A. विवाद B. झगड़ा
C. सम्बोधन D. वार्तालाप

उत्तरमाला

1. B	**2.** A	**3.** A	**4.** A	**5.** A
6. A	**7.** D	**8.** A	**9.** A	**10.** D
11. A	**12.** A	**13.** C	**14.** A	**15.** A
16. D	**17.** A	**18.** C	**19.** A	**20.** A
21. C	**22.** C	**23.** C	**24.** A	**25.** D

अभ्यास-3

निर्देश: *नीचे चार-चार शब्दों के समूह दिए गए हैं। प्रत्येक समूह में एक शब्द बेमेल है तथा शेष तीन शब्द पर्यायवाची हैं, आपको उस शब्द का चयन करना है, जो बेमेल है :*

1. A. तम B. अंधकार
C. तिमिर D. अंश

2. A. अनल B. आग
C. दहन D. तमिस्त्रा

3. A. अतुल B. अद्वितीय
C. अनुपम D. शुष्मा

4. A. अहं B. अहंकार
C. दर्प D. निराला

5. A. पता B. खोज
C. जाँच D. शोध

6. A. गरल B. पीयूष
C. सुधा D. सोम

7. A. कानन B. जंगल
C. पादप D. वन

8. A. अश्व B. गज
C. घोड़ा D. तुरंग

9. A. दानव B. मानव
C. दैत्य D. राक्षस

10. A. आँख B. चक्षु
C. नयन D. मुख

11. A. अन्तरिक्ष B. वसुन्धरा
C. आसमान D. गगन

12. A. इच्छा B. अभिलाषा
C. कामना D. प्रयोजन

13. A. कपड़ा B. चीर
C. वसन D. पोशाक

14. A. अब्ज B. कमल
C. राजीव D. आम्र

15. A. कोयल B. पिक
C. काग D. वनप्रिय

16. A. गंगा B. देवनदी
C. गोदावरी D. भागीरथी

17. A. गणेश B. एकदन्त
C. देवराज D. गणपति

18. A. घर B. निलय
C. निकेतन D. झोपड़ी

19. A. चाँद B. हिमांशु
C. विनायक D. सुधांशु

20. A. नदी B. तरणी
C. तटिनी D. सरिता

21. A. पक्षी B. चिड़िया
C. सुमन D. विहग

22. A. पवन B. अचला
C. वात D. वायु

23. A. समीर B. पृथ्वी
C. भू D. भूमि

24. A. पानी B. समीर
C. अम्बु D. जल

25. A. पुत्र B. तनया
C. तनय D. सुत

26. A. पुत्र B. तनया
C. सुता D. कन्या

27. A. गृहिणी B. आदमी
C. पुरुष D. नर

28. A. मधु B. फूल
C. पुष्प D. सुमन

29. A. माधव B. तरु
C. पेड़ D. वृक्ष

30. A. माता B. अम्बु
C. अम्मा D. जननी

उत्तरमाला

1. D	**2.** D	**3.** D	**4.** D	**5.** A
6. A	**7.** C	**8.** B	**9.** B	**10.** D
11. B	**12.** D	**13.** D	**14.** D	**15.** C
16. C	**17.** C	**18.** D	**19.** C	**20.** B
21. C	**22.** B	**23.** A	**24.** B	**25.** B
26. A	**27.** A	**28.** A	**29.** A	**30.** B

अभ्यास-4

निर्देशः *गहरे काले शब्द के विलोम शब्द का चयन कीजिएः*

1. उसे हर काम में **सफलता** मिल रही है।
A. असफलता B. सफल
C. कुशलता D. निपुणता

2. कभी किसी की **निन्दा** नहीं करनी चाहिए।
A. गुणगान B. स्तुति
C. प्रशंसा D. यशोगान

3. आलस्य व्यक्ति का सबसे बड़ा **दुश्मन** है।
A. शत्रु B. घातक
C. मित्र D. सहायक

4. वे बुढ़ापे से **दुखी** हैं।
A. अप्रसन्न B. सुखी
C. खुश D. नाराज

5. यहाँ उसकी **चतुराई** नहीं चली।
A. चालाकी B. बहादुरी
C. निपुणता D. मूर्खता

6. शहद की **मिठास** कम नहीं होती।
A. मीठा B. तीखा
C. कड़ुवा D. खट्टा

7. साहसी के **साहस** को देखकर मैं चकित रह गया।
A. हिम्मत B. बहादुरी
C. निडर D. भय

8. फिल्मोत्सव में सर्वश्रेष्ठ **अभिनेता** को पुरस्कार प्रदान किया गया।
A. हीरोइन B. नेत्री
C. मीनाक्षी D. अभिनेत्री

9. नाटक में नायक और **नायिका** की भूमिका महत्वपूर्ण होती हैः
A. हीरो B. नायक
C. नेत्र D. नेता

10. कवि-सम्मेलन में एक कवि और एक **कवयित्री** को आमंत्रित किया गया था।
A. लेखक B. सम्पादक
C. नेता D. कवि

11. विद्यालय के वार्षिकोत्सव के लिए नेता और एक **नेत्री** को आमंत्रित किया गया।
A. अभिनेता B. विद्वान्
C. विदुषी D. नेता

12. मोहन बहुत **चतुर** है।
A. निपुण B. तेज
C. सुस्त D. मूर्ख

13. सोहन अब पूर्ण **स्वस्थ** है।
A. प्रसन्न B. खुश
C. अस्वस्थ D. अप्रसन्न

14. पक्षी **आकाश** में उड़ते हैं :
A. गगन B. नभ
C. धरती D. पाताल

15. वह विद्यालय में देर से आया और **अनुपस्थित** हो गया।
A. पूर्व B. उपस्थित
C. प्रवेश D. समयपूर्व

16. **बालक** चाँद की ओर देख रहा है।
A. बालिका B. लड़का
C. बच्चा D. बच्ची

17. मैं उसके विचार से बिल्कुल **सहमत** नहीं हूँ।
A. समर्थन B. सहमति
C. असहमत D. प्रशंसक

18. उसकी हालत **अधिक** खराब है।
A. बहुत B. कम
C. ठीक D. कुशल

19. **धर्म** की सर्वत्र विजय होती हैः
A. अधर्म B. ज्ञान
C. भक्ति D. ईमानदारी

20. अच्छे चरित्र के बिना जीवन **निरर्थक** हैः
A. व्यर्थ B. अर्थपूर्ण
C. सार्थक D. कुशल

21. **ईमानदारी** बड़ी दुर्लभ वस्तु है:

A. सच्चाई B. भलाई
C. बेइमानी D. परोपकारी

22. एवरेस्ट संसार का सबसे **ऊँचा** पर्वत है:

A. नीचा B. वितल
C. पाताल D. मध्यम

23. वह विश्वास के **योग्य** नहीं है:

A. काबिल B. विश्वासी
C. अयोग्य D. बेकार

24. क्या वह इतना **मूर्ख** है?

A. चालाक B. विद्वान्
C. बुद्धिमान D. धूर्त

25. कितना सुहावना **दृश्य** है!

A. अदृश्य B. दर्शनीय
C. सुन्दर D. व्यर्थ

उत्तरमाला

1. A	**2.** C	**3.** C	**4.** B	**5.** D
6. C	**7.** D	**8.** D	**9.** B	**10.** D
11. D	**12.** D	**13.** C	**14.** D	**15.** B
16. A	**17.** C	**18.** B	**19.** A	**20.** C
21. C	**22.** A	**23.** C	**24.** C	**25.** A

अभ्यास-5

निर्देश: नीचे प्रत्येक **काले गहरे शब्द** के चार विलोम दिए गए हैं। इनमें सही विलोम का चयन कीजिए :

1. अग्नि

A. आग B. अनल
C. दहन D. जल

2. अग्रज

A. अनुज B. भ्राता
C. भाई D. अम्बा

3. अच्छा

A. बुरा B. खराब
C. गंदा D. भ्रष्ट

4. अंत

A. प्रारम्भ B. समाप्त
C. शेष D. अल्प

5. अचल

A. विचल B. वितल
C. सजल D. चल

6. अति

A. अधिक B. बहुत
C. अल्प D. कम

7. अत्यधिक

A. अल्प B. अधिक
C. स्वल्प D. न्यूनतम

8. अंधकार

A. अंधेरा B. प्रकाश
C. रात्रि D. दिन

9. अतिवृष्टि

A. अनावृष्टि B. वृष्टि
C. वर्षा D. वर्षण

10. अनाथ

A. नाथ B. स्वामी
C. मासिक D. सनाथ

11. अनुकूल

A. मनोकूल B. प्रतिकूल
C. अनुकरण D. मनस्वी

12. अनुराग

A. राग B. विराग
C. विग्रह D. स्नेह

13. अन्त

A. श्री गणेश B. आदि
C. शुरुआत D. समाप्त

14. अपना

A. अपनत्व B. पराया
C. मित्र D. शत्रु

15. अपमान

A. मान B. सम्मान
C. वर्तमान D. स्वाभिमान

16. अपेक्षा

A. इच्छा B. स्वेच्छा
C. प्रविच्छा D. उपेक्षा

17. अमर

A. मर्त्य B. मृत्यु
C. सुधा D. गरल

18. अल्पायु
A. चिरायु B. उमरदराज
C. नश्वर D. सनातन

19. अस्त
A. उदय B. विकास
C. निर्माण D. सृष्टि

20. आकर्षण
A. प्रतिकर्षण B. विकर्षण
C. सम्मोहन D. विरत

21. आकाश
A. गगन B. नभ
C. वसुन्धरा D. पाताल

22. आगे
A. पीछे B. पूर्व
C. पृष्ट D. पृष्ठ

23. आजाद
A. स्वतंत्र B. स्वतंत्रतता
C. परतंत्र D. गुलाम

24. आदान
A. आयात B. निर्यात
C. प्रदान D. निदान

25. आधुनिक
A. अर्वाचीन B. नूतन
C. प्राचीन D. वर्तमान

उत्तरमाला

1. D	**2.** A	**3.** A	**4.** A	**5.** D
6. D	**7.** C	**8.** B	**9.** A	**10.** D
11. B	**12.** B	**13.** A	**14.** B	**15.** B
16. D	**17.** A	**18.** A	**19.** A	**20.** B
21. D	**22.** A	**23.** D	**24.** C	**25.** C

अभ्यास-6

निर्देशः *नीचे कुछ शब्द दिए गए हैं प्रत्येक शब्द के चार वैकल्पिक अर्थ दिए गए हैं। सही अर्थ का चयन कीजिए :*

1. सुरक्षित
A. कुशल B. घटना
C. दुर्घटना D. बचाव

2. प्रतिभाशाली
A. सज्जन B. कुशाग्र
C. विद्वान् D. वैभवशाली

3. आत्मसमर्पण
A. अपने आप को सौंपना B. समर्पण
C. अर्पण D. त्यागज

4. सिद्धहस्त
A. निपुण B. कर्मठ
C. मेहनती D. परिश्रमी

5. सुशोभित
A. मजेदार B. सुस्वागतम्
C. अच्छा D. शोभा पाना

6. स्वादिष्ट
A. मजेदार B. बेकार
C. मीठा D. तीखा

7. स्वावलम्बी
A. निर्भर B. परालंबी
C. आत्मनिर्भर D. अतिथि

8. उपकरण
A. साधन B. युक्ति
C. यंत्र D. मशीन

9. कीमत
A. क्रय B. विक्रय
C. मूल्य D. बिक्री

10. संगठन
A. एकता B. अनेकता
C. समूह D. संस्था

11. विपत्ति
A. दुख B. विपदा
C. मुसीबत D. सुख

12. तृण
A. तिनका B. धूल
C. धूप D. लकड़ी

13. आश्चर्य
A. निरीक्षण B. दृष्टिगोचर
C. हैरानी D. थकावट

14. हार्दिक
A. हृदय से B. शरीर से
C. मन से D. मस्तिष्क से

15. नियति

A. भाग्य B. किनारा

C. समय D. पवित्र

16. सुगन्धित

A. दुर्गन्ध B. खुशबू वाला

C. फूल D. कमल

17. उत्साह

A. होश B. हवास

C. जोश D. हिम्मत

18. सहयोग

A. मिलन सार B. मेहनती

C. परोपकारी D. आपसी सहायता

19. मुसीबत

A. विपत्ति B. सुशोभित

C. सहायता D. मदद

20. निरक्षर

A. साक्षर B. दर्शनीय

C. पठनीय D. अनपढ़

21. उपवन

A. वन B. तीर

C. जंगल D. बाग

22. मेघ

A. बादल B. पंकज

C. राजीव D. मेघनाद

23. आधुनिक

A. प्राचीन B. पुरातन

C. भूतकाल D. आज का

24. तीर

A. वाण B. धनुष

C. किनारा D. नदी

25. परीक्षण

A. जाँच B. पड़ताल

C. परीक्षा D. इम्तहान

26. अभिवादन

A. नमस्ते B. प्रणाम

C. बधाई D. शुभकामना

27. सर्वत्र

A. नश्वर B. सजीव

C. ईश्वर D. सभी जगह

28. हलवाहा

A. चरवाहा B. किसान

C. मजदूर D. हल चलाने वाला

29. शिखर

A. पर्वत B. पहाड़

C. टीला D. चोटी

30. भयानक

A. डरावना B. भयभीत

C. डरना D. खूँखार

उत्तरमाला

1. D	**2.** B	**3.** A	**4.** A	**5.** D
6. A	**7.** C	**8.** C	**9.** C	**10.** A
11. C	**12.** A	**13.** C	**14.** A	**15.** A
16. B	**17.** C	**18.** D	**19.** A	**20.** D
21. D	**22.** A	**23.** D	**24.** A	**25.** A
26. B	**27.** D	**28.** D	**29.** D	**30.** A

अभ्यास-7

निर्देशः *नीचे कुछ शब्द दिए जा रहे हैं। प्रत्येक शब्द के* **उपसर्ग** *के सन्दर्भ में चार विकल्प दिए गए हैं। आपको सही विकल्प का चयन करना है :*

1. अलबत्ता

A. अ B. अल

C. लब D. त्ता

2. अलगरज

A. अल B. लग

C. गर D. रज

3. कमसिन

A. क B. कम

C. सि D. सिन

4. अनमोल

A. अ B. अन

C. मो D. मोल

5. अनजान

A. अ B. अन

C. जा D. जान

6. अनपढ़

A. अ B. पढ़

C. प D. अन

7. अधखिला

A. अ B. अध

C. ला D. खिला

8. अधजला

A. अ B. ज

C. अध D. ला

9. अधपका

A. अ B. अध

C. पका D. का

10. अघखिला

A. अ B. अघ

C. खिला D. ला

11. उन्नीस

A. उन B. उन्

C. नीस D. स

12. उनसठ

A. उ B. उन

C. सठ D. ठ

13. दुकाल

A. द B. दुक

C. दु D. काल

14. दुबला

A. दब B. दुब

C. ला D. दु

15. निकम्मा

A. नि B. निक

C. कम्मा D. मा

16. निर्लज्ज

A. निर B. निल

C. नि D. लज्ज

17. बिनब्याहा

A. बि B. बिन

C. ब्याहा D. हा

18. भरपेट

A. भर B. पेट

C. पे D. ट

19. भरपाई

A. भ B. र

C. पा D. भर

20. कुपात्र

A. कु B. कुप

C. पा D. पात्र

21. सुजान

A. सु B. सुज

C. सुजा D. जान

22. गैर कानूनी

A. गै B. गैर

C. कानु D. नुनी

23. गैरसरकारी

A. गैर B. सर

C. का D. कारी

24. अपमान

A. अ B. अप

C. मा D. मान

25. अनुशासन

A. अ B. शासन

C. सन D. अनु

26. अविनीत

A. अवि B. अ

C. नी D. नीत

27. अभिमान

A. अभि B. अ

C. मा D. मान

28. अभियान

A. अ B. मान

C. यान D. अभि

29. अध्ययन

A. अध् B. अधि

C. यन D. न

30. निश्चल

A. नि B. निर

C. निस D. चल

उत्तरमाला

1. B	**2.** A	**3.** B	**4.** B	**5.** B
6. D	**7.** B	**8.** C	**9.** B	**10.** B
11. A	**12.** B	**13.** C	**14.** D	**15.** B
16. A	**17.** B	**18.** A	**19.** D	**20.** A

21. A **22.** B **23.** A **24.** B **25.** D
26. B **27.** A **28.** D **29.** B **30.** A

अभ्यास-8

निर्देशः *निम्नलिखित शब्दों में प्रयुक्त प्रत्यय सम्बन्धी चार विकल्प दिए गए हैं, सही विकल्प का चयन कीजिए :*

1. भलाई
A. ई B. लाई
C. आई D. भला

2. चतुराई
A. चतु B. रा
C. ई D. आई

3. भूखा
A. भू B. भूख
C. खा D. आ

4. भिड़न्त
A. भिड़् B. भि
C. न्त D. अन्त

5. प्यासा
A. आस B. सा
C. आसा D. सा

6. बिकाऊ
A. बिक B. काऊ
C. आऊ D. ऊ

7. तैराक
A. तै B. तैर
C. राक D. आक

8. सन्नाटा
A. सन् B. सन्ना
C. नाटा D. आटा

9. लोहार
A. लोह B. आरा
C. आरी D. आर

10. मिलान
A. आना B. आने
C. आनी D. आन

11. चढ़ाव
A. चढ़ B. चढ़ा
C. आव D. व

12. लगाव
A. लग B. अव
C. आव D. गाव

13. लिखावट
A. लिख B. लिखा
C. वट D. आवट

14. मिलावट
A. मिल B. वट
C. आवट D. ट

15. मिठास
A. मिठ B. ठास
C. आस D. स

16. चिकनाहट
A. चिक B. नाह्ट
C. हट D. आहट

17. सड़ियल
A. सड़ B. यल
C. ड़ियल D. इयल

18. मरियल
A. मर B. यल
C. मरि D. इयल

19. गड़रिया
A. गड़ B. इया
C. रिया D. या

20. सजीला
A. ईला B. इला
C. ला D. स

21. लुटेरा
A. लुट B. एरा
C. ऐरा D. रा

22. लठैत
A. ए B. ऐ
C. ऐत D. त

23. भगोड़ा
A. ओ B. ओड़ा
C. ड़ा D. भगो

24. खपत
A. ख B. प
C. त D. पत

25. जीवट

A. व B. अट

C. जीव D. जी

उत्तरमाला

1. C	2. D	3. D	4. D	5. D
6. C	7. D	8. D	9. D	10. D
11. C	12. C	13. D	14. C	15. C
16. D	17. D	18. D	19. B	20. A
21. B	22. C	23. B	24. C	25. B

अभ्यास-9

निर्देशः *नीचे कुछ मुहावरे दिए गए हैं। प्रत्येक के अर्थ के लिए चार विकल्प दिए गए हैं। आपको सही विकल्प का चयन करना है :*

1. अक्ल पर पत्थर पड़ना

A. बुद्धि काम न करना B. दुविधा होना

C. संकट में होना D. परेशान होना

2. अपना उल्लू सीधा करना

A. अवसर देखना B. काम निकालना

C. मतलब साधना D. मूर्ख बनाना

3. अपने मुँह मियाँ-मिट्ठू बनना

A. मिठाई खाना

B. प्रशंसा करना

C. निंदा करना

D. अपनी प्रशंसा स्वयं करना

4. अपने पाँव पर आप कुल्हाड़ी मारना

A. हानि पहुँचाना B. खेद होना

C. अपना पैर काटना D. अपनी हानि स्वयं करना

5. आँखें चुरा लेना

A. भाग जाना B. छिप जाना

C. अनदेखा करना D. मिल जाना

6. अक्ल का दुश्मन

A. मित्र होना B. शत्रु होना

C. महामूर्ख D. महाविद्वान्

7. अंधे की लाठी

A. एक मात्र सहारा B. मित्र होना

C. शत्रु होना D. दुख पहुँचाना

8. आकाश-पाताल एक करना

A. भाग-दौड़ करना B. परेशान होना

C. थक जाना D. कठिन परिश्रम करना

9. घड़ों पानी पड़ना

A. लज्जित होना B. तुच्छ समझना

C. लाभ होना D. थकावट

10. अगर-मगर करना

A. नुकसान करना B. बहाने बनाना

C. बदनाम करना D. कपट करना

11. मुँह की खाना

A. गिर जाना B. हार जाना

C. भाग जाना D. व्यर्थ होना

12. आस्तीन का साँप होना

A. शत्रु B. मित्र

C. कपटी मित्र D. दयालु

13. एक आँख से देखना

A. बुरा व्यवहार B. समान व्यवहार

C. कपट करना D. लज्जित होना

14. बाल-बाँका न होना

A. घायल होना B. साफ बच जाना

C. क्रोधित होना D. स्वस्थ होना

15. दाँतों तले उँगली दबाना

A. उँगली काटना B. चिंतित हो जाना

C. चकित रह जाना D. प्रसन्न हो जाना

16. जान के लाले पड़ना

A. मरने का खतरा होना B. भाग जाना

C. हार जाना D. मुश्किल में पड़ना

17. बोली मारना

A. ताना देना B. सताना

C. मजाक करना D. याद दिलाना

18. अंधों में काना राजा

A. मूर्खों में अल्पज्ञ को विद्वान् माना जाना

B. सबको मूर्ख समझना

C. अत्यधिक महत्त्वपूर्ण

D. काना राजा

19. अक्ल के घोड़े दौड़ाना

A. बुद्धि लड़ाना

B. कल्पना करना

C. तरह-तरह के उपाय सोचना

D. ज्ञान-प्राप्त करना

20. पानी उतर जाना
A. शर्म करना B. लज्जित न होना
C. भाग जाना D. इज्जत करना

21. तीन-पाँच करना
A. तितर-बितर करना
B. वचन देकर फिर जाना
C. घुमा-फिरा कर बातें करना
D. परेशान करना

22. हथियार डाल देना
A. हार जाना B. जीत जाना
C. धोखा देना D. विजय होना

23. आँख खुलना
A. होश में आना B. अत्यन्त प्यार होना
C. उल्टा काम करना D. क्रोध करना

24. कमर सीधी करना
A. थक जाना B. थकावट दूर करना
C. काम करना D. परिश्रम करना

25. पगड़ी रखना
A. चैन की सांस लेना
B. अपमान करना
C. दया की भीख माँगना
D. अपमान होना

26. लोहा मानना
A. संघर्ष करना
B. विजय होना
C. श्रेष्ठता स्वीकार करना
D. खुशामद करना

27. काठ मार जाना
A. दुःखी होना B. चुप होना
C. सफल होना D. मर जाना

28. चाँद पर थूकना
A. अपमान करना
B. बढ़कर बातें करना
C. महान पुरुष पर लांछन लगाना
D. महत्त्वाकांक्षी होना

29. उगल देना
A. अपराध स्वीकार कर लेना
B. सच बोलना
C. उल्टी करना
D. अनपच होना

30. हाथ मलना
A. पश्चाताप करना B. सर्दी मिटाना
C. दुख करना D. तैयार होना

उत्तरमाला

1. A	**2.** C	**3.** D	**4.** D	**5.** C
6. C	**7.** A	**8.** D	**9.** A	**10.** B
11. B	**12.** C	**13.** B	**14.** B	**15.** C
16. D	**17.** A	**18.** A	**19.** A	**20.** B
21. C	**22.** A	**23.** A	**24.** B	**25.** C
26. C	**27.** B	**28.** C	**29.** A	**30.** A

अभ्यास-10

निर्देशः *नीचे कुछ वाक्य खण्ड दिए गए हैं, पूरे वाक्य खण्ड के लिए एक शब्द का चयन कीजिए।*

1. जिसका आदि न हो
A. अनंत B. अमर
C. शाश्वत D. अनादि

2. जो कुछ न जानता हो
A. मूर्ख B. महामूर्ख
C. ज्ञानी D. अज्ञ

3. जो अनुकरण करने योग्य हो
A. अनुकरणीय B. अद्वितीय
C. आदरणीय D. अगम

4. जिसका अंत न हो
A. अनंत B. अनादि
C. आदि D. परलोक

5. जो कभी न मरे
A. मर्त्य B. मुर्त्त
C. अमुर्त्त D. अमर

6. जिसके समान दूसरा न हो
A. अनुकूल B. प्रतिकूल
C. कृतज्ञ D. अद्वितीय

7. जो कम बोलता हो
A. मृदुभाषी B. वाचाल
C. अल्पभाषी D. अल्पज्ञ

8. जिसका इलाज न हो
A. मरणशील B. अमरत्व
C. बिमारी D. लाइलाज

9. जिस का विश्वास न किया जा सके
A. विश्वसनीय B. अविश्वसनीय
C. विश्वासी D. धूर्त्त

10. जिसका कोई नाथ न हो
A. सनाथ B. स्वामी
C. नाथ D. अनाथ

11. कम जानने वाला
A. अल्पज्ञ B. अज्ञ
C. विद् D. विद्वान

12. जहाँ जाना संभव न हो
A. दुर्गम B. अगम
C. तल D. वितल

13. कम खाने वाला
A. बहुभोजी B. पेटु
C. कंजूस D. अल्पाहारी

14. जो बात पहले कभी न हुई हो
A. भूतपूर्व B. अभूतपूर्व
C. प्राचीन D. अर्वाचीन

15. जिस स्त्री के सन्तान न हों
A. बाँझ B. कुलटा
C. पतिता D. विधवा

16. जो कहा न जा सके
A. अकथनीय B. अकथ्य
C. करणीय D. सम्भव

17. एहसान न मानने वाला
A. कृतज्ञ B. कृतघ्न
C. आस्तिक D. विश्वासी

18. जिसने देश के साथ विश्वासघात किया हो
A. विश्वासघाती B. द्रोही
C. आतंकवादी D. देश द्रोही

19. जिसने राष्ट्र के हित में अपना जीवन बलिदान कर दिया हो
A. देशभक्त B. शहीद
C. राष्ट्रभूत D. भारतपुत्र

20. वह जमीन जिसमें कुछ भी पैदा न हो
A. ऊसर B. बंजर
C. उर्वर D. पथरीला

21. वह वस्तु जिसकी चाह हो
A. श्रेष्ठ B. आवश्यक
C. इच्छित D. अभीष्ट

22. दूसरों के पीछे चलने वाला
A. अनुयायी B. अनुज
C. अनुचर D. अनुकरणीय

23. जो पहले न पढ़ा हो
A. पठित B. अपठित
C. पठनीय D. अपठनीय

24. जिसके आर-पार दिखाई देता हो
A. अपारदर्शी B. गम्य
C. अगम्य D. पारदर्शी

25. आज्ञा पालन करने वाला
A. शिष्य B. शिष्या
C. अनुचर D. आज्ञाकारी

26. काम से जी चुराने वाला
A. कामचोर B. आलसी
C. कर्मठ D. परिश्रमी

27. प्रतिदिन होने वाला
A. दैनिक B. शाश्वत
C. सनातन D. अमर

28. जिसका कोई अर्थ न हो
A. सार्थक B. निरर्थक
C. आर्थिक D. अनार्थिक

29. उपकार मानने वाला
A. कृतज्ञ B. कृतघ्न
C. विश्वासी D. अनुयायी

30. हाथ से लिखा हुआ
A. पठनीय B. अपठनीय
C. स्पष्ट D. हस्तलिखित

उत्तरमाला

1. D	**2.** D	**3.** A	**4.** A	**5.** D
6. D	**7.** C	**8.** D	**9.** B	**10.** D
11. A	**12.** A	**13.** D	**14.** B	**15.** A
16. A	**17.** B	**18.** D	**19.** B	**20.** A
21. C	**22.** C	**23.** B	**24.** D	**25.** D
26. A	**27.** A	**28.** B	**29.** A	**30.** D

अभ्यास-11

निर्देशः *नीचे कुछ संज्ञा शब्द दिए जा रहे हैं। प्रत्येक के संज्ञा-भेद के लिए चार विकल्प दिए गये है। सही विकल्प का चयन कीजिए :*

1. तुलसीदास
A. जातिवाचक B. भाववाचक
C. व्यक्तिवाचक D. समूहवाचक

2. यमुना
A. व्यक्तिवाचक B. जातिवाचक
C. समूहवाचक D. भाववाचक

3. बच्चा
A. जातिवाचक B. समूहवाचक
C. भाववाचक D. व्यक्तिवाचक

4. मानवता
A. भाववाचक B. जातिवाचक
C. द्रव्यवाचक D. समूहवाचक

5. हिमालय
A. व्यक्तिवाचक B. जातिवाचक
C. भाववाचक D. समूहवाचक

6. भारत
A. जातिवाचक B. भाववाचक
C. व्यक्तिवाचक D. समूहवाचक

7. एशिया
A. व्यक्तिवाचक B. भाववाचक
C. द्रव्यवाचक D. समूहवाचक

8. महाराष्ट्र
A. जातिवाचक B. व्यक्तिवाचक
C. समूहवाचक D. द्रव्यवाचक

9. सूर सागर
A. व्यक्तिवाचक B. भाववाचक
C. द्रव्यवाचक D. समूहवाचक

10. सोमवार
A. जातिवाचक B. व्यक्तिवाचक
C. द्रव्यवाचक D. समूहवाचक

11. खटमल
A. जातिवाचक B. व्यक्तिवाचक
C. द्रव्यवाचक D. समूहवाचक

12. मैना
A. जातिवाचक B. व्यक्तिवाचक
C. द्रव्यवाचक D. समूहवाचक

13. चाँदी
A. द्रव्यवाचक B. समूहवाचक
C. भाववाचक D. व्यक्तिवाचक

14. अच्छाई
A. भाववाचक B. समूहवाचक
C. जातिवाचक D. व्यक्तिवाचक

15. पीतल
A. द्रव्यवाचक B. भाववाचक
C. व्यक्तिवाचक D. जातिवाचक

16. वीरता
A. भाववाचक B. जातिवाचक
C. द्रव्यवाचक D. समूहवाचक

17. रूस
A. जातिवाचक B. व्यक्तिवाचक
C. भाववाचक D. द्रव्यवाचक

18. लम्बाई
A. भाववाचक B. समूहवाचक
C. द्रव्यवाचक D. व्यक्तिवाचक

19. दल
A. जातिवाचक B. व्यक्तिवाचक
C. समूहवाचक D. द्रव्यवाचक

20. मार्च
A. समूहवाचक B. व्यक्तिवाचक
C. द्रव्यवाचक D. जातिवाचक

21. झुण्ड
A. समूहवाचक B. जातिवाचक
C. व्यक्तिवाचक D. द्रव्यवाचक

22. टोली
A. जातिवाचक B. व्यक्तिवाचक
C. समूहवाचक D. द्रव्यवाचक

23. सुभाष चौक
A. जातिवाचक B. समूहवाचक
C. व्यक्तिवाचक D. भाववाचक

24. संघ
A. जातिवाचक B. द्रव्यवाचक
C. समूहवाचक D. भाववाचक

25. गिरोह
A. समूहवाचक B. द्रव्यवाचक
C. जातिवाचक D. भाववाचक

उत्तरमाला

1. C	**2.** A	**3.** A	**4.** A	**5.** A
6. C	**7.** A	**8.** B	**9.** A	**10.** B
11. A	**12.** A	**13.** A	**14.** A	**15.** A
16. A	**17.** B	**18.** A	**19.** C	**20.** B
21. A	**22.** C	**23.** C	**24.** C	**25.** A

अभ्यास-12

निर्देशः *नीचे दिए गए वाक्य में रिक्त स्थान है। प्रत्येक वाक्य के नीचे कारक चिह्न दिए गए हैं। रिक्त स्थान की पूर्ति के लिए उपयुक्त कारक चिह्न का चयन कीजिए :*

1. निम्नलिखित शब्दों........अर्थ बताइए
A. का B. के
C. से D. पर

2. सरकार मुझे नौकरी........मत निकालिए
A. पर B. में
C. से D. को

3. इस कथन........पुष्टि कीजिए
A. को B. से
C. की D. ने

4. छात्र-छात्राएँ राष्ट्र........सम्पत्ति और उसके भावी कर्णधार होते हैं
A. के B. की
C. को D. में

5. प्रत्येक प्रश्न........चार सम्भावित उत्तर दिए गए हैं
A. के लिए B. में
C. के D. से

6. माता बच्चे........पढ़ाती है
A. को B. के
C. की D. से

7. गुरुजी........सबसे छोटे लड़के को एक नारंगी दी
A. ने B. को
C. से D. के लिए

8. मोहन सोहन से मिलने........गया है
A. से B. के
C. को D. के लिए

9. उसने कलम........लिखा
A. के B. में
C. पर D. से

10. मैं ड्राइवर........गाड़ी चलवाता हूँ
A. के B. पर
C. में D. से

11. शिक्षक छात्रों........पुस्तक पढ़वाते हैं
A. के लिए B. मैं
C. पर D. से

12. मैंने दाढ़ी........उसे मुसलमान समझ लिया
A. से B. के
C. को D. के लिए

13. श्याम अपने भाई हरि........आम लाया है
A. के B. के लिए
C. का D. पर

14. मोहन घर........आता है
A. में B. पर
C. से D. का

15. उसे पाँच दिनों........मूर्च्छा आया करती है
A. पर B. से
C. के D. को

16. मेधावी छात्र परीक्षा........चोरी नहीं करते
A. में B. पर
C. से D. के लिए

17. अच्छे आदमी........पहचान क्या है?
A. के B. का
C. की D. के लिए

18. परिश्रम........सफलता निश्चित हैं
A. से B. के
C. को D. के लिए

19. शूर्पणखा........नाक और कान काटे गए
A. का B. की
C. के D. से

20. युद ने राधा........तीन संतरे दिए
A. से B. के
C. के लिए D. को

उत्तरमाला

1. A	**2.** C	**3.** C	**4.** B	**5.** C
6. A	**7.** A	**8.** D	**9.** D	**10.** D
11. D	**12.** A	**13.** B	**14.** C	**15.** B
16. D	**17.** C	**18.** A	**19.** B	**20.** D

गद्यांश (अपठित-बोध)

गद्यांश 1

यदि हम निरन्तर प्रयत्न करेंगे तो निश्चय ही अपने सभी लक्ष्यों को प्राप्त कर लेंगे, किन्तु प्रायः देखा जाता है कि अधिक आशावादी लोग थोड़ा सा प्रयत्न करके अधिक फल की कामना करने लगते हैं और मनोवांछित फल प्राप्त न होने पर निराश हो जाते हैं। अतः जीवन में सफलता प्राप्त करने के लिए परिस्थितियों के समक्ष घुटने न टेकें, बल्कि दृढ़ता से उनका मुकाबला करें। याद रखें, जितना कठोर हमारा परिश्रम होगा उसका फल भी उतना ही मीठा होगा।

उपर्युक्त गद्यांश को ध्यानपूर्वक पढ़ें और निम्न प्रश्नों के उत्तर के लिए सही विकल्प को चुनें:

1. फल न मिलने पर कौन निराश हो जाते हैं?

A. आशावादी लोग B. कम आशावादी लोग
C. अधिक आशावादी लोग D. निराशावादी लोग

2. लक्ष्य प्राप्ति के लिए क्या किया जाना चाहिए?

A. फल की कामना
B. हिम्मत से मुकाबला
C. निरन्तर प्रयत्न
D. परिस्थितियों से मुकाबला

3. आशावादी शब्द का विलोम शब्द है:

A. निराश B. निराशावादी
B. दुखी D. अप्रसन्न

4. मनोवांछित शब्द का क्या अर्थ है?

A. इच्छित B. परीक्षित
C. लाभदायक D. मन को खुश करने वाले

5. परिश्रम शब्द का अर्थ है:

A. साहस B. हिम्मत
C. काम D. कठिन मेहनत

गद्यांश 2

पन्द्रह अगस्त 1947 को हमारा देश स्वतंत्र हुआ। स्वतन्त्रता प्राप्ति के बाद विश्व के दूसरे देशों के साथ भारत के राजनयिक एवं सांस्कृतिक सम्बन्ध जुड़े। पर्यटकों के साथ-साथ राजनीतिज्ञों और साहित्यकारों को भी विदेश यात्रा के पर्याप्त अवसर मिले। विभिन्न प्रकार की छात्रवृत्तियों के माध्यम से बहुत से लोग विदेशों में पढ़ने गए। बहुत से लोगों ने विदेशों में उपलब्ध आजीविका के अवसरों का लाभ उठाया। इन सबके परिणामस्वरूप प्रचुर मात्रा में यात्रावृत्तांत लिखे गए। विदेश-विषयक यात्रावृतांत्तों में रूस और स्वदेश-विषयक यात्रावृतांत्तों में लेखकों की दृष्टि कश्मीर से कन्याकुमारी तक व्याप्त हुई।

उपर्युक्त गद्यांश को ध्यानपूर्वक पढ़ें और निम्नलिखित प्रश्नों के उत्तर के लिए सही विकल्प को चुनें:

1. भारत कब स्वतंत्र हुआ?

A. 15 अगस्त 1947
B. 15 अगस्त 1946
C. 15 अगस्त 1948
D. 15 अगस्त 1949

2. स्वतंत्र भारत के अन्य देशों के साथ किस प्रकार के संबंध जुड़े?

A. राजनीतिक
B. राजनयिक
C. धार्मिक
D. राजनयिक एवं सांस्कृतिक

3. आजीविका का क्या अर्थ है?

A. उपार्जन B. वेतन
C. मेहनत D. रोजगार

4. यात्रा-वृत्तांत का क्या अर्थ है?

A. भ्रमण B. पर्यटन
C. सफरनामा D. विदेशभ्रमण

5. स्वतंत्र का विलोम शब्द है:

A. परतंत्र B. आजाद
C. गुलामी D. मुक्ति

गद्यांश 3

युवा वर्ग का मस्तिष्क नई-नई बातों की ओर ज्यादा तेज दौड़ता है। उसमें अन्य वर्ग के व्यक्तियों से अधिक आवेश और शक्ति होती है। इस अवस्था में यदि सही शिक्षा औ

उचित मार्ग-दर्शन न मिले तो यही शक्ति प्रेरणा और निर्माण के स्थान पर विनाश की ओर ले जाती है। बिगड़ने और बनने की यही आयु होती है। दुर्भाग्य से हमारे देश में शिक्षा पद्धति केवल उपाधि बाँटने का काम ही करती है। एक सम्पूर्ण व्यक्तित्वपूर्ण मनुष्य बनाना आज की शिक्षा पद्धति के लिए मुश्किल है।

उपर्युक्त गद्यांश को ध्यानपूर्वक पढ़ें और निम्नलिखित प्रश्नों के उत्तर के लिए सही विकल्प को चुनें।

1. निर्माण का विलोम शब्द क्या हैं?

A. रचना B. बनावट
C. विनाश D. सृजन

2. मार्ग-दर्शन का क्या अर्थ है?

A. उपाधि B. रास्ता
C. उद्देश्य D. रास्ता दिखलाना

3. शक्ति विनाश की ओर कब अग्रसर होती है?

A. अधिक आवेश और शक्ति के अभाव में
B. सही शिक्षा और उचित मार्ग दर्शन के अभाव में
C. दुर्भाग्यपूर्ण शिक्षा पद्धति के कारण
D. इनमें से कोई नहीं

4. हमारे देश की शिक्षा पद्धति क्या कार्य करती है?

A. मार्ग-दर्शन B. शक्ति प्रेरणा
C. उपाधि देना D. उपर्युक्त सभी

5. दुर्भाग्य का विपरीत शब्द है:

A. भाग्य B. सौभाग्य
C. भाग्यशाली D. भाग्यवान

गद्यांश 4

भिखारी की भाँति गिड़गिड़ाना प्रेम की भाषा नहीं है। यहाँ तक कि मुक्ति के लिए भगवान् की उपासना करना भी अधम उपासना में गिना जाता है। प्रेम कोई पुरस्कार नहीं चाहता। प्रेम सर्वथा प्रेम के लिए ही होता है। भक्त इसलिए प्रेम करता है कि बिना प्रेम किए वह रह ही नहीं सकता। जब तुम किसी मनोहर प्राकृतिक दृश्य को देखकर उस पर मोहित हो जाते हो तो तुम किसी फल की याचना नहीं करते और न वह दृश्य ही तुमसे कुछ माँगता है। फिर भी उस दृश्य का दर्शन तुम्हारे मन को आनंद से भर देता है।

उपर्युक्त गद्यांश को ध्यानपूर्वक पढ़ें और निम्नलिखित प्रश्नों के उत्तर के लिए सही विकल्प का चयन करें:

1. प्रेम का उद्देश्य क्या होता है?

A. मुक्ति B. उपासना
C. भक्ति D. प्रेम

2. मुक्ति का अर्थ है:

A. आजादी B. स्वतंत्रता
C. परतंत्र D. निर्वाण

3. कैसी उपासना अधम मानी गई है?

A. प्रेम की उपासना
B. भगवान की उपासना
C. मुक्ति की उपासना
D. भक्ति की उपासना

4. मनोहर शब्द हैं:

A. विशेषण B. संज्ञा
C. सर्वनाम D. अव्यव

5. प्राकृतिक शब्द का अर्थ है:

A. ईश्वरीय B. मानव संबंधी
C. प्रकृति संबंधी D. प्रेम संबंधी

गद्यांश 5

कुछ लोग भाग्यवादी होते हैं और सब-कुछ भाग्य के सहारे छोड़कर कर्म से विरत हो जाते हैं। ऐसे लोग समाज के लिए बोझ हैं। वे कभी कोई बड़ा काम नहीं कर पाते। बड़ी-बड़ी खोज, बड़े-बड़े आविष्कार और बड़े-बड़े निर्माण कार्य कर्मशील लोगों के द्वारा ही संभव हो सके हैं। हम अपनी बुद्धि और प्रतिभा तथा कार्य-क्षमता के बल पर सही मार्ग पर चल सकते हैं, किन्तु बिना कठिन श्रम के अपने लक्ष्य तक नहीं पहुँच सकते। कठिन परिश्रम करने के बाद पाई गई सफलता हमारे मन को अलौकिक आनंद से भर देती है। यदि हम अपने कार्य में अपेक्षित श्रम नहीं करते तो हमारा मन ग्लानि का अनुभव करता है।

उपर्युक्त गद्यांश को ध्यानपूर्वक पढ़ें और निम्नलिखित प्रश्नों के उत्तर के लिए सही विकल्प चुनें:

1. "आविष्कार" शब्द का अर्थ है :

A. अनुसंधान B. खोज
C. निर्माण D. विनाश

2. **अलौकिक** शब्द का क्या अर्थ है?
   A. संसारिक B. भौतिक
   C. अमानुषी D. प्राकृतिक

3. सफलता का विलोम क्या है?
   A. सफल B. असफल
   C. सफलतापूर्वक D. असफलता

4. परिश्रम करने और न करने से हमारे जीवन पर क्या प्रभाव पड़ता है?
   A. लोग भाग्यवादी बन जाते हैं
   B. कर्म से विरत हो जाते हैं
   C. मन में ग्लानि का अनुभव होता है
   D. इनमें से कोई नहीं

5. किस प्रकार के लोग समाज के लिए बोझ हैं?
   A. भाग्यवादी B. कर्मठ
   C. परिश्रमी D. प्रतिभाशाली

गद्यांश 6

वैदिक काल से हिमालय के पहाड़ बहुत पवित्र माने जाते हैं। इसमें कोई सन्देह नहीं कि हिमालय के पहाड़ों का दृश्य अति सुन्दर है। उसकी विशालता को देखकर मन में आनन्द और कृतज्ञता की लहर उठती है। ऐसा लगता है कि यह विशाल सृष्टि प्रभु की अनुपम देन है। सारी सृष्टि के प्रति समभाव जाग्रत होता है। वस्तुतः यह दृष्टि कोरी कल्पनात्मक या आध्यात्मिक नहीं है। देखा जाए तो सारे भारत की जलवायु का समतोल करने वाले यह हिमालय के पहाड़ हैं, विशेषकर उत्तरी भारत को वर्षा और पानी देने वाले ये ही हैं। गंगोत्री, यमुनोत्री, बद्री, केदार को तीर्थ माना जाता है, जो व्यर्थ कल्पना नहीं है। उन स्थानों से निकलने वाली पवित्र नदियाँ ही वास्तव में हमारी प्राणदात्री रही हैं।

उपर्युक्त गद्यांश को ध्यानपूर्वक पढ़ें और निम्नलिखित प्रश्नों के उत्तर के लिए सही विकल्प चुनें :

1. हिमालय के पर्वत बहुत पवित्र कब से माने जाते हैं?
   A. पाषाण काल से B. वैदिक काल से
   C. प्राचीन काल से D. आधुनिक काल से

2. विशालता शब्द है :
   A. जातिवाचक B. भाववाचक
   C. विशेषण D. सर्वनाम

3. भारत की जलवायु को समतोल कौन करता है?
   A. गंगोत्री B. यमुनोत्री
   C. केदार D. हिमालय

4. सृष्टि का समानार्थक शब्द है :
   A. सृजन B. रचना
   C. प्रकृति D. संसार

5. प्राणदात्री का क्या अर्थ है?
   A. गंगोत्री
   B. यमुनोत्री
   C. प्राणसंचार करने वाली
   D. समभाव जाग्रत करने वाली

गद्यांश 7

सच्चा मित्र एक शिक्षक की भाँति होता है। जिस प्रकार शिक्षक अपने छात्र को सन्मार्ग की ही ओर अग्रसर करता है, उसी प्रकार एक सच्चा मित्र अपने मित्र को पाप के गर्त में गिरने से बचाता है। मानव-जीवन अधिक रहस्यपूर्ण है। कभी-कभी जीवन में ऐसे अवसर उपस्थित हो जाते हैं, जब मनुष्य की धर्मबुद्धि नष्ट हो जाती है और उसका मन द्रुत गति से पाप की ओर दौड़ता है। ऐसे समय में मित्र का ही उपदेश अधिक कल्याणकारी सिद्ध होता है। मित्र के उपदेश का जितना प्रभाव हृदय पर पड़ता है, उतना और किसी का नहीं पड़ता है।

उपर्युक्त गद्यांश को ध्यानपूर्वक पढ़ें और निम्नलिखित प्रश्नों के उत्तर के लिए सही विकल्प चुनें :

1. सच्चा मित्र किस प्रकार का होता है?
   A. विपत्ति में सहायता देने वाला
   B. गलत मार्ग पर चलने से रोकने वाला
   C. शिक्षक के भाँति
   D. धार्मिक गुरु की तरह

2. सन्मार्ग शब्द का विपरीत शब्द है :
   A. अग्रसर B. कुमार्ग
   C. सुमार्ग D. मार्गदर्शक

3. व्यक्ति को पाप के गर्त्त में गिरने से कौन बचाता है?
   A. शिक्षक B. भाई
   C. पिता D. सच्चा मित्र

4. मानव पाप की ओर कब दौड़ता है?

A. जब स्वार्थी बन जाता है

B. जब धर्म-बुद्धि नष्ट हो जाती है

C. जब सच्चामित्र साथ छोड़ देता है

D. जब धनवान बन जाता है

5. उपदेश में कौन-सा उपसर्ग है?

A. उ B. उप

C. दे D. देश

गद्यांश 8

सब तरह के भावों को प्रकट करने की योग्यता रखने वाली और निर्दोष होने पर भी यदि कोई भाषा अपना निज का साहित्य नहीं रखती, तो वह रूपवती भिखारिन की तरह कदापि आदरणीय नहीं हो सकती। उनकी शोभा, उसकी बड़ी सम्पन्नता, उसकी मान-मर्यादा उसके साहित्य पर ही अवलम्बित रहती है। उसके विचारों और राजनैतिक स्थितियों का प्रतिबिम्ब देखने को यदि कहीं मिल सकता है, तो उसके ग्रन्थ साहित्य में मिल सकता है। सामाजिक शक्ति या सजीवता, सामाजिक अशक्ति या निर्जीवता और सामाजिक सभ्यता तथा असभ्यता का निर्णायक एकमात्र साहित्य है।

उपर्युक्त गद्यांश को ध्यानपूर्वक पढ़ें और निम्नलिखित प्रश्नों के उत्तर के लिए सही विकल्प चुनें :

1. साहित्य विहीन भाषा किस प्रकार की होती है?

A. आदरणीय B. भिखारिन

C. रूपवती D. रूपवती भिखारिन

2. रूपवती का पुल्लिंग रूप हैः

A. रूपवान B. सुन्दर

C. सुन्दरी D. रूपवत

3. भाषा की मान मर्यादा किस पर निर्भर करती है?

A. लिपि पर B. साहित्यकार पर

C. भक्ति पर D. साहित्य पर

4. "सम्पन्नता" शब्द का विपरीत शब्द हैः

A. गरीबी B. विपन्न

C. अमीर D. विपन्नता

5. राजनैतिक, सामाजिक शक्ति का दर्शन हमें किसमें मिलता है?

A. समाज B. राज्य

C. नेता D. साहित्य

गद्यांश 9

स्वतंत्र भारत का सम्पूर्ण दायित्व आज विद्यार्थियों के ही ऊपर है, क्योंकि आज जो विद्यार्थी हैं, वे ही कल स्वतंत्र भारत के नागरिक होंगे। भारत की उन्नति, उसका उत्थान उन्हीं की उन्नति और उत्थान पर निर्भर करता है। अतः विद्यार्थियों को चाहिए कि वे अपने भावी जीवन का निर्माण बड़ी सतर्कता और सावधानी के साथ करें। उन्हें प्रत्येक क्षण अपने राष्ट्र, अपने समाज, अपने धर्म, अपनी संस्कृति को अपनी आँखों के सामने रखना चाहिए, जिससे उनके जीवन से राष्ट्र को कुछ बल प्राप्त हो सके। जो विद्यार्थी राष्ट्रीय दृष्टिकोण से अपने जीवन का निर्माण नहीं करते, वे राष्ट्र और समाज के लिए भार-स्वरूप हैं।

उपर्युक्त गद्यांश को ध्यानपूर्वक पढ़ें और निम्नलिखित प्रश्नों के उत्तर के लिए सही विकल्प चुनें :

1. भारत की उन्नति किस पर निर्भर करती है?

A. युवाओं पर B. नेताओं पर

C. साहित्यकारों पर D. विद्यार्थियों पर

2. **उन्नति** का समानार्थक शब्द है :

A. पतन B. उत्थान

C. विकास D. उदय

3. **उत्थान** का विपरीत शब्द है :

A. उदय B. पतन

C. पराजय D. हार

4. किसे अपने जीवन का निर्माण सतर्कता और सावधानी से करना चाहिए?

A. युवाओं को B. नेताओं को

C. बच्चों को D. विद्यार्थियों को

5. धर्म, संस्कृति तथा समाज का रक्षक कौन है?

A. नागरिक B. ग्रामीण

C. विद्यार्थी D. युवा

गद्यांश 10

हास्य एक ऐसा माध्यम है, जो नीरस-जीवन को भी सुखद बना देता है। हास्य का जादू इतना प्रभावशाली होता है कि वह छूत के रोग की तरह चारों ओर फैल जाता है। जिसने कभी हँसना नहीं सीखा, सचमुच उसने जीना नहीं सीखा। सामान्यतः मनुष्य को जीवन में इतनी मुसीबतें झेलनी

पड़ती हैं कि वह अपने जीवन को पहाड़ समझने लगता है। ऐसे दूभर जीवन को यदि जीने योग्य बनाना हो तो उसके लिए आवश्यक है कि जीवन में हँसने की गुंजाइश हो। हँसी के सहारे मनुष्य अपने कष्टों को भुलाने का प्रयत्न करता है। संघर्ष, तनाव, व्यस्तता, घुटन यदि आज के जीवन की सहज देन हैं, तो इनसे बचने के लिए यह आवश्यक है कि हम हँसना सीखें।

उपर्युक्त गद्यांश को ध्यानपूर्वक पढ़ें और निम्नलिखित प्रश्नों के उत्तर के लिए सही विकल्प चुनें :

1. नीरस जीवन को कौन सुखद बना देता है?

A. संगीत B. गीत
C. आमोद प्रमोद D. हास्य

2. **नीरस** का संधि विच्छेद है :

A. नी + रस B. नि + रस
C. निः + रस D. नीः + रस

3. किसका जीवन व्यर्थ है?

A. जिसने रोना नहीं सीखा
B. जिसने हँसना नहीं सीखा
C. जिसने गाना नहीं सीखा
D. इनमें से कोई नहीं

4. **हँसना** शब्द है :

A. संज्ञा B. विशेषण
C. क्रिया विशेषण D. क्रिया

5. तनाव और घुटन से बचने के लिए क्या करना चाहिए?

A. रोना चाहिए B. गाना चाहिए
C. हँसना चाहिए D. काम करना चाहिए

गद्यांश 11

किसी पुस्तक को पढ़ने में जल्दी नहीं करनी चाहिए, जो कुछ लेखक कहता है, उसे समझने की चेष्टा करनी चाहिए। प्रत्येक शब्द का अर्थ समझने की चेष्टा करनी चाहिए। यदि लेखक योग्य है, तो दूसरी बार वह पुस्तक और अधिक आनन्द देगी और तीसरी बार और अधिक। प्रत्येक बार अध्ययन करने पर आपको नवीन सुन्दर और नए विचार मिलेंगे और उसे आप जितना ही पढ़ेंगे, उतना ही स्नेह करने लगेंगे। सहस्रों व्यक्तियों ने गीता और रामायण तथा कुरान और बाइबिल को बार-बार पढ़ा है। उनका अनुभव है कि प्रत्येक बार उन्हें नई सूझ और नए विचार मिलते गए। कुछ लोग तो इस बात पर गर्व करते हैं कि उन्होंने अमुक पुस्तक को अनेक बार पढ़ा है, उन्हें कंठस्थ हो गई है।

उपर्युक्त गद्यांश को ध्यानपूर्वक पढ़ें और निम्नलिखित प्रश्नों के उत्तर के लिए सही विकल्प चुनें :

1. किसे समझने की चेष्टा करनी चाहिए?

A. पुस्तक B. रामायण
C. महाभारत D. गीता

2. पुस्तक की सजीवता किस पर निर्भर करती है?

A. लेखक B. प्रकाशक
C. पाठक D. चिन्तक

3. **आनन्द** का विपरीत शब्द है :

A. शोक B. दुख
C. संताप D. खुशी

4. नवीन, सुन्दर और नए विचार हमें कहाँ से प्राप्त होता हैं?

A. पुस्तक को बार-बार पढ़कर
B. सुनकर
C. भाषण से
D. अच्छे व्यक्तियों से मिलने पर

5. **कंठस्थ** शब्द का शब्दार्थ है :

A. कंठ में स्थित B. सुंदर कंठ
C. जबानी याद D. पंडित जी

गद्यांश 12

अहिंसा परम धर्म है और हिंसा आपद् धर्म। मनुष्य बराबर अहिंसा की ओर चलना चाहता है, किन्तु परिस्थितियाँ उससे हिंसा कराती है, अर्थात् परमधर्म की रक्षा के लिए आदमी बराबर आपद्धर्म से काम लेता रहा है। भारत अपनी सेनाओं को विघटित कर दे, तब भी उसका अपमान उससे अधिक होने वाला नहीं, जितना नेफा में हुआ। किन्तु परमधर्म पर टिकने की सामर्थ्य अगर भारत में नहीं है, तो आपद्धर्म पर उसे आना चाहिए। व्यवहारतः आपद्धर्म परमधर्म का विरोधी नहीं, उसका रक्षक है।

उपर्युक्त गद्यांश को ध्यानपूर्वक पढ़ें और निम्नलिखित प्रश्नों के उत्तर के लिए सही विकल्प चुनें :

1. **परमधर्म** का विपरीत शब्द है :
   A. महान धर्म B. आपद्धर्म
   C. सच्चाधर्म D. इनमें से कोई नहीं
2. आपद्धर्म किसे कहा जाता है?
   A. अहिंसा B. सत्याग्रह
   C. विपत्ति D. हिंसा
3. मानव से हिंसा कौन करवाती है?
   A. लोभ B. स्वार्थ
   C. द्वेष D. परिस्थितियाँ
4. **सामर्थ्य** का शब्दार्थ है :
   A. संघर्ष B. परिश्रम
   C. शक्ति D. पराक्रम
5. **परमधर्म** की रक्षा कौन करता है?
   A. अहिंसा B. हिंसा
   C. आपदधर्म D. युद्ध

गद्यांश 13

वर्तमान काल विज्ञापन का युग माना जाता है। समाचार-पत्रों के अतिरिक्त रेडियो और टेलीविजन भी विज्ञापन के सफल साधन हैं। विज्ञापन का मूल उद्देश्य उत्पादक और भोक्ता में सीधा सम्पर्क स्थापित करना होता है। जितना अधिक विज्ञापन किसी पदार्थ का होगा, उतनी ही उसकी लोकप्रियता बढ़ेगी। इन विज्ञापनों पर धन तो अधिक व्यय होता है, पर इनसे बिक्री बढ़ जाती है। ग्राहक जब इन आकर्षक विज्ञापनों को देखता है तो वह उस वस्तु-विशेष के प्रति आकृष्ट होकर उसे खरीदने को बाध्य हो जाता है।

उपर्युक्त गद्यांश को ध्यानपूर्वक पढ़ें और निम्नलिखित प्रश्नों के उत्तर के लिए सही विकल्प चुनें :

1. वर्तमान को किसका युग माना जाता है?
   A. फैशन B. विज्ञापन
   C. संगीत D. धन
2. उत्पादक तथा भोक्ता के बीच कौन संबंध स्थापित करता है?
   A. टेलीविजन B. समाचार-पत्र
   C. रेडियो D. विज्ञापन
3. **वर्तमान** शब्द का विपरीत शब्द है :
   A. अर्वाचीन B. आधुनिक
   C. आजकल D. प्राचीन
4. **आकर्षक** का शब्दार्थ है :
   A. विकर्षक B. सुन्दर
   C. मनमोहक D. आश्चर्यजनक
5. भोक्ता किस कारण वस्तुओं को खरीदने के लिए बाध्य हो जाता है?
   A. विज्ञापन
   B. आकर्षक विज्ञापन
   C. लोकप्रियता के कारण
   D. आसानी से उपलब्ध होना

गद्यांश 14

लगभग दो सौ वर्ष की गुलामी ने भारत के राष्ट्रीय स्वाभिमान को पैरों से रौंद डाला, हमारी संस्कृति को समाप्त कर दिया, हमारे विश्वासों को हिला दिया और हमारे आत्मविश्वास को चकनाचूर कर दिया, किन्तु अपने इस बूढ़े देश से प्यार करने वाले, इसके एक सामान्य संकेत पर प्राण न्यौछावर करने वाले दीवानों का अभाव न था। एक आवाज उठी और देखते ही देखते राष्ट्र का दबा हुआ आत्माभिमान उन्मत्त हो उठा। इतिहास साक्षी है जाने और अनजाने सहस्त्रों देशभक्त स्वतंत्रता की अनमोल निधि को पाने के लिए शहीद हो गए।

उपर्युक्त गद्यांश को ध्यानपूर्वक पढ़ें और निम्नलिखित प्रश्नों के उत्तर के लिए सही विकल्प चुनें :

1. **स्वाभिमान** का संधि विच्छेद है:
   A. स्वा + भिमान B. स्वः + अभिमान
   C. स्व + अभिमान D. स्वा + अभिमान
2. भारत का राष्ट्रीय स्वाभिमान किस कारण समाप्त हो गया था?
   A. लम्बे गुलामी से B. निरंकुश शासक से
   C. स्वार्थी मानव से D. धर्म के विनाश से
3. **आत्मविश्वास** का शब्दार्थ है
   A. घमण्ड B. गर्व
   C. अपने पर विश्वास D. अभिमान
4. भारत की अनमोल निधि को पाने के लिए कौन शहीद हो गए?
   A. देशभक्त B. नेता
   C. युवा D. युवती

5. **अनमोल निधि** का शब्दार्थ है:
A. अनन्त खजाना B. अमूल्य खजाना
C. बहुमूल्य D. स्वतंत्रता

गद्यांश 15

दुनिया के विभिन्न देशों के विकास पर विहंगम दृष्टि डालने से यह स्पष्ट हो जाता है कि आज जिस देश ने वैज्ञानिक उपलब्धियों के सहारे अपना औद्योगीकरण कर लिया, उसी को उन्नत देश कहा जाता है। जिस देश में औद्योगीकरण का स्तर नीचा है, वह पिछड़ा हुआ देश कहा जाता है। वैज्ञानिक आविष्कारों और औद्योगीकरण के आधार पर ही किसी देश की प्रगति को आँका जाता रहा है। विज्ञान ने मानव को पूरी तरह बदल दिया है।

उपर्युक्त गद्यांश को ध्यानपूर्वक पढ़ें और निम्नलिखित प्रश्नों के उत्तर के लिए सही विकल्प चुनें :

1. **विहंगम दृष्टि** का क्या अर्थ है?
A. एक झलक B. गहन दृष्टि
C. गहन चिन्तन D. इनमें से कोई नहीं

2. **विकास** का विपरीत शब्द है :
A. उत्थान B. उदय
C. पतन D. विनाश

3. **वैज्ञानिक** शब्द में कौन-सा प्रत्यय हैं?
A. निक B. वै
C. ईक D. इक

4. मानव जीवन को किसने बदल दिया है :
A. विकास B. वैज्ञानिक
C. विज्ञान D. उद्योग

5. किसी भी देश की स्तर को किससे नापा जाता है?
A. उपलब्धियों पर
B. औद्योगीकरण से
C. वैज्ञानिकों से
D. आविष्कारों से

गद्यांश 16

विश्व का वर्तमान उन्नत रूप मानव-श्रम की ही कहानी कह रहा है। गगन चुंबी अट्टालिकाएँ, लंबी-चौड़ी सड़कें, बड़े-बड़े विशाल नगर आकाश में उड़ते वायुयान तथा मानव-जीवन को सुखी और समृद्ध बनाने में योगदान करने वाले ज्ञान-विज्ञान के अनन्त रूप-ये सभी मनुष्य के श्रम का जयघोष करते हैं। स्पष्ट है कि मनुष्य और उसका शरीर विधाता की अनुपम रचना है जो निश्चय ही महान उद्देश्यों की संपूर्ति के लिए दिया गया है। इस दुर्लभ तन को यदि हम आलस्य, प्रसाद अथवा घटिया कामों में गँवा देते हैं तो उस विधाता के प्रति अन्याय करते हैं।

उपर्युक्त गद्यांश को ध्यानपूर्वक पढ़ें और निम्नलिखित प्रश्नों के उत्तर के लिए सही विकल्प चुनें :

1. विश्व का वर्तमान रूप किसका उद्योतक है?
A. चिन्तक का B. नेता का
C. वैज्ञानिक का D. मानव श्रम

2. **गगन चुंबी अट्टालिकाएँ** का अर्थ है :
A. आकाश में उड़ने वाला
B. आकाश को छूने वाला
C. बहुमंजिली इमारत
D. इनमें से कोई नहीं

3. आकाश का समानार्थक शब्द है :
A. वसुन्धरा B. धरा
C. पयोद D. गगन

4. **सुखी** का विपरीत शब्द है :
A. प्रसन्न B. अप्रसन्न
C. दुखी D. उदासी

5. विधाता की अनुपम रचना क्या है?
A. मानव शरीर B. समुद्र
C. वन D. पृथ्वी

गद्यांश 17

हमारे देश में एक ऐसा भी युग था जब नैतिक और आध्यात्मिक विकास ही जीवन का वास्तविक लक्ष्य माना जाता था। अहिंसा की भावना सर्वोपरि थी। आज पूरा जीवन दर्शन ही बदल गया है। सर्वत्र पैसे की हाय-हाय तथा धन का उपार्जन ही मुख्य ध्येय हो गया है, भले ही धन-उपार्जन के तरीके गलत ही क्यों न हों? इन सबका असर मनुष्य के प्रतिदिन के जीवन पर पड़ रहा है। समाज का वातावरण दूषित हो गया है-

बाह्य वातावरण तो दूषित है ही, आज सब जानते हैं पर्यावरण की समस्याएँ कितनी चिन्तनीय हो उठी है। इन

सबके कारण मानसिक और शारीरिक तनाव-खिंचाव और व्याधियाँ पैदा हो रही हैं।

उपर्युक्त गद्यांश को ध्यानपूर्वक पढ़ें और निम्नलिखित प्रश्नों के उत्तर के लिए सही विकल्प चुनें :

1. भारत का प्राचीन आदर्श था :

A. सत्य और अहिंसा

B. नैतिक और आध्यात्मिक विकास

C. धन उपार्जन

D. इनमें से कोई नहीं

2. **अहिंसा** का विपरीत शब्द है :

A. हिंसा B. सत्याग्रह

C. विनम्रता D. नैतिकता

3. जीवन दर्शन क्यों बदल गया है?

A. हिंसा के कारण

B. अहिंसा के कारण

C. धन लिप्सा के कारण

D. आध्यात्मिक विकास के कारण

4. समाज का वातावरण दूषित क्यों हो गया है?

A. शारीरिक तनाव

B. मानसिक व्याधियाँ

C. पर्यावरण की समस्याएँ

D. धन उपार्जन के गलत तरीके

5. **पर्यावरण** का शब्दार्थ है:

A. जलमंडल B. स्थलमंडल

C. वायुमंडल D. वातावरण

गद्यांश 18

राजा राम मोहन राय में "होनहार बिरवान के होत चीकने पांत" वाली कहावत पूरी तरह चरितार्थ हुई। बाल्यकाल में उनकी बुद्धि कितनी कुशाग्र थी, इसकी अनेक कहानियाँ सुनी जाती हैं। उनके पिता ने उनकी पढ़ाई का समुचित प्रबन्ध किया। गाँव की पाठशाला में उन्होंने बंगला सीखी। उन दिनों कचहरियों में फारसी का बोलबाला था। अतः उन्होंने घर पर ही मौलवी से फारसी पढ़ी। नौ वर्ष की उम्र में वे अरबी की उच्च शिक्षा के लिए पटना भेजे गये। पटना उस समय भारतवर्ष में इस्लामी संस्कृति का केन्द्र था। पटना में वे तीन वर्ष तक रहे। उन्होंने कुरान का मूल अरबी में अध्ययन किया। चार वर्ष तक काशी में संस्कृत का अध्ययन किया। उपनिषदों के अद्वैतवाद का उनपर पूरा प्रभाव पड़ा। फलतः उन्हें निराकार ईश्वर पर विश्वास हुआ।

उपर्युक्त गद्यांश को ध्यानपूर्वक पढ़ें और निम्नलिखित प्रश्नों के उत्तर के लिए सही विकल्प चुनें :

1. राजा राममोहन राय ने बंगला कहाँ सीखी?

A. पटना B. काशी

C. कलकत्ता D. गाँव की पाठशाला

2. अरबी की शिक्षा उन्होंने कहाँ पाई?

A. काशी B. पटना

C. ईरान D. ईराक

3. संस्कृत साहित्य का अध्ययन उन्होंने कहाँ किया?

A. पटना B. काशी

C. इलाहाबाद D. कलकत्ता

4. **कुशाग्र** शब्द का अर्थ है :

A. तेज B. बुद्धिमान

C. होनहार D. विद्वान्

5. निराकार शब्द का विलोम है :

A. साकार B. आकार

C. विशाल D. मूर्ति

गद्यांश 19

मोती राजा साहब की सवारी का खास हाथी था। यों तो वह बहुत सीधा और समझदार था, पर कभी-कभी उसका मिजाज गर्म हो जाता था। एक बार पागलपन में उसने अपने महावत को मार डाला। राजा साहब ने यह खबर सुनी, तो उन्हें बहुत क्रोध आया, मोती की पदवी छिन गई। उसे राजा साहब की सवारी से निकाल दिया गया। कुलियों की तरह उसे लकड़ियाँ ढ़ोनी पड़ती, पत्थर लादने पड़ते और शाम को वह पीपल के नीचे मोटी जंजीरों से बाँध दिया जाता।

उपर्युक्त गद्यांश को ध्यानपूर्वक पढ़ें और निम्नलिखित प्रश्नों के उत्तर के लिए सही विकल्प चुनें :

1. राजा साहब की सवारी के हाथी का क्या नाम था?

A. सोना B. मोती

C. हीरा D. ऐरावत

2. किसने महावत को मार डाला था?

A. राजा B. हाथी

C. मोती D. दरबारी

3. **मिजाज** शब्द का शब्दार्थ है :

A. विचार B. ध्यान

C. मन D. दिल

4. किसकी पदवी छिन गई थी?

A. महावत की B. राजा की

C. मोती की D. हाथी की

5. समझदार और सीधा कौन था?

A. राजा साहब B. महावत

C. मोती D. इनमें से कोई नहीं

गद्यांश 20

मनुष्य का यह दावा है कि वह सक्षम है, समर्थ है। हिमालय की तराई में घने जंगलों के बीच में बना एक छोटा-सा स्टेशन, जो दोपहर के बाद वाली ढ़लती धूप में भी बुरी तरह जल रहा था, मानो मनुष्य के इस दावे का प्रमाण था। प्रकृति इस मनुष्य के वश में है, वह इस प्रकृति को मनचाहा नवीन रूप देता है। वह इस प्रकृति के साथ न जाने कितने खिलवाड़ करता है। तराई का वह जंगल भी तो उसी प्रकृति का एक भाग था।

उपर्युक्त गद्यांश को ध्यानपूर्वक पढ़ें और निम्नलिखित प्रश्नों के उत्तर के लिए सही विकल्प चुनें :

1. **सक्षम** शब्द समानार्थक शब्द है :

A. समर्थ B. शक्तिशाली

C. कायर D. निर्माता

2. सक्षम और समर्थ होने का दावा कौन करता है?

A. प्रकृति B. मानव

C. दानव D. पशु

3. छोटा-सा स्टेशन कहाँ स्थित है?

A. घने जंगलों में B. हिमालय की तराई में

C. नदी के किनारे D. नगर में

4. प्रकृति के साथ कौन खिलवाड़ करता है?

A. मानव B. वैज्ञानिक

C. नेता D. युवा

5. **नवीन** का विपरीत शब्द है :

A. पुराना B. नूतन

C. नवनीत D. अतीत

गद्यांश 21

पता नहीं जंगल में भी प्राण होते हैं या नहीं। वैसे जन्म लेना, मरना, शैशव, युवावस्था और वृद्धावस्था, जीवन के सब चिह्न जंगल में होते हैं। न जाने कितने पशु-पक्षी इन जंगलों की गोद में आश्रय लिए हुए हैं। कभी भयानक रूप से क्रुद्ध और उबलते हुए और कभी निष्प्राण से सुखे हुए नदी-नाले। ये सब जंगल के भाग हैं और जंगल के अन्दर इन अनगिनत प्राणियों में जीवन-मरण का संघर्ष चला करता है। रोज ही जन्म होते हैं, रोज ही मृत्यु के फेरे लगते हैं। जीवन-मरण की सीमाओं में बद्ध जो प्रकृति का क्रम है। वह तो चलता ही रहता है।

उपर्युक्त गद्यांश को ध्यानपूर्वक पढ़ें और निम्नलिखित प्रश्नों के उत्तर के लिए सही विकल्प चुनें :

1. जीवन के सब चिह्न किसमें होते है?

A. जंगल में

B. मानव में

C. पशु में

D. पादप में

2. **शैशव** का शब्दार्थ है :

A. युवा B. बुढ़ापा

C. बचपन D. नश्वर

3. जंगलों में कौन आश्रय लेता है :

A. पशु-पक्षी B. जन्तु

C. पादप D. मानव

4. **निष्प्राण** का समानार्थक शब्द है :

A. सजीव B. निर्जीव

C. शाश्वत D. नश्वर

5. **जीवन** का विपरीत शब्द है :

A. मरण B. अमर

C. प्राण D. नश्वर

गद्यांश 22

यह आदान-प्रदान ही मानव-सभ्यता का मूल स्रोत है; इस आदान-प्रदान के लिए ही मुनष्य ने पहाड़ों को लाँधकर और सागरों को पार करके दुनिया के हर-एक कोने का पता लगाया। इस आदान-प्रदान की क्रिया-प्रतिक्रिया के रूप में न जाने कितने युद्ध लड़े गए, न जाने कितने देश बरबाद किए गए, न जाने कितनी सभ्यताएँ नष्ट की गई और यह आदान-प्रदान चल रहा है।

उपर्युक्त गद्यांश को ध्यानपूर्वक पढ़ें और निम्नलिखित प्रश्नों के उत्तर के लिए सही विकल्प चुनें :

1. मानव-सभ्यता का मूल स्रोत क्या है?

A. आदान B. प्रदान
C. आदान-प्रदान D. इनमें से कोई नहीं

2. मानव का विपरीत शब्द है :

A. नर B. मनुष्य
C. दानव D. दुष्ट

3. दुनिया के हर एक भाग का पता किसने किया है?

A. मानव B. खोजकर्ता
C. आविष्कारक D. दानव

4. युद्ध क्यों लड़े गए थे :

A. क्रिया-प्रतिक्रिया के कारण
B. आदान-प्रदान के कारण
C. स्वार्थ के कारण
D. धन उपार्जन के कारण

5. आदान-प्रदान शब्द है :

A. विपरीत शब्द
B. क्रिया विशेषण
C. पर्यायवाची शब्द
D. सहचर-शब्द

उत्तरमाला

गद्यांश	1	2	3	4	5
गद्यांश 1	C	D	B	A	D
गद्यांश 2	A	D	D	C	A
गद्यांश 3	C	D	B	C	B
गद्यांश 4	D	D	C	A	C
गद्यांश 5	B	D	D	C	A
गद्यांश 6	B	B	D	A	C
गद्यांश 7	C	B	D	B	B
गद्यांश 8	D	A	D	D	D
गद्यांश 9	D	B	B	D	C
गद्यांश 10	D	C	B	D	C
गद्यांश 11	A	A	A	A	C
गद्यांश 12	B	D	D	C	C
गद्यांश 13	B	D	D	C	B
गद्यांश 14	C	A	C	A	B
गद्यांश 15	A	D	C	C	B
गद्यांश 16	D	C	D	C	A
गद्यांश 17	B	A	C	D	D
गद्यांश 18	D	B	B	A	A
गद्यांश 19	B	C	C	C	C
गद्यांश 20	A	B	B	A	A
गद्यांश 21	C	C	A	B	A
गद्यांश 22	C	C	A	B	D

❑❑❑

ENGLISH LANGUAGE

1. Comprehension Passages

ENGLISH LANGUAGE COMPREHENSION

The objective of language comprehension test is to ascertain the ability of the candidates to understand the passage properly. Therefore candidates are required to take notice of the following points:

1. Read the full passage very attentively and intelligently.
2. Try to comprehend the gist of it.
3. Make a mental note of all the important details and points given in the passage.
4. Read the passage for the second time in case you have not been able to understand it satisfactorily.
5. Divide the time proportionately for all the passages.
6. Answer the questions on the basis of facts, as given in the paragraph.
7. Don't waste much time in answering the questions of any one passage.
8. Check all the answers once again, very carefully, to see whether any question is left unanswered by mistake.

MODEL QUESTIONS (FOR PRACTICE)

Directions: *Each of the following passages is followed by five questions. Read the passage carefully and then answer the questions that follow each. For each question, four probable answers A, B, C and D are given. Only one out of these is correct. Choose the correct answer.*

PASSAGE-1

The use of words like 'welcome', 'thank you', 'please', etc., at the right moment reflects a polite nature. The civic sense also lies within the scope of good manners. We should not shout or talk loudly in public places like hospitals and libraries and create disturbance. We should not cheat people or make fun of them. Cleanliness is also necessary. We must not throw the waste on roads and make use of dustbins. We should not harm the public property as it belongs to all of us. While in a queue, discipline should be maintained. We must give fair chance to others.

1. Expressions like 'welcome' 'thank you' and 'please' reflect
   A. happiness B. discipline
   C. civic sense D. polite nature
2. While in a library, we should
   A. respect others B. avoid arguments
   C. talk in low tone D. be courteous
3. A public property belongs to
   A. nobody
   B. all of us
   C. government
   D. one who maintains it

4. Discipline is
   A. the rule of proper conduct or action
   B. the rule of road sense
   C. making use of dustbins
   D. forming a queue
5. The most appropriate title for this passage would be
   A. Polite Nature
   B. Courtesy
   C. Good Manners
   D. Civic Sense

PASSAGE-2

There is an old proverb 'Early to bed and early to rise makes a man healthy and wise.' I am in the habit of getting up early in the morning and have formed the habit of taking long morning walks in the past two years. It is a light exercise and best for physical fitness. The morning air which is fresh and pure is beneficial for the lungs. The early rays of the rising sun are good for healthy skin. 'Health is wealth' and doctors also recommend morning walk to their patients for gaining sound health and freshness of energy.

1. What is good for lungs?
   A. Sunrays B. Fresh air
   C. Sound sleep D. Light exercise
2. What is a light exercise?
   A. Early to bed
   B. Early to rise
   C. Morning walk
   D. Gaining sound health
3. What is good for skin?
   A. Fresh air
   B. Morning air
   C. Morning walk
   D. Rising sun's rays
4. What is best for physical fitness?
   A. Light exercise
   B. Long morning walk
   C. Early to rise
   D. Fresh and pure air
5. Long morning walk
   A. bring sound sleep
   B. ensures physical fitness
   C. ensures healthy skin
   D. keeps healthy, wealthy and wise

PASSAGE-3

Mahatma Gandhi lived a splendid long life and has set great moral standards before us. He showed to the world the true way to peace. He wished to see India prosper but he became a martyr for the noble cause of Hindu-Muslim unity at the time of partition when a religious fanatic, Nathuram Godse, shot him dead on January 30, 1948. His last words were 'Hey Ram'. He lived and died for his country and countryman.

1. Mahatma Gandhi showed the world the true way to
   A. prosperity B. love
   C. truth D. peace
2. Mahatma Gandhi became a martyr for the noble cause of
   A. truth
   B. non-violence
   C. freedom of India
   D. Hindu-Muslim unity
3. Mahatma Gandhi was shot dead
   A. before India achieved independence
   B. by a mad man
   C. by an intolerant religious person
   D. by a non-religious person
4. Mahatma Gandhi set great moral standards. It means
   A. he was a great religious teacher
   B. he was a great moralist
   C. he made India morally stronger
   D. moral was everything to him
5. Gandhiji lived and died for his country and countryman. It means
   A. he was born in India and died in India
   B. he was a patriot
   C. he was a great moralist
   D. he sacrified his life for India and her people

PASSAGE-4

On one hot day a crow felt very thirsty. He flew from one place to another in search of water. After long hours of labour he found a pitcher. Eagerly, he perched on the mouth of the pitcher. He found that the water was at the bottom of the vessel. He tried his best to dip his beak but did not succeed. He did not know what to do. Suddenly some pebbles lying nearby gave him an idea. One by one he dropped the pebbles with his beak into the pitcher. The level of water slowly came up to the mouth of the pitcher. The crow then drank the water and quenched his thirst.

1. The crow found a pitcher
   A. as it flew
   B. after many hours of labour
   C. full of water
   D. which was empty
2. What is the moral of the passage?
   A. No pains, no gains
   B. God helps those who help themselves
   C. Necessity is the mother of invention
   D. Try and try again, you will succeed at last
3. The crow flew from place to place
   A. in search of pitcher
   B. in search of pebbles
   C. in search of water
   D. in search of a vessel
4. The pitcher, the crow found
   A. was full of water
   B. was dry
   C. had little water in the bottom
   D. had water up to its mouth
5. As the crow dropped pebbles into the pitcher, what happend?
   A. The pitcher broke down
   B. The water leaked one of the pitcher
   C. The level of water into the pitcher rose up slowly
   D. Water level immediately rose to the mouth of the pitcher

PASSAGE-5

Once upon a time a crane and a fox lived in a forest. They were good friend. One day the fox invited the crane to a feast. He made a tasty food and served it before the crane on a plate. The crane could not eat anything because of the long beak. But the fox licked all his food. The crane felt insulted. He decided to teach the fox a lesson. Next day he invited the fox. He prepared the same tasty food and placed it in front of the fox inside a narrow glass. The crane ate easily while the fox looked on. Now, it was the fox's turn to remain hungry.

1. What is the moral of the passage?
   A. Beware of the wicked
   B. One good turn deserves another
   C. Be contented with what you have
   D. Tit for tat
2. The crane could not eat tasty food because the
   A. food was served in a shallow plate
   B. food was very hot
   C. food was served in a long jar
   D. crane was not hungry
3. The fox had to remain hungry because
   A. the food served was not enough in quantity
   B. the food was served inside a narrow glass
   C. the food served was not tasty
   D. the food was all liquid
4. Why did the crane feel insulted?
   A. Because he was invited to feast but he could not eat anything
   B. Because the food was served in a shallow plate and he could not eat
   C. Because the food was too hot
   D. Because the fox gulped all the food quickly
5. The crane successfully taught a lesson to the fox when he invited the fox to a feast and served the food
   A. in a narrow glass
   B. in a large plate
   C. in a broken plate
   D. in a long jar

PASSAGE-6

The family set down at the table and began to talk about the summer holidays. They had to decide a place to visit during the vacation. Should they go to their village or to a hill station? The parents preferred the village while the children wished to go the hill station. After few moments of discussion the elders decided to visit both the places. First they shall go to the village for a week and then stay at the hill station for the remaining days. For the first time the family shall be together during the holidays. The children were happy with the holiday plan.

1. The purpose for which the family set down at the table was
   A. to decide a place to visit during the vacation
   B. to educate the children how to carry articles during a visit to a hill station
   C. to decide the date when they should start their journey
   D. to tell the children that they will visit a hill station during this vacation
2. The final plan was to visit
   A. their village
   B. a hill station
   C. their village as well as a hill station
   D. their home town
3. The final decision was made by
   A. the boys
   B. the girls
   C. the women.
   D. the elders
4. They decided first to go to their village and stay there for
   A. a day
   B. a week
   C. ten days
   D. a fortnight
5. Why were children happy?
   A. Because a hill station was included in their holiday plan
   B. Because a visit to their village was excluded from their holiday plan
   C. Because their choice prevailed
   D. Because they were going all alone to the hill station

PASSAGE-7

Once Govind intended to go on pilgrimage with his family. He asked Mirind to accompany. But for his trade's reason, he did not go with him. So Govind thought it safe to leave the box of his jewellery with him, as it was dangerous to leave it in a lone house or take it on the journey. So he went to him with the box. He took him to a lonely place under a tree and handed it over to him. He told Mirind, "Keep it safe with you. I shall return from the journey after six month then I shall take it back from you." Mirind said, "Don't worry, I shall keep it as safe as own."

1. Govind intended to go
   A. for a business trip
   B. to a hill station
   C. on a long journey to a sacred place
   D. to his home town for a long period
2. Why did Govind leave his box of jewellery with Mirind?
   A. Because it was not safe to take the box with him on a long journey
   B. Because Mirind was his fast friend
   C. Because the box was very heavy
   D. Because his house was unsafe
3. Why did Govind take Mirind to a lonely place?
   A. To tell him that the box contained valuable jewellery
   B. So that no third person could see box
   C. To show him what was within the box
   D. To tell him that the box will remain with him
4. Where did Govind hand over the box of jewellery to Mirind?
   A. At Mirind's house
   B. At his own house
   C. In a lonely place
   D. In a lonely place under a tree
5. It was not safe to leave the box in a lone house. Here the word 'lone house' means
   A. a house in a deserted place
   B. a house where none lives
   C. a house without door and lock
   D. a house near the forest

PASSAGE-8

Zahir-ud-din Babar was the first Mughal emperor of India. A descendent of Timur on father's side and Changez Khan on his mother's side, Babar was a brave warrior. After defeating Ibrahim Lodhi in the First Battle of Panipat in 1526 he entered Delhi and soon gained control over Agra. After many more battles with Rajputs he extended his empire over Punjab, Uttar Pradesh and north Bihar. He died at a young age of 48 years in 1530 at his capital Agra without getting much time to consolidate his victories.

1. Zahir-ud-din Babar was the first
   A. Muslim ruler of India
   B. Mughal ruler of India
   C. Afghan ruler of India
   D. Turk ruler of India
2. Babar was born in the years
   A. 1480 B. 1482
   C. 1492 D. 1962
3. Babar first occupied
   A. Punjab B. Agra
   C. Delhi D. Panipat
4. Babar was a brave warrior. Here brave warrior means
   A. courageous soldier
   B. a kind hearted soldier
   C. a clever fighter
   D. a victorious general
5. Babar extended his empire over Punjab and Uttar Pradesh after many more battles with the
   A. Afghans B. Rajputs
   C. Mughals D. Lodhies

PASSAGE-9

Our National Flag is tricolour. It has three equal horizontal strips. The strip at the top is saffron, in the middle is white and at the bottom is green. The ratio of width to length of the flag is 2 : 3. In the centre of the white strip is a wheel in navy blue. The wheel represents the *chakra*. Its design is similar to the wheel which appears on the abacus of the Sarnath Lion Capital of Ashoka. Its diameter approximates to the width of the white strip. The wheel has 24 spokes. It was adopted by Constituent Assembly on July 22, 1947. We love our national flag. We respect it. We are ready to sacrifice our life to protect its honour. It represents the nation. So it is a symbol of national honour.

1. In our national flag the wheel is located in the centre of
   A. saffron strip B. white strip
   C. green strip D. blue strip
2. In our national flag which of the strips is at the bottom in our national flag
   A. blue C. saffron
   B. white D. green
3. Why do we love our national flag?
   A. Because it is tricolour
   B. Because it has three strips
   C. Because it has a wheel at the centre
   D. Because it is a symbol of national honour
4. Our national flag was approved by
   A. President
   B. Lok Sabha
   C. Parliament
   D. Constituent Assembly
5. The diameter approximates to the width of the white strip. Here the word 'approximates' means
   A. is more or less equal
   B. is exactly equal
   C. is not equal
   D. is related

PASSAGE-10

Distance in large cities are long. All the people do not have their own means of transport. They have to depend upon the state or private buses. The number of bus users is very large. Every bus stop is, therefore, crowded. The number of buses is not adequate. Thus people suffer the torture of long wait at the bus stop. Some bus stops are quite orderly. People form queues and get into the buses turn by turn. However, often this order is forgotten and confusion spreads when the bus comes and the law of jungle prevails.

1. Why are the bus stops crowded?
   A. Because they are small is size
   B. Because the number of passengers is very large
   C. Because they are situated at some busy centre
   D. Because people do not form queues
2. Long wait at the bus stop is the result of
   A. over-crowding in the buses
   B. late running of buses
   C. shortage of buses
   D. slow speed of buses
3. Some bus stops are quite orderly where
   A. there is no crowd
   B. the number of buses is adequate

C. people do not have to wait for long
D. people form queues and enter the buses one by one

4. Most of the people who travel by buses are
A. non-working
B. do not have their own vehicles
C. have to go a long distance
D. live in large cities

5. What happens when people do not have their own transport?
A. They have to wait for a bus at a bus stop
B. They have to depend upon the state or private buses
C. They have to travel long distances
D. They form queues and get into buses one by one

PASSAGE-11

A certain king once fell ill and doctors said that only a sudden fright would restore his health but the king was not a man for anyone to play tricks on, except his fool. One day, when the fool was with him in his boat he cleverly pushed the king into water but he was rescued and put to bed. The fright, the bath and bed cured the diseased king, but he was so angry with the fool that he turned him out of the country.

1. What did the doctor say about the king?
A. Only a sudden fright would restore the king's health
B. Only fool would cure the king
C. Only a boat trick could cure the king
D. The king had suffered a sudden fright

2. He cleverly pushed the king into water but *he* was rescued and put to bed. In this sentence *he* refers to
A. the king B. the fool
C. the doctor D. the river

3. When the fool pushed the king into water they were
A. in the palace B. in the bed
C. in the garden D. in a boat

4. Who played the trick on the king?
A. The doctor B. The boatman
C. The fool D. The fright

5. The fool who cured the king was
A. rewarded
B. thrown into water
C. turned out of the country
D. put into jail

ANSWERS

	1	2	3	4	5
Passage 1.	D	C	B	A	C
Passage 2.	B	C	D	B	B
Passage 3.	D	D	C	B	D
Passage 4.	B	C	C	C	C
Passage 5.	D	A	B	B	A
Passage 6.	A	C	D	B	A
Passage 7.	C	A	B	D	B
Passage 8.	B	B	C	A	B
Passage 9.	B	D	D	D	A
Passage 10.	B	C	D	B	B
Passage 11.	A	A	D	C	C

2. English Grammar

PARTS OF SPEECH

Part of speech	Definition or Function	Examples
Noun	Name of a person, place, animal, quality or thing	Ram, boy, dog pen, sun, Delhi, truth, honesty
Pronoun	Used in place of a noun	I, you, he she, they
Articles & Determiners	Points out indefinite and definite nouns	a, an, the, few, some
Adjective	Describes a noun or pronoun	big, honest, wooden valuable, quiet, deep, soft, narrow
Adverb	Describes a verb, an adjective or another adverb	silently, widely, softly, quietly, very, carefully
Verb	Tells about action, or state of something or someone	is, am, was, have, do, like, walk, work, make, throw, tell
Conjuction	Joins words, clauses or sentences	and, but, when, yet, while, else
Preposition	Links a noun or pronoun to another word	at, to, after, on for, under, over, with
Interjection	Expresses sudden feelings or emotions	Ah!, Alas!, oh!, ouch!, hi!, well!, Hurrah!

NOUNS

A word which denotes a person, a thing, an animal or a place is said to be a noun.

There are two noun numbers in English — the *Singular* and the *Plural*.

Singular Numbers : A noun that denotes one person or one thing, is said to be in the Singular number. For example — book, pencil, bird, dog, hen etc. are in singular number.

Plural Number : A noun that denotes more than one person or one thing is said to be in plural number. For example — boys, pens, lions, girls, men etc. are in plural number.

REMEMBER

Singular	*Plural*
Cat	Cats
Book	Books
Pen	Pens
Room	Rooms
Tree	Trees
Bus	Buses
Bush	Bushes
Box	Boxes
Glass	Glasses
Dish	Dishes
Judge	Judges
Tax	Taxes
Watch	Watches
Calf	Calves
Thief	Thieves
Knife	Knives

Singular	*Plural*
Scarf	Scarves
Wife	Wives
Leaf	Leaves
Wolf	Wolves
Half	Halves
Monarch	Monarchs
Roof	Roofs
Hoof	Hoofs
Gulf	Gulfs
Staff	Staffs
Radio	Radios
Bamboo	Bamboos
Folio	Folios
Hero	Heroes
Volcano	Volcanoes
Mango	Mangoes
Potato	Potatoes
Photo	Photos
Piano	Pianos
Baby	Babies
Fly	Flies
Country	Countries
Lady	Ladies
Boy	Boys
Monkey	Monkeys
Ox	Oxen
Child	Children
Man	Men
Woman	Women
Tooth	Teeth
Axis	Axes
Basis	Bases
Foot	Feet
Goose	Geese
Englishman	Englishmen
Radius	Radii
Vertex	Vertices
Stimulus	Stimuli

1. Note the plurals of the following nouns:

Singular	*Plural*	*Singular*	*Plural*
copy	copies	cry	cries
baby	babies	duty	duties
body	bodies	country	countries
family	families	diary	diaries
fly	flies	fairy	fairies
city	cities	spy	spies
army	armies	storey	storeys
bay	bays	monkey	monkeys

2. The following nouns do not undergo any change in plural form, in general.

Singular	*Plural*	*Singular*	*Plural*
deer	deer	sheep	sheep
thousand	thousand	pair	pair
hundred	hundred	score	score
dozen	dozen	gross	gross

Note: We can write—

(*a*) thousands of men; (*b*) two pairs of shoes; (*c*) dozens of mangoes; (*d*) scores of people etc.

But—

(*a*) two thousand rupees; (*b*) three hundred men; (*c*) five dozen eggs, etc.

3. The following nouns are usually used in plural forms. They take a plural verb after them—

eatables	fetters	surroundings
riches	alms	spectacles
trousers	pants	scissors
premises	thanks	annals
congratulations	goods	shorts
tongs	pains	arms
breeches	(for troubles)	

4. The following are the nouns which are plural in appearance but are usually used in singular number. They are followed by a singular verb—

news	politics	physics
mathematics	economics	ethics
politics	classics	gallows
statistics	athletics	innings
mechanics	summons	mumps

5. Collective nouns often used as plurals—

public	police	cattle
audience	clergy	folk
people	poultry	nation
elite	gentry	glitterati

6. The nouns that are usually used in singular forms—

advice	hair	rice
fuel	alphabet	machinery
offspring	issue	furniture
mischief	stationery	luggage
bedding	information	abuse

7. Material nouns are always used in singular number—
gold copper milk
water silk wool

Note: They may be used in plural with a different meaning.

copper coins (coppers), chains or fetters (irons), cans made of tin (tins).

GENDERS

The difference in sex is denoted by Gender in grammar. The various genders are as follows :

1. **Masculine Gender :** A noun that denotes a male is said to be of the masculine gender, as man, uncle, ox, boy etc. .
2. **Feminine Gender :** A noun that denotes a female is said to be of feminine gender, as woman, aunt, princess, cow etc.
3. **Common Gender :** Nouns which denote both males and females are said to be of the common gender, as friend, cousin, person, parent, baby etc.
4. **Neuter Gender :** A noun that denotes the name of object without life is said to be of neuter gender, as file, table, pencil.

REMEMBER

Masculine	*Feminine*
Boy	Girl
Son	Daughter
Brother	Sister
Murderer	Murderess
Sorcerer	Sorceress
Son-in-law	Daughter-in-law
Father-in-law	Mother-in-law
Man-servant	Maid-servant
Land-lord	Land-lady
Bachelor	Maid
Gentleman	Lady
Monk	Nun
Earl	Countess
Lad	Lass
Sir	Madam
Duke	Dutchess
Emperor	Empress
Milk-man	Milk-maid
Pea-cock	Pea-hen
Step-father	Step-mother
Hero	Heroine
Viceroy	Vicerine
Mr.	Mrs.
Governor	Governess
Master	Mistress
Wizard	Witch
Heir	Heiress
Host	Hostess
Lion	Lioness
Mayor	Mayoress
Actor	Actress
Buck	Doe
Colt	Filly
Dog	Bitch
Horse	Mare
Count	Countess
Hunter	Huntress
Prince	Princess
Abbot	Abbess
God	Goddess
Author	Authoress
Ox	Cow
Widower	Widow
Grand-father	Grand-mother
He-goat	She-goat
Milk-man	Milk-woman
Bridegroom	Bride
Tiger	Tigress
Priest	Priestess
Poet	Poetess
Shepherd	Shepherdess
Nephew	Niece
Stag	Hind

PRONOUNS

The repetition of a noun in a sentence or a set of sentences is really boring. So, instead of repeating the noun, we can use a word (for that noun) called the pronoun.

"A pronoun is a word that we use instead of a noun".

Example:
This is *Sachin. He* plays cricket.

Note: *He* is the pronoun used in place of *Sachin.*

Kinds of Pronouns

1. **Personal pronouns :** A pronoun which is used instead of the name of a person is known as a 'Personal Pronoun'. A list of the 'Personal pronouns' is listed below :

I, my, mine, me, we	(First Person)
You, your, yours	(Second Person)
He, his, him, she, her, hers, it, its, they, their, theirs, them	(Third Person)

2. **Demonstrative, Indefinite and Distributive Pronouns :**

   (a) Demonstrative Pronouns : Pronouns used to point out the objects to which they refer are called Demonstrative Pronouns.

   Examples :
   (i) *This* is a present from my uncle.
   (ii) *These* are merely excuses.
   (iii) Bembay mangoes are better than *those* of Bangaluru.

   (b) Indefinite Pronouns : All pronouns which refer to persons or things in a general way and do not refer to any particular person or thing are called Indefinite Pronouns.

   Examples :
   (i) *Somebody* has stolen my watch.
   (ii) *Few* escaped unhurt.
   (iii) Did you ask *anybody* to come?

   (c) Distributive Pronouns : Each, either, neither are called distributive pronouns because they refer to persons or things one at a time. For this reason they are always singular and followed by the verb in singular.

   Examples :
   (i) *Each* of the men received a reward.
   (ii) *These* men received *each* a reward.
   (iii) *Either* of you can go.

3. **Relative Pronouns :** A relative pronoun refers or relates to some noun going before, which is called its Antecedent.

   Examples :
   (i) I met Hari *who* used to live here.
   (ii) I have found the pen *which* I had lost.
   (iii) Here is the book *that* you lent me.

4. **Interrogative Pronouns :** These pronouns, are used for asking questions.

   Examples :
   (i) *Whose* book is this?
   (ii) *What* will all the neighbours say?
   (iii) *Which* do you prefer, tea or coffee?

Note : Interrogative pronouns can also be used in asking indirect questions. Consider the following examples :
(i) I asked *who* was speaking.
(ii) Tell me *what* you have done.
(iii) Say *which* you would like best.

Behaviour of the Pronouns

1. If three pronouns are used together in the same sentence they are arranged in the following order :

2	+	3	+	1
↓		↓		↓
Second Person		Third Person		First Person

   Examples :
   I, you and he must help *that* poor man. (Incorrect)
   You, he and I must help *that* poor man. (Correct)

2. When two or more singular nouns are joined by and, the pronoun used for them should be plural.

   Examples :
   Mohan and Sohan are friends. *They* play football. *They* live at Lajpat Nagar.

3. But if these nouns joined by and refer to the same person or thing, the pronoun used should be singular.

   Examples :
   (i) Delhi, the beautiful city and the capital of India, is famous for *its* historical monuments.
   (ii) The manager and owner of the firm expressed *his* views on the demands of the workers.

4. When two nouns are used with as well as, the pronoun agrees with the first subject.

Examples :

(a) Mohan as well as his friends is doing *his* work.

(b) The students as well as their teachers are doing *their* work.

5. When two singular nouns joined by 'and' are preceded by *each* or *every,* the pronoun used must be singular and should agree in gender with the second noun.

Examples :

(a) Every man and every woman will do *her* best for the nation.

(b) Each boy and each girl went to *her* house.

6. When two nouns are joined by using 'with', the pronoun agrees with the noun coming before 'with'.

Examples :

(a) The boy with *his* parents has gone to see a movie.

(b) The children with *their* parents have gone to picnic.

7. When two different nouns are joined by either.......... or; neither .... nor, the pronoun is used according to the number and gender of the second noun.

Examples :

(a) Either your sister or you have done *your* work.

(b) Neither the students nor the teacher was in *his* class.

8. The pronoun coming after '*than*' must be in the same case as that coming before '*than*'.

Examples :

(a) She plays better than *me.* (Incorrect)
She plays better than *I.* (Correct)

(b) His elder brother is more intelligent than *him.* (Incorrect)
His elder brother is more intelligent than *he.* (Correct)

9. 'Many a' always takes a singular pronoun and singular verb.

Example :

Many a soldier has met *his* death in the battle field.

10. 'Who', 'Whose', 'Whom' are used only for persons.

Examples :

(a) *Who* is knocking at the door?

(b) *Whose* pen is this?

(c) *What* do you want?

11. 'Which' is used for things.

Example :

Which game do you like?

MULTIPLE CHOICE QUESTIONS

Directions: *In the following questions choose the correct options to fill the blanks.*

1. The place was so dirty that ..... wished to run away from there.
A. everybody B. anybody
C. few D. some

2. ..... was there to help me.
A. Somebody B. Anything
C. Anybody D. Nobody

3. Is there .... to eat?
A. some B. something
C. any D. few

4. ..... of the students were making a great noise.
A. Anyone B. Somebody
C. Many D. Nobody

5. ..... of the students can solve this sum
A. Someone B. Anybody
C. Somebody D. None

6. ...... of us should try our best to make India a heaven.
A. Any B. Somebody
C. Anybody D. All

7. ...... of us do not know the real meaning of our lives.
A. Any B. Something
C. Several D. Many

8. My .... black.
A. hairs are B. hair is
C. hairs shall D. hair will

9. She saw two .... on the last Sunday.
A. thiefs B. theifs
C. thieves D. theives

10. My sister is a ....
A. bacheloress B. bachelor
C. unmaried D. spinster

11. One is supposed to do ....
A. our duty B. their duty
C. one's duty D. his duty

12. Take anything .... you want.
A. that B. which
C. than D. then

13. I cannot tolerate ....
A. separated you
B. your separation
C. separation from you
D. you separated

14. He is .... faithful partner.
A. Yours B. You
C. Your D. Your's

15. Ajay is more smart than ....
A. her B. hers
C. herself D. she

16. Vivek works harder than ....
A. me B. I
C. her D. his

17. They should help ....
A. the poor people B. the poor
C. the poor persons D. the poor peoples

18. .... are mad.
A. All his sons B. His all sons
C. Sons all his D. All sons his

19. The poor fellow .... to fate.
A. resigned
B. resigned himself
C. resigned itself
D. resigned themselves

20. Nobody will help you but ....
A. I B. me
C. ours D. his

21. It is a good chance, You must avail .... this opportunity.
A. of B. yourself of
C. for D. from

22. The person who is elected .... my relative.
A. is B. he is
C. his D. him

23. He made ....
A. yours mention B. mention of you
C. mention for you D. mention about you

24. .... I know, he is quite faithful.
A. As far as B. So far as
C. So far this D. So far so

25. It is a duty of a person to take .... for his family.
A. pain B. pains
C. pain-killers D. pained

26. She does not love .... husband.
A. his B. her
C. its D. their

27. Let .... work together.
A. him and me B. he and I
C. he and him D. I and me

28. Copper, Silver and Gold ....
A. each will do B. either will do
C. any one will do D. any will do

29. Jessica and Roma are very irregular .... habits.
A. in her B. in their
C. in its D. in every

30. One likes to enjoy .... who was a great poet.
A. The sonnets of Shakespeare
B. Shakespeare's sonnets
C. Sonnets
D. Shakespeare

31. That is the boy .... everybody loves.
A. whom B. who
C. that D. whose

32. That is the girl .... won the first prize.
A. whom B. who
C. whose D. which

33. That is the man .... purse was lost.
A. who B. whom
C. whose D. their

ANSWERS

1	2	3	4	5	6	7	8	9	10
A	D	B	C	D	D	D	B	C	D
11	12	13	14	15	16	17	18	19	20
C	A	C	C	D	B	B	A	B	B
21	22	23	24	25	26	27	28	29	30
B	A	B	A	B	B	A	C	B	A
31	32	33							
A	B	C							

ARTICLES

The family of the articles has only three members. They are : A, An and The. However, they fall under two groups :

(a) Definite Article *(b)* Indefinite Article

'The' is known as definite article whereas 'a' and 'an' are known as indefinite articles.

Use of the Definite Article 'The'

'The' is used before

1. The superlative degree :
   He is the ablest man of the town.
   (ablest is a superlative degree)
2. The name of states, countries etc. having a descriptive name :
   (i) The J & K is a small state. (J & K is a descriptive name)
   (ii) He lives in the U.S.A. (U.S.A. is a descriptive name)
   (But the Delhi and the America are wrong because neither Delhi nor America is a descriptive name)
3. The names of the scriptures :
   The Gita is a holy book. (Gita is a scripture)
4. Name of newspapers :
   The Tribune is published from Chandigarh.
5. Name of rivers, canals, seas, oceans, bays, gulfs, groups of islands etc. :
   (i) The Ganga is a holy river.
   (ii) The Indian Ocean is the deepest ocean.
   (iii) The Persian Gulf is a narrow gulf.
6. The name of famous buildings :
   The Taj is one of the best buildings in India.
7. The names of nationals, sects and communities:
   (i) The English defeated the Germans in the World War.
   (ii) The rich should help the poor.
   (iii) The Hindus believe in the caste system.
8. Proper nouns used as common nouns :
   (i) Kalidas is the Shakespeare of India.
   (ii) Delhi is the London of India.
9. Famous historical events :
   The Industrial Revolution changed the face of England.
10. The directions and the celestial bodies:
    The sun rises in the east.
11. Titles :
    Akbar, the Great was loved by his subjects.

Do not use 'the'

1. Before languages :
   The English is an international language. (Incorrect)
   English is an international language. (Correct)
2. Before the names of games :
   The hockey is a popular game. (Incorrect)
   Hockey is a popular game. (Correct)

Use of the Indefinite Articles 'A' and 'An'

'A' is used before :

1. All singular common nouns beginning with a consonant :
   (i) A boy sings a song.

(ii) A black and a white cow were grazing in the field.

2. If a word begins with a vowel but gives the sound of a consonant, 'a' should be used before it :
   (i) He was helped in his work by a European.
   (ii) He is a one-eyed man.
   (iii) It is a useful work.

'An' is used as follows :

1. All singular common nouns beginning with a vowel (*i.e.*, a, e, i, o, u) :
   (i) He is an artist.
   (ii) He is an old man.
   (iii) I intend to buy an umbrella.
2. If a word starts with a consonant but gives the sound of a vowel, "an" should be used before it :
   (i) Brutus is an honourable man.
   (ii) He is an honour to his profession.
   (iii) He is an L.L.B.
   (iv) He is an M.A.
   (v) You will reach there in an hour.

Demonstratives, that, these and those

1. The demonstrative adjectives and pronouns are for objects nearby the speaker:
   this (singular) those (plural)
   and for objects far away from the speaker.
   That (singular) those (plural)
2. Demonstratives are the only adjectives that agree in number with their nouns.
   That hat is nice.
   Those hats are nice.
3. When there is the idea of selection, the pronoun "one" (or "ones") often follows the demonstrative.
   I want a book. I'll get this (one).
   If the demonstrative is followed by an adjective, "one"(or "ones") must be used.
   I want a book. I'll get this big one.

MULTIPLE CHOICE QUESTIONS

Directions: *In the following questions choose the correct options to fill the blanks.*

1. .... will have to be paid for this material.
A. Half rupee B. Half a rupee
C. A half rupee D. An half rupee

2. .... is taking keen interest in India.
A. The USA B. USA
C. An USA D. A USA

3. Only .... can save our country.
A. the Hitler B. a Hitler
C. Hitler D. an Hitler

4. I can run for ....
A. hundred miles B. the hundred miles
C. a hundred miles D. an hundred miles.

5. .... man-eater has been killed.
A. The B. A
C. An D. Either A or B

6. What .... fine idea!
A. the B. an
C. a D. No article

7. .... earth is moving around the sun.
A. An B. A
C. The D. No article

8. This is .... first example while I got.
A. the B. a
C. an D. No article

9. This is .... house which was built during earthquake.
A. a B. an
C. the D. No article

10. .... America is a rich country.
A. The B. An
C. A D. No article

11. .... U.S.A. is a developed country.
A. A B. An
C. The D. No article

12. .... Bible is a holy book.
A. A B. The
C. An D. No article

13. .... rich should help the poor.
A. The B. A
C. An D. No article

14. .... Gold is a costly metal.
A. The B. A
C. An D. No article

15. Kalidas is .... Shakespeare of India.
A. a B. an
C. the D. No article

16. I cannot do .... difficult work.
A. a such B. the such
C. such the D. such a

17. How foolish .... plan it is!
A. a B. an
C. the D. No article

18. An ink is .... useful article.
A. an B. a
C. the D. No article

19. There are .... husband and wife.
A. a B. an
C. the D. No article

20. He is learning .... French
A. the B. a
C. an D. No article

ANSWERS

1	2	3	4	5	6	7	8	9	10
B	A	B	C	D	C	C	A	C	D
11	**12**	**13**	**14**	**15**	**16**	**17**	**18**	**19**	**20**
C	B	A	D	C	D	A	B	D	D

ADJECTIVES & ADVERBS

An Adjective is a word which adds something to the meaning of a noun or a pronoun.

Mridula is an *intelligent* girl.
He has a *black* goat.
He is a *brilliant* student.
She is a *clever* girl.
It is a *beautiful* picture.

In the sentences given above, the words in italics are adjectives.

An Adverb is a word which qualifies the meaning of a Verb, an Adjective or another Adverb.

(*i*) He talks *slowly*.
(*ii*) He is a *very* good student.
(*iii*) He talks *very* slowly.

In sentence (*i*), *slowly* qualifies the verb *talks*.

In sentence (*ii*), *very* qualifies the adjective *good*.

In sentence (*iii*), *very* qualifies the adverb *slowly*.

Adjectives have three degrees of comparison :

1. **Positive Degree :** It expresses the common form of an adjective.
   Example :
   Ram is a *tall* boy.
   In the above sentence *tall* is an adjective and expresses the common form.
2. **Comparative Degree :** It expresses the more of the same form.
   Example :
   Ram is *taller* than Mahesh.
   In the above sentence *taller* is an adjective that expresses the more of the common form of the adjective *tall*.

"When and How to Use" Comparative Degree?

(a) Comparative Degree is used when two persons or two groups of persons or things are compared.
Examples :
(a) He is *wiser* than his younger brother.
(b) This glass is *cleaner* than the other.

(b) When two different qualities in the same person are compared, more is used instead of 'er' to form the comparative. The formula used in this case should be :
More + Positive Degree
She is *fairer* than polite. (Incorrect)
She is *more fair* than polite. (Correct)

(c) When selection of one out of two persons or things is meant, the degree of comparison is followed by of and *the* is used before it.
Example :
Zia is abler of *the* two sisters.

(d) If two comparatives are used in the same sentence to impress upon an idea, both should be preceded by the definite article.

Examples :

(i) The higher you go, the cooler it is.

(ii) The more we get, the more we desire.

(e) When one person or thing is compared with another of the same kind, other is used after the comparative degree. In such sentences other is normally preceded by any or all.

Examples :

(i) Kalidas is greater than any dramatist. (Incorrect)

Kalidas is greater than any other dramatist. (Correct)

(ii) Lead is heavier than all metals. (Incorrect)

Lead is heavier than all other metals. (Correct)

(f) Senior, junior, superior, inferior, prior, anterior (earlier than) and posterior (later than) are always followed by 'to'.

Examples :

(i) Ram is senior *to* Mohan by three years.

(ii) That pen is inferior *to* that.

(iii) He is junior *to* me in rank.

(iv) This event was posterior *to* that.

Note: Never use *than* after the above mentioned adjectives.

Important Information

(a) 'Preferable' is also used as an adjective of the comparative degree. As such, it is always followed by *to* and not *a*.

Death is preferable than dishonour. (Incorrect)

Death is preferable *to* dishonour. (Correct)

(b) To intensify the Degree of comparison, we use *far* or *much* before the comparative.

Examples :

(i) This book is *far* better than that.

(ii) His performance was *much* better than Mohan's.

Warning : Always avoid the use of double comparatives.

Don't say : Ram is more cleverer than his younger brother.

Say: Ram is cleverer than his younger brother.

3. **Superlative Degree :** It expresses the most of the common form of an adjective.

Example :

He is the ablest man of the town.

How and when to use the Superlative Degree?

(a) The Superlative Degree is used when more than two persons or things are compared.

(b) The Superlative Degree is generally preceded by 'the' and followed by 'of' in most of the cases or otherwise.

(c) When an adjective of the superlative degree is preceded by a Possessive Adjective or a Noun in the Possessive case, 'the' should not be used before it.

Example :

Which is Kalidas' best play?

It will be a blunder to use 'the' before the Superlative Degree in such cases.

Don't say : Which is Kalidas' the best play.

(d) To intensify the degree of comparison, *by far* is used before the superlative degree.

Example :

India is *by far* the most beautiful country of the world.

Note: Always avoid the use of double superlatives.

Don't say : He is the most strongest boy in the class.

Say : He is the strongest boy in the class.

Use of some Important Adjectives

1. (a) '**Some**' is used as follows :

(i) With countable nouns where it means— a little, a small quantity.

(ii) In a question which shows some request.

Examples :

(i) There is some water in the bottle.

(ii) Some of the students were absent yesterday.

(iii) Will you have some milk?

(iv) Will you buy some fruit for me?

(b) '**Any**' is used as follows :

(i) In negative sentences.

(ii) In interrogative sentences.

(iii) After 'Hardly', 'Scarcely' and 'Barely'.
(iv) After 'If'.

Examples :

(i) There is not any sugar in the pot.
(ii) We haven't any rice in the house.
(iii) I have hardly any money.
(iv) There are scarcely any plants in this field.
(v) If there is any danger, blow the whistle.

2. (a) **Older :** Older (and oldest) are used for persons animals and things. But 'Older' and 'Oldest' refer to the persons who do not belong to the same family.

Examples :

(i) Radha is older than Shyama.
(ii) John is the oldest member of the staff. 'Older' and 'Oldest' refer to the persons who do not belong to the same family.

(b) **Elder** (and **eldest**) are used in respect of the members of the same family like sons, daughters, brothers, sisters.

Examples :

(i) My elder sister is a lecturer.
(ii) Meenakshi is the eldest of the three sisters.

Note :

(i) 'Elder' is not followed by 'than'.
(ii) 'Elder' and 'Eldest' cannot be used for things.

3. (a) **'Few'** is negative and is the opposite of 'Many'. It means 'not many'.

(b) **'A few'** is positive and means 'some at least'. It is the opposite of 'None'.

(c) **'The few'** means 'minority' and suggests 'whether there is'.

Examples :

(i) We have few holidays in school.
(ii) Only a few boys will fail in the examination.
(iii) The few poems that he wrote are very popular.

4. (a) **Further** means 'something additional'.

(b) **Farther** means 'a greater distance'.

Examples :

(i) Further discussion will be held in the office of the principal.
(ii) Amritsar is farther from Delhi than Ambala.

5. (a) **Little** is negative. It means, 'not much', or 'hardly any'.

(b) **A little** is positive. It means 'some quantity'.

(c) **The little** denotes quantity. It means, 'not much but all that is, or whatever quantity there is'.

Examples :

(i) There is little hope of his success.
(ii) He knows a little of everything.
(iii) I have spent the little money I had.
(iv) The little knowledge of shoe-making proved very useful to me.

6. (a) **'Much'** expresses 'quantity'.

(b) **'Many'** expresses 'number'.

(c) **'Many a'**—'Singular noun' and 'Singular verb' are used with 'many a'.

Examples :

(i) There is not *much* water in the jug.
(ii) *Many* boys are absent today.
(iii) *Many* a battle has been fought on the soil of India.

7. (a) **'Less'** denotes 'in a small degree'.

(b) **'Fewer'** denotes 'number'.

Examples :

(i) He devotes less time to his studies.
(ii) There are no fewer than ten chairs in this room.

8. (a) **'Each'** is used for a single number of 'two persons' or 'things'.

(b) **'Every'** is used for a single number of 'many persons' or 'things'.

Examples :

(i) Each boy must take part in games.
(ii) There are only two poets. Each poet recited his poem.
(iii) Every man dies in this world.
(iv) Every man is expected to do his duty.

9. (a) **'Either'** means one of the two or both.

(b) **'Neither'** is negative of the either.

Examples :

(i) You may buy either of these two chairs.
(ii) Neither of them could speak on the stage.

10. (a) '**Later**' expresses 'late in time'.

(b) '**Latter**' means 'second in position or order'.

Examples :

(i) My father reached later than I expected.

(ii) The latter position was better than the former.

Use of some Important Adverbs

1. (a) Also, too, enough:

(i) He taught English. Also, he edited the school magazine

(ii) He is a writer and also he is a painter.

(iii) He is too obstinate to listen to any reason.

(iv) This is too difficult a piece for the junior students.

(v) Sarla was kind enough to help the poor.

(vi) He is brave enough to help the truth.

Note: 'Too' is used in a negative sense, but enough is used in a positive sense.

(b) Fairly and rather: Both suggest the meaning 'moderately'. But, mainly 'fairly' is used with the words that denote a positive meaning and rather is used with the words that denote a negative meaning:

(i) Rita did fairly well in that competition, but her performance was rather poor in sports.

(ii) Mona is fairly rich, but she is rather stingy.

Note: 'Rather' can also be used in a positive sense.

(i) This is a rather interesting job.

(ii) That boy is rather smart.

(c) Hardly, barely, scarcely: These words mostly convey the negative suggestions and are almost similar.

(i) I have hardly any strength now.

(ii) There was barely any supply to the township,

(iii) There were scarcely a hundred guests present.

Note: With slight variance in the meaning, the words given above convey the idea of 'very little', 'not enough', 'lack of quantity and number'.

(d) Yet, Still: These adverbs can often be used to connect the sentence units:

(i) He has been defeated many times in the contest; still he wants to be a competitor.

(ii) Mona was sick; yet she went on doing her work.

(e) Alone:

(i) He alone (none else) is capable of handling that fire,

(ii) He hunted all alone in the forest. (not in any company)

Special Note:

(a) Apart from their conventional positions the adverbs might be used in different positions with different meanings and angles.

(i) He had only four books.

(ii) John only contacted his friend in need.

(iii) He greeted me only.

(iv) Only he greeted me there.

(b) Inversion: Some adverbs can be inverted *i.e.* placed in the beginning of the sentence and then be followed by an interrogative form. The most common of these adverb are: so, seldom, never, nowhere, under no circumstances, hardly, scarcely etc.

(i) So big was the bus that it could not enter the narrow lane.

(ii) Hardly had he reached the station when he received the message.

MULTIPLE CHOICE QUESTIONS

Directions: *In the following questions choose the correct options to fill the blanks.*

1. The girl whom you met is the .... sister of Ravi.

A. eldest B. elder
C. older D. oldest

2. The historical place is ....

A. seeing worth

B. worthy of seeing
C. worth seeing
D. worthy seeing

3. These flowers smell ....
A. sweet B. sweetly
C. more sweetly D. sweetest

4. .... aspirant cannot pass the entrance examination.
A. Each B. Every
C. All D. No

5. Harivansh Rai .... second Shakespeare.
A. is a B. is
C. is the D. is an

6. .... student in the class got prizes.
A. Each and every B. Every and each
C. Every D. Never

7. It is .... picture than the one we saw last Monday.
A. interesting B. much interesting
C. more interesting D. most interesting

8. She is clever ....
A. that her mother is
B. as her mother is
C. to her mother is
D. than her mother is

9. They will get ....
A. Red, green and black paper
B. Red, green black paper
C. Red and green and black paper
D. Red green black paper

10. Health is .... wealth.
A. preferable to
B. more preferable than
C. more preferable to
D. most preferable then

11. .... water that was in the jug evaporated.
A. Little B. The little
C. Small D. A small

12. He has not sung .... songs.
A. much B. most
C. more D. many

13. Srishti has searched .... office.
A. whole the B. the whole
C. a whole D. some whole

14. Premchand was .... best and .... famous writer.
A. a, the most B. the, a most
C. the, more D. the, the most

15. William Shakespeare is famous as ....
A. a poet and a dramatist
B. a poet and dramatist
C. the poet and the dramatist
D. a poet and the dramatist

16. What does .... leader suggest?
A. other B. another
C. others D. anothers

17. He .... money.
A. has few B. have few
C. has little D. have little

18. The .... boys are rewarded.
A. first two B. two first
C. firsts two D. two's first

19. He is .... brave.
A. stronger than
B. stronger then
C. more strong then
D. more strong than

20. No sooner said ....
A. so done B. and done
C. then done D. but done

21. She returned .... than I had thought.
A. quickly B. more quicker
C. more quickly D. quicker

22. He is .... foolish person.
A. rather the B. a rather
C. rather a D. rather

23. This pen .... rupees.
A. costs twenty
B. twenty costs only
C. costs only twenty
D. only costs twenty

24. It is .... pride.
A. nothing else but
B. nothing else than
C. else nothing than
D. but

25. This tea is .... to drink.
A. too hot B. very hot
C. enough hot D. much hot

ANSWERS

1	2	3	4	5	6	7	8	9	10
A	C	A	B	A	C	C	C	A	A
11	**12**	**13**	**14**	**15**	**16**	**17**	**18**	**19**	**20**
B	D	B	D	B	B	C	A	D	C
21	**22**	**23**	**24**	**25**					
C	C	C	A	A					

DETERMINERS

Determiners are actually Adjectives. They are always followed by nouns.

Determiners are of the following kinds:

1. **Demonstrative Determiners**
   this, that, these, those
2. **Possessive Determiners**
   my, our, your, his, her, its, their
3. **Quantitative Determiners**
   some, any, much, enough, sufficient, whole, a little, the little, little, all, both
4. **Numerical Determiners**
   a few, some, few, the few, any, several, many, no, etc.
   One, two, three ... (Cardinals)
   First, second, third ... (Ordinals)
5. **Distributive Determiners**
   either, neither
6. **Articles**
   Indefinite: a, an
   Definite: the

MULTIPLE CHOICE QUESTIONS

Directions: *In the following questions choose the correct options to fill the blanks.*

1. Give me .... rice.
A. some B. few
C. a few D. any

2. .... sheep grazing on the slope of the hill had gone away.
A. Any B. The few
C. This D. Much

3. Have you got .... magazines to read?
A. all B. much
C. some D. little

4. I have ...... money that I want to spend on shares.
A. any B. much
C. less D. some

5. There is .... owl on the branch of the tree.
A. a B. the
C. an D. some

6. My brother is .... MBA.
A. a B. an
C. the D. any

7. Have you got .... cheese?
A. some B. many
C. a few D. few

8. No, I have not got .... cheese.
A. many B. few
C. any D. some

9. There is only .... milk left in the bottle.
A. enough B. few
C. much D. a little

10. There is .... hope of his recovery.
A. any B. little
C. many D. few

11. .... dogs were barking at the strangers.
A. Some B. Any
C. Much D. Less

12. The girl bought her father .... juice.
A. few B. some
C. any D. many

13. You should take .... honey everyday.
A. any B. many
C. a little D. a few

14. .... boy was punished by the teacher.
A. Either B. All
C. Any D. Many

15. .... girl was asked to join the army.
A. None B. Neither
C. All D. Any

16. .... water in the jug has been drunk by Mohan.
A. The little B. The few
C. A few D. Few

17. I shall play .... piano at the party.
A. some B. any
C. the D. few

18. .... labourers were found dead in the mine.
A. Any B. Fewer
C. Many D. Less

19. Could I borrow .... umbrella?
A. our B. your
C. yours D. my

20. My brother is standing in the .... row.
A. any B. many
C. some D. first

ANSWERS

1	2	3	4	5	6	7	8	9	10
A	B	C	D	C	B	A	C	D	B
11	**12**	**13**	**14**	**15**	**16**	**17**	**18**	**19**	**20**
A	B	C	A	B	A	C	C	B	D

THE VERB

A Verb is a word that tells something about the action or state of or happenning to a person or thing.

A Verb tells the following:

1. What a person or thing does.
   Sachin goes to school daily.
   The bell *rang* loudly.
   Many birds fly in the sky.
   She *sang* a song.
2. What a person or thing is.
   India *is* the biggest democracy in the world.
   Ram Mehar *is* very rich.
   They *are* happy.
3. What is done to a person or thing.
   You *are liked* by all.
   Two thieves *were arrested.*
   Four students *were punished* by the teacher.
4. What happens to a person or thing.
   His maternal uncle *died* last week.
   Two ships *sank* yesterday.
   Leaves *turn* yellow in autumn.
5. What a person or thing has, had, and so on.
   I *have* a new car.
   He *had* a scooter last year.
   He *has* several cows and goats.

It goes without saying that a verb is the most important part of a sentence. No sentence is complete without a Verb.

Important Information

1. If two or more singular nouns are joined by 'and' the verb used will be plural.
   Example:
   (i) He and I were going to the market.
   (ii) Ram and Mohan are friends.
2. If two singular nouns joined by 'and' points out to the same thing or person, the verb used must be singular.
   Example:
   (i) Rice and curry is the favourite food of the Punjabis.
   (ii) The Collector and District Magistrate is away.
3. In case two subjects are joined by 'as well as' the verb agrees with the first subject.
   Example :
   (i) Kanta as well as her children is playing.
   (ii) Children as well as their mother are playing.

In the case of first sentence the verb (is) agrees with Kanta and in the case of second sentence the verb (are) agrees with the children.

4. 'Neither', 'Either', 'Every', 'Each', 'Everyone', and 'Many a' are followed by a singular verb.
   Example :
   (i) Either of the plans is to be adopted.
   (ii) Neither of the two brothers is sure to pass.
   (iii) Every student is expected to be obedient.
   (iv) Everyone of them desires this.
   (v) Many a person is drowned in the sea.
5. If two subjects are joined by 'Either .... or' / 'Neither .... nor', the verb agrees with the subject near to it.
   Example :
   (i) Either my brother or I am to do this work.
   (ii) Neither he nor they are prepared to do this work.
6. 'A great many' is always followed by a 'plural noun' and a 'plural verb'. For example :
   A great many students have been declared successful.
7. Similarly if two subjects are joined by 'with', 'together with', 'no less than', in addition to 'and not', etc. the verb agrees with the first subject.
   Example :
   (i) The boy with his parents has arrived.
   (ii) He, no less than I, is to blame.
8. Nouns, plural in form, but singular in meaning, take a singular verb.
   Example :
   This news was broadcast from television yesterday.

MULTIPLE CHOICE QUESTIONS

Directions: *In the following questions choose the correct options to fill the blanks.*

1. The bus with all its passengers .... lost.
A. were B. was
C. are D. would

2. You as well as I .... responsible for this work.
A. am B. are
C. was D. is

3. Raghava like all his companions .... a spoiled child.
A. are B. were
C. is D. will be

4. Pen and ink .... required for me.
A. are B. were
C. is D. has required

5. Every girl and every boy .... attended the seminar.
A. have B. has
C. is D. are

6. Not only she but all her sisters ...... been married.
A. has B. have
C. is D. are

7. There .... nothing but miseries in life.
A. is B. are
C. were D. will be

8. Neither prose nor poem .... given.
A. were B. was
C. has D. have

9. Either he or I .... wrong.
A. is B. are
C. am D. were

10. Either Sulekha or Rekha .... coming here.
A. are B. is
C. were D. have

11. .... the child or his parents to blame?
A. Is B. Are
C. Were D. Has

12. You and I .... neighbours.
A. am B. are
C. was D. has

13. The house with all its belongings ..... sold away.
A. were B. are
C. was D. must

14. Either water or juice .... required.
A. is B. are
C. were D. has

15. There were not as many tables as .... required.
A. was B. were
C. is D. are

16. They each .... a book.
A. have B. are
C. has D. is

17. He and I .... class friends.
A. is B. am
C. was D. are

18. She as well as I .... guilty.
A. is B. are
C. am D. must be

19. Purushottam .... not read more on this chapter.
A. needs B. has been need
C. need D. had been need

20. He came .... to his aunt.
A. run B. running
C. to run D. in run

21. She dislikes .... meat.
A. eat to B. to eat
C. eating D. to eating

22. He likes ....
A. sing to B. singing
C. to sing D. to singing

23. We are ready .... the match.
A. play to B. to playing
C. playing D. to play

24. .... is injurious to health.
A. Smoking B. To smoke
C. To smoking D. Smoke to

25. He loves .... raw vegetables.
A. eaten B. eating
C. to eating D. eat to

26. He seemed .... finished his homework.
A. have to B. to have
C. having D. to having

ANSWERS

1	2	3	4	5	6	7	8	9	10
B	B	C	C	B	B	A	B	C	B
11	**12**	**13**	**14**	**15**	**16**	**17**	**18**	**19**	**20**
A	B	C	A	B	A	D	A	C	B
21	**22**	**23**	**24**	**25**	**26**				
C	B	D	A	B	B				

CONJUNCTIONS

A conjunction is a word which connects words, clauses or sentences.

Look at the following sentences.

(i) He bought apples *and* mangoes.

(ii) God made the country *and* man made the town.

(iii) The door was open *but* there was no one in the house.

(iv) He knows that I am here *and* that I want to see him.

In the sentence (i), *and* connects two words—*apples* and *mangoes.*

In the sentence (ii), *and* connects two sentences—*God made the country* and *man made the town.*

In the sentence (iii), *but* connects two sentences—*The door was open* and *there was no one in the house.*

In the sentence (iv), *and* connects two clauses—*that I am here* and *that I want to see him.*

The main coordinating conjunctions are:

and, but, for, or, nor, also, either ..... or, neither ..... nor.

There are some conjunctions which are used in pairs. They are:

either .... or, ... neither .... nor, both .... and, though .... yet, whether .... or, not only .... but also.

Example: *Either* take it *or* leave it.

It is *neither* useful *nor* ornamental.

They *both* like *and* respect me.

Though he is suffering from high fever, *yet* he does not cry.

He does not care *whether* you go *or* stay.

He is *not only* doltish, *but also* obstinate.

The conjunctions which are used in pairs in this way, are called correlative conjunctions, or merely correlatives.

Use of Important Conjunctions

1. **As soon as :** As soon as denotes simultaneous time.
   Example : As soon as he saw his enemy, he took to his heels.
2. **No sooner .... than :**
   (a) 'No sooner' is always followed by 'than'.
   (b) Please remember that 'No sooner' is always followed by do/does/did. As such only first form of the verb should be used after the subject.
   Example :
   No sooner did he see his enemy than he took to his heels.
3. **Hardly :** Hardly is followed by when.
   Examples :
   (i) Hardly had I left the house when it started raining.
   (ii) We had hardly come into the room when his father began chastising him.
   Note :
   A. Hardly is never followed by than.
   B. 'Scarcely' can also be used in the sense and manner of 'Hardly'.
4. **Lest :** Lest is used in the sense of so that .... not. It is always followed by should. Lest is negative in sense. Hence 'not' should never be used with it.
   Example :
   Work hard lest you should fail.
   Note : 'Lest' is always followed by 'should' and not 'may'.
5. **Unless :** Unless expresses condition. It is also used in the negative sense. Use of 'not' is not allowed with unless because unless is already in the negative sense.
   Example :
   Unless you labour hard you will not pass.
6. **Until :** 'Until' expresses time. It means 'till not'.
   Example :
   Wait here until I return.
   Note : Until is in the negative sense. So 'not' should not be used with it. Example :
   Wait here until I do not return. (Incorrect)
   Wait here until I return. (Correct)
7. **As well as :** When two subjects are joined by 'as well as', the verb always agrees with the first subject.
   Examples :
   (i) The teacher as well as students is playing.
   (ii) Students as well as the teacher are playing.
   Note : 'Both' and 'as well as' cannot be used together in the same sentence.
   Examples :
   Both Sita as well as Kanta are beautiful. (Incorrect)
   Sita as well as Kanta is beautiful. (Correct)
   Both Sita and Kanta are beautiful. (Correct)
8. **As if :** 'As if' is used in the sense of pretension. While using 'as if' in a sentence, we should see that even the third person singular subject gets were'.
   Example :
   He talks as if he were mad.
9. **Till :** Till expresses time. Till is always used in the affirmative.
   Example :
   We did not come back till sunset.
10. **Rather than :** 'Rather than' is used in the sense of 'preference'. 'Rather' is always followed by 'than'.
    Example :
    I would rather die than submit.
11. **As long as/so long as :** Both express time during which an action or event takes place.
    Example :
    As long as there is life, there is hope.
12. **However :** It is both a subordinate and co-ordinate clause.
    Examples :
    (a) Mala worked hard, she however, failed.
    (b) However hard he may work, he cannot pass.
13. **Such as :** 'Such as' gives us the sense of 'like'. Such is always followed by 'as'.
    Example :
    Life is such a puzzle as cannot be solved.

MULTIPLE CHOICE QUESTIONS

Directions: *In the following questions choose the correct options to fill the blanks.*

1. Neither he .... his friend is good.
A. or B. and
C. but D. nor

2. The officer asked the peon .... why he was late.
A. that B. if
C. but D. No word needed

3. Both Ajay .... Vijay are intelligent.
A. or B. nor
C. and D. No word needed

4. No Sooner did the thief see the public .... he ran away.
A. then B. and
C. but D. than

5. Abhinav .... his brothers was going to Mumbai.
A. but B. yet
C. No word needed D. together with

6. He behaves .... he were the captain of the team.
A. as if B. as
C. No word needed D. that

7. Either Rupali .... Sonali is going to attend the meeting.
A. and B. but
C. nor D. or

8. Neither Nirmal .... Ashwinee is going to listen the speech.
A. and B. but
C. nor D. or

9. Ravi .... Prakash are going to Kolkata.
A. or B. nor
C. but D. and

10. Rice .... curry is my usual breakfast.
A. and B. but
C. then D. than

11. Hardly had he left .... his brother came.
A. then B. than
C. when D. that

12. I would rather have a copy .... a book.
A. then B. than
C. when D. that

13. He is no other .... my friend.
A. then B. than
C. when D. but

14. He saw a snake ....he awoke.
A. then B. when
C. than D. No word needed

15. Ten years have passed .... my grandmother died.
A. since B. when
C. then D. than

16. She is .... good .... bad.
A. either, not B. neither, or
C. neither, nor D. neither, than

17. The cellphone is both cheap .... best.
A. than B. and
C. then D. or

18. No sooner did the rogue see the police .... he disappeared.
A. then B. than
C. so D. because

19. Srishti will go .... Sanju goes.
A. if B. than
C. then D. although

20. She is wise .... timid.
A. and B. yet
C. but D. however

21. Make hay .... the sun shines.
A. though B. while
C. after D. before

22. He is so weak .... he cannot walk.
A. but B. that
C. then D. so

23. Although he is rich, ... he is unhappy.
A. but B. yet
C. so D. still

24. Wait here .... I come back.
A. till B. until
C. before D. after

25. He is my friend .... I shall help him.
A. so
B. hence
C. that is why
D. therefore

26. He must go away .... he will be beaten.
A. otherwise B. and
C. or D. else

27. God loves good men .... good men love God.
A. and B. or
C. that D. those

28. He was late .... he was not punished.
A. but B. yet
C. still D. therefore

29. Walk slowly ...., you may fall.
A. and B. or
C. so D. otherwise

30. Work hard, ... you will fail.
A. and B. or
C. otherwise D. else

ANSWERS

1	2	3	4	5	6	7	8	9	10
D	D	C	D	D	A	D	C	D	A
11	**12**	**13**	**14**	**15**	**16**	**17**	**18**	**19**	**20**
C	B	B	B	A	C	B	B	A	C
21	**22**	**23**	**24**	**25**	**26**	**27**	**28**	**29**	**30**
B	B	B	A	B	C	A	C	D	D

PREPOSITIONS

A *Preposition* is a word which is placed before a noun or a pronoun to show its relation to some other word in the sentence.

1. I saw a goat *in* the field.
2. I am fond *of* hot coffee.

In sentence 1, the word *in* shows the relation between two things—*goat* and *field.*

In sentence 2, the word *of* shows the relation between the attribute expressed by the adjective *found* and *tea.*

The words *in* and *of* are here used as prepositions.

The noun or pronoun which is used with a preposition is called its object. The noun or pronoun is in the objective case. It is governed by the preposition. Now it is absolutely clear that in sentence 1, the noun *field* is in the objective case. The word *field* is governed by the preposition *in.*

A preposition may have two or more objects.

The road runs over *hill* and *plain.*

Here, the words *hill* and *plain* are used as objects.

Use of Important Prepositions

1. Among, Between.

'**Among**' is used for more than two persons or things; '**Between**' is used only for two.

Examples :

(i) Distribute these sweets *among* the poor students of the class.

(ii) Distribute these books *between* Ram and Shyam.

2. Among, In

'**Among**' is used before collective plural nouns. '**In**' is used before collective singular nouns.

Examples :

(i) I found him standing *among* the crowd.

(ii) I saw him in the crowd.

3. Beside, Besides

'**Beside**' means 'by the side of'. '**Besides**' means 'in addition to'.

Examples :

(i) The daughter was sitting *beside* her mother.

(ii) *Besides* his relatives, he invited his friends also.

4. In, Within

'**In**' means at the expiry of a period of time in future, '**Within**' means before the expiry of a period of time in any tense.

Examples :

(i) She will return *in* a week.

(ii) I shall finish my work *within* a weak.

5. On, Upon

'**On**' is used for things at rest; '**Upon**' is used for things in motion.

Examples :

(i) He is sitting *on* the floor.

(ii) The dog sprang *upon* the table.

6. By, With

'**By**' denotes the agent or doer, '**With**' denotes the instrument with which anything is done.

Examples :

(i) The bird was killed *by* the hunter with an arrow.

(ii) He beat the dog *with* a stick.

(iii) I shall reach here *by* five o'clock.

7. After, In

'**After**' means at the end of a period of time in the past. '**In**' means at the end of a period of time in future.

Examples :

(i) I shall return your book *in* a week.

(ii) He returned the book *after* a week.

8. For, From, Since

'**For**' is used before a noun denoting a period of time with all the tenses. '**From**' is used before a noun or phrase denoting a point of time, it is used in all the tenses. '**Since**' is used before a noun or phrase denoting some point of time and is always produced by a verb in the perfect continuous tense or third form of a verb.

Examples :

(i) We have been playing cards *for* two hours.

(ii) She stayed with her uncle *from* the 15th of March to the 15th of May.

(iii) I have been reading this book *since* morning.

9. Above, Over

'**Above**' means 'higher from', **Over** is used ir the following four senses :

(i) In the sense of 'above' :
At noon, the sun is *over* our heads.

(ii) In the sense of 'beyond' :
I cannot get *over* my disappointment.

(iii) In the sense of 'Superiority' :
God *over* all blesses for ever more.

(iv) In the sense of 'Conclusion' :
It is all *over* with me.

10. At, Towards

'**At**' denotes the idea of aim, '**Towards**' denotes the idea of destination.

Examples :

(i) He threw the stone *at* the cat.

(ii) He went *towards* the house.

11. At, In, On

'At' is used as follows :

(i) '**At**' is used with small towns and villages.

Examples :

(a) He was born *at* Sonepat.

(b) He lives *at* village Bangra. (Bangra is a village)

(ii) '**At**' is used before a noun denoting a definite point of time.

Example :

He called on me *at* 9 p.m. yesterday.

'In' is used as follows :

(iii) '**In**' is used with the names of big cities, provinces and countries.

Examples :

(a) His father lives *in* England.

(b) His younger brother lives *in* Calcutta.

(iv) '**In**' is used before the names of months and years.

Example :

His elder sister was born *in* 1972 *in* the month of May.

'**On**' is used with dates and names of days.

Examples :

(a) I joined college *on* the 26th April.

(b) He will leave for Kolkata *on* Wednesday next.

Important Information

1. '**In**' is also used in the following phrases :
In the morning; In the evening, In winter, In summer.

2. **'In'** also denotes a place inside anything. He travelled *in* a crowded bus.
3. **'At'** is used in the following phrases : *At* home, *At* the station, *At* work, *At* play.

12. Below, Beneath

Below means 'of lower level in position, dignity and expectation' etc. *Beneath* means 'under'.

Examples :

(i) It is *below* my dignity to talk to her.

(ii) They rested *beneath* the shade of a tree.

13. In, Into, To

'In' expresses Rest or Motion inside anything. **'Into'** expresses Motion towards the inside of anything or change from one medium to another. **'To'** denotes motion from one place to another.

Examples :

(i) The boys are *in* the room.

(ii) Translate this passage from English *into* Hindi.

(iii) Every morning he goes *to* the temple.

14. Till, By, Of, Off

- 'Till' means upto or not earlier than.
- 'By' means not later than.
- 'Of' shows cause, source, separation, quality, contents, possession, apposition, point of reference, space in time etc.
- 'Off' shows separation at a near distance, and detached condition.

Consider the following examples:

(i) I shall work *till* 5 a.m.

(ii) Madhu died *of* cancer.

(iii) The nib *of* the pen is made *of* gold.

(iv) He presented me a bottle *of* perfume.

(v) Our principal is a man *of* principle.

(vi) He lived in the house *of* his friend.

(vii) *By* this time tomorrow, I'll have finished my job.

(viii) My house is *off* the road.

(ix) The book fell *off* the table.

MULTIPLE CHOICE QUESTIONS

Directions: *Tick the correct preposition for the blank in each of the following sentences.*

1. He applied ...... the manager.
A. for B. to
C. with D. by

2. Trust ...... God and do the right.
A. in B. for
C. to D. with

3. She is worthy ...... a prize.
A. with B. for
C. to D. of

4. Mr. Gomes has no taste ...... music.
A. of B. for
C. with D. to

5. You are hard ...... hearing.
A. at B. of
C. with D. for

6. He is sure ...... his success
A. for B. with
C. on D. of

7. Preeti was warned ...... the danger ahead.
A. for B. at
C. of D. about

8. I am thankful ...... you for a good advice.
A. for B. with
C. to D. of

9. Deepak would not surrender ...... the police.
A. with B. to
C. for D. on

10. The small plant in your lawn is very sensitive ...... touch.
A. on B. with
C. to D. about

11. Divya was sure to succeed ..... the examination.
A. for B. in
C. to D. with

12. Geeta was jealous ...... Ravina's beauty.
A. to B. with
C. for D. of

13. He was ignorant ..... what was happening there.

A. for B. of
C. to D. with

14. Your pen is inferior ...... mine.

A. than B. with
C. from D. to

15. Reenu is no match ...... Meenu.

A. to B. for
C. with D. upon

16. It is necessary ...... you to apply for this job.

A. on B. with
C. for D. to

17. Be loyal ...... your country.

A. for B. to
C. on D. with

18. Mukesh is junior ...... me.

A. than B. to
C. from D. of

19. Deepika was innocent ...... the crime.

A. of B. with
C. from D. to

20. I am desirous.... joining the Indian cricket team.

A. for B. of
C. to D. on

ANSWERS

1	2	3	4	5	6	7	8	9	10
B	A	D	B	B	D	D	D	B	D
11	**12**	**13**	**14**	**15**	**16**	**17**	**18**	**19**	**20**
B	D	B	D	B	D	B	B	A	B

SYNONYMS

A synonym is a word which conveys a meaning similar to the given word.

REMEMBER

Words	*Synonyms*
Add	Increase
Adequate	Enough
Adjust	Adapt
All	Aggregate
Allow	Permit
Abode	Dwelling
Apt	Proper
Assess	Appraise
Accuse	Calumniate
Abashed	Timid
Annoy	Displease
Ample	Enough, Sufficient
Amplify	Increase
Apathetic	Unenthusiastic
Accost	Address
Authentic	True
Adjust	Fit
Approve	Assent, Allow, Accept
Adapt	Conform
Adversary	Opponent, Rival, Competitor
Beat	Whack
Benign	Kind
Breeze	Zephyr
Baffle	Puzzle
Booty	Spoil
Beauty	Charm
Beast	Animal
Bandit	Robber
Blaze	Shine
Bond	Tie
Bend	Twist
Bate	Diminish
Beg	Plead
Barbaric	Wild, Savage
Bashful	Shy, Reserved

Words	Synonyms	Words	Synonyms
Begin	Start	Dwell	Live, Dilate
Blend	Mix, Mingle	Declare	Pronounce
Bizarre	Funny	Drunk	Flushed
Below	Under	Deficient	Lacking
Bedevil	Confuse	Damn	Condemn, Curse
Bemoan	Lament	Decrease	Diminish
Babble	Nonsense	Destruction	Devastation
Blame	Fault	Efficient	Competent
Behaviour	Demeanour	Ethnic	Racial
Call	Accost	Enthral	Enslave
Copy	Imitate	Earnest	Serious
Close	Shut	Envious	Jealous
Caress	Love	Ending	Final
Camp	Stay	Egg	Incite
Connect	Attach	Extempore	At once
Cut	Injure, Curtail	Extensive	Far-ranging
Cling	Stick	Extra	Surplus
Conical	Funny	Existence	Life
Convey	Carry	Exceed	Overstep
Conspicuous	Prominent	Enormous	Vast
Cheerful	Happy, Pleasant	Excessive	Superfluous
Curtail	Decrease	Free	Unhindered
Cheerless	Sad, Dejected	Frigid	Cold
Curious	Strange	Feed	Cater
Circumstance	Factor, Situation, Condition	Fame	Reputation
		Frame	Make
Competent	Capable	First	Initial
Congruent	Overlapping	Frighten	Terrorise, Intimidate
Cope	Deal, Endure	Fervent	Fervid
Confident	Sure	Fall	Decline
Complex	Intricate	Feeble	Frail
Cajole	Coax, Flatter	Fickle	Changeable
Cunning	Crafty	Finish	Conclude
Delectable	Joyful, Delightful	Fraud	Deception
Devilish	Diabolical	Forgiving	Placable
Delicate	Soft	Grow	Develop
Devil	Fiend	Greed	Avidity
Delay	Postpone	Greet	Welcome
Dislike	Repugnance	Grave	Serious
Destroy	Ruin	Group	Constellation

Words	*Synonyms*
Given	Bestowed
Gratitude	Thankfulness
Have	Possess
Hire	Rent
Hit	Strike
Handsome	Beautiful
Hinder	Prevent
Heap	Pile
Hope	Expect
Hard	Harsh
Help	Aid
Hymn	Song
Henpecked	Enslaved
Hoodwink	Mystify, Cheat
Humble	Polite, Urbane, Modest
Harass	Vex, Trouble
Impart	Instil
Intact	Untouched
Instal	Establish
Indict	Impeach
Imitate	Ape
Instigate	Incite
Initiate	Start, Introduce
Inimical	Unfriendly
Insufferable	Intolerable
Impartiality	Justice
Jolly	Merry
Joyful	Delectable
Join	Conjoin
Kind	Benign
Kill	Murder
Kindred	Similar
Kinship	Relationship
Keen	Sharp
Knowledge	Scholarship
Lazy	Slothful
Large	Substantial, Gargantuan
Listless	Careless, Lackadaisical
Lax	Loose
Little	Small
Lifelike	Realistic

Words	*Synonyms*
Lofty	High
Lenient	Soft, Gentle
Lacking	Deficient, Wanting
Lessen	Decrease
Middleclass	Bourgeois
Mitigate	Lessen, Abate
Modesty	Humility, Lowliness
Mix	Mingle, Blend
Mixture	Mingling
Mixed	Assorted
Modify	Decrease
Mean	Imply
Multifarious	Varied
Miscarry	Abort
Note	Notice
Noble	Stately
Native	Indigenous
Needful	Necessary
Notify	Declare
Nervous	Shaky, Tremulous, Timid
Natural	Spontaneous
Near	Close
Normal	Natural
Offend	Displease
Oppress	Persecute, Tyrannize
Opponent	Adversary
Obstruct	Hinder, Check
Offence	Fault
Offender	Villain
Overstep	Exceed
Overlapping	Congruent
Occult	Mystic
Profane	Unholy
Patience	Forbearance
Pornographic	Obscene
Plenitude	Abundance
Prominent	Important
Prodigal	Spender
Procrastinate	Postpone
Promote	Develop, Honour
Persecute	Tyrannise

Words	*Synonyms*
Profess	Claim
Pliant	Flexible
Plebian	Common
Polished	Sophisticated
Quake	Shake
Quit	Leave
Queer	Eccentric
Quell	Suppress
Quantify	Allot
Reply	Answer
Relinquish	Retire
Read	Peruse
Relation	Reference
Render	Do
Remainder	Residuals
Repeat	Reiterate
Repentant	Contrite
Retaliative	Retaliatory
Rumour	Hearsay
Reveal	Divulge
Ritualistic	Ceremonious
Soft	Delicate
Sort	Kind, Choose, Select
Selfish	Egoistic
Sensual	Earthly
Suppress	Quell, Check
Stimulate	Provoke
Tasteless	Insipid
Travel	Journey
True	Authentic, Faithful, Truthful
Turbulence	Turmoil
Tragedy	Calamity
Tasteful	Tasty, Delicious
Touching	Painful
Thankful	Grateful
Tremendous	Great, Huge
Tough	Strong
Terminate	Conclude, End
Theory	Doctrine
Tell	Relate
Tremble	Shake, Shiver
Urge	Spur

Words	*Synonyms*
Unbeaten	Unsubdued
Use	Utilize, Practise
Underhand	Unfair, Undue
Unfair	Unjust
Unravel	Reveal, Divulge
Unimportant	Common
Unconcerned	Apathetic
Unimitated	Inimitable
Unfortunate	Unlucky
Understand	Perceive, Comprehend
Vain	Proud, Haughty, Conceited, Shameless
Vale	Valley, Dale, Dell
Vice	Fault
Virtue	Quality
Veracity	Reality
Value	Price, Prize
Vex	Tease
Vibrate	Quiver, Shake
Violent	Excessive
Vivid	Clear, Lucid
Victory	Triumph
Vulgar	Indecent
Virtuous	Honest
Variegated	Varied, Multifarious
Well	Good
Yell	Cry, Shout
Yonder	There
Yearn	Wish, Desire
Yoke	Slavery
Zest	Earnestness, Enthusiasm
Zealous	Earnest

ANTONYMS

A antonym is a word which conveys a meaning opposite to the given word.

REMEMBER

Words	*Antonyms*
Abhor	Love
Abnormal	Normal
Able	Unable
Acceptable	Unacceptable
Adequate	Inadequate
Amusing	Boring

Words	*Antonyms*	*Words*	*Antonyms*
Angry	Calm	Hard	Soft
Apex	Bottom	Hate	Love
Attract	Repel	Honest	Dishonest
Bad	Good	Idle	Busy
Barren	Fertile	Immoral	Moral
Beautiful	Ugly	Include	Exclude
Bitter	Sweet	Incorrect	Correct
Brave	Cowardly	Intelligent	Unintelligent
Brief	Lengthy	Kind	Cruel
Bright	Dull	Like	Dislike
Calm	Violent	Long	Short
Careful	Careless	Lucid	Vague
Clear	Vague, Cloudy	Major	Minor
Cold	Hot	Naive	Experienced
Cruel	Kind	Nadir	Apex
Dear	Cheap	Neat	Clumsy
Deep	Shallow	Obedient	Disobedient
Difficult	Easy	Obscure	Clear
Direct	Indirect	Oppose	Support
Dishonest	Honest	Optimistic	Pessimistic
Disobey	Obey	Out	In
Encourage	Discourage	Patience	Impatience
Enormous	Tiny	Peaceful	Belligerent
Excellent	Bad	Pious	Impious
Expensive	Cheap	Polite	Impolite
Eat	Fast	Potent	Impotent
Fair	Unfair	Prominent	Unimportant
Fake	Authentic	Proper	Improper
False	True	Pure	Impure
Famous	Notorious	Quick	Slow
Fool	Genius	Quiet	Disturbance
Generous	Miserly	Real	False, Unreal
Genius	Fool	Reject	Select, Choose
Genuine	Unauthentic	Reliable	Unreliable
Gigantic	Tiny	Respect	Disrespect
Glad	Depressed	Right	Wrong
Good	Bad	Robust	Feeble, Weak
Great	Little	Sad	Happy
Happy	Sad		

Words	Antonyms
Secret	Open
Sensible	Insensible
Severe	Mild
Sharp	Blunt
Simple	Complex
Sociable	Unsociable
Tall	Short
Tidy	Untidy
Uncanny	Canny
Violent	Calm
Vivid	Vague

Words	Antonyms
Strong	Weak
Big	Small
Easy	Difficult
Fast	Slow
High	Low
Catchy	Unattractive
Ugly	Handsome, Beautiful, Tidy
Tasty	Insipid
Sonorous	Harsh

MULTIPLE CHOICE QUESTIONS

Directions (Qs. 1 to 20): *In the following questions choose the word which best expresses the meaning of the given word.*

1. ABSURD
A. Foolish B. Simple
C. Courageous D. Silly

2. ABANDON
A. Lose B. Profit
C. Vacate D. Foil

3. CAJOLE
A. Pause B. Lenient
C. Blast D. Lure

4. COMBAT
A. Fight B. Conflict
C. Shoot D. Quarrel

5. LAMENT
A. Condone B. Console
C. Complain D. Contribution

6. DEBACLE
A. Disgrace B. Defeat
C. Collapse D. Decline

7. SHIVER
A. Fear B. Tremble
C. Shake D. Ache

8. TORTURE
A. Terror B. Harassment
C. Torment D. Tranquility

9. LAUDABLE
A. Lovable B. Commendable
C. Profitable D. Oblivious

10. FIXED
A. Sterile B. Static
C. Stubborn D. Parennial

11. QUEER
A. Unfamiliar B. Cute
C. Curious D. Strange

12. SUFFICIENT
A. Fit B. Proper
C. Adequate D. Vast

13. GLOSS
A. Brightness B. Soothing
C. Rubbing D. Miracle

14. LONGING
A. Prune B. Apathy
C. Curtail D. Craving

15. JEER
A. Applaud B. Magnanimity
C. Avoid D. Scoff

16. ZENITH
A. Minimum B. Nadir
C. Plant D. Peak

17. GARB
A. Distort B. Dress
C. Trivial D. Rage

18. ABHOR
A. Rude B. Reconcile
C. Crave D. Detest

19. YIELD
A. Shum B. Incisive
C. Retain D. Surrender

20. YOKE
A. Twist B. Release
C. Link D. Extra

Directions (Qs. 21 to 38): *In the following questions choose the word which best expresses the opposite of the given word.*

21. TRAGIC
A. Dramatic B. Strong
C. Gentle D. Comic

22. ORAL
A. Verbal B. Sane
C. Minor D. Written

23. ADMIRE
A. Hate B. Unlike
C. Dislike D. Enough

24. VIOLENT
A. Gentle B. Savage
C. Haughty D. Decline

25. ADVERSITY
A. Windfall B. Inprosperity
C. Prosperity D. Slave

26. GENUINE
A. Spurious B. Obscure
C. Countless D. Apathetic

27. GRUDGE
A. Essence B. Guile
C. Goodwill D. Ill-will

28. STIFF
A. Soft B. Courteous
C. Lively D. Flexible

29. VANITY
A. Conceit B. Pride
C. Ostentious D. Humility

30. FRONT
A. Upper B. Unusual
C. Back D. Rear

31. ATTRACT
A. Lured B. Longing
C. Repel D. Disguise

32. COMFORT
A. Discomfort B. Discontent
C. Uncomfort D. Miscomfort

33. WELCOME
A. Repel B. Accept
C. Resist D. Fight

34. TACTFUL
A. Naive B. Loose
C. Strict D. Uncivilized

35. DUTIFUL
A. Harmful B. Watchful
C. Forgetful D. Remiss

36. RIGID
A. Flux B. Adoptable
C. Yielding D. Adaptable

37. RARE
A. Petty B. Poor
C. Small D. Common

38. ZEAL
A. Despair B. Calmness
C. Passiveness D. Indifference

ANSWERS

1	2	3	4	5	6	7	8	9	10
D	C	D	A	C	C	B	C	B	B
11	**12**	**13**	**14**	**15**	**16**	**17**	**18**	**19**	**20**
D	C	A	D	D	D	B	D	D	C
21	**22**	**23**	**24**	**25**	**26**	**27**	**28**	**29**	**30**
D	D	C	A	C	A	C	D	D	D
31	**32**	**33**	**34**	**35**	**36**	**37**	**38**		
C	A	C	A	D	D	D	D		

3. Sentence Completion

It is such an exercise which starts with the primary schools and continues in the highest level of competitive examinations. One must practise it regularly to score well.

Directions (Qs. 1 to 15): *Pick out the most effective word(s) from the given words to fill in the blanks to make the sentence meaningfully complete.*

1. The student ...... that book from the library to study at home.

A. issued　　B. borrowed
C. hired　　D. lent

2. I wish I ...... a king.

A. was　　B. am
C. should be　　D. were

3. He ...... to listen to my arguments and walked away.

A. denied　　B. disliked
C. objected　　D. refused

4. The flow of blood was so ...... that the patient died.

A. intense　　B. adequate
C. profuse　　D. extensive

5. When I met her yesterday, it was the first time I ...... her since Christmas.

A. saw　　B. have seen
C. had seen　　D. have been seing

6. Can you pay ...... all these articles?

A. for　　B. of
C. off　　D. out

7. I ...... you to be at the party this evening.

A. expect　　B. hope
C. look forward to　　D. desire

8. ...... being a handicapped person, he is very cooperative and self-reliant.

A. Because　　B. Although
C. Since　　D. Despite

9. The child broke ...... from his mother and ran towards the painting.

A. away　　B. after
C. down　　D. with

10. With his ...... income, he finds it difficult to live a comfortable life.

A. brief　　B. sufficient
C. meagre　　D. huge

11. He could ...... a lot of money in such a short time by using his intelligence and working hard.

A. spend　　B. spoil
C. exchange　　D. accumulate

12. Though the brothers are twins, they look ......

A. alike　　B. handsome
C. indifferent　　D. different

13. Unfavourable weather conditions can ..... illness.

A. cure　　B. detect
C. treat　　D. enhance

14. No sooner did the bell ring, ... the actor started singing.

A. when　　B. than
C. after　　D. before

15. If I ...... realised it, I would not have acted on his advice.

A. was　　B. had
C. were　　D. have

Directions (Qs. 16 to 25): *In each question, an incomplete statement (Stem) followed by four fillers* *is given. Pick out the best one which can complete the incomplete stem correctly and meaningfully.*

16. Unless you work harder you will fail, means .....

A. if you fail you will work harder.

B. you must at least plan well than you will not fail.

C. hardly you will fail if you do not desire so.

D. if you do not put more efforts, then you will fail.

17. Even if it rains I shall come, means .....

A. if I come it will not rain.

B. if it rains I shall not come.

C. I will certainly come whether it rains or not.

D. whenever there is rain I shall come.

18. Dinesh is as stupid as he is lazy means .....

A. Dinesh is stupid because he is lazy.

B. Dinesh is lazy because he is stupid.

C. Dinesh is either stupid or lazy.

D. Dinesh is equally stupid and lazy.

19. He is so lazy that he .....

A. cannot depend on others for getting his work done.

B. cannot delay the schedule of completing the work.

C. can seldom complete his work on time.

D. dislike to postpone the work that he undertakes to do.

20. He always stammers in public meetings, but his today's speech .....

A. was fairly audible to everyone present in the hall.

B. was not received satisfactorily.

C. could not be understood properly.

D. was free from that defect.

21. In order to raise the company's profit, the employees .....

A. demanded two additional increments.

B. decided to go on paid holidays.

C. requested the management to implement new welfare schemes.

D. offered to work overtime without any compensation.

22. Although, he is reputed for making very candid statements, ...

A. his today's speech was not fairly audible.

B. his promises had always been realistic.

C. his speech was very interesting.

D. his today's statements were very ambiguous.

23. I felt somewhat more relaxed .....

A. but tense as compared to earlier.

B. and tense as compared to earlier.

C. as there was already no tension at all.

D. and tension-free as compared to earlier.

24. With great efforts his son succeeded in convincing him not to donate his entire wealth to an orphanage .....

A. and lead the life of a wealthy merchant.

B. but to a home for the forsaken children.

C. and make an orphan of himself.

D. as the orphanage needed a lot of donations.

25. Even though it is a very large house, ...

A. there is a lot of space available in it for children.

B. there is hardly any space available for children.

C. there is no dearth of space for children.

D. the servants take a long time to clean it.

ANSWERS

1	2	3	4	5	6	7	8	9	10
B	D	D	C	C	A	A	D	A	C
11	**12**	**13**	**14**	**15**	**16**	**17**	**18**	**19**	**20**
D	D	D	B	B	D	C	D	C	D
21	**22**	**23**	**24**	**25**					
D	D	D	C	B					

4. Spotting Errors

The most common errors in English are of spellings, grammar and usage of words. By regular practice, the errors can be easily spotted and minimised.

MULTIPLE CHOICE QUESTIONS

Directions: *In the following questions some of the sentences have errors and some are correct. Find out which part of a sentence has an error, the number of that part is your answer. If a sentence is free from errors, then your answer is D i.e., No error.*

1. (A) Either Ram or/(B) you is responsible/(C) for this action./(D) No error.

2. (A) The student flatly denied/(B) that he had copied/(C) in the examination hall./(D) No error.

3. (A) By the time you arrive tomorrow/(B) I have finished/(C) my work./(D) No error.

4. (A) The captain with the members of his team/ (B) are returning/(C) after a fortnight./(D) No error.

5. (A) After returning from/(B) an all-India tour/ (C) I had to describe about it./(D) No error.

6. (A) The teacher asked his students/(B) if they had gone through/(C) either of the three chapters included in the prescribed text./(D) No error.

7. (A) Do you know/(B) how old were you/(C) when you came here?/(D) No error.

8. (A) Beware of/(B) a fair-weather friend/(C) who is neither a friend in need nor a friend indeed./ (D) No error.

9. (A) Copernicus proved/(B) that Earth/(C) moves round the Sun./(D) No error.

10. (A) The property/(B) was divided/(C) among the two brothers./(D) No error.

11. (A) I am quite certain/(B) that the lady is not only greedy/(C) but miserly./(D) No error.

12. (A) The brilliant success in the examination/ (B) as well as his record in sports/(C) deserves high praise./(D) No error.

13. (A) I cannot find/(B) where has he gone/(C) though I have tried may best./(D) No error.

14. (A) If I was/(B) the Prime Minister of India/(C) I would work wonders/(D) No error.

15. (A) If it weren't/(B) for you,/(C) I wouldn't be alive today./(D) No error.

16. (A) He looked like a lion/(B) baulked from/ (C) its prey./(D) No error.

17. (A) Widespread flooding/(B) is affecting/(C) large areas of the villages./(D) No error.

18. (A) If we really set to/(B) we can get the whole house/(C) cleaned in an afternoon./(D) No error.

19. (A) It's arrogant for you/(B) to assume you'll/ (C)win every time./(D) No error.

20. (A) The two books are the same/(B) except for the fact that this/(C) has an answer in the back./(D) No error.

21. (A) Your husband doesn't/(B) believe that you are older/(C) than I./(D) No error.

22. (A) I could not/(B) answer to/(C) the question./(D) No error.

23. (A) Two years passed/(B) since/(C) my cousin died./(D) No error.

24. (A) I am learning English/(B) for ten years/(C) without much effect./(D) No error.

25. (A) Ramesh has agreed/(B) to marry with the girl/(C) of his parent's choice./ (D) No error.

26. (A) When he was arriving./(B) the party was/(C) in full swing./(D) No error.

27. (A) The most studious boy/(B) in the class/(C) was made as the captain./(D) No error.

28. (A) I am participating/(B) in the two-miles race/(C) tomorrow morning./(D) No error.

29. (A) When the boy committed a mistake/(B) the teacher made him to do/(C) the sum again./(D) No error.

30. (A) Whenever a person lost anything/(B) the poor folk around/(C) are suspected./(D) No error.

ANSWERS

1	2	3	4	5	6	7	8	9	10
B	D	B	B	C	C	D	D	B	C
11	**12**	**13**	**14**	**15**	**16**	**17**	**18**	**19**	**20**
C	D	B	A	C	C	C	A	A	C
21	**22**	**23**	**24**	**25**	**26**	**27**	**28**	**29**	**30**
C	B	A	A	B	A	C	B	B	A

EXPLANATORY ANSWERS

1. Replace 'is' by 'are'.

2. No error.

3. Replace 'have' by 'would have'.

4. Replace 'are' by 'is'.

5. Replace 'had to describe' by 'described'.

6. Replace 'either' by 'any'.

7. No error.

8. No error.

9. Omit 'that'.

10. Replace 'among' by 'between'.

11. Add 'also'.

12. No error.

13. Replace 'has he' by 'he has'.

14. Replace 'was' by 'were'.

15. Replace 'wouldn't be' by 'would not have been'.

16. Replace 'its' by 'his'.

17. Replace 'areas' by 'area'.

18. Replace 'set to' by 'set on'.

19. Replace 'for' by 'of'.

20. Replace 'in' by 'on'.

21. Replace 'I' by 'me'.

22. Omit 'to'.

23. Replace 'passed' by 'have passed'.

24. Replace 'am' by 'have been'.

25. Omit 'with'.

26. Replace 'was arriving' by 'arrived'.

27. Omit 'as'.

28. Replace 'in' by 'at'.

29. Omit 'to'.

30. Replace 'lost' by 'loses'.

5. One Word Substitution

There are many single words in English language which can be perfectly used for a number of words. These words help in expressing ideas in a short and correct manner for the right occasion. Such words not only increase the vocabulary but also enable you to economise in the use of words to a great extent.

Multiple Word Expression	*Substitution*
One who always looks towards the bright side of things	Optimist
One who always looks towards the dark side of things	Pessimist
The time when one develops from a child into an adult	Adolescence
The process of growing more plants in order to form a forest.	Afforestation
The science which deals with farming	Agriculture
From some other country or place etc.	Alien
A term, etc. giving more than one meaning	Ambiguous
A vehicle which is used to carry sick persons	Ambulance
An animal which can live both in water and on land	Amphibian
A lawless situation when there is no government	Anarchy
Belonging to the history of thousands of years old	Ancient
Once a year	Annual
A very old object but still valuable	Antique
Words of opposite meanings	Antonyms
Words of similar meanings	Synonyms
Signatures of a famous person	Autograph
A government led by one person with absolute authority	Autocracy
A written work of one's own life history	Autobiography
A person who has never been married	Bachelor
A person usually having no hair on his head	Bald
A place where one can deposit money and get interest	Bank
A person who cuts our hair	Barber
A building/group of buildings where soldiers live	Barracks
A person who makes buns and biscuits	Baker
A person who lives by asking people for food and money without doing any useful job	Beggar
The crime of having married to two persons at the same time	Bigamy
The branch of science which deals with the study of plants	Botany
Able to speak two languages	Bilingual

Multiple Word Expression	*Substitution*
Able to speak more than two languages	Polyglot
The branch of science which deals with the living organisms	Biology
A powerful snow storm	Blizzard
A great successful book or movie	Blockbuster
A short news on the radio or TV	Bulletin
A system in which the most important works are organised by the government officials	Bureaucracy
A person who has no vision in his eyes	Blind
A page or a series of pages on which the information of days, weeks, months, etc. is given	Calendar
A person who eats human flesh	Cannibal
A complete list of items often arranged alphabetically	Catalogue
A sudden disaster	Catastrophe
A period of 100 years	Century
A branch of science which deals with chemicals	Chemistry
A printed leaf usually issued by banks that we sign to carry certain financial deal	Cheque
A person who makes or mends shoes	Cobbler
A group of people who has been chosen by others to make decisions on their own	Committee
A building in which nuns live	Convent
An animal which feeds on other animals	Carnivorous
A person who does criticism	Critic
A person who cannot hear	Deaf
A condition in which one loses a lot of water from one's body because of vomiting, etc.	Dehydration
A system of government in which the people cast their votes to elect their leaders	Democracy
The study of skin problems	Dermatology
A long piece of land covered with sand	Desert
The art of managing relationships between countries	Diplomacy
A piece of information about the words in a book form	Dictionary
A piece of information about the telephone numbers of the people in a book from	Directory
A person in charge of a newspapers, magazine etc.	Editor
A person who thinks he is better than the others	Egoist
To leave your country and settle in some other country	Emigrate
A book or series of books giving almost all knowledge about an area or some persons etc.	Encyclopaedia
Study of insects	Entomology
Time when day and night are of the same duration	Equinox
To sell things out of the country	Export
To purchase things from some other country	Import
A plant or animal no longer in existence	Extinct
A situation when there is a shortage of food for a long period of time	Famine
An amount of money that we pay for some action or services	Fee
Related to women	Feminine
An animal strong and aggressive	Ferocious

Multiple Word Expression	*Substitution*
A piece of land where plants grow easily from the soil that is favourable to them	Fertile
A work of literature having some imaginary events	Fiction
A large amount of water covering certain area	Flood
A person who sells flowers	Florist
A religious ceremony for burying or cremating a dead person	Funeral
A substance which kills fungus	Fungicide
A person studying or having studied the diseases and the related things of female reproductory system	Gynaecologist
The murder of the person of the same group race or country	Genocide
A substance which kills germs	Germicide
A situation in which many people die because of fire during war	Holocaust
The act of killing a person deliberately	Homicide
A word having the pronunciation as the other one does but it differs in meaning	Homophone
A word having the same spelling as the other one does but it is pronounced in some other way	Homonym
A person who is attracted towards the person of the same sex	Homosexual
Go across and parallel to the ground	Horizontal
A substance which kills the insects	Insecticide
That cannot be corrected	Incorrigible
That cannot be defeated	Invincible
That cannot be eaten	Inedible
That cannot be seen	Invisible
A place in a school or college where books are kept for the benefit of students, teachers etc.	Library
A place in a school or college where scientific experiments are performed	Laboratory
An official who is a judge in the lowest court	Magistrate
A piece of music or a book before it is printed	Manuscript
Related to men	Masculine
One who believes in the existence of God	A theist
One who does not believe in the existence of good	An atheist
That can be believed	Credible
That cannot be believed	Incredible
That which dissolves in a solvent	Soluble
That which does not dissolves in a solvent	Insoluble
Hard writing that can be read	Legible
Hard writing that cannot be read	Illegible
A person who does jobs beneficial to mankind	Philanthropist
A person who goes on foot	Pedestrian
A person who fights for his own country	Patriot
An act of killing oneself	Suicide
A woman whose husband is dead	Widow
A man whose wife is dead	Widower
A person who eats vegetarian and non-vegetarian diets	Omnivorous.

Multiple Word Expression	*Substitution*
Something which is everywhere at the same time	Omnipresent
One who knows everything	Omniscient
A child who does not have parents	Orphan
An award etc. given after the death of the person	Posthumous
The place where animals are kept for amusement and to increase the knowledge of the public	Zoo
The science which deals with the study of animals	Zoology

MULTIPLE CHOICE QUESTIONS

Directions: *In questions given below, out of the four alternatives, choose the one which can be substituted for the given words/sentences.*

1. Something that relates to everyone in the world
A. General B. Common
C. Usual D. Universal

2. An expression of mild disapproval
A. Warning B. Denigration
C. Impertinence D. Reproof

3. One who is not easily pleased by anything
A. Maiden B. Medieval
C. Precarious D. Fastidious

4. Murder of a king.
A. Infanticide B. Matricide
C. Genocide D. Regicide

5. A remedy for all diseases
A. Stoic B. Marvel
C. Panacea D. Recompense

6. A dramatic performance
A. Mask B. Mosque
C. Masque D. Mascot

7. Study of birds
A. Orology B. Optology
C. Ophthalmology D. Ornithology

8. Ready to believe
A. Credulous B. Credible
C. Creditable D. Incredible

9. Incapable of being seen through
A. Ductile B. Opaque
C. Obsolete D. Potable

10. One who eats everything
A. Omnivorous B. Omniscient
C. Irresistible D. Insolvent

11. A place where bees are kept is called
A. An apiary B. A mole
C. A hive D. A sanctuary

12. One who cannot be corrected
A. Incurable B. Incorrigible
C. Hardened D. Invulnerable

13. One who is in charge of a museum
A. Curator B. Supervisor
C. Caretaker D. Warden

14. Continuing fight between parties, families, clans, etc.
A. Enmity B. Feud
C. Quarrel D. Skirmish

15. A voice loud enough to be heard
A. Audible B. Applaudable
C. Laudable D. Oral

16. A paper written by hand
A. Handicraft B. Manuscript
C. Handiwork D. Thesis

17. Habitually silent or talking little
A. Serville B. Unequivocal
C. Taciturn D. Synoptic

18. To slap with a flat object
A. Chop B. Hew
C. Gnaw D. Swat

19. A person who speaks many languages
A. Linguist B. Monolingual
C. Polyglot D. Bilingual

20. A light sailing-boat built specially for racing
A. Canoe B. Yacht
C. Frigate D. Dinghy

21. A fixed orbit in space in relation to earth
A. Geological B. Geo-synchronous
C. Geo-centric D. Geo-stationary

22. A style in which a writer makes a display of his knowledge
A. Pedantic B. Verbose
C. Pompous D. Ornate

23. A religious discourse
A. Preach B. Stanza
C. Sanctorum D. Sermon

24. A place that provides refuge
A. Asylum B. Sanatorium
C. Shelter D. Orphanage

25. Detailed plan of a journey
A. Travelogue B. Travelkit
C. Schedule D. Itinerary

26. A person who insists on something
A. Disciplinarian B. Stickler
C. Instantaneous D. Boaster

27. A drawing on transparent paper
A. Red print B. Blue print
C. Negative D. Transparency

28. One who believes that all things and events in life are predetermined is a
A. Fatalist B. Puritan
C. Egoist D. Tyrant

29. A school boy who cuts classes frequently is a
A. Defeatist B. Sycophant
C. Truant D. Martinet

30. The act of violating the sanctity of the church is
A. Blasphemy B. Heresy
C. Sacrilege D. Desecration

31. A place where monks live as a secluded community
A. Cathedral B. Diocese
C. Convent D. Monastery

32. One who is fond of fighting
A. Bellicose B. Aggressive
C. Belligerent D. Militant

33. Tending to move away from the centre or axis
A. Centrifugal B. Centripetal
C. Axiomatic D. Awry

34. Words inscribed on tomb
A. Epitome B. Epistle
C. Epilogue D. Epitaph

35. Leave or remove from a place considered dangerous
A. Evade B. Evacuate
C. Avoid D. Exterminate

36. Original inhabitants of a country
A. Abroge B. Aborger
C. Aborgory D. Aborigins

37. Government by the officials
A. Theocracy B. Plutocracy
C. Bureaucracy D. Democracy

38. Incapable of being exhausted
A. Inexhaustible B. Inaexhaustible
C. Exhaustable D. Non-tired

39. A person of good understanding, knowledge and reasoning power
A. Expert B. Intellectual
C. Snob D. Literate

40. One absorbed in his own thoughts and feelings rather than in things outside
A. Scholar B. Recluse
C. Introvert D. Intellectual

ANSWERS

1	2	3	4	5	6	7	8	9	10
D	D	D	D	C	C	D	A	B	A
11	12	13	14	15	16	17	18	19	20
A	B	A	B	A	B	C	D	A	B
21	22	23	24	25	26	27	28	29	30
D	A	D	A	D	B	D	A	C	C
31	32	33	34	35	36	37	38	39	40
D	A	A	D	B	B	C	A	B	C

6. Spelling Errors

There are thousands of words in English language. It is difficult to remember the spellings and meanings of all at once. Try to learn as many as you can. Use a dictionary regularly.

Directions: *Find the correctly spelt words.*

1. A. Damage B. Dammage C. Damaige D. Dammege
2. A. Efficiant B. Effecient C. Efficient D. Eficient
3. A. Schedule B. Schdule C. Schedale D. Schedeule
4. A. Occurad B. Occurred C. Ocurred D. Occured
5. A. Grieff B. Grief C. Grieef D. Grrief
6. A. Guarantee B. Garuntee C. Guaruntee D. Gaurantee
7. A. Meddicine B. Medicine C. Medicene D. Medicinne
8. A. Benefeted B. Benefitted C. Benifited D. Benefited
9. A. Acommodation B. Acomodation C. Accomodation D. Accommodation
10. A. Querrelsome B. Quarrelsame C. Quarrelsome D. Querralsome
11. A. Sympathetic B. Smypathetic C. Sympothetic D. Sympethetic
12. A. Prograssive B. Progressive C. Progresive D. Prograsive
13. A. Uncivilized B. Uncevilized C. Uncivillized D. Uncevelized
14. A. Extravagant B. Extreragent C. Extreregant D. Extravegent
15. A. Missunderstood B. Miesunderstood C. Misunderstood D. Misunderstod
16. A. Belligerent B. Beligirent C. Belligarant D. Belligerrent
17. A. Astonished B. Astronished C. Astoneshed D. Asstonished
18. A. Sincerely B. Sencerely C. Sincerelly D. Sincerrely
19. A. Rigourous B. Rigerous C. Rigorous D. Regerous
20. A. Satellite B. Sattellite C. Satelite D. Sattelite
21. A. Pesanger B. Passenger C. Pessenger D. Pasanger
22. A. Humurous B. Humorous C. Humoreus D. Humorrous
23. A. Exeggerate B. Exaggerate C. Exadgerate D. Exagerate
24. A. Fariegn B. Forein C. Foriegn D. Foreign
25. A. Excesive B. Excessive C. Exccessive D. Exccesive
26. A. Forcaust B. Forcast C. Forecast D. Forecaste
27. A. Paralleted B. Paralelled C. Parralleled D. Parallelled

28. A. Ocasion B. Occassion
C. Occasion D. Ocassion

29. A. Boquet B. Bouquet
C. Bouquete D. Bouquette

30. A. Chettering B. Chaterring
C. Chattering D. Chatering

31. A. Discourage B. Disscourage
C. Discourege D. Discaurage

32. A. Curageous B. Courageous
C. Courrageous D. Couregeous

33. A. Abandon B. Abanddon
C. Abendon D. Abbandon

34. A. Embarassment
B. Emberrassement
C. Embarrassment
D. Embbaresment

35. A. Eccintric B. Eccentrie
C. Eccentric D. Eccintrie

36. A. Occasional B. Occassional
C. Occesional D. Occessional

37. A. Querrel B. Querral
C. Quarrel D. Quarel

38. A. Contrebution B. Contribution
C. Contributtion D. Conterbution

39. A. Desgrace B. Disgrece
C. Disgrice D. Disgrace

40. A. Harassment B. Herassment
C. Harasment D. Harassmient

41. A. Imaginative B. Imeginative
C. Imagenative D. Imaginetive

42. A. Suficient B. Suficiant
C. Sufficient D. Sufficiant

43. A. Adequate B. Edequate
C. Adaquete D. Edaquete

44. A. Exparienced B. Experianced
C. Experienced D. Experrienced

45. A. Flatering B. Fletering
C. Flattering D. Fletaring

46. A. Cuttiveted B. Culltrivated
C. Cultivated D. Caltivated

47. A. Praiceworthy B. Peiseworthy
C. Praiseworthy D. Praisaworthy

48. A. Profesional B. Professionel
C. Professional D. Profissional

49. A. Ameteur B. Amateur
C. Amataur D. Amateor

50. A. Unfevourable B. Unfevaurable
C. Unfavourable D. Unfivourable

ANSWERS

1	2	3	4	5	6	7	8	9	10
A	C	A	B	B	A	B	B	D	C
11	**12**	**13**	**14**	**15**	**16**	**17**	**18**	**19**	**20**
A	B	A	A	C	A	A	A	C	A
21	**22**	**23**	**24**	**25**	**26**	**27**	**28**	**29**	**30**
B	B	B	D	B	C	A	C	B	C
31	**32**	**33**	**34**	**35**	**36**	**37**	**38**	**39**	**40**
A	B	A	C	C	A	C	B	D	A
41	**42**	**43**	**44**	**45**	**46**	**47**	**48**	**49**	**50**
A	C	A	C	A	C	C	C	B	C

संख्यात्मक योग्यता/गणित

(वस्तुनिष्ठ प्रश्न)

1

संख्याओं संबंधी जानकारी और जोड़ना, घटाना तथा गुणा

किसी संख्या को लिखने के लिए दस अंकों का प्रयोग किया जाता है। ये अंक हैं:- 0, 1, 2, 3, 4, 5, 6, 7, 8 और 9.

इन्हीं दस अंकों की मदद से सभी संख्यायें लिखी जा सकती हैं, जैसे 7, 25, 106, 2913, 40832, 357670 आदि।

जातीयमान और स्थानीयमान

हर अंक का जातीय मान और स्थानीय मान होता है। जातीय मान निश्चित होता है, जैसे 0 का जातीय मान 0 होता है; 1 का जातीय मान 1 होता है; 2 का जातीय मान 2 होता है; 3 का जातीय मान 3 होता है; 4 का जातीय मान 4 होता है, आदि। किन्तु हर अंक का स्थानीय मान बदलता रहता है। कोई अंक जिस स्थान (इकाई, दहाई, सैकड़ा, हजार, दस हजार और इसी प्रकार आगे भी) पर होता है, उसका स्थानीय मान उतना ही होता है। जैसे,

संख्या 25 लें। इसमें दो अंक 2 और 5 हैं। इन दोनों का जातीय मान क्रमशः 2 और 5 है। किन्तु इनका स्थानीय मान इनके स्थान पर निर्भर है। चूंकि 2 दहाई के स्थान पर है, इसलिए इसका स्थानीय मान 10 x 2 = 20 है। 5 इकाई के स्थान पर है, अतः इसका स्थानीय मान 5 ही है।

अब संख्या 751 लें। इसमें-

7 सैकड़ा के स्थान पर है; इसलिए इसका स्थानीय मान 100 x 7 = 700 है।

5 दहाई के स्थान पर है; इसलिए इसका स्थानीय मान 10 x 5 = 50 है।

1 इकाई के स्थान पर है; इसलिए इसका स्थानीय मान 1 ही है।

135 में:- (i) 1 के जातीय मान और स्थानीय मान का योगफल निकालें।

(ii) 3 के जातीय मान और स्थानीय मान का अन्तर निकालें।

(i) 1 का जातीय मान = 1

1 का स्थानीय मान = 100.

∴ जातीय मान और स्थानीय मान का योग = 100 + 1 = 101.

(ii) 3 का जातीय मान = 3

3 का स्थानीय मान = 30

∴ जातीय मान और स्थानीय मान का अन्तर = 30 – 3 = 27.

अंकों से बनी सबसे बड़ी व सबसे छोटी संख्यायें

एक अंक की सबसे छोटी संख्या 0 है।

एक अंक की सबसे बड़ी संख्या 9 है; 9 से बड़ी संख्या 2 अंकों की हो जायेगी।

दो अंकों की सबसे छोटी संख्या 10 है।

दो अंकों की सबसे बड़ी संख्या 99 है; 99 से बड़ी संख्या 3 अंकों की हो जायेगी।

तीन अंकों की सबसे छोटी संख्या 100 है।

तीन अंकों की सबसे बड़ी संख्या 999 है; 999 से बड़ी संख्या 4 अंकों की हो जायेगी।

चार अंकों की सबसे छोटी संख्या 1000 है।

चार अंकों की सबसे बड़ी संख्या 9999 है; 9999 से बड़ी संख्या 5 अंकों की हो जायेगी।

संख्याओं के पूरा-पूरा विभाजित होने के नियम

1. **2 से पूरा-पूरा विभाजित होने का नियम:** जिस संख्या में इकाई के स्थान पर 0, 2, 4, 6 और 8 में से कोई भी अंक हो, वह संख्या 2 से पूरी-पूरी विभाजित हो जायेगी। उदाहरण के लिए 67**0**, 12**2**, 79**4**, 33**6**, और 17**8** आदि सभी संख्यायें 2 से पूरी-पूरी विभाजित हो जायेंगी।
2. **3 से पूरा-पूरा विभाजित होने का नियम:** यदि किसी संख्या के सभी अंकों का योगफल 3 से पूरा-पूरा विभाजित हो जाये, तो वह संख्या भी 3 से पूरी-पूरी विभाजित हो जायेगी। उदाहरण के लिए संख्या 1542 को लें। इसके चारो अंकों का योगफल 1 + 5 + 4 + 2 = 12 है। 12, 3 से पूरी-पूरी विभक्त हो जाती है। इसलिए 1542 भी 3 से पूरी-पूरी विभक्त हो जायेगी।
3. **4 से पूरा-पूरा विभाजित होने का नियम:** यदि किसी संख्या के अन्त वाले दो अंकों, अर्थात् इकाई और दहाई वाले अंकों से बनी संख्या 4 से पूरी-पूरी विभाजित हो जाये, तो वह संख्या 4 से पूरी-पूरी विभाजित हो जायेगी। जैसे 1136 में अन्त वाले दो अंकों से बनी संख्या 36 है। यह 4 से पूरी-पूरी विभाजित हो जाती है। इसलिए पूरी संख्या 1136 भी 4 से पूरी-पूरी विभाजित हो जायेगी।
   यदि किसी संख्या के अन्त में दो शून्य हों अर्थात् इकाई और दहाई वाले स्थानों पर शून्य हों, तो ऐसी संख्या 4 से पूरी-पूरी विभाजित हो जायेगी। उदाहरण के लिए 100, 1200, 700, 1800 आदि सभी संख्यायें 4 से पूरी-पूरी विभाजित हो जायेंगी।
4. **5 से पूरा-पूरा विभाजित होने का नियम:** जिस संख्या में इकाई वाले स्थान पर 0 या 5 हो, वह संख्या 5 से पूरी-पूरी विभाजित हो जायेगी। जैसे 70 और 305 में दोनों संख्यायें 5 से पूरी-पूरी विभाजित हो जायेंगी क्योंकि इनके इकाई वाले स्थान पर क्रमश: 0 और 5 के अंक हैं।
5. **6 से पूरा-पूरा विभाजित होने का नियम:** यदि कोई संख्या अलग-अलग 2 और 3 से पूरी-पूरी विभाजित हो जाये, तो वह संख्या 6 से भी पूरी-पूरी विभाजित हो जायेगी।
   उदाहरण के लिए हम दो संख्यायें 36 और 126 लेते हैं। संख्या 36, 2 और 3 दोनों से पूरी-पूरी विभाजित हो जाती है। अत: यह 6 से भी पूरी-पूरी विभाजित हो जायेगी। इसी प्रकार संख्या 126 भी 2 और 3 से अलग-अलग पूरी-पूरी विभाजित हो जाती है। अत: यह 6 से भी पूरी-पूरी विभाजित हो जायेगी।
6. **9 से पूरा-पूरा विभाजित होने का नियम:** जिस संख्या के सभी अंकों का योगफल 9 से पूरा-पूरा विभाजित हो जाये, वह पूरी संख्या भी 9 से पूरी-पूरी विभाजित हो जायेगी।
   उदाहरण के लिए दो संख्यायें 189 और 1017 लें। 189 के तीनों अंकों का योग 1 + 8 + 9 = 18 होगा। संख्या 18, 9 से पूरी-पूरी विभाजित हो जाती है: इसलिए 189 भी 9 से पूरी-पूरी विभाजित हो जायेगी। इसी प्रकार 1017 के सभी अंकों का योग 1 + 0 + 1 + 7 = 9 है। संख्या 9, 9 से पूरी-पूरी विभाजित हो जाती है। इसलिए 1017 भी 9 से पूरी-पूरी विभाजित हो जायेगी।

गुणा के संबंध में:

(i) जिस संख्या में किसी संख्या से गुणा किया जाता है, उसे *गुण्य* (multiplicant) कहते हैं।

(ii) जिस संख्या से किसी संख्या में गुणा किया जाता है, उसे *गुणक* (multiplier) कहते हैं।

(iii) गुणा करने से जो संख्या प्राप्त होती है, उसे *गुणनफल* (product) कहते हैं।

जैसे:

```
   321 (गुण्य)
   x 4 (गुणक)
 ----------------
  1284 (गुणनफल)
```

ध्यान रखें:

(i) भाज्य = (भाजक × भागफल) + शेष (जब शेष शून्य हो)

(ii) भाज्य – शेष = (भाजक × भागफल)

(iii) भाज्य = (भाजक × भागफल) + शेष

भाग के संबंध में:

(i) जिस संख्या में भाग दिया जाता है (अर्थात जिस संख्या को विभाजित किया जाता है) उसे भाज्य (dividend) कहते हैं।

(ii) जिस संख्या से भाग किया जाता है, उसे भाजक (divisor) कहते हैं।

(iii) भाग देने पर जो परिणाम आता है (अर्थात् जितनी बार जाता है), उसे भागफल (quotient) कहते हैं।

(iv) भाग की क्रिया समाप्त होने पर जो बाकी बचता है, उसे शेष या शेषफल (remainder) कहते हैं।

जैसे:

```
          भाज्य
भाजक 3)160(53 भागफल
       15
       --
        10
         9
       -----
       1 शेष
```

ध्यान रखें:

(i) भाज्य = (भाजक x भागफल)

(ii) भाज्य - शेष = (भाजक x भागफल)

(iii) भाज्य = (भाजक x भागफल) + शेष

अभ्यास के लिए प्रश्न

1. 1705 में 7 का स्थानीय मान क्या है?

A. 7 B. 7000

C. 70 D. 700

2. निम्नलिखित में से किस संख्या में 3 का स्थानीय मान 3000 है?

A. 9312 B. 8357

C. 3587 D. 7301

3. 31 में 3 के जातीय मान और स्थानीय मान का योगफल है-

A. 28

B. 27

C. 33

D. उपरोक्त में से कोई नहीं।

4. 125 में 1 के जातीय मान और स्थानीय मान का अन्तर है-

A. 101 B. 100

C. 99 D. 75

5. दो अंकों की सबसे बड़ी और सबसे छोटी संख्या का योग है-

A. 110 B. 109

C. 100 D. 101

6. चार अंकों की सबसे बड़ी और सबसे छोटी संख्या का अन्तर है-

A. 10,000 B. 9000

C. 9999 D. 8999

7. जबानी बताइये कि क्या (111136) संख्या 4 से पूरी-पूरी विभाजित हो जायेगी?

A. हां B. नहीं

8. जबानी बताइये कि क्या 700 संख्या 5 से पूरी-पूरी विभाजित हो जायेगी?

A. हां B. नहीं

9. कौन-सी संख्या 6 से पूरी-पूरी विभाजित हो जायेगी?

A. यदि उसके सभी अंकों का योग 3 से पूरा-पूरा विभाजित हो जाये

B. यदि वह अलग अलग 2 और 3 दोनों से पूरी-पूरी विभाजित हो जाये

C. यदि वह 3 से पूरी-पूरी विभाजित हो जाये

D. उपरोक्त सभी

10. कौन-सी संख्या 4 से पूरी-पूरी विभाजित हो जायेगी?

A. यदि उसके इकाई और दहाई वाले अंकों से बनी संख्या 4 से पूरी-पूरी विभाजित हो जाये

B. यदि उसके अन्त में अर्थात् इकाई और दहाई वाले स्थानों पर शून्य हों

C. यदि उसके अन्त में दो या दो से अधिक शून्य हों

D. उपरोक्त सभी

11. संख्या 888 पूरी-पूरी विभाजित हो जायेगी-

A. केवल 8 से

B. 2, 4 और 8 से

C. 2, 3, 4 और 6 से

D. उपरोक्त सभी

12. यदि गुणा के प्रश्न में गुणनफल 147 हो और गुणक 7 हो, तो गुण्य क्या होगा?

A. 3 B. 21

C. 31 D. 11

13. नीचे के प्रश्न में रिक्त स्थान पर कौन-सी संख्या होगी?

$$\begin{array}{r} ? \\ \times 110 \\ \hline 990 \\ \hline \end{array}$$

A. 100 B. 10

C. 9 D. 11

14. नीचें के प्रश्न में रिक्त स्थान पर कौन-सी संख्या होगी?

$$\begin{array}{r} 123 \\ \times ? \\ \hline 615 \\ \hline \end{array}$$

A. 15 B. 3

C. 9 D. 5

15. दो संख्याओं का गुणनफल 529 है। यदि गुणक 23 हो तो गुण्य क्या होगा?

A. 23 B. 29

C. 33 D. 17

16. भाग के एक पश्न में भाजक 3, भागफल 3 और शेष 1 है। बताओ भाज्य क्या है?

A. 7

B. 11

C. 10

D. उपरोक्त में से कोई भी नहीं

17. 140 में कम-से-कम कितना जोड़ें कि योगफल 16 से पूरा-पूरा विभाजित हो जाये?

A. 6 B. 4

C. 8 D. 2

18. भाग के निम्नलिखित प्रश्न में रिक्त स्थान पर कौन-सी संख्या आयेगी?

$$\begin{array}{l} 15)\ ?\ (8 \\ \hline \quad 9 \\ \hline \end{array}$$

A. 87 B. 143

C. 129 D. 32

19. 132 के निकटतम ऐसी संख्या ज्ञात करो जो 9 से पूरी-पूरी विभाजित हो जाये?

A. 126

B. 135

C. 144

D. उपरोक्त में से कोई भी नहीं

20. निम्नलिखित कथनों में से कौन-सा सही नहीं है?

A. भाज्य-शेष = (भाजक x भागफल)

B. गुणनफल ÷ गुणक = गुण्य

C. भाज्य = (भाजक x भागफल) - शेष

D. भाजक x भागफल - शेषफल = भाज्य

उत्तरमाला

1	2	3	4	5	6	7	8	9	10
D	C	C	C	B	D	A	A	B	D
11	12	13	14	15	16	17	18	19	20
D	B	C	D	A	C	B	C	B	D

2

लघुत्तम समापवर्त्य और महत्तम समापवर्तक

लघुत्तम समापवर्त्य

दो या दो से अधिक संख्याओं का लघुत्तम समापवर्त्य वह छोटी-से-छोटी संख्या होती है, जो उन दो या दो से अधिक सभी संख्याओं से पूरी-पूरी विभाजित हो जाये।

मान लीजिए हमें 3 और 4 का लघुत्तम समापवर्त्य निकालना है।

3 से पूरी-पूरी विभाजित होने वाली संख्यायें: 3, 6, 9, 12, 15, 18 21 आदि।

4 से पूरी-पूरी विभाजित होने वाली संख्यायें: 4, 8, 12, 16, 20, 24 आदि।

ज्ञात हुआ कि केवल 12 ही एक ऐसी संख्या है, जो 3 से भी और 4 से भी पूरी-पूरी विभाजित होती है। इससे छोटी ऐसी कोई संख्या नहीं हो सकती। अतः 3 और 4 का लघुत्तम समापवर्त्य 12 है।

लघुत्तम समापवर्त्य निकालने की विधियाँ: (1) गुणनखण्ड विधि, (2) विभाजन विधि।

(1) गुणनखण्ड विधि: इस विधि में संख्याओं का गुणनखण्ड निकालकर लघुत्तम समापवर्त्य निकालते हैं।

उदाहरण. 8, 9 और 12 का लघुत्तम समापवर्त्य निकालो।

हल: 8 के गुणनखण्ड: $2 \times 2 \times 2$

9 के गुणनखण्ड: 3×3

12 के गुणनखण्ड: $2 \times 2 \times 3$

(i) तीनों संख्याओं में उभयनिष्ठ गुणनखण्ड = x (i)

(ii) दो संख्याओं में उभयनिष्ठ गुणनखण्ड = $2 \times 2 \times 3$ (ii)

(iii) ऐसे गुणनखण्ड जो उभयनिष्ठ नहीं हैं = 2×3 (iii)

तीनों प्रकार के गुणनखण्डों का गुणनफल = $2 \times 2 \times 3 \times 2 \times 3 = 72$

∴ 8, 9 और 12 का लघुत्तम समापवर्त्य = 72

(2) विभाजन विधि: कम-से-कम दो संख्याओं के उभयनिष्ठ गुणनखण्ड द्वारा संख्याओं में भाग करते हैं।

उदाहरण. 8, 18, 27 का लघुत्तम समापवर्त्य निकालो।

हल:

2	8, 18, 27
3	4, 9, 27
3	4, 3, 9
	4, 1, 3

लघुत्तम समापवर्त्य = गुणनखण्डों का गुणनफल = $2 \times 3 \times 3 \times 4 \times 1 \times 3 = 216$

एक और उदाहरण 12, 15, 18 और 20 का लघुत्तम समापवर्त्य निकालो।

हल:

2	12, 15, 18, 20
2	6, 15, 9, 10
3	3, 15, 9, 5
5	1, 5, 3, 5
	1, 1, 3, 1

लघुत्तम समापवर्त्य = $2 \times 2 \times 3 \times 5 \times 3 = 180$

महत्तम समापवर्तक

दो संख्याओं का महत्तम समापवर्तक वह संख्या होती है, जो उन दोनों संख्याओं को पूरी-पूरी विभाजित करे।

मान लीजिए हमें 21 और 49 का महत्तम समापवर्तक निकालना है।

21 को पूरी-पूरी विभाजित करने वाली संख्यायें: 3×7

49 को पूरी-पूरी विभाजित करने वाली संख्यायें: 7×7

ज्ञात हुआ कि 7 ऐसी संख्या है, जो 21 और 49 दोनों

को पूरी-पूरी विभाजित कर देगी। इसलिए 21 और 49 का महत्तम समापवर्तक 7 होगा।

महत्तम समापवर्तक निकालने की विधियाँ: (1) गुणखण्ड विधि, (2) भाग विधि।

(1) गुणनखण्ड विधि: इस विधि के अन्तर्गत संख्याओं का गुणनखण्ड निकालकर महत्तम समापवर्तक निकालते हैं।

उदाहरण 1. 15 और 35 का महत्तम समापवर्तक निकालो।

हल: 15 के गुणनखण्ड = 3 x 5

35 के गुणनखण्ड = 5 x 7

दोनों संख्याओं के उभयनिष्ठ गुणनखण्ड = 5

इसलिए 15 और 35 का महत्तम समापवर्तक 5 है।

उदाहरण 2. 30 और 80 का महत्तम समापवर्तक निकालो।

हल: 30 के गुणनखण्ड = 2 x 3 x 5

80 के गुणनखण्ड = 2 x 2 x 2 x 2 x 5

दोनों संख्याओं के उभयनिष्ठ गुणनखण्डों का गुणनफल = 2 x 5 = 10

∴ 30 और 80 का महत्तम समापवर्तक = 10

(नोट: यदि संख्यायें 2 से अधिक हों, तो भी यही क्रिया की जायेगी)

(2) भाग विधि: इस विधि के अन्तर्गत ऐसी दोनों (या अधिक) संख्याओं का परस्पर भाग करते हैं।

उदाहरण 1. 108 और 144 का महत्तम समापवर्तक निकालो।

हल: 108)144(1
108
36)108(3
108
x

महत्तम समापवर्त्तक = 36

उदाहरण 2. 216 और 252 का महत्तम समापवर्तक निकालो।

हल: 216)252(1
216
36)216(6
216
x

महत्तम समापवर्तक = 36

(नोट: यदि तीन संख्याओं का महत्तम समापवर्तक निकालना हो तो भी क्रिया ऐसी ही की जायेगी। पर पहले दोनों बड़ी संख्याओं का भाग करेंगे और उनका महत्तम समापवर्तक निकालने के बाद उससे तीसरी संख्या को भाग करके महत्तम समापवर्तक निकालेंगे।)

उदाहरण 3. 270, 300 और 450 का महत्तम समापवर्तक निकालो।

हल: पहले दोनों बड़ी संख्यायें लेंगे।

300)450(1
300
150)300(2
300
x

महत्तम समापवर्तक 150 आया। अब 150 और तीसरी संख्या अर्थात् 270 को लेंगे।

150)270(1
150
120)150(1
120
30)120(4
120
x

270, 300 और 450 का महत्तम समापवर्तक = 30

नियम: *दो संख्याओं का गुणनफल = उनका महत्तम स० x लघुत्तम स०*

अभ्यास के लिए प्रश्न

1. 38, 26 और 14 का महत्तम समापवर्तक क्या होगा?
   A. 7 B. 13
   C. 19 D. 2
2. 42, 49 और 63 का महत्तम समापवर्तक बताओ?
   A. 7
   B. 6
   C. 9
   D. उपरोक्त में से कोई भी नहीं
3. 6, 8 और 10 का लघुत्तम समापवर्त्य निकालें?
   A. 60 B. 120
   C. 240 D. 40
4. वह छोटी-से-छोटी संख्या बताओ जो 3, 5, 7 से पूरी-पूरी विभाजित हो सके?
   A. 70 B. 35
   C. 147 D. 105
5. वह छोटी-से-छोटी संख्या क्या होगी, जिसमें यदि 2, 4 और 6 से भाग दें, तो तीनों अवस्थाओं में 1 शेष बचे?
   A. 25 B. 37
   C. 13 D. 61
6. वह छोटी-से-छोटी संख्या बताओ जिसमें यदि 4, 5 और 13 से भाग दें, तो हर अवस्था में 3 शेष बचे?
   A. 133 B. 263
   C. 236 D. 233
7. किसी तराजू में कितने कि०ग्रा० का बाट रखा जाये कि उससे 39 कि०ग्रा०, 65 कि०ग्रा० और 91 कि०ग्रा० गेहूं पूरा-पूरा तोला जा सके?
   A. 7 कि०ग्रा० B. 5 कि०ग्रा०
   C. 11 कि०ग्रा० D. 13 कि०ग्रा०
8. चार घण्टियों ने एक साथ बजना शुरू किया और वे क्रमशः 3, 4, 5 और 6 सेकेण्ड के अन्तर से बजती हैं। बताओ कितनी देर बाद वे पुनः एक साथ बजेंगी।
   A. 90 सेकेण्ड B. 60 सेकेण्ड
   C. 120 सेकेण्ड D. 360 सेकेण्ड
9. दो संख्याओं के महत्तम समापवर्तक और उनके लघुत्तम समापवर्त्य का गुणनफल 45 है। यदि उनमें से एक संख्या 3 हो, तो दूसरी संख्या होगी:
   A. 135 B. 345
   C. 5 D. 15
10. वह छोटी-से-छोटी संख्या क्या होगी, जिसे यदि 2, 3, 4 और 5 से भाग दें तो हर अवस्था में 1 शेष रहे?
    A. 31 B. 25
    C. 61 D. 21
11. वह छोटी-से-छोटी संख्या ज्ञात करो जिसमें यदि 9, 12, 16 और 30 से भाग दिया जाये, तो हर अवस्था में 3 शेष बचे?
    A. 363 B. 183
    C. 723 D. 717
12. वह छोटी-से-छोटी संख्या बताओ जिसमें यदि 11 जोड़ दें, तो वह 15, 21, 27 आर 30 से पूरी-पूरी विभाजित हो जाये?
    A. 1890
    B. 1901
    C. 1879
    D. उपरोक्त में से कोई भी नहीं।

उत्तरमाला

1	2	3	4	5	6	7	8	9	10
D	A	B	D	C	B	D	B	D	C

11	12
C	C

3

भिन्न और उनको हल करना

जब किसी इकाई के कई समान भाग किये जायें, तो उसके प्रत्येक भाग को या कई भागों को *भिन्न* कहते हैं।

जैसे: 1 का चौथा भाग = $\frac{1}{4}$; 1 का दसवां भाग = $\frac{1}{10}$

1 के 10 भागों में से 3 भाग = $\frac{3}{10}$; 1 के दस भागों में से 7 भाग = $\frac{7}{10}$

जब हम $\frac{1}{4}$ या $\frac{1}{10}$ या $\frac{3}{10}$ या $\frac{7}{10}$ भिन्न लिखते हैं, तो इनमें ऊपर वाले अंक ***अंश*** कहे जाते हैं और नीचे वाले अंक ***हर*** कहे जाते हैं।

जैसे: $\frac{1}{4}$ में 1 अंश है और 4 हर है; $\frac{1}{10}$ में 1 अंश है और 10 हर है; $\frac{3}{10}$ में 3 अंश है और 10 हर है; $\frac{7}{10}$ में 7 अंश है और 10 हर है।

भिन्नों की तुलना: यदि आप को यह पता लगाना हो कि उपरोक्त भिन्नों $\frac{1}{10}$, $\frac{3}{10}$ और $\frac{7}{10}$ में से कौन सबसे बड़ी है और कौन सबसे छोटी है, तो आप आसानी से बता देंगे; क्योंकि आप जानते हैं कि:

$\frac{1}{10}$ का अर्थ है – 10 समान भाग में से 1 भाग

$\frac{3}{10}$ का अर्थ है – 10 समान भाग में से 3 भाग

$\frac{7}{10}$ का अर्थ है – 10 समान भाग में से 7 भाग

अब 10 समान भाग में से 1 भाग, 3 भाग और 7 भाग हैं। स्वभावत: 7 भाग सबसे अधिक होगा और 1 भाग सबसे कम होगा। इसलिए $\frac{7}{10}$ भिन्न सबसे बड़ी होगी और $\frac{1}{10}$ भिन्न सबसे छोटी होगी।

ऊपर के उदाहरण में $\frac{1}{10}$, $\frac{3}{10}$ और $\frac{7}{10}$ हैं। इन सबके हर बराबर हैं। अत: जहाँ सभी भिन्नों के हर बराबर (समान) हों, वहां उनमें वह भिन्न सबसे बड़ी होती है, जिसका अंश सबसे बड़ा हो, और वह भिन्न सबसे छोटी होती है, जिसका अंश सबसे छोटा हो।

किन्तु यदि तुलना के लिए ली गई भिन्नों के हर अलग-अलग हों, जैसे $\frac{2}{10}$ और $\frac{1}{15}$ तब आप क्या करेंगे?

तब उनके हरों का लघुत्तम समापवर्त्य निकाल कर प्रत्येक भिन्न को समान हर वाली भिन्न में बदल लें। उसके बाद जिसका अंश बड़ा है, वह बड़ी भिन्न होगी और जिसका अंश छोटा है, वह छोटी भिन्न होगी।

$\frac{2}{10}$ और $\frac{1}{15}$ को लेकर इनके हर बराबर करें।

10 और 15 का लघुत्तम स० व० = 30

$$\frac{2}{10} = \frac{2 \times 3}{10 \times 3} = \frac{6}{30}$$

$$\frac{1}{15} = \frac{1 \times 2}{15 \times 2} = \frac{2}{30}$$

दोनों भिन्नों के हर बराबर हो गये: $\frac{6}{30}$ और $\frac{2}{30}$ (इनके मूल्य में कोई अन्तर नहीं पड़ा है)

अब $\frac{6}{30}$ और $\frac{2}{30}$ को देखकर आप बता सकते हैं कि $\frac{6}{30}$ बड़ी है और $\frac{2}{30}$ छोटी है।

भिन्नों को हल करने का नियम: भिन्नों के प्रश्नों को हल करने के लिए सदैव BODMAS शब्द में जिस क्रम में

ये अक्षर हैं, उसी क्रम में क्रिया करनी होती है।

BODMAS का तात्पर्य है:

B = ब्रैकेट = [{(—)}] = इसे सबसे पहले हल करें;

O = ओ (of) = का ..का.. = उसके बाद इसे हल करें;

D = डिवीजन = भाग .. ÷ = उसके बाद भाग हल करें;

M = मल्टीप्लीकेशन = गुणा ..x.. = उसके बाद गुणा करें;

A = एडीशन = जोड़ ..+.. = उसके बाद जोड़ करें;

S = सबट्रैक्शन = घटाना ..—.. = उसके बाद घटाने की क्रिया करें।

उदाहरण 1. $\frac{3}{7} \times \frac{5}{9} \div \frac{5}{7}$ को हल करें।

BODMAS नियम के अनुसार पहले (÷) करें और उसके बाद (x) करें।

$\frac{3}{7} \times \frac{5}{9} \div \frac{5}{7}$

$= \frac{3}{7} \times \left(\frac{5}{9} \times \frac{7}{5}\right)$

$= \frac{3}{7} \times \frac{7}{9}$

$= \frac{1}{3}$ उत्तर

उदाहरण 2. $\frac{4}{5} \times \left(\frac{5}{6} - \frac{1}{3}\right) \div \frac{3}{5}$

BODMAS नियम के अनुसार पहले ( ) हल करें, फिर ÷ करें और उसके बाद x हल करें।

$\frac{4}{5} \times \left(\frac{5}{6} - \frac{1}{3}\right) \div \frac{3}{5}$

$= \frac{4}{5} \times \frac{1}{2} \div \frac{3}{5}$

$= \frac{4}{5} \times \frac{1}{2} \times \frac{5}{3}$

$= \frac{2}{3}$ उत्तर

उदाहरण 3. 8 - [7 - {5 - (3 + 2 -1)}]

BODMAS नियम के अनुसार पहले ( ), फिर { } और उसके बाद [ ] हल करें और उसके बाद - हल करें।

8 - [7 - {5 - (3 + 2 -1)}]

= 8 - [7 - {5 - 4}]

= 8 - [7 - 1]

= 8 - 6

= 2 उत्तर

अभ्यास के लिए प्रश्न

1. $\frac{3}{4}$, $\frac{4}{5}$ और $\frac{1}{2}$ में सबसे बड़ी भिन्न कौन-सी है?

A. $\frac{3}{4}$ B. $\frac{4}{5}$

C. $\frac{1}{2}$

2. $\frac{1}{2}$, $\frac{1}{3}$, $\frac{1}{4}$ और $\frac{1}{5}$ में सबसे बड़ी भिन्न कौन-सी है?

A. $\frac{1}{5}$ B. $\frac{1}{4}$

C. $\frac{1}{3}$ D. $\frac{1}{2}$

3. $\frac{2}{5}$, $\frac{1}{3}$, $\frac{1}{2}$, $\frac{3}{10}$: इन भिन्नों को आरोही क्रम में (छोटी से बड़ी) लिखिए।

A. $\frac{2}{5}, \frac{1}{2}, \frac{1}{3}, \frac{3}{10}$ B. $\frac{1}{2}, \frac{1}{3}, \frac{2}{5}, \frac{3}{10}$

C. $\frac{2}{5}, \frac{1}{3}, \frac{1}{2}, \frac{3}{10}$ D. $\frac{3}{10}, \frac{1}{3}, \frac{2}{5}, \frac{1}{2}$

4. $\frac{1}{4}$, $\frac{2}{15}$, $\frac{2}{3}$, $\frac{4}{5}$: इन भिन्नों को अवरोही क्रम में (बड़ी से छोटी) मे लिखिए।

A. $\frac{2}{3}, \frac{4}{5}, \frac{2}{15}, \frac{1}{4}$ B. $\frac{2}{3}, \frac{1}{4}, \frac{4}{5}, \frac{2}{15}$

C. $\frac{4}{5}, \frac{2}{3}, \frac{1}{4}, \frac{2}{15}$ D. $\frac{2}{15}, \frac{1}{4}, \frac{2}{3}, \frac{4}{5}$

5. $\frac{3}{4}$, $\frac{1}{4}$, $\frac{1}{2}$, $\frac{2}{3}$: इन भिन्नों को अवरोही क्रम में (बड़ी से छोटी) लिखिए:

A. $\frac{3}{4}, \frac{2}{3}, \frac{1}{4}, \frac{1}{2}$ B. $\frac{3}{4}, \frac{1}{4}, \frac{2}{3}, \frac{1}{2}$

C. $\frac{3}{4}, \frac{2}{3}, \frac{1}{2}, \frac{1}{4}$ D. $\frac{3}{4}, \frac{1}{2}, \frac{1}{4}, \frac{2}{3}$

6. $\frac{7}{12}, \frac{5}{6}, \frac{1}{3}, \frac{2}{3}$: इन भिन्नों को आरोही क्रम में (छोटी से बड़ी) लिखिए:

A. $\frac{1}{3}, \frac{7}{12}, \frac{2}{3}, \frac{5}{6}$ B. $\frac{1}{3}, \frac{2}{3}, \frac{5}{6}, \frac{7}{12}$

C. $\frac{7}{12}, \frac{2}{3}, \frac{1}{3}, \frac{5}{6}$ D. $\frac{5}{6}, \frac{7}{12}, \frac{2}{3}, \frac{1}{3}$

7. $1\frac{3}{4} \div 2\frac{5}{8} \times 1\frac{1}{5} = ?$

A. $1\frac{1}{4}$ B. $1\frac{1}{5}$

C. $\frac{4}{5}$ D. $\frac{3}{5}$

8. $1\frac{1}{5} \times 1\frac{5}{6} \div 2\frac{1}{5} = ?$

A. $\frac{1}{2}$ B. 0

C. $\frac{11}{5}$ D. 1

9. $\frac{1}{3} \times \frac{1}{2} + \frac{1}{4} \times \frac{1}{5} = ?$

A. $\frac{2}{5}$ B. $\frac{11}{60}$

C. $\frac{13}{60}$ D. $\frac{7}{60}$

10. $\frac{2}{5} \times \frac{3}{4} + \frac{4}{9} \times \frac{3}{5} = ?$

A. $1\frac{31}{90}$ B. $\frac{31}{90}$

C. $\frac{90}{121}$ D. $\frac{17}{30}$

11. $\left(4\frac{7}{8} - 1\frac{1}{4}\right) \div \left(5\frac{1}{8} - 2\frac{1}{2}\right) = ?$

A. $8\frac{1}{21}$ B. $2\frac{1}{8}$

C. $1\frac{8}{21}$ D. $1\frac{2}{7}$

12. $\frac{4}{5} \times \left(\frac{5}{6} - \frac{1}{3}\right) \div \frac{3}{5} = ?$

A. $\frac{3}{8}$ B. $\frac{2}{3}$

C. $\frac{1}{9}$ D. $\frac{5}{8}$

13. $\frac{1}{2} + 4\frac{2}{5} - \frac{1}{3}$ का $6\frac{2}{5} = ?$

A. $\frac{19}{30}$ B. $\frac{1}{2}$

C. $1\frac{17}{30}$ D. $2\frac{23}{30}$

14. $3 - [4 - \{7 - (6 - \overline{5 - 4})\}] = ?$

A. 2 B. 1

C. 0

15. $\frac{5}{21} \div \left(\frac{4}{7} - \frac{3}{7}\right) + \frac{1}{5} = ?$

A. $\frac{1}{3}$ B. $1\frac{13}{15}$

C. $\frac{13}{15}$ D. $1\frac{2}{15}$

16. $2\frac{7}{10} \div 7\frac{1}{5} \times 2\frac{2}{5} = ?$

A. $\frac{1}{10}$ B. $\frac{5}{10}$

C. $\frac{3}{10}$ D. $\frac{9}{10}$

17. $5\frac{1}{2} + 1\frac{1}{4} \times \left(4\frac{1}{2} - 1\frac{3}{4}\right) \div \frac{1}{2} = ?$

A. $11\frac{1}{3}$ B. $14\frac{1}{7}$

C. $12\frac{3}{8}$ D. $3\frac{1}{3}$

18. $\frac{4}{8} \div \left(\frac{1}{2} - \frac{1}{3}\right) \times \frac{4}{6} = ?$

A. 1 B. $1\frac{1}{2}$

C. $2\frac{1}{2}$ D. 2

19. $2\frac{7}{10} \times 3\frac{1}{3} \div 3\frac{3}{5} = ?$

A. $3\frac{1}{2}$ B. $2\frac{1}{2}$

C. $2\frac{1}{4}$ D. $3\frac{1}{4}$

20. $\frac{1}{4} + \frac{1}{3} \times \left(\frac{1}{2} + \frac{1}{3}\right) \div 1\frac{1}{4} = ?$

A. $\frac{2}{9}$ B. $\frac{11}{36}$

C. $\frac{17}{36}$ D. $\frac{5}{9}$

उत्तरमाला

1	2	3	4	5	6	7	8	9	10
B	D	D	C	C	A	C	D	C	D
11	**12**	**13**	**14**	**15**	**16**	**17**	**18**	**19**	**20**
C	B	D	B	B	D	C	D	B	C

4

दशमलव भिन्न

(1) दशमलव भिन्न ऐसी भिन्न होती है, जिसका हर 10 या 10 का कोई गुणज होता है, जैसे .3, .7, .03, .003 आदि।

(2) दशमलव भिन्न के दाईं ओर अन्तिम अंक के बाद एक या अधिक शून्य बढ़ाने से मूल भिन्न के मूल्य में कोई अन्तर नही पड़ता, जैसे .1 और .100 या .1000 में कोई अन्तर नहीं है।

(3) दशमलव भिन्नों को जोड़ने और घटाने की विधि वैसी ही है, जैसी पूर्णांकों को जोड़ने व घटाने की है।

(4) किसी दशमलव भिन्न में 10 या 100 या 1000 से गुणा करना हो तो उसके दशमलव चिन्ह को क्रमशः एक या दो या तीन अंक दाईं ओर खिसका देते हैं, जैसे 2.352 x 10 = 23.52; 2.352 x 100 = 235.2 आदि।

(5) यदि किसी दशमलव भिन्न को किसी दूसरी दशमलव भिन्न से गुणा करना हो, तो दोनों दशमलव भिन्नों में दशमलव चिन्हों पर ध्यान दिये बिना उन दोनों की गुणा कर देते हैं। उसके बाद गिन लेते हैं कि गुण्य और गुणक दोनों में दशमलव चिन्ह के बाद कितने-कितने अंक हैं। उन अंकों को जोड़ लेते हैं और गुणनफल में उतने ही अंकों से पहले दशमलव चिन्ह लगा देते हैं, जैसे 3.15 x 7.26 को गुणा करना है। दशमलव अंक का ध्यान किये बिना 3.15 x 7.26 = 228690. गुण्य और गुणक दोनों में दशमलव चिन्ह के बाद दो-दो अंक हैं। इसलिए 2 + 2 = 4. अब गुणनफल 228690 में दाईं ओर से 4 अंक छोड़कर दशमलव चिन्ह लगा दें अर्थात् उत्तर 22.8690 होगा।

(6) किसी दशमलव भिन्न में किसी पूर्णांक से भाग करना हो, तो दशमलव चिन्ह को भूलकर भाग की साधारण क्रिया करें; किन्तु जब आप दशमलव बिन्दु को पार करें, उस समय भागफल में दशमलव चिन्ह लगा दें। जैसे 13.24 ÷ 4 को इस प्रकार हल करेंगे:

```
4)13.24(3.31
  12
  --
   12
   12
   --
     4
     4
    --
     x
    --
```

उत्तर = 3.31

(7) यदि किसी दशमलव भिन्न में 10 या 100 या 1000 से गुणा करना हो, तो उसके दशमलव चिन्ह को क्रमशः एक या दो या तीन अंक बाईं ओर खिसका देते हैं, जैसे 25.27 ÷ 10 = 2.527; 25.27 ÷ 100 = .2527.

(8) किसी दशमलव भिन्न में किसी अन्य दशमलव भिन्न से भाग करना हो, तो भाजक और भाज्य दोनों को 10 की न्यूनतम घात से गुणा करें ताकि भाजक पूर्णांक बन जाये। उसके बाद ऊपर बताई गई विधि से भाग की क्रिया करें।

(9) किसी दशमलव भिन्न को साधारण भिन्न में बदलना हो तो उसमें दशमलव चिन्ह की ओर ध्यान न दें: उसके बाद उस संख्या को अंश के रूप में लिख दें और उसके नीचे हर के स्थान पर 1 लिख दें। अब गिन कर देखें कि उस दी हुई दशमलव भिन्न में दाहिनी ओर से कितने अंक पहले दशमलव चिन्ह हैं। इसके बाद हर में 1 के बाद उतने ही शून्य लगा दें। जैसे—

11.25 को साधारण भिन्न में बदलो।

पहला चरण: 1125

दूसरा चरण : $\frac{1125}{1}$

तीसरा चरण : मूल दशमलव भिन्न में दाईं ओर से ***दो अंकों से पहले*** दशमलव चिन्ह

चौथा चरण : $\frac{1125}{100} = \frac{45}{4} = 11\frac{1}{4}$

स्मरण रखें–

साधारण भिन्न = दशमलव भिन्न

$\frac{1}{2}$ = .5

$\frac{1}{4}$ = .25

$\frac{1}{8}$ = .125

$\frac{1}{16}$ = .0625

$\frac{1}{32}$ = .03125

$\frac{3}{8}$ = .375

$\frac{5}{8}$ = .625

$\frac{3}{4}$ = .75

$\frac{7}{8}$ = .875

अभ्यास के लिए प्रश्न

1. 0.416 + 3.0 + 37.4 = ?

A. 40.816 B. 40.861
C. 41.061 D. 41.716

2. 10 − 0.385 = ?

A. 1.9615 B. 0.9615
C. 1.615 D. 9.615

3. 0.24 को सबसे छोटी भिन्न में बदल कर लिखेंगे:

A. $\frac{12}{50}$ B. $\frac{3}{25}$
C. $\frac{6}{25}$ D. $\frac{1}{8}$

निर्देशः प्रश्न 4 से 10 में साधारण भिन्न को दशमलव भिन्न में और दशमलव भिन्न को साधारण भिन्न में बदलो।

4. $\frac{3}{5} = ?$

A. 0.25 B. 0.5
C. 0.6 D. 0.8

5. 0.25 = ?

A. $\frac{1}{2}$ B. $\frac{1}{4}$
C. $\frac{3}{4}$ D. $\frac{3}{5}$

6. 0.625 = ?

A. $\frac{1}{8}$ B. $\frac{3}{8}$
C. $\frac{2}{5}$ D. $\frac{5}{8}$

7. $\frac{3}{4} = ?$

A. 0.375 B. 0.5
C. 0.75 D. 0.55

8. $\frac{3}{8} = ?$

A. 0.375 B. 0.625
C. 0.875 D. 0.125

9. $4\frac{1}{20} = ?$

A. 4.02 B. 4.05
C. 4.5 D. 4.2

10. 0.01 = ?

A. 1 B. $\frac{1}{10}$

C. $\frac{1}{100}$ D. $\frac{1}{1000}$

निर्देश: प्रश्न 11 से 20 तक सही उत्तर पर (✓) निशान लगायें।

11. 2.5 x 10 = ?

A. 25 B. 0.25

C. 250 D. 2.5

12. 4.05 x 100 = ?

A. 40.5 B. 40.500

C. 4.050 D. 405

13. 54.6 x 100 = ?

A. 0.546 B. 54.600

C. 5460 D. .0546

14. .25 x .25 = ?

A. .625 B. .0625

C. .125 D. .0125

15. .5 x .5 = ?

A. .55 B. 2.5

C. .025 D. .25

16. 16 ÷ 10 = ?

A. 0.16 B. 1.6

C. 1.06 D. 10.6

17. 85.4 ÷ 100 = ?

A. 8.54 B. .0854

C. 0.854 D. 854

18. 0.62 ÷ 100 = ?

A. 6.2 B. 62

C. 0.062 D. 0.0062

19. .5 ÷ .25 = ?

A. 0.025 B. 0.0625

C. 2 D. .02

20. .5 ÷ .125 = ?

A. .625 B. .575

C. 0.0575 D. 4

उत्तरमाला

1	2	3	4	5	6	7	8	9	10
A	D	C	C	B	D	C	A	B	C
11	12	13	14	15	16	17	18	19	20
A	D	C	B	D	B	C	D	C	D

5

प्रतिशत

प्रतिशत का अर्थ है प्रत्येक 100 पर। 3 प्रतिशत का अर्थ है- हर 100 पर 3; 20 प्रतिशत का अर्थ है- हर 100 पर 20. प्रतिशत का चिन्ह % है अर्थात् 3% का अर्थ है- 3 प्रतिशत और 20% का अर्थ है- 20 प्रतिशत।

रमेश को 100 अंकों में 60 अंक मिले। आप तुरन्त कह देंगे कि उसे 100 में से 60 अंक मिले। आप यह भी बता देंगे कि 100 में से 60 अंक मिलने का अर्थ है- 60% अंक मिले। लेकिन यदि रमेश को 50 अंकों वाले पर्चे में 40 अंक मिले हों, तो कैसे पता लगायेंगे कि उसे कितने प्रतिशत अंक मिले?

आइये देखें कि रमेश को कितने प्रतिशत अंक मिले।

50 में से मिले 40 अंक

$\therefore$ 1 में मिलेंगे $\frac{40}{50}$ अंक

$\therefore$ 100 में मिलेंगे $\frac{40}{50} \times 100 = 80$ अंक

उसे 100 में से 80 अंक मिले अर्थात् 80% अंक मिले।

एक दूसरे विषय में रमेश को 120 अंकों के पर्चे में 60 अंक प्राप्त हुए। बताओ उसे कितने प्रतिशत अंक मिले।

120 में से मिले 60 अंक

$\therefore$ 1 में मिलेंगे $\frac{60}{120}$ अंक

$\therefore$ 100 में मिलेंगे $\frac{60}{120} \times 100 = 50$ अंक।

उसे 100 में से 50 अंक मिले अर्थात् 50% अंक मिले।

किसी छात्र के 10 रु० खो गए। वह बताता है कि उसके 50% रुपये खो गए। क्या आप बता सकते हैं कि उसके पास कितने रुपये थे?

आइये पता लगायें कि उसके पास कितने रुपये थे।

50% = 10 रु०

$\therefore 1\% = \frac{10}{50}$ रु०

$\therefore 100\% = \frac{10}{50} \times 100 = 20$ रुपये

अत: छात्र के पास 20 रुपये थे।

स्मरण रखें-

प्रतिशत	=	**भिन्न**
10%	=	$\frac{1}{10}$
20%	=	$\frac{1}{5}$
25%	=	$\frac{1}{4}$
40%	=	$\frac{2}{5}$
50%	=	$\frac{1}{2}$
60%	=	$\frac{3}{5}$
80%	=	$\frac{4}{5}$
$12\frac{1}{2}\%$	=	$\frac{1}{8}$
$16\frac{2}{3}\%$	=	$\frac{1}{6}$
$37\frac{1}{2}\%$	=	$\frac{3}{8}$
$62\frac{1}{2}\%$	=	$\frac{5}{8}$
$33\frac{1}{3}\%$	=	$\frac{1}{3}$
$66\frac{2}{3}\%$	=	$\frac{2}{3}$
$8\frac{1}{3}\%$	=	$\frac{1}{12}$

कुछ नियम– इन नियमों को याद कर लें।

1. प्रतिशत को भिन्न में बदलने का नियमः प्रतिशत $\times \frac{1}{100}$ = भिन्न।

जैसे– 50% को भिन्न में बदलिए।

हलः $50 \times \frac{1}{100} = \frac{1}{2}$

2. भिन्न को प्रतिशत में बदलने का नियमः भिन्न $\times$ 100 = प्रतिशत।

जैसे– $\frac{1}{4}$ को प्रतिशत में बदलिए।

हलः $\frac{1}{4} \times 100 = 25$ प्रतिशत।

3. प्रतिशत को दशमलव में बदलने का नियमः

प्रतिशत $\times \frac{1}{100}$ = दशमलव।

जैसे– 20% को दशमलव में बदलिए।

हलः $20 \times \frac{1}{100} = \frac{20}{100} = 0.2$

4. दशमलव को प्रतिशत में बदलने का नियमः

दशमलव $\times$ 100 = प्रतिशत।

जैसे– 0.25 को प्रतिशत में बदलिए।

हलः $0.25 \times 100 = 25\%$

अभ्यास के लिए प्रश्न

1. किसी छात्र को 50 अंकों में 40 अंक मिले। उसे कितने प्रतिशत अंक मिले?

A. 40 प्रतिशत B. 80 प्रतिशत
C. 90 प्रतिशत D. 85 प्रतिशत

2. 240 रु० की राशि में मेरा हिस्सा 16 रु० है। बताओ मेरा हिस्सा कितने प्रतिशत है?

A. 6% B. 12%
C. 35% D. $6\frac{2}{3}\%$

3. एक परीक्षा में 200 विद्यार्थी बैठे। उनमें से केवल 25% विद्यार्थी पास हुए। बताओ कितने विद्यार्थी पास हुए?

A. 150 B. 100
C. 75 D. 50

4. 800 रु० का 5% कितना होगा?

A. 160 रु० B. 40 रु०
C. 200 रु० D. 16 रु०

5. किसी चुनाव में एक उम्मीदवार को 340 वोट मिले, जो कुल वोटों का 40% था। बताओ कुल कितने वोट पड़े?

A. 650 B. 950
C. 750 D. 850

6. 10% को भिन्न में कितना लिखेंगे?

A. $\frac{1}{10}$ B. $\frac{1}{20}$
C. $\frac{1}{100}$ D. $\frac{1}{5}$

7. 60% को भिन्न में कैसे लिखेंगे?

A. $\frac{2}{5}$ B. $\frac{3}{5}$
C. $\frac{4}{5}$ D. $\frac{1}{12}$

8. $\frac{4}{5}$ कितने प्रतिशत के बराबर है?

A. 45% B. 54%
C. 80% D. 60%

9. 75 का 48% क्या होगा?

A. 16 B. 34
C. 42 D. 36

10. 10, 25 का कितने प्रतिशत है?

A. 10% B. 40%

C. 15% D. 25%

11. एक व्यक्ति हर महीने अपने वेतन का 20% बचाता है। यदि वह हर महीने 40 रु० बचाता है, तो उसका मासिक वेतन कितना है?

A. 400 रु० B. 250 रु०
C. 200 रु० D. 800 रु०

12. एक परीक्षा में प्रश्नपत्र में कुल 300 प्रश्न थे। इनमें 63 प्रश्न अनिवार्य थे। बताओ कितने प्रतिशत प्रश्न अनिवार्य थे?

A. 30% B. 41%
C. 21% D. 27%

13. 15% को भिन्न में व्यक्त करो-

A. $\frac{1}{20}$ B. $\frac{3}{20}$
C. $\frac{7}{20}$ D. $\frac{9}{10}$

14. किस संख्या का 17% 136 है?

A. 1750 B. 945
C. 800 D. 750

15. यदि 300 आमों में से 45 आम सड़ गये, तो कितने प्रतिशत आम सड़ गये?

A. 55% B. 18%
C. 20% D. 15%

16. 24% को साधारण भिन्न में कैसे लिखेंगे?

A. $\frac{6}{25}$ B. $\frac{1}{4}$
C. 24 D. $6\frac{1}{4}$

17. 63, 700 का कितने प्रतिशत है?

A. 21% B. 9%
C. 7% D. 3%

18. राम 40 रु० प्रतिदिन कमाता है और श्याम प्रतिदिन राम से 10% अधिक कमाता है। बताओ श्याम की प्रतिदिन की कमाई कितनी है?

A. 50 रु० B. 45 रु०
C. 44 रु० D. 55 रु०

19. किसी टब में 520 लिटर पानी भरा था। उसमें से 130 लिटर पानी निकाल लिया गया। बताओ कितने प्रतिशत पानी निकाल लिया गया?

A. 15% B. 30%
C. 40% D. 25%

20. 225 किस राशि का 25% है?

A. 1000 B. 900
C. 800 D. 850

उत्तरमाला

1	2	3	4	5	6	7	8	9	10
B	D	D	B	D	A	B	C	D	B
11	12	13	14	15	16	17	18	19	20
C	C	B	C	D	A	B	C	D	B

6

वर्गमूल

हम जानते हैं कि $3 \times 3 = 9$. इसी को हम 3^2 भी लिख सकते हैं।

ऊपर हमने 3 का वर्ग निकाला है। $3 \times 3 = 9$ (3 का वर्ग = 9)

वर्गमूल: किसी संख्या का वर्गमूल वह संख्या होती है, जिसका वर्ग उस संख्या (दी हुई संख्या) के बराबर हो। इस बात को हम अधिक साफ ढंग से समझाने का प्रयास करेंगे: मान लीजिए हमें 16 का वर्गमूल निकालना हो, तो 16 का वर्गमूल ऐसी संख्या होगी, जिसका वर्ग 16 होगा। हमें मालूम है कि 16, 4 का वर्ग है अर्थात् 4^2 है। अत: 16 का वर्गमूल 4 है। इसे हम $\sqrt{16}$ भी लिख सकते हैं।

वर्गमूल निकालने की विधियां: वर्गमूल निकालने की दो विधियां हैं:-

(i) गुणनखण्ड विधि, और (ii) भाग विधि।

(i) **गुणनखण्ड विधि:** इस विधि के अन्तर्गत हम इस बात का पता करते हैं कि उस संख्या के गुणनखण्ड क्या हो सकते हैं।

मान लीजिए हमें 64 का वर्गमूल निकालना है।

पहले हम 64 के गुणनखण्ड निकालेंगे।

$64 = 2 \times 2 \times 2 \times 2 \times 2 \times 2$ (ये 64 के गुणनखण्ड हैं)

$= \overline{2 \times 2 \times 2} \times \overline{2 \times 2 \times 2} = 8 \times 8$

अब चूंकि $= 8 \times 8 = 64$ है, अत: 64 का वर्गमूल 8 होगा।

इसी प्रकार मान लीजिए हमें 36 का वर्गमूल निकालना है।

36 का गुणनखण्ड $= 2 \times 2 \times 3 \times 3$

$= \overline{2 \times 3} \times \overline{2 \times 3}$

$= 6 \times 6$

चूंकि $6 \times 6 = 36$ है, अत: 36 का वर्गमूल 6 होगा।

(ii) **भाग विधि:** इस विधि के अन्तर्गत साधारण भाग जैसी विधि अपनाई जाती है।

जिस संख्या का वर्गमूल निकालना हो, उसे लिखिए और उसके बाद इकाई की ओर से दो-दो अंकों के समूह बना लीजिए।

मान लीजिए हमें 256 का वर्गमूल निकालना है। अत: हम 256 को निम्नलिखित ढंग से लिखेंगे।

$\overline{2}\ \overline{56}$

भाग की क्रिया के लिए एक जोड़े को इकाई मानेंगे- भले ही उसमें एक ही अंक हो या दो अंक।

	16
1	2 56
+1	1
26	1 56
	1 56
	x

इस प्रकार 256 का वर्गमूल 16 निकला।

पहले जोड़े में एक ही अंक केवल 2 है। इसलिए शुरू में 1 से 2 में भाग दिया गया। 2 के नीचे 1 आया और घटाने पर शेष 1 आया। ऊपर 1 बार गया।

अब अगला जोड़ा (56) नीचे उतारिये अर्थात् इस जोड़े को 1 के साथ लिखें। आपकी संख्या 1 56 हो गई। अब भाजक में भागफल जोड़ दें $(1 + 1 = 2)$. अब आगे देखना है कि 156 में 2? से भाग जायेगा। यह ? मालूम नहीं है। अत: 2? को 21, 22, 23, 24, 25, 26, 27, 28, 29 मानकर जबानी भाग देकर देखें कि कितने से भाग करना ठीक होगा। आप पायेंगे कि 26 से भाग देने पर आपको ठीक संख्या मिल जायेगी।

दशमलव संख्याओं का वर्गमूल निकालने की विधि

(i) दशमलव संख्या में दशमलव बिन्दु से आरंभ करके दाईं ओर और बाईं ओर (दोनों ओर) दो-दो अंकों के जोड़े बना लें।

(ii) जब दशमलव चिन्ह के दाईं ओर का पहला जोड़ा नीचे उतारा जाये, उसी समय भागफल में दशमलव का चिन्ह लगा दें।

(iii) भाग की क्रिया उसी प्रकार करें, जैसी ऊपर पूर्णांकों का वर्गमूल निकालने में की थी।

जैसे– 16.8921 का वर्गमूल निकालें।

हल:

	4.11
4	$\overline{16}.\ \overline{89}\ \overline{21}$
4	16
81	89
1	81
821	821
	821
	x

उत्तर = 4.11

याद रखें: *इनकी सहायता से प्रश्न हल करने में सहायता मिलेगी:*

(i)

$\sqrt{1}$	=	1
$\sqrt{4}$	=	2
$\sqrt{9}$	=	3
$\sqrt{16}$	=	4
$\sqrt{25}$	=	5
$\sqrt{36}$	=	6
$\sqrt{49}$	=	7
$\sqrt{64}$	=	8
$\sqrt{81}$	=	9
$\sqrt{100}$	=	10
$\sqrt{121}$	=	11
$\sqrt{144}$	=	12

(ii)

1 का वर्गमूल	=	1.000
2 का वर्गमूल	=	1.414
3 का वर्गमूल	=	1.732
4 का वर्गमूल	=	2.000
5 का वर्गमूल	=	2.236
6 का वर्गमूल	=	2.449
7 का वर्गमूल	=	2.645
8 का वर्गमूल	=	2.828
9 का वर्गमूल	=	3.000
10 का वर्गमूल	=	3.162

(iii)

.1 का वर्गमूल	=	.3162
.2 का वर्गमूल	=	.4472
.3 का वर्गमूल	=	.5477
.4 का वर्गमूल	=	.6324
.5 का वर्गमूल	=	.7071
.6 का वर्गमूल	=	.7745
.7 का वर्गमूल	=	.8366
.8 का वर्गमूल	=	.8944
.9 का वर्गमूल	=	.9486

(iv)

.01 का वर्गमूल	=	.1000
.02 का वर्गमूल	=	.1414
.03 का वर्गमूल	=	.1732
.04 का वर्गमूल	=	.2000
.05 का वर्गमूल	=	.2236
.06 का वर्गमूल	=	.2449
.07 का वर्गमूल	=	.2645
.08 का वर्गमूल	=	.2828
.09 का वर्गमूल	=	.3000

अभ्यास के लिए प्रश्न

1. 121 का वर्गमूल = ?
A. 41 B. 11
C. 12 D. 17

2. $\sqrt{81}$ = ?
A. 11 B. 9
C. 8 D. 7

3. 729 का वर्गमूल = ?
A. 17 B. 23
C. 27 D. 31

4. $\sqrt{1849}$ = ?
A. 43 B. 39
C. 37 D. 51

5. 256 का वर्गमूल = ?
A. 13 B. 17
C. 19 D. 16

6. 8 का वर्गमूल = ?
A. 2.888 B. 2.828
C. 3.808 D. 4.828

7. .01 का वर्गमूल = ?
A. 1 B. .001
C. .1 D. .01

8. $\sqrt{.04}$ = ?
A. .2 B. .08
C. .02 D. .8

9. $\sqrt{9} + \sqrt{16}$ = ?
A. 25 B. 225
C. 7 D. 144

10. $\sqrt{36} + \sqrt{49}$ = ?
A. 13 B. 85
C. 375 D. 43

11. $\sqrt{100} - 1$ = ?
A. 11 B. 10
C. 10.3 D. 9

12. निम्नलिखित में से कौन-सी संख्या पूर्ण नहीं है?
A. 81 B. 121
C. 144 D. 63

13. $\sqrt{9.61}$ = ?
A. 11.1 B. 3.1
C. 1.3 D. 3.01

14. 5.76 का वर्गमूल = ?
A. 2.04 B. 2.4
C. 2.38 D. 2.8

15. 143 में कम से कम कितना जोड़ा जाये कि योगफल पूर्ण वर्ग बन जाये?
A. 13 B. 1
C. 11 D. 9

16. 5 में कितने से गुणा करें कि गुणनफल पूर्ण वर्ग बन जाये?
A. 10 B. 7
C. 5 D. 3

17. 1 में कम से कम कितना जोड़ें कि योगफल पूर्ण वर्ग बन जाये?
A. 7 B. 15
C. 3 D. 24

18. $\frac{9}{36}$ का वर्गमूल = ?
A. 4 B. $\frac{1}{4}$
C. .4 D. $\frac{3}{6}$

19. $\sqrt{\frac{81}{121}} = ?$

A. 1.5 B. $\frac{2}{3}$

C. $\frac{9}{11}$ D. $\frac{11}{9}$

20. एक वर्गाकार खेत का क्षेत्रफल 16 वर्गमीटर है। उस खेत की लम्बाई क्या है?

A. 8 मीटर B. 4 मीटर

C. 2 मीटर D. 6 मीटर

उत्तरमाला

1	2	3	4	5	6	7	8	9	10
B	B	C	A	D	B	C	A	C	A
11	12	13	14	15	16	17	18	19	20
D	D	B	B	B	C	C	D	C	B

7

औसत

दो या दो से अधिक संख्याओं का औसत निकालने के लिए उन संख्याओं को जोड़ लिया जाता है। इस योगफल में उस संख्या से (जितनी संख्याओं को जोड़ा गया हो) भाग दे दिया जाता है। भागफल उन संख्याओं का औसत होता है।

मान लीजिए आपको 3, 5, 7 का औसत निकालना है।

पहले 3, 5, 7 को जोड़ लें: $3 + 5 + 7 = 15$

अब बताइये आपने कितनी संख्याओं को जोड़ा है? तीन संख्याओं को।

अब आप 15 में 3 से भाग दें: $15 \div 3 = 5$

अत: 3, 5, 7 का औसत 5 आया।

औसत निकालने की यही विधि है– चाहे संख्यायें भिन्न में हों, दशमलव में हों या पूर्णांक में हों।

नीचे हम कुछ उदाहरण देकर उन्हें हल करके देखेंगे:

उदाहरण 1. 30, 80 और 100 का औसत निकालिए।

हल: कुल 3 संख्यायें हैं।

$\therefore$ औसत $= \dfrac{30 + 80 + 100}{3}$

$= \dfrac{210}{3} = 70$

उदाहरण 2. 4, 5, 6, 7 और 8 का औसत निकालिए।

हल: कुल संख्यायें 5 हैं।

$\therefore$ औसत $= \dfrac{4 + 5 + 6 + 7 + 8}{5}$

$= \dfrac{30}{5} = 6$

उदाहरण 3. 5 अलग-अलग संख्याओं का औसत 7 है। बताओ उन पांचों संख्याओं का योग क्या होगा?

हल: संख्यायें 5 हैं। उनका औसत 7 है।

संख्याओं का योग = संख्याओं की संख्या x औसत

$= 5 \times 7 = 35$

उदाहरण 4. श्याम की आयु 18 वर्ष, मोहन की 7 वर्ष और गणेश की 8 वर्ष है। उनकी औसत आयु कितनी है?

हल: 3 बच्चों की आयु का योग 18 + 7 + 8

$\therefore$ औसत $= \dfrac{18 + 7 + 8}{3}$

$= \dfrac{33}{3} = 11$ वर्ष

उदाहरण 5. 5 बच्चों की औसत आयु 12 वर्ष है। उनमें से 4 बच्चों की औसत आयु 14 वर्ष है। 5वें बच्चे की आयु क्या है?

हल: 5 बच्चों की आयु का योगफल $= 12 \times 5 = 60$ वर्ष

4 बच्चों की आयु का योगफल $= 14 \times 4 = 56$ वर्ष

5वें बच्चें की आयु $= 60 - 56 = 4$ वर्ष

अभ्यास के लिए प्रश्न

1. 5, 7, 12 और 16 का औसत है:

A. 6 B. 8

C. 9 D. 10

2. 5 संख्याओं का औसत 40 है। 6 संख्याओं का औसत 41 है। तो छठी संख्या = ?

A. 50 B. 40

C. 51 D. 46

3. एक विद्यार्थी को चार विषयों में क्रमशः 56, 75, 86 और 91 अंक मिले। उसके अंकों का कुल औसत क्या रहा?

A. 71 B. 69

C. 67 D. 77

4. पेट्रोल पर 30 दिन का औसत दैनिक व्यय 5 रु॰ 40 पैसे रहा। पूरे 30 दिनों में पेट्रोल पर कुल कितना धन व्यय हुआ?

A. 140 रु॰ B. 162 रु॰

C. 174 रु॰ D. 172 रु॰

5. गोविन्द की आयु 10 साल 7 महीने, पीटर की 10 साल 4 महीने, और अनूप की 11 साल 1 महीने है। तीनों की औसत आयु है:

A. 10 साल 6 महीने

B. 11 साल

C. 10 साल 8 महीने

D. 10 साल 4 महीने

6. चार बच्चों का वजन क्रमशः 11 कि॰ग्रा॰, 13 कि॰ग्रा॰, 14 कि॰ग्रा॰ और 18 कि॰ग्रा॰ है। उन चारों का औसत वजन क्या है?

A. 12 कि॰ग्रा॰ B. 13 कि॰ग्रा॰

C. 14 कि॰ग्रा॰ D. 15 कि॰ग्रा॰

7. 11 बच्चों की एक टीम का औसत वजन 35 कि॰ग्रा॰ है। उन सब बच्चों का कुल वजन कितना है?

A. 46 कि॰ग्रा॰ B. 70 कि॰ग्रा॰

C. 30 कि॰ग्रा॰ D. 385 कि॰ग्रा॰

8. 6 सेबों का वजन 1 कि॰ग्रा॰ 200 ग्राम है। एक सेब का वजन क्या है?

A. 33 ग्राम B. 250 ग्राम

C. 200 ग्राम D. 150 ग्राम

9. पांच विद्यार्थियों की औसत गैर-हाजिरी 46 है। इनमें से प्रथम 4 की औसत गैर-हाजिरी 45 है। बताओ पांचवे विद्यार्थी की औसत गैर-हाजिरी क्या है?

A. 180 B. 50

C. 85 D. 160

10. 5 संख्याओं का औसत 6 है। यदि इनमें से एक संख्या 6 निकाल दी जाये, तो शेष 4 संख्याओं का औसत क्या होगा?

A. 5 B. 4

C. 7 D. 6

11. तीन डिब्बों का औसत वजन 10 कि॰ग्रा॰ है। उनमें से दो डिब्बों का औसत वजन 8 कि॰ग्रा॰ है। तीसरे डिब्बे का वजन क्या है?

A. 11 कि॰ग्रा॰ B. 14 कि॰ग्रा॰

C. 12 कि॰ग्रा॰ D. 7 कि॰ग्रा॰

12. पांच बच्चों की औसत आयु 13 वर्ष है। एक बच्चे के आ जाने से औसत आयु 12 वर्ष हो जाती है। नये बच्चे की आयु है:

A. 4 वर्ष B. 8 वर्ष

C. 7 वर्ष D. 11 वर्ष

13. एक बल्लेबाज ने पांच मैचों में 55, 45, 110, 90, 100 रन बनाये। उसके रनों का औसत होगा:

A. 100 B. 80

C. 50 D. 120

14. 5 लड़कों की आयु का औसत 14 वर्ष है। उनमें से एक लड़का जिसकी आयु 14 वर्ष है चला गया। अब शेष

चार लड़कों की औसत आयु होगी:

A. 14 वर्ष B. 15 वर्ष
C. 13 वर्ष D. 16 वर्ष

15. पांच संख्याओं का औसत 14 है। उनमें से शुरू की तीन संख्याओं का औसत 15 है। बताओ अन्त की दो संख्याओं का औसत क्या होगा?

A. 14.5 B. 16
C. 12.5 D. 12

16. एक कक्षा में 40 लड़कियों की औसत आयु 15 वर्ष है। इनमें 24 की औसत आयु 14 वर्ष है। बताओ शेष की औसत आयु क्या होगी?

A. 16.5 वर्ष B. 18 वर्ष
C. 14.5 वर्ष D. 15 वर्ष

17. 40 लड़कों का औसत वजन 20 कि०ग्रा० है। यदि उनके एक अध्यापक का वजन भी जोड़ दिया जाये, तो औसत वजन 1 कि०ग्रा० बढ़ जाता है। उस अध्यापक का वजन है:

A. 21 कि०ग्रा०
B. 31 कि०ग्रा०
C. 51 कि०ग्रा०
D. 61 कि०ग्रा०

18. सोमवार, मंगलवार और बुधवार का औसत तापमान 40° था। मंगलवार, बुधवार और बृहस्पतिवार का औसत तापमान 41° था। यदि बृहस्पतिवार का तापमान 45° हो तो सोमवार का तापमान क्या होगा?

A. 41° B. 42°
C. 43° D. 44°

19. किसी विद्यार्थी को 4 विषयों में मिले अंकों का औसत 60 है। यदि पांचवे विषय में उसे 40 अंक मिले, तो उसका पांचों विषयों का औसत होगा:

A. 55 B. 50
C. 56 D. 59

20. आठ व्यक्तियों की औसत दैनिक आय 35 रु० है। दो अन्य व्यक्तियों की दैनिक आय क्रमशः 50 रु० और 60 रु० है। बताओ उन दसों व्यक्तियों की औसत दैनिक आय क्या है?

A. 40 रु० B. 36 रु०
C. 39 रु० D. 41 रु०

उत्तरमाला

1	2	3	4	5	6	7	8	9	10
D	D	D	B	C	C	D	C	B	D
11	12	13	14	15	16	17	18	19	20
B	C	B	A	C	A	D	B	C	C

8

अनुपात और समानुपात

अनुपात

दो सजातीय राशियों और मात्राओं के बीच जो संबंध होता है, उसे उन दोनों के बीच अनुपात कहते हैं। जैसे राम की आयु 12 वर्ष और सुषमा की 10 वर्ष है। उनकी आयु के बीच संबंध को कई प्रकार से व्यक्त किया जा सकता है, जैसे—

(i) राम सुषमा से 2 वर्ष बड़ा है

(ii) सुषमा राम से 2 वर्ष छोटी है

(iii) राम की आयु : सुषमा की आयु = $\frac{12}{10}$

(iv) राम की आयु : सुषमा की आयु = 12 : 10

ध्यान रहे कि अनुपात एक भिन्न है।

अनुपात का चिन्ह : है।

चूंकि अनुपात एक भिन्न है, जैसे $\frac{12}{10}$; अतः इसके दो पद हैं– 12 और 10. यदि किसी अनुपात के दोनों पदों में किसी एक ही संख्या से गुणा किया जाये या भाग किया जाये तो अनुपात बदलता नहीं। जैसे—

$\frac{12}{10}$ में दोनों पदों में 3 से गुणा करें। $\frac{12 \times 3}{10 \times 3} = \frac{36}{30}$

$\frac{12}{10}$ और $\frac{36}{30}$ दोनों समान हैं। इसी प्रकार

$\frac{12}{10}$ में दोनों पदों में 2 से भाग दें। $\frac{12 \div 2}{10 \div 2} = \frac{6}{5}$

$\frac{12}{10}$ और $\frac{6}{5}$ दोनों समान हैं।

$\frac{12}{10}$ को 12 : 10 भी लिख सकते हैं।

दोनों में 12 अनुपात का पहला पद है और 10 अनुपात का दूसरा पद है।

विलोमानुपात

किसी अनुपात के पहले और दूसरे पद को क्रमशः दूसरा और पहला पद बना दें, तो नया अनुपात पहले वाले अनुपात का विलोमानुपात कहा जाता है। जैसे $\frac{12}{10}$ या 12 : 10 का विलोमानुपात है $\frac{10}{12}$ या 10 : 12

समानुपात

जब दो अनुपातिक युग्म बराबर होते हैं, तो अनुपात की चारों राशियों समानुपात में कहलाती हैं। जैसे—

12 : 10 और 36 : 30 बराबर हैं। इन्हें हम 12 : 10 : : 36 : 30 लिखेंगे। समानुपात का चिन्ह : : है।

समानुपात में चार राशियां होती हैं। पहली और चौथी राशियों को बाह्य पद, और दूसरी और तीसरी राशियों को माध्यमिक पद कहते हैं।

प्रत्येक समानुपात में–

बाह्य पदों का गुणनफल = माध्यमिक पदों का गुणनफल

प्रथम पद x चौथा पद = दूसरा पद x तीसरा पद

उदाहरण के लिए 3 : 4 : : 6 : 8 में

प्रथम पद x चौथा पद (3 x 8) = दूसरा पद x तीसरा पद (4 x 6)

कौन-सा अनुपात बड़ा है?

हम जानते हैं कि अनुपात एक भिन्न है और कौन-सी भिन्न बड़ी और छोटी है–यह पता लगाना आप सीख चुके

हैं (अध्याय 3 में)।

उदाहरण 1. 3 : 5 और 5 : 7 में कौन-सा अनुपात बड़ा है?

हल: 3 : 5 = $\frac{3}{5}$ और 5 : 7 = $\frac{5}{7}$

$\frac{3}{5}$, $\frac{5}{7}$(पता लगाना है कि $\frac{3}{5}$ और $\frac{5}{7}$ में कौन-सी भिन्न बड़ी है)

$\frac{3}{5}, \frac{5}{7} = \frac{21, 25}{35}$

$= \frac{21}{35}, \frac{25}{35}$

इन दोनों भिन्नों में $\frac{21}{35} < \frac{25}{35}$

∴ अनुपात 5 : 7, अनुपात 3 : 5 से बड़ा है

उत्तर 5 : 7

उदाहरण 2. 50 पैसे और 1 रुपये का अनुपात बताओ।

हल: 50 पैसे : 100 पैसे

= 1 : 2

उदाहरण 3. 7 : 10 : : ? : 70 समानुपात में ? क्या है?

हल: प्रथम पद x चौथा पद = दूसरा पद x तीसरा पद

$7 \times 70 = 10 \times ?$

$? = \frac{7 \times 70}{10}$

$= 49$

उदाहरण 4. किसी कक्षा में 24 लड़के और 16 लड़कियां हैं, तो लड़कों की संख्या और लड़कियों की संख्या के बीच क्या अनुपात है?

हल: $\frac{\text{लड़कों की संख्या}}{\text{लड़कियों की संख्या}} = \frac{24}{16}$

= 24 : 16

= 3 : 2

उदाहरण 5. पत्थर का एक टुकड़ा लकड़ी के एक टुकड़े के वजन से तीन गुना भारी है। पत्थर के टुकड़े के वजन और लकड़ी के टुकड़े के वजन के बीच क्या अनुपात है?

हल: $\frac{\text{पत्थर के टुकड़े का वजन}}{\text{लकड़ी के टुकड़े का वजन}} = \frac{3}{1}$

∴ दोनों के वजन का अनुपात = 3 : 1

उदाहरण: 888 रु॰ को 3 : 5 में बांटिये।

हल: 3 : 5 का अनुपात है

∴ 3 + 5 = 8

अब 888 ÷ 8 = 111

∴ 111 x 3 = 333, और

111 x 5 = 555

∴ उत्तर = 333, 555

उदाहरण 7. दो संख्याओं के बीच 3 : 5 का अनुपात है। दोनों का योग 80 है। बताओ दोनों संख्यायें क्या हैं?

हल: अनुपात का योग = 3 + 5 = 8

पहली संख्या $= 80 \times \frac{3}{8} = 30$

दूसरी संख्या $80 \times \frac{5}{8} = 50$

दोनों संख्यायें हैं 30 और 50.

अभ्यास के लिए प्रश्न

1. 20 मिनट और 1 घण्टा के बीच क्या अनुपात है?

A. 1 : 3 B. 2 : 3

C. 3 : 4 D. 1 : 5

2. किसी स्कूल में 500 लड़के और 450 लड़कियां हैं। बताओ लड़कियों की संख्या और स्कूल के कुल छात्रों की संख्या के बीच क्या अनुपात है?

A. 10 : 9 B. 9 : 10

C. 9 : 19 D. 19 : 9

3. निम्नलिखित अनुपातों में से कौन-सा अनुपात 1 : 2 के बराबर है?

A. 5 : 15 B. 4 : 10

C. 8 : 24 D. 9 : 18

4. भाई-बहन दोनों ने पुरस्कार राशि 2 : 3 के अनुपात में बांट ली। यदि भाई को 1.5 लाख रुपया मिला, तो बहन को कितनी राशि मिलेगी?

A. 3 लाख B. 2.75 लाख
C. 3.25 लाख D. 2.25 लाख

5. किसी कक्षा में लड़कियों और लड़कों की संख्या का अनुपात 2 : 3 है। यदि कक्षा में 16 लड़कियां हों, तो कितने लड़के होंगे?

A. 20 B. 24
C. 22 D. 28

6. किसी व्यक्ति की आय और उसके व्यय का अनुपात 9 : 7 है। उसकी आय यदि 3600 रु० हो, तो उसकी बचत होगी:

A. 600 रु० B. 800 रु०
C. 700 रु० D. 900 रु०

7. निम्नलिखित अनुपातों में से कौन-सा अनुपात सबसे छोटा है?

1 : 2; 6 : 7; 3 : 5; 1 : 3

A. 6 : 7 B. 3 : 5
C. 1 : 2 D. 1 : 3

8. निम्नलिखित में रिक्त स्थान की संख्या बताओ:

3 : ? : : 21 : 35

A. 7 B. 6
C. 9 D. 5

9. यदि राम की मासिक आय 2640 रु० हो और उसकी पत्नी मधु की मासिक आय 1860 रु० हो, तो राम और मधु की मासिक आय का अनुपात होगा:

A. 7 : 10 B. 44 : 31
C. 31 : 44 D. 27 : 31

10. यदि 3674 रु० राम, श्याम और मोहन के बीच 2 : 4 : 5 के अनुपात में बांटे जायें, तो राम का हिस्सा कितना होगा?

A. 334 रु० B. 668 रु०
C. 500 रु० D. 444 रु०

11. यदि 18 : 24 : : x : 20, तो x का मूल्य होगा:

A. 11 B. 18
C. 12 D. 15

12. एक द्रव में 20% स्प्रिट, 30% पेट्रोल और 50% मिट्टी का तेल मिला हुआ है। द्रव में इन तीनों पदार्थों का अनुपात होगा:

A. 5 : 3 : 2 B. 2 : 3 : 5
C. 3 : 5 : 2 D. 2 : 5 : 3

13. यदि किसी अनुपात में दूसरा पद 22 है और अनुपात की भिन्न $\frac{7}{11}$ है, तो अनुपात का पहला पद क्या होगा?

A. 10 B. 15
C. 12 D. 14

14. एक त्रिभुज के तीनो कोणों के बीच अनुपात 2 : 3 : 5 है। यदि सबसे छोटा कोण 36° हो, तो सबसे बड़ा कोण कितने अंश का होगा?

A. 54° B. 72°
C. 90° D. 108°

15. 9 और 63 का विलोम अनुपात है:

A. $\frac{3}{7}$ B. $\frac{1}{6}$
C. $\frac{7}{1}$ D. $\frac{2}{7}$

16. यदि 26 फीट ऊंची इमारत की छाया की लम्बाई 39 फीट हो, तो 32 फीट ऊंची इमारत की छाया की लम्बाई होगी:

A. 43 फीट B. 44 फीट
C. 45 फीट D. 48 फीट

17. यदि 18 : $x = x$: 2 हो, तो x = ?

A. 9 B. 36
C. 16 D. 6

18. यदि कोई राशि $\frac{1}{2}:\frac{2}{3}:\frac{3}{4}$ के अनुपात में बांटी जाती है और $\frac{1}{2}$ = 102 रु० हो, तो पूरी राशि क्या होगी?

A. 255 रु. B. 153 रु.

C. 391 रु० D. 437 रु०

19. 12 : 15 : : ? : 25

A. .2 B. .02

C. 2 D. 20

20. 3, 4 और 21 का चौथां अनुपात है:

A. 25

B. 24

C. 28

D. 32

उत्तरमाला

1	2	3	4	5	6	7	8	9	10
A	C	D	D	B	B	D	D	B	B
11	12	13	14	15	16	17	18	19	20
D	B	D	C	C	D	D	C	D	C

9

हानि-लाभ

1. जिस मूल्य पर कोई वस्तु खरीदी जाये, वह *क्रय-मूल्य* होता है।

2. जिस मूल्य पर कोई वस्तु बेची जाये, वह *विक्रय-मूल्य* होता है।

3. यदि क्रय-मूल्य अधिक हो और विक्रय-मूल्य कम हो तो हानि होती है।

4. यदि क्रय-मूल्य कम हो और विक्रय-मूल्य अधिक हो, तो लाभ होता है।

5. (i) *लाभ = विक्रय-मूल्य – क्रय-मूल्य*

(ii) *हानि = क्रय-मूल्य – विक्रय-मूल्य*

6. *लाभ और हानि सदैव क्रय-मूल्य पर जोड़े जाते हैं।*

7. लाभ और हानि दोनों प्राय: प्रतिशत (%) में व्यक्त किये जाते हैं।

सूत्रः $\text{लाभ } \% = \dfrac{\text{लाभ} \times 100}{\text{क्रय मूल्य}}$

$\text{हानि } \% = \dfrac{\text{हानि} \times 100}{\text{क्रय मूल्य}}$

उदाहरण 1. A ने एक कुर्सी 300 रु० में खरीदा और उसे 350 रु० में बेच दिया। उसे कितने प्रतिशत लाभ हुआ?

हलः प्रश्न को पढ़ने से स्पष्ट पता लगता है कि लाभ हुआ। कितना लाभ हुआ?

लाभ = विक्रय-मूल्य – क्रय-मूल्य

= 350 रु० – 300 रु०

= 50 रु०

उसे कुर्सी बेचने पर 50 रु० का लाभ हुआ। अब पता लगाना है कि यह 50 रु० कितने प्रतिशत होगा।

$$\text{लाभ } \% = \frac{\text{लाभ} \times 100}{\text{क्रय मूल्य}} = \frac{50 \times 100}{300} = 16\frac{2}{3}\%$$

उदाहरण 2. किसी व्यक्ति ने 2500 रु० में खरीदा गया सोफा सेट 2000 रु० में बेच दिया। उसे कितने प्रतिशत हानि हुई?

हलः पहले हानि का पता लगायें।

हानि = क्रय-मूल्य – विक्रय-मूल्य

= 2500 रु० – 2000 रु०

= 500 रु०

उसे 500 रु० की हानि हुई। अब पता लगाना है कि यह 500 रु० कितने प्रतिशत है।

$$\text{हानि } \% = \frac{\text{हानि} \times 100}{\text{क्रय मूल्य}} = \frac{500 \times 100}{2500} = 20\%$$

उदाहरण 3. 500 रु० में खरीदी गई टेबल 12% लाभ पर बेची गई। उसका विक्रय मूल्य बताओ।

हलः जब क्रय-मूल्य और लाभ % दिया हुआ हो, तो विक्रय-मूल्य निकालने का सूत्र:-

$$\textit{विक्रय-मूल्य} = \frac{\text{क्रय मूल्य} \times (100 + \text{लाभ}\%)}{100}$$

इस प्रश्न में (i) क्रय-मूल्य = 500 रु०

(ii) लाभ % = 12

$$\therefore \text{विक्रय-मूल्य} = \frac{\text{क्रय मूल्य} \times (100 + \text{लाभ\%})}{100}$$

$$= \frac{500 \times 112}{100}$$

= 560 रु॰

उदाहरण 4. कोई वस्तु 10% हानि पर 585 रु. में बेची गई। बताओ वह कितने मूल्य पर खरीदी गई थी?

हलः यहां हमें दिया हुआ है- (i) विक्रय-मूल्य

(ii) हानि %

यहां पता लगाना है: क्रय-मूल्य

जब विक्रय-मूल्य और हानि % दिया हुआ हो, तो क्रय-मूल्य निकालने का सूत्रः-

$$\text{क्रय-मूल्य} = \frac{\text{विक्रय मूल्य} \times 100}{100 - \text{हानि\%}}$$

इस प्रश्न में (i) विक्रय-मूल्य = 585 रु॰

(ii) हानि % = 10

$$\therefore \text{क्रय-मूल्य} = \frac{\text{विक्रय मूल्य} \times 100}{100 - \text{हानि\%}}$$

$$= \frac{585 \times 100}{90}$$

= 650 रु॰

उदाहरण 5. कोई वस्तु 12% लाभ पर 21 रु. में बेची गई। उसका क्रय-मूल्य बताओ।

हलः यहां हमें दिया हुआ है- (i) लाभ %

(ii) विक्रय-मूल्य

यहां पता लगाना है: क्रय-मूल्य

जब विक्रय-मूल्य और लाभ प्रतिशत दिया हुआ हो, तो क्रय-मूल्य निकालने का सूत्रः-

$$\text{क्रय-मूल्य} = \frac{\text{विक्रय मूल्य} \times 100}{100 + \text{लाभ\%}}$$

इस प्रश्न में (i) विक्रय-मूल्य = 21 रु॰

(ii) लाभ % = 12

$$\therefore \text{क्रय-मूल्य} = \frac{\text{विक्रय मूल्य} \times 100}{100 + \text{लाभ\%}}$$

$$= \frac{21 \times 100}{112}$$

$$= \frac{2100}{112}$$

$$= \frac{75}{4} = 18 \text{ रु॰ } 75 \text{ पैसे}$$

उदाहरण 6. एक अलमारी 2040 रु॰ में बेचकर किसी व्यक्ति को 15% की हानि होती है। बताओ वह उसे किस मूल्य पर बेचे कि उसे 15% लाभ हो?

हलः दिया हुआ है:- (i) विक्रय-मूल्य

(ii) हानि %

$$\therefore \text{क्रय-मूल्य} = \frac{\text{विक्रय मूल्य} \times 100}{100 - \text{हानि\%}}$$

$$= \frac{2040 \times 100}{85}$$

= 2400 रु॰

अब वह 15% लाभ कमाना चाहता है।

निकालना है विक्रय-मूल्य

$$\text{विक्रय-मूल्य} = \frac{\text{क्रय मूल्य} \times (100 + \text{लाभ\%})}{100}$$

$$= \frac{2400 \times 115}{100}$$

= 2760 रु॰

उदाहरण 7. एक दुकानदार 10 रु॰ के 11 संतरे की दर से संतरे खरीदता है और उन्हें 11 रु॰ के 10 संतरे की दर से बेचता है। उसे कितने प्रतिशत लाभ होता है?

हलः मान लीजिए कि वह संतरे खरीदने में 100 रु॰ खर्च करता है।

इसका अर्थ यह है कि वह (i) 110 संतरे खरीदता है; आर

(ii) 110 संतरों का क्रय-मूल्य 100 है।

अब पता लगायें कि वह इन संतरों को किस मूल्य पर बेचता है।

$$\text{विक्रय-मूल्य} = \frac{11}{10} \times 110$$

= 121 रु॰

अब लाभ = 121 − 100 = 21 रु॰

चूंकि लाभ क्रय-मूल्य पर निकाला जाता है और क्रय-मूल्य 100 रु॰ है;

$$\text{इसलिए लाभ प्रतिशत} = \frac{\text{लाभ} \times 100}{\text{क्रय मूल्य}}$$

$$= \frac{21 \times 100}{100}$$

$$= 21\%$$

उदाहरण 8. एक व्यक्ति 1 रु॰ की 6 के हिसाब से गोलियां खरीदता है। वह 1 रु॰ में कितनी गोलियां बेचे कि उसे 20% लाभ हो?

हल: मान लीजिए कि वह सिर्फ 6 गोलियां खरीदता है। इसका अर्थ यह है कि (i) उसने 6 गोलियां खरीदीं; और

(ii) उसका क्रय-मूल्य 1 रु॰ है।

वह बिक्री पर 20% लाभ चाहता है।

$$\text{विक्रय-मूल्य} = \frac{120}{100} = \frac{6}{5} \text{ रु॰}$$

उसे 20% लाभ कमाने के लिए 1 रु॰ में खरीदी गई 6 गोलियों को $\frac{6}{5}$ रु॰ में बेचना होगा।

चूंकि $\frac{6}{5}$ रु॰ में बेचता है 6 गोलियां

$\therefore$ 1 रु॰ में बेचेगा $\frac{6 \times 5}{6} = 5$ गोलियां

उत्तर: उसे 1 रु॰ में 5 गोलियां बेचनी चाहिए।

उदाहरण 9. एक दुकानदार अपनी वस्तुओं पर 30% अधिक मूल्य की पर्ची लगाता है। फिर पर्ची पर अंकित मूल्य पर खरीददार को 20% का बट्टा (छूट) देता है। बताओ दुकानदार को कितने प्रतिशत लाभ होता है?

हल: माना कि दुकानदार ने कोई वस्तु 100 रु॰ में खरीदी। उसने उस वस्तु पर पर्ची लगाई 100 + 30 = 130 रु॰ की।

वह खरीददार को 20% की छूट देता है। अर्थात् 100 रु॰ की वस्तु 80 रु॰ में देता है।

100 रु॰ की वस्तु देता है 80 रु॰ में

$\therefore$ 1 रु॰ की वस्तु देगा $\frac{80}{100}$ रु॰ में

$\therefore$ 130 रु॰ की वस्तु देगा $\frac{80 \times 130}{100} = 104$ रु॰ में

अत: उसका लाभ हुआ 104 − 100 = 4 रु॰

चूंकि उसका क्रय-मूल्य 100 रु॰ ही था; अत: उसका लाभ % होगा = 4%.

अभ्यास के लिए प्रश्न

1. एक घड़ी 153 रु॰ में बेचने पर शिव को 10% की हानि होती है। 20% लाभ कमाने हेतु उसे वह घड़ी कितने में बेचनी होगी?

A. 175 रु॰ B. 305 रु॰
C. 253 रु॰ D. 204 रु॰

2. एक व्यक्ति ने एक कमीज 125 रु॰ में खरीदी और उसे 115 रु॰ में बेच दिया। उसे कितने प्रतिशत हानि हुई?

A. 3% B. 10%
C. 13% D. 8%

3. किसी वस्तु का क्रय-मूल्य 35 रु॰ है। उसे कितने रु॰ में बेचा जाये कि 5% का लाभ हो?

A. 40 रु॰
B. 37 रु॰ 75 पैसे
C. 36 रु॰ 75 पैसे
D. 35 रु॰ 75 पैसे

4. कोई वस्तु 25% लाभ पर 60 रु॰ में बेची गई। उसका क्रय-मूल्य था:

A. 55 रु॰ B. 45 रु॰
C. 48 रु॰ D. 50 रु॰

5. एक सिलाई मशीन 4085 रु॰ में बेचने पर 5% की हानि

हुई, उस मशीन का क्रय-मूल्य क्या था?

A. 4200 रु० B. 4300 रु०
C. 4150 रु० D. 4250 रु०

6. एक दुकानदार ने 3 रु० के 8 नीबू के हिसाब से नीबू खरीदे। खरीदे गए नीबुओं पर 60% लाभ कमाने के लिए उसे नीबू किस हिसाब से बेचने होंगे?

A. 3 रु० के 5 नीबू
B. 5 रु० के 11 नीबू
C. 4 रु० के 7 नीबू
D. 1 रु० के 2 नीबू

7. एक घोड़ा और एक गाय में से प्रत्येक को 12000 रु० में बेचा गया। यदि घोड़े की बिक्री पर 20% लाभ हुआ और गाय की बिक्री पर 20% हानि हुई, तो पूरे सौदे में कितने प्रतिशत लाभ हुआ या हानि हुई?

A. 5% हानि
B. 6% लाभ
C. 4% हानि
D. 8% लाभ

8. एक छतरी का अंकित मूल्य 80 रु० है। दुकानदार उसे 68 रु० में बेच देता है। वह खरीददार को कितने प्रतिशत बट्टा (छूट) देता है?

A. 7% B. 15%
C. 11% D. 12%

9. 1640 रु० में खरीदा गया सोफा सेट 5% हानि पर बेचा गया। बताओ कितने पर बेचा गया?

A. 1558 B. 1585
C. 1595 D. 1600

10. 242 रु० में एक वस्तु को बेचकर किसी दुकानदार को क्रय-मूल्य के $\frac{1}{10}$ का लाभ हुआ। उस वस्तु का क्रय-मूल्य था:

A. 220 B. 216
C. 224 D. 210

11. दिनेश को एक छतरी 64 में बेचने पर 20% की हानि हुई। यदि वह उस छतरी को 100 रु० में बेचता, तो उसे कितने प्रतिशत लाभ या हानि होती?

A. 25% हानि B. 15% लाभ
C. 30% लाभ D. 25% लाभ

12. यदि 10 पुस्तकों का क्रय-मूल्य 8 पुस्तकों के विक्रय-मूल्य के बराबर हो, तो हानि या लाभ प्रतिशत बताओ।

A. 25% लाभ B. 25% हानि
C. 30% हानि D. 30% लाभ

13. एक दुकानदार गलत बाट का इस्तेमाल करके 25% लाभ कमाता है। बताओ वह 1 कि०ग्रा० माल तौलने के लिए जो बाट इस्तेमाल करता है, उसका असली वजन क्या है?

A. 750 ग्राम B. 800 ग्राम
C. 850 ग्राम D. 900 ग्राम

14. एक दुकानदार अपने ग्राहकों को अंकित मूल्य पर 12% बट्टा (छूट) देता है। किसी वस्तु पर, जिसे उसने 264 रु० में खरीदा था, 15% लाभ कमाने हेतु उसे कितना मूल्य अंकित करना चाहिए?

A. 325 रु० B. 316 रु०
C. 345 रु० D. 365 रु०

15. कोई व्यक्ति 5 रु० के 6 केले के हिसाब से केले खरीद कर उन्हें 6 रु० के 5 केले के हिसाब से बेच देता है। वह कितने प्रतिशत लाभ कमाता है?

A. 30% B. 44%
C. 33% D. 40%

16. 480 रु० में अपना रेडियो बेचने पर मुझे 20% की हानि हुई। मैंने उस रेडियो को किस कीमत पर खरीदा था?

A. 500 रु० B. 540 रु०
C. 600 रु० D. 620 रु०

17. एक दुकानदार 33 मीटर कपड़ा बेचकर 11 मीटर कपड़े के विक्रय-मूल्य के बराबर लाभ कमाता है। बताओ वह कितने प्रतिशत लाभ कमाता है?

A. 30% B. $33\frac{1}{3}\%$

C. 50% D. $33\frac{2}{3}\%$

18. एक दुकानदार अपना माल क्रय-मूल्य पर ही बेचता है किन्तु वह 1 किलोग्राम वाले बाट की जगह पर 900 ग्राम वाला बाट इस्तेमाल करता है। इस तरह कम तोल कर वह कितने प्रतिशत लाभ कमाता है?

A. 11% B. $11\frac{1}{2}\%$

C. $11\frac{1}{5}\%$ D. $11\frac{1}{9}\%$

19. रामदीन ने एक गाय खरीदी और 5% हानि पर 760 रु॰ में बेच दी। उसने गाय ,किस मूल्य पर खरीदी थी?

A. 800 रु॰ B. 820 रु॰

C. 825 रु॰ D. 780 रु॰

20. 288 रु॰ में खरीदी वस्तु 270 रु॰ में बेचने पर कितने प्रतिशत हानि होगी?

A. 7% B. $6\frac{1}{4}\%$

C. $5\frac{1}{6}\%$ D. $5\frac{1}{4}\%$

उत्तरमाला

1	2	3	4	5	6	7	8	9	10
D	D	C	C	B	A	C	B	A	A
11	12	13	14	15	16	17	18	19	20
D	A	B	C	B	C	C	D	A	B

10

साधारण ब्याज और चक्रवृद्धि ब्याज

यदि कोई व्यक्ति बैंक या साहूकार से रुपया उधार लेता है, तो उसे बैंक या साहूकार को *ब्याज* देना पड़ता है। ज़ो धन उधार लिया जाता है, उसे *मूलधन* कहते हैं और *मूलधन* + *ब्याज* को *मिलाकर मिश्रधन* कहते हैं।

(जब तक स्पष्टतया चक्रवृद्धि ब्याज कहा न जाये, तब तक साधारण ब्याज ही माना जायेगा।)

साधारण ब्याज

जब उधार ली गई राशि अर्थात् मूलधन पर एक निश्चित अवधि के लिए और निश्चित दर पर ब्याज लगाया जाता है, तो उसे साधारण ब्याज कहते हैं।

I. साधारण ब्याज निकालने का सूत्रः

$$\textit{साधारण ब्याज} = \frac{\text{मूलधन} \times \text{ब्याज दर} \times \text{समय}}{100}$$

उदाहरण 1. रहीम ने 18 प्रतिशत वार्षिक ब्याज की दर से 5000 रु॰ तीन वर्ष के लिए उधार लिये। उसे कितनी राशि ब्याज के रूप में देनी होगी?

हलः 100 रु॰ का 1 साल का ब्याज = 18 रु॰

$\therefore$ 1 रु॰ का 1 साल का ब्याज = $\frac{18}{100}$ रु॰

$\therefore$ 5000 रु॰ का 1 साल का ब्याज = $\frac{5000 \times 18}{100}$ रु॰

$\therefore$ 5000 रु॰ का 3 साल का ब्याज = $\frac{5000 \times 18 \times 3}{100}$

= 2700 रु॰

ऊपर बताये गये सूत्र के अनुसार–

$\frac{5000 \times 18 \times 3}{100}$ = 2700 रु॰

II. मूलधन निकालने का सूत्रः जब

(i) ब्याज की राशि,

(ii) ब्याज दर, और

(iii) समय पता हो।

$$\textit{मूलधन} = \frac{100 \times \text{साधारण ब्याज की राशि}}{\text{ब्याज दर} \times \text{समय}}$$

उदाहरण 2. किसी धनराशि (मूलधन) पर 4 वर्ष में 2% वार्षिक ब्याज की दर से साधारण ब्याज 180 रु॰ होगा?

हलः हमें मूलधन निकालना है।

प्रश्न में दिया हुआ है– (i) साधारण ब्याज की राशि,
(ii) समय और
(iii) ब्याज दर।

सूत्र के अनुसार मूलधन

$$= \frac{100 \times \text{साधारण ब्याज की राशि}}{\text{ब्याज दर} \times \text{समय}}$$

$$= \frac{100 \times 180}{2 \times 4}$$

= 2250 रु॰

उदाहरण 3. किस धनराशि पर 5 वर्ष में 6% वार्षिक ब्याज की दर से साधारण ब्याज 1350 रु॰ होगा?

हलः मूलधन $= \frac{100 \times \text{साधारण ब्याज की राशि}}{\text{ब्याज दर} \times \text{समय}}$

$$= \frac{100 \times 1350}{6 \times 5}$$

= 4500 रु॰

III. ब्याज दर निकालने का सूत्र जब

(i) साधारण ब्याज की राशि,

(ii) मूलधन, और

(iii) समय पता हो।

$$\text{ब्याज दर} = \frac{\text{साधारण ब्याज (राशि)} \times 100}{\text{मूलधन} \times \text{समय}}$$

उदाहरण 4. बताओ किस ब्याज दर से 450 रु० की राशि 3 वर्ष में साधारण ब्याज के हिसाब से 504 रु० हो जायेगी?

हल: हमें ब्याज दर मालूम करना है।

इस प्रश्न में दिया हुआ है–

(i) साधारण ब्याज (504 - 450)

(ii) मूलधन (450)

(iii) समय 3 वर्ष

$$\text{सूत्र के अनुसार ब्याज दर} = \frac{\text{साधारण ब्याज} \times 100}{\text{मूलधन} \times \text{समय}}$$

$$= \frac{54 \times 100}{450 \times 3}$$

$$= 4\%$$

उदाहरण 5. यदि 10 वर्षों में 150 रु० बढ़कर 200 रु० हो जाते हैं, तो वार्षिक ब्याज दर क्या होगी?

$$\textbf{हल:}\ \text{ब्याज दर} = \frac{\text{साधारण ब्याज} \times 100}{\text{मूलधन} \times \text{समय}}$$

$$= \frac{50 \times 100}{150 \times 10}$$

$$= \frac{10}{3}\% = 3\frac{1}{3}\%$$

IV. समय निकालने का सूत्र: जब

(i) साधारण ब्याज की राशि,

(ii) मूलधन, और

(iii) दर पता हो।

$$\text{समय} = \frac{\text{साधारण ब्याज} \times 100}{\text{मूलधन} \times \text{दर}}$$

उदाहरण 6. कितने समय में 4% वार्षिक ब्याज दर से 50 रु० का मूलधन बढ़कर 55 रु० हो जायेगा?

हल: हमें समय निकालना है।

इस प्रश्न में साधारण ब्याज (55 - 50), मूलधन (50) और ब्याज दर 4% दिये हुए हैं।

$$\text{समय} = \frac{\text{साधारण ब्याज} \times 100}{\text{मूलधन} \times \text{समय}}$$

$$= \frac{5 \times 100}{50 \times 4}$$

$$= \frac{5}{2} = 2\frac{1}{2}\ \text{वर्ष}$$

चक्रवृद्धि ब्याज

जब कोई धन साधारण ब्याज पर उधार दिया जाता है, तो इस धन पर ब्याज की राशि निश्चित समय पर (प्रायः साल के अन्त में) मिल जाती है। यदि निश्चित समय पर ब्याज की राशि साहूकार या ऋणदाता को नहीं मिलती, तो साहूकार या ऋणदाता ब्याज की राशि को उधार दी गई राशि में जोड़ देता है और दोनों को जोड़ने से जो राशि बनती है, उस पर ब्याज जोड़ा जाता है। अगले साल भी अगर ब्याज की राशि साहूकार को नहीं मिलती, तो वह उस साल के ब्याज की राशि को पिछले साल के मूलधन में जोड़ देता है और जोड़ने से बनी राशि पर आगे ब्याज लेता है। आगे भी इसी ढंग से मूलधन में ब्याज जोड़कर उस सारी राशि पर ब्याज लगाया जाता है। इसे चक्रवृद्धि ब्याज कहते हैं।

चक्रवृद्धि ब्याज के प्रश्नों को हल करने के कुछ सूत्र इस प्रकार हैं:-

I. *चक्रवृद्धि ब्याज* =

$$\text{मूलधन}\left(1 + \frac{\text{ब्याज दर}}{100}\right)^{\text{समय}} - \text{मूलधन}$$

$$\textbf{II. मूलधन} = \text{मिश्रधन}\left(\frac{100}{100 + \text{ब्याज दर}}\right)^{\text{समय}}$$

III. यदि ब्याज की दर हर अगले साल अलग-अलग हो तो-

चक्रवृद्धि मिश्रधन =

$$\text{मूलधन}\left(1 + \frac{\text{ब्याज दर}^1}{100}\right)^{\text{समय}}\left(1 + \frac{\text{ब्याज दर}^2}{100}\right)^{\text{समय}}\left(1 + \frac{\text{ब्याज दर}^3}{100}\right)^{\text{समय}}$$

और इसी प्रकार आगे भी।

उदाहरण 1. 800 रु० पर 5% वार्षिक ब्याज दर से 2 वर्ष का चक्रवृद्धि ब्याज क्या होगा?

हलः मिश्रधन $= 800\left(1+\frac{5}{100}\right)^2$

$= 800\left(\frac{21}{20}\right)^2$

$= 800\left(\frac{21}{20} \times \frac{21}{20}\right)$

= 882 रु०

चक्रवृद्धि ब्याज = मिश्रधन – मूलधन

= 882 – 800

= 82 रु०

उदाहरण 2. 32000 रु० का $12\frac{1}{2}$ प्रतिशत वार्षिक ब्याज दर से 2 वर्ष का चक्रवृद्धि मिश्रधन निकालो।

हलः चक्रवृद्धि मिश्रधन = मूलधन$\left(1+\frac{\text{दर}}{100}\right)^{\text{समय}}$

$= 32000 \times \left(1+\frac{25}{2 \times 100}\right)^2$

$= 32000 \times \frac{9}{8} \times \frac{9}{8}$

= 40500 रु०

उदाहरण 3. 12000 रु० 5% वार्षिक चक्रवृद्धि ब्याज दर से कितने समय में 13230 रु० हो जायेगा?

हलः चक्रवृद्धि मिश्रधन = मूलधन $\left(1+\frac{100}{\text{दर}}\right)^{\text{समय}}$

$13230 = 12000\left(1+\frac{5}{100}\right)^{\text{समय}}$

$\therefore \left(1+\frac{5}{100}\right)^{\text{समय}} = \frac{13230}{12000}$

या $\left(\frac{21}{20}\right)^{\text{समय}} = \frac{441}{400} = \frac{21}{20} \times \frac{21}{20} = \left(\frac{21}{20}\right)^2$

∴ समय = 2 वर्ष

अभ्यास के लिए प्रश्न

1. 800 रु० की राशि पर $4\frac{1}{4}$ प्रतिशत वार्षिक ब्याज दर से 2 साल का ब्याज क्या होगा?

A. 35 रु०　　B. 68 रु०

C. 95 रु०　　D. 9 रु०

2. 2000 रु० की राशि 10 प्रतिशत वार्षिक ब्याज दर से 3 साल में बढ़कर कितनी हो जायेगी?

A. 3000 रु०　　B. 2600 रु०

C. 2800 रु०　　D. 3200 रु०

3. 5000 रु० की राशि पर 6% वार्षिक ब्याज दर से कितने समय में 900 रु० ब्याज प्राप्त होगा?

A. 5 वर्ष　　B. 3 वर्ष

C. 6 वर्ष　　D. 4 वर्ष

4. मैं कितनी पूंजी जमा कराऊं कि 3 साल में $2\frac{2}{3}$ प्रतिशत वार्षिक ब्याज दर से मुझे 180 रु० ब्याज में प्राप्त हों?

A. 2000 रु०　　B. 2500 रु०

C. 2550 रु०　　D. 2250 रु०

5. एक राशि 25 वर्ष में तीन गुनी हो गई। ब्याज की वार्षिक दर क्या थी?

A. 20%　　B. 8%

C. 15%　　D. 10%

6. कितने समय में 6% वार्षिक ब्याज दर से किसी राशि का मिश्रधन उससे दो गुना हो जायेगा?

A. 20 वर्ष　　B. 18 वर्ष

B. 15 वर्ष　　B. $16\frac{2}{3}$ वर्ष

7. 6 प्रतिशत वार्षिक ब्याज दर से कितने समय में 720 रु० की राशि पर 540 रु० ब्याज मिलेगा?

A. $12\frac{1}{2}$ वर्ष　　B. $15\frac{1}{2}$ वर्ष

C. $9\frac{1}{2}$ वर्ष   D. $10\frac{1}{2}$ वर्ष

8. 1000 रु० बैंक में $1\frac{1}{2}$ साल जमा रखने पर 75 रु० ब्याज मिला। बताओ वार्षिक ब्याज दर क्या थी?

A. $7\frac{1}{2}\%$ B. 5%
C. $11\frac{1}{2}\%$ D. 2%

9. एक धनराशि 8 वर्ष में दो-गुनी हो जाती है। कितने समय में वह चार-गुनी हो जायेगी?

A. 16 वर्ष   B. 32 वर्ष
C. 24 वर्ष   D. 20 वर्ष

10. कितने समय में 1020 रु० की राशि 5% वार्षिक ब्याज दर से 1530 रु० हो जायेगी?

A. 11 वर्ष   B. $12\frac{1}{2}$ वर्ष
C. 10 वर्ष   D. $13\frac{1}{2}$ वर्ष

11. कोई राशि 10 वर्ष में दूनी हो जाती है। वार्षिक ब्याज दर क्या है?

A. 10%   B. 15%
C. 20%   D. 5%

12. कितनी राशि पर 4% वार्षिक ब्याज दर से 5 साल में 900 रु० ब्याज मिलेगा?

A. 5000 रु०   B. 9000 रु०
C. 3500 रु०   D. 4500 रु०

13. एक व्यक्ति 8% वार्षिक ब्याज दर पर 850 रु० कर्ज लेता है। उसे 442 रु० ब्याज देना पड़ा। बताओ उसे कितने समय का ब्याज देना पड़ा?

A. 4 वर्ष   B. $4\frac{1}{2}$ वर्ष
C. $5\frac{1}{2}$ वर्ष   D. $6\frac{1}{2}$ वर्ष

14. किसी राशि का साधारण ब्याज और चक्रवृद्धि ब्याज समान होगा यदि-

A. राशि आधी और दूनी हो
B. ब्याज की वार्षिक दर समान हो
C. समय समान हो
D. समय केवल 1 वर्ष हो और ब्याज वार्षिक जोड़ा जाये

15. चक्रवृद्धि ब्याज की किस वार्षिक दर से 2000 रु० की राशि 3 वर्ष में बढ़कर 2315.25 रुपये हो जायेगी?

A. $7\frac{1}{2}\%$ B. 10%
C. 5%   D. $2\frac{1}{2}\%$

16. यदि चक्रवृद्धि ब्याज की दर $12\frac{1}{2}\%$ हो, तो 3200 रु० पर कितने समय का ब्याज 850 होगा?

A. 7 वर्ष   B. 2 वर्ष
C. 5 वर्ष   D. 3 वर्ष

17. 10% वार्षिक ब्याज दर से किस राशि का दूसरे वर्ष का चक्रवृद्धि ब्याज 132 रु० होगा?

A. 2200 रु०   B. 1800 रु०
C. 1600 रु०   D. 1200 रु०

18. किसी धनराशि पर 2 वर्ष के चक्रवृद्धि ब्याज और साधारण ब्याज का अन्तर 160 रु० है। यदि इस धनराशि का साधारण ब्याज 2880 रु० हो, तो ब्याज की वार्षिक दर क्या है?

A. $9\frac{1}{11}\%$
B. $1\frac{9}{11}\%$
C. $11\frac{1}{9}\%$
D. उपरोक्त में से कोई भी नहीं

19. चक्रवृद्धि ब्याज की वार्षिक दर क्या होगी यदि 625 रु० 2 वर्ष में बढ़कर 676 रु० हो जायें?

A. 5%   B. 4%
C. 6%   D. 7%

20. 10% वार्षिक चक्रवृद्धि ब्याज दर पर 2000 रु० कितने समय में 2420 रु० हो जायेंगे?

A. 5 वर्ष   B. 3 वर्ष
C. 2½ वर्ष   D. 2 वर्ष

उत्तरमाला

1	2	3	4	5	6	7	8	9	10
B	B	B	D	B	D	A	B	C	C
11	**12**	**13**	**14**	**15**	**16**	**17**	**18**	**19**	**20**
A	D	D	D	C	B	D	C	B	D

11

साझा

जब दो या दो से अधिक लोग मिलकर और पूंजी लगाकर कोई कारोबार करते हैं, तो कहा जाता है कि उन्होंने साझे में कारोबार शुरू किया है। ऐसे व्यापार/कारोबार में शामिल सभी लोग साझेदार कहलाते हैं।

साझे व्यापार में सम्मिलित सभी साझेदारों की पूंजी बराबर भी हो सकती है और कम-ज्यादा भी हो सकती है। यह भी हो सकता है कि उनकी पूंजी अलग-अलग समय के लिए व्यापार में काम आये; जैसे किसी की पूंजी 6 महीने, किसी की साल भर और किसी की इससे भी अधिक समय तक व्यापार में लगी रहे। यह भी हो सकता है कि साझेदारों की पूंजी बराबर हो और बराबर समय तक व्यापार में लगी रहे, किन्तु उनमें से किसी एक साझेदार के ऊपर कोई विशेष व्यापारिक जिम्मेदारी डाल दी जाये और उसके बदले में उसको विशेष लाभ देने की बात भी पहले से तय हो जाये। निष्क्रिय साझेदार पूंजी तो लगाता है पर स्वयं काम नहीं करता; सक्रिय साझेदार पूंजी भी लगाता है और काम भी करता है।

साझे व्यापार में सभी साझेदार पहले से निर्धारित शर्त के अनुसार लाभ के हकदार होते हैं। लेकिन हर साझेदार के लाभ की गणना उसकी पूंजी की मात्रा और व्यापार में उसकी पूंजी लगी रहने वाले समय के अनुपात में की जाती है।

उदाहरण 1. एक व्यापार में A, B और C ने क्रमशः 2000, 4000 और 5000 रु॰ लगाया। साल के अन्त में कुल 3674 रु॰ लाभ आया। बताओ तीनों साझेदारों को कितना-कितना लाभ मिलेगा।

हलः A, B और C की पूंजी = 2000, 4000, 5000 रु॰

∴ व्यापार में लगी उनकी पूंजी का अनुपात = 2 : 4 : 5

5

अनुपातों का जोड़ = 2 + 4 + 5 = 11

लाभ की कुल राशि = 3674 रु॰

∴ A का हिस्सा = $3674 \times \frac{2}{11} = 668$ रु॰

B का हिस्सा = $3674 \times \frac{4}{11} = 1336$ रु॰

C का हिस्सा = $3674 \times \frac{5}{11} = 1670$ रु॰

उत्तर: A= 668 रु॰; B = 1336 रु॰ और C = 1670 रु॰

उदाहरण 2. A, B, C ने मिलकर कोई काम किया। यह तय हुआ कि लाभ में A को B से तीन गुना और B को C से चार गुना अधिक मिलेगा। काम समाप्त होने पर कुल 5100 रु॰ लाभ हुआ। बताओ A, B और C को इसमें से कितना-कितना धन मिला?

हलः साझेदार = A, B और C

लाभ में उनके भाग का अनुपात = 12 : 4 : 1

अनुपातों का जोड़ = 12 + 4 + 1 = 17

लाभ की कुल राशि = 5100 रु॰

∴ A का हिस्सा = $5100 \times \frac{12}{17} = 3600$ रु॰

B का हिस्सा = $5100 \times \frac{4}{17} = 1200$ रु॰

C का हिस्सा = $5100 \times \frac{1}{17} = 300$ रु॰

उत्तर: A= 3600 रु॰; B = 1200 रु॰ और C = 300 रु॰

उदाहरण 3. किसी काम में लाभ की राशि 136 रु॰ है। उस राशि को A, B और C में इस प्रकार बांटो कि A के भाग

का $\frac{1}{2}$, B के भाग का $\frac{3}{4}$ और C के भाग का $\frac{5}{6}$ सब बराबर हों।

हल: A के भाग का $\frac{1}{2}$ = B के भाग का $\frac{3}{4}$ = C के भाग का $\frac{5}{6} = 1$

$\therefore$ A का भाग $= 1 \times \frac{2}{1} = 2$

B का भाग $= 1 \times \frac{4}{3} = \frac{4}{3}$

C का भाग $= 1 \times \frac{6}{5} = \frac{6}{5}$

$\therefore \quad A : B : C$

$2 : \frac{4}{3} : \frac{6}{5}$

(चूंकि 3 और 5 का ल॰ स॰ व॰ = 15; इसलिए उपरोक्त को 15 से गुणा करने पर)

A : B : C = 30 : 20 : 18

अनुपातों का जोड़ = 30 + 20 + 18 = 68

कुल राशि = 136 रु॰

$\therefore$ A का भाग $= 136 \times \frac{30}{68} = 60$ रु॰

B का भाग $= 136 \times \frac{20}{68} = 40$ रु॰

C का भाग $= 136 \times \frac{18}{68} = 36$ रु॰

उत्तर: A= 60 रु॰; B = 40 रु॰ और C = 36 रु॰

उदाहरण 4. किसी व्यापार में A, B, C साझेदार थे और उन्होंने कुल 9400 रु॰ व्यापार में लगाये। इसमें A की पूंजी B की पूंजी से 1400 रु॰ अधिक थी और B की पूंजी C की पूंजी से 1000 रु॰ अधिक थी। 1 साल के अन्त में कुल 846 रु॰ लाभ हुआ। बताओ तीनों में से प्रत्येक को कितनी-कितनी धन-राशि मिलेगी?

हल: इस प्रश्न में बताया गया है कि B ने C से 1000 रु॰ अधिक लगाया और A ने B से 1400 रु॰ अधिक लगाया।

अगर हम अधिक वाली राशियां निकाल दें, तो A, B और C तीनों की पूंजी बराबर-बराबर हो जायेगी।

आइये हम पता लगायें कि उनकी पूंजी कितनी-कितनी थी।

B की पूंजी = C की पूंजी + 1000 रु॰

A की पूंजी = B की पूंजी + 1400 रु॰

= C की पूंजी + 1000 रु॰ + 1400 रु॰

= C की पूंजी + 2400 रु॰

कुल अधिक धन 1000 + 2400 = 3400 रु॰

इस प्रकार पता लगा कि 3400 रु॰ अधिक लगा है। यदि यह 3400 रु॰ से निकाल दें, तो उसके बाद शेष की $\frac{1}{3}$ पूंजी C की पूंजी होगी।

कुल पूंजी = 9400 रु॰

$\therefore$ C की पूंजी $= \frac{9400 - 3400}{3} = \frac{6000}{3} = 2000$ रु॰

B की पूंजी = 2000 + 1000 = 3000 रु॰

A की पूंजी = 3000 + 1400 = 4400 रु॰

जब इनकी पूंजियों की राशि का पता लग गया तो लाभ भी पूंजी के अनुपात में बंट जायेगा।

उनकी पूंजियों का अनुपात = A : B : C

= 4400 : 3000 : 2000

= 22 : 15 : 10

अनुपातों का जोड़ = 22 + 15 + 10 = 47

अब चूंकि कुल लाभ = 846 रु॰

$\therefore$ A का भाग $= 846 \times \frac{22}{47} = 396$ रु॰

B का भाग $= 846 \times \frac{15}{47} = 270$ रु॰

C का भाग $= 846 \times \frac{10}{47} = 180$ रु॰

उत्तर: A= 396 रु॰; B = 270 रु॰ और C = 180 रु॰

उदाहरण 5. एक व्यापार में A और B दो साझेदार हैं। उनकी पूंजी क्रमशः 24000 रु॰ और 40000 रु॰ है। B निष्क्रिय साझेदार है अर्थात् कोई काम नहीं करता, जबकि A सक्रिय साझेदार है अर्थात् व्यापार में काम भी करता है। A को काम के बदले में कुल लाभ का 10% वेतन देने का निर्णय हो गया है। यदि साल के अन्त में व्यापार में 8000 रु॰ लाभ हुआ हो, तो बताओ प्रत्येक को कितनी-कितनी राशि मिली?

हल: कुल लाभ 8000 रु॰

A का वेतन कुल लाभ का 10% = $8000 \times \frac{1}{10}$

= 800 रु०

शेष लाभ = 8000 - 800 = 7200 रु०

अब A और B की पूंजी का अनुपात =

A : B

= 24000 : 40000 या 3 : 5

अनुपातों का जोड़ = 3 + 5 = 8

A का भाग = $7200 \times \frac{3}{8}$ = 2700 रु०

A का कुल लाभ = 2700 + 800 = 3500 रु०

B का भाग = $7200 \times \frac{5}{8}$ = 4500 रु०

उत्तर: A का भाग 3500 रु०; B का भाग = 4500 रु०

उदाहरण 6. A, B, C ने मिलकर साझेदारी में व्यापार किया। A ने 2000 रु० 5 महीने के लिए लगाया; B ने 1200 रु० 6 महीने के लिए लगाया और C ने 2500 रु० तीन महीने के लिए लगाया। यदि अन्त में लाभ 2470 रु० हुआ, तो प्रत्येक को कितनी-कितनी राशि मिलेगी?

हल: तीन साझेदारों ने अलग-अलग राशियां पूंजी के रूप में लगाया और उनकी राशियां अलग-अलग समय तक व्यापार में लगी रहीं।

इनके बीच लाभ-वितरण का क्या अनुपात हो?

लाभ वितरण का अनुपात जानने के लिए हमें यह जानना होगा कि उनकी वही पूंजी 1 महीने के लिए कितनी पूंजी के बराबर थी।

A की पूंजी = 2000 रु० 5 महीने के लिए

∴ 1 माह के लिए A की पूंजी = 2000 x 5 = 10000 रु०

B की पूंजी = 1200 रु० 6 महीने के लिए

∴ 1 माह के लिए B की पूंजी = 1200 x 6 = 7200 रु०

C की पूंजी = 2500 रु० 3 महीने के लिए

∴ 1 माह के लिए C की पूंजी = 2500 x 3 = 7500 रु०

A, B, C की पूंजी का अनुपात = A B C

= 10000 7200 7500

= 100 72 75

अनुपातों का जोड़ = 100 + 72 + 75 = 247

A का लाभ = $2470 \times \frac{100}{247}$ = 1000 रु०

B का लाभ = $2470 \times \frac{72}{247}$ = 720 रु०

C का लाभ = $2470 \times \frac{75}{247}$ = 750 रु०

उत्तर: A = 1000 रु०; B = 720 रु० और C = 750 रु०

उदाहरण 7. A, B, C ने एक व्यापार में क्रमशः 6000रु०, 8000 रु० और 10,000 रु० लगाया। काम आरंभ होने के 6 महीने बाद A ने उस व्यापार में 2000 रु० और लगाये पर B ने उसमें से 2000 रु० निकाल लिए। पूरे एक साल में कुल लाभ 4800 रु० रहा। प्रत्येक का लाभ बताओ।

हल: इस प्रश्न में साझेदार पूंजी घटाते और बढ़ाते रहे। अतः हमें यह निकालना होगा कि 1 महीने के लिए उनमें से प्रत्येक की कितनी पूंजी लगी रही।

A की पूंजी = 6 महीने के लिए 6000 रु०, और

अगले 6 महीने के लिए 6000 + 2000 = 8000 रु०

∴ 1 माह के लिए A की पूंजी = 36000 + 48000

= 84000 रु०

B की पूंजी = 6 महीने के लिए 8000 रु० और

अगले 6 महीने के लिए 8000 - 2000 = 6000 रु०

∴ 1 माह के लिए B की पूंजी = 48000 + 36000

= 84000 रु०

C की पूंजी = 10000 रु० 12 महीने के लिए

∴ 1 माह के लिए C की पूंजी = 120000 रु०

A, B और C की पूंजी का अनुपात

= A : B : C

84000 : 84000 : 120000

= 7 : 7 : 10

अनुपातों का जोड़ = 7 + 7 + 10 = 24

कुल लाभ = 4800 रु०

A का हिस्सा = $4800 \times \frac{7}{24}$ = 1400 रु०

B का हिस्सा = $4800 \times \frac{7}{24}$ = 1400 रु०

C का हिस्सा = $4800 \times \frac{10}{24}$ = 2000 रु०

उत्तर: A = 1400 रु०; B = 1400 रु० और C = 2000 रु०

अभ्यास के लिए प्रश्न

1. यदि 840 रु॰ 3 : 7 : 11 के अनुपात में A, B, C में बांटा जाये, तो C को कितनी राशि मिलेगी?

A. 280 रु॰ B. 400 रु॰
C. 420 रु॰ D. 440 रु॰

2. 440 रु॰ A, B, C में इस तरह बांटा गया कि A को C से 4 गुना और B को C से तीन गुना मिला। बताओ A को कितना मिला?

A. 150 रु॰ B. 200 रु॰
C. 220 रु॰ D. 240 रु॰

3. श्याम और रघु ने क्रमशः 160000 रु॰ और 70000 रु॰ लगाकर साझेदारी में व्यापार किया। साल के बाद 23000 रु॰ लाभ में से रघु को कितनी राशि मिलेगी?

A. 16000 रु॰ B. 23000 रु॰
C. 7000 रु॰ D. 9000 रु॰

4. 87 रु॰ को A, B, C में इस प्रकार बांटो कि A को B से $1\frac{1}{2}$ और B को C से $2\frac{1}{2}$ गुना अधिक मिले। C को कितनी राशि मिलेगी?

A. 30 रु॰ B. 45 रु॰
C. 15 रु॰ D. 12 रु॰

5. A और B ने व्यापार में 3 : 2 के अनुपात में पूंजी लगाई। कुल लाभ में A का हिस्सा 600 रु॰ हो, तो कुल लाभ कितना हुआ?

A. 1200 रु॰ B. 1000 रु॰
C. 800 रु॰ D. 1080 रु॰

6. यदि किसी व्यापार में राम, मनु और किशोर ने क्रमशः 26000, 34000 और 10000 रु॰ लगाये हों, तो 3500 रु॰ के लाभ में मनु का हिस्सा होगा:

A. 1700 रु॰ B. 1600 रु॰
C. 1500 रु॰ D. 500 रु॰

7. किसी व्यापार में A 3000 रु॰ 4 महीने के लिए और B 2000 रु॰ 6 महीने के लिए लगाते हैं। यदि कुल लाभ की राशि 500 हो, तो A को कितना धन मिलेगा?

A. 300 रु॰ B. 250 रु॰
C. 200 रु॰ D. 350 रु॰

8. A और B दोनों बराबर पूंजी लगाकर कुल 300 रु॰ से कुछ काम शुरू करते हैं। 4 महीने बाद C भी इस काम में शामिल हो जाता है। वह (C) कितनी पूंजी लगाये कि साल के अन्त में तीनों को लाभ बराबर मिले?

A. 200 रु॰ B. 250 रु॰
C. 225 रु॰ D. 275 रु॰

9. A ने कोई व्यापार 4500 रु॰ से आरंभ किया। बाद में B ने उसमें साझेदारी कर ली और 5400 रु॰ की पूंजी लगाई। साल के बाद लाभ A और B के बीच 2 : 1 के अनुपात में बंटा। बताओ B ने कितने समय बाद उसमें पूंजी लगाई?

A. 5 महीने बाद
B. 8 महीने बाद
C. 6 महीने बाद
D. 7 महीने बाद

10. किसी व्यापार में A ने कुल पूंजी का $\frac{1}{3}$, B ने कुल पूंजी का $\frac{1}{4}$, C ने कुल पूंजी का $\frac{1}{5}$ और D ने कुल पूंजी का शेष भाग लगाया। 6000 रु॰ के लाभ में A को कितनी राशि मिलेगी?

A. 2000 रु॰ B. 2500 रु॰
C. 2200 रु॰ D. 3000 रु॰

11. A, B और C किसी व्यापार में साझेदार हैं और उनकी पूंजी क्रमशः 5000, 6000 और 4000 रु॰ व्यापार में लगी हुई है। A सक्रिय साझेदार है। उसे कुल लाभ का 30% वेतन के रूप में मिलता है। शेष लाभ उन तीनों में पूंजी के अनुपात में बंट जाता है। बताओ A को कितना धन मिलेगा यदि साल के अन्त

में कुल लाभ 3000 रु॰ हो?

A. 1800 रु॰ B. 1600 रु॰

C. 900 रु॰ D. 700 रु॰

12. यदि किसी व्यापार में A 400 रु॰ 12 महीने के लिए लगाता है, तो B उसी व्यापार में 8 महीने के लिए कितनी पूंजी लगाये कि अन्त में लाभ 2 : 1 के अनुपात में बंटे?

A. 400 रु॰ B. 600 रु॰

C. 200 रु॰ D. 300 रु॰

13. A और B मिलकर एक चरागाह किराये पर लेते हैं। A उसमें 10 गायें 9 महीने चराता है और B 20 गायें $7\frac{1}{2}$ महीने चराता है। यदि कुल किराया 30 रु॰ है, तो A को कितना किराया देना चाहिए?

A. 11 रु॰ 50 पैसे

B. 11 रु॰ 25 पैसे

C. 11 रु॰

D. 11 रु॰ 75 पैसे

14. किसी व्यापार में A, B और C क्रमशः 2000, 3000 और 4000 रु॰ लगाते हैं। साल के अन्त में कुल लाभ 5400 रु॰ हो, तो A को उसमें से कितना मिलेगा?

A. 2400 रु॰ B. 1800 रु॰

C. 1600 रु॰ D. 1200 रु॰

15. A, B और C एक व्यापार में 4700 रु॰ लगाते हैं। A ने B से 500 रु॰ अधिक और B ने C से 300 रु॰ अधिक लगाया है। अंत में 470 रु॰ लाभ हुआ। A को लाभ में कितना मिलेगा?

A. 150 रु॰ B. 120 रु॰

C. 200 रु॰ D. 230 रु॰

उत्तरमाला

1	2	3	4	5	6	7	8	9	10
D	C	C	D	B	A	B	C	D	C
11	12	13	14	15					
B	D	B	D	C					

12

काम और समय

समय और काम के प्रश्न हल करते समय स्मरण रखें–

1. प्राय: 1 दिन का काम निकाल लेने के बाद आगे प्रश्न हल करें।
2. यदि कोई व्यक्ति किसी काम को 10 दिन में पूरा करता है, तो वह व्यक्ति 1 दिन में $\frac{1}{10}$ काम करेगा।
3. यदि कोई मनुष्य 1 दिन में $\frac{1}{10}$ काम करता है, तो वह मनुष्य पूरा काम 10 दिन में कर लेगा।
4. यदि काम करने वालों की संख्या अधिक हो, तो काम कम दिनों में पूरा होगा; यदि काम करने वालों की संख्या कम हो, तो काम अधिक दिनों में पूरा होगा। काम करने वालों की संख्या और दिनों की संख्या एक-दूसरे के प्रतिलोमानुपात (inverse proportion) में होती हैं।

उदाहरण 1. यदि A किसी काम को 10 दिन में कर सकता है और B उसी काम को 12 दिन में पूरा कर सकता है तो बताओ दोनों मिलकर उस काम को कितने दिनों में पूरा कर लेंगे?

हल: A 10 दिन में पूरा काम करता है

$\therefore$ 1 दिन में $\frac{1}{10}$ काम करेगा

B 12 दिन में पूरा काम करता है

$\therefore$ 1 दिन में $\frac{1}{12}$ काम करेगा

A + B का 1 दिन का काम $= \frac{1}{10} + \frac{1}{12} = \frac{11}{60}$ काम

$\frac{11}{60}$ काम दोनों मिलकर करते हैं = 1 दिन में

$\therefore$ पूरा काम दोनों मिलकर करेंगे $= \frac{60}{11}$ दिन में

$= 5\frac{5}{11}$ दिन उत्तर

उदाहरण 2. A, B और C एक काम को अलग-अलग क्रमश: 6, 8 और 24 दिनों में पूरा करते हैं। तीनों मिलकर उस काम को कितने दिनों में पूरा करेंगे?

हल: A 6 दिन में पूरा काम करता है

$\therefore$ 1 दिन में $\frac{1}{6}$ काम करेगा

B 8 दिन में पूरा काम करता है

$\therefore$ 1 दिन में $\frac{1}{8}$ काम करेगा

C 24 दिन में पूरा काम करता है

$\therefore$ 1 दिन में $\frac{1}{24}$ काम करेगा

A + B + C का 1 दिन का काम $= \frac{1}{6} + \frac{1}{8} + \frac{1}{24}$

$= \frac{8}{24} = \frac{1}{3}$ काम

$\frac{1}{3}$ काम तीनों मिलकर करते हैं = 1 दिन में

$\therefore$ 1 काम तीनों मिल कर करेंगे = 3 दिन में

उत्तर = 3 दिन

उदाहरण 3. A किसी काम के $\frac{2}{5}$ भाग को 12 दिन में

करता है। B उसी काम के $\frac{3}{4}$ भाग को 18 दिन में करता है। बताओ दोनों मिलकर उसे कितने दिनों में पूरा करेंगे?

हल: A, $\frac{2}{5}$ काम करता है = 12 दिन में

$\therefore$ पूरा काम करेगा = $\frac{5}{2} \times 12 = 30$ दिन में

B $\frac{3}{4}$ काम करता है = 18 दिन में

$\therefore$ पूरा काम करेगा = $\frac{4}{3} \times 18 = 24$ दिन में

A 30 दिन में पूरा काम करता है

$\therefore$ 1 दिन में $\frac{1}{30}$ काम करेगा

B 24 दिन में पूरा काम करता है

$\therefore$ 1 दिन में $\frac{1}{24}$ काम करेगा

A + B का 1 दिन का काम = $\frac{1}{30} + \frac{1}{24} = \frac{9}{120}$

$= \frac{3}{40}$ काम

$\frac{3}{40}$ काम करते हैं दोनों मिलकर हैं 1 दिन में

$\therefore$ 1 काम करेंगे दोनों मिल कर = $\frac{40}{3}$ दिनों में

उत्तर = $13\frac{1}{3}$ दिन

उदाहरण 4. A और B मिलकर किसी काम को 30 दिन में, B और C मिलकर उसी काम को 36 दिन में और C और A मिलकर उसी काम को 40 दिन में कर सकते हैं। बताओ तीनों मिलकर उस काम को कितने दिनों में पूरा करेंगे?

हल: A + B का 1 दिन का काम $\frac{1}{30}$

B + C का 1 दिन का काम $\frac{1}{36}$

C + A का 1 दिन का काम $\frac{1}{40}$

इन्हें जोड़ने पर

2A + 2B + 2C का 1 दिन का काम

$= \frac{1}{30} + \frac{1}{36} + \frac{1}{40} = \frac{31}{360}$

A + B + C का 1 दिन का काम = $\frac{31}{360} \times \frac{1}{2} = \frac{31}{720}$

$\frac{31}{720}$ काम A + B + C मिलकर करते हैं 1 दिन में

$\therefore$ पूरा काम A + B + C मिलकर करेंगे = $\frac{720}{31}$ दिन

उत्तर = $23\frac{7}{31}$ दिन

उदाहरण 5. A, B और C मिलकर किसी काम को अलग-अलग क्रमश: 10 दिन, 12 दिन और 15 दिन में पूरा कर सकते हैं। तीनों ने मिलकर एक साथ काम आरंभ किया। 2 दिन बाद B बीमार हो गया। शेष काम को A और C पूरा करने में कितने दिन लगायेंगे?

हल: A का 1 दिन का काम = $\frac{1}{10}$

B का 1 दिन का काम = $\frac{1}{12}$

C का 1 दिन का काम = $\frac{1}{15}$

A + B + C का 1 दिन का काम = $\frac{1}{10} + \frac{1}{12} + \frac{1}{15}$

$= \frac{15}{60} = \frac{1}{4}$ काम

$\therefore$ A + B + C का 2 दिन का काम = $\frac{1}{4} \times 2 = \frac{1}{2}$ काम

अब शेष काम = $1 - \frac{1}{2} = \frac{1}{2}$ काम

अब शेष $\frac{1}{2}$ काम को A + C मिलकर करेंगे।

A + C का 1 दिन का काम = $\frac{1}{10} + \frac{1}{15} = \frac{6}{30} = \frac{1}{6}$

$\frac{1}{6}$ काम करते हैं A + C मिलकर 1 दिन में

$\therefore$ पूरा काम करेंगे A + C मिलकर = 6 दिन में

$\therefore$ $\frac{1}{2}$ काम करेंगे A + C मिलकर = $\frac{6}{2} = 3$ दिन में

उत्तर = 3 दिन

उदाहरण 6. A और B किसी काम को अलग-अलग क्रमश: 14 और 21 दिन में पूरा कर सकते हैं। दोनों ने मिलकर काम शुरू किया। A काम समाप्त होने के 6 दिन पहले काम छोड़कर चला गया। बताओ कुल काम कितने दिनों में पूरा हुआ?

हल: चूंकि प्रश्न में यह नहीं बताया गया कि A और B दोनों ने मिलकर कितने दिन काम किया। अत: हम प्रश्न को दूसरे ढंग से हल करेंगे।

प्रश्न को पढ़ने से स्पष्ट है कि A काम समाप्त होने के 6 दिन पहले काम छोड़कर चला गया। इसका अर्थ यह है कि B ने अन्त में 6 दिन अकेले काम किया।

B का 1 दिन का काम $= \frac{1}{21}$

B का 6 दिन का काम $= \frac{6}{21} = \frac{2}{7}$

$\frac{2}{7}$ काम B ने अन्त में 6 दिन में अकेले पूरा किया।

इसका अर्थ यह है कि इससे पहले A + B ने मिलकर $1 - \frac{2}{7} = \frac{5}{7}$ काम किया था।

A + B का 1 दिन का काम $= \frac{1}{14} + \frac{1}{21} = \frac{5}{42}$

$\frac{5}{42}$ काम करते हैं A + B मिलकर 1 दिन में

$\therefore$ पूरा काम करेंगे A + B मिलकर $= \frac{42}{5}$ दिन में

$\therefore$ $\frac{5}{7}$ काम करेंगे A + B मिलकर $\frac{42}{5} \times \frac{5}{7} = 6$ दिन में

उत्तर = 6 दिन + 6 दिन = 12 दिन

उदाहरण 7. 5 वयस्क और 3 लड़के एक काम को 40 दिनों में पूरा कर सकते हैं। 11 वयस्क और 7 लड़के उसी काम को 18 दिन में पूरा कर सकते हैं। बताओ उस काम को 20 दिन में पूरा कराने हेतु 7 वयस्कों के साथ कितने लड़के काम पर लगाये जायें?

हल: 40 दिन में करते हैं = 5 वयस्क + 3 लड़के

$\therefore$ 1 दिन में करेंगे = 200 वयस्क + 120 लड़के

18 दिन में करते हैं = 11 वयस्क + 7 लड़के

$\therefore$ 1 दिन में करेंगे = 198 वयस्क + 126 लड़के

200 वयस्क + 120 लड़के = 198 वयस्क + 126 लड़के

या 200 वयस्क − 198 वयस्क = 126 लड़के − 120 लड़के

या 2 वयस्क = 6 लड़के

या 1 वयस्क = 3 लड़के

$\therefore$ 5 वयस्क + 3 लड़के = 18 लड़के

40 दिन में करते हैं = 18 लड़के

1 दिन में करेंगे = 18 × 40 लड़के

$\therefore$ 20 दिन में करेंगे $= \frac{18 \times 40}{20} = 36$ लड़के

7 वयस्क = 21 लड़के

$\therefore$ 36 − 21 = 15 लड़के साथ लगाने होंगे

उत्तर = 15 लड़के

अभ्यास के लिए प्रश्न

1. एक व्यक्ति एक काम को 10 दिन में पूरा कर सकता है। $\frac{4}{10}$ काम को वह कितने दिनों में पूरा करेगा?

A. 6 दिन में   B. 4 दिन में

C. 3 दिन में   D. 12 दिन में

2. A और B किसी काम को अलग-अलग क्रमश: 10 और 15 दिनों में पूरा कर सकते हैं। दोनों मिलकर उसे कितने दिनों में पूरा करेंगे?

A. $7\frac{1}{2}$ दिन में   B. 5 दिन में

C. 6 दिन में   D. 12 दिन में

3. A और B मिलकर किसी काम को 6 दिन में पूरा कर

सकते हैं। यदि A अकेला उस काम को 10 दिन में पूरा कर सकता है तो B उसे कितने दिनों में अकेले पूरा कर सकेगा?

A. 15 दिन में B. 8 दिन में
C. 16 दिन में D. 7 दिन में

4. 8 आदमी मिलकर एक मकान 52 दिनों में बनाते हैं। अगर 13 आदमी काम पर हों, तो वे मिलकर मकान कितने दिनों में बनाएंगे?

A. 10 दिन B. 12 दिन
C. 21 दिन D. 32 दिन

5. 6 आदमी मिलकर एक खेत 77 दिनों में जोतते हैं। कितने आदमी उसी काम को 42 दिनों में पूरा करेंगे?

A. 11 आदमी B. 13 आदमी
C. 17 आदमी D. 15 आदमी

6. यदि 20 आदमी किसी काम को 4 दिन में पूरा कर सकते हैं, तो 16 आदमी उससे दो गुने काम को कितने दिनों में पूरा करेंगे?

A. 12 दिन B. 8 दिन
C. 15 दिन D. 10 दिन

7. A और B किसी काम को अलग-अलग क्रमश: 15 दिनों और 20 दिनों में पूरा कर सकते हैं। यदि A और B दोनों C को साथ मिलाकर काम करते हैं, तो काम 5 दिनों में पूरा हो जाता है। बताओ C अकेला उस काम को कितने दिनों में पूरा कर सकता है?

A. 10 दिन B. 8 दिन
C. 12 दिन D. 14 दिन

8. 36 आदमी किसी काम को 49 दिनों में पूरा कर सकते हैं। यदि काम 21 दिनों में पूरा करना हो, तो कितने और फालतू आदमी उस काम पर लगाना जरूरी होगा?

A. 54 आदमी B. 48 आदमी
C. 42 आदमी D. 40 आदमी

9. 1 आदमी और 2 लड़के किसी काम को 50 दिनों में पूरा कर सकते हैं। 10 आदमी और 16 लड़के उसी काम को कितने दिनों में पूरा करेंगे?

A. $\frac{3}{10}$ दिन B. $\frac{5}{8}$ दिन
C. $\frac{3}{8}$ दिन D. $\frac{7}{10}$ दिन

10. A, B और C किसी काम को अलग-अलग क्रमश: 24, 30 और 40 दिन में पूरा कर सकते हैं। तीनों ने मिलकर एक साथ काम शुरू किया। C काम पूरा होने से चार दिन पहले काम छोड़ कर चला गया। बताओ काम कितने दिनों में पूरा हुआ?

A. 7 दिन B. 11 दिन
C. 13 दिन D. 10 दिन

11. 20 आदमी किसी काम को 30 दिन में पूरा कर सकते हैं। कितने दिनों बाद 5 व्यक्ति काम छोड़ दें कि काम 35 दिनों में पूरा हो?

A. 8 B. 6
C. 12 D. 15

12. राम श्याम की तुलना में 50% अधिक काम करता है। यदि श्याम किसी काम को 12 दिनों में करता है, तो राम उस काम को अकेले कितने दिनों में कर लेगा?

A. 6 दिन B. 8 दिन
C. 9 दिन D. 10 दिन

13. राम किसी काम को 8 दिन में पूरा कर सकता है। राम और श्याम मिलकर उसी काम को $4\frac{4}{9}$ दिनों में पूरा कर सकते हैं। बताओ श्याम अकेले कितने दिनों में उस काम को पूरा कर लेगा?

A. 12 दिन B. 9 दिन
C. 10 दिन D. 8 दिन

14. A किसी काम को 80 दिन में पूरा कर सकता है। उसने 10 दिन तक काम किया। बाकी काम B ने अकेले 42 दिनों में पूरा किया। बताओ A और B मिलकर उसे कितने दिनों में पूरा कर सकते हैं?

A. 24 दिन B. 26 दिन
C. 30 दिन D. 28 दिन

15. राम किसी काम को करने में श्याम से तीन गुना समय

लेता है। दोनों मिलकर किसी काम को $7\frac{1}{2}$ दिन में पूरा कर लेते हैं। बताओ राम उस काम को अकेले कितने दिनों में पूरा कर लेगा?

A. 24 दिन B. 26 दिन
C. 28 दिन D. 30 दिन

16. नल A किसी हौज को 10 मिनट में भर सकता है और नल B उस हौज को 15 मिनट में खाली कर सकता है। हौज खाली हो और दोनों नल एक साथ खोल दिये जायें, तो हौज कितने समय में भर जायेगा?

A. 50 मिनट B. 30 मिनट
C. 40 मिनट D. 45 मिनट

उत्तरमाला

1	2	3	4	5	6	7	8	9	10
B	C	A	D	A	D	C	B	B	B
11	12	13	14	15	16				
D	D	C	C	D	B				

13

समय, दूरी और रफ्तार

समय, दूरी और रफ्तार वाले प्रश्नों को हल करते समय निम्नलिखित सूत्रों को याद रखें:

(i) **दूरी** निकालना हो तो = रफ्तार x समय

अर्थात् **दूरी** = रफ्तार x समय

(ii) **रफ्तार** निकालना हो तो = $\frac{\text{दूरी}}{\text{समय}}$

अर्थात् **रफ्तार** = $\frac{\text{दूरी}}{\text{समय}}$

(iii) **समय** निकालना हो तो = $\frac{\text{दूरी}}{\text{रफ्तार}}$

अर्थात् **समय** = $\frac{\text{दूरी}}{\text{रफ्तार}}$

(iv) जब कोई रेलगाड़ी किसी खम्भे या वृक्ष को पार करती है तो वह

(क) केवल अपनी लम्बाई के बराबर दूरी पार करती है।

(ख) उतना ही समय लेती है, जितना समय उसे अपनी लम्बाई के बराबर दूरी पार करने में लगता है।

(v) जब कोई रेलगाड़ी किसी पुल या प्लेटफार्म को पार करती है, तो वह

(क) अपनी लम्बाई + पुल या प्लेटफार्म की लम्बाई के बराबर दूरी पार करती है।

(ख) उतना समय लेती है, जितना समय उसे अपनी लम्बाई + पुल या प्लेटफार्म की लम्बाई के बराबर दूरी पार करने में लगता है।

(vi) जब कोई रेलगाड़ी किसी दूसरी रेलगाड़ी को पार करती है (चाहे दोनों रेलगाड़ियां एक ही दिशा में जा रही हों या विपरीत दिशा में जा रही हों), तो उसे दोनों रेलगाड़ियों की लम्बाइयों के बराबर दूरी पार करनी होती है।

(vii) यदि रफ्तार 1 किलोमीटर प्रति घण्टा हो, तो

$= \frac{5}{18}$ मीटर प्रति सेकेण्ड होगी।

(viii) यदि रफ्तार 1 मीटर प्रति सेकेण्ड हो, तो

$= \frac{18}{5}$ किलोमीटर प्रति घण्टा होगी।

उदाहरण 1. यदि कोई रेलगाड़ी 54 किलोमीटर प्रति घण्टे की रफ्तार से चलती है, तो उसकी रफ्तार प्रति सेकेण्ड कितने मीटर होगी?

हल: रफ्तार 54 किलोमीटर प्रति घण्टा है।

हम जानते हैं कि 1 किलोमीटर प्रति घण्टा

$= \frac{5}{18}$ मीटर प्रति सेकेण्ड

$\therefore$ प्रति सेकेण्ड रफ्तार $= \frac{5}{18} \times 54$ मीटर

= 15 मीटर उत्तर

उदाहरण 2. यदि कोई रेलगाड़ी 22.5 मीटर प्रति सेकेण्ड की चाल से चलती है, तो उसकी रफ्तार प्रति घण्टा कितने किलोमीटर होगी?

हल: दी हुई रफ्तार 22.5 मीटर प्रति सेकेण्ड है।

हम जानते हैं कि यदि रफ्तार 1 मीटर प्रति सेकेण्ड हो

$= \frac{18}{5}$ किलोमीटर प्रति घण्टा होगी

$\therefore$ रफ्तार 22.5 मीटर प्रति सेकेण्ड $= \frac{45}{2} \times \frac{18}{5}$

= 81 किलोमीटर प्रति घण्टा

उदाहरण 3. यदि 50 मीटर लम्बी रेलगाड़ी 100 मीटर लम्बे पुल को 10 सेकेण्ड में पार करे, तो उस रेलगाड़ी की प्रति घण्टा रफ्तार क्या है?

हल: रेलगाड़ी की लम्बाई = 50 मीटर

पुल की लम्बाई = 100 मीटर

कुल लम्बाई = 150 मीटर

10 सेकेण्ड में = 150 मीटर

$\therefore$ 1 मिनट में $= \frac{150}{10} \times 60$ मीटर

$\therefore$ 60 मिनट में $= \frac{150}{10} \times \frac{60}{1} \times \frac{60}{1}$

= 54000 मीटर

= 54 किलोमीटर

उदाहरण 4. 45 किलोमीटर प्रति घण्टा की रफ्तार से भागती हुई एक रेलगाड़ी एक सिगनल खम्भे को 12 सेकेण्ड में पार करती है। बताओ रेलगाड़ी की लम्बाई क्या है?

हल: गाड़ी की रफ्तार = 1 घण्टे में 45 किलोमीटर

= 60 मिनट में 45000 मीटर

= 3600 सेकेण्ड में 45000 मीटर

गाड़ी सिग्नल का खम्भा पार करती है। अर्थात् उसे अपनी लम्बाई के बराबर दूरी पार करने में 12 सेकेण्ड का समय मिलता है।

अब चूंकि रेलगाड़ी 3600 सेकेण्ड में जाती है 45000 मीटर

$\therefore$ रेलगाड़ी जायेगी 12 सेकेण्ड में $\frac{45000 \times 12}{3600}$

= 150 मीटर

(यही 150 मीटर गाड़ी की लम्बाई है।)

उदाहरण 5: 280 मीटर लम्बी रेलगाड़ी 60 किलोमीटर प्रति घण्टे की रफ्तार से भाग रही है। 220 मीटर लम्बे पुल को पार करने में इसे कितना समय लगेगा?

हल: रेलगाड़ी की रफ्तार = 60 किलोमीटर प्रति घण्टा

= 60000 मीटर प्रति घण्टा

= 60000 मीटर 3600 सेकेण्ड में

तय की जाने वाली दूरी = रेलगाड़ी की लम्बाई + पुल की लम्बाई

= 280 मीटर + 220 मीटर

=500 मीटर

60000 मीटर जाती है = 3600 सेकेण्ड में

$\therefore$ 1 मीटर जाती है $= \frac{3600}{60000}$ सेकेण्ड में

$\therefore$ 500 मीटर जायेगी $= \frac{3600}{60000} \times 500$ सेकेण्ड में

= 30 सेकेण्ड में

उदाहरण 6. 121 मीटर लम्बी और 99 मीटर लम्बी दो रेलगाड़ियां विपरीत दिशा में जा रही हैं। उनमें एक की रफ्तार 54 किलोमीटर प्रति घण्टा है जबकि दूसरी की रफ्तार 36 किलोमीटर प्रति घण्टा है। कितने समय में दोनों रेलगाड़ियां एक दूसरे को पार कर लेंगी?

हल: दोनों रेलगाड़ियां विपरीत दिशाओं में एक-दूसरे की ओर बढ़ रही हैं। अत: एक-दूसरे को पार करने में उन्हें 121 मीटर + 99 मीटर = 220 मीटर की दूरी तय करनी होगी।

चूंकि दोनों रेलगाड़ियां क्रमश: 54 कि॰ मी॰ और 36 कि॰ मी॰ प्रति घण्टे की रफ्तार से चल रही हैं अर्थात् 54 + 36 = 90 किलोमीटर प्रति घण्टा उनकी रफ्तार है।

हम जानते हैं कि 1 किलोमीटर प्रति घण्टा रफ्तार

$= \frac{5}{18}$ मीटर प्रति सेकेण्ड

$\therefore$ 90 किलोमीटर प्रति घण्टा रफ्तार $= 90 \times \frac{5}{18}$

= 25 मीटर प्रति सेकेण्ड

अब $\therefore$ 25 मीटर 1 सेकेण्ड में

$\therefore$ 220 मीटर $= \frac{220}{25}$

$= 8\frac{4}{5}$ सेकेण्ड

अभ्यास के लिए प्रश्न

1. यदि किसी गाड़ी की रफ्तार 45 किलोमीटर प्रति घण्टा हो, तो वह 18 सेकेण्ड में कितनी दूरी तय करेगी?

A. 200 मीटर B. 150 मीटर
C. 250 मीटर D. 225 मीटर

2. 60 किलोमीटर प्रति घण्टा की रफ्तार से भाग रही रेलगाड़ी एक सिगनल खम्भे को 6 सेकेण्ड में पार कर लेती है। उस रेलगाड़ी की लम्बाई है:

A. 150 मीटर B. 100 मीटर
C. 125 मीटर D. 50 मीटर

3. 300 मीटर लम्बी एक रेलगाड़ी 900 मीटर लम्बे पुल को 1 मिनट 12 सेकेण्ड में पार कर लेती है। उस रेलगाड़ी की प्रति घण्टा रफ्तार है:

A. 60 किलोमीटर B. 65 किलोमीटर
C. 55 किलोमीटर D. 70 किलोमीटर

4. 130 मीटर लम्बी एक रेलगाड़ी 45 किलोमीटर प्रति घण्टे की रफ्तार से चलकर एक प्लेटफार्म को 30 सेकेण्ड में पार कर लेती है। प्लेटफार्म की लम्बाई है:

A. 250 मीटर B. 240 मीटर
C. 245 मीटर D. 255 मीटर

5. दो रेलगाड़ियां क्रमशः 200 मीटर और 175 मीटर लम्बी हैं और विपरीत दिशाओं में एक-दूसरी की ओर आ रही हैं। यदि उनकी रफ्तार 90 किलोमीटर प्रति घण्टा और 60 किलोमीटर प्रति घण्टा हो, तो वे एक-दूसरे को कितनी देर में पार कर लेंगी?

A. 12 सेकेण्ड B. 18 सेकेण्ड
C. 6 सेकेण्ड D. 9 सेकेण्ड

6. यदि दो रेलगाड़ियों की रफ्तार क्रमशः 45 किलोमीटर प्रति घण्टा और 10 मीटर प्रति सेकेण्ड हो, तो उनकी रफ्तारों का अनुपात होगा:

A. 4 : 5 B. 6 : 7
C. 5 : 4 D. 9 : 5

7. एक रेलगाड़ी 40 किलोमीटर प्रति घण्टे की रफ्तार से भाग रही है। एक व्यक्ति विपरीत दिशा से उस रेलगाड़ी की ओर 10 किलोमीटर प्रति घण्टे की रफ्तार से भाग रहा है। यदि रेलगाड़ी उस व्यक्ति को पार करने में 48 सेकेण्ड लगाती है, तो रेलगाड़ी की लम्बाई है:

A. 400 मीटर B. 500 मीटर
C. 450 मीटर D. 350 मीटर

8. 30 किलोमीटर प्रति घण्टे की चाल से जा रही 150 मीटर लम्बी रेलगाड़ी सिगनल को कितने समय में पार कर लेगी?

A. 10 सेकेण्ड B. 12 सेकेण्ड
C. 15 सेकेण्ड D. 18 सेकेण्ड

9. एक साइकिल सवार 15 किलोमीटर प्रति घण्टे की रफ्तार से चलकर एक पुल को 5 मिनट में पार कर लेता है, तो पुल की लम्बाई है:

A. 1250 मीटर B. 2000 मीटर
C. 1000 मीटर D. 1175 मीटर

10. एक व्यक्ति 3 घण्टे तक चलकर कुछ दूरी तय करता है। शुरू की आधी दूरी तक वह 4 किलोमीटर प्रति घण्टे की रफ्तार से चलता है और बाद की आधी दूरी 8 किलोमीटर प्रति घण्टे की रफ्तार से चलता है। बताओ उसने कुल कितनी दूरी का सफर किया?

A. 8 किलोमीटर B. 12 किलोमीटर
C. 15 किलोमीटर D. 16 किलोमीटर

11. एक रेलगाड़ी ने 8 घण्टे की यात्रा की। शुरू की आधी यात्रा 45 किलोमीटर प्रति घण्टे की रफ़्तार से और बाद की आधी यात्रा 55 किलोमीटर प्रति घण्टे की रफ्तार से की। बताओ रेलगाड़ी ने कुल कितनी दूरी की यात्रा की?

A. 146 किलोमीटर B. 266 किलोमीटर
C. 690 किलोमीटर D. 396 किलोमीटर

12. 6 मीटर प्रति सेकेण्ड रफ्तार का अर्थ है:

A. 18.6 किलोमीटर प्रति घण्टा रफ्तार
B. 22.6 किलोमीटर प्रति घण्टा रफ्तार

C. 21.6 किलोमीटर प्रति घण्टा रफ्तार

D. 20.6 किलोमीटर प्रति घण्टा रफ्तार

13. 540 मीटर लम्बी रेलगाड़ी को 54 किलोमीटर प्रति घण्टे की रफ्तार से 180 मीटर सुरंग को पार करने में कितना समय लगेगा?

A. 24 सेकेण्ड B. 36 सेकेण्ड

C. 48 सेकेण्ड D. 60 सेकेण्ड

14. कोई व्यक्ति 5 मिनट में 600 मीटर का पुल पार कर लेता है, तो उसकी प्रति घण्टे रफ्तार है:

A. 6 किलोमीटर B. 6.5 किलोमीटर

C. 7.5 किलोमीटर D. 7.2 किलोमीटर

15. 80 मीटर लम्बी एक रेलगाड़ी 45 किलोमीटर प्रति घण्टे की रफ्तार से चलकर 220 मीटर लम्बे प्लेटफार्म को कितने समय में पार कर लेगी?

A. 10 सेकेण्ड B. 18 सेकेण्ड

C. 24 सेकेण्ड D. 20 सेकेण्ड

उत्तरमाला

1	2	3	4	5	6	7	8	9	10
D	B	A	C	D	C	A	D	A	D
11	12	13	14	15					
D	C	C	D	C					

14

क्षेत्रफल

क्षेत्रफल संबंधी प्रश्नों में काम आने वाले सूत्र स्मरण रखें:

1. आयत

(i) क्षेत्रफल = लम्बाई x चौड़ाई

(ii) लम्बाई = $\frac{\text{क्षेत्रफल}}{\text{चौड़ाई}}$

(iii) चौड़ाई = $\frac{\text{क्षेत्रफल}}{\text{लम्बाई}}$

(iv) आयत का परिमाप = 2(लम्बाई + चौड़ाई)

उदाहरण 1. 60 मीटर लम्बे और 30 मीटर चौड़े आयत का क्षेत्रफल क्या होगा?

हल: आयत का क्षेत्रफल = लम्बाई x चौड़ाई
= 60 x 30
= 1800 वर्ग मीटर उत्तर

उदाहरण 2. 9 से॰ मी॰ लम्बे और 6 से॰ मी॰ चौड़े आयत का परिमाप क्या होगा?

हल: परिमाप = 2(लम्बाई + चौड़ाई)
= 2(9 + 6)
= 30 से॰ मी॰ उत्तर

उदाहरण 3. किसी आयत का क्षेत्रफल 84 वर्ग से॰ मी॰ है। उसकी लम्बाई 12 से॰ मी॰ है, तो उसकी चौड़ाई क्या होगी?

हल: चौड़ाई = $\frac{\text{क्षेत्रफल}}{\text{लम्बाई}}$

$= \frac{84}{12}$

= 7 से॰ मी॰ उत्तर

उदाहरण 4. किसी आयताकार खेत की भुजाओं (लम्बाई और चौड़ाई) के बीच अनुपात 4 : 3 है। उस खेत का क्षेत्रफल 270000 वर्ग मीटर है। बताओ उसकी लम्बाई क्या है?

हल: मान लीजिए कि उसकी चौड़ाई $3x$ है।

$\therefore$ उसकी लम्बाई $4x$ होगी।

उसका क्षेत्रफल = $4x \times 3x = 12x^2$

अब $12x^2 = 270000$ वर्ग मीटर

$\therefore x^2 = \frac{270000}{12}$ वर्ग मीटर

$x^2 = 22500$ वर्ग मीटर

$x = 150$ मीटर

$\therefore 3x = 450$ मीटर (चौड़ाई)

$\therefore 4x = 600$ मीटर (लम्बाई)

उत्तर = ल॰ 600 मीटर

2. वर्ग

(i) क्षेत्रफल = (भुजा)^2; $\frac{(\text{विकर्ण})^2}{2}$

(ii) भुजा = √क्षेत्रफल

(iii) विकर्ण = √2 भुजा

(iv) परिमाप = 4(भुजा)

उदाहरण 5. 40 मीटर विकर्ण वाले वर्गाकार खेत का क्षेत्रफल क्या होगा?

हल: क्षेत्रफल = $\frac{(\text{विकर्ण})^2}{2}$

$= \frac{(40)^2}{2}$

$$= \frac{40 \times 40}{2}$$

= 800 वर्ग मीटर उत्तर

उदाहरण 6. किसी वर्गाकार मैदान का क्षेत्रफल 4 हेक्टेयर है। उसका परिमाप क्या होगा?

हल: क्षेत्रफल = 4 हेक्टेयर = 40000 वर्ग मीटर

वर्ग की भुजा = $\sqrt{40000}$

= 200 मीटर

$\therefore$ परिमाप = 4(200)

= 800 मीटर

कमरा

(i) क्षेत्रफल = लम्बाई x चौड़ाई

(ii) चारों दीवारों का क्षेत्रफल = 2(ल० + चौ०) x ऊंचाई

(iii) कमरे की ऊंचाई = $\frac{\text{चारों दीवारों का क्षेत्रफल}}{2\ (\text{ल० + चौ०})}$

(iv) कमरे की ल० + चौ०

$$= \frac{\text{चारों दीवारों का क्षेत्रफल}}{2 \times \text{ऊंचाई}}$$

उदाहरण 7. किसी कमरे की लम्बाई 12 मी०, चौड़ाई 11 मी० और ऊंचाई 9 मीटर है। उसकी चारों दीवारों का क्षेत्रफल क्या होगा?

हल: चारों दीवारों का क्षेत्रफल = 2(ल० + चौ०) x ऊंचाई

= 2(12 + 11) x 9

= 414 वर्ग मीटर उत्तर

उदाहरण 8. किसी कमरे की लम्बाई व चौड़ाई क्रमश: 16 और 12 मीटर है। उसकी चारों दीवारों का क्षेत्रफल 560 वर्ग मीटर है। बताओ उस कमरे की ऊंचाई क्या है?

हल: कमरे की ऊंचाई = $\frac{\text{चारों दीवारों का क्षेत्रफल}}{2\ (\text{ल० + चौ०})}$

$$= \frac{560}{2(28)} = 10 \text{ मीटर}$$

उत्तर = 10 मीटर

उदाहरण. एक बाग 15 मीटर लम्बा और 10 मीटर चौड़ा है। उसके चारों ओर 2 मीटर चौड़ा रास्ता है। उस रास्ते का क्षेत्रफल क्या होगा?

हल: ऊपर दिये गये विवरण के आधार पर यह आकृति बनाई गई है, जिसमें बाग और उसके चारों ओर बना रास्ता दिखाया गया है।

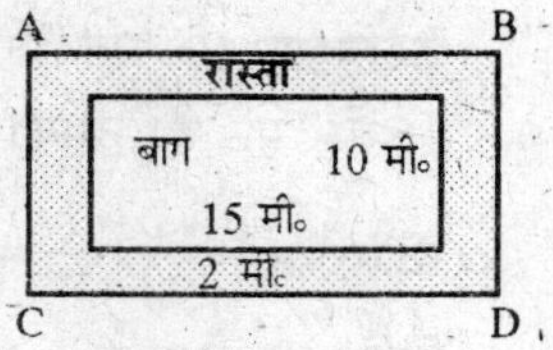

इस आकृति में A B C D का क्षेत्रफल (बाग + रास्ते का क्षेत्रफल निकाल लें। फिर बाग का क्षेत्रफल निकालें। A B C D का क्षेत्रफल – बाग का क्षेत्रफल = रास्ते का क्षेत्रफल होगा।

अब AC = 14 मीटर

और AB = 19 मीटर

$\therefore$ A B C D का क्षेत्रफल = 14 x 19 = 266 वर्ग मीटर

इसी प्रकार बाग का क्षेत्रफल = 15 x 10 = 150 वर्ग मीटर

A B C D का क्षेत्रफल – बाग का क्षेत्रफल = रास्ते का क्षेत्रफल

= 266 – 150 = 116 वर्ग मीटर

रास्ते का क्षेत्रफल = 116 वर्ग मीटर

त्रिभुज

(i) क्षेत्रफल = $\frac{\text{आधार} \times \text{ऊंचाई}}{2}$, अथवा

$\frac{1}{2} \times$ आधार $\times$ ऊंचाई

(ii) क्षेत्रफल = यदि त्रिभुज की तीनों भुजायें दी गई हों–यदि भुजायें a, b तथा c हों

क्षेत्रफल = $\sqrt{s(s-a)(s-b)(s-c)}$

जहां $s = \frac{a+b+c}{2}$ है।

(iii) समकोण त्रिभुज में कर्ण का वर्ग = शेप दोनों भुजाओं के वर्गों का जोड़

उदाहरण 9. एक त्रिभुज का आधार 4 से० मी० और उसकी ऊंचाई 3.6 से० मी० है। उसका क्षेत्रफल क्या होगा?

हल: त्रिभुज क्षेत्रफल = $\frac{\text{आधार} \times \text{ऊंचाई}}{2}$

$$= \frac{4 \times 3.6}{2}$$

= 7.2 से० मी०

उदाहरण 10. एक त्रिभुज की भुजायें क्रमशः 13, 14 और 15 से॰ मी॰ हैं। उसका क्षेत्रफल क्या होगा?

हलः $s = \frac{a+b+c}{2} = \frac{13+14+15}{2} = 21$ से॰ मी॰

त्रिभुज का क्षेत्रफल $= \sqrt{s(s-a)(s-b)(s-c)}$

$= \sqrt{21(21-13)(21-14)(21-15)}$

$= \sqrt{21 \times 8 \times 7 \times 6}$

$= \sqrt{7056}$

= 84 वर्ग से॰ मी॰ उत्तर

उदाहरण 11. किसी समकोण त्रिभुज की एक भुजा 12 से॰ मी॰ और दूसरी भुजा 5 से॰ मी॰ है। बताओ उसके कर्ण की लम्बाई क्या है?

हलः दोनों भुजाओं के वर्गों का जोड़ = कर्ण का वर्ग

$(12)^2 + (5)^2 =$ कर्ण का वर्ग

$\Rightarrow$ 144 + 25 = 169 = कर्ण का वर्ग

$\Rightarrow$ $\sqrt{169}$ = कर्ण

$\therefore$ 13 = कर्ण

$\therefore$ कर्ण = 13 से॰ मी॰ उत्तर

उत्तर— कर्ण = 13 से॰ मी॰

वृत्त

(i) वृत्त की परिधि $= 2\pi \times$ अर्द्धव्यास

(ध्यान रहे कि $\pi = \frac{22}{7}$ होता है।)

(ii) वृत्त का क्षेत्रफल $= \pi \times$ (अर्द्धव्यास)^2

(iii) वृत्त का अर्द्धव्यास $= \frac{\text{परिधि}}{2} \div \pi\left(\frac{22}{7}\right)$

उदाहरण 12. किसी वृत्ताकार खेत की परिधि 4400 मीटर है; उसका क्षेत्रफल क्या है?

हलः परिधि = 4400 मीटर

खेत का अर्द्धव्यास $= \frac{4400 \times 7}{2 \times 22}$

= 700 मीटर

अब वृत्त का क्षेत्रफल $= \pi \times$ (अर्द्धव्यास)^2

$= \frac{22}{7} \times \frac{700}{1} \times \frac{700}{1}$

उत्तर = 1540000 वर्ग मीटर

उदाहरण 13. किसी वृत्त का अर्द्धव्यास 6.3 से॰ मी॰ है। उस वृत्त की परिधि क्या होगी?

हलः वृत्त की परिधि $= 2\pi \times$ अर्द्धव्यास

$= 2 \times \frac{22}{7} \times 6.3$

उत्तर = 39.6 से॰मी॰

6. चतुर्भुज

(i) समानान्तर चतुर्भुज का क्षेत्रफल = आधार x ऊंचाई

(ii) समचतुर्भुज का क्षेत्रफल

$= \frac{1}{2} \times$ (विकर्णों का गुणनफल)

(iii) समलम्ब चतुर्भुज का क्षेत्रफल

$= \frac{1}{2} \times$ (समानान्तर भुजाओं का योग) x (ऊंचाई)

उदाहरण 14. समानान्तर चतुर्भुज की एक भुजा 17 से॰ मी॰ है। दूसरी भुजा से इसकी लम्ब दूरी 13 से॰ मी॰ है। इस समानान्तर चतुर्भुज का क्षेत्रफल क्या होगा?

हलः समानान्तर चतुर्भुज का क्षेत्रफल = आधार x ऊंचाई

= 17 x 13

उत्तर = 221 वर्ग से॰ मी॰

अभ्यास के लिए प्रश्न

1. किसी वर्गाकार खेत का विकर्ण 60 मीटर है। उसका क्षेत्रफल होगा:

A. 120 वर्ग मीटर B. 3600 वर्ग मीटर
C. 1800 वर्ग मीटर D. 900 वर्ग मीटर

2. किसी आयताकार खेत का परिमाप 480 मीटर है। उसकी लम्बाई और चौड़ाई का अनुपात 5 : 3 है। उसका क्षेत्रफल होगा:

A. 153,000 वर्ग मीटर

B. 135,00 वर्ग मीटर
C. 11300 वर्ग मीटर
D. 15500 वर्ग मीटर

3. एक आयताकार मैदान की चौड़ाई उसकी लम्बाई से 4 मीटर कम है। यदि उस मैदान का क्षेत्रफल 480 वर्ग मीटर हो, तो उसकी चौड़ाई होगी:
A. 18 मीटर B. 24 मीटर
C. 20 मीटर D. 16 मीटर

4. एक बाग 30 मीटर लम्बा और 15 मीटर चौड़ा है। उसके चारों ओर 5 मीटर चौड़ा एक फुटपाथ बना हुआ है। फुटपाथ का क्षेत्रफल होगा:
A. 450 वर्ग मीटर B. 1000 वर्ग मीटर
C. 850 वर्ग मीटर D. 550 वर्ग मीटर

5. एक मैदान 30 मीटर लम्बा और 20 मीटर चौड़ा है। उस मैदान में घास लगवाने का खर्च क्या होगा यदि घास लगवाने का खर्च 2 रु० प्रति वर्ग मीटर हो?
A. 300 रु० B. 900 रु०
C. 1200 रु० D. 1800 रु०

6. उस वर्गाकार खेत का क्षेत्रफल क्या होगा, जिसका विकर्ण 40 मीटर है?
A. 100 वर्ग मीटर B. 800 मीटर
C. 800 वर्ग मीटर D. 80 वर्ग मीटर

7. किसी वर्गाकार मैदान का क्षेत्रफल 40000 वर्ग मीटर है। उसके चारों ओर रस्सी की बाड़ लगाने के लिए कितनी रस्सी चाहिए?
A. 400 मीटर B. 800 मीटर
C. 40000 मीटर D. 32000 मीटर

8. एक वर्ग का क्षेत्रफल 11370.32 वर्ग मीटर है। उसका विकर्ण होगा:
A. 150.8 मीटर B. 105.8 मीटर
C. 108.5 मीटर D. 100.5 मीटर

9. एक वर्ग का विकर्ण 2.4 मीटर है। उसका क्षेत्रफल होगा:
A. 4.28 वर्ग मीटर B. 28.8 वर्ग मीटर
C. 2.88 वर्ग मीटर D. 5.86 वर्ग मीटर

10. दो वर्ग हैं, जिनका परिमाप क्रमश: 32 मीटर और 24 मीटर है। ऐसे वर्ग का परिमाप क्या होगा, जिसका क्षेत्रफल उपरोक्त दोनों वर्गों के क्षेत्रफल के बराबर हो?
A. 10 मीटर B. 40 मीटर
C. 20 मीटर D. 30 मीटर

11. एक कमरे की चारों दीवारों का क्षेत्रफल 168 वर्ग मीटर है। यदि उसकी चौड़ाई 8 मीटर और ऊंचाई 6 मीटर हो, तो उसकी लम्बाई क्या होगी?
A. 10 मीटर B. 4 मीटर
C. 8 मीटर D. 6 मीटर

12. एक व्यक्ति के पास एक वर्गाकार प्लाट है जिसकी लम्बाई 84 मीटर है। वह इतने ही क्षेत्रफल वाला ऐसा एक दूसरा प्लाट लेना चाहता है, जिसकी लम्बाई 144 मीटर हो। बताओ इस नये प्लाट की चौड़ाई क्या होगी?
A. 42 मीटर B. 56 मीटर
C. 70 मीटर D. 49 मीटर

13. एक कमरा 30 मीटर लम्बा और 20 मीटर चौड़ा है। उसमें 3 मीटर लम्बे और 2 मीटर चौड़े पत्थर के कितने टुकड़े लगेंगे?
A. 90 B. 110
C. 100 D. 120

14. एक कमरे का क्षेत्रफल 600 वर्ग मीटर है। उसके फर्श के आधे भाग में 3 वर्ग मीटर क्षेत्रफल वाले पत्थर के टुकड़े लगे हुए हैं। बताओ पत्थर के कितने टुकड़े फर्श में लगे हुए हैं?
A. 100 टुकड़े B. 33 टुकड़े
C. 300 टुकड़े D. 150 टुकड़े

15. एक कमरा 7.2 मीटर लम्बा और 4.8 मीटर चौड़ा है। यदि इसकी दीवारों का क्षेत्रफल 132 वर्ग मीटर हो, तो इसकी ऊंचाई है:
A. 4 मीटर B. 4.5 मीटर
C. 5 मीटर D. 5.5 मीटर

16. एक कमरे की लम्बाई और चौड़ाई के बीच 2 : 1 का अनुपात है और उसकी ऊंचाई 11 मीटर है। यदि कमरे

की चारों दीवारों का क्षेत्रफल 660 वर्ग मीटर हो, तो उसकी छत का क्षेत्रफल क्या होगा?

A. 300 वर्ग मीटर
B. 200 वर्ग मीटर
C. 250 वर्ग मीटर
D. 350 वर्ग मीटर

17. यदि किसी समकोण त्रिभुज का कर्ण 6.5 मीटर हो और उसकी एक भुजा 6 मीटर हो, तो दूसरी भुजा कितनी लम्बी होगी?

A. 5 मीटर   B. 5.5 मीटर
C. 2 मीटर   D. 2.5 मीटर

18. एक त्रिभुज की तीनों भुजाओं का परिमाप 24 से॰ मी॰ है और उन भुजाओं के बीच अनुपात 5 : 4 : 3 है। उस त्रिभुज का क्षेत्रफल होगा:

A. 48 वर्ग से॰ मी॰
B. 24 वर्ग से॰ मी॰
C. 36 वर्ग से॰ मी॰
D. 12 वर्ग से॰ मी॰

19. यदि किसी त्रिभुज की प्रत्येक भुजा को दो-गुना कर दिया जाये, तो उसका क्षेत्रफल:

A. दो गुना हो जायेगा
B. तीन गुना हो जायेगा
C. चार गुना हो जायेगा
D. पहले जितना ही रहेगा

20. एक त्रिभुज का आधार 1.5 मीटर और ऊंचाई 2 मीटर है। उसका क्षेत्रफल होगा:

A. 3 मीटर   B. 3 वर्ग मीटर
C. 1.5 मीटर   D. 1.5 वर्ग मीटर

21. एक वृत्त की परिधि 352 से॰ मी॰ है। उसका क्षेत्रफल होगा:

A. 9865 वर्ग से॰ मी॰
B. 448 वर्ग से॰ मी॰
C. 9856 वर्ग से॰ मी॰
D. 6589 वर्ग से॰ मी॰

22. किसी वृत्त का क्षेत्रफल 38.5 वर्ग से॰ मी॰ है। उसकी परिधि होगी:

A. 11 से॰ मी॰   B. 22 से॰ मी॰
C. 121 से॰ मी॰   D. 154 से॰ मी॰

23. एक वृत्त का व्यास 49 मीटर है। उसकी परिधि होगी:

A. 133 मीटर   B. 154 मीटर
C. 119 मीटर   D. 105 मीटर

24. एक पहिए का अर्द्धव्यास 1.75 मीटर है। 11 किलोमीटर चलने में पहिया कितने चक्कर लगायेगा?

A. 100   B. 110
C. 1000   D. 220

25. एक समानान्तर चतुर्भुज का क्षेत्रफल 72 वर्ग से॰ मी॰ है। उसकी ऊंचाई उसके आधार से दो गुनी है। इसका आधार होगा:

A. 6 से॰ मी॰   B. 3 से॰ मी॰
C. 4.5 से॰ मी॰   D. 12 से॰ मी॰

उत्तरमाला

1	2	3	4	5	6	7	8	9	10
C	B	C	D	C	C	B	A	C	B
11	12	13	14	15	16	17	18	19	20
D	D	C	A	D	B	D	B	C	C
21	22	23	24	25					
C	B	B	C	A					

कम्प्यूटर ज्ञान

कम्प्यूटर की आधारभूत संरचना

कम्प्यूटर इतिहास (Computer History)

1. जे. पी. एकर्ट व जॉन मुचली ने सन् 1946 में सेना के लिये एक इलेक्ट्रॉनिक कम्प्यूटर बनाया जिसका नाम था–
   A. UNIVAC (यूनिवेक)
   B. EDSAC (एडसेक)
   C. ENIAC (एनिएक)
   D. MARK – I (मार्क–I)

2. एनिएक का वजन था–
   A. 10 टन B. 20 टन
   B. 30 टन D. 40 टन

3. सन् 1991 में जनगणना हेतु अमेरिकन ब्यूरो के द्वारा खरीदा गया कम्प्यूटर था–
   A. UNIVAC – I B. MARK – I
   C. EDRAC D. ALTAIR – 8800

4. मिनी कम्प्यूटर का उदय हुआ–
   A. प्रथम पीढ़ी में B. द्वितीय पीढ़ी में
   C. तृतीय पीढ़ी में D. चतुर्थ पीढ़ी में

5. सबसे पहले माइक्रोप्रोसेसर, जिसे सन् 1970 में तैयार किया गया था, का नाम था–
   A. System/360 B. Intel – 4004
   C. Intel Pentium D. IBM – 4004

6. बेसिक कम्प्यूटर भाषा का उद्भव हुआ–
   A. प्रथम पीढ़ी में B. द्वितीय पीढ़ी में
   C. तृतीय पीढ़ी में D. चतुर्थ पीढ़ी में

7. ENIAC प्रथम पीढ़ी के कम्प्यूटर में किस तकनीकी का उपयोग किया गया था?
   A. Vacuum Tube B. Transistor
   C. VLSI D. LSI

8. सबसे पहला संग्रहित प्रोग्राम कम्प्यूटर था–
   A. EDSAC B. ENIAC
   C. MARK – I D. EDRAC

9. निम्नलिखित में से किस कम्प्यूटर को व्यापार में अनुप्रयोग के लिये तैयार किया गया था?
   A. UNIVAC B. ENIAC
   C. EDSAC D. MARK – I

10. कम्प्यूटर के द्वितीय पीढ़ी में किस तकनीकी का उपयोग किया गया?
    A. वैक्यूम ट्यूब
    B. ट्रांजिस्टर
    C. माइक्रो चिप
    D. इनमें से कोई भी नहीं

11. निम्न में से कौन-सा माइक्रो चिप नहीं है?
    A. VLSI B. LSI
    C. MSI D. Vacuum Tube

12. IBM कंपनी का गठन कब हुआ था?
    A. 1924 में B. 1929 में
    C. 1919 में D. 1923 में

डाटा (DATA)

13. असिद्ध तथ्य, अंक और सांख्यिकी पर प्राक्रेया होने से प्राप्त होता है–
A. डाटा B. सूचना
C. प्रक्रिया D. ई. डी. पी.

14. किसी विद्यार्थी का नाम या परीक्षा में प्राप्तांक है?
A. सूचना B. अर्थपूर्ण सूचना
C. डाटा D. जानकारी

15. प्रोसेसिंग में समावेश होता है–
A. गणना का
B. तुलना और तर्क का
C. निर्णय लेने का
D. उपरोक्त सभी का

16. कम्प्यूटर की सहायता से दस्तावेजों में त्रुटियाँ ढूँढना, लिपि को व्यवस्थित करना, आदि कहलाता है–
A. सूचना B. प्रणाली
C. जानकारी D. प्रक्रिया

हार्डवेयर (Hardware)

17. कंम्पाइलर निम्नलिखित में से क्या है–
A. कम्प्यूटर हार्डवेयर का समूह
B. एक Translator जो एसेम्बली लेंग्वेज में परिवर्तित करता है
C. एक Program जो उच्च लेवल को मशीन लेंग्वेज में ट्रांसलेट करता है
D. इनमें से कोई नहीं

18. CD ROM ड्राइव में किस टेक्नॉलाजी का उपयोग किया गया है?
A. मैकेनिकल B. इलेक्ट्रो मैकेनिकल
C. ऑप्टिकल D. फाइबर ऑप्टिकल

19. MOS क्या है?
A. मेटल ऑक्साइड सेमीकंडक्टर
B. मोस्ट ऑफन स्टोर
C. मेथड ऑर्गनाइज्ड स्टेक्र
D. इनमें से कोई भी नहीं

20. MTBF का अर्थ है–
A. मीन टाईम विफोर फेल्योर
B. मास्टर टाइम विफोर फीचर
C. मोस्ट थ्रेटेंड विफोर टाईम
D. मास्टर टेस्ट ब्रोड फीचर

21. ROM में जो प्रोग्राम स्टोर होता है, उसे क्या कहते हैं?
A. हार्डवेयर B. फर्मवेयर
C. सॉफ्टवेयर D. इनमें से कोई नहीं

22. KIDS का उपयोग इनमें से किसे मापने के लियै किया जाता है?
A. प्रोसेसर के गति को
B. डिस्क ड्राइब को
C. प्रिंटर के गति को
D. टेप ड्राइब की गति को

23. IC का विभाजन किस आधार पर किया गया है?
A. मेन्यूफेक्चरिंग कंपनी
B. कम्प्यूटर के प्रकार
C. ट्रॉजिस्टर के संख्या के आधार पर
D. इनमें से कोई भी नहीं

24. पर्सनल कम्प्यूटर के CPU की गति होती है–
A. 32 KBPS B. 100 KBPS
C. 1 MBPS D. इनमें से कोई नहीं

25. वह प्रोग्राम जो ROM में स्थायी रूप से स्टोर होता है, कहलाता है–
A. हार्डवेयर B. सॉफ्टवेयर
C. फर्मवेयर D. ROM वेयर

26. माइक्रो मीडिया निम्नलिखित में से किससे संबंधित है?
A. हार्डवेयर B. सॉफ्टवेयर
C. कम्प्यूटर पार्ट D. सेवा

27. IBM के द्वारा तैयार की गई लैप टॉप की सीरीज का क्या नाम है?
A. लैप टॉप B. थींक पैड
C. एक्टिवा D. नोट पैड

28. इनमें से कौन-सी कंपनी SCO कोड Unix के लिये उपयोग करती है?
A. Red Hat B. SUSE
C. IBM D. माइक्रोसाफ्ट

29. BSD UNIX के संस्थापक कौन हैं?
A. बिल गेट्स B. डेनिस रिची
C. बिल जॉय D. लिनेक्स टोर वेल्ड

30. AMD के द्वारा तैयार किये गये 64–बीट माइक्रो प्रोसेसर का नाम क्या है?
A. ऑप्ट्रॉन (Opteron) B. RIC – 9000
C. IMAC D. एथलोन

31. किस कम्प्यूटर पार्ट तैयार करने वाली कंपनी ने "इम्प्रूविंग योर पी.सी." का विचार दिया?
A. कैनन B. एपसन
C. मरक्यूरी D. सैमसंग

32. नॉरटल निम्नलिखित में से क्या तैयार करता है?
A. सॉफ्टवेयर B. प्रोसेसर
C. केबल D. नेटवर्क का पार्ट

33. इनमें से कौन-सी कंपनी ताइवान की है जो कम्प्यूटर बनाती है?
A. सोनी B. IBM
C. सैमसंग D. एसर

34. SCSI निम्नलिखित में से किससे जुड़ा है?
A. स्टोरेज
B. नेटवर्क डाटा ट्रांसफर
C. की-स्ट्रोक रेट
D. पिक्चर रिजॉल्यूसन

इनपुट एवं आउटपुट (Input and Output)

35. ग्राफिकल यूजर इन्वायरमेंट में किस डिवाइस का उपयोग स्टैंडर्ड प्वाइंटिंग डिवाइस के रूप में होता है?
A. की बोर्ड B. माउस
C. जॉय–स्टिक D. ट्रेकवॉल

36. प्रिंटर की गति को मापने के लिये निम्न में से किसका उप्रयोग किया जाता है?
A. CPM B. DPI
C. PPM D. BIT

37. कम्प्यूटर का गुण नहीं है–
A. तेज गति B. स्वचालित होना
C. अर्न्तज्ञान D. संग्रह

38. कम्प्यूटर को शिक्षक का रूप देने वाला सॉफ्टवेयर है–
A. CAT B. CAI
C. CMI D. फोटो शॉप

39. इलेक्ट्रॉन विश्वविद्यालय है–
A. CMI B. CAD
C. MIT D. डार्टमाउथ

40. कम्प्यूटर का अंतर्राष्ट्रीय संजाल है–
A. सर्च इंजन B. WWW
C. याहू D. इनमें से कोई नहीं

41. WWW संबंधित है–
A. चिकित्सा से B. व्यापार से
C. इन्टरनेट से D. शिक्षा से

42. बायोमैट्रिक प्रणाली संबंधित है–
A. चिकित्सा से
B. शिक्षा से
C. व्यापार से
D. पहचान एवं सुरक्षा प्रणाली से

43. प्रोसेसिंग सम्पन्न होती है–
A. की-बोर्ड पर B. सिस्टम यूनिट मे
C. मॉनिटर पर D. प्रिंटर पर

44. पी. सी. में विद्युत सप्लाई को विभिन्न उपकरणों में बाँटने का कार्य करता है–
A. C.P.U. B. मॉडेम
C. ALU D. SMPS

45. इनपुट डिवाइस है–
A. सी. पी. यू. B. एस. एम. पी. एस.
C. माउस D. मॉनीटर

46. एक बाइट में होते है–
A. 1024 बिट B. 8 बिट
C. 1024 किलो बाइट D. 1 मेगा बाईट

47. पी. सी. एवं टेलीफोन के मध्य लगाया जाने वाला उपकरण है–
A. मॉडेम B. एस. एम. पी. एस.
C. की-बोर्ड D. मेमोरी

48. कम्प्यूटर एवं मानव के मध्य संपर्क स्थापित करते हैं–
A. मेमोरी और सी. पी. यू.
B. इनपुट डिवाइसेज
C. आउटपुट डिवाइसेज
D. (B) एवं (C) दोनों

49 किसी कागज पर प्रिंटर द्वारा छपा हुआ आउटपुट कहलाता है—

A. हार्ड कॉपी B. सॉफ्ट कॉपी
C. माइक्रो फिल्म D. इनपुट कॉपी

50. की बोर्ड की कुंजी दबाने पर डाटा को 8 बीट (0 एवं 1) के कोड में बदलने का कार्य करता है–

A. की-बोर्ड डीकोडर
B. की-बोर्ड एनकोडर
C. की-बोर्ड कोडर
D. की-बोर्ड कोडिंग मशीन

51. टाईप मैटिक की दर होती है–

A. 100 बार/सेकण्ड B. 10 बार/सेकण्ड
C. 1 बार/सेकण्ड D. 5 बार/सेकण्ड

52. < और # करेक्टर की कुँजियां होती हैं–

A. यूमेरिक की पैड में
B. फंक्शन-की में
C. अतिरिक्त कुँजियों में
D. एल्फान्यूमेरिक कुँजियों में

53. माउस क्या है?

A. ऑन लाइन डिवाइस
B. पॉइटिंग डिवाइस
C. इनपुट डिवाइस
D. अल्फान्यूमेरिक कुँजी में

54. OMR का पूर्ण नाम है–

A. Optical Mark Reader
B. Optical Marker Recognition
C. Optical Mark Resolution
D. Optical Magnetic Reader

55. OMR की डाटा स्थानान्तरण दर होती हैं–

A. 200 से 2000 पृष्ठ/मिनट
B. 250 से 2000 पृष्ठ/मिनट
C. 200 से 250 पृष्ठ/मिनट
D. 200 से 250 पृष्ठ/सेकण्ड

56. OCR के अधिक लोकप्रिय फॉन्ट हैं–

A. OCR – A और OCR – C
B. OCR – A और OMR – B
C. OCR – A और OMR – A
D. OCR – A और OCR – B

57. OCR की सामान्य गति है–

A. 15 से 30 अक्षर/मिनट
B. 1500 से 3000 अक्षर/मिनट
C. 1500 से 3000 अक्षर/सेकण्ड
D. 150 से 300 अक्षर/सेकण्ड

58. बैंकिंग में अधिक उपयोग किये जाते हैं–

A. OMR
B. MICR
C. OCR
D. OCR – A और OCR – B

59. स्कैनर है–

A. आउटपुट डिवाइस
B. इनपुट डिवाइस
C. इनपुट/आउटपुट डिवाइस
D. स्टोरेज डिवाइस

60. डिस्पले डिवाइस का महत्वपूर्ण लक्षण है–

A. टैक्स्ट B. रेजोल्यूशन
C. इनपुट D. सी. पी. यू.

61. ग्राफिक्स आउटपुट डिस्प्ले करने के लिये तकनीक होती है–

A. टैक्स्ट B. ग्राफिक्स
C. बिट मैपिंग D. रेजोल्यूशन

62. कम्प्यूटर में रिफ्रेश रेट की दर क्या है?

A. 10 बार/सेकण्ड B. 20 बार/सेकण्ड
C. 30 बार/सेकण्ड D. 50 बार/सेकण्ड

63. कलर मॉनिटर होता है–

A. RGB प्रकार का B. CMYK प्रकार का
C. Lab Color का D. इनमें से कोई नहीं

64. कम्प्यूटर में पर्याप्त रैम के उपलब्ध होने पर कलर मॉनिटर में रंग डिस्प्ले किये जा सकते हैं–

A. 256 B. 8 से 256
C. 8 से 16000000 D. 8 से 160000

65. मॉनिटर की वह तकनीक जो सस्ती एवं उत्तम रंगीन आउटपुट देने में सक्षम है–

A. FPD (फ्लैट पैनल डिस्प्ले)
B. CRT (कैथोड रे ट्यूब)

C. LCD (लिक्विड क्रिस्टल डिस्प्ले)
D. GPD (गैस प्लाज्मा डिस्प्ले)

66. EL का पूर्ण नाम है–
A. Electronic Line
B. Electrolumine scent
C. Electromagnetic
D. Electronic Lumeno

67. LCD से अधिक रेजोल्यूशन वाली तकनीक है–
A. GPD और CRT
B. GPD और EL
C. GPD और FDD
D. GPD और PTE

68. लैप टॉप कम्प्यूटरो में डिस्प्ले-डिवाइस प्रयुक्त होती है–
A. CRT (Cathode Ray Tube)
B. FPD (Flat Panel Display)
C. FDP (Flat Display Panel)
D, FDD (Flat Display Device)

69. CRT की आंतरिक सतह पर लेपित रहता है–
A. कैल्शियम पदार्थ
B. फास्फोरस पदार्थ
C. क्रिस्टल पदार्थ
D. पिक्सेल पदार्थ

70. प्रिंटिंग की जो तकनीक टाइपराइटर की तकनीक के समान होती है, वह है–
A. टाइपमैट्रिक
B. इम्पैक्ट प्रिंटिंग
C. नॉन-इम्पैक्ट प्रिंटिंग
D. लेजर प्रिंटिंग

71. इलेक्ट्रोथर्मल प्रिंटिंग है–
A. नॉन-इम्पैक्ट प्रिंटिंग
B. इम्पैक्ट प्रिंटिंग
C. उपरोक्त दोनों
D. पेज प्रिंटिंग

72. इनमें से कौन-सा आउटपुट डिवाइस नहीं है?
A. स्कैनर
B. प्रिंटर
C. फ्लैट स्क्रीन
D. टच पैड

ग्राफिक्स (Graphics)

73. डायरेक्ट एक्स (Direct X) है–
A. कम्प्यूटर का एक पार्ट
B. एक सॉफ्टवेयर जो ग्राफिक हार्डवेयर को चलाता है
C. एक यूजर इन्टरफ्रेश
D. इनमें से कोई नहीं

74. पिक्सल एक–
A. कम्प्यूटर प्रोग्राम है जो पिक्चर बनाता है
B. पिक्चर है जो सेकेन्डरी मेमोरी में स्टोर होता है
C. पिक्चर का सबसे छोटा पार्ट है
D. इनमें से कोई नहीं

मेमोरी (Memory)

75. हाई रेजोल्यूशन मोड में, एक लाइन में कितने डॉट होते हैं?
A. 320
B. 640
C. 760
D. 900

76. कौन-सा डिवाइस डाटा एवं प्रोग्राम के बीच अन्तर प्रदर्शित करता है?
A. इनपुट डिवाइस
B. आउटपुट डिवाइस
C. मेमोरी
D. माइक्रो प्रोसेसर

77. एक RAM में कितने साइकल राईट हो सकते हैं?
A. 1
B. 10
C. 100
D. 1000

78. एक EP-ROM में कितने साइकल (Cycle) राईट हो सकते हैं?
A. 1
B. 10
C. 100
D. 1000

79. किस स्टोरेज डिवाइस को रील (Reel) में लपेट कर रखा जाता है?
A. फ्लॉपी डिस्क
B. हार्ड डिस्क
C. मैग्नेटिक टेप
D. सी. डी. रोम

80. इनमें से कौन-सा तथ्य सही है–
A. कैश मेमोरी RAM से बड़ा होता है
B. कैश मेमोरी RAM से छोटा होता है
C. ROM, RAM से तेज होता है
D. ROM में इन्फॉर्मेसन यूजर के द्वारा लिखा जा सकता है

81. एक पी. सी. में प्राइमरी मेमोरी के Size (साईज) की रेंज क्या हो सकती है?
A. 2 KB से 8 KB
B. 64 KB से 256 KB
C. 256 KB से 640 KB
D. इनमें से कोई नहीं

82. मेमोरी डाटा रजिस्टर इनमें से किसे होल्ड कर (पकड़ कर) अपने पास रखता है?
A. सिगमेंट नम्बर
B. मेमोरी लोकेशन का एड्रेस
C. ट्रांजिस्टर का नम्बर
D. इनमें से कोई नहीं

83. यूजर के द्वारा Input की गई सूचना इनमें से कहाँ जमा होती है?
A. डाटा मेमोरी रजिस्टर
B. मेमोरी एड्रेस रजिस्टर
C. मेमोरी एक्सेस रजिस्टर
D. मेमोरी एरिथमेटिक रजिस्टर

84. मेमोरी यूनिट इनमें से किसका एक भाग है?
A. इनपुट डिवाइस
B. कंट्रोल यूनिट
C. आउटपुट डिवाइस
D. डाटा प्रोसेसिंग यूनिट

85. एल्गोरिथम (Algorithm) एवं फ्लो चार्ट का उपयोग निम्न में से किसके लिये किया जाता है?
A. मेमोरी के कैपेसिटी को जानने के लिये
B. नम्बर सिस्टम के आधार को जानने के लिये
C. प्रिंटर से डायरेक्ट आउटपुट लेने के लिये
D. प्रॉब्लम को स्पष्ट एवं पूर्ण रूप में जानने के लिए

86. किस डिवाइस का उपयोग अधिक-से-अधिक डाटा को स्टोर करने के लिये किया जाता है एवं जिसे Carry (कैरी) करने में भी आसानी होती है?
A. फ्लॉपी डिस्क B. हार्ड डिस्क
C. CD-ROM D. जिप डिस्क

87. इनमें से कौन-सा फ्लॉपी डिस्क का स्टोरेज साइज नहीं है?
A. 360 KB B. 720 KB
C. 1 24 MB D. 1.44 MB

88. कम्प्यूटर में सूचना निम्नलिखित में से किस रूप में जमा होती है?
A. फाइल B. डायरेक्ट्रीज
C. फ्लॉपी D. मैटर

89. इनमें से किस आकार की फ्लॉपी उपलब्ध नहीं है?
A. 8 इंच B. 5 ¼ इंच
C. 3 ½ इंच D. 5 ½ इंच

90. मेमोरी निम्न में से किसका समूह है?
A. तारों (Wires) का समूह
B. सर्किट का समूह
C. सेल (Cell) का समूह
D. उपरोक्त सभी का

91. प्राइमरी मेमोरी निम्न में से क्या जमा करता है?
A. डाटा B. प्रोग्राम
C. रिजल्ट D. उपरोक्त सभी को

92. EPROM का उपयोग किस कार्य के लिये किया जाता है?
A. ROM के कंटेंट को हटाने में
B. ROM के कंटेंट को पुनः तैयार करने में
C. ROM के कंटेंट को पुनः तैयार करने एवं मिटाने में
D. ROM को कॉपी करने में

नेटवर्क बेसिक्स (Network Basics)

93. कम्प्यूटर को नेटवर्क से जोड़ने के लिये जिस एड्रेस का उपयोग किया जाता है, वह है–
A. सिस्टम एड्रेस B. SYSID
C. प्रोसेस ID D. IP एड्रेस

94. इनमें से कौन-सा Logic Gate नहीं है?
A. AND B. OR
C. NOT D. NAT

95. LAN कार्ड का दूसरा नाम क्या है?
A. NIC
B. Network कनेक्टर
C. मॉडेम (MODEM)
D. इन्टरनेट कार्ड

96. इनमें से किस केबल का उपयोग उच्च गति से आँकड़े परिवर्तित करने के लिये किया जाता है?
A. कोऐक्सिल केबल (Coaxial Cable)
B. ऑप्टिक फायबर केबल (Optic Fiber Cable)
C. ट्विस्टेड पेयर केबल (Twisted Pair Cable)
D. यू. टी. पी. केबल (U.T.P. Cable)

आपरेटिंग सिस्टम

बेसिक्स ऑफ OS (Basics of OS)

1. Operating system का मुख्य कार्य–
   A. फाईल सेव करना
   B. Hardware एवं Software part को control करना
   C. सभी फाईल एवं फोल्डर को व्यवस्थित करना
   D. दोनों (B) एवं (C)

2. इसमें से कौन-सा OS नहीं है–
   A. DOS B. MUS
   C. UNIX D. उपरोक्त में कोई नहीं

3. इसमें कौन-सा Multiprocessing system है–
   A. MVS B. OS/2
   C. UNIX D. उपरोक्त सभी

4. Disk एवं File Maintenance किसका भाग है–
   A. Presentation Software
   B. OS Software
   C. Spreadsheet Chart
   D. Multiplatform Environment

5. किसका उपयोग दूसरे software को रून कराने के लिये उपयोग किया जाता है–
   A. Operating System
   B. Application Software
   C. System Software
   D. उपरोक्त में से कोई भी नहीं

6. Computer एवं User के बीच लेयर का काम कौन करता है–
   A. Operating environment
   B. Operating system
   C. System environment
   D. उपरोक्त में कोई भी नहीं

7. Operating system का मुख्य कार्य क्या है–
   A. Computer hardware को अधिक उपयोगी बनाना
   B. लोगो को computer उपयोग करने की अनुमति प्रदान करना
   C. फाईल को सजाना
   D. उपरोक्त सभी

8. एक Interface से दूसरे Interface में भेजने के लिये किसका उपयोग होता है–
   A. Programme
   B. Software
   C. Data
   D. उपरोक्त में से कोई भी नहीं

9. सीधे hardware से कौन जुड़ा होता है–
   A. वातावरण
   B. सिस्टम
   C. ऑपरेटिंग सिस्टम
   D. उपरोक्त में से कोई भी नहीं

10. Multiprogramming system-
    A. Single programming system से आसान है
    B. सभी कार्य तेजी से करने वाली मशीन हैं
    C. एक समय में एक से अधिक कार्य करने का माध्यम हैं
    D. उपरोक्त सभी हैं

11. जब स्वीच ऑन होता है तब सर्वप्रथम कौन-सा प्रोग्राम रन होता है–
    A. System Software
    B. Application Software
    C. Operating System
    D. उपरोक्त सभी

12. Programme, Counter, Interface and Terminal सभी सीधे जुड़े होते है–
    A. Hardware से B. Software से
    C. Data से D उपरोक्त सभी से

13. Hardware एवं Software दोनों के साथ अपने गुणों को share करता है–
    A. Operating Software
    B. Software
    C. Data
    D. उपरोक्त में कोई भी नहीं

सिस्टम स्ट्रक्चर (System Structure)

14. Mechanism को policy से अलग करने के लिये निम्न में से किसका उपयोग किया जाता है?
   A. Single level implementation
   B. Double level implementation
   C. Multi level implementation
   D. उपरोक्त में से कोई भी नहीं

15. Physical computer से OS के द्वारा क्या तैयार किया जाता है?
   A. Virtual Space
   B. Virtual Computer
   C. Virtual Device
   D. उपरोक्त में से कोई भी नहीं

16. स्वेपिंग क्या है–
   A. अलग-अलग भाग में काम करना
   B. एक से अधिक प्रोग्राम को मेमोरी उपयोग करने का आदेश देना
   C. प्रत्येक प्रोग्राम को मेमोरी उपयोग करने एवं मेमोरी से बाहर भेजने का एक तरीका
   D. उपरोक्त में से कोई भी नहीं

17. इसमें कौन सही रूप से Multi tasking नहीं है–
   A. Windows 98 B. Windows NT
   C. Window XP D. DOS

18. जब computer start होता है तब एक विशेष लोडर कार्य करता है, वह हैं–
   A. Compiler B. Boot loader
   C. Bootstrap loader D. Relating loader

19. Poor response time इसमें से किसके लिए होता है–
   A. Process busy
   B. Hard input/output rate
   C. Hard processing rate
   D. उपरोक्त सभी के लिए

20. इसमें किस प्रोग्राम की उपयोगिता नहीं है–
   A. Debugger B. Editor
   C. Spooler D. उपर्युक्त सभी

21. को-प्रोसेसर क्या है?
   A. यह Software को आसान उपयोग के लिये support करता है
   B. सभी process को बराबर function support देता है
   C. किसी application के साथ कार्य करता है
   D. उपरोक्त सभी

22. Client server application के लिये कौन-सा operating system उपयुक्त है–
   A. Windows 98 B. Windows NT
   C. Window XP D. उपरोक्त सभी

23. Operating system manage करता है–
   A. Memory B. Process
   C. Disk and I/O device D. उपरोक्त सभी

एम एस–डॉस (MS-DOS)

24. MS-DOS किसके द्वारा बनाया गया है?
   A. Microsoft
   B. IBM
   C. Apple talk
   D. उपरोक्त में से किसी के भी द्वारा नहीं

25. MS-DOS को develop करने वाला programmer कौन था?
   A. R. Jhon
   B. Bill Gates
   C. Dennis Ritchi
   D. उपरोक्त में कोई नहीं

26. MS-DOS का अंतिम version कौन-सा है?
   A. 5.0 B. 6.0
   C. 6.11 D. 6.22

27. DOS में कौन File Internal Command को लोड करता है–
   A. Io.sys B. MsDos.sys
   C. Command.com D. Config.sys

28. जब DOS boot होता है तब batch file स्वतः रन करता है। उस batch file का नाम क्या है–
   A. Run.bat B. Config.sys
   C. Config.sys D. Autorun.bat

29. Additional file को चलाने के लिये किस प्रकार के command की जरूरत होती है–
A. Internal Command
B. External Command
C. Batch Command
D. Redirectories

30. Time command का उपयोग होता है–
A. System के time को डिस्पले करने में
B. US time को डिस्पले करने में
C. Julian time को डिस्पले करने में
D. उपरोक्त सभी में

31. DIR के साथ किस स्वीच का उपयोग सभी फाईल एवं डायरेक्ट्री देखने में होता है?
A. /p B. /w
C. /s D. /<

32. Disk पर Error fix करने का सबसे अच्छा tool है–
A. Fdisk B. Scandisk
C.Chkdsk D. Fixdsk

33. Copy command file को copy करता है। इसको निश्चित करने के लिये किस command का उपयोग होगा?
A. /A B. /C
C. /S D. /V

34. निम्न command prompt का उत्तर क्या होगा–
$< $p $g?
A. <C:\>? B. <TD>
C. C:\> D. C::\>

35. किस command का उपयोग disk में track एवं sector को पुनः तैयार करने में होता है–
A. Fdisk B. Format disk
C. Chkdsk D. ATTRIB

36. Disk copy के लिये कौन-सा कथन सत्य है–
A. Copy एवं Disk copy दोनों समान है
B. disk copy हार्ड डिस्क पर उपयोग होता है
C. यह DOS का प्रारंभिक command है
D. यह floppy एवं हार्ड डिस्क पर उपयोग होग।

37. FAT का पूरा नाम है–
A. File accommodation table
B. File access type
C. File allocation table
D. File activity table

38. DOS version को जानने के लिये किस command का उपयोग होता है–
A. VERSION B. VERIFY
C. VER D. VERSN

39. इसमें कौन-सा file name गलत है–
A. Myfile.dos B. Check$.(1)
C. Verified.### D. Qwerty.113

40. Virus का पूरा नाम क्या है–
A. Very important resource under search
B. Virtual information resource under seize
C. Verify interchange result until source
D. Very important record user searched

41. अचानक deleted file को किस command के द्वारा recover किया जायेगा–
A. UNDELETE
B. DELETE/CANCEL
C. RESTORE
D. RECOVER

42. Disk का नाम set करने के लिए किस command का उपयोग होता है–
A. VOLUME B. VOL
C. LABEL D. DISKLABEL

43. किस command का उपयोग file को sorted order में display करने के लिये होता है–
A. DIR/N B. DIR/SO
C. DIR/AN D. DIR/AH

44. किस command को पहले से उपयोग किये गये command को देखने के लिये किया जाता है–
A. COMMAND/ALL B. KEYDOS
C. DOSKEY D. DIR/ALL

45. Single Binary Bit store करने के लिये किसका उपयोग किया जाता है–
A. CAPACITOR B. FLIP-FLOP
C. REGISTER D. INDICATOR

मेमोरी स्टोरेज (Memory Storage)

46. जब एक से अधिक Flip-flop का समूह होता है, तब वह कहलाता है–
A. Counter
B. Adder
C. Register
D. उपरोक्त में से कोई भी नहीं

47. सबसे अच्छा यूनिट कौन-सा है जो storage के external device को support करता है–
A. Bits B. Bytes
C. Hertz D. Clock Cycles

48. अलग-अलग read/write हेड का उपयोग किस memory scheme के लिये किया जाता है–
A. Random Access
B. Sequential Access
C. Direct Access
D. उपरेक्त में से कोई भी नहीं

49. Operation को allow करने के लिए जिस रजिस्टर का उपयोग होता है, वह कहलाता है–
A. Counter B. Loader
C. Adder D. Shift register

50. निम्न में cost को ध्यान में रखकर सबसे सस्ता memory device कौन-सा है–
A. Conductor memory B. Magnetic Disk
C. Magnetic Tape D. Compact Disk

51. इसमें सबसे अधिक तेज गति से access करने का device कौन-सा है–
A. Magnetic Disk
B. Semiconductor memory
C. Magnetic Tape
D. Compact Disk

52. निम्न में कौन सेमी कंडक्टर मेमोरी है–
A. Dynamic B. Static
C. Bubble D. दोनों (A) एवं (B)

53. इसमें कौन-सा Read only memory storage device है–
A. Floppy
B. Hard Disk
C. CDRom
D. उपरोक्त में से कोई भी नहीं

मल्टी टास्किंग (Multi Tasking)

54. एक ही समय में एक से अधिक यूजर का प्रोग्राम रन कराने मे कौन मदद करता है–
A. Multi User
B. Multi tasking
C. Multi processing
D. उपरोक्त में से कोई भी नहीं

55. Multi Programming, एक ही समय में, एक से अधिक निम्नलिखित में से किस को support करता है–
A. Process
B. User
C. Hardware
D. उपरोक्त में से कोई भी नहीं

56. Preemptive एवं cooperative दोनों प्रकार है–
A. Multiprogramming के
B. Multitasking
C. Multi User
D. उपरोक्त में किसी के भी नहीं

57. Macintosh computer किस प्रकार का multitasking computer है–
A. Pre-emptive
B. Co-operative
C. Multiprogramming
D. उपरोक्त में से कोई भी नहीं

58. UNIX किस तरह का Multitasking उपयोग करता है–
A. Pre-emptive B. Co-operative
C. Multiprogramming D. कोई भी नहीं

59. जब डाटा एक साथ ग्रुप में process करता है, तो वह कहलाता है–
A. Batch processing
B. Group Processing

C. Time sharing
D. उपरोक्त में से कोई भी नहीं

60. Micro computer में किस operating system का उपयोग होता है?
A. UNIX B. LINUX
C. WINDOWS D. उपरोक्त सभी

61. निम्नलिखित में कौन-सा operating system का function नहीं है?
A. Batch processing B. Multiprocessing
C. Top management D. Virtual Storage

62. निम्न में रियल टाईम ऑपरेटिंग सिस्टम कौन-सा है–
A. Phillips-P-855 B. Vista
C. XP D. Linux

63. Operating system का प्रारंभिक उपयोग क्या है–
A. उत्पादकता बढ़ाना B. Testing
C. Loading D. Maintenance

64. MVS का पूरा नाम है–
A. Many very (large) system
B. Multiple virtual storage
C. Multi value system
D. उपरोक्त में से कोई भी नहीं

65. इनमें कौन-सा रियल टाईम ऑपरेटिंग सिस्टम है–
A. BLMX B. CTOS
C. CCP D. DOS

66. Batch processing को किस नाम से जाना जाता है?
A. Serial B. Sequential
C. Off line processing D. उपरोक्त सभी

67. Control statement के लेंग्वेज में लिखने के लिये किस स्टेटमेंट का उपयोग किया जाता है?
A. Preemptive
B. Co-operative
C. Multiprogramming
D. उपरोक्त में से कोई भी नहीं

68. Commercial data processing के लिये उपयोग किया गया programme जो अधिक से अधिक मात्रा में डाटा को पढ़ता है, कहलाता है–
A. I/O bound programme
B. Multi programming
C. Multitasking
D. उपरोक्त में से कोई भी नहीं

69. MFT का पूरा नाम हैं–
A. Multi programming (for) tasking
B. Multi fixed tasking
C. Multiprogramming with fixed tasking
D. उपरोक्त में से कोई भी नहीं

70. MVT का पूरा नाम है–
A. Multi variant tasking
B. Multiple variant tasking
C. Multiprogramming variable tasking
D. उपरोक्त में से कोई भी नहीं

71. Programme का सबसे popular stage जो main memory पर कार्य करता है, क्या कहलाता है–
A. Running B. Ready
C. Block D. कोई भी नहीं

टाइम शेयरिंग सिस्टम (Time Sharing System)

72. किसी resource को समय के अनुसार अलग-अलग प्रोग्राम में बाँटा जाये तो वह क्या कहलाता है–
A. Multi tasking
B. Multi user
C. Time Sharing
D. उपरोक्त में से कोई भी नहीं

73. Time sharing का सिद्धांत है–
A. अधिक से अधिक यूजर डायरेक्ट कम्प्यूटर से डाटा आदान-प्रदान कर सके एवं प्रॉब्लम हल कर सके
B. फाईल विभाग करना
C. (A) एवं (B) दोनों
D. उपरोक्त में से कोई भी नहीं

74. यूजर CUP पर केंद्रित होता है जिसमें कुछ समय निर्धारित होता है। वह समय कहलाता है–
A. Time slice
B. Multi programming

C. Question time

D. उपरोक्त में से कोई भी नहीं

75. Time sharing system में जो यूजर central system से डाटा आदान प्रदान करता है, वह कहलाता है–

A. Interactive computing

B. Conversation computing

C. (A) एवं (B) दोनों

D. उपरोक्त में से कोई भी नहीं

76. एक प्रोसेस जब अधिक गति में जब डाटा या फाइल का लेन-देन करता है तब सिस्टम अधिक प्रभावित रूप से कार्य करता है, यह कहलाता है–

A. Real time system

B. Time sharing system

C. उपरोक्त दोनों

D. उपरोक्त में से कोई भी नहीं

77. Booting process का extension नाम क्या है–

A. confic.sys

B. command.com

C. autoexe.bat

D. उपरोक्त में से कोई भी नहीं

78. Command. com file एक–

A. Programme file हैं

B. Hidden file हैं

C. Executable file है

D. उपरोक्त में से कोई भी नहीं

79. Hidden file है–

A. Io.sys

B. Msdos.sys

C. दोनों (A) एवं (B)

D. उपरोक्त में से कोई भी नहीं

80. Booting process रन कराता है–

A. config.sys file

B. aurtiexec.bat file

C. command.com

D. उपरोक्त में से कोई भी नहीं

81. Booting process में कौन-सी फाईल हार्डवेयर को चेक करती है–

A. common.file

B. config.sys

C. autoexec.bat

D. उपरोक्त में से कोई भी नहीं

82. Booting process में config.sys क्या प्रदान करता है–

A. मेमोरी की खाली जगह

B. मेमोरी की भरी हुई जगह

C. मेमोरी की फाईल

D. उपरोक्त में से कोई भी नहीं

83. Booting process कौन-सी फाईल स्वतः रन करता है–

A. command.com B. config.sys

C. autoexec.bat D. io.sys

84. Booting process के दौरान कौन सी फाईल command फाईल को संग्रहित करता है–

A. command.com

B. config.sys

C. io.sys

D. उपरोक्त में कोई भी नहीं

85. Command.com को क्या कहा जाता है?

A. Shell

B. Console command process

C. दोनों (A) एवं (B)

D. उपरोक्त में से कोई भी नहीं

यूनिक्स OS (UNIX OS)

86. Unix programming को किस language में लिखा गया है?

A. C++ B. C

C. Java D. Visual Basic

87. Unix किस प्रकार की Operating है?

A. Multiuser

B. Time Sharing system

C. दोनों (A) एवं (B)

D. उपरोक्त में से कोई भी नहीं

88. DOS एक किस प्रकार का Operating system है–

A. Single user

B. Double user

C. Multi user

D. उपरोक्त में कोई भी नहीं

89. Booting process में कितना समय अधिकतम लगता है–

A. 10 सेकण्ड B. 20 सेकण्ड

C. 18 सेकण्ड D. 30 सेकण्ड

90. Real time sharing को किसे control करने के लिये उपयोग किया जाता है–

A. Physical system

B. Logical system

C. दोनों (A) एवं (B)

D. उपरोक्त में से कोई भी नहीं

नेटवर्किंग

डिवाइस (Device)

1. कंपनी का एक बड़ा network है जिसको छोटे–छोटे भाग में बाँटा गया है । किस device का उपयोग कर LAN को अलग-अलग भागों में बाँटा जा सकता है?

A. एक इंटरनल फायरवॉल

B. सबनेट के बीच रूटर

C. विभाग के लिए अलग–अलग स्वीच

D. उपरोक्त सभी के द्वारा

2. ईथरनेट के लिये कौन-से कंपोनेन्ट LAN में उपयोग किये जाते है?

A. COAX B. FIBER

C. STP D. उपरोक्त सभी

3. किस डिवाइस को पैकेट ऐड्रेस के द्वारा पैकेट भेजने के लिये डिजाइन किया गया है?

A. स्पेसिलिटी हब B. स्वीचिंग हब

C. पोर्ट हब D. फिल्टरिंग हब

फायरवॉल्स (Firewalls)

4. कंपनी गेटवे या नेटवर्क सर्वर के द्वारा इंटरनेट ऐक्सेस करता है । इसमें किस डिवाइस का उपयोग LAN एवं resource को सुरक्षा प्रदान करने के लिये किया जाता है?

A. D.S.L. Modem

B. एक मल्टीहोम फायरवॉल

C. VLAN

D. एक ब्राउजर

5. LAN के लिये फायरवॉल उपयोग करने से यह लाभ है–

A. Message को एक्सेस करने में मदद करता है

B. अलग–अलग resource को अनुशासित रूप से control करना

C. LAN के लिये सुरक्षा प्रदान करना

D. दोनों (B) एवं (C)

6. फायरबॉल के लिये निम्न में कौन-सा कथन सत्य है?

A. नेटवर्क ट्रॉफिक का फिल्टर करना

B. हार्डवेयर एवं सॉफ्टवेयर को सुरक्षा प्रदान करना

C. रूल का अनुसरण करना

D. उपरोक्त सभी

7. जब रूटर पर स्टेटिक पैकेट फिल्टरिंग उपयोग किया जाता है तब निम्न में से कौन-सा कथन सत्य साबित होगा?

A. यह कम सुरक्षा प्रदान करता है

B. यह पैकेट फिल्टरिंग प्रॉक्सी सर्वर से कम सुरक्षित है

C. यह डायनामिक से अधिक सुरक्षित है

D. दोनों (B) एवं (C)

8. पॉकेट फिल्टरिंग फायरवॉल किस OSI लेयर पर कार्य करता है?

A. एप्लिकेशन लेयर पर B. ट्रांसपोर्ट लेयर पर

C. नेटवर्क लेयर पर D. दोनों (B) एवं (C)

9. फायरवॉल को किस कार्य के लिये डिजाइन किया गया है?
   A. सिक्यूरिटी एक्सपोजर का सीमित है
   B. इंटरनेट एक्टिविटी पर लॉग-इन होना
   C. ऑर्गनाईजेशन की सिक्यूरिटी में मदद करना
   D. वायरस से बचाने में

10. स्टेटफुल फायरवॉल कनेक्शन ओरिएंटेड पैकेट को छानता है। निम्नलिखित में से कौन-सा स्टेटफुल पैकेट है?
   A. UDP B. TCP
   C. IP D. ICMP

11. निम्नलिखित में कौन-सा सिस्टम एप्लिकेशन लेयर पर प्रॉक्सी सॉफ्टवेयर का उपयोग कर रन करता है?
   A. प्रॉक्सी NAT B. प्रॉक्सी क्लाइंट
   C. क्लाइंट 32 D. प्रॉक्सी सर्वर

12. निम्न में से कौन रूटर का उपयोग पैकेट फिल्टरिंग के साथ करता है?
   A. एप्लिकेशन लेयर फायरवॉल
   B. पैकेट फिल्टरिंग फायरवॉल
   C. रूटर इनहैन्स फायरवॉल
   D. IP इनेबल फायरवॉल

13. निम्नलिखित में से कौन फायरवॉल कनेक्शन स्टेट का ट्रैक रखता है?
   A. एप्लिकेशन लेयर फायरवॉल
   B. रूटर इनहैन्स फायरवॉल
   C. स्टेटफुल पैकेट फिल्टरिंग फायरवॉल
   D. पैकेट फिल्टरिंग फायरवॉल

रूटर (Router)

14. निम्न में कौन-सा डिवाइस मल्टीकास्ट एवं यूनिकास्ट पैकेट में अंतर बताता है?
   A. Multicast Switch B. Wicast Switch
   C. Wicast Router D. Multicast Router

15. LAN security के लिये किस सबनेट का उपयोग internal network में स्थायीतत्व लाने के लिये होता है?
   A. Static Router B. Dynamic Router
   C. Static Switch D. Dynamic Switch

16. निम्न में सबसे अधिक कठिन एवं सुरक्षित डिवाइस कौन-सा है जिसे LAN उपयोग करता है?
   A. Static Router
   B. IP Enabled Router
   C. Dynamic Router
   D. RIP Enabled Router

17. Router एवं ब्रीच के लिये कौन-सा कथन सत्य है–
   A. ब्रीच दो नेटवर्क को डाटा लिंक लेयर पर जोड़ता है
   B. Router अधिक उपयोगी होता है
   C. Router दो नेटवर्कों को Network layer पर जोड़ता है
   D. दोनों (A) एवं (C)

18. Router किस OSI layer पर कार्य करता है?
   A. Transport B. Network
   C. Presentation D. Session

स्विच, वॉयरलेस (Switch, Wireless)

19. किसी नेटवर्क का उपयोग कर cost को कम एवं चेकर को रोकने का काम किया जाता है?
   A. Hub B. Switch
   C. Router D. Firewall

20. जब LAN में स्वीच का उपयोग किया जाता है तब किस स्टेटमेंट को सिक्यूरिटी के लिये चुना जाता है?
   A. SSH का उपयोग कर Interface को manage करता है
   B. Switch telnet एवं HTTP का उपयोग करता है
   C. Switch firewall के पीछे रखा जाता है
   D. दोनों (B) एवं (C)

21. किस Hub का उपयोग पैकेट को भेजने के लिये किया जाता है?
   A. Smart Hub B. Switching Hub
   C. Routing Hub D. Porting Hub

22. निम्न में कौन-सा critical (जटिल) wireless device है?
A. AP B. WAP
C. WEP D. WLAN

23. निम्न में कौन-सा कथन मोडेम के लिये सत्य है–
A. Modem telephone line उपयोग करता है
B. Modem Modular एवं Demodular है
C. Modem का उपयोग security के लिये किया जाता है
D. दोनों (A) एवं (B)

24. सबसे अधिक सुरक्षित रिस्क क्या है जब Modem network के साथ कार्य कर रहा है?
A. बिना नेटवर्क एडमिनिस्ट्रेटर के ज्ञान का रिमोर्ट एक्सेस करना
B. LAN बिना एडमिनिस्ट्रेटर को एक्सेस करना
C. Client बिना एडमिनिस्ट्रेटर को एक्सेस करना
D. Server बिना एडमिनिस्ट्रेटर को एक्सेस करना

RAS, टेलीकॉम / PBX, VPN

25. RAS क्या है?
A. Remote access security
B. Random access security
C. Random access service
D. Remote access service

26. RAS एक Dialup network है। कौन-सा कनेक्शन RAS connection है?
A. ISDN B. VPN
C. DSL D. ALL

27. निम्न में कौन-सा कथन PBX से जुड़ा है?
A. PBX (Private Branch Exchange)
B. PBX High Speed Date transfer के लिये उपयोग होता है
C. दोनों (A) एवं (B)
D. PBX analog message को transfer करता है

28. दो साइट के बीच private communication encryption एवं अधिपत्य देता है। निम्न में कौन-सा सबसे उत्तम इस नेटवर्क के लिये है?
A. MODEM B. FIREWALL
C. VPN D. HOST

29. किस पद्धति का उपयोग मज़बूत अधिपत्य के लिये होता है?
A. DES
B. BLOCK CHIPER
C. STREAM CHIPER
D. DEFFIE-HELLMAN

30. अधिक तेज गति से डाटा encryption के लिये किसका उपयोग किया जाता है?
A. STREAM CHIPER B. RSA
C. DES D. IPSEC

31. VPN connection के security के लिये किसका उपयोग किया जाता है?
A. TLS B. IPSeC
C. L2TP D. दोनों (B) एवं (C)

IDS

32. IDS का पूरा नाम हैं–
A. Intrusion Detection System
B. Indian Develop System
C. Integrated Disk System
D. उपरोक्त में से कोई भी नहीं

33. किस डिवाइस का उपयोग नेटवर्क ट्रैफिक की देख-रेख के लिये किया जाता है?
A. नेटवर्क आधारित Intrusion detection system
B. होस्ट आधारित transfer system
C. रूटर पर आधारित network system
D. उपरोक्त में से कोई भी नहीं

34. किस डिवाइस का उपयोग खोज में अधिक, रोकथाम में कम किया जाता है?
A. IDS B. DMZ
C. NAT D. PROXY

35. नेटवर्क डिवाइस की देखरेख के लिये किसका उपयोग किया जाता है?
A. SMTP B. SNMP
C. RIP D. OSPF

36. ईथरनेट पैकेट की देखरेख के लिये नेटवर्क मॉनिटर एवं प्रोटोकॉल एनलाइजर का उपयोग किया जाता है। जब IP हेडर के द्वारा "1" मैसेज भेजा जाता

है तब किस प्रकार का error या protocol निर्धारित होता है?

A. UDP B. ICMP

C. IGMP D. TCP

37. ईथरनेट पैकेट की देखरेख के लिये नेटवर्क मॉनिटर एवं प्रोटोकॉल एनलाइजर का उपयोग किया जाता है। जब IP हेडर के द्वारा "6" मैसेज भेजा जाता है तब किस प्रकार का error या protocol निर्धारित होता है?

A. UDP B. ICMP

C. IGMP D. TCP

वर्क स्टेशन, सर्वर, मोबाइल डिवाइस (Work Station, Server, Mobile Device)

38. LAN device के लिये सामान्यतः किस source एवं security का उपयोग पेयर से पेयर को जोड़ने एवं फाईलोयर करने के लिये होता है?

A. SQL Server B. Routers

C. Switches D. Workstations

39. जब यूजर के software download करने पर रोक लगाई जाती है तब वह क्या कहलाता है–

A. Desktop Lockup

B. Desktop Lookup

C. Desktop Lockdown

D. Desktop Lookdown

40. जब स्वतंत्र सर्वर को एक ग्रुप में रखा जाता है एवं ग्रुप एक सर्वर की तरह कार्य करता है, तो वह क्या कहलाता है–

A. Proxy Server

B. SQL Server

C. Server Array

D. Server Cluster

41. निम्न में किस डिवाइस की file sharing, network connection के लिए एक जैसी सुरक्षा प्रदान की जाती है?

A. Switch B. Workstation

C. Server D. दोनों (B) एवं (C)

42. किस डिवाइस का उपयोग मोबाईल को नेटवर्क के साथ जोड़ने के लिये उपयोग किया जाता है?

A. PDR B. PDA

C. PAGER D. दोनों (B) एवं (C)

43. निम्नलिखित में कौन-सा छोटा नेटवर्क डिवाइस है?

A. WORKSTATION B. SERVER

C. MOBILE DEVICE D. VPN

मीडिया UTP, STP

44. निम्न में कौन-सा नेटवर्क केबलिंग का एक प्रकार है?

A. Twisted Pair Wire B. Fiber Optic

C. Coaxial D. उपरोक्त सभी

45. निम्न में कौन-सी cross over effective (प्रभावित) केबल है–

A. मोडेम एवं नेटवर्क के बीच

B. हब एवं कंप्यूटर के बीच

C. दो कंम्प्यूटरो के बीच

D. स्वीच एवं रूटर के बीच .

46. CSMA क्या है?

A. Carrier Sensing Minimal Access

B. Carrier Sensing Multiple Access

C. Carrier Sense Multiple Access

D. उपरोक्त में कोई भी नहीं

47. निम्न में Coaxial केबल ट्रांसमिशन पद्धति कौन-सी है?

A. Baseband B. Broadband

C. दोनों (A) एवं (B) D. CSMA/CA

48. Coaxial केबल की मुख्य विशेषता क्या है?

A. High Security

B. Physical Dimension

C. Long Distance

D. Easily taped

49. किस coaxial केबल में दो आउटर कंडक्टर होते है?

A. STP Coax

B. Dual-Shield Coax
C. Multi-Shielded Coax
D. Bi-Coax

50. निम्न में किसका उपयोग 16MBPS से अधिक स्पीड से डाटा भेजने के लिये होता है?

A. 1 UTP B. 2 UTP
C. 3 UTP D. कैटगोरी 4 UTP

51. निम्न में कौन-सी twisted pair-cabling की property नहीं है?

A. 10w गति से ट्रांसमिशन होता है
B. Wires शील होता है
C. वायर बंद नहीं होते
D. Twisted एक ही लाइट वेब को भेजता है

52. Local network के installation के लिये किस मिडिया का उपयोग होता है?

A. Fiber B. CAT3
C. CAT5 D. Thin net

फाइबर (Fiber)

53. निम्न में कौन-सी फाइबर कैबलिंग प्रॉपर्टी नहीं है?

A. Copper cable से अधिक गति से डाटा भेजना
B. Copper cable से आसानी से तरंग capture करना
C. घनत्व कम होना
D. Signal light के रूप में भेजना

54. Fiber में data transit के लिये किसका उपयोग किया जाता है?

A. Vibration B. Sound
C. बिजली का करंट D. प्रकाश

55. कोलाहल पूर्ण माहौल में किस नेटवर्क cable का उपयोग किया जाता है?

A. Fiber B. STP
C. Coax D. UTP

56. Radio frequency को सुरक्षा प्रदान करने के लिये किस मिडिया का उपयोग किया जाता है?

A. UTP B. STP
C. Coax D. Fiber

57. कौलाहलपूर्ण माहौल एवं electrical trouble मे किस media का उपयोग डाटा भेजने में होता है?

A. STP B. UDP
C. Coax D. Fiber

58. Modulated light को भेजने में किस केबल का उपयोग किया जाता है?

A. Category 3 UTP
B. Category 5 UTP
C. Fiber
D. Coax

59. निम्न में कौन-सा सबसे अधिक खर्चीला होता है?

A. Fiber Optic B. Coaxial Cable
C. कैटेगोरी 4 UTP D. कैटेगोरी 5 UTP

रिमूवेबल मिडिया, टेप, CD-R

60. Catastrophic data के खोने की क्षतिपूर्ति को किस मिडिया के द्वारा कम किया जा सकता है–

A. डाटा की बैकअप कॉपी तैयार कर रखना
B. डाटा को डिस्क में save करना
C. CD-R में डाटा बैकअप रखना
D. Virus को चेक करना

61. Magnetic storage media का कौन-सा उदाहरण है?

A. Zip B. CD-ROM
C. Floppy Disk D. दोनों (A) एवं (C)

62. किस डिवाइस की स्टोरेज जगह अधिक है, जहाँ से डाटा हटा भी सकते है?

A. Floppy Disk B. CD-ROM
C. DVD D. बाटा हुआ मेमोरी

63. जब tape में डाटा तैयार हो तब कौन-सा कथन सत्य होगा–

A. यूज़र डाटा को दुबारा उपयोग कर सकता है ।
B. अगर डाटा खराब हो जाये, तो पुनः डाटा डाला जा सकता है
C. Restore के समय data transfer speed slow हो जाती है
D. दोनों (B) एवं (C)

64. सबसे पुराना स्टोरेज डिवाइस कौन-सा है?

A. Magnetic tape B. Laptop
C. High Drive D. CD-R

65. वह नया मीडिया कौन-सा है जिसका डाटा स्टोर करने में उपयोग किया जाता है?

A. Magnetic tape B. Laptop
C. High Drive D. CD-R

66. Fault tolerant RAID arrays के लिये किस माध्यम का उपयोग किया जाता है?

A. Magnetic Device B. Laptop
C. High Drive D. CD-R

67. निम्न में कौन-सा एक वायरस आने का एक सार्स है तथा यह एक प्रकार का मीडिया है, जिसे एक computer से दूसरे में डाटा भेजने में उपयोग होता है–

A. Hard Drive B. Smartcard
C. Flash card D. Diskette

68. किस डिवाइस का नाम मेमोरी सीक्स भी है?

A. Flash card B. Hard Drive
C. CD-R D. Diskette

स्मार्ट कार्ड, सिक्योरिटी टोपोलाजी (Smart Card, Security Topology)

69. किस डिवाइस का उपयोग मोबाईल स्टोरेज को सुरक्षा प्रदान करने के लिये किया जाता है?

A. Flash card B. Smart card
C. पब्लिक–की D. उपरोक्त सभी

70. निम्न में कौन-सा dependable tool है?

A. Flashcard B. Smartcard
C. Memory card D. अधिपत्य कार्ड

71. IANA के अनुसार निम्न में किसे रजिस्टर पोर्ट के नाम से जाना जाता है?

A. Port 1 से 255
B. Port 255 से 1024
C. Port 1024 से 49151
D. उपरोक्त सभी को

72 निम्न में किसे सिक्यूरिटी जोन के रूप में देखा जा सकता है?

A. INTRANET B. INTERNET
C. DMZ D. उपरोक्त सभी को

73. किस सिक्यूरिटी जोन को प्राइवेट कंपनी चलाती है?

A. FORWARD LOOKUP ZONE
B. INTERNET LOOKUP ZONE
C. INTRANET
D. INTERNET

74. किस सिक्यूरिटी जोन को एक कंपनी से दूसरे को जोड़ने के लिये डिजाइन किया गया है?

A. INTRANET B. DMZ
C. IMTRANET D. INTERNET

75. निम्न में किसका उपयोग एक नए स्टेशन को दूसरे के साथ जोड़ने के लिये होता है?

A. VPN B. VLAN
C. RADIUS D. NAT

76. LAN area के लिये प्राइवेट एड्रेस स्कीम का उपयोग कब होता है?

A. NAT
B. HONEY PORT
C. IDS
D. PROXY SERVER

77. प्राइवेट IP address के कारण निम्न में कौन-सा प्रॉक्सी सर्वर से अधिक सुरक्षित है?

A. RADIUS B. ICMP
C. NAT D. IRDP

78. Network address translation का प्रारंभिक कार्य है–

A. एक से अधिक यूजर का शेयर
B. इंटरनेट का IP address छिपाना
C. IP address को दिखाना
D. उपरोक्त में से कोई भी नहीं

79. निम्न में कौन प्राइवेट IP address का उदाहरण है–

A. 10.13.40.15

B. 311.10.42.5
C. 11.50.11
D. उपरोक्त में से कोई भी नहीं

80. निम्न में कौन निजी IP address का उदाहरण है जिसे इंटरनेट में उपयोग नहीं किया जाता–
A. 11.55.88.5 B. 22.82.84
C. 11.88.77 D. 172.16.12.5

टन्नलिंग, फाईल सिस्टम (Tunneling, File System)

81. निम्न में कौन-सा Tunneling network का उदाहरण है?
A. प्राइवेट नेटवर्क डाटा इनकैप्सूलेटेड होता है
B. प्राइवेट डाटा पब्लिक नेटवर्क पर ट्रांसमिट होता है
C. उपरोक्त में से कोई भी नहीं
D. उपरोक्त दोनों (A) एवं (B)

82. निम्न में कौन-सा VPN remote computing tunneling protocol है?
A. L2F B. L2TP
C. PPTP D. उपरोक्त सभी

83. निम्न में कौन-सा रजिस्टर पोर्ट IANA के अनुसार है–
A. Port 1 to 255
B. Port 256 to 1024
C. Port 1024 to 49151
D. Port 1028 to 68536

84. निम्न मे कौन-सा File एवं Folder को access करने का अधिकार देता है?
A. FAT B. FAT16
C. FAT32 D. NTFS

85. किस कमांड का उपयोग Folder अनुमति बदलने के लिये Linux में किया जाता है?
A. chmod B. IS
C. IS-I D. Top

86. किसका उपयोग फायरवॉल के द्वारा पास कराने के लिये किया जाता है?
A. TCP B. IP
C. IPX/SPX D. NET BEUI

87. किस हार्डनिंग पद्धति का एक कम्प्यूटर के द्वारा IP address एवं नाम के लिये उपयोग किया जाता है?
A. NTFS
B. IFS
C. PKI
D. ACCESS CONTROL LIST

88. E-mail traffic के लिये किस protocol का उपयोग होता है?
A. ARP B. DMS
C. SMTP D. IM

89. E-mail message में किस function का उपयोग relay agent के रूप में होता है?
A. SMT B. SNMP
C. S/MME D. LDAP

90. E-mail server की सुरक्षा के लिये किस protocol का उपयोग होता है?
A. SMTP Relay Setting
B. Antivirus Software
C. Access Control
D. उपरोक्त सभी का

91. FTP Server का प्रारंभिक कार्य क्या है?
A. Storage File
B. Backup Storage File
C. Transfer File
D. उपरोक्त सभी

92. किसका उपयोग Text base file एवं message प्राप्त करने के लिये किया जाता है?
A. FTP B. TFTP
C. FFTP D. TTF

93. DNS Server का प्रारंभिक कार्य क्या है?
A. 32 Bit address को सुधारना
B. दूसरा DNA address खोजना
C. पुनः IP address एवं Domain name को सुधारना
D. उपरोक्त सभी

94. निम्न में कौन Server High Volume network traffic को allow करता है?

A. FTP Server
B. NNTP Server
C. DSM Server
D. उपरोक्त सभी

95. बड़े डाटा रिपोजिटरी के लिये निम्न में किसका उपयोग किया जाता है?

A. SAM
B. NAS
C. DEN
D. उपरोक्त सभी का

सॉफ्टवेयर इंजीनियरिंग

बेसिक्स (Basics)

1. सपोर्ट सिस्टम, कस्टमर एवं सप्लायर के बीच कम्यूनिकेशन बनाता है, जिसे कहते है–

A. TPS
B. ऑफिस सपोर्ट सिस्टम
C. डिसिजन सपोर्ट सिस्टम
D. कम्यूनिकेशन सपोर्ट सिस्टम

2. प्राबलम सॉल्विंग का एनालिस्ट एप्रोच क्या हैं?

A. Cost एवं रिसर्च प्रॉबलम को हल करना
B. Possible हल को तैयार करना
C. प्रॉबलम सॉल्विंग का काम देखना एवं प्रॉबलम को हल करने के लिये जरूरी tool पूरा करना
D. उपरोक्त सभी

3. प्रोजेक्ट फेज का एक उदाहरण है–

A. यूजर की जरूरत के अनुसार सूचना संग्रहित करना
B. Cost (कीमत) एवं लाभ को खोजना
C. प्लान तैयार करना
D. उपरोक्त में कोई भी नहीं

4. यूजर किन दो प्रोजेक्ट फेज में अधिक व्यस्त होता है?

A. एनॉलेसिस एवं डिजाइन
B. डिजाइन एवं इम्पलीमेंटेशन
C. प्लानिंग एवं एनालेसिस
D. एनालेसिस एवं इम्पलीमेंटेशन

5. निम्न में एक स्थल वर्ल्ड का महत्वपूर्ण पहलू है?

A. मेथोडोलॉजी
B. तकनीकी
C. टूल
D. मॉड्ल

6. निम्न में किसका उपयोग डैवलपर को प्रोत्साहित करने एवं XP को UP में जोड़ने के लिये किया जाता है–

A. रिस्क मॉडल
B. एक्सट्रीम मॉडल
C. एनिल मॉडलिंग
D. स्पाइरस मॉडल

7. निम्न किस कार्य को सावधानीपूर्वक प्रत्येक स्टाफ के सहयोग से किया जाता है?

A. DFD
B. प्रोजेक्ट को देखना एवं मूल्यांकन
C. चार्ट
D. WBS

8. किसके द्वारा करेंट डेट एवं पूर्ण किया हुआ कार्य प्रतिशत में दिखाया जाता है?

A. दाम एवं लाभ का मूल्यांकन
B. Work ब्रेक डाऊन स्ट्रक्चर
C. क्रिटिकल पाथ
D. ट्रैनिंग ग्रांड चार्ट

प्रोजेक्ट प्लानिंग (Project Planning)

9. प्रोजेक्ट के दाम से उसकी वेल्यू अधिक होता है। यह फिजिविलटी के किस भाग में आता है?

A. टेक्निक्स
B. कल्चरल
C. आर्थिक
D. कंपनी

10. एक प्रश्न जिसका उत्तर कम समय में जल्दी दिया जाये तो वह प्रश्न किस प्रकार का होगा?
A. ओपिनीयन B. ओपन-एण्डेड
C. क्लोज एण्डेड D. मल्टीपल च्वाइस

11. फिजिविलटी को जाँच करने के लिये व्यापार के किस एप्रोच का उपयोग किया जाता है?
A. फंक्शनल B. वर्कफलो
C. डिस्कवरी D. लॉजिकल

12. निम्नलिखित में कौन-सा सही कथन है–
A. प्रश्नोत्तर के द्वारा सीमित डाटा संग्रहित किया जा सकता है
B. स्टेक होल्डर प्रश्न भी देता है
C. Case टूल का उपयोग नहीं होता है
D. प्रश्नोत्तर सही होना चाहिये

13. टेक्निकल पहलू को परिभाषित करने के फॉर्मूला की श्रृंखला निम्न में कौन-सी है?
A. Concrete B. Graphical
C. Descriptive D. Mathematical

14. मेमो, रिपोर्ट एवं लिस्ट के लिये निम्न में किसका उपयोग किया जाता है?
A. Descriptive B. Graphical
C. Mathematical D. उपरोक्त सभी

15. किसी सिस्टम के एक सतह को कवर करने के लिये मॉडल का उपयोग किया जाता है, जो है–
A. लॉजिकल B. मैथमेटिकल
C. ग्राफिकल D. उपरोक्त सभी

16. वह जो सुरक्षा एवं जाँच सिस्टम के लिये उपयोगी है, एवं जिसे निम्न में से किससे जोड़ा जा सकता है–
A. परफैक्ट तकनिकी B. रिस्क कंट्रोल
C. सिस्टम कंट्रोल D. उपरोक्त सभी

17. निम्न में किसे ऑब्जेक्ट ओरियेंटेड प्रोग्राम के लिये भी उपयोग किया जाता है?
A. रिलेशनसिप (संबंध) B. Multiplicity
C. यूनरी रिलेशनसिप D. क्लास

18. एक ऐसी प्रोसेस या फाइल जिसका केवल इनपुट से ही उपयोग किया जाता है?
A. ब्लैक होल B. फ्रेगमेंट
C. इन्फॉरमेशन ओवरलोड D. कंटेक्ट डायग्राम

19. निम्न में कौन-सा मॉडल डिजाइन का एक रूल है जिसकी कनेक्शन लिमिट नौ कंपोनेट है?
A. मिनिमाइजेशन इनटरफेश
B. Value of 7±2
C. बैलेन्शिग का रूल
D. ब्लैक होल

20. निम्न में कौन-सा रिलेशन प्रोसेस एवं लोकेशन के बीच बनाता है?
A. लोकेशन डायग्राम
B. ब्लैक होल
C. एक्टिविटी लोकेशन मैट्रिक
D. उपरोक्त में कोई भी नहीं

21. निम्न में कौन-सा डायग्राम या मैप लोकेशन के संबंध को बताता है?
A. ब्लैक होल
B. लोकेशन डायग्राम
C. एक्टिविटी लोकेशन डायग्राम
D. एक्टिविटी डाटा मैट्रिक

22. निम्न में किसको इवेन्ट टेबल डिजाइन करने के पश्चात डिजाइन किया जाता है?
A. DFD डायग्राम
B. Class diagram
C. सिस्टम सिक्वेंश डायग्राम
D. यूज केस

23. जेम्स मार्टिन के द्वारा इनमें से क्या विकसित किया गया?
A. इन्फॉरमेशन इंजीनियरिंग
B. मिनीमाइजेशन
C. CRUD
D. उपरोक्त में से कोई भी नहीं

24. ट्रेडिशनल सिस्टम का कंम्पोनेण्ट कौन-सा है?
A. यूज केश B. प्रोसेस डेफिनेशन
C. ऑब्जेक्ट D. डिसिजन टेबल

25. फैक्ट फांइडिग एक्टिविटी को निम्न में किससे जोड़ा जा सकता है?
A. खोज कार्य B. सिक्वेंश एक्टिविटी
C. इन्टरएक्सन एक्टिविटी D. मैसेजिंग

26. यूज केश डायग्राम किस में बाँटा जा सकता है?
A. क्लास डायग्राम B. सिक्वेंश डायग्राम
C. इवेन्ट टेबल D. कंटेक्स्ट डायग्राम

27. निम्न में कौन-सा इनपुट/आउटपुट को परिभाषित करता है, जब यूज केस उत्पन्न होता है?
A. सिस्टम सिक्वेंश डायग्राम
B. डाटा फलो डेफिनेशन
C. कंटेन्ट कंटेक्सट डायग्राम
D. DFD फ्रेगमेंट

28. सिस्टम सिक्वेंश डायग्राम में किसका अर्थ मल्टिप्लिसिटी होता है?
A. { } B. *
C. () D.]

29. जब सिस्टम टेकओंवर होता है तो प्रोसेसिंग फंक्शन का ________ उच्च हो जाता है?
A. स्कोप का लेवल
B. बिजनेस प्रोसेस रिइंजीनियरिंग
C. लेवल स्टेटजिंक प्लानिंग का
D. ऑटोमेशन का लेवल

कंपोनेंट (Requirement of Component for automation)

30. स्कोप क्रीप निम्न में क्या करता है?
A. फंक्शन के महत्व को दिखाता है
B. कुछ फंक्शन को बाद में परिभाषित करता है
C. प्रत्येक फंक्शन की प्रायरिटी निर्धारित करता है
D. नये फंक्शन जोड़ने के लिये आग्रह करता है

31. "Overview of Need" में किसे जोड़ा जा सकता है जो प्रपोजल के लिये आग्रह करता है?
A. एक्सपेक्टेड व्यापार लाभ
B. कंपनी का बैकग्राऊण्ड
C. परफॉरमेन्श रिक्वायरमेंट
D. मैनटेन एवं सपोर्ट

32. RFP प्रपोजल में किसे "Introduction and background" में जोड़ा जा सकता है?
A. रिक्वेस्ट फॉर स्टेटमेंट
B. प्राइमरी कार्य के लिये निर्देश
C. इन्डस्ट्री बिजनेस का मुख्य आधार
D. डाक्यूमेंट एवं ट्रेनिंग

33. निम्न में किस का उपयोग Cost के आधार पर रिंक्स मैनेज करने के लिये किया जाता है?
A. दाम + कमीशन B. दाम + प्रतिशत
C. दाम D. फिक्स डॉलर

34. "Description of technical requirements" में किसे जोड़ा जा सकता है?
A. व्यापार जरूरत की व्याख्या
B. हार्डवेयर व्याख्या
C. देख-रेख एवं सहायक
D. कंपनी का बैकग्राऊण्ड

35. उच्च तकनीकी का डिजाइन जिसे पूरा स्ट्रक्चर डिजाइन करने के लिये उपयोग किया जाता है, कहलाता है–
A. सिस्टम B. नोडल
C. आर्किटेक्चर D. फंक्शनल

डिजाइन (Design)

36. कम्प्यूटर एवं प्रोग्राम के बीच Hierarchy मॉडल के द्वारा रिलेशन बनाया जाता है, वह है–
A. एक सिस्टम फलो चार्ट
B. डिजाइन क्लास डायग्राम
C. डाटा फलो डायग्राम
D. स्ट्रक्चर चार्ट

37. ट्रांजेक्शन में उपयोग किया जाने वाला आउटपुट डाटा फलो का सेट निम्न में कौन-सा है?
A. आउटपुट सिस्टम
B. अफेंट डाटा फलो
C. इफ्रेन्ट डाटा फलो
D. प्राइमरी सूचनाओं का बहाव

38. Poor कोहेन का मॉडल High reflect_____ करता है–
A. Data Flow B. कंपलिंग
C. आइटरेशन D. प्रोग्राम कॉल

39. सॉफ्टवेयर डेवलपमेंट मे डिटेल डिजाइन किसके द्वारा बनाई जाती है?

A. बिजनेस ऐनालेसिस
B. प्रोजेक्ट मैनेजर
C. सॉफ्टवेयर डिजाइन विशेषज्ञ
D. सिस्टम का यूजर

40. सभी हस्ताक्षर पद्धतियां किस डायग्राम के द्वारा परिभाषित की जाती है?
A. पैकैज B. इन्टरएक्सन
C. डोमेन D. डिजाईन क्लास

क्वालिटी टेस्टिंग (Quality Testing)

41. इसमें कौन-सा क्वालिटी नहीं देता है?
A. Transcendent
B. Product-based
C. Transbulent
D. उपरोक्त में से कोई भी नहीं

42. निम्न में कौन Deming's it प्वाइंट मैनेजमैंट नहीं है?
A. मोबाइलटी मैनेजमेंट
B. नया कार्य अपनाना
C. उपरोक्त दोनों
D. उपरोक्त में से कोई भी नहीं

43. डेवलपमेंट सायकल की स्टेज कौन-सी है?
A. रिक्वायरमेंट B. एनालेसिस डिजाइन
C. कंसट्रक्सन D. इम्पलीमेंटेशन

44. रिव्यु किस दाम एवं गुणवत्ता की श्रेणी है?
A. प्रिवेन्टीव
B. एप्रेजल
C. उपरोक्त दोनों
D. उपरोक्त में से कोई भी नहीं

45. व्यवहार में बदलाव से पहले किस प्रकार के बदलाव की जरूरत होती है?
A. लाइफ स्टाइल
B. इन्टरनल
C. मैनेजमेंट
D. उपरोक्त में कोई भी नहीं

46. टेस्टेवल सॉफ्टवेयर का क्या गुण है?
A. Observability B. Simplicity
C. Stability D. उपरोक्त सभी

47. टेस्टिंग तकनोकी को डिवाइजिंग तकनीकी में प्रत्येक फंक्शन को कार्य संम्पादित करने के लिये जाँच करने का प्रोसेस क्या कहलाता है?
A. ब्लैक बॉक्स टेस्टिंग B. ग्लास बाक्स टेस्टिंग
C. ग्रे बॉक्स टेस्टिंग D. ह्वाइट बॉक्स टेस्टिंग

48. सॉफ्टवेयर का इन्टरनल माड्यूल एवं लॉगिक टेस्ट करने का प्रोसेस है–
A. ब्लैक बॉक्स टेस्टिंग
B. ग्लास बॉक्स टेस्टिंग
C. ह्वाइट बॉक्स टेस्टिंग
D. उपरोक्त में कोई भी नहीं

विविध प्रश्न

1. डेस्कटॉप पर टाईम एक आइकॉन जहाँ दिखता है, वह कहलाता है–
A. टॉस्कबार
B. डेस्कटॉप
C. सिस्टम ट्रे
D. उपरोक्त में से कोई भी नहीं

2. शार्टकट तैयार होने पर कितना स्पेस लेता है?
A. 1 kb B. 2 kb
C. 4 kb D. 20 kb

3. 1 मेगा बाइट में कितना किलोबाइट होता है?
A. 1000 B. 1024
C. 1040 D. 1050

4. गीगा बाइट निम्न में से किसका समूह है?
A. किलोबाइट B. मेगाबाइट
C. टेराबाइट D. बाइट

5. एक बाईट में कितने केरेक्टर होते है?
A. 8 B. 64
C. 84 D. 1024

6. 1 टेरा में कितना गीगा बाइट होता है?

A. 1024 B. 2040
C. 1120 D. 11000

7. क्विक लाँच टूल बार कहाँ डिस्पले होता है?

A. डेस्कटॉप
B. टाइटल बार
C. टास्क बार
D. उपरोक्त में से कही भी नहीं

8. My Computer में क्या नहीं होता है?

A. Drive B. कंट्रोल पेनल
C. नेटवर्क नेबरहुड D. फोल्डर

9. शटडाउन करने के लिये किन keys का उपयोग किया जाता है?

A. Alt + F2
B. Alt + F3
C. Alt + F4
D. उपरोक्त में कोई नहीं

10. कॉपी करने के लिए किस कमांड का उपयोग होता है?

A. Ctrl + C
B. Alt + C
C. Alt + P
D. उपरोक्त में कोई नहीं

11. निम्न में से Text को सिलेक्ट करने के लिए कौन-सी Key है?

A. Select B. Alt + A
C. Ctrl + A D. उपरोक्त सभी

12. पेस्ट करने के लिये किस Shortcut Key का उपयोग किया जाता है?

A. Ctrl + V B. Ctrl + X
C. Ctrl + T D. उपरोक्त सभी

13. फाइल एवं फोल्डर को डिलीट करने के लिए Shortcut Key कौन-सी है?

A. Shift + Del B. Ctrl + Del
C. Alt + Del D. उपरोक्त सभी

14. विण्डो को बड़ा करने के लिए किस Shortcut Key का उपयोग किया जाता है?

A. Alt + Enter B. Ctrl + Enter
C. Alt + Space D. उपरोक्त सभी

15. विण्डो को बंद करने के लिये किस Key का उपयोग किया जाता है?

A. Alt + F4
B. Alt + Spacebar
C. उपरोक्त दोनों (A) एवं (B)
D. उपरोक्त में से कोई भी नहीं

16. MS-Excel के XP Version में कितनी Rows होती है?

A. 65000
B. 65536
C. 30420
D. उपरोक्त में से कोई भी नहीं

17. MS-Excel के XP Version में कितने Columns होते है?

A. 256 B. 364
C. 400 D. 40

18. MS-Word में Superscript (पावर) के लिये किस Shortcut Key का प्रयोग किया जाता है?

A. Ctrl + Alt + '+'
B. Ctrl + '+'
C. उपरोक्त दोनों (A) एवं (B)
D. उपरोक्त में से कोई भी नहीं

19. Spell Checking के लिये Shortcut Key क्या है?

A. F7 B. F3
C. F4 D. F6

20. Format Painter के लिए किस शार्टकट key का उपयोग किया जाता है?

A. Alt + Shift + C B. Ctrl + Shift + C
C. Shift + C D. उपरोक्त सभी

21. Hyperlink के लिये किस key का उपयोग होता है?

A. Alt + T B. Alt + P
C. Alt + K D. Ctrl + K

22. Print के लिए किस शार्टकट key का उपयोग किया जाता है?

A. Ctrl + T
B. Ctrl + V
C. Ctrl + P
D. उपरोक्त में कोई नहीं

23. फाइल को खोलने की Shortcut key क्या है?
A. Ctrl + O B. Ctrl + S
C. Ctrl + W D. Ctrl + N

24. निम्न में कौन-सी Spreadsheets है?
A. Word B. Excel
C. Power Point D. उपरोक्त सभी

25. एक वर्क बुक में by default कितनी सीटे होती है?
A. एक B. दो
C. तीन D. पाँच

26. MS-Excel में जिस Cell पर कर्सर कार्य करता है, वह Cell क्या कहलाता है?
A. Del Cell B. Open Cell
C. Active Cell D. उपरोक्त सभी

27. कम्प्यूटर का जनक किसे कहा जाता है?
A. बिल गेट्स B. माइक्रोसॉफ्ट
C. चार्लस बेबेज D. रिल जॉन

28. TCP / IP क्या है?
A. Text Control Protocol/Internet Protocol
B. Transfer Control Protocol/Internet Protocol
C. Transfer Control Protocol/Intranet Protocol
D. Transfer Control Protocol/Increment Protocol

29. WWW है–
A. World Wide Web B. Wide World Web
C. World Web Wide D. Web World Wide

30. वेब साइट निम्न में से किसका समूह है?
A. सर्च इंजिन का B. सर्वर का
C. वेब पेज का D. उपरोक्त सभी का

31. याहू कब बना था?
A. 1994 B. April 1994
C. August 1993 D. 1993

32. Internet में POP क्या है?
A. Post of Post
B. Post Office Protocol
C. Protocol Office Post
D. Protocol of Post

33. .Net डोमेन निम्न में से किसे परिभाषित करता है?
A. Network resources
B. Internet Service Provider
C. Army
D. उपरोक्त में से कोई भी नहीं

34. India का डोमन नेम क्या है?
A. IN
B. Hindustan
C. India
D. उपरोक्त में से कोई भी नहीं

35. फोन्ट के साइज को बढ़ाने के लिये निम्न में किस Shortcut Key का उपयोग किया जाता है?
A. Ctrl + Shift + >
B. Ctrl + Shift + <
C. उपरोक्त दोनों (A) एवं (B)
D. उपरोक्त में से कोई भी नहीं

36. फोन्ट के साइज को घटाने के लिये किस टैग का यूज किया जाता है?
A. Ctrl + Shift + >
B. Ctrl + Shift + <
C Alt + Shift + =
D. उपरोक्त में से कोई भी नहीं

37. डेसिमल नम्बर का आधार कितना होता है?
A. 2 B. 10
C. 100 D. 1000

38. बाइनरी नम्बर का आधार कितना होता है?
A. 2 B. 4
C. 8 D. 10

39. ऑक्टल नम्बर का आधार कितना होता है?
A. 4 B. 8
C. 16 D. 2

40. हेक्सा डेसिमल नम्बर का आधार कितना होता है?
A. 2 B. 8
C. 16 D. 10

41. कैरेक्टर मैप की executable file का नाम क्या है?
A. Charmap.exe

B. Charamp.

C. Charmap.exe

D. उपरोक्त में कोई नहीं

42. विंडो की executable file का नाम क्या है?

A. Win.exe

B. Window.exe

C. Mswin.exe

D. उपरोक्त में कोई नही

43. फंक्शन Keys कितनी होती है?

A. F1 से F12 B. F1 से F11

C. F1 से F10 D. F1 से F13

44. निम्न में कौन-सा मॉनिटर का एक प्रकार नहीं है?

A. VGA B. SVGA

C. ANALOG D. LRT

45. सॉफ्टवेयर के प्रकार निम्न में कौन-से है?

A. एप्लिकेशन सॉफ्टवेयर

B. सिस्टम सॉफ्टवेयर

C. उपरोक्त दोनों (A) एवं (B)

D. उपरोक्त में से कोई भी नहीं

46. RTF का पूरा नाम है–

A. Remote Text File

B. Rich Text File

C. Ritch Text File

D. उपरोक्त में से कोई भी नहीं

47. नई खाली फाईल को खोलने के लिये शॉर्टकट key क्या है?

A. Ctrl + L B. Ctrl + N

C. Ctrl + X D. Ctrl + T

48. निम्न में किस शार्टकट key का उपयोग पावर प्वाइंट में नयी स्लाइड डालने के लिये उपयोग किया जाता है?

A. Ctrl + N B. Ctrl + M

C. Ctrl + X D. Ctrl + T

49. सहायता के लिये किस key का उपयोग किया जाता है?

A. F1 B. F2

C. F3 D. F4

50. MS-Excel का एक्सटेंशन नाम है–

A. .XLS B. .XEL

C. .XLC D. .XELC

51. गुगल निम्न में से क्या है?

A. सर्च इंजन B. वेबसाइट

C. वेब पेज D. उपरोक्त सभी

52. निम्न में ग्राफिक इंटरचेंज फॉरमेट फाईल कौन-सी है?

A. .GIS

B. .GIF

C. उपरोक्त दोनों (A) एवं (B)

D. उपरोक्त में से कोई भी नहीं

53. निम्न में कौन-से डोमेन नेम मिलेट्री या एयरफोर्स की वेबसाइट के लिये उपयोग किए जाते हैं?

A. MIL B. .Aair

C. MILATRY D. उपरोक्त सभी

54. यूनिवर्सिटी एवं स्कूल के लिये किस डोमेन नाम का उपयोग किया जाता है?

A. .university B. .Edu

C. .Ptv D. उपरोक्त सभी

55. NCST क्या है?

A. National Software for Software Technology

B. National Syos for Software Technology

C. National Center for Software Technology

D. उपरोक्त में कोई भी नहीं

56. ALTA VISTA निम्न में से क्या है?

A. पब्लिक सर्च इंडेक्स B. सर्च फाईल

C. इंडेक्स D. उपरोक्त सभी

57. निम्न में कौन–सा जावा का पैकेज नहीं है?

A. Blue B. Applet

C. Java script D. .Net

58. A का ASCII Code क्या है?

A. 10100001

B. 10010101

C. 11000111

D. उपरोक्त में कोई नहीं

59. BCD कोड का पूरा नाम है–

A. Binary Code of Decimal

B. Binary coded Decimal

C. Big Code Decimal

D. उपरोक्त में से कोई भी नहीं

60. एक्टिव मेमोरी लोकेशन का एड्रेस कहाँ स्टोर होता है?
A. मेमोरी एड्रेस रजिस्टर B. एड्रेस रजिस्टर
C. रजिस्टर D. मेमोरी

61. नये निर्देश को मेमोरी में स्टोर करने का कार्य निम्न में से कौन करता है?
A. PC
B. MBR
C. MAR
D. ACCUMULATOR

62. एलगोरिदम को ग्राफ में प्रदर्शित करने के लिये किस का उपयोग किया जाता है?
A. फ्लो B. चार्ट
C. फ्लोचार्ट D. सूडोकोड

63. निम्न में कौन-सी कंप्यूटर लेंग्वेज नहीं है?
A. High Level Language
B. Low Level Language
C. Assembly Level Language
D. C++

64. Low Language का दूसरा नाम क्या है?
A. Machine Level Language
B. Binary Language
C. Machine Code
D. उपरोक्त सभी

65. High Level को machine language में बदलने का कार्य निम्न में से कौन करता है?
A. ASSEMBLER B. COMPILER
C. INTERPRETER D. उपरोक्त सभी

66. 0 एवं 4 किस लेंग्वेज को कहते है?
A. Machine Language
B. Low Level Language
C. उपरोक्त दोनों (A) एवं (B)
D. High Level Language

67. जहाँ चिन्ह् एवं स्पेशल कोड संग्रहित होता है, उस लैंग्वेज को क्या कहते है?
A. High Level Language
B. Assembly Language
C. Low Level Language
D. उपरोक्त सभी

68. Assembly Language को हार्ड मशीन लेंग्वेज में बदलने का कार्य निम्न में से कौन करता है?
A. ASSEMBLER B. COMPILER
C. INTERPRETER D. उपरोक्त सभी

69. High Language को मशीन एवं मशीनी को High language में निम्न में से कौन बदलता है–
A. COMPILER B. ASSEMBLER
C. INTERPRETER D. उपरोक्त सभी

70. Basic को कब डेवलप किया गया था?
A. 1954 B. 1972
C. 1964 D. 1974

71. LOGO क्या है?
A. Language of Operation
B. Language of Graphic
C. List of Graphic Operation
D. उपरोक्त में कोई भी नहीं

72. CAI का पूरा नाम क्या है?
A. Computer Aided Instruction
B. Computer Aided Information
C. Company Aided Instance
D. उपरोक्त में से कोई भी नहीं

73. Processing की गति को बढ़ाने के लिये किस मेमोरी का उपयोग किया जाता है?
A. Hard Disk
B. Cache Memory
C. Primary Memory
D. उपरोक्त में कोई भी नहीं

74. COBOL का पूरा नाम क्या है?
A. Cost of Business Oriented Language
B. Common Business Oriented Language
C. (A) एवं (B) दोनों
D. उपरोक्त में से कोई भी नहीं

75. COM का पूरा नाम क्या है?
A. Computer Output Manufacturing
B. Computer Output Microfilm
C. Common Output Microfilm
D. उपरोक्त में से कोई भी नहीं

76. लॉजिक गेट का समूह क्या कहलाता है?
A. Circuit

B. Combinational Circuit
C. Common Circuit
D. उपरोक्त में से कोई भी नहीं

77. CRT Technology का पूरा नाम है–
A. Cost Reduce Test
B. Cathode Ray Tube
C. Common Ray Tube
D. उपरोक्त में से कोई भी नहीं

78. Raw Material का समूह क्या कहलाता है?
A. Data
B. Information
C. Matter
D. उपरोक्त सभी

79. सूचनाओं का समूह जिसे डाटा से अर्थपूर्ण डाटा में बदला जाता है, क्या कहलाता है?
A. डाटा प्रोसेसिंग
B. डाटा एंट्री
C. डाटा विभाजन
D. उपरोक्त में से कोई भी नहीं

80. प्रोग्राम की गलतियों को खोजना एवं सुधारना क्या कहलाता है?
A. Correcting
B. Debugging
C. Verify
D. उपरोक्त में से कोई भी नहीं

81. DDP का पूरा नाम है–
A. Data Disk Process
B. Distributed Data Processing
C. उपरोक्त दोनों (A) एवं (B)
D. उपरोक्त में से कोई भी नहीं

82. वह टेबल जिसके द्वारा प्रोग्राम लॉजिक को प्रदर्शित किया जाता है, क्या कहलाता है?
A. Table
B. Decision
C. Decision Table
D. उपरोक्त में से कोई नहीं

83. EDVAC कंप्यूटर कब बनाया गया था?
A. 1952 में
B. 1958 में
C. 1962 में
D. 1994 में

84. EMIAC कंप्यूटर कब बनाया गया था?
A. 1952 में
B. 1946 में
C. 1958 में
D. उपरोक्त में से कोई नहीं

85. FORTRON का पूरा नाम है–
A. Formula Transaction
B. Formula Transfer
C. Formula Transistor
D. Formula Transmission

86. Hexa Decimal में 10 को किस अक्षर से दर्शाते है?
A. A
B. B
C. C
D. D

87. Hexa Decimal का अधिकतम शेषफल क्या हो सकता है?
A. 1
B. 7
C. 15
D. 22

88. Kilo को किसके द्वारा प्रदर्शित किया जा सकता है?
A. 210
B. 1024
C. (A) एवं (B) दोनों
D. उपरोक्त में से कोई भी नहीं

89. लाइट पेन क्या है?
A. Output Device
B. Input Device
C. Display Device
D. उपरोक्त सभी

90. LAN क्या है?
A. Topology
B. Network
C. Technique
D. Internet

91. एक सर्किट में जोड़ा गया कम्प्यूटर किस टोपोलॉजी का होता है?
A. Star
B. Mash
C. Ring
D. उपरोक्त में से कोई नहीं

92. सभी सिस्टम का एक-दूसरे के साथ कनेक्शन किस टोपोलॉजी में होता है?

A. Ring
B. Mash
C. Tree
D. उपरोक्त सभा

93. इंटरनेट के लिये किस टोपोलॉजी का उपयोग होता है?
A. Mash
B. Star
C. Tree
D. उपरोक्त सभी का

94. CD में स्टोर किया गया डाटा निम्न में से क्या है?
A. Hard Copy
B. Soft Copy
C. Store Copy
D. उपरोक्त सभी

95. ऑप्टिकल बार कोड रिडर के लिये निम्न में से किसका उपयोग किया जाता है?
A. UPC
B. SPC
C. LAC
D. उपरोक्त सभी का

96. WAN है–
A. Wide Area Network
B. Network of Network
C. नेटवर्क का जाल
D. उपरोक्त सभी

उत्तरमाला

कम्प्यूटर की आधारभूत संरचना

1	2	3	4	5	6	7	8	9	10
C	C	C	C	D	C	A	A	A	B
11	12	13	14	15	16	17	18	19	20
D	A	A	C	D	D	C	C	A	A
21	22	23	24	25	26	27	28	29	30
B	D	C	B	C	B	C	D	C	A
31	32	33	34	35	36	37	38	39	40
C	D	D	A	C	D	C	B	A	B
41	42	43	44	45	46	47	48	49	50
C	D	B	D	C	A	A	D	B	B
51	52	53	54	55	56	57	58	59	60
A	D	D	A	C	D	C	B	B	B
61	62	63	64	65	66	67	68	69	70
C	C	A	C	B	B	B	A	B	B
71	72	73	74	75	76	77	78	79	80
A	D	B	C	B	D	A	D	C	B
81	82	83	84	85	86	87	88	89	90
C	C	A	D	D	D	C	A	B	C
91	92	93	94	95	96				
D	C	D	D	A	B				

आपरेटिंग सिस्टम

1	2	3	4	5	6	7	8	9	10
D	B	D	B	A	B	A	B	C	C
11	12	13	14	15	16	17	18	19	20
C	A	A	B	A	C	D	C	D	C

21	22	23	24	25	26	27	28	29	30
A	C	D	B	B	D	C	D	B	A
31	32	33	34	35	36	37	38	39	40
C	B	D	A	B	D	C	C	D	B
41	42	43	44	45	46	47	48	49	50
A	C	C	C	B	C	B	D	D	D
51	52	53	54	55	56	57	58	59	60
B	D	C	A	A	B	B	A	A	A
61	62	63	64	65	66	67	68	69	70
B	D	A	B	D	D	D	A	C	C
71	72	73	74	75	76	77	78	79	80
D	C	A	D	C	A	C	A	C	B
81	82	83	84	85	86	87	88	89	90
B	A	C	A	C	B	C	A	D	A

नेटवर्किंग

1	2	3	4	5	6	7	8	9	10
D	D	B	B	D	D	D	D	D	B
11	12	13	14	15	16	17	18	19	20
D	B	D	D	A	A	D	B	B	A
21	22	23	24	25	26	27	28	29	30
B	A	D	A	D	D	C	C	D	C
31	32	33	34	35	36	37	38	39	40
D	A	A	A	B	B	D	D	C	D
41	42	43	44	45	46	47	48	49	50
D	D	C	D	C	C	C	C	C	D
51	52	53	54	55	56	57	58	59	60
D	C	B	D	A	D	D	C	C	A
61	62	63	64	65	66	67	68	69	70
D	C	D	A	D	C	D	D	B	B
71	72	73	74	75	76	77	78	79	80
C	D	C	C	B	A	C	B	A	D
81	82	83	84	85	86	87	88	89	90
D	D	D	D	A	C	D	C	A	D
91	92	93	94	95					
C	B	C	B	D					

सॉफ्टवेयर इंजीनियरिंग

1	2	3	4	5	6	7	8	9	10
D	C	C	D	D	C	B	D	C	C
11	12	13	14	15	16	17	18	19	20
C	D	D	A	C	C	B	A	B	B
21	22	23	24	25	26	27	28	29	30
B	A	A	B	A	C	A	B	D	D
31	32	33	34	35	36	37	38	39	40
A	C	D	B	C	D	C	B	C	B
41	42	43	44	45	46	47	48		
C	A	B	B	B	D	A	C		

विविध प्रश्न

1	2	3	4	5	6	7	8	9	10
C	A	B	B	B	A	C	D	C	C
11	12	13	14	15	16	17	18	19	20
C	A	A	C	C	B	A	C	A	B
21	22	23	24	25	26	27	28	29	30
D	C	A	B	C	C	C	B	A	C
31	32	33	34	35	36	37	38	39	40
B	B	A	A	A	B	B	A	B	C
41	42	43	44	45	46	47	48	49	50
C	A	A	D	C	B	B	B	A	A
51	52	53	54	55	56	57	58	59	60
A	B	A	B	C	A	D	A	B	A
61	62	63	64	65	66	67	68	69	70
A	C	D	A	B	C	B	A	A	C
71	72	73	74	75	76	77	78	79	80
B	A	B	B	B	B	B	A	A	B
81	82	83	84	85	86	87	88	89	90
B	C	A	D	A	A	C	C	B	B
91	92	93	94	95	96				
C	B	C	B	A	D				

सामान्य बुद्धिमत्ता
(General Intelligence)

भाषिक (VERBAL)

1

शृंखला (Series)

अक्षर शृंखला (Letter Series)

अक्षर शृंखला में निहित अक्षरों का एक निश्चित क्रम होता है। दी गई अक्षर शृंखला में अक्षर वर्णमाला के सीधे क्रम में भी हो सकते हैं और वर्णमाला के विपरीत क्रम में भी।

वर्णमाला के सीधे क्रम में अक्षरों की शृंखला है :

A B C D E F G H I J K L M N O P Q R S T U V W X Y Z

A ↓ पहला, E ↓ 5वाँ, J ↓ 10वाँ, O ↓ 15वाँ, T ↓ 20वाँ, Y ↓ 25वाँ

वर्णमाला के विपरीत या उल्टे क्रम में अक्षरों की शृंखला है :

Z Y X W V U T S R Q P O N M L K J I H G F E D C B A

Z ↓ पहला, V ↓ 5वाँ, Q ↓ 10वाँ, L ↓ 15वाँ, G ↓ 20वाँ, B ↓ 25वाँ

टिप्पणी : Z पर पहुंचकर शृंखला A से पुन: शुरू होती है और A पर पहुंचकर शृंखला Z से पुन: शुरू होती है।

अभ्यास

निर्देश : *नीचे दी गई प्रत्येक शृंखला में अक्षरों का क्रम निर्धारित करें। तत्पश्चात् दिए गए विकल्पों में से उस विकल्प का चयन करें जिससे दी गई शृंखला में प्रश्न चिह्न प्रतिस्थापित होता हो।*

1. B Y C X D W E ?
(*a*) S (*b*) T
(*c*) U (*d*) V

2. A D C G E ?
(*a*) G (*b*) J
(*c*) I (*d*) L

3. X O I F ?
(*a*) D (*b*) F
(*c*) B (*d*) E

4. Z A A Y B B X C ?
(*a*) W (*b*) C
(*c*) V (*d*) D

5. A Z Y B X W C V U D T S E ?
(*a*) RS (*b*) ST
(*c*) RQ (*d*) QR

उत्तरमाला

1	2	3	4	5
(*d*)	(*b*)	(*b*)	(*b*)	(*c*)

व्याख्यात्मक उत्तर

1. दी गई शृंखला में बारी-बारी से दो अक्षर शृंखलाएं अंतर्निहित हैं।

+1 +1 +1

B Y C X D W E V

−1 −1 −1

शृंखला I : BCDE (वर्णमाला के सीधे क्रम में)

शृंखला II : YXWV (वर्णमाला के विपरीत क्रम में)

3. शृंखला में दो सन्निकट अक्षरों के बीच वर्णमाला के विपरीत क्रम में क्रमशः 3 की कमी होती जाती है, अर्थात्

X O I F F

−9 −6 −3 −0

5. शृंखला में बारी-बारी से दो शृंखलाएं अंतर्निहित हैं।

+1 +1 +1 +1

A Z Y B X W C V U D T S E R Q

−1 −1 −1 −1 −1 −1 −1 −1 −1

शृंखला I : ABCDE (वर्णमाला के सीधे क्रम में)

शृंखला II : ZY XW VU TS RQ (वर्णमाला के विपरीत क्रम में एक साथ दो अक्षर)

गलत या बेमेल अक्षर-शृंखला (Wrong Letter Series)

इस प्रकार के प्रश्नों में दी गई शृंखला में अभ्यर्थियों को ऐसे अक्षर या अक्षर-समूह ज्ञात करने की आवश्यकता नहीं होती जिनसे दी गई शृंखला पूर्ण होती है बल्कि उन्हें ऐसे अक्षर का पता लगाना होता है जो शृंखला में गलत या बेमेल हो।

अभ्यास

निर्देश : *नीचे के प्रत्येक प्रश्न में दी गई अक्षर-शृंखला में कौन-सा अक्षर या अक्षर-समूह गलत या बेमेल है?*

1. C H M S W B

(*a*) C (*b*) S

(*c*) B (*d*) W

2. Z A W B X C

(*a*) D (*b*) C

(*c*) X (*d*) W

3. D K R Y F L

(*a*) L (*b*) D

(*c*) R (*d*) Y

4. XW, DC, CB, NM, PQ

(*a*) NM (*b*) CB

(*c*) PQ (*d*) XW

5. Z T P K H F

(*a*) Z (*b*) P

(*c*) T (*d*) F

उत्तरमाला

1	2	3	4	5
(*b*)	(*d*)	(*a*)	(*c*)	(*b*)

व्याख्यात्मक उत्तर

1. शृंखला में दो सन्निकट अक्षरों के बीच वर्णमाला के सीधे क्रम में +5 का अंतर है।

C H M R W B

+5 +5 +5 +5 +5

अतः शृंखला में S के स्थान पर R होना चाहिए। (शृंखला Z पर पहुंचने के बाद A से पुनः शुरू होती है।)

4. शृंखला कोई भी दो क्रमागत अक्षरों को वर्णमाला के विपरीत क्रम में शामिल करके निर्मित की गई है।

XW DC CB NM QP

← ← ← ← ←

संख्या-शृंखला (Number Series)

इस प्रकार की शृंखला में दी गई संख्याओं के समुच्चय एक दूसरे से एक विशेष पैटर्न या रुप में संबंधित होते हैं। संख्याओं के बीच संबंध (*i*) क्रमागत विषम/सम संख्याओं; (*ii*) क्रमागत अविभाज्य संख्याओं; (*iii*) किसी संख्या (या संख्याओं) का वर्गफल/घनफल जिसमें किसी संख्या को जोड़ने या घटाने पर परिवर्तन होता है/नहीं होता; (*iv*) पूर्ववर्ती संख्याओं का योग/गुणनफल/अंतर; (*v*) किसी संख्या से योग/घटाव/गुणा/भाग; और (*vi*) उपर्युक्त संबंधों के अनेक और भी संयोजनों पर आधारित होता है।

अभ्यास

निर्देश : *शृंखलाओं को पूरा करने के लिए दिए गए विकल्पों में से लुप्त पद/संख्या ज्ञात करें।*

1. 1, 6, 12, 19, 27, ?
(*a*) 38 (*b*) 35
(*c*) 36 (*d*) 54

2. 2, 3, 6, 18, 108, ?
(*a*) 1944 (*b*) 1658
(*c*) 648 (*d*) 1008

3. 3, 8, 13, 24, 41, ?
(*a*) 65 (*b*) 75
(*c*) 70 (*d*) 80

4. 0, 5, 22, 57, ?, 205
(*a*) 198 (*b*) 116
(*c*) 172 (*d*) 92

5. 1, 2, 5, 12, 27, 58, 121, ?
(*a*) 246 (*b*) 247
(*c*) 248 (*d*) 249

उत्तरमाला

1	2	3	4	5
(*c*)	(*a*)	(*c*)	(*b*)	(*c*)

व्याख्यात्मक उत्तर

1. शृंखला के आरंभिक पदों अर्थात् 1 और 6 के बीच 5 का अंतर है और तत्पश्चात् शृंखला की आनुक्रमिक संख्याओं के बीच अंतर में क्रमशः 1 की वृद्धि होती जाती है।

1 → 6 → 12 → 19 → 27 → 36
(+5, +6, +7, +8, +9)

4. शृंखला निम्नलिखित पैटर्न का अनुपालन करती है : 1 से आरंभ करके प्राकृतिक संख्याओं का घनफल घटा 1 से आरंभ करके एकांतर विषम संख्याएं

0 = 1^3-1, 5 = 2^3-3, 22 = 3^3-5, 57 = 4^3-7, 116 = 5^3-9, 205 = 6^3-11

आवृत्ति शृंखला (Repetitive Series)

इस प्रकार की शृंखला में अक्षरों का समुच्चय निर्मित करने के लिए अंग्रेजी वर्णमाला के छोटे अक्षरों का प्रयोग किया जाता है जिनकी शृंखला में पुनरावृत्ति होती है।

अभ्यास

निर्देश : *दी गई अक्षर-शृंखलाओं को पूरा करने के लिए दिए गए अक्षर-समूहों के विकल्पों में से सही विकल्प का चयन करें।*

1. ab---b-bbaa-
(*a*) babba (*b*) abaab
(*c*) abbab (*d*) baaab

2. aa-ab--aaa-a
(*a*) baaa (*b*) abab
(*c*) aaab (*d*) aabb

3. -baa-aab-a-a
(*a*) baab (*b*) abab
(*c*) aaba (*d*) aabb

4. -a cca-ccca-acccc-aaa
(*a*) ccaa (*b*) acca
(*c*) caac (*d*) caaa

5. c-bbb--abbbb-abbb-
(*a*) abccb (*b*) bacbb
(*c*) aabcb (*d*) abacb

उत्तरमाला

1	2	3	4	5
(*d*)	(*c*)	(*b*)	(*d*)	(*a*)

व्याख्यात्मक उत्तर

2. दी गई अक्षर शृंखला है : aaaaba, aaaaba

4. दी गई अक्षर शृंखला है : c, a, cc, aa, ccc, aaa, cccc, aaaa

5. दी गई अक्षर शृंखला है : cabbbb, cabbbb, cabbbb

2

सादृश्य या संबंध (Analogies or Relationships)

शब्द सादृश्य (Word Analogy)

संबंध या सादृश्य परीक्षा में दिए गए दो शब्दों के बीच संबंध स्थापित किया जाता है और उसी संबंध को दिए गए अन्य शब्दों पर अनुप्रयुक्त किया जाता है। दिए गए दो शब्दों के बीच विभिन्न प्रकार के संबंध हो सकते हैं, अतः इस प्रकार के प्रश्नों को हल करते समय सर्वप्रथम यह ज्ञात करना होता है कि दिए गए दो शब्दों के बीच किस प्रकार का संबंध है।

अभ्यास

निर्देश (प्र.सं. 1–5): *पूछे गए प्रत्येक प्रश्न में पहले दिए गए दो शब्दों के बीच संबंध स्थापित करें। तत्पश्चात् दिए गए विकल्पों में से उस विकल्प का चयन करें जिसके शब्द और प्रश्न में दिए गए तीसरे शब्द के बीच ठीक वैसा ही संबंध या सादृश्य हो जैसा कि पहले के दो शब्दों के बीच है।*

1. जो संबंध 'उन्माद' और 'सनक' में है वही संबंध 'भय' और निम्नलिखित में से किसमें है?

(*a*) इच्छा (*b*) शौक
(*c*) आवश्यकता (*d*) डर

2. 'हकलाना' जिस प्रकार 'वाणी' से संबंधित है उसी प्रकार 'बहरापन' का संबंध निम्नलिखित में से किससे है?

(*a*) कान (*b*) सुनना
(*c*) शोर (*d*) चुप्पी

3. जिस प्रकार 'नेता', 'अनुयायी' से संबंधित है, उसी प्रकार .... संबंधित है सिपाही से।

(*a*) कैप्टन (*b*) यूनिट
(*c*) सेना (*d*) बैरक

4. जिस प्रकार 'चिल्लाहट', 'फुसफुसाहट' से संबंधित है, उसी प्रकार 'मारना' निम्नलिखित में से किससे संबंधित है?

(*a*) थप्पड़ मारने (*b*) छूना
(*c*) क्रोध (*d*) शोरगुल

5. जिस प्रकार 'पंजा', 'बिल्ली' से संबंधित है उसी प्रकार 'खुर' निम्नलिखित में से किससे संबंधित है?

(*a*) घोड़ा (*b*) मेमना
(*c*) हाथी (*d*) शेर

निर्देश (प्र.सं. 6–10): *नीचे दिए गए प्रत्येक प्रश्न में :: चिह्न की बाईं ओर दो शब्द दिए गए हैं। इन दोनों शब्दों में कुछ संबंध है। वैसा ही संबंध :: चिह्न की दाईं ओर के दो शब्दों में है जिनमें से एक शब्द के स्थान पर प्रश्नवाचक चिह्न (?) है। प्रश्नवाचक चिह्न (?) के स्थान पर दिए गए विकल्पों में से एक उपयुक्त विकल्प का चयन करें।*

6. शिकारी : बंदूक :: लेखक : ?

(*a*) पुस्तक (*b*) कलम
(*c*) कविता (*d*) पृष्ठ

7. भोजन : आमाशय :: ईंधन : ?

(*a*) इंजन (*b*) ऑटोमोबाइल
(*c*) रेल (*d*) वायुयान

8. जल : रेत :: महासागर : ?

(*a*) द्वीप (*b*) नदी
(*c*) मरुभूमि (*d*) तरंगें

9. वयस्क : बच्चा :: फूल : ?

(*a*) बीज (*b*) कली
(*c*) फल (*d*) तितली

10. मोती : कंठहार :: फूल : ?

(*a*) पौधा (*b*) बगीचा
(*c*) पँखुड़ी (*d*) गुलदस्ता

निर्देश (प्र.सं. 11–15): दिए गए विकल्पों में से उस शब्द-युग्म का चयन कीजिए जिसमें युग्म के शब्दों के बीच ठीक उसी प्रकार का संबंध हो जिस प्रकार का संबंध प्रश्न में दिए गए मूल शब्द-युग्म के बीच है।

11. राज्य : निर्वासन
(*a*) पुलिस : गिरफ्तार (*b*) न्यायाधीश : अभियुक्त
(*c*) संविधान : संशोधन (*d*) चर्च : धर्म-बहिष्करण

12. चंचलता : विश्वसनीयता
(*a*) तात्कालिक : भविष्य सूचक
(*b*) अविश्वसनीय : अमानवीय
(*c*) दृढ़निश्चयी : व्यवहार्यता
(*d*) स्वेच्छाचारी : सनकी

13. अनिच्छुक : बल-प्रयोग
(*a*) घृणित : दुलारा
(*b*) चिढ़ना : प्यार करना
(*c*) क्रुद्ध : प्रतिरोध
(*d*) विमुख : मान-मनोव्वल

14. शल्क : मछली
(*a*) महिला : ड्रेस (*b*) पेड़ : पत्तियां
(*c*) पक्षी : पंख (*d*) त्वचा : मुनष्य

15. वृक्ष : बालवृक्ष
(*a*) झोंपड़ी : महल (*b*) लंबा-तगड़ा : बौना
(*c*) घोड़ा : बछेड़ा (*d*) चींटी : हाथी

उत्तरमाला

1	2	3	4	5	6	7	8	9	10
(*d*)	(*b*)	(*a*)	(*b*)	(*a*)	(*b*)	(*a*)	(*c*)	(*b*)	(*d*)
11	**12**	**13**	**14**	**15**					
(*d*)	(*d*)	(*d*)	(*d*)	(*c*)					

व्याख्यात्मक उत्तर

1. संबंधित शब्द पर्यायवाची हैं।

3. जिस प्रकार 'अनुयायी' अपने 'नेता' से मार्ग-दर्शन प्राप्त करते हैं उसी प्रकार 'सिपाही' को अपने 'कैप्टन' से मार्गदर्शन प्राप्त होता है।

5. 'बिल्ली' के 'पैर में' 'पंजा' होता है जबकि 'घोड़ा' के पैर में 'खुर' होता है।

6. 'शिकारी' का हथियार 'बंदूक' है और 'लेखक' का हथियार 'कलम' है।

9. 'बच्चा' विकसित होकर 'वयस्क' बनता है और 'कली' खिलकर 'फूल' बनती है।

11. राज्य से बाहर कर देना 'निर्वासन' और चर्च से बाहर कर देना 'धर्म-बहिष्करण' कहलाता है।

14. मछली का शरीर 'शल्कों' से ढका होता है और मनुष्य का शरीर उसकी 'त्वचा' से ढका होता है।

15. नवजात वृक्ष को 'बालवृक्ष' कहते हैं और नवजात घोड़े को 'बछेड़ा' कहते हैं।

अक्षर सादृश्य (Letter Analogy)

इस प्रकार के सादृश्य में अक्षरों के दो दिए गए समुच्चयों के बीच संबंध स्थापित किया जाता है और तत्पश्चात् अक्षरों के दिए गए तीसरे समुच्चय पर पहले दो अक्षर समुच्चयों के बीच के संबंध को अनुप्रयुक्त करके अक्षरों के चौथे अपेक्षित समुच्चय को ज्ञात किया जाता है।

अभ्यास

निर्देश: *नीचे के प्रत्येक प्रश्न में एक लुप्त पद है। प्रश्न में :: चिह्न की बायीं ओर के दो अक्षर-समूहों में जो समानता या सादृश्य है वैसी ही समानता या सादृश्य :: चिह्न की दायीं ओर के दो अक्षर समूहों में है जिनमें से एक अक्षर समूह के स्थान पर प्रश्नवाचक चिह्न (?) लगा है। प्रश्न-वाचक चिह्न (?) के स्थान पर लुप्त पद ज्ञात करें।*

1. BCF : DEG : : MNQ : ?
(*a*) OPR (*b*) PQS
(*c*) OPP (*d*) QRT

2. NATION : ANITNO : : HUNGRY : ?
(*a*) HNUGRY (*b*) UNHGYR
(*c*) YRNGUH (*d*) UHGNYR

3. ACE : FGH : : LNP : ?
(*a*) QRS (*b*) PQR
(*c*) QST (*d*) MOQ

4. BOQD : ERTG : : ANPC : ?
(*a*) DQSF (*b*) FSHU
(*c*) SHFU (*d*) DSQF

5. RUX : TRP : : BEH : ?
(*a*) SQN (*b*) QON
(*c*) QOM (*d*) QNL

6. BCDE : WVUT : : QRST : ?
(*a*) EFHG (*b*) JIHG
(*c*) POML (*d*) GEDC

7. ABC : ZYX : : IJK : ?
(*a*) RST (*b*) RQP
(*c*) RTS (*d*) RPQ

8. CIRCLE : RICELC : : SQUARE : ?
(*a*) UQSERA (*b*) QUSERA
(*c*) QSUERA (*d*) UQSAER

9. PSQR : CFED : : JMKL : ?
(*a*) UXVW (*b*) WZYX
(*c*) YVXZ (*d*) YZWX

10. FHJL : VTRP : : MOQS : ?
(*a*) JHFD (*b*) IGFD
(*c*) IGED (*d*) JHED

उत्तरमाला

1	2	3	4	5	6	7	8	9	10
(*a*)	(*d*)	(*a*)	(*a*)	(*c*)	(*b*)	(*b*)	(*a*)	(*b*)	(*a*)

व्याख्यात्मक उत्तर

2. पहले समूह के अक्षरों को दो-दो अक्षरों के खंडों में विभाजित करके प्रत्येक खंड के अक्षरों को उल्टे क्रम में लिखने पर दूसरा अक्षर-समूह प्राप्त होता है।

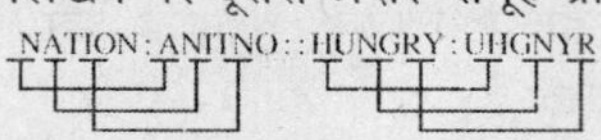

4. प्रत्येक अक्षर समूह में पहले और चौथे अक्षरों के बीच एक अक्षर छूटा हुआ है तथा दूसरे और तीसरे अक्षरों के बीच भी एक अक्षर छूटा हुआ है।

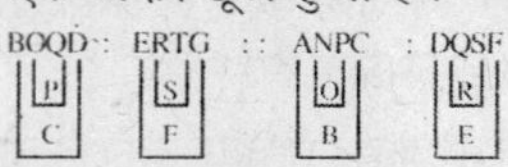

5. पहले समूह के अक्षरों में +3 का और दूसरे समूह के अक्षरों में –2 का अंतर है।

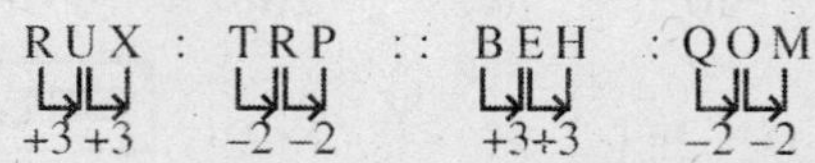

7. पहले अक्षर समूह में क्रमागत अक्षर वर्णमाला के सीधे क्रम में हैं और दूसरे अक्षर समूह में अक्षर वर्णमाला के विपरीत क्रम में समस्थानिक अक्षर हैं।

$\overrightarrow{ABC}$: $\overleftarrow{ZYX}$: : $\overrightarrow{IJK}$: $\overleftarrow{RQP}$

8. प्रथम अक्षर-समूह को दो बराबर खंडों में विभक्त करके प्रत्येक खंड के अक्षरों को उल्टे क्रम में लिखने पर दूसरा अक्षर-समूह प्राप्त होता है।

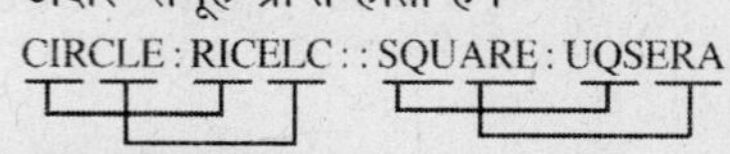

संख्या सादृश्य (Number Analogy)

संख्या सादृश्य में भी पहले दो दी गई संख्याओं के बीच संबंध स्थापित किया जाता है और तत्पश्चात् इस ज्ञात संबंध को संख्याओं के दूसरे जोड़े पर प्रयुक्त करके उसके लुप्त पद को ज्ञात किया जाता है। संख्याओं के बीच संबंध किसी भी एक पैटर्न पर आधारित हो सकता है,

अभ्यास

निर्देश : *नीचे के प्रत्येक प्रश्न में चिह्न ': :' के पहले दो संख्याएं दी गई हैं जिनमें आपस में एक संबंध है तथा ': :' चिह्न के बाद में एक तीसरी संख्या दी गई है। दिए गए विकल्पों में से उस संख्या का चयन करें जिसका तीसरी संख्या के साथ वैसा ही संबंध हो जैसा संबंध संख्याओं के पहले जोड़े के बीच है।*

1. 14 : 20 : : 16 : ?
(*a*) 23 (*b*) 10
(*c*) 48 (*d*) 32

2. 0.16 : 0.0016 : : 1.02 : ?

(*a*) 10.20 (*b*) 0.102
(*c*) 0.0102 (*d*) 1.020

3. 5 : 24 : : 8 : ?

(*a*) 65 (*b*) 63
(*c*) 62 (*d*) 64

4. 65 : 30 : : 44 : ?

(*a*) 79 (*b*) 62
(*c*) 28 (*d*) 16

5. 30 : 42 : : 56 : ?

(*a*) 92 (*b*) 21
(*c*) 38 (*d*) 72

6. 6 : 18 : : 4 : ?

(*a*) 2 (*b*) 6
(*c*) 8 (*d*) 16

7. 162 : 9 : : 310 : ?

(*a*) 33 (*b*) 27
(*c*) 16 (*d*) 4

8. 123 : 149 : : 201 : ?

(*a*) 202 (*b*) 404
(*c*) 401 (*d*) 227

9. 6 : 21 : : 14 : ?

(*a*) 82 (*b*) 75
(*c*) 60 (*d*) 41

उत्तरमाला

1	2	3	4	5	6	7	8	9
(*a*)	(*c*)	(*b*)	(*d*)	(*d*)	(*c*)	(*d*)	(*c*)	(*a*)

व्याख्यात्मक उत्तर

1. संख्याओं के बीच संबंध निम्नवत् है:

$$\underset{7\times 2}{14} : \underset{(7\times 3)-1}{20} :: \underset{8\times 2}{16} : \underset{(8\times 3)-1}{23}$$

4. दूसरी संख्या पहली संख्या के अंकों का गुणनफल है:

$$\frac{60:30}{(6\quad 5)} :: \frac{44:16}{(4\quad 4)}$$

7. पहली संख्या के अंकों का योगफल दूसरी संख्या के बराबर है:

162 : 9 : : 310 : 4
(1 + 6 + 2 → 9) (3 + 1 + 0 → 4)

3

वर्गीकरण या विजातीय छांटना
(Classification or Odd One Out)

विजातीय छांटना–शब्दों पर आधारित समस्याएं

इस प्रकार के वर्गीकरण में चार शब्द दिए जाते हैं जिनमें से तीन शब्द तथ्य या अर्थ की दृष्टि से या अन्य किसी न किसी रूप में आपस में संबंधित होते हुए एक समूह बनाते हैं जबकि शेष केवल एक शब्द अन्य तीनों से भिन्न होता है।

अभ्यास

निर्देश : *यहां दिए गए प्रत्येक प्रश्न में तीन शब्द किसी न किसी प्रकार से समान हैं और इस कारण वे एक समूह बनाते हैं जबकि एक शब्द अन्य तीनों से भिन्न है। इस भिन्न या विजातीय शब्द को ज्ञात करें।*

1. (*a*) अस्तबल (*b*) बिल (*c*) डोंगी (*d*) सूअर-बाड़ा

2. (*a*) खुश (*b*) उदास (*c*) प्रसन्नचित्त (*d*) प्रसन्न

3. (*a*) सीसा (*b*) पारद (*c*) तांबा (*d*) लोहा

4. (*a*) अतिवृष्टि (*b*) अनावृष्टि (*c*) भूस्खलन (*d*) युद्ध

5. (*a*) सिंहशावक (*b*) चूजा (*c*) सूअर (*d*) पिल्ला

6. (*a*) खरगोश (*b*) मगरमच्छ (*c*) केंचुआ (*d*) घोंघा

7. (*a*) पेड़ (*b*) पत्ता (*c*) झाड़ी (*d*) शाकीय पौधे

8. (*a*) अलंकृत करना (*b*) रमणीय (*c*) सजाना (*d*) सुंदर बनाना

9. (*a*) ट्यूटर (*b*) प्रिंसिपल (*c*) छात्र (*d*) प्रोफेसर

10. (*a*) निवेदित भाव (*b*) शुल्क (*c*) कर (*d*) चुंगी

उत्तरमाला

1	2	3	4	5	6	7	8	9	10
(*c*)	(*b*)	(*b*)	(*d*)	(*c*)	(*a*)	(*b*)	(*b*)	(*c*)	(*a*)

व्याख्यात्मक उत्तर

1. डोंगी एक छोटी नाव होती है। अन्य सभी पशु-पक्षियों के निवासस्थलों के नाम हैं।

2. अन्य सभी आनन्द की अनुभूति को अभिव्यक्त करते हैं।

3. अन्य सभी ठोस धातुएं हैं।

5. अन्य सभी शब्द विभिन्न जंतुओं के शिशुओं के नाम हैं।

9. अन्य सभी शिक्षा प्रदान करते हैं जबकि छात्र इन सभी से शिक्षा प्राप्त करता है।

10. अन्य सभी विभिन्न प्रकार के कर हैं।

विजातीय छांटना–अक्षरों पर आधारित समस्याएं

इस कोटि के अंतर्गत विकल्प के रूप में चार अक्षर-समूह या अक्षरों की एक शृंखला दी जाती है। परीक्षार्थी को इनमें से ऐसे विकल्प का चयन करना होता है जो अन्यों से भिन्न अर्थात् विजातीय हो।

अभ्यास

निर्देश : *नीचे के प्रत्येक प्रश्न में अक्षर समूहों के रूप में चार विकल्प दिए गए हैं जिनमें से तीन में किसी न किसी प्रकार की समानता है और इस कारण वे एक समूह बनाते हैं। उस अक्षर समूह का चयन करें जो समूह से संबंधित नहीं है।*

1. (*a*) ACE (*b*) LOR (*c*) GIK (*d*) VXZ

2. (*a*) EFLM (*b*) KJSR (*c*) XWHG (*d*) EDYX

3. (*a*) JOPK (*b*) BOPC (*c*) QOPR (*d*) TOPS

4. (*a*) BdfH (*b*) FHJL (*c*) RTvX (*d*) uVwX

5. (*a*) MKGA (*b*) PNID (*c*) RPLF (*d*) VTPJ

6. (*a*) ABJNM (*b*) QRTUZ (*c*) IXYOQ (*d*) WGFPO

7. (*a*) CFIL (*b*) ABCD (*c*) ACDF (*d*) EFGH

8. (*a*) KNOS (*b*) QTUY (*c*) DFGJ (*d*) BEFJ

9. (*a*) FKP (*b*) LPU (*c*) HMR (*d*) DIN

10. (*a*) TBVD (*b*) JOKQ (*c*) AXCZ (*d*) FRHT

उत्तरमाला

1	2	3	4	5	6	7	8	9	10
(*b*)	(*a*)	(*d*)	(*d*)	(*b*)	(*c*)	(*c*)	(*c*)	(*b*)	(*b*)

व्याख्यात्मक उत्तर

1. शेष सभी अक्षर समूहों में अगला अक्षर अपने पूर्ववर्ती अक्षर से वर्णमाला के सीधे क्रम में 2 अक्षर आगे का है जबकि विकल्प (*b*) के अक्षर समूह में +3 अनुक्रम का पालन होता है।

ABCDE (+2, +2) LMNOPQR (+3, +3)
GHIJK (+2, +2) VWXYZ (+2, +2)

6. शेष समूहों में कम से कम दो जोड़े अक्षर वर्णमाला के क्रम में हैं, अर्थात्

ABJNM ; QRTUZ ; WGFPO

विकल्प (*c*) में केवल एक जोड़ा अक्षर-ही वर्णमाला के क्रम में है।

IXYOQ

9. शेष सभी अक्षर समूहों में +5 पैटर्न का अनुपालन होता है।

F K P (+5, +5) ; H M R (+5, +5) ; D I N (+5, +5)

विकल्प (*b*) में +4, +5 पैटर्न का अनुपालन होता है।

L P U (+4, +5)

10. शेष समूहों में तीसरा अक्षर पहले अक्षर से और चौथा अक्षर दूसरे अक्षर से वर्णमाला के सीधे क्रम में 2 अक्षर आगे का अक्षर है। अर्थात् :

T B V D (+2, +2); A X C Z (+2, +2); F R H T (+2, +2)

विकल्प (*b*) में निम्नवत् पैटर्न दिखाई पड़ता है :

J O K Q (+1, +2)

विजातीय छांटना–संख्याओं पर आधारित समस्याएं

इस प्रकार के वर्गीकरण में विकल्पों के रूप में विभिन्न संख्याएं दी जाती हैं। इन संख्याओं में से एक को छोड़कर जो अन्य से भिन्न होती है, शेष किसी न किसी रूप में आपस में संबंधित होती हैं और इस प्रकार एक समूह बनाती हैं।

अभ्यास

निर्देश : *यहां प्रत्येक प्रश्न में चार विकल्प दिए गए हैं जिनमें से तीन किसी न किसी रूप में आपस में संबंधित होते हुए एक समूह बनाते हैं, जबकि शेष एक संख्या अन्य से भिन्न है। उस भिन्न संख्या का चयन करें जो समूह से संबंधित नहीं है।*

1. (*a*) 1948 (*b*) 2401 (*c*) 966 (*d*) 1449

2. (*a*) 182 (*b*) 169 (*c*) 130 (*d*) 158

3. (*a*) 3215 (*b*) 9309 (*c*) 4721 (*d*) 2850

4. (*a*) 1776 (*b*) 2364 (*c*) 1976 (*d*) 3776

5. (*a*) 7658 (*b*) 1234 (*c*) 9876 (*d*) 6543

6. (*a*) 18 (*b*) 12 (*c*) 30 (*d*) 20

7. (*a*) 9875432 (*b*) 98765 (*c*) 98756 (*d*) 9876543

8. (*a*) 5243 (*b*) 9251 (*c*) 4256 (*d*) 3257

9. (*a*) 2553 (*b*) 1224 (*c*) 7992 (*d*) 3885

10. (*a*) 3223 (*b*) 4554 (*c*) 6116 (*d*) 9887

उत्तरमाला

1	2	3	4	5	6	7	8	9	10
(*a*)	(*d*)	(*b*)	(*b*)	(*a*)	(*a*)	(*c*)	(*a*)	(*b*)	(*d*)

व्याख्यात्मक उत्तर

1. शेष संख्याएं 7 से विभाज्य हैं।

2. शेष संख्याएं 13 का गुणज हैं।

4. शेष संख्याओं में आखिरी दो अंक एक से हैं।

8. शेष सभी संख्याओं में 25 बीच में है और सिरे के दो अंकों का योग 10 के बराबर है।

10. शेष सभी संख्याओं में अंतिम दो अंक पहले दो अंकों को उलटे क्रम में लिखने पर प्राप्त होते हैं।

विजातीय छांटना–शब्द समूहों से संबंधित समस्याएं

शब्दों, अक्षरों या संख्याओं के समूह का वर्गीकरण एकल शब्द, अक्षर या संख्या के वर्गीकरण से अधिक भिन्न नहीं होता।

अभ्यास

निर्देश : *नीचे के प्रत्येक प्रश्न में शब्दों के उस जोड़े का चयन करें जो शेष तीन जोड़ों से भिन्न हो।*

1. (*a*) कुर्सी–फर्नीचर (*b*) शर्ट–वस्त्र (*c*) कंठहार–आभूषण (*d*) बोगी–इंजन

2. (*a*) चित्रांकनी–कागज (*b*) पेंसिल–लेड (*c*) कलम–स्याही (*d*) बुरुश–रंग

3. (*a*) युद्ध–शांति (*b*) वास्तविक–सहज (*c*) अग्रगण्य–प्रथम (*d*) क्रोध–गुस्सा

4. (*a*) दिन-रात (*b*) चालाक-मूर्ख
(*c*) स्पष्ट-धुंधला (*d*) पहुंचना-आना

5. (*a*) भतीजी-भतीजा (*b*) भाई-बहन
(*c*) पति-पत्नी (*d*) पिता-माता

6. (*a*) पेट्रोल-कार (*b*) तेल-लैम्प
(*c*) डीजल-लकड़ी (*d*) मोम-मोमबत्ती

7. (*a*) गंगा-नर्मदा (*b*) थार-गोबी
(*c*) आमाशय-हाथ (*d*) एवरेस्ट-पर्वत

8. (*a*) औषधि-चिकित्सक
(*b*) फूल-कलाकार
(*c*) जूता-मोची
(*d*) त्वचा-त्वचारोग विशेषज्ञ

9. (*a*) प्राधिकार-मंजूरी
(*b*) प्रतिकर्षण-आकर्षण
(*c*) तुनकमिजाज-दुस्तोषणीय
(*d*) श्वास-अस्तित्व

10. (*a*) पोलो-बर्फ का मैदान (रिंक)
(*b*) गोल्फ-लॉन
(*c*) टेनिस-कोर्ट
(*d*) शतरंज-बोर्ड

उत्तरमाला

1	2	3	4	5	6	7	8	9	10
(*d*)	(*a*)	(*a*)	(*d*)	(*a*)	(*c*)	(*d*)	(*b*)	(*b*)	(*a*)

व्याख्यात्मक उत्तर

1. बोगी रेलगाड़ी का एक हिस्सा होता है जो परिवहन का एक साधन है। कुर्सी, शर्ट और कंठहार क्रमश: फर्नीचर, वस्त्र और आभूषण हैं।
3. शेष सभी शब्द-युग्म समानार्थक शब्दों के युग्म हैं जबकि विकल्प (*a*) में दिया गया शब्द-युग्म विपरीतार्थक शब्दों का युग्म है।
4. शेष शब्द-युग्म एक दूसरे के विपरीतार्थक हैं।
5. संबंधित शब्द-युग्मों में पहला पुल्लिंग और दूसरा स्त्रीलिंग है। विकल्प (*a*) में पहले स्त्रीलिंग और तत्पश्चात् पुल्लिग दिया गया है।
8. चिकित्सक का औषधि, मोची का जूता और त्वचारोग विशेषज्ञ का संबंध त्वचारोग से है। फूलों की देख-रेख करने वाले व्यक्ति को माली कहते हैं।

4

सांकेतिक भाषा परीक्षण
(Coding and Decoding)

भाग-I

कूटलेखन या 'कोडिंग' संवाद-संप्रेषण की एक प्रक्रिया है जिसमें एक गुप्त भाषा का प्रयोग वास्तविक तथ्यों शब्दों/मूल्यों की अभिव्यक्ति या प्रस्तुतिकरण को एक ऐसी भाषा में परिवर्तित करने के लिए किया जाता है जिसे संवाद के प्रेषक और प्राप्तकर्ता के अतिरिक्त कोई तीसरा व्यक्ति समझ न सके।

अभ्यास

निर्देश : *निम्नलिखित प्रश्नों में दिए गए शब्दों या अक्षरों के लिए इंगित कूटभाषा के शब्द या अक्षर ज्ञात करें।*

1. यदि किसी कूट भाषा में CHAIR को FKDLU के रूप में लिखा जाए तो उसी कूटभाषा में RAID शब्द को किस प्रकार लिखा जाएगा?

(*a*) ULGD (*b*) ULKG
(*c*) ULDG (*d*) UDLG

2. किसी कूटभाषा में COME को XLNV और ABLE को ZYOV लिखा जाता है। इसी कूटभाषा में MOLLY किस प्रकार लिखा जाएगा?

(*a*) NLOBO (*b*) NLBOO
(*c*) LNOOB (*d*) NLOOB

3. यदि किसी कूटभाषा में ACTION को ZXGRLM लिखा जाता हो तो उसी कूटभाषा में HEALTH को कैसे लिखा जाएगा?

(*a*) SVZOGS (*b*) TVZOGT
(*c*) RUZPGR (*d*) QVGOZQ

4. यदि PHILOSOPHY को HPLISOPOYH लिखा जाता हो तो ORNAMENTAL कैसे लिखा जाएगा?

(*a*) ROANEMNTLA (*b*) ONRAMNEALT
(*c*) ROANEMTNLA (*d*) ROANEMNATL

5. यदि किसी कूटभाषा में लिखे गए शब्द OPFGBCST का अर्थवाचन NEAR के रूप में किया जाता हो तो उसी कूटभाषा में कूटबद्ध IJVWHI का अर्थ निम्नलिखित में से क्या होगा?

(*a*) HAG (*b*) HUG
(*c*) HUT (*d*) KEG

6. किसी विशेष कूटलिपि में PUNCTUAL को 16598623 के रूप में कूटबद्ध किया जाता है। इसी कूटलिपि में ACTUPULN निम्नलिखित में से किस प्रकार लिखा जाएगा?

(*a*) 29861653 (*b*) 29861635
(*c*) 28916135 (*d*) 29851536

7. यदि BAD को 7 के रूप में और HIS को 9 के रूप में कूटबद्ध किया जाए तो LOW निम्नलिखित में से किसके द्वारा सूचित किया जाएगा?

(*a*) 50 (*b*) 8
(*c*) 23 (*d*) 5

8. किसी विशेष कूटभाषा में REGISTRY को VAKEWPVU लिखा जाता है। इसी कूटभाषा में ENTRY कैसे लिखा जाएगा?

(*a*) IJXNC (*b*) ARPVW
(*c*) ARPVU (*d*) IJXMC

9. निम्नलिखित शब्दों में अक्षरों के संख्या कोड दिए गए हैं : BRAIN–12345, GRADE–72308, DRAIN–02345, STATE–78388। इन शब्दों में 'D' के लिए किस संख्या कोड का प्रयोग किया गया है?

(*a*) 3 (*b*) 2
(*c*) 0 (*d*) 4

उत्तरमाला

1	2	3	4	5	6	7	8	9
(*d*)	(*d*)	(*a*)	(*c*)	(*b*)	(*b*)	(*d*)	(*a*)	(*c*)

व्याख्यात्मक उत्तर

1. शब्द को कूटबद्ध करने के लिए उसके अक्षरों से वर्णमाला के क्रम में +3 चरण आगे के अक्षर लिए गए हैं।

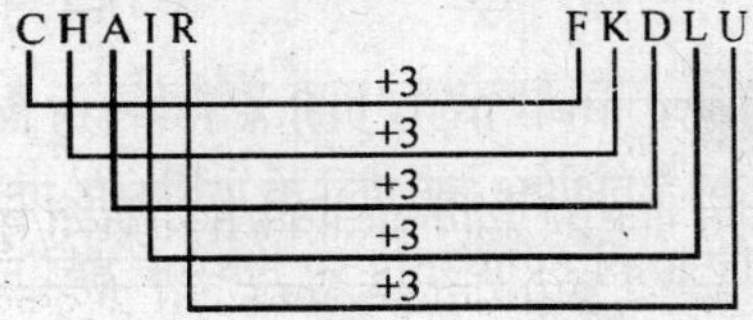

इसी प्रकार,

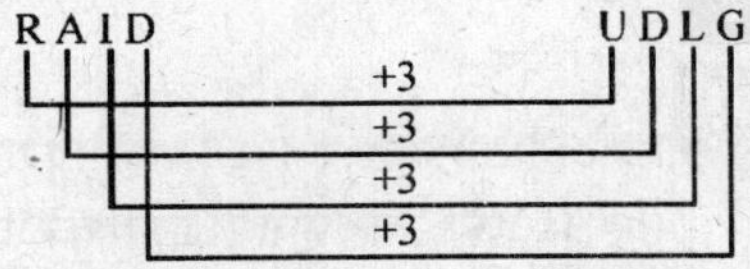

4. शब्द को कूटबद्ध करने के लिए उसके दो क्रमागत अक्षरों को एक दूसरे के स्थान पर लिखा जाता है।

इसी प्रकार,

5. कूटबद्ध शब्द का अर्थ–निर्वचन निम्नलिखित रूप में किया गया है :

↓OP ↓ FG ↓ BC ↓ ST → कूट
N E A R →

दिया गया शब्द

अत: कूटबद्ध शब्द का अर्थ–निर्वचन करने के लिए वर्णमाला के अनुक्रम में दो क्रमागत अक्षरों से पहले के अक्षर लिए जाते हैं।

इसी प्रकार,

↓ IJ ↓ VW↓ HI→ दिया गया शब्द
H U G → उत्तर शब्द

6. शब्द PUNCTUAL के अक्षरों को यादृच्छिक क्रम में लेकर ACTUPULN शब्द लिखा गया है।

इसी प्रकार संख्या कूट भी लिखा जाएगा

PUNCTUAL → दिया गया शब्द
1 6 5 9 8 6 2 3 → कूट

इसी प्रकार,

ACTUPULN → कूटबद्ध किया जाने वाला शब्द
2 9 8 6 1 6 3 5 → उत्तर कोड

9. जिन शब्दों में D का अक्षर निहित है, वे शब्द हैं :

GRADE और DRAIN → अक्षर
7 2 3 0 8   0 2 3 4 5 → कूट

अत: यह स्पष्ट है कि 'D' का कूट '0' है।

भाग-II

एक अन्य प्रकार के कूट लेखन में किसी शब्द को कूट नाम दिए जाते हैं जिन्हें आगे भी कूटबद्ध किया जाता है। इस पैटर्न पर आधारित प्रश्न अर्थहीन प्रतीत हो सकते हैं किंतु कूट यथार्थता की बुनियादी बातों से हटकर नहीं होने चाहिए।

अभ्यास

निर्देश : *प्रत्येक प्रश्न में दी गई कूटबद्ध सूचना को अच्छी तरह समझें और दिए गए विकल्पों में से सही उत्तर का चयन करें।*

1. यदि किसी कूटभाषा में 'पानी' को 'नीला', 'नीला' को 'लाल', 'लाल' को 'सफेद', 'सफेद' को 'आकाश', 'आकाश' को 'वर्षा', 'वर्षा' को 'हरा', 'हरा' को 'हवा' और 'हवा' को 'मेज' कहा जाए, तो इस कूटभाषा में दूध के रंग को क्या कहेंगे?

(*a*) सफेद (*b*) वर्षा
(*c*) आकाश (*d*) हरा

2. यदि किसी कूटभाषा में 'प्रकाश' को 'अंधकार', 'अंधकार' को 'हरा', 'हरा' को 'नीला', 'नीला' को 'लाल', 'लाल' को 'सफेद' और 'सफेद' को 'पीला' कहा जाता हो तो इस कूटभाषा में रक्त का रंग क्या कहलाएगा?

(*a*) लाल (*b*) अंधकार
(*c*) सफेद (*d*) पीला

3. यदि किसी कूटभाषा में 'आकाश' को 'समुद्र', 'समुद्र' को 'पानी', 'पानी' को 'हवा', 'हवा' को 'बादल' और 'बादल' को 'नदी' कहा जाता हो तो प्यास लगने पर इस कूटभाषा में पीने के लिए किस चीज की मांग करेंगे ?

(*a*) आकाश (*b*) हवा
(*c*) पानी (*d*) समुद्र

4. यदि किसी कूटभाषा में 'पीला' का अर्थ 'लाल', 'सफेद' का अर्थ 'हरा', 'लाल' का अर्थ 'नारंगी', 'नीला' का अर्थ 'सफेद' और 'हरा' का अर्थ 'नीला' हो तो उस कूटभाषा में आकाश का रंग क्या है ?

(*a*) सफेद (*b*) हरा
(*c*) नीला (*d*) पीला

5. यदि किसी कूटभाषा में 'घर' को 'झोपड़ी', 'झोपड़ी' को 'नहर', 'नहर' को 'स्कूल', 'स्कूल' को 'मैदान', 'मैदान' को 'सुराही' और 'सुराही' को 'तार' कहा जाए तो इस कूटभाषा में छात्रों के पढ़ने की जगह को क्या कहेंगे ?

(*a*) मैदान (*b*) सुराही
(*c*) झोपड़ी (*d*) स्कूल

6. यदि किसी कूटभाषा में 'बिल्ली' को 'घोड़ा', 'घोड़ा' को 'चूहा', 'कुत्ता' को 'खरगोश', 'खरगोश' को 'बिल्ली', 'चूहा' को 'कुत्ता' और 'शेर' को 'चींटी' कहा जाए तो इस कूटभाषा मे प्रयुक्त कूटों के आधार पर भौंकने वाले पशु को क्या कहेंगे ?

(*a*) कुत्ता (*b*) बिल्ली
(*c*) शेर (*d*) खरगोश

7. यदि 'भूमि' को 'झील', 'झील' को 'पत्थर', 'पत्थर' को 'भारी', 'भारी' को 'स्टेडियम', 'स्टेडियम' को 'महासागर', 'महासागर' को 'वर्षा' और 'वर्षा' को 'आग' कहा जाए तो क्रिकेट के टेस्ट मैच खेले जाने वाले स्थान क्या कहलाते हैं ?

(*a*) भारी (*b*) महासागर
(*c*) पत्थर (*d*) भूमि

8. यदि किसी कूटभाषा में 'चिड़िया' को 'राजा', 'राजा' को 'फूल', 'फूल' को 'घन', 'घन' को 'मेज', 'मेज' को 'मनुष्य' और 'मनुष्य' को 'चिड़िया' कहा जाए तो इस कूटभाषा में 'गुलाब' क्या है ?

(*a*) मेज (*b*) फूल
(*c*) घन (*d*) मनुष्य

9. यदि किसी कूटभाषा में 'पानी' को 'पत्थर', 'पत्थर' को 'तेल', 'तेल' को 'हवा', 'हवा' को 'लकड़ी', 'लकड़ी' को 'गैस' और 'गैस' को 'द्रव' कहा जाए तो इस कूटभाषा में फर्नीचर किस चीज से बनता है ?

(*a*) गैस (*b*) हवा
(*c*) तेल (*d*) द्रव

10. यदि किसी कूटभाषा में 'पिंजड़ा' को 'रॉकेट', 'रॉकेट' को 'फंदा', 'फंदा' को 'ग्रह', 'ग्रह' को 'हवाई जहाज', 'हवाई जहाज' को 'साइकिल' और 'साइकिल' को 'कार' कहा जाए तो इस कूटभाषा में पृथ्वी को क्या कहेंगे ?

(*a*) साइकिल (*b*) रॉकेट
(*c*) ग्रह (*d*) हवाई जहाज

उत्तरमाला

1	2	3	4	5	6	7	8	9	10
(*c*)	(*c*)	(*b*)	(*a*)	(*a*)	(*d*)	(*b*)	(*c*)	(*a*)	(*d*)

व्याख्यात्मक उत्तर

1. दूध का रंग 'सफेद' होता है और इस कूटभाषा में 'सफेद' को 'आकाश' कहते हैं।

2. रक्त का रंग 'लाल' होता है और इस कूटभाषा में 'लाल' को 'सफेद' कहते हैं।

3. प्यास लगने पर हम 'पानी' पीते हैं और इस कूटभाषा में 'पानी' को 'हवा' कहते हैं।

4. आकाश का रंग 'नीला' होता है और नीला का अर्थ 'सफेद' है।

5. छात्र 'स्कूल' में पढ़ते हैं और 'स्कूल' को इस कूटभाषा में 'मैदान' कहा जाता है।

6. भौंकने वाला पशु 'कुत्ता' है और 'कुत्ता' को इस कूटभाषा में 'खरगोश' कहते हैं।

5

कथन विश्लेषण
(Statement Analysis)

तर्कबुद्धि परीक्षण से संबंधित इस प्रकार के प्रश्नों में कुछ कथन दिए जाते हैं। इन कथनों में कतिपय तथ्यों को अलग-अलग रूपों में तोड़-मरोड़ कर प्रस्तुत किया जाता है। ऐसे प्रश्नों को हल करने के लिए अभ्यर्थियों से यह अपेक्षा की जाती है कि वे दिए गए कथनों का विश्लेषण करें, दिए गए तथ्यों को सुव्यवस्थित और वर्गीकृत करें तथा तत्पश्चात् दिए गए कथनों से संबंधित प्रश्नों के उत्तर दें।

अभ्यास

1. A, B, C, D और E पांच मित्र हैं जिनमें से A का वजन B से अधिक है, C का वजन D से कम है, B का वजन D से कम है किंतु E से अधिक है। इनमें से किसका वजन सबसे अधिक है?

(*a*) B (*b*) C

(*c*) A (*d*) कहा नहीं जा सकता

2. विपुल, हंस से लंबा है। हंस, आनंद से लंबा है। आलोक, अशोक से लंबा है। अशोक, हंस से लंबा है। इन पांचों मित्रों से कौन सबसे अधिक लंबा है?

(*a*) विपुल (*b*) आलोक

(*c*) अशोक (*d*) कहा नहीं जा सकता

3. प्रमोद, गोपाल से लंबा है। गोपाल, मधु से कम लंबा है। यह जानने के लिए कि इनमें सबसे अधिक लंबा कौन है, निम्नलिखित में से कौन-सी अतिरिक्त जानकारी आवश्यक है?

(*a*) मधु, गोपाल से लंबी है

(*b*) मधु, प्रमोद के भाई से कम लंबी है

(*c*) प्रमोद, मधु से लंबा है

(*d*) प्रमोद, मधु के भाई से लंबा है

4. विक्रम की लंबाई राजन से अधिक किंतु ऐनी से कम है। जमाल, ऐनी से अधिक लंबा है। सीता, विक्रम से अधिक लंबी है। राजन, सीता से कम लंबा है। इस समूह में सबसे कम लंबाई किसकी है?

(*a*) सीता

(*b*) राजन

(*c*) विक्रम

(*d*) कहा नहीं जा सकता

5. प्रमोद आयु में जयेश और सुधीर से बड़ा है। विकास, अनिल से छोटा है। इनमें किसकी आयु सब से अधिक है, यह जानने के लिए निम्नलिखित में से कौन-सी अतिरिक्त जानकारी अपेक्षित है?

(*a*) सुधीर, जयेश से बड़ा है

(*b*) अनिल, जयेश से बड़ा है

(*c*) विकास, प्रमोद से बड़ा है

(*d*) विकास, प्रमोद से छोटा है

निर्देश (प्र.सं. 6 और 7): *(A) गोपाल की लंबाई अशोक से कम किंतु केशव से अधिक है; (B) नवीन की लंबाई केशव से कम है; (C) जयेश की लंबाई नवीन से अधिक है; (D) अशोक की लंबाई जयेश से अधिक है।*

6. इनमें सबसे अधिक लंबा कौन है?

(*a*) गोपाल (*b*) अशोक

(*c*) जयेश (*d*) नवीन

7. उपर्युक्त प्रश्न का उत्तर देने के लिए निम्नलिखित में से कौन-सी सूचना आवश्यक नहीं है?

(*a*) A (*b*) B

(*c*) C (*d*) D

निर्देश (प्र.सं. 8–10): *नीचे उल्लिखित कथन को ध्यानपूर्वक पढ़ें और पूछे गए प्रश्नों के उत्तर दें:*

एक समूह में A, B, C, D और E पांच व्यक्ति हैं। इनमें से दो पुरुष हैं। केवल तीन व्यक्ति तैरना जानते हैं जिनमें एक पुरुष है। इस समूह में एक विवाहित जोड़ा भी है जिसमें पति को तैरना आता है। A, D की छोटी बहन है और B, E का पति है। C तैराकी का चैम्पियन है।

8. समूह में अविवाहित पुरुष कौन है ?

(*a*) C (*b*) B
(*c*) A (*d*) D

9. निम्नलिखित में से कौन-सी दो महिलाएं तैरना जानती हैं ?

(*a*) A और C (*b*) C और D
(*c*) D और E (*d*) A और E

10. निम्नलिखित में से किन दो व्यक्तियों को तैरना नहीं आता ?

(*a*) B और D (*b*) D और E
(*c*) A और E (*d*) A और D

उत्तरमाला

1	2	3	4	5	6	7	8	9	10
(*d*)	(*d*)	(*c*)	(*b*)	(*c*)	(*b*)	(*c*)	(*d*)	(*a*)	(*b*)

व्याख्यात्मक उत्तर

1. वजन के घटते क्रम में इन मित्रों को निम्नवत् श्रेणीबद्ध किया जा सकता है : A/D, B/C, E या A/D, B, C/E अत: इन मित्रों में से A या D का वजन सबसे अधिक है।

2. लंबाई के घटते क्रम में इन व्यक्तियों के नाम हैं: विपुल/आलोक, अशोक, हंस, आनंद। अत: विपुल या आलोक में से कोई एक सबसे अधिक लंबा है।

4. लंबाई के घटते क्रम में इन व्यक्तियों को निम्नवत् विन्यस्त किया जा सकता है :

जमाल/सीमा, ऐनी, विक्रम, राजन *या*

जमाल, सीता/ऐनी, विक्रम, राजन

6. लंबाई के घटते क्रम में इन व्यक्तियों को निम्नवत् विन्यस्त किया जा सकता है :

अशोक, गोपाल/जयेश, केशव, नवीन *या*

अशोक, गोपाल, केशव/जयेश, नवीन

प्रश्न संख्या 8 से 10 तक के प्रश्नों के उत्तर के लिए सूचना चार्ट नीचे दिया गया है :

A. महिला (D की छोटी बहन) : तैराकी जानती है।
B. पुरुष (E का पति) : तैराकी जानता है।
C. महिला : तैराकी की चैम्पियन
D. पुरुष (A का भाई)
E. महिला (B की पत्नी)

विवाहित जोड़े B और E में से पति (B) तैराकी जानता है। C तैराकी की एक चैम्पियन है। तीन व्यक्ति तैरना जानते हैं जिनमें केवल B ही पुरुष है। अत: तैराकी जानने वाली दो महिलाएं C और A (D की छोटी बहन) हैं। पांच व्यक्तियों के इस समूह में दो पुरुष हैं जिनमें एक B है और दूसरा D होगा।

6

स्थान व्यवस्थीकरण
(Place Arrangement)

स्थान व्यवस्थीकरण का सामान्य अर्थ है दी गई सूचनाओं के आधार पर व्यक्तियों या वस्तुओं का स्थान-क्रम निर्धारित करना। इसके लिए आवश्यक है कि स्थान-क्रम को अच्छी तरह समझा जाए और तत्पश्चात् दिए गए प्रश्नों को उपलब्ध कराई गई सूचना के आधार पर हल करने का प्रयास किया जाए।

अभ्यास

निर्देश (प्र.सं. 1–6): *निम्नलिखित प्रश्नों में व्यवस्थीकरण के पैटर्न को समझें और तत्पश्चात् दिए गए विकल्पों में से सही उत्तर का चयन करें:*

1. मिनी, रजनी के दाएं और अनंता के बाएं बैठी है। सत्या, मिनी के दाएं बैठी है किंतु वह जया के बाएं है। यदि सभी लड़कियां उत्तर दिशा की ओर मुंह किए बैठी हों तो इनमें से सबसे बाएं छोर पर कौन बैठी है?

(*a*) जया (*b*) मिनी
(*c*) रजनी (*d*) सत्या

2. A, B, C, D और E एक दूसरे के पीछे दौड़ रहे हैं। C, E के निकट नहीं है और A, D के निकट नहीं है। B, A के पीछे है और E, D के निकट नहीं है। इनके बीच में कौन व्यक्ति है?

(*a*) B (*b*) E
(*c*) A (*d*) कहा नहीं जा सकता

3. O, P, Q, R, S और T एक बेंच पर अपनी लंबाई के घटते क्रम में खड़े हैं। P, O से अधिक लंबा है किंतु S से उसकी लंबाई कम है। केवल S ही T से अधिक लंबा है। R, P से कम लंबा है किंतु वह Q से अधिक लंबा है। इनमें किसकी लंबाई सबसे कम है?

(*a*) O (*b*) Q
(*c*) P (*d*) कहा नहीं जा सकता

4. छह मित्र एक गोल घेरे में बैठकर ताश खेल रहे हैं। केनी, डैनी की बायीं ओर बैठा है। माइकल, बॉब और जॉन के बीच बैठा है। रॉजर, केनी और बॉब के बीच बैठा है। माइकल की दाहिनी ओर कौन बैठा है?

(*a*) डैनी (*b*) जॉन
(*c*) केनी (*d*) बॉब

5. 10 पुस्तकों के एक ढेर में 3 पुस्तकें इतिहास की, 3 हिंदी की, 2 गणित की और 2 अंग्रेजी की पुस्तकें हैं। यदि ऊपर से देखा जाए तो इतिहास और गणित की एक-एक पुस्तकों के बीच अंग्रेजी की एक पुस्तक है, गणित और अंग्रेजी की एक-एक पुस्तकों के बीच इतिहास की एक पुस्तक है, अंग्रेजी और गणित की एक-एक पुस्तकों के बीच एक हिंदी की पुस्तक है, हिंदी की दो पुस्तकों के बीच गणित की एक पुस्तक है तथा गणित और इतिहास की एक-एक पुस्तकों के बीच हिंदी की दो पुस्तकें हैं। इस ढेर में किस विषय की पुस्तक ऊपर से छठे स्थान पर है?

(*a*) अंग्रेजी (*b*) हिंदी
(*c*) इतिहास (*d*) गणित

6. छह मित्र A, B, C, D, E और F एक गोल घेरे में खड़े हैं। B, F और C के बीच में है, A, E और D के बीच में है, F, D की बायीं ओर है। A और F के बीच कौन है?

(*a*) C (*b*) B
(*c*) D (*d*) E

निर्देश (प्र.सं. 7 और 8): *निम्नलिखित कथनों को सावधानी पूर्वक पढ़ें और पूछे गए प्रश्नों के उत्तर दें :*

एक शेल्फ में पांच कमीजें एक ढेर में एक के ऊपर एक रखी हुई हैं। इस ढेर में लाल कमीज नीली कमीज के ऊपर रखी गई है और हरे रंग की कमीज नारंगी रंग की कमीज के नीचे रखी गई है। नीली कमीज नारंगी रंग की कमीज के ऊपर तथा सफेद कमीज हरी कमीज के नीचे रखी गई है।

7. लाल और नारंगी रंग की कमीजों के बीच रखी कमीज किस रंग की है?

(*a*) सफेद रंग की (*b*) हरे रंग की

(*c*) नीले रंग की (*d*) आंकड़े अपर्याप्त हैं

8. सबसे नीचे किस रंग की कमीज है?

(*a*) लाल

(*b*) सफेद

(*c*) नारंगी

(*d*) कहा नहीं जा सकता

उत्तरमाला

1	2	3	4	5	6	7	8
(*c*)	(*a*)	(*d*)	(*d*)	(*b*)	(*c*)	(*c*)	(*b*)

व्याख्यात्मक उत्तर

2. दौड़ते समय ये व्यक्ति निम्नलिखित क्रम में एक दूसरे के पीछे होंगे :

E		E
A		A
B	या	B
C		D
D		C

4. इन छह मित्रों के बैठने का निम्नलिखित क्रम है :

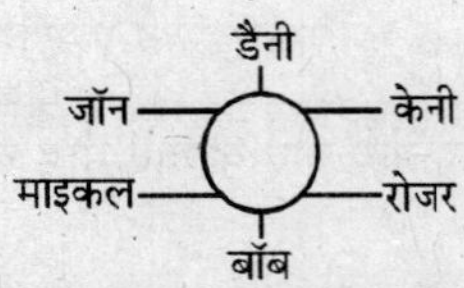

6. ये मित्र निम्नलिखित क्रम में एक दूसरे की बगल में खड़े हैं

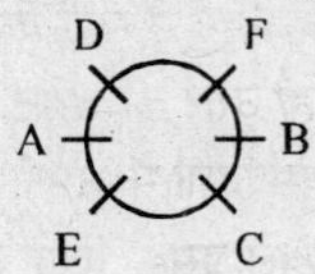

7

दिशा ज्ञान परीक्षण
(Direction Sense)

इस प्रकार के प्रश्न अभ्यर्थियों की सही दिशा-निर्देशों को समझने की योग्यता की जांच करने हेतु पूछे जाते हैं। ऐसे प्रश्न दिशा-चार्ट पर आधारित होते हैं :

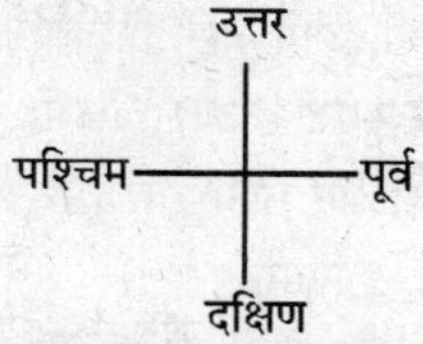

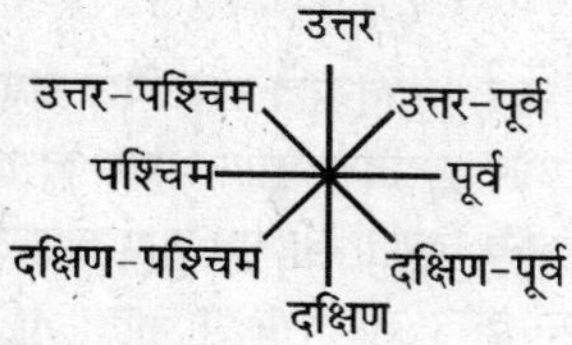

विभिन्न दिशाओं का बोध बाएं या दाएं मोड़ या कोणीय मोड़ों द्वारा निर्देशित होता है।

अभ्यास

निर्देश : *नीचे के प्रत्येक प्रश्न में सही दिशा/ दूरी दर्शाने के लिए दिए गए विकल्पों से सही उत्तर का चयन करें।*

1. एक व्यक्ति पश्चिम दिशा में अपनी गाड़ी चला रहा है। वह दक्षिण दिशा में चले इसके लिए उसे निम्नलिखित में से कौन से मोड़ मुड़ने चाहिए?

(*a*) बायीं ओर, दायीं ओर, दायीं ओर
(*b*) दायीं ओर, दायीं ओर, बायीं ओर
(*c*) बायीं ओर, बायीं ओर, बायीं ओर
(*d*) दायीं ओर, दायीं ओर, दायीं ओर

2. ऋचा अपनी गाड़ी से दक्षिण दिशा में 8 किमी आगे चलकर बायीं ओर मुड़ जाती है और 5 किमी. आगे चलती है। वहां वह एक बार फिर से बायीं ओर मुड़कर 8 किमी. आगे चलती है। अब वह अपने शुरू के स्थान से कितनी दूरी पर है?

(*a*) 3 किमी. (*b*) 5 किमी.
(*c*) 8 किमी. (*d*) 13 किमी.

3. देबू पहले पूर्व की ओर और तब उत्तर की ओर चलता है तथा वहां वह 45° दायें मुड़कर कुछ देर आगे चलता है और अंततः बायीं ओर मुड़ जाता है। अब वह किस दिशा में चल रहा है?

(*a*) उत्तर (*b*) पूर्व
(*c*) दक्षिण-पूर्व (*d*) उत्तर-पश्चिम

4. मैं अपने घर से उत्तर दिशा में चला और तब बायीं ओर मुड़ गया। अब कुछ देर तक आगे चलने के बाद मैं फिर से बायीं ओर मुड़ा और तब दायीं ओर मुड़ गया। बाद में आगे चलते हुए मैं बायीं ओर और एक बार फिर से बायीं ओर मुड़ा। बताइए कि अब मैं किस दिशा में चल रहा हूँ?

(*a*) उत्तर (*b*) दक्षिण
(*c*) पूर्व (*d*) पश्चिम

5. राज पश्चिम दिशा में चल रहा है। वह आगे चलते हुए अपने दाएं, फिर दाएं और तब बाएं, हर बार 45° के कोण पर मुड़ा। बताइए कि अब वह किस दिशा में चल रहा है?

(*a*) उत्तर-पूर्व (*b*) दक्षिण-पूर्व
(*c*) पूर्व (*d*) पश्चिम

6. एक महिला उत्तर दिशा में 12 किमी. चलती है, तब वह दक्षिण दिशा में 6 किमी. चलती है और तत्पश्चात् पूर्व

दिशा में 8 किमी चलती है। इस समय वह अपने आरंभिक बिंदु से कितनी दूरी पर है और किस दिशा में चल रही है?

(*a*) 5 किमी., उत्तर-पूर्व (*b*) 5 किमी., पूर्व

(*c*) 10 किमी., उत्तर-पूर्व (*d*) 10 किमी., पश्चिम

7. रवि अपनी गाड़ी से पश्चिम दिशा में 12 किमी. जाता है। वहां वह दक्षिण दिशा में मुड़कर 3 किमी. आगे की यात्रा करता है, जहां वह पूर्व दिशा में मुड़कर 8 किमी. की यात्रा करता है। बताइए कि इस समय वह अपने आरंभिक बिंदु से कितनी दूरी पर है?

(*a*) 3 किमी. (*b*) 5 किमी.

(*c*) 7 किमी. (*d*) 11 किमी.

8. यदि सभी दिशाएं घूम जाएं अर्थात् यदि उत्तर दिशा घूमकर पश्चिम दिशा हो जाए और पूर्व दिशा घूमकर उत्तर दिशा हो जाए तथा इसी प्रकार अन्य दिशाएं भी घूम जाएं तो उत्तर-पश्चिम दिशा बदल कर कौन-सी दिशा हो जाएगी?

(*a*) दक्षिण-पश्चिम (*b*) उत्तर-पूर्व

(*c*) पूर्व-उत्तर (*d*) पूर्व-पश्चिम

9. A और B किसी एक बिंदु से एक साथ चलना आरंभ करते हैं। वे उत्तर दिशा में 10 किमी. जाते हैं। वहां A बायीं ओर मुड़ कर 5 किमी. आगे जाता है जबकि B दायीं ओर मुड़कर 3 किमी. आगे जाता है जहां से A एक बार फिर से बायीं ओर मुड़कर 15 किमी. आगे जाता है और B दायीं ओर मुड़कर 15 किमी. आगे जाता है। बताइए कि अब A और B एक दूसरे से कितनी दूरी पर हैं?

(*a*) 18 किमी. (*b*) 10 किमी.

(*c*) 5 किमी. (*d*) 8 किमी.

10. तरुण पूर्व दिशा में चल रहा है। यदि वह उत्तर दिशा में चलना चाहता है तो उसे निम्नलिखित से में कौन से मोड़ नहीं मुड़ने चाहिए?

(*a*) दायां, दायां, बायां, दायां, दायां

(*b*) दायां, दायां, बायां, बायां, बायां,

(*c*) दायां, दायां, दायां

(*d*) दायां, बायां, दायां, बायां

11. सोनी और मोनी किसी एक स्थान से चलना शुरू करती हैं। सोनी पश्चिम दिशा में और मोनी दक्षिण दिशा में चलती है। 20 किमी. आगे जाने के बाद सोनी बायीं ओर मुड़ जाती है और 15 किमी. आगे बढ़ती है। मोनी 10 किमी. आगे जाने के बाद बायीं ओर मुड़ती है और तब 5 किमी. आगे जाती है। इसी समय सोनी अपने स्थान से बायीं ओर मुड़कर 25 किमी. आगे जाती है जबकि मोनी अपने स्थान से दाहिनी ओर मुड़ती है और 5 किमी. आगे जाती है। बताइए कि यहां सोनी और मोनी एक दूसरे से कितनी दूरी पर हैं।

(*a*) 5 किमी.

(*b*) वे अपने आरंभिक बिंदु पर वापस पहुंच गए हैं

(*c*) वे अपनी यात्रा समाप्ति पर एक ही स्थान पर पहुंचती हैं

(*d*) दी गई सूचना अपर्याप्त है

12. सीता के घर का मुख्य दरवाजा दक्षिण दिशा में खुलता है। वह अपने घर से निकलकर सामने की दिशा में 10 मीटर जाती है, वहां से बायीं ओर मुड़कर वह 5 मीटर आगे जाती है और तब फिर से बायें मुड़कर 15 मीटर आगे जाती है और तब एक बार फिर से बायें मुड़कर 10 मीटर आगे जाती है। अंततः वह दायें मुड़ती है और 5 मीटर आगे जाकर अपने मित्र के घर पहुंचती है। सीता के मित्र के घर का मुख्य दरवाजा किस दिशा में खुलता है?

(*a*) उत्तर (*b*) दक्षिण

(*c*) पश्चिम (*d*) पूर्व

उत्तरमाला

1	2	3	4	5	6	7	8	9	10
(*d*)	(*b*)	(*d*)	(*c*)	(*a*)	(*c*)	(*b*)	(*a*)	(*d*)	(*d*)
11	**12**								
(*c*)	(*b*)								

व्याख्यात्मक उत्तर

1.

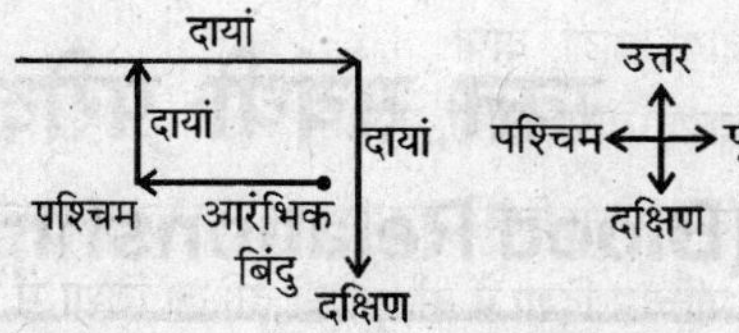

2.

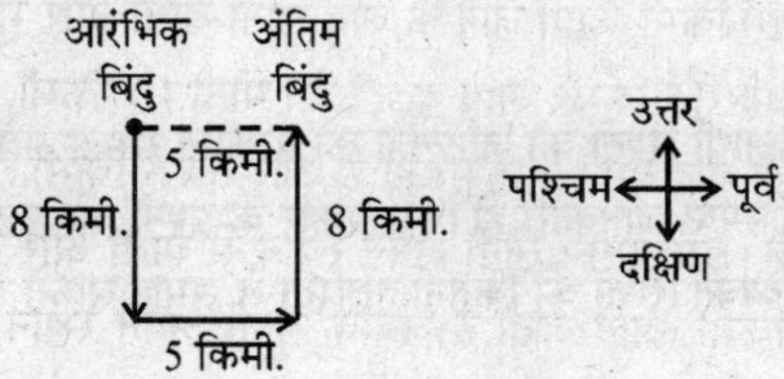

3.

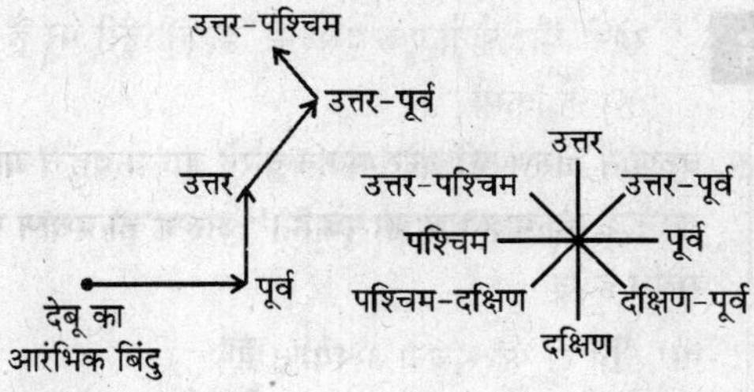

4.

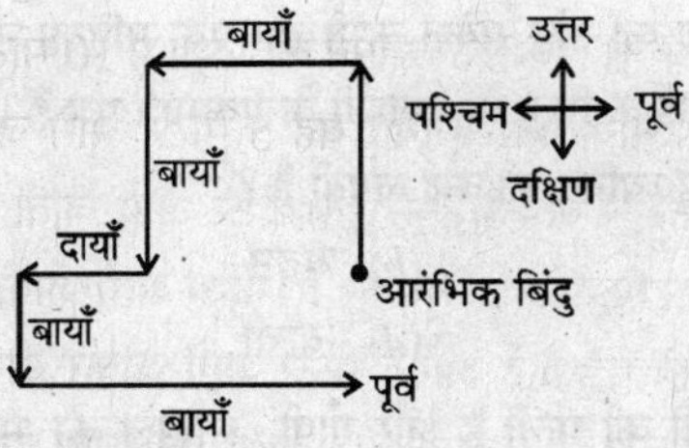

7. $ab = \sqrt{bc^2 + ca^2}$

$$ab = \sqrt{3^2 + 4^2} = \sqrt{9+16} = \sqrt{25} = 5$$

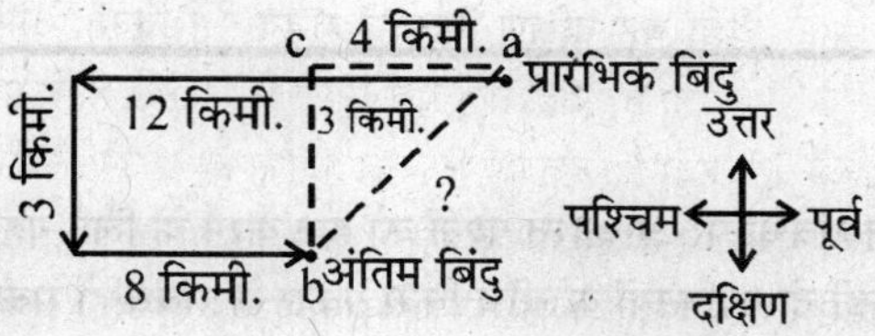

9.

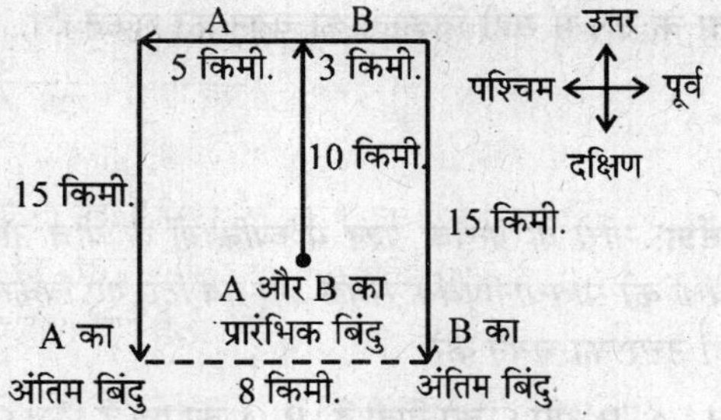

12.

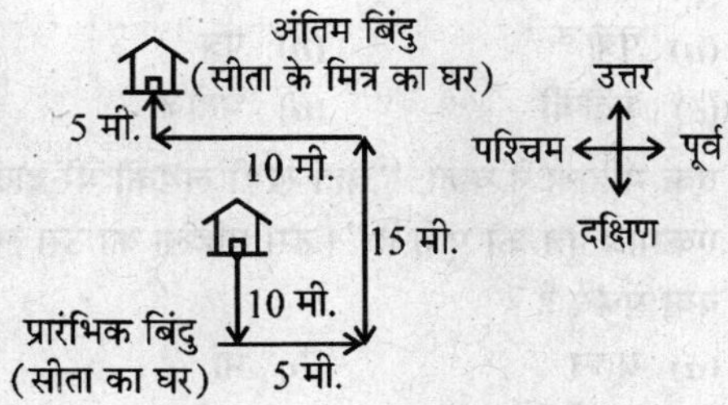

8

रक्त संबंधी परीक्षण
(Blood Relationships)

रक्त संबंधों पर आधारित प्रश्नों को हल करने के लिए यह आवश्यक है कि परीक्षार्थी रिश्तों की जटिलता को तत्काल समझ सकें और किन्हीं दो व्यक्तियों के बीच किस प्रकार के संबंध हो सकते हैं, इस बारे में उन्हें स्पष्ट जानकारी हो। इस प्रकार के प्रश्नों को पूछने का अभिप्राय मुख्यत: यह सुनिश्चित करना है कि परीक्षार्थी कतिपय जटिल भाषा में व्यक्त रिश्तों को कितनी तत्परता से समझ सकते हैं और उत्तर के रूप में सही विकल्प का चयन कर सकते हैं।

अभ्यास

निर्देश: *नीचे के प्रत्येक प्रश्न में व्यक्तियों के बीच उल्लिखित संबंधों को सावधानीपूर्वक समझें और तब दिए गए विकल्पों में से सही उत्तर का चयन करें:*

1. A, B और C का पिता है। B, A का पुत्र है किंतु C, A का पुत्र नहीं है। C का A से क्या संबंध है?

(*a*) पुत्री (*b*) पुत्र
(*c*) भतीजी (*d*) भतीजा

2. एक महिला ने कहा, "वहां खड़ी लड़की मेरे दादा जी के एकमात्र पुत्र की पुत्री है"। उस महिला का उस लड़की से क्या संबंध है?

(*a*) बहन (*b*) मां
(*c*) चाची (*d*) भतीजा

3. अजय, विजय का भाई है। शुभा, अजय की बहन है। संजय, राहुल का भाई है और मेहुल विजय की पुत्री है। संजय का चाचा कौन है?

(*a*) राहुल (*b*) अजय
(*c*) मेहुल (*d*) दी गई सूचना अपर्याप्त है

4. आदित्य, रवि का भाई है। भरत, जयंत के पिता हैं। ईला, रवि की मां है। आदित्य और जयंत आपस में भाई हैं। ईला का भरत से क्या संबंध है?

(*a*) बहन (*b*) मां
(*c*) पुत्री (*d*) पत्नी

5. वरुण ने अरुण की ओर संकेत करते हुए कहा, "वह मेरी बहन के एकमात्र भाई का पुत्र है।" अरुण का वरूण से क्या संबंध है?

(*a*) पुत्र (*b*) भाई
(*c*) भतीजा (*d*) दी गई सूचना अपर्याप्त है

6. एक व्यक्ति की ओर संकेत करते हुए एक महिला ने कहा "उसके भाई के पिता मेरे दादाजी के एकमात्र पुत्र हैं।" वह महिला उस व्यक्ति की क्या लगती है?

(*a*) मां (*b*) बहन
(*c*) पुत्री (*d*) चाची

7. विद्या, गोपी की पत्नी है और गोपी, अखिल का भाई है। अखिल, विजय का चाचा है। विजय, विद्या का कौन है?

(*a*) पुत्र (*b*) भतीजा
(*c*) देवर (*d*) भाई

8. यदि अमित के पिता बिल्लू के पिता के एकमात्र पुत्र हैं और बिल्लू का कोई भी भाई नहीं है और न ही उसकी कोई पुत्री है तो अमित और बिल्लू के बीच क्या संबंध है?

(*a*) चाचा-भतीजा (*b*) पिता-पुत्री
(*c*) पिता-पुत्र (*d*) चचेरा भाई

9. A, B की बहन है। B, C का पुत्र है तथा E, D की पुत्री और A की बहन है। D, C का कौन है?

(*a*) भाई (*b*) पति
(*c*) पत्नी (*d*) दी गई सूचना अपर्याप्त है

10. यदि M + N का अर्थ है कि 'M', 'N' का भाई है, M – N का अर्थ है कि 'M', 'N' की बहन है, M × N का अर्थ है कि 'M', 'N' की मां है और M ÷ N का अर्थ है कि 'M', 'N' का पिता है, तो निम्नलिखित में से किसका अर्थ यह होगा कि E, F की बुआ है ?

(*a*) E – G ÷ F (*b*) E + G × F
(*c*) E × F – G (*d*) F × G + E

उत्तरमाला

1	2	3	4	5	6	7	8	9	10
(*a*)	(*a*)	(*d*)	(*d*)	(*a*)	(*b*)	(*b*)	(*c*)	(*d*)	(*a*)

व्याख्यात्मक उत्तर

1.

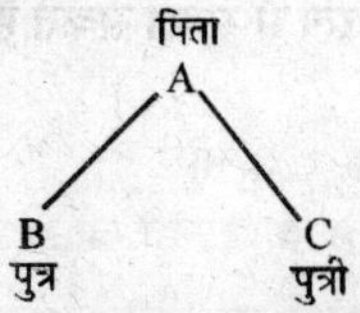

C, A का पुत्र नहीं है किंतु A, C का पिता है। अत: C, A की पुत्री है।

2.

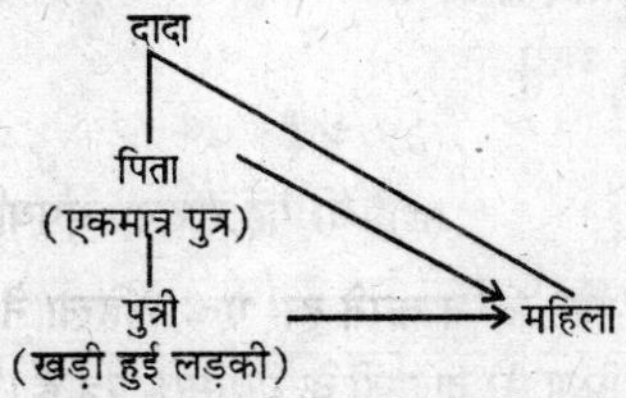

उस महिला के दादा का पुत्र उसके पिता हैं तथा पिता की पुत्री निश्चित ही उस महिला की बहन होगी।

3.

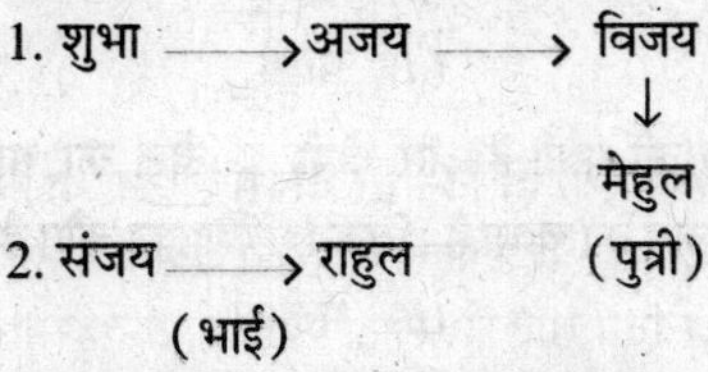

यहां दो संबंध-समुच्चयों का उल्लेख किया गया है। दी गई सूचना अपर्याप्त है और इन दो भिन्न संबंध-समुच्चयों के बीच कोई संबंध स्थापित नहीं किया जा सकता।

5.

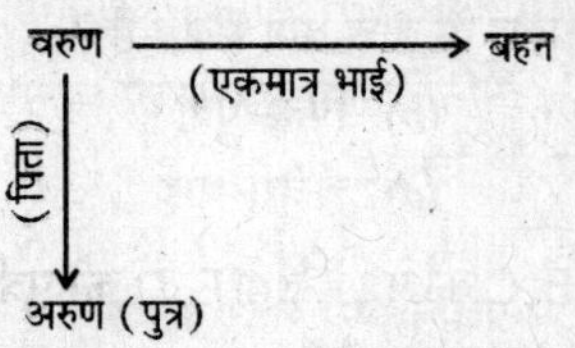

वरुण की बहन का एकमात्र भाई स्वयं वरुण है और उसका पुत्र अरुण है।

8. प्रश्न पर आधारित संबंध-चार्ट है :

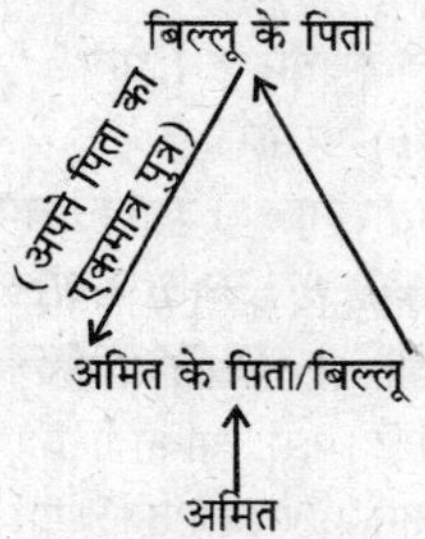

अमित के पिता बिल्लू के पिता के एकमात्र पुत्र हैं, और बिल्लू अपने पिता का एकमात्र पुत्र है (बिल्लू का कोई भाई नहीं है)। इससे यह स्पष्ट होता है कि बिल्लू ही अमित का पिता है। चूंकि बिल्लू की कोई पुत्री नहीं है, अत: अमित ही उसका एकमात्र पुत्र है।

9.

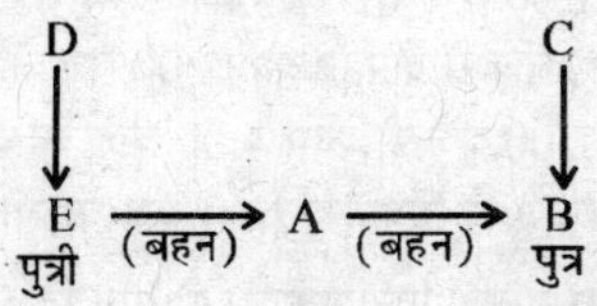

D और C के बीच संबंध नहीं बताया गया है, अत: इनके बीच कोई संबंध नहीं बताया जा सकता है।

10. E – G का अर्थ है 'E, G की बहन है' और G ÷ F का अर्थ है कि 'G, F का पिता है।'

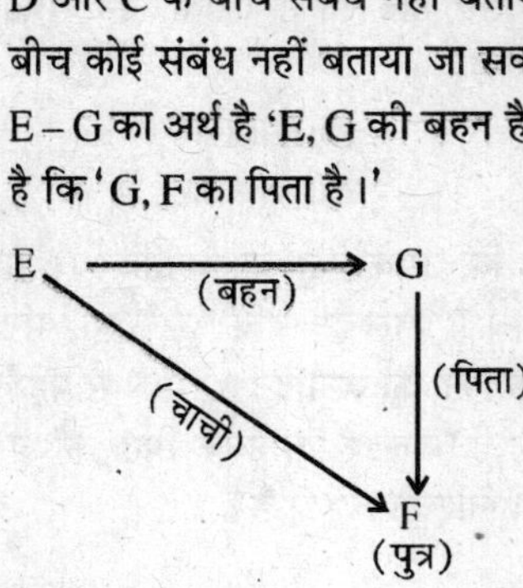

9

कैलेंडर, घड़ी, समय और दूरी
(Calendar, Clock, Time and Distance)

इस प्रकार की गणितीय तर्क बुद्धि परीक्षा घड़ी या कैलेंडर द्वारा समय के परिकलन तथा गतिमान वस्तु की चाल या उसके द्वारा तय की गई दूरी के परिकलन के संबंध में अभ्यर्थियों की योग्यता की जांच करने के लिए आयोजित की जाती है।

अभ्यास

1. यदि परसों बृहस्पतिवार था तो रविवार कब होगा?
(*a*) कल (*b*) परसों
(*c*) आज (*d*) आज से दो दिन बाद

2. किसी कार्यालय में बीस व्यक्ति कार्य करते हैं। इनमें से पांच व्यक्तियों का पहला समूह प्रात: 8:00 बजे से दोपहर बाद 2:00 बजे तक काम करता है। दस व्यक्तियों का दूसरा समूह प्रात: 10:00 बजे से शाम 4:00 बजे तक काम करता है तथा पांच व्यक्तियों का तीसरा समूह दोपहर 12:00 बजे से संध्या 6:00 बजे तक काम करता है। इस कार्यालय में तीन कंप्यूटर हैं जिन्हें सभी कर्मचारी बार-बार प्रयोग में लाते हैं। बताइए कि निम्नलिखित में से किस समय के दौरान कंप्यूटर पर सर्वाधिक काम होगा?
(*a*) दोपहर बाद 1:00 बजे से 3:00 बजे के बीच
(*b*) दोपहर 12:00 बजे से दोपहर बाद 2:00 बजे के बीच
(*c*) दोपहर बाद 2:00 बजे से शाम 4:00 बजे के बीच
(*d*) प्रात: 10:00 बजे से दोपहर 12:00 बजे के बीच

3. यदि किसी माह का सातवां दिन शुक्रवार से तीन दिन पहले का दिन हो तो उस माह का उन्नीसवां दिन सप्ताह का कौन-सा दिन होगा?
(*a*) रविवार (*b*) सोमवार
(*c*) बुधवार (*d*) शुक्रवार

4. राधा को याद है कि उसके पिता का जन्मदिन 16 मार्च के बाद किंतु 21 मार्च से पहले है जबकि उसके भाई मंगेश को याद है कि उनके पिता का जन्मदिन 22 मार्च से पहले किंतु 19 मार्च के बाद है। बताइए कि उनके पिता का जन्मदिन किस तारीख को निश्चित रूप से है?
(*a*) 19 मार्च (*b*) 20 मार्च
(*c*) 21 मार्च (*d*) कहा नहीं जा सकता

5. एक व्यक्ति आयु में अपनी पत्नी से 3 वर्ष बड़ा है और उसकी आयु उसके पुत्र की आयु के 4 गुने के बराबर है। यदि आज से 3 वर्ष बाद पुत्र की आयु 15 वर्ष हो तो उसकी मां की वर्तमान आयु क्या है?
(*a*) 60 वर्ष (*b*) 51 वर्ष
(*c*) 48 वर्ष (*d*) 45 वर्ष

6. एक घड़ी इस प्रकार रखी गई है कि दोपहर ठीक 12.00 बजे इसकी मिनट की सूई उत्तर-पूर्व दिशा को सूचित करती है। दोपहर बाद 1.30 बजे इस घड़ी की घंटे की सूई किस दिशा को सूचित करेगी?
(*a*) पूर्व (*b*) पश्चिम
(*c*) उत्तर (*d*) दक्षिण

7. दो भाइयों को एक ही दिन घर वापस लौटना था। रजत पूर्व निर्धारित दिन से 3 दिन पहले घर लौटा जबकि रोहित निर्धारित दिन से चार दिन बाद घर लौटा। यदि रजत वृहस्पतिवार को घर लौटा हो तो उनके घर लौटने का पूर्व-निर्धारित दिन क्या था तथा रोहित किस दिन घर लौटा?
(*a*) बुधवार, रविवार (*b*) बृहस्पतिवार, सोमवार
(*c*) रविवार, बृहस्पतिवार (*d*) सोमवार, शुक्रवार

निर्देश (प्र.सं. 8–10): *निम्नलिखित सूचना को ध्यानपूर्वक पढ़ें और नीचे पूछे गए प्रश्नों के उत्तर दें :*

(*i*) एक सिटी बस कंपनी M, N, O, P, Q, R और S सात बसें चलाती है जिनमें से प्रत्येक बस शहर के दर्शनीय स्थलों के टूर पर प्रतिदिन एक बार 4 घंटे के लिए रवाना होती है।

(ii) सोमवार से शुक्रवार तक पहली बस ठीक आठ बजे रवाना होती है जिसके बाद की बसें बारी-बारी से 45 मिनट, जिसके बाद 30 मिनट और फिर 45 मिनट, जिसके बाद 35 मिनट और फिर 45 मिनट और उसके बाद 40 मिनट के अंतराल पर रवाना होती हैं।

(iii) शनिवार और रविवार को पहली बस प्रात: 7:30 बजे रवाना होती है और उसके बाद की बसें बारी-बारी से एक-एक घंटे के अंतर पर रवाना होती हैं।

(iv) बस 'Q' बस 'M' के ठीक बाद रवाना होती है जिसके ठीक बाद बस 'S' रवाना होती है।

(v) बस 'O' अंतिम बस है जिसके बाद और कोई बस नहीं जाती।

(vi) बस 'R' बस 'M' से ठीक पहले रवाना होती है किंतु यह बस 'P' के ठीक बाद नहीं जाती।

8. शनिवार को बस 'M' कितने बजे रवाना होती है ?

(a) प्रात: 10 बजे *(b)* प्रात: 9:45 बजे
(c) प्रात: 10:30 बजे *(d)* सूचना अपर्याप्त है

9. रविवार को बस 'P' द्वारा अपना टूर पूरा कर लेने के बाद निम्नलिखित में से कौन-सी बस रवाना होती है ?

(a) Q *(b)* S
(c) O *(d)* सूचना अपर्याप्त है

10. यदि शनिवार-रविवार को बस 'M' के रवाना होने के बाद दूसरी बसों के रवाना होने के समय-अंतराल में 30 मिनट की वृद्धि कर दी जाए, तो बस 'O' का टूर कितने बजे पूरा होगा ?

(a) दोपहर बाद 3:00 बजे
(b) दोपहर बाद 2:00 बजे
(c) शाम 6:00 बजे
(d) शाम 7:00 बजे

उत्तरमाला

1	2	3	4	5	6	7	8	9	10
(a)	*(b)*	*(a)*	*(b)*	*(d)*	*(a)*	*(c)*	*(c)*	*(a)*	*(d)*

व्याख्यात्मक उत्तर

1. बृहस्पतिवार —बीता परसों
शुक्रवार —बीता कल
शनिवार —आज
रविवार — आने वाला कल

4. पिता का जन्मदिन

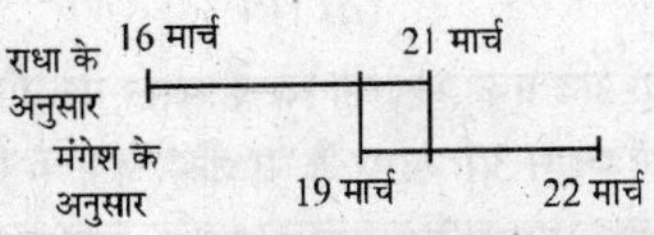

∴ अत: उनके पिता का जन्मदिन 20 मार्च को है।

6.

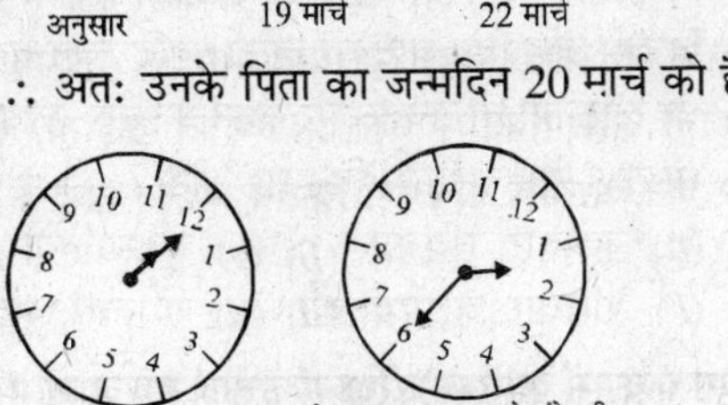

12 बजे दोपहर बाद 1.30 बजे घंटे की सूई पूर्व दिशा की ओर सूचित करेगी

8-10.

बसों के रवाना होने का क्रम	सोमवार से शुक्रवार तक रवानगी का समय	शनिवार और रविवार को रवानगी का समय
P	प्रात: 8:00 बजे	प्रात: 7:30 बजे
N	प्रात: 8:45 बजे	प्रात: 8:30 बजे
R	प्रात: 9:15 बजे	प्रात: 9:30 बजे
M	प्रात: 10 बजे	प्रात: 10:30 बजे
Q	प्रात: 10:35	प्रात: 11:30 बजे
S	प्रात: 11:20 बजे	दोपहर बाद 12:30 बजे
O	दोपहर 12 बजे	दोपहर बाद 1:30 बजे

10. बस M प्रात: 10:30 बजे रवाना होती है। यदि 1 घंटे के समय अंतराल में 30 मिनट की वृद्धि कर दी जाए तो बस Q दोपहर 12:00 बजे रवाना होगी, बस S दोपहर बाद 1:30 बजे और बस O दोपहर बाद 3:00 बजे रवाना होगी। बस O अपना चार घंटे का टूर शाम 7:00 बजे पूरा करेगी।

10

श्रेणी एवं क्रम (Rows and Ranks)

इस प्रकार के प्रश्न किसी पंक्ति या लाइन में व्यवस्थित वस्तुओं की संख्या या कुछ छात्रों की एक कक्षा में किसी छात्र के क्रम-स्थान (कोटि) या कक्षा में छात्रों की कुल संख्या ज्ञात करने के लिए कतिपय सरल गणितीय परिकलनों पर आधारित होते हैं।

अभ्यास

1. पेड़ों की एक पंक्ति में कोई एक पेड़ पंक्ति के दोनों छोरों से पांचवें स्थान पर है। इस पंक्ति में कुल कितने पेड़ हैं?

(*a*) 11 (*b*) 8
(*c*) 10 (*d*) 9

2. 53 छात्रों की एक कक्षा में जया का योग्यता-क्रम में 5 वां स्थान है। कक्षा में योग्यता-क्रम में नीचे से उसका क्रम-स्थान क्या है?

(*a*) 49 वां (*b*) 48 वां
(*c*) 47 वां (*d*) 50 वां

3. पैंसठ छात्रों की एक कक्षा में योग्यता-क्रम में मोहन का क्रम स्थान इक्कीसवां है। यदि योग्यता-क्रम में सबसे नीचे के छात्र का क्रम-स्थान 1 माना जाए तो योग्यता-क्रम में नीचे से मोहन का क्रम-स्थान क्या होगा?

(*a*) 44 वां (*b*) 45 वां
(*c*) 46 वां (*d*) दी गई सूचना अपर्याप्त है

4. लड़कों की एक पंक्ति में राहुल दाहिने से 12 वें स्थान पर और बाएं से चौथे स्थान पर खड़ा है। इस पंक्ति में और कितने लड़कों को शामिल करने पर पंक्ति में लड़कों की कुल संख्या 28 हो जाएगी?

(*a*) 12 (*b*) 14
(*c*) 20 (*d*) 13

5. लड़कों की एक पंक्ति में राजन दाहिने से दसवें स्थान पर है और सूरज बाएं से दसवें स्थान पर है। यदि राजन और सूरज आपस में अपना स्थान बदल लें तो सूरज बाएं से सताइसवें स्थान पर आ जाएगा। राजन अब पंक्ति में दाहिने से कितने स्थान पर खड़ा है?

(*a*) दसवें (*b*) छब्बीसवें
(*c*) उन्तीसवें (*d*) सताइसवें

6. 41 छात्रों की एक कक्षा में महेश और सुरेश योग्यता-क्रम में ऊपर से क्रमशः 11 वें और 12 वें स्थान पर हैं। योग्यता-क्रम में नीचे से इनका क्रम-स्थान क्या है?

(*a*) 32 वां और 33 वां (*b*) 29 वां और 30 वां
(*c*) 30 वां और 31 वां (*d*) 31 वां और 30 वां

7. किसी कक्षा में उमा योग्यता-क्रम में ऊपर से 8 वें और नीचे से 37 वें स्थान पर है। इस कक्षा में कुल कितने छात्र हैं?

(*a*) 47 (*b*) 46
(*c*) 45 (*d*) 44

8. एक पंक्ति में सादिक सामने से 14 वें स्थान पर और जोसफ अंत से 17 वें स्थान पर खड़ा है जबकि जेन, सादिक और जोसफ के बीच खड़ा है। यदि सादिक, जोसफ से आगे खड़ा है और पंक्ति में कुल 48 व्यक्ति खड़ें हो, तो सादिक और जेन के बीच पंक्ति में कितने व्यक्ति खड़े हैं?

(*a*) 5 (*b*) 6
(*c*) 7 (*d*) 8

9. किसी कक्षा में वार्षिक परीक्षा में उत्तीर्ण हुए छात्रों में योग्यता-क्रम में रोहन नीचे से सताइसवें स्थान पर और ऊपर से ग्यारहवें स्थान पर आया। यदि वार्षिक परीक्षा में इस कक्षा के 12 छात्र अनुत्तीर्ण घोषित किए गए हों तो परीक्षा में इस कक्षा के कितने छात्र शामिल हुए थे?

(*a*) 48 (*b*) 49
(*c*) 50 (*d*) कहा नहीं जा सकता

10. कुछ लड़के एक पंक्ति में बैठे हैं। P पंक्ति में बाएं से चौदहवें स्थान पर और Q दाहिने से सातवें स्थान पर बैठा है। यदि P और Q के बीच चार लड़के बैठे हों, तो इस पंक्ति में कुल कितने लड़के हैं?
(*a*) 19 (*b*) 21
(*c*) 25 (*d*) 23

निर्देश (प्र.सं. 11 से 15): *प्रत्येक दिए गए विकल्पों से उस एक शब्द का चयन करें जिसे प्रश्न में दिए गए शब्द के अक्षरों का प्रयोग करके लिखा नहीं जा सकता।*

11. ROTATION
(*a*) TORN (*b*) NOTE
(*c*) TART (*d*) RAIN

12. INSUFFICIENT
(*a*) ENTICE (*b*) SCENT
(*c*) SUFFICE (*d*) THENCE

13. CATASTROPHE
(*a*) TASTE (*b*) CHEAP
(*c*) POUCH (*d*) STARE

14. MASTERPIECE
(*a*) MINCE (*b*) TRAMP
(*c*) PESTER (*d*) SPRITE

15. PROGNOSTICATION
(*a*) RONTGEN (*b*) SPITOON
(*c*) ROGATION (*d*) START

निर्देश (प्र.सं. 16 से 20): *यहाँ प्रत्येक प्रश्न में दिए गए विकल्पों से उस एक शब्द का चयन करें जिसे प्रश्न के आरंभ में दिए गए शब्द के अक्षरों का प्रयोग करके लिखा जा सकता है।*

16. INVESTIGATE
(*a*) INVERT (*b*) GLIDE
(*c*) STING (*d*) ACTED

17. ADVENTURE
(*a*) AWARE (*b*) EVENT
(*c*) TRUCE (*d*) DRIED

18. THANKSGIVING
(*a*) AVENGE (*b*) HAUNTS
(*c*) GRAINS (*d*) SAVING

19. BLANDISHMENT
(*a*) BOARD (*b*) METAL
(*c*) SHAPE (*d*) CRASH

20. UNDISCHARGED
(*a*) CHANGED (*b*) DISARMED
(*c*) GROUNDED (*d*) SHARPEN

उत्तरमाला

1	2	3	4	5	6	7	8	9	10
(*d*)	(*a*)	(*b*)	(*d*)	(*d*)	(*d*)	(*d*)	(*d*)	(*b*)	(*c*)
11	**12**	**13**	**14**	**15**	**16**	**17**	**18**	**19**	**20**
(*b*)	(*d*)	(*c*)	(*a*)	(*a*)	(*c*)	(*b*)	(*d*)	(*b*)	(*a*)

व्याख्यात्मक उत्तर

1.

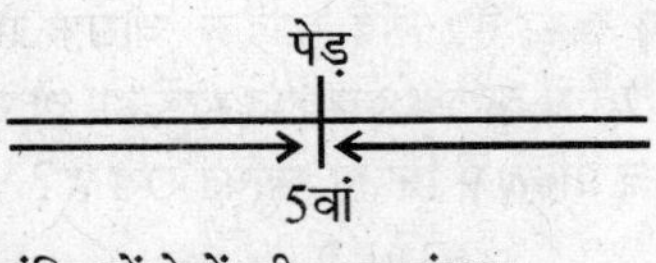

पंक्ति में पेड़ों की कुल संख्या
$= (5 + 5) - 1 = 9$

2.

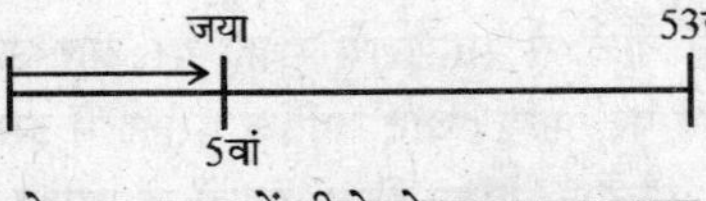

योग्यता-क्रम में नीचे से जया का स्थान
$= (53 - 5) + 1 = 49$ वां

7.

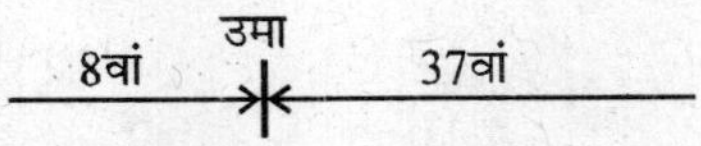

कक्षा में छात्रों की कुल संख्या
$= (8 + 37) - 1 = 44$

10.

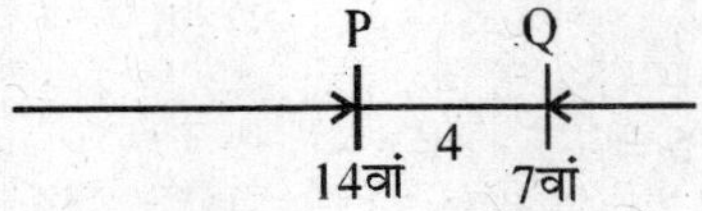

पंक्ति में लड़कों की संख्या
$= (14 + 4 + 7) = 25$

11

प्रतीक (चिह्न) प्रतिस्थापन
(Symbol Substitution)

इस प्रकार के प्रश्नों को हल करना अत्यधिक सरल है। ऐसे प्रश्नों को हल करने की एकमात्र अपेक्षा यह है कि उम्मीदवार दिए गए प्रतीकों या चिह्नों को प्रतिस्थापित करने और परिकलन की विद्या में पारंगत हों और अत्यधिक त्वरित गति से दिए गए प्रश्नों का हल ज्ञात कर सके। इस श्रेणी में पूछे गए कुछ सामान्य प्रकार के प्रश्न नीचे हल किए गए हैं।

अभ्यास

1. यदि "+" का अर्थ "–" हो; "–" का अर्थ "×" हो; "×" का अर्थ "÷" हो और "÷" का अर्थ "+" हो, तो
$15 \times 5 \div 10 + 5 - 3 = ?$
(*a*) 9.5 (*b*) 0
(*c*) – 2 (*d*) 24

2. यदि "+" का अर्थ "–" हो; "–" का अर्थ "×" हो; "×" का अर्थ "÷" हो; और "÷" का अर्थ "+" हो, तो
$15 \times 3 \div 15 + 5 - 2 = ?$
(*a*) 0 (*b*) 10
(*c*) 20 (*d*) 6

3. यदि "+" का अर्थ "÷" हो; "×" का अर्थ "–" हो; "÷" का अर्थ "+" हो और "–" का अर्थ "×" हो, तो
$16 \div 8 \times 6 - 2 + 12 = ?$
(*a*) 22 (*b*) 24
(*c*) 23 (*d*) 20

4. यदि "+" का अर्थ "×" हो; "–" का अर्थ "÷" हो; "×" का अर्थ "–" हो और "÷" का अर्थ "+" हो, तो
$5 + 8 - 4 \times 2 \div 9 = ?$
(*a*) 15 (*b*) 13
(*c*) 17 (*d*) 11

5. यदि × का आशय जोड़ की संक्रिया से हो, ÷ का आशय घटाव की संक्रिया से हो, + का आशय गुणा की संक्रिया से हो और – का आशय भाग की संक्रिया से हो तो $(20 \times 6 \div 6 \times 4)$ निम्नलिखित में से किसके बराबर है?
(*a*) 5 (*b*) 24
(*c*) 25 (*d*) 80

उत्तरमाला

1	2	3	4	5
(*c*)	(*b*)	(*c*)	(*c*)	(*b*)

व्याख्यात्मक उत्तर

1. $15 \div 5 + 10 - 5 \times 3$
$3 + 10 - 15 = -2$

3. $16 + 8 - 6 \times 2 \div 12$
$16 + 8 - 1 = 23$

4. $5 \times 8 \div 4 - 2 + 9,$
$10 - 2 + 9 = 17$

5. $20 + 6 - 6 + 4 = 24$

12

कृत्रिम मान और लुप्त संख्याएँ
(Artificial Values and Missing Numbers)

इस प्रकार के प्रश्नों को हल करने के लिए संख्या संबंधी प्रश्नों को हल करने में निपुणता और गणितीय कौशल का होना अपेक्षित है। उत्तर प्राप्त करने के लिए अभ्यर्थियों के लिए यह अपेक्षित है कि वे अंकगणितीय चिह्नों या प्रतीकों के सही संयोजन का चयन करें जिसे दिए गए प्रश्नों में प्रश्न चिह्न के स्थान पर प्रतिस्थापित किया जा सके।

अभ्यास

निर्देश : *नीचे दिए गए प्रत्येक प्रश्न में बताएँ कि प्रश्न चिह्न (?) के स्थान पर कौन-सी संख्या रखी जा सकती है?*

1. 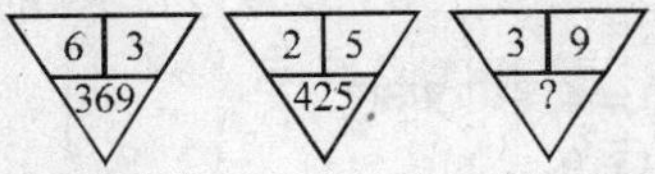

(*a*) 693 (*b*) 939
(*c*) 981 (*d*) 993

2. 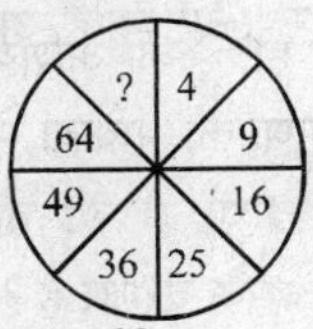

(*a*) 68 (*b*) 100
(*c*) 72 (*d*) 81

3. 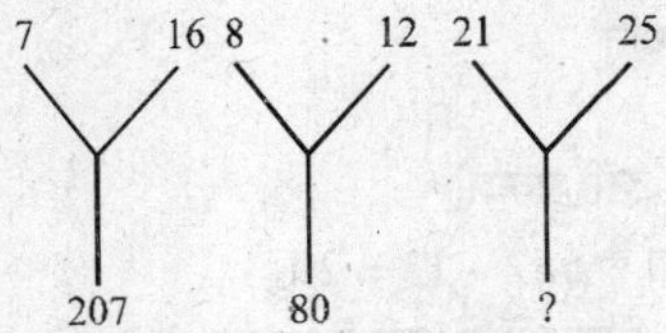

(*a*) 425 (*b*) 184
(*c*) 241 (*d*) 210

4. 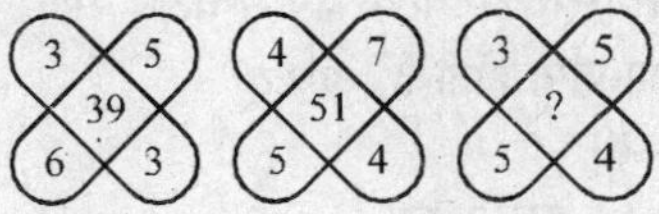

(*a*) 35 (*b*) 37
(*c*) 45 (*d*) 48

5. 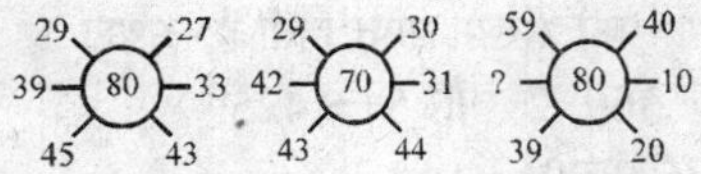

(*a*) 69 (*b*) 49
(*c*) 50 (*d*) 60

6. 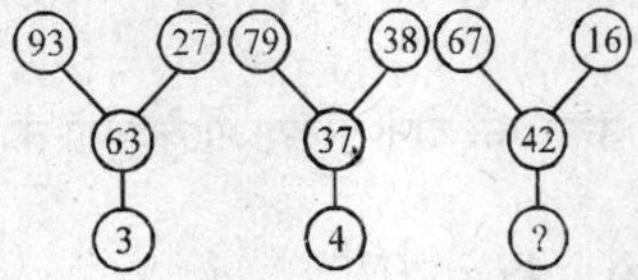

(*a*) 5 (*b*) 6
(*c*) 8 (*d*) 9

7. 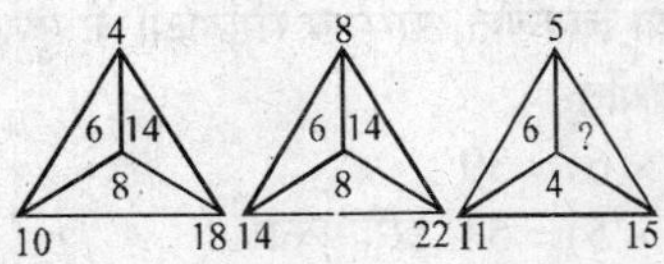

(*a*) 8 (*b*) 14
(*c*) 10 (*d*) 6

8. 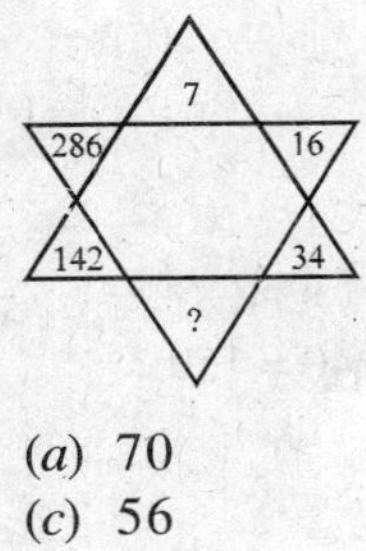

(*a*) 70 (*b*) 68
(*c*) 56 (*d*) 92

9.

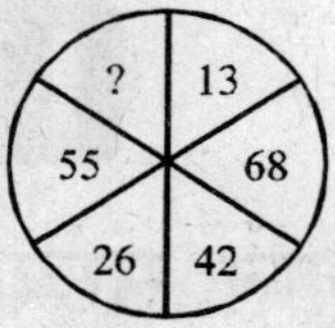

(*a*) 41 (*b*) 37
(*c*) 29 (*d*) 25

10.

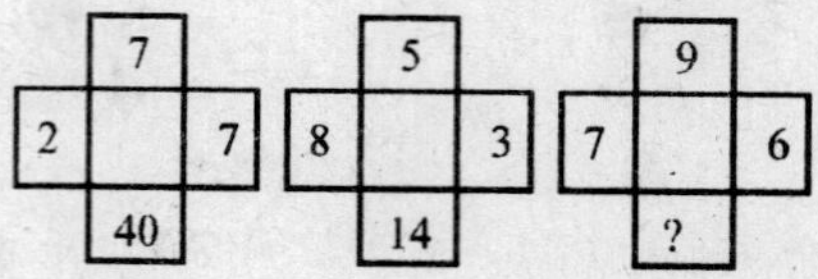

(*a*) 72 (*b*) 68
(*c*) 82 (*d*) 96

उत्तरमाला

1	2	3	4	5	6	7	8	9	10
(*c*)	(*d*)	(*b*)	(*b*)	(*a*)	(*d*)	(*c*)	(*a*)	(*c*)	(*b*)

व्याख्यात्मक उत्तर

1. उलटे बने त्रिभुज के ऊपरी भाग के दोनों खानों में दी गई संख्याओं के वर्ग को एक दूसरे की बगल में रखने पर त्रिभुज के निचले शीर्ष की संख्या प्राप्त होती है, अर्थात्
6^2 और $3^2 = 369$, 2^2 और $5^2 = 425$,
इसी प्रकार 3^2 और $9^2 = 981$.

2. 4 से आरंभ करके प्रत्येक अनुवर्ती संख्या क्रमागत प्राकृतिक संख्या का वर्ग है। अर्थात् $2^2 = 4, 3^2 = 9, 4^2 = 16, \ldots 9^2 = 81$

3. नीचे की संख्या ऊपर की दोनों संख्याओं के वर्गों का अंतर है, अर्थात्
$16^2 - 7^2 = 256 - 49 = 207$
$12^2 - 8^2 = 144 - 64 = 80$, इसी प्रकार
$25^2 - 21^2 = 625 - 441 = 184$

4. बीच की संख्या विकर्णत: सम्मुख संख्याओं के गुणनफलों का योग है, अर्थात्
$(3 \times 3) + (5 \times 6) = 39$
$(4 \times 4) + (7 \times 5) = 51$, इसी प्रकार
$(3 \times 4) + (5 \times 5) = 37$

5. किसी भी एक आकृति में सरेखीय तीनों संख्याओं का योगफल समान है, अर्थात्
$29 + 80 + 43$ या $39 + 80 + 33$
या $45 + 80 + 27 = 152$
$29 + 70 + 44$ या $42 + 70 + 31$
या $43 + 70 + 30 = 143$, इसी प्रकार
$59 + 80 + 20$ या $39 + 80 + 40 = 159$.
अत: लुप्त संख्या है :
$159 - (80 + 10) = 69$

6. प्रत्येक आकृति में दाहिने और बीच के घेरों की संख्याओं के योगफल को बायीं ओर के घेरे की संख्या से घटाने पर आकृति में सबसे नीचे के घेरे की संख्या प्राप्त होती है, अर्थात्
$93 - (27 + 63) = 3$
$79 - (38 + 37) = 4$, इसी प्रकार
$67 - (16 + 42) = 9$

8. दी गई आकृति में 7 की संख्या से आरंभ करके दक्षिणावर्त अगली संख्या पहली संख्या के दोगुने से 2 अधिक है, अर्थात्
$(7 \times 2) + 2 = 16$
$(16 \times 2) + 2 = 34 \ldots$, इसी प्रकार
$(34 \times 2) + 2 = 70$
$(70 \times 2) + 2 = 142$
$(142 \times 2) + 2 = 286$

9. दी गई आकृति में सम्मुख त्रिज्यखंडों में दी गई संख्याओं का अंतर 13 है, अर्थात्
$26 - 13 = 13$
$68 - 55 = 13$, इसी प्रकार
अत: लुप्त संख्या है : $42 - 13 = 29$
($42 + 13 = 55$ विकल्पों में नहीं दिया गया है)

10. प्रत्येक आकृति में मध्यस्थ ग्रिड रेखा में दी गई संख्याओं के योगफल को ऊपर स्थित संख्या के वर्ग से घटाने पर आकृति में नीचे की संख्या प्राप्त होती है, अर्थात्
$7^2 - (2 + 7) = 40$
$5^2 - (8 + 3) = 14$, इसी प्रकार
$9^2 - (7 + 6) = 68$

13

अंग्रेजी वर्णक्रम पर आधारित प्रश्न
(Problems Based on English Alphabet)

अंग्रेजी वर्णमाला पर आधारित प्रश्नों को हल करना अत्यधिक सरल है। इस प्रकार के प्रश्न वर्णमाला के सीधे क्रम में और साथ ही उलटे क्रम में भी दी गई शृंखलाओं पर आधारित होते हैं। शृंखला Z पर पहुँचने के बाद A से पुन: आरंभ होती है और उलटे क्रम में A पर पहुँचने के बाद Z से पुन: आरंभ होती है। इस शृंखला में A E I O U स्वर और शेष अक्षर व्यंजन कहलाते हैं।

अभ्यास

निर्देश: *निम्नलिखित प्रश्न वर्णमाला के सीधे या उलटे क्रम में लिखी गई शृंखला पर तथा दिए गए शब्द में अक्षरों के स्थान परिवर्तन पर आधारित हैं।*

1. वर्णमाला के सीधे क्रम में लिखी गई शृंखला में बाएँ छोर से छठे अक्षर के ठीक पहले कौन-सा अक्षर होता है?
(*a*) U (*b*) E
(*c*) F (*d*) V

2. यदि अंग्रेजी वर्णमाला में प्रथम अर्द्धांश के अक्षरों को उलटे क्रम में लिखा जाए तो दायीं ओर से नौवें अक्षर की बायीं ओर का नौवाँ अक्षर कौन-सा होगा?
(*a*) I (*b*) D
(*c*) F (*d*) E

3. यदि अंग्रेजी वर्णमाला को उलटे क्रम में लिखा जाए, तो दायीं और से सातवें अक्षर की बायीं ओर का आठवाँ अक्षर कौन-सा होगा?
(*a*) O (*b*) P
(*c*) N (*d*) Q

4. यदि अंग्रेजी वर्णमाला को उलटे क्रम में लिखा जाए तो P के दाएँ से छठा अक्षर कौन-सा होगा?
(*a*) J (*b*) W
(*c*) K (*d*) V

5. यदि अंग्रेजी वर्णमाला को दो बराबर हिस्सों में बाँट दिया जाए जिनमें पहले अर्द्धांश में A से M तक के और दूसरे अर्द्धांश में N से Z तक के अक्षर निहित हों, तो बाद वाले अर्द्धांश का कौन-सा अक्षर पहले वाले अर्द्धांश के J अक्षर के संगत होगा?
(*a*) W (*b*) Q
(*c*) V (*d*) R

उत्तरमाला

1	2	3	4	5
(*b*)	(*d*)	(*a*)	(*a*)	(*a*)

व्याख्यात्मक उत्तर

1.
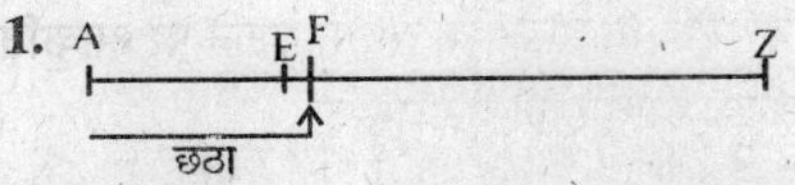

बाएँ से छठा अक्षर 'F' है और 'F' से ठीक पहले का अक्षर 'E' है।

2. MLKJIGHFEDCBANOPQRSTUVWXYZ

5. A B C D E F G H I J K L M
N O P Q R S T U V W X Y Z

14

वेन आरेख विश्लेषण
(Venn Diagram Analysis)

आरेख विश्लेषण

इस प्रकार के परीक्षण में आरेखों द्वारा निरूपित दो या दो से अधिक वस्तुओं या तथ्यों या मदों के बीच संबंध स्थापित करना होता है। आरेखों द्वारा निरूपित मदें कोई पृथक वस्तु या प्राणी या व्यक्तियों का कोई विशिष्ट दल/वर्ग आदि हो सकती हैं।

अभ्यास

1. निम्नलिखित आरेख में कौन-सी संख्या केवल दो ज्यामितीय आकृतियों में उभयनिष्ठ है?

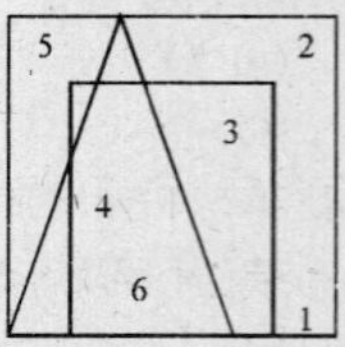

(*a*) 4 (*b*) 3
(*c*) 5 (*d*) 2

निर्देश (प्रश्न 2 और 3) : *नीचे के आरेख में आयत हिंदी के उद्घोषकों को निरूपित करता है, वृत्त अंग्रेजी भाषा के उद्घोषकों को निरूपित करता है, वर्ग फ्रांसीसी भाषा के उद्घोषकों को निरूपित करता है और त्रिभुज जर्मन भाषा के उद्घोषकों को निरूपित करता है।*

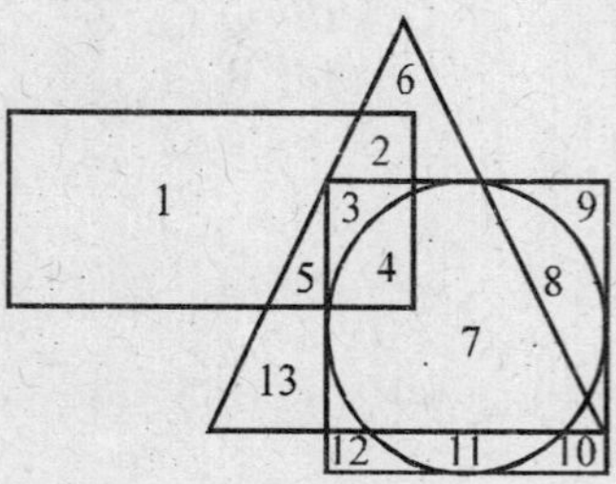

2. कौन-सा क्षेत्र उन उद्घोषकों को निरूपित करता है जो हिंदी, फ्रांसीसी और जर्मन भाषाओं में कार्यक्रम प्रस्तुत कर सकते हैं?

(*a*) 1 (*b*) 2
(*c*) 3 (*d*) 4

3 कौन-सा क्षेत्र उन उद्घोषकों को निरूपित करता है जो केवल फ्रांसीसी और अंग्रेजी भाषा में कार्यक्रम प्रस्तुत कर सकते हैं?

(*a*) 7 (*b*) 9
(*c*) 11 (*d*) 13

निर्देश (प्रश्न 4 और 5) : *नीचे दिए गए आरेख के आधार पर प्रश्न संख्या 4 और 5 के उत्तर दें :*

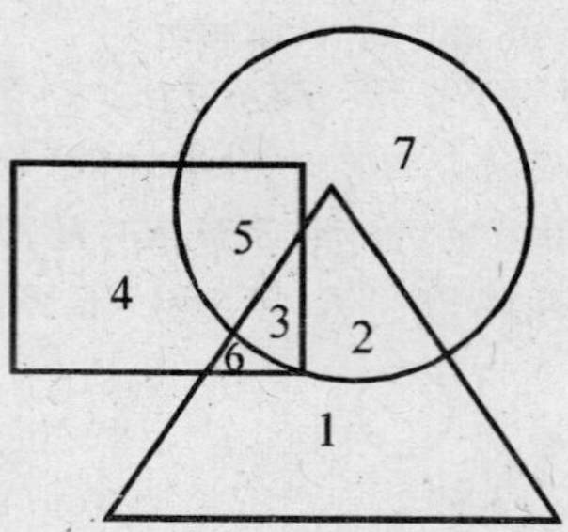

4. कौन-सी संख्या सभी ज्यामितीय आकृतियों में अंतर्निहित है?

(*a*) 5 (*b*) 6
(*c*) 2 (*d*) 3

5. संख्या 6 निम्नलिखित में से किसमें अंतर्निहित है?

(*a*) आयत और त्रिभुज (*b*) वृत्त और त्रिभुज
(*c*) आयत और वृत्त (*d*) केवल आयत

उत्तरमाला

1	2	3	4	5
(*b*)	(*c*)	(*c*)	(*d*)	(*a*)

व्याख्यात्मक उत्तर

प्रश्न 2 और 3 के लिए

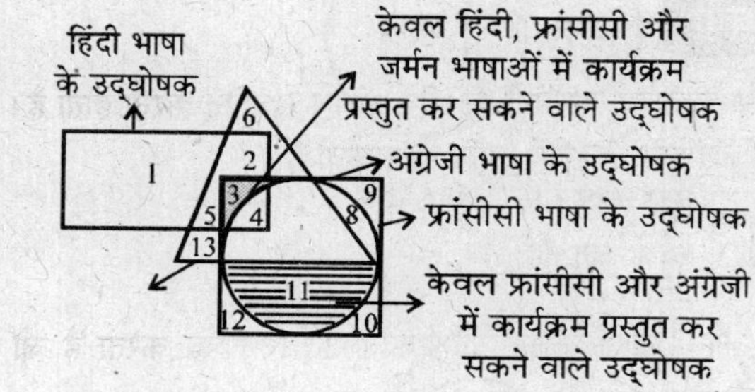

प्रश्न 4 और 5 के लिए

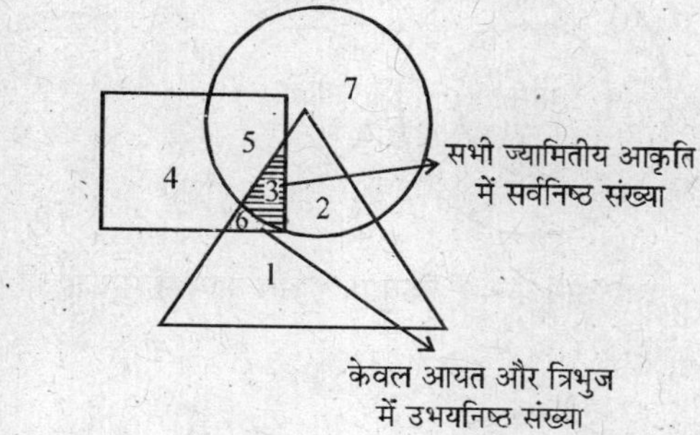

कथन एवं वेन आरेख

इस प्रकार के प्रश्नों में विकल्प के रूप में पाँच भिन्न-भिन्न आकृतियों का समुच्चय दिया जाता है। प्रत्येक आकृति संबंधित शब्दों के कुछ समूहों का एक तार्किक पैटर्न निरूपित करती है जिनमें प्रत्येक शब्द एक वर्ग को निरूपित करता है।

अभ्यास

निर्देश : *नीचे दिए गए पाँच तर्क आरेखों में से उस आरेख (आकृति) का चयन करें जो प्रश्न में दिए गए तीनों वर्गों के बीच संबंध को सर्वाधिक सुस्पष्ट रूप में प्रदर्शित करता है।*

(*a*) 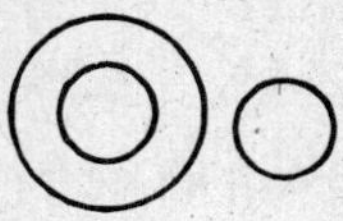

(*b*) 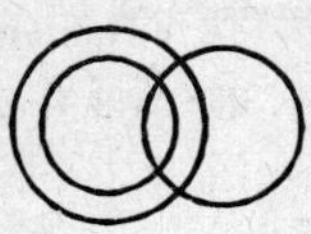

(*c*) 

(*d*) 

(*e*) 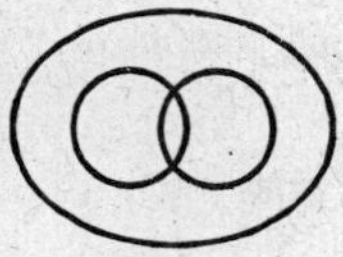

1. पक्षी, फल, आम

2. अपराधी, वकील, डकैत

3. तैराक, कुँआरा, पुरुष

4. स्मार्ट, इंजीनियर, महिला

5. सब्जियाँ, आलू, बैंगन

6. अंगूर, मीठा, फल

7. डॉक्टर, वास्तुकार, मनुष्य

8. विद्वान, व्यक्ति, भारतीय

9. बच्चे, शरारती, अध्ययनशील

10. कलम, पेंसिल, स्टेशनरी

उत्तरमाला

1	2	3	4	5	6	7	8	9	10
(*a*)	(*a*)	(*b*)	(*c*)	(*d*)	(*b*)	(*d*)	(*e*)	(*c*)	(*d*)

व्याख्यात्मक उत्तर

1.

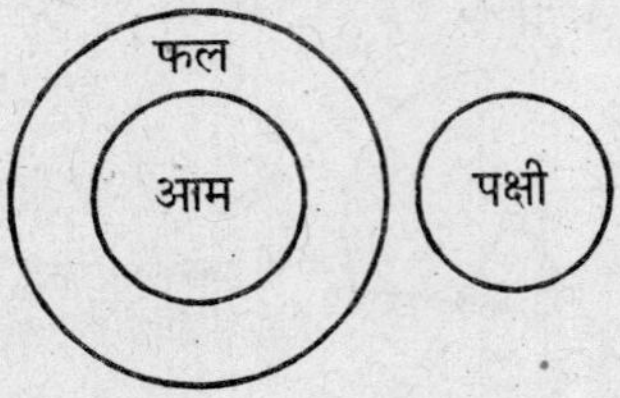

सभी आम फल हैं किंतु फल और आम में से कोई भी पक्षी नहीं है।

2.

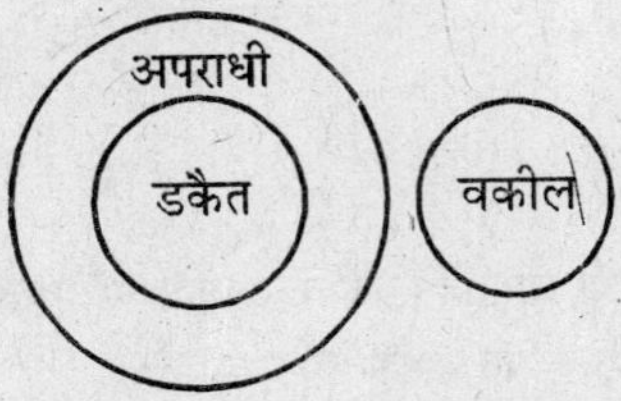

सभी डकैत अपराधी हैं किंतु अपराधी और डकैत में से कोई भी वकील नहीं हो सकता।

3.

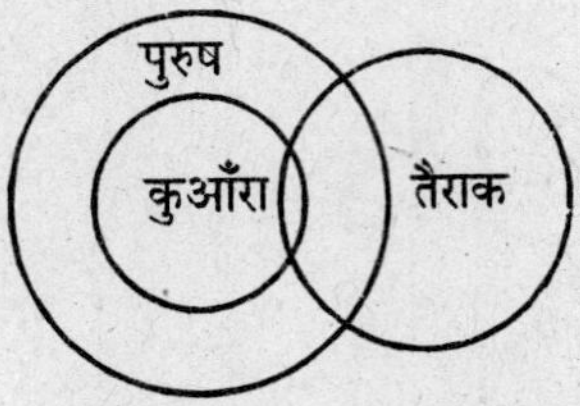

सभी कुँआरे पुरुष होते हैं तथा कुछ पुरुष और कुँआरे तैराक हो सकते हैं।

6.

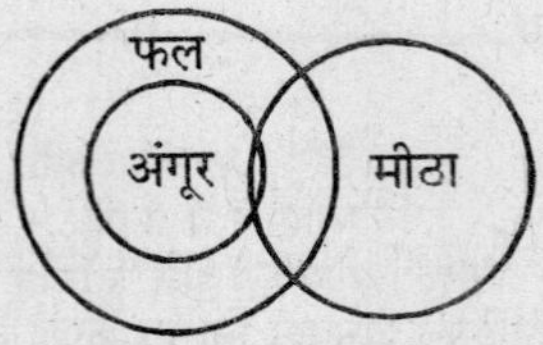

कुछ अंगूर मीठे हैं और सभी अंगूर फल हैं। किंतु सभी मीठी चीजें फल नहीं हैं।

8.

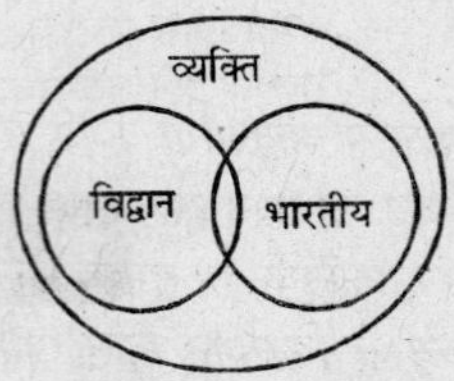

कुछ भारतीय विद्वान हो सकते हैं और कुछ विद्वान भारतीय हो सकते हैं। विद्वान और भारतीय दोनों ही व्यक्ति की श्रेणी में आते हैं।

10.

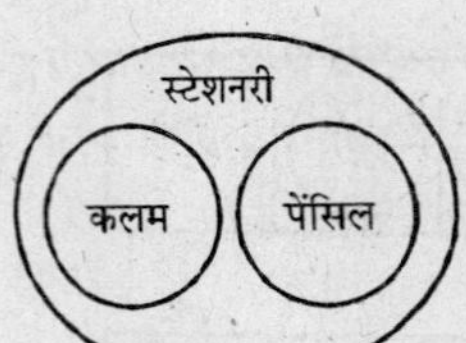

कलम और पेंसिल दोनों स्टेशनरी की मदें हैं। कुछ स्टेशनरी कलम और पेंसिल हैं किंतु कलम और पेंसिल दो अलग-अलग वर्ग हैं।

अभाषिक (NON-VERBAL)

1

श्रृंखला (Series)

इस प्रकार की अभाषिक श्रृंखला (Non-Verbal Series) में, जो सर्वाधिक सामान्य प्रकार की श्रृंखला होती है, चार या पांच आनुक्रमिक प्रश्न आकृतियां एक निश्चित अनुक्रम निर्मित करते हैं और अभ्यर्थियों को दी गई उत्तर आकृतियों के सेट से उस एक आकृति का चयन करना होता है जिससे प्रश्न आकृतियों के समुच्चय की श्रृंखला सतत् हो जाए।

अभ्यास

निर्देश : *नीचे के प्रत्येक प्रश्न में आकृतियों के दो समुच्चय दिए गए हैं जिनमें से एक समुच्चय को* **प्रश्न आकृतियों** *का समुच्चय और दूसरे समुच्चय को* **उत्तर आकृतियों** *का समुच्चय कहा गया है। प्रश्न आकृतियों के समुच्चय से किसी न किसी प्रकार से एक श्रृंखला बनती है। उत्तर आकृतियों के समुच्चय से उस एक आकृति का चयन करें जिससे प्रश्न आकृतियों के समुच्चय की श्रृंखला संतत हो जाए।*

1. प्रश्न आकृतियां

उत्तर आकृतियां

(a) (b) (c) (d)

2. प्रश्न आकृतियां

उत्तर आकृतियां

(a) (b) (c) (d)

3. प्रश्न आकृतियां

उत्तर आकृतियां

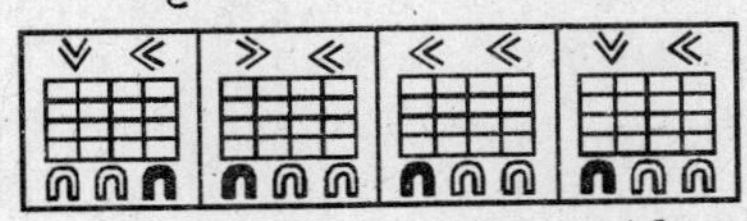

(a) (b) (c) (d)

4. प्रश्न आकृतियां

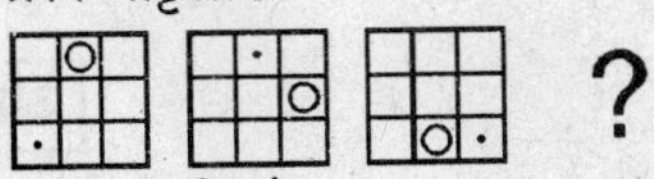

उत्तर आकृतियां

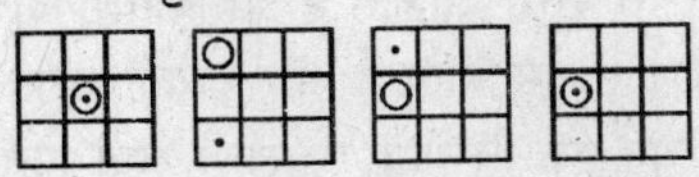

(a) (b) (c) (d)

5. प्रश्न आकृतियां

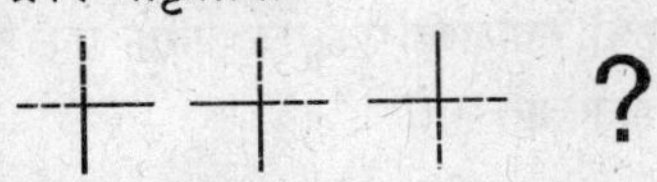

उत्तर आकृतियां

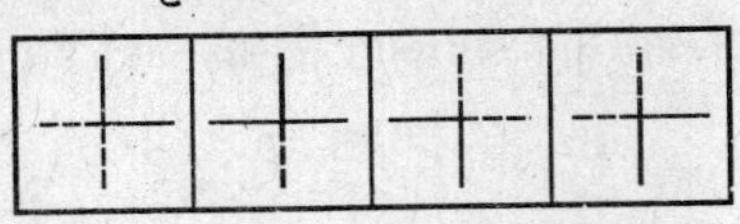

(a) (b) (c) (d)

6. प्रश्न आकृतियां

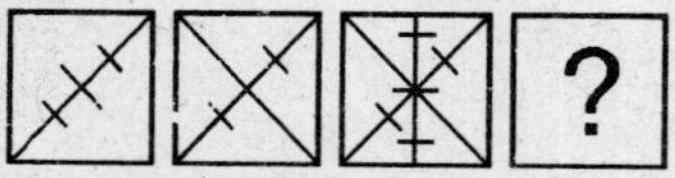

उत्तर आकृतियां

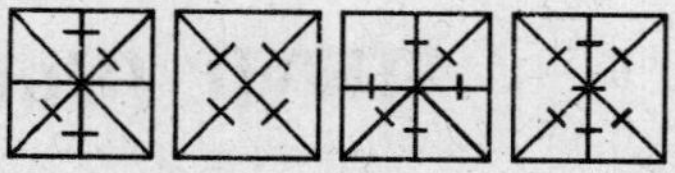

(a) (b) (c) (d)

7. प्रश्न आकृतियां

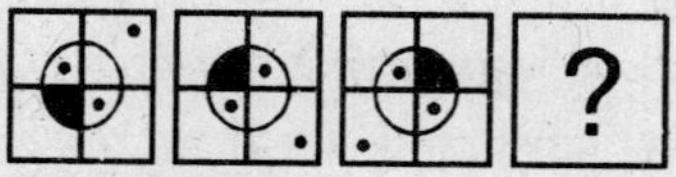

उत्तर आकृतियां

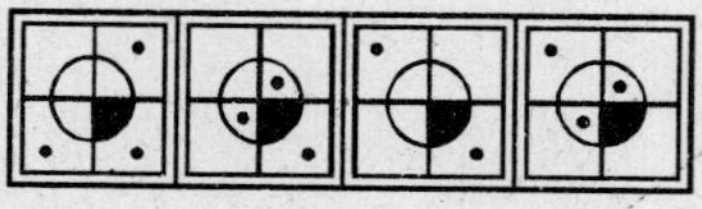

(a) (b) (c) (d)

8. प्रश्न आकृतियां

उत्तर आकृतियां

(a) (b) (c) (d)

9. प्रश्न आकृतियां

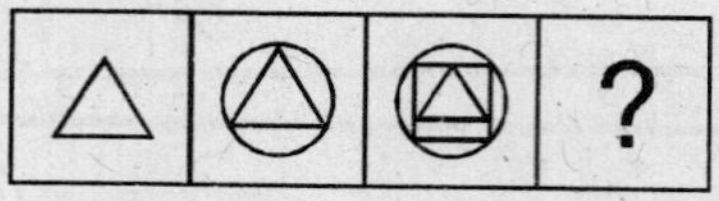

उत्तर आकृतियां

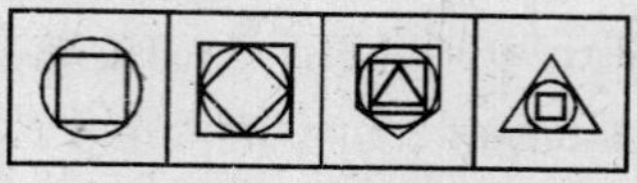

(a) (b) (c) (d)

10. प्रश्न आकृतियां

उत्तर आकृतियां

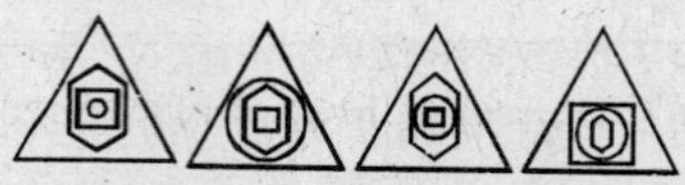

(a) (b) (c) (d)

उत्तरमाला

1	2	3	4	5	6	7	8	9	10
(c)	(d)	(d)	(d)	(a)	(a)	(d)	(d)	(c)	(a)

व्याख्यात्मक उत्तर

1. एक आकृति से दूसरी आकृति में वृत्त क्रमशः दक्षिणावर्त 30° के कोण से घूम जाता है और प्रत्येक चरण में वृत्त के भीतर स्थित एक त्रिज्यीय रेखाखण्ड लुप्त होता जाता है।

2. तिरछे या विकर्णी रेखाखण्ड एक-एक करके एक निश्चित क्रम में लुप्त होते जाते हैं।

4. वृत्त (गोल घेरा) और बिंदु अगली आकृति में दक्षिणावर्त क्रमशः दो और तीन खंड आगे खिसक जाते हैं।

5. प्रत्येक चरण में क्रॉस का चिह्न दक्षिणावर्त 90° के कोण से घूम जाता है।

7. प्रत्येक चरण पर संपूर्ण आकृति दक्षिणावर्त 90° के कोण से घूम जाती है।

9. प्रत्येक चरण पर पूर्ववर्ती आकृति-समुच्चय में एक नई आकृति जुड़ती जाती है।

10. पहली आकृति में सबसे बाहरी संरचना अगली आकृति में सबसे भीतर चली जाती है।

2

सादृश्य या संबंध
(Analogies or Relationships)

अभाषिक सादृश्य के प्रश्नों में दो प्रकार की आकृतियां दी जाती हैं जो (i) प्रश्न आकृतियां और (ii) उत्तर आकृतियां कहलाती हैं। प्रश्न आकृतियां दो भागों में विभाजित होती हैं। प्रश्न आकृतियों के नीचे उत्तर आकृतियां दी जाती है।

अभ्यास

निर्देश : *प्रश्न आकृतियों में :: चिह्न के बाएं दी गई दो आकृतियों में से दूसरी आकृति का पहली आकृति के साथ एक विशेष संबंध है। :: चिह्न की दाईं ओर की दो आकृतियों के बीच भी ऐसा ही संबंध है। दिए गए विकल्पों से उस आकृति का चयन करें जिसे प्रश्न आकृतियों में प्रश्न चिह्न के स्थान पर रखा जा सकता है और जिसका :: चिह्न की दाईं ओर की पहली आकृति के साथ ठीक वैसा ही संबंध है जैसा कि :: चिह्न की बाईं ओर की दो आकृतियों के बीच है।*

1. प्रश्न आकृतियां

उत्तर आकृतियां

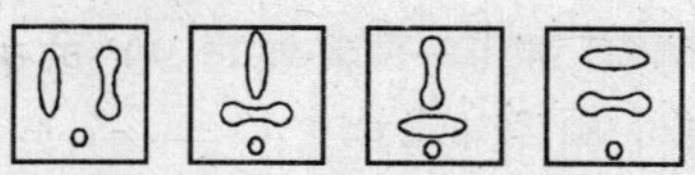

(*a*) (*b*) (*c*) (*d*)

2. प्रश्न आकृतियां

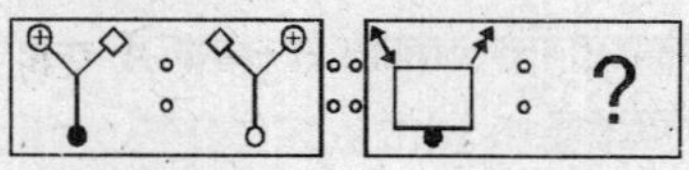

उत्तर आकृतियां

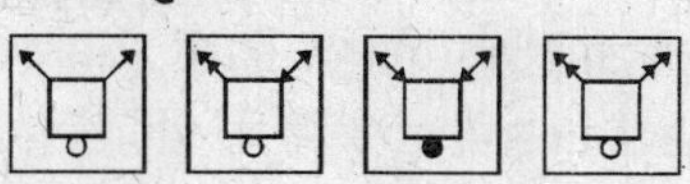

(*a*) (*b*) (*c*) (*d*)

3. प्रश्न आकृतियां

उत्तर आकृतियां

(*a*) (*b*) (*c*) (*d*)

4. प्रश्न आकृतियां

उत्तर आकृतियां

(*a*) (*b*) (*c*) (*d*)

5. प्रश्न आकृतियां

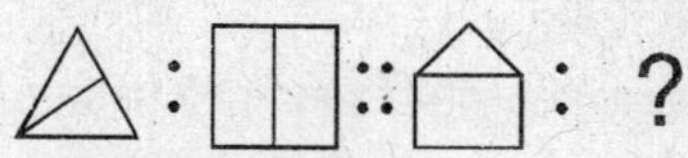

उत्तर आकृतियां

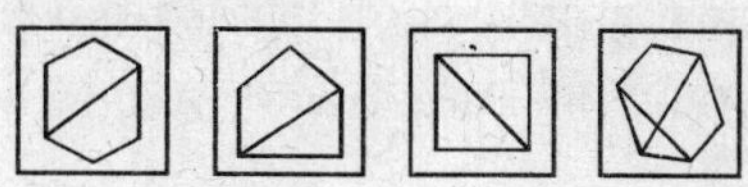

(*a*) (*b*) (*c*) (*d*)

6. प्रश्न आकृतियां

उत्तर आकृतियां

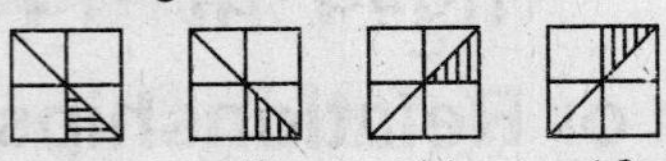

(a) (b) (c) (d)

7. प्रश्न आकृतियां

उत्तर आकृतियां

(a) (b) (c) (d)

8. प्रश्न आकृतियां

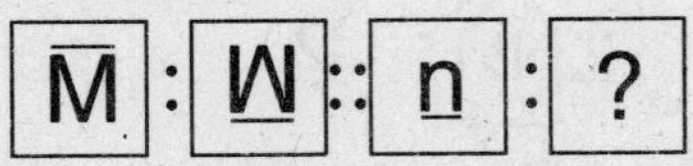

उत्तर आकृतियां

(a) (b) (c) (d)

9. प्रश्न आकृतियां

उत्तर आकृतियां

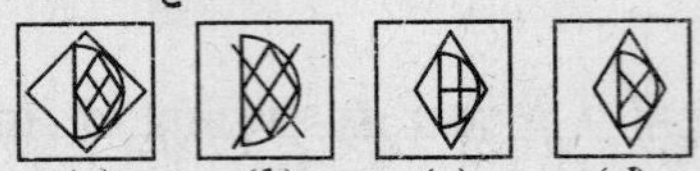

(a) (b) (c) (d)

10. प्रश्न आकृतियां

उत्तर आकृतियां

(a) (b) (c) (d)

उत्तरमाला

1	2	3	4	5	6	7	8	9	10
(b)	(b)	(a)	(a)	(a)	(c)	(a)	(b)	(d)	(c)

व्याख्यात्मक उत्तर

2. दूसरी आकृति में ऊपर के दो अवयव अपना स्थान बदल कर एक दूसरे के स्थान पर आ जाते हैं और वृत्त के भीतर का छायांकित भाग छायारहित हो जाता है।

3. पहली आकृति से दूसरी आकृति में एक ऊर्ध्वाधरतः रेखा कम हो जाती है और आकृति को निर्मित करने वाली रेखाओं की संख्या में एक की वृद्धि होती है।

4. पहली आकृति को वामावर्त 90° के कोण से घुमाने पर दूसरी आकृति प्राप्त होती है।

5. पहली आकृति से दूसरी आकृति में आकृति को निर्मित करने वाली रेखाओं की संख्या में एक की वृद्धि होती है।

6. पहली आकृति से दूसरी आकृति में विकर्णी रेखा 90° के कोण से घूम जाती है और रेखाखण्ड क्षैतिजतया सम्मुख खण्ड में चले जाते हैं।

7. पहली आकृति का डिजाइन दूसरी आकृति में दोगुना हो जाता है।

8. पहली आकृति का डिजाइन दूसरी आकृति में ऊर्ध्वाधरतः उलट जाता है।

9. बीच के और सबसे भीतरी अवयव के आकार में वृद्धि होती है और सबसे बाहरी अवयव छोटा होकर दो बढ़े हुए अवयवों के बीच में आ जाता है।

10. पहली आकृति से दूसरी आकृति में ऊपरी बाईं ओर का अवयव 90° के कोण से घूम जाता है और ऊपरी दाईं ओर का अवयव ऊर्ध्वाधरतः उलट जाता है। ऊर्ध्वाधर डिजाइन का ऊपरी भाग ऊर्ध्वाधरतः उलट जाता है और अलग हो जाता है, बीच का हिस्सा छोटा/बड़ा हो जाता है और 90° के कोण से घूम जाता है तथा निचला हिस्सा ऊर्ध्वाधरतः उलट जाता है। उपर्युक्त सभी परिवर्तनों के अतिरिक्त एक आकृति से दूसरी आकृति में छायांकित भाग छाया रहित हो जाता है और छाया रहित भाग छायांकित हो जाता है।

3

विजातीय का चयन
(Odd-One Out)

अभाषिक वर्गीकरण संबंधी तर्कबुद्धि परीक्षण विषयक प्रश्नों में आकृतियों का एक समूह दिया जाता है तथा अभ्यर्थियों से यह अपेक्षा की जाती है कि वे दी गई आकृतियों को उनके विशिष्ट गुणों या विशेषताओं के आधार पर अलग-अलग समूहों या वर्गों में वर्गीकृत करें। आकृतियों या मदों को उनकी बनावट, आकार, प्रतिरूप, संरचना, प्रकार, क्रम, रूप-रंग, कोटि, शैली, संघटक अवयवों और अन्य प्रकार की विशेषताओं में समानता के आधार पर समूहों या वर्गों में वर्गीकृत करना होता है और तत्पश्चात् उस समूह से भिन्न अर्थात् विजातीय आकृति की पहचान करनी होती है।

अभ्यास

निर्देश: *नीचे के प्रत्येक प्रश्न में एक आकृति को छोड़कर अन्य सभी आकृतियाँ किसी-न-किसी रूप में आपस में संबंधित हैं और इस कारण वे एक समूह बनाती हैं। प्रत्येक प्रश्न में उस एक भिन्न आकृति का चयन करें जो अन्यों से संबंधित नहीं है अर्थात् जो भिन्न अथवा विजातीय है।*

1.

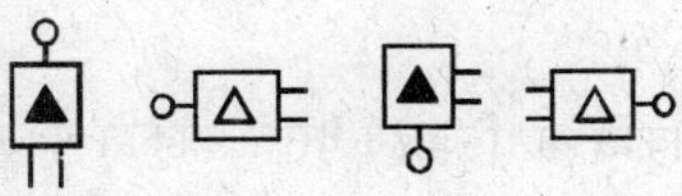

(a) (b) (c) (d)

2.

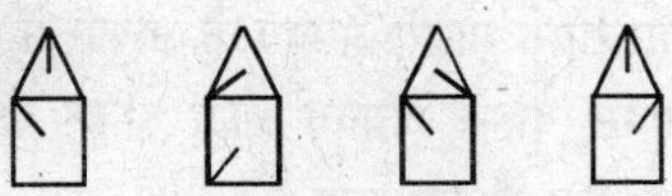

(a) (b) (c) (d)

3.

(a) (b) (c) (d)

4.

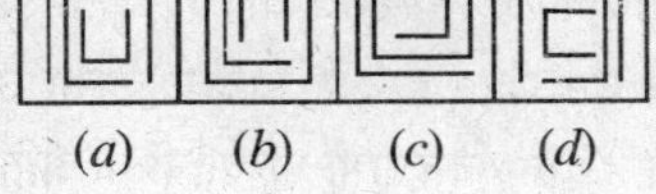

(a) (b) (c) (d)

5.

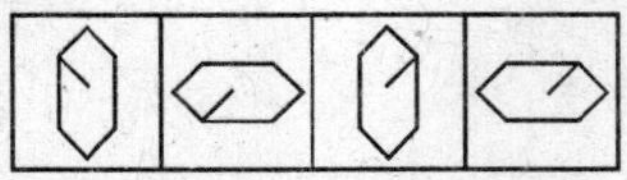

(a) (b) (c) (d)

6.

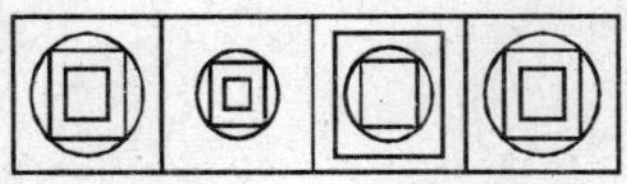

(a) (b) (c) (d)

7.

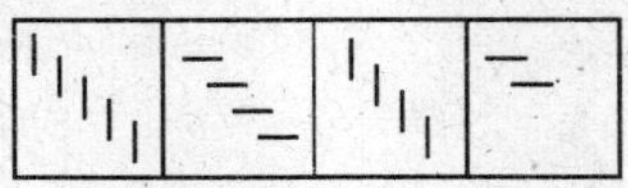

(a) (b) (c) (d)

8.

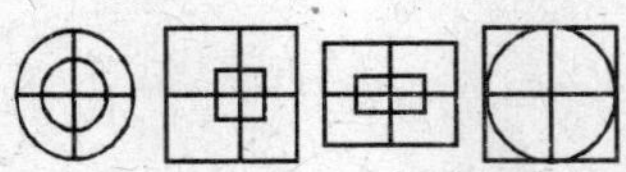

(a) (b) (c) (d)

9.

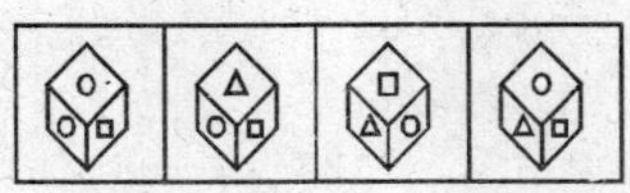

(a) (b) (c) (d)

10.

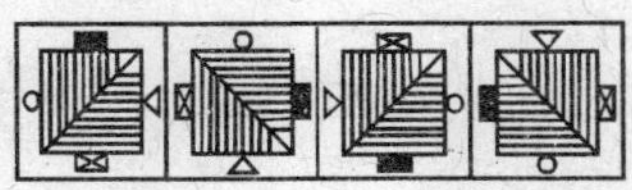

(a) (b) (c) (d)

उत्तरमाला

1	2	3	4	5	6	7	8	9	10
(*c*)	(*c*)	(*c*)	(*d*)	(*c*)	(*c*)	(*a*)	(*d*)	(*a*)	(*c*)

व्याख्यात्मक उत्तर

1. अन्य सभी आकृतियों में वृत्त युक्त रेखा और दो रेखाखंड वर्ग की सम्मुख भुजाओं पर अवस्थित हैं।

3. शेष सभी आकृतियाँ चार भागों में विभक्त हैं।

6. शेष सभी आकृतियों में बीच का और मध्यस्थ अवयव एक से हैं।

7. केवल इसी आकृति में रेखाखंडों की संख्या विषम है।

8. केवल इसी आकृति में दो अलग-अलग आकृतियाँ हैं जो दो समान भागों में विभाजित हैं।

9. केवल इसी आकृति में दो सदृश अवयव (वृत्त) निहित हैं।

10. शेष सभी आकृतियों को घुमाकर एक-दूसरी आकृतियाँ प्राप्त की जा सकती हैं।

4

आरेखों पर आधारित प्रश्न
(Diagrammatic Puzzles)

इस प्रकार के प्रश्नों में किसी दी गई जटिल आकृति में निहित ज्यामितीय आकृतियों की संख्या ज्ञात करनी होती है। अभ्यर्थियों के लिए यह अनिवार्य है कि वे प्रश्न आकृति का अत्यंत सावधानीपूर्वक प्रेक्षण करें और तत्पश्चात् उसमें निहित ज्यामितीय आकृतियों को गिनें।

अभ्यास

1. नीचे दी गई आकृति में कुल कितने त्रिभुज हैं?

(*a*) 24 (*b*) 27
(*c*) 25 (*d*) 26

2. इस आकृति में कुल कितने त्रिभुज हैं?

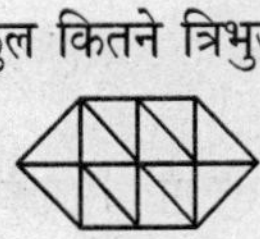

(*a*) 16 (*b*) 17
(*c*) 18 (*d*) 19

3. इस आकृति में कुल कितने वर्ग छिपे हैं?

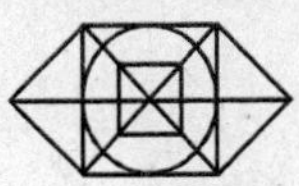

(*a*) 7 (*b*) 8
(*c*) 9 (*d*) 10

4. इस आकृति में निहित त्रिभुजों की संख्या कितनी है?

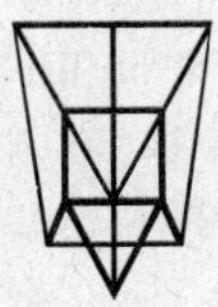

(*a*) 19 (*b*) 16
(*c*) 21 (*d*) 15

5. इस आकृति में वृत्तों की कुल कितनी संख्या है?

(*a*) 6 (*b*) 5
(*c*) 2 (*d*) 3

6. नीचे की आकृति में कुल कितने त्रिभुज निहित हैं?

(*a*) 7 (*b*) 8
(*c*) 9 (*d*) 10

7. नीचे की आकृति में कुल कितने वर्ग हैं?

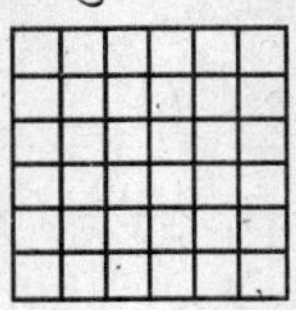

(*a*) 36 (*b*) 60
(*c*) 77 (*d*) 91

8. नीचे दी गई आकृति में अधिकतम कुल कितने वर्ग हैं?

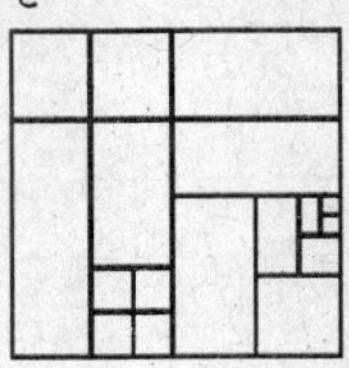

(*a*) 14 (*b*) 15
(*c*) 16 (*d*) 17

9. नीचे दी गई आकृति में कुल कितने वृत निहित हैं?

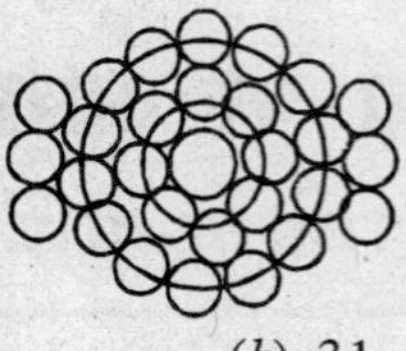

(*a*) 29 (*b*) 31
(*c*) 30 (*d*) 28

10. नीचे दी गई आकृति में कुल कितने त्रिभुज निहित हैं?

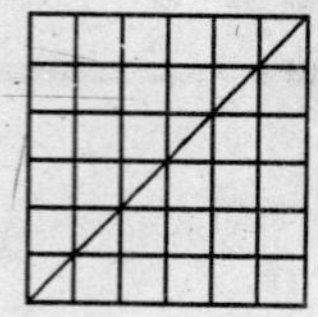

(*a*) 42
(*b*) 41
(*c*) 40
(*d*) 39

उत्तरमाला

1	2	3	4	5	6	7	8	9	10
(*b*)	(*a*)	(*d*)	(*b*)	(*a*)	(*b*)	(*d*)	(*a*)	(*b*)	(*a*)

व्याख्यात्मक उत्तर

2.

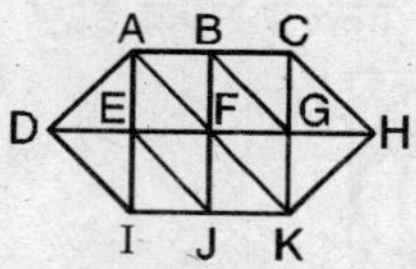

आकृति में सर्वाधिक सरलतापूर्वक दृष्टिगोचर होनेवाले त्रिभुज हैं: ADE, DEI, AEF, ABF, EIJ, EFJ, BFG, BCG, FJK, FGK, CGH और GHK, अर्थात् 12 त्रिभुज।
समद्विभाजित त्रिभुज हैं: ADI और CHK अर्थात् 2 त्रिभुज।
AIK और ACK अन्य त्रिभुज हैं, अर्थात 2 त्रिभुज।
अतः आकृति में निहित त्रिभुजों की कुल संख्या
$= 12 + 2 + 2 = 16$

3.

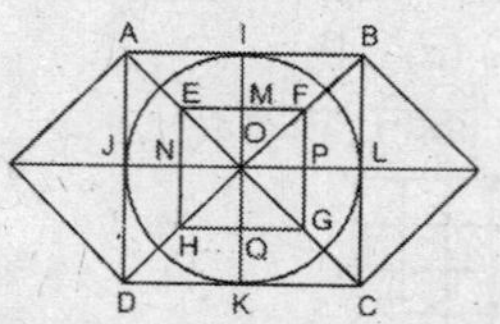

आकृति में निहित मुख्य वर्ग हैं : ABCD और EFGH, अर्थात् 2 वर्ग।
सरलतम बाह्य वर्ग हैं। AIOJ, IBLO, JOKD, और OLCK, अर्थात् 4 वर्ग।
सरलतम आंतरिक वर्ग हैं: EMON, NOQH, MFPO और OPGQ, अर्थात् 4 वर्ग।
आकृति में अन्य कोई वर्ग निहित नहीं हैं।
अतः उपर्युक्त आकृति में निहित वर्गों की कुल संख्या
$= 2 + 4 + 4 = 10$

5.

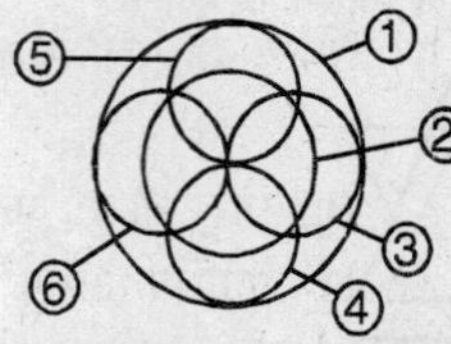

आकृति में दो मुख्य वृत्त हैं और चार छोटे वृत्त हैं और ये सभी एक-दूसरे को प्रतिच्छेदित कर रहे हैं।
∴ आकृति में निहित कुल वृत्त
$= 2 + 4 = 6.$

6. आकृति में निहित सरलतम त्रिभुज हैं: ABC, BDE, BEG, BGC, CGF और GFE, अर्थात् 6 त्रिभुज
समद्विभाजित त्रिभुज हैं: BCE और CEF, अर्थात् 2 त्रिभुज।
अतः आकृति में निहित त्रिभुजों की कुल संख्या
$= 6 + 2 = 8.$

9.

आकृति में 3 संकेंद्रिक वृत्त हैं, बीच के वृत्त की परिधि पर 8 छोटे वृत्त हैं, बाहरी वृत्त की परिधि पर 14 छोटे वृत्त हैं तथा सबसे बाहरी संकेंद्रिक वृत्त से बाहर उसकी दोनों ओर तीन-तीन वृत्त अर्थात् कुल 6 वृत्त हैं।
अतः वृत्तों की कुल संख्या
$= 3 + 8 + 14 + 6 = 31.$

सामान्य विज्ञान

1. न्यूमोनिया के लिए उत्तरदायी है:
A. न्यूमोकोकाई
B. क्रोमोसोम
C. एक्सेटॉल
D. उपर्युक्त में से कोई नहीं

2. कार्बामाइड किसे कहते हैं?
A. पोटाश को B. यूरिया को
C. फास्फेट को D. कैल्सियम को

3. इमली में कौनसा अम्ल होता है?
A. फार्मिक अम्ल B. टार्टरिक अम्ल
C. पोल बोल्ट अम्ल D. उपर्युक्त सभी

4. मधुमक्खियों के काटने पर उत्पन्न दर्द किसके कारण होता है?
A. रस्किन अम्ल B. पोल बोल्ट अम्ल
C. टार्टरिक अम्ल D. फार्मिक अम्ल

5. डायनामाइट का प्रमुख अवयव क्या है?
A. प्लूटोनियम B. नाइट्रोग्लिसरीन
C. यूरेनियम D. गैस

6. मनुष्य के रुधिर में श्वेत रुधिराणुओं (WBC) तथा लाल रुधिराणुओं (RBC) का अनुपात सामान्यतः कितना होता है?
A. 1 : 100 B. 1 : 200
C. 1 : 500 D. 1 : 600

7. लार (Saliva) का टायलिन (Ptyalin) किस माध्यम से सक्रिय होता है?
A. अधिक क्षारीय (More alkaline)
B. अधिक अम्लीय (More acidic)
C. हल्का क्षारीय (Mild alkaline)
D. हल्का अम्लीय (Mild acidic)

8. निम्नलिखित में से कौनसी बीमारी लिंग गुणसूत्र (Sex chromosomes) के माध्यम से होती है?
A. रतौंधी (Night blindness)
B. वर्णान्धता (Colour blindness)
C. निकट दृष्टि (Myopia)
D. दूर दृष्टि (Hypermetropia)

9. जीव वैज्ञानिक साम्य (Equilibrium) एक साम्य होता है:
A. उत्पादकों (Producers) के बीच
B. प्राथमिक उपभोक्ताओं (Primary consumers) के बीच
C. अपघटक (Decomposers) तथा उत्पादकतों के बीच
D. उत्पादकों, उपभोक्ताओं एवं अपघटकों के बीच

10. विटामिन डी की कमी से कौनसा रोग होता है?
A. रतौंधी B. बेरी-बेरी
C. रिकेट्स D. दूर दृष्टि

11. आनुवांशिक गुणों के वाहक कौन होते हैं?
A. क्रोमोसोम B. जेनेटिक्स
C. सैक्रल D. उपर्युक्त सभी

12. प्लांट ब्रीडिंग का निम्नलिखित में से किसके साथ घनिष्ठ सम्बन्ध है?
A. जेनेटिक्स (Genetics)
B. साइटोलॉजी (Cytology)
C. बायोमेट्री (Biometry)
D. उपर्युक्त A और B दोनों

13. माइकोजेनेटिक्स (Mycogenetics) का क्या अर्थ है?
A. सूक्ष्म जीवों का अध्ययन
B. परजीवियों का अध्ययन
C. कवकों का अध्ययन
D. शैवालों का अध्ययन

14. टेटेनस जीवाणुओं (Tetanus bacteria) द्वारा उत्पादित विष (Toxin) मनुष्य के किस भाग को प्रभावित करता है?
A. ऐच्छिक पेशियां (Voluntary muscles)
B. अनैच्छिक पेशियां (Involuntary muscles)
C. उपर्युक्त A तथा B दोनों
D. जबड़े की हड्डियां (Jaw bones)

15. मनुष्य में किस कशेरुकी (Vertebra) पर खोपड़ी (Skull) का सम्पूर्ण भार होता है?

A. एक्सिस (Axis)
B. सैक्रल (Sacral)
C. सरवाइकल (Cervical)
D. एटलस (Atlas)

16. एक उपग्रह पृथ्वी के चारों ओर वृत्ताकार कक्षा में चक्कर लगा रहा है। उपग्रह पर कार्यकारी बल है:

A. पृथ्वी के गुरुत्वाकर्षण के कारण केवल अभिकेन्द्री बल (Centripetal force)
B. कक्षीय गति के कारण केवल अपकेन्द्री बल (Centrifugal force)
C. शून्य, क्योंकि अभिकेन्द्री तथा अपकेन्द्री बल परस्पर सन्तुलित हो जाते हैं
D. कक्षा का स्पर्शरेखावत जो कि उपग्रह में लगी मशीन द्वारा उत्पन्न किया जाता है

17. जब कोई तरंग एक माध्यम से दूसरे माध्यम में जाती है तो उसमें क्या बदल जाता है?

A. आवृत्ति तथा वेग
B. आवृत्ति तथा तरंगदैर्ध्य
C. तरंगदैर्ध्य तथा वेग
D. आवृत्ति, तरंगदैर्ध्य तथा वेग

18. शरीर की संरचना का अध्ययन विज्ञान की निम्नलिखित में से किस शाखा में किया जाता है?

A. ऑटोमेशन (Automation)
B. एनाटोमी (Anatomy)
C. बायोमेट्री (Biometry)
D. बायोनिक्स (Bionics)

19. शरीर में आयोडीन की कमी से कौनसा रोग हो जाता है?

A. सूखा B. स्कर्वी
C. एनीमिया D. घेंघा

20. पृथ्वी के पलायन वेग (Escape velocity) का मान कितना है?

A. 11.2 कि॰मी॰/से॰ B. 11.2 मी॰/से॰
C. 7.0 कि॰मी॰/से॰ D. 1.5 कि॰मी॰/से॰

21. निम्नलिखित में से किसमें कोबाल्ट विद्यमान रहता है?

A. हीमोग्लोबिन में B. विटामिन C में
C. विटामिन B_{12} में D. क्लोरोफिल में

22. एलिसा (Elisa) नामक परीक्षण किस रोग से निदान के लिए किया जाता है?

A. एड्स B. टी॰बी॰
C. हेपेटाइटिस D. डिप्थीरिया

23. निम्नलिखित में से तत्व कौनसा है?

A. माणिक्य (Ruby) B. नीलम (Sapphire)
C. हीरा (Diamond) D. पन्ना (Emerald)

24. वायुमण्डल में ओजोन स्तर में कमी के लिए कौनसा रसायन प्रमुख रूप से उत्तरदायी है?

A. कार्बन डाइऑक्साइड
B. सल्फर डाइऑक्साइड
C. नाइट्रस ऑक्साइड
D. क्लोरो-फ्लोरो कार्बन

25. दोषपूर्ण जीन के कारण निम्नलिखित में से कौनसी बीमारी होती है?

A. कैंसर B. मधुमेह
C. अल्सर D. हीमोफीलिया

26. निम्नलिखित में से कौनसा कार्बन का स्वरूप क्रिस्टलीय है?

A. लिग्नाइट B. हीरा
C. चारकोल D. कोयला

27. प्रसिद्ध शीतलक फ्रियॉन वास्तव में क्या है?

A. कैल्सियम फ्लोराइड
B. फ्लोरोस्पार
C. हाइड्रोफोलिएसिक अम्ल
D. डाइक्लोरो डाइफ्लूरो मीथेन

28. हेरोइन नामक प्रसिद्ध नशीली दवा किससे प्राप्त होती है?

A. मॉरफीन B. कॉडीन
C. हेपारीन D. कैफीन

29. अन्तरिक्ष विज्ञान के क्षेत्र में मीर एक उल्लेखनीय नाम है, यह मीर क्या है?

A. रूस का उपग्रह निर्माण केन्द्र
B. बैकानूर कॉस्मोड्रोम
C. कक्षीय अन्तरिक्ष स्टेशन
D. लैण्ड अर्थ स्टेशन

30. दो धन आवेशों को पास लाने से स्थितिज ऊर्जा पर क्या प्रभाव पड़ता है?

A. बढ़ती है

B. घटती है

C. अपरिवर्तित रहती है

D. पहले घटती है तथा एक न्यूनतम मान पर स्थिर हो जाती है

31. निम्नलिखित रंगों की तरंगदैर्ध्यों का बढ़ता हुआ क्रम क्या है?

1. नारंगी (Orange) 2. जामुनी (Indigo)

3. पीला (Yellow) 3. बैंगनी (Violet)

A. 1, 2, 3, 4 B. 4, 2, 3, 1

C. 4, 3, 2, 1 D. 4, 1, 2, 3

32. सीमेन्ट में जिप्सम मिलाए जाने का क्या कारण है?

A. सीमेन्ट के तन्य बल को बढ़ाने के लिए

B. कैल्सियम सिलिकेट के कणों को आपस में बांधने के लिए

C. कोलाइडीय जैल के बनने में सहायता करने के लिए

D. सीमेन्ट के सैट होने की दर को कम करने के लिए

33. नौसादर का रासायनिक नाम क्या है?

A. अमोनियम क्लोराइड B. कैल्सियम सल्फेट

C. फेरिक सल्फेट D. अमोनियम नाइट्रेट

34. फोटोक्रोमिक (Photochromic) कांच का आवश्यक अवयव क्या है?

A. सिल्वर ब्रोमाइड्र

B. सिल्वर आयोडाइड

C. सिल्वर क्लोराइड

D. उपर्युक्त में से कोई नहीं

35. एल॰एस॰डी॰ (L.S.D.) निम्नलिखित में से किससे निष्कर्षित (Extract) की जाती है?

A. शैवाल (Algae) B. कवक (Fungi)

C. विषाणु (Virus) D. जीवाणु (Bacteria)

36. पृथ्वी की सतह से कितनी ऊंचाई पर भूस्थिर (Geo-stationary) उपग्रह स्थित किया जाता है?

A. 3600 कि॰मी॰ B. 36000 कि॰मी॰

C. 3,60,000 कि॰मी॰ D. 360 कि॰मी॰

37. पोटैशियम क्लोरेट का माचिस की तीली में प्रयोग किसलिए होता है?

A. ऑक्सीकारक के रूप में

B. अन्य पदार्थों को बांधने के लिए

C. शीघ्र ज्वलन के लिए

D. घर्षण बढ़ाने के लिए

38. अतिचालकों (Super conductors) में परम शून्य ताप (Absolute Zero Temperature) पर क्या होता है?

A. विद्युत प्रतिरोध शून्य हो जाता है

B. चालकता कम हो जाती है

C. पदार्थ कुचालक बन जाता है

D. उपर्युक्त में से कोई नहीं

39. खाने योग्य प्रोटीन के दो सर्वोत्तम स्रोत कौन-कौनसे हैं?

A. मांस व अण्डा

B. सोयाबीन एवं मूंगफली

C. दुग्ध एवं पत्तेदार सब्जी

D. कुछ शैवाल एवं सूक्ष्मजीव

40. निम्नलिखित में से कौनसे पादप वायु से ऑक्सीजन ग्रहण करके यौगिकीकरण करते हैं?

A. मटर B. मक्का

C. गेहूं D. धान

41. कैमरे का कौनसा अवयव आंख के रेटिना जैसा काम करता है?

A. लेन्स B. फिल्म

C. शटर D. आइरिश डायफ्राम

42. इन्सुलिन की कमी से कौनसा रोग हो जाता है?

A. मधुमेह B. पीलिया

C. स्कर्वी D. इनमें से कोई नहीं

43. वेल्डिंग में कौनसी गैस प्रयोग में लायी जाती है?

A. ऑक्सीजन B. एसिटिलीन

C. इथेन D. नाइट्रोजन

44. यीस्ट द्वारा ग्लूकोज का क्विन्वन होने से कौनसा उत्पाद बनता है?

A. जल तथा कार्बन डाइऑक्साइड

B. इथेनोल (Ethyl alcohol) तथा कार्बन डाइऑक्साइड

C. जल तथा इथेनोल

D. मीथेनोल तथा कार्बन डाइऑक्साइड

45. पृथ्वी पर 'ग्रीनहाउस प्रभाव' का मुख्य स्रोत कौनसी गैस है?

A. कार्बन डाइऑक्साइड B. कार्बन मोनोऑक्साइड
C. क्लोरोफ्लोरो कार्बन D. फ्रिओन

46. अनुगुणित (हैप्लॉयड) पौधे प्राप्त किए जा सकते हैं:

A. परागकणों से B. भ्रूणपोष से
C. मूलाग्र से D. नई-नई पत्तियों से

47. 'सुपर नोवा' क्या है?

A. तारों में हुआ विस्फोट
B. एक क्षुद्रग्रह (Asteroid)
C. एक आकाशगंगा
D. खगोलीय दूरदर्शी

48. ''ब्रह्माण्ड का निरन्तर प्रसार हो रहा है'' – यह तथ्य सर्वप्रथम किसने खोजा था?

A. कॉपरनिकस ने B. न्यूटन ने
C. हब्बल ने D. जार्ज डार्विन ने

49. सूर्य का आकार पृथ्वी के आकार का लगभग कितने गुना है?

A. 90 गुना B. 109 गुना
C. 87 गुना D. 95 गुना

50. आकार की दृष्टि से हमारी आकाशगंगा (गैलेक्सी) है:

A. सर्पिलाकार B. परवलयाकार
C. गोलाकार D. दीर्घ वृत्ताकार

51. सामान्य ताप और दाब (NTP) पर वायु में ध्वनि की चाल 300 मी./से. है। यदि वायुदाब बढ़ाकर चार गुना कर दिया जाए तो ध्वनि की चाल कितनी हो जाएगी?

A. 600 मी./से. B. 150 मी./से.
C. 300 मी./से. D. 1200 मी./से.

52. एक इंजन 25 मी./से. की चाल से 200 मी. त्रिज्या के वृत्त की परिधि पर चक्कर लगा रहा है। यदि इंजन 500 हर्ट्ज आवृत्ति की सीटी बजाए तो वृत्त के केन्द्र पर स्थित खड़े प्रेक्षक को ध्वनि की आवृत्ति प्रतीत होगी:

A. 40 हर्ट्ज B. 500 हर्ट्ज
C. 560 हर्ट्ज D. इनमें से कोई नहीं

53. एक रोगी का ताप 40°C है, °F में उसका ताप कितना होगा?

A. 150°F B. 37°F
C. 104°F D. 97°F

54. यदि रेडियम का रेडियोएक्टिव क्षयांक (Decay constant) 4.8×10^{-4} प्रतिवर्ष हो तो इसकी अर्द्ध आयु (Half life) लगभग कितनी होगी?

A. 3240 वर्ष B. 810 वर्ष
C. 2140 वर्ष D. 1620 वर्ष

55. टी.बी. रोग से बचने के लिए निम्नलिखित में से कौनसा टीका लगाया जाता है?

A. A.T.S. B. B.C.G
C. L.S.D. D. इनमें से कोई नहीं

56. पक्षियों की कौनसी हड्डी टूटने पर वह उड़ने में असमर्थ हो जाते हैं?

A. ह्यूमरस B. स्टेपीज
C. क्लेविकल D. स्टर्नम

57. पुस्तक 'ओरिजिन ऑफ लाइफ' के लेखक थे:

A. चार्ल्स डार्विन B. आई. ए. ओपेरिन
C. स्टेन्ले मिलर D. विलियम हार्वे

58. पित्त रस का क्या कार्य है?

A. भोजन को पचाना
B. भोजन को सोखना
C. भोजन को तरल बनाना
D. भोजन में चर्बी उत्पन्न करना

59. भोजन का कौनसा अंश शरीर की कोशिकाओं का निर्माण करता है?

A. वसा (चर्बी) B. कार्बोहाइड्रेट
C. प्रोटीन D. विटामिन

60. पाचन क्रिया ज्यादातर कहां होती है?

A. आमाशय में B. छोटी आंत में
C. बड़ी आंत में D. जिगर में

61. किस क्रिया द्वारा पौधे सूर्य के प्रकाश में क्लोरोफिल की मदद से भोजन तैयार करते हैं?

A. फोटोसिन्थसिस B. न्यूट्रीशन
C. डिफ्यूजन D. आयोनाइजेशन

62. मिट्टी में किस तत्व की कमी/अधिकता से पौधों के पत्ते मुरझाते हैं?

A. नाइट्रेट की अधिकता
B. क्लोराइड की अधिकता

C. फॉस्फोरस की कमी

D. नाइट्रोजन की कमी

63. बीज के अंकुरण में किसकी प्रमुख भूमिका होती है?

A. हवा और पानी की

B. हवा और ताप की

C. ताप और पानी की

D. हवा, ताप और पानी की

64. पेड़-पौधों का रंग हरा क्यों होता है?

A. प्रोटीन के कारण

B. कार्बोहाइड्रेट के कारण

C. मिट्टी में उगने के कारण

D. क्लोरोफिल के कारण

65. किसी एक वस्तु को यदि भिन्न-भिन्न स्थानों पर तोला जाये तो उसके भार में अन्तर पाया जाता है, इसका क्या कारण होता है?

A. गुरुत्वाकर्षण में परिवर्तन

B. बनावट में परिवर्तन

C. ताप का प्रभाव पड़ना

D. मात्रा में परिवर्तन हो जाना

66. दूध की शुद्धता नापने के लिए किस उपकरण का प्रयोग किया जाता है?

A. थर्मामीटर B. बैरोमीटर

C. लैक्टोमीटर D. गैल्वेनोमीटर

67. राडार का क्या उपयोग होता है?

A. ऊंचे तापक्रम को नापते हैं

B. वायु की शुद्धता जांची जाती है

C. वायुयानों की गतिविधि का पता चलता है

D. कैमरे की सक्रियता बढ़ जाती है

68. किसी चुम्बक को गर्म करने से उसके चुम्बकत्व पर क्या असर पड़ता है?

A. घट जाता है B. बढ़ जाता है

C. नष्ट हो जाता है D. अप्रभावित रहता है

69. कास्टिक सोडे का रासायनिक नाम क्या है?

A. सोडियम क्लोराइड

B. सोडियम हाइड्रोक्साइड

C. सोडियम कार्बोनेट

D. सोडियम नाइट्रेट

70. सबसे अधिक दहनशील गैस कौनसी है?

A. हाइड्रोजन B. ऑक्सीजन

C. एसिटिलीन D. कार्बन डाइऑक्साइड

71. सेंटीग्रेड को फारेनहाइट से बदलने का क्या सूत्र है?

A. $Cx^{5/9} + 32$ B. $Cx^{10/5} + 32$

C. $Cx^{8/5} + 32$ D. $Cx^{9/5} + 32$

72. फास्फोरस को हमेशा पानी में क्यों रखा जाता है?

A. ठंडा रखने के लिए

B. आग लगने से बचाने के लिए

C. बाहर रखने पर इसमें जंग लग जाती है

D. पानी में न रखने पर इसमें जहरीला धुंआ निकलता है

73. पीलिया का शरीर के किस अंग पर सबसे ज्यादा असर पड़ता है?

A. फेफड़े पर. B. हृदय पर

C. यकृत (जिगर) पर D. सारे शरीर पर

74. कौनसा खनिज जमीन में सबसे गहराई से निकाला जाता है?

A. तांबा B. जस्ता

C. मिट्टी का तेल D. पैट्रोलियम

75. जब गुर्दे काम करना बंद कर देते हैं तो निम्नांकित में क्या जमा होने लगता है?

A. शरीर में प्रोटीन

B. खून में नाइट्रोजन-युक्त बेकार पदार्थ

C. शरीर में वसा

D. रक्त में शक्कर

76. सूर्य से पृथ्वी तक ऊष्मा किस प्रक्रिया से पहुंचती है?

A. संवहन B. विकिरण

C. संचालन D. घर्षण

77. सबसे कड़ी धातु किसे माना जाता है?

A. हीरे को B. इस्पात को

C. एल्युमीनियम को D. सीसे को

78. मानव शरीर का सामान्य तापमान कितना होता है?

A. 32° से。 B. 27° से。

C. 37° से。 D. 40° से。

79. चिकनाई वाले सभी पदार्थों में कौनसा विटामिन पाया जाता है?

A. A B. B

C. C D. D

80. कैंसर की रोकथाम करने वाली नई दवा 'इंटर फेरान' मनुष्य के किस भाग से बनती है?

A. डब्ल्यू॰ बी॰ सी॰ (श्वेत रक्त कणिकाएं)
B. आर॰ बी॰ सी॰ (लाल रक्त कणिकाएं)
C. प्लाज्मा
D. प्लीहा

81. रेडियम का इस्तेमाल किस रोग के उपचार के लिए किया जाता है?

A. कैंसर B. ब्राइट
C. हीमोफीलिया D. टायफायड

82. जेम्स वॉट के भाप इंजिन का इस्तेमाल सबसे पहले कहां किया गया?

A. खानों में B. कारखानों में
C. रेलों में D. समुद्री जहाजों में

83. मलेरिया और पीत ज्वर के रोगाणु किसके द्वारा फैलते हैं?

A. पक्षी B. मक्खियों
C. मच्छर D. पिस्सू

84. सामान्य स्वास्थ्य वाले व्यक्ति को प्रतिदिन कितनी ऊर्जा की आवश्यकता होती है?

A. 1800 कैलोरी की B. 2000 कैलोरी की
C. 2500 कैलोरी की D. 3000 कैलोरी की

85. भारत की प्रथम और विश्व की द्वितीय सौर बिजली प्रकाश व्यवस्था कहां शुरू की गई है?

A. चोगलामसर, लद्दाख में
B. चमोली, कुल्लू में
C. कंडाघाट, शिमला में
D. घोमसर, किन्नौर में

86. एनिमोमीटर से क्या मापते हैं?

A. वर्षा की मात्रा
B. वातावरण का दबाव
C. हवा की गति
D. बिजली की धारा का एम्पीयर

87. निम्नांकित में से कौनसा पदार्थ प्रोटीन का सबसे बड़ा स्रोत है?

A. सोयाबीन B. दालें
C. दूध D. मूंगफली

88. अधिकतर पौधों के लिए सबसे अधिक भोजन किस स्रोत से मिलता है?

A. मिट्टी से B. सूर्य से
C. पानी से D. हवा से

89. निम्नांकित में से कौनसा पदार्थ सबसे अधिक ज्वलनशील है?

A. रूई B. नायलान
C. ऊन D. रेशम

90. अफीम किससे प्राप्त की जाती है?

A. पोस्त से B. हैम्प से
C. नारियल से D. रूई से

91. निम्नलिखित में से सबसे अधिक ऊर्जा किसमें होती है?

A. चीनी में B. वसा में
C. प्रोटीन में D. विटामिन में

92. वयस्क व्यक्ति के शरीर में निम्नांकित में से सबसे बड़ा आंतरिक अंग कौनसा है?

A. यकृत B. हृदय
C. गुर्दा D. प्लीहा

93. निम्नलिखित में से कौन रोगों से शरीर की रक्षा करता है?

A. लाल रक्त कणिकाएं
B. श्वेत रक्त कणिकाएं
C. ब्लड प्लेटलेट (रक्त विम्बाणु)
D. शुक्राणु

94. निम्न में से किस माध्यम में ध्वनि की गति सबसे अधिक होती है?

A. सीसे में B. पानी में
C. लोहे में D. हाइड्रोजन में

95. शरीर को सबसे ज्यादा लोहा निम्नलिखित में से किससे प्राप्त होता है?

A. अण्डे की जर्दी से B. गेहूं से
C. दूध से D. हरी सब्जियों से

96. दिल का दौरा पड़ने पर तत्काल क्या करना चाहिए?

A. सीने को मलना चाहिए
B. मुंह से मुंह में सांस फूंकना चाहिए
C. पीठ पर बार-बार थपथपाना चाहिए
D. एड्रीनलीन का टीका देना चाहिए

97. निम्नांकित में से कौनसा जीव मानव के लिए उपयोगी है?

A. फीताकृमि B. केंचुआ
C. सैंडवर्म D. पैरामीसियम

98. फफूंदी के कारण निम्न में से कौनसा रोग होता है?

A. डेंगू बुखार B. पीत ज्वर
C. दाद D. खसरा

99. अण्डे में कौनसा विटामिन बिल्कुल नहीं पाया जाता?

A. विटामिन ए B. विटामिन बी काम्प्लेक्स
C. विटामिन सी D. विटामिन डी

100. ऊंचे पहाड़ों पर अधिक चौड़े मुंह वाले बर्तन में खाना पकाना मुश्किल क्यों हो जाता है?

A. ऊंचे स्थानों पर तापमान कम होना
B. द्रव के क्वथनांक का कम होना
C. द्रव के क्वथनांक का बढ़ जाना
D. क्वथनांक का कम हो जाना, साथ ही साथ वातावरण के तापमान का कम होना

101. मानव त्वचा का क्या कार्य होता है?

A. शरीर के तापमान को नियंत्रित करना
B. ज्ञानेन्द्रिय में रोगाणुओं के प्रवेश को रोककर उसकी रक्षा करना
C. ज्ञानेन्द्रिय के रूप में कार्य करना
D. उपरोक्त सभी सही हैं

102. निम्नांकित में से कौन शरीर का उत्सर्जक अंग है?

A. गुर्दे
B. फेफड़े
C. गुर्दे और फेफड़े दोनों
D. हृदय

103. मानव-शरीर में प्रोटीन की पाचन क्रिया कहां से शुरू होती है?

A. उदर से B. छोटी आंत से
C. मुंह से D. यकृत से

104. निम्न में से कौनसा पदार्थ पानी मिलाते ही कड़ा बन जाता है?

A. प्लास्टर ऑफ पेरिस
B. जिप्सम लवण
C. चूना
D. सिलिका

105. यीस्ट (Yeast) क्या है?

A. जीवाणु (Bacteria)
B. कवक (Fungus)
C. सूक्ष्म जीव (Micro-organism)
D. फफूंदी (Mould)

106. रक्त का थक्का बनाने (Blood clotting) में कौनसा विटामिन मदद करता है?

A. A B. E
C. D D. K

107. क्लोरीन की निम्नलिखित में से किसके साथ प्रतिक्रिया के फलस्वरूप ब्लीचिंग पाउडर प्राप्त होता है?

A. कैल्सियम हाइड्रोक्साइड के तनु विलयन के साथ
B. कैल्सियम हाइड्रोक्साइड के सान्द्र विलयन के साथ
C. शुष्क बुझे चूने (Slaked lime) के साथ
D. शुष्क कैल्सियम ऑक्साइड के साथ

108. निम्नलिखित में से किस विटामिन में धातु (Metal) होती है?

A. विटामिन B_2 B. विटामिन B_6
C. विटामिन B_{12} D. विटामिन D

109. परमाणु में कौनसे मूल कण (Fundamental particles) समान संख्या में उपस्थित होते हैं?

A. प्रोटॉन तथा न्यूट्रॉन
B. प्रोटॉन तथा इलेक्ट्रॉन
C. न्यूट्रॉन तथा इलेक्ट्रॉन
D. प्रोटोन, न्यूट्रॉन तथा इलेक्ट्रॉन

110. आलू का खाने योग्य (Edible) भाग है:

A. जड़ (Root) B. तना (Stem)
C. फल (Fruit) D. कली (Bud)

111. सूची I व II को सुमेलित कीजिए तथा दिए हुए कूटों में से सही उत्तर चुनिए:

सूची I	***सूची II***
(a) स्ट्रौन्शियन कार्बोनेट	1. पीला रंग
(b) बेरियम के लवण	2. आसमानी रंग
(c) स्ट्रौन्शियम सल्फेट	3. हरा रंग
(d) स्ट्रौन्शियम नाइट्रेट	4. लाल रंग

	(a)	*(b)*	*(c)*	*(d)*
A.	1	3	2	4

B. 1 3 4 2

C. 3 1 2 4

D. 3 1 4 2

112. निम्नलिखित में से कौनसी ग्रन्थि अन्तःस्त्रावी (Endocrine) तथा बहिर्स्त्रावी (Exocrine) दोनों की भांति कार्य करती है?

A. पीयूषिका (Pituitary)

B. अग्न्याशय (Pancreas)

C. थायरॉयड (Thyroid)

D. एड्रीनल (Adrenal)

113. निम्न में से किसकी विशिष्ट ऊष्मा सबसे अधिक है?

A. सीसा B. अल्कोहल

C. जल D. मिट्टी का तेल

114. किसी ध्वनि को सुनने में लगने वाला कम-से-कम समयः

A. 1 सेकेण्ड B. 1/20 सेकेण्ड

C. 1/10 सेकेण्ड D. 1/5 सेकेण्ड

115. स्त्रियों की आवाज पुरुषों की अपेक्षा प्रायः पतली होती है क्योंकि स्त्रियों के मुंह से निकली आवाजः

A. का वेग अधिक होता है

B. की तरंगदैर्ध्य अधिक होती है

C. की आवृत्ति अधिक होती है

D. उपर्युक्त तीनों ही अधिक होती हैं

116. पहाड़ों की घाटी में बोलने पर आवाज कई बार सुनाई पड़ती हैः

A. अधिक पेड़-पौधों के कारण

B. शुष्क वातावरण के कारण

C. गहराई के कारण

D. प्रतिध्वनि के कारण

117. एक तनी हुई रस्सी में कौनसी तरंग पैदा की जा सकती है?

A. अनुदैर्ध्य

B. केवल अनुप्रस्थ तरंगें

C. उपर्युक्त में से कोई नहीं

D. उपर्युक्त दोनों

118. एक टेबल पंखे को बन्द कमरे में चलाने पर कमरे की हवाः

A. गरम होगी

B. ठंडी होगी

C. कोई प्रभाव नहीं पड़ेगा

D. उपर्युक्त में से कोई नहीं

119. प्रेशर कुकर में खाना शीघ्र पकता है क्योंकिः

A. जल का क्वथनांक बढ़ जाता है

B. 100°C तापक्रम से भोजन पर दाब अधिक हो जाता है

C. क्वथनांक घट जाता है

D. उपरोक्त सभी गलत हैं

120. एक आदमी हरा चश्मा लगाए हुए है। वह एक लाल रंग की मोटर साइकिल देखता है। मोटर साइकिल उसको दिखेगीः

A. हरी B. लाल

C. काली D. सफेद

121. इन्द्रधनुष बनने का कारण होता हैः

A. वर्षा के बाद सूर्य का दिखाई पड़ना

B. बादल में उपस्थित जल क्णों द्वारा बादल के विपरीत स्थित सूर्य प्रकाश का उनके संघटक रंगों में विघटन

C. दैवी कृपा द्वारा

D. पृथ्वी की गति के कारण

122. सूर्य अस्त एवं उदय के समय लाल दिखता है क्योंकिः

A. सुबह और शाम को सूर्य का तापक्रम अपेक्षाकृत कम होता है

B. सुबह और शाम को सूर्य का तापक्रम अपेक्षाकृत अधिक होता है

C. इस समय अपेक्षाकृत अधिक लाल किरणें उत्सर्जित होती हैं

D. लाल किरणों की स्कैटरिंग (Scattering) क्रम तरंगदैर्ध्य किरणों की अपेक्षा कम होती है

123. कैण्डेल इकाई हैः

A. ध्वनि वेग मापने की

B. प्रकाश वेग मापने की

C. प्रकाश तीव्रता मापने की

D. मोमबत्ती से निकले प्रकाश का गुण जानने की

124. विद्युत ट्रांसफार्मर के लिए निम्न में से कौनसा कथन सत्य है?

A. यह वोल्टेज बढ़ाने के काम आता है
B. इसका उपयोग वोल्टेज घटाने में होता है
C. यह केवल ए॰ सी॰ धारा परिपथ में ही उपयोगी है
D. उपर्युक्त तीनों ही सत्य हैं

125. घरों में जलायी जाने वाली ट्यूब लाइट में चोक का उपयोग किया जाता है। यहः
A. ए॰ सी॰ धारा को घटाती है
B. डी॰ सी॰ धारा को घटाती है
C. समान प्रतिरोध वाले प्रतिरोध तार द्वारा प्रतिस्थापित की जा सकती है
D. A और C सत्य हैं

126. आइन्स्टीन की प्रमुख खोज है:
A. विद्युत की उत्पत्ति
B. सापेक्षता का सिद्धान्त
C. विद्युत विच्छेदन का सिद्धान्त
D. उपर्युक्त में से कोई नहीं

127. निम्न में कौनसा परमाणु का भाग नहीं है?
A. इलेक्ट्रॉन B. प्रोटॉन
C. फोटॉन D. मेसान

128. चन्द्रमा रात को चमकता है क्योंकि:
A. उसमें परमाण्विक विस्फोट से ऊर्जा पैदा होती है
B. उसकी सतह पर पड़ने वाली सूर्य किरणों का परावर्तन होता है
C. दिन में अवशोषित ऊर्जा रात को विकरित होती है
D. उपर्युक्त सभी सत्य हैं

129. बोतल के पेंदे भारी बनाये जाते हैं ताकि:
A. अधिक द्रव भरा जा सके
B. कम द्रव भरा जा सके
C. गुरुत्व केन्द्र नीचे हो जाये
D. गुरुत्व केन्द्र ऊपर हो जाये

130. जल से लबालब भरे गिलास में तैर रहे बर्फ के टुकड़े के पिघलने परः
A. जल का स्तर गिरेगा
B. जल का स्तर बढ़ने से जल बाहर गिरेगा
C. निश्चित रूप से कुछ नहीं कहा जा सकता है
D. जल के स्तर में कोई परिवर्तन नहीं होगा

131. कोई वस्तु संतुलन की अवस्था में तभी रह सकती है जबकिः
A. गुरुत्व केन्द्र से जाने वाली ऊर्ध्वाधर रेखा आधार के बाहर से जाये
B. गुरुत्व केन्द्र से जाने वाली ऊर्ध्वाधर रेखा आधार से होकर जाये
C. इसके लिए कोई निश्चित नियम नहीं है
D. उपरोक्त सभी गलत हैं

132. स्वच्छ जल का सबसे अधिक घनत्व होता है:
A. 4^oC पर B. -4^oC पर
C. 0^oC पर D. 100^oC पर

133. पौधों में नाइट्रोजन पाया जाता है:
A. प्रोटीन के रूप में
B. विटामिन के रूप में
C. स्टार्च के रूप में
D. कार्बोहाइड्रेट के रूप में

134. आटे में खाने वाला सोडा मिलाने से डबल रोटी फूलती है क्योंकि:
A. खाने वाला सोडा गर्म होकर कार्बन डाइऑक्साइड मुक्त करता है जोकि रोटी को बुलबुले के रूप में भरकर फुला देती है
B. खाने वाला सोडा आटे से क्रिया करके आटे को फुला देता है
C. खाने वाले सोडे में अद्भुत शक्ति होती है
D. उपरोक्त सभी गलत हैं

135. पृथ्वी के वायुमण्डल से बाहर निकलने पर अन्तरिक्ष यात्रियों को काला दिखाई देता है। यदि पृथ्वी पर वायुमण्डल न होता तो दिन की अवधि:
A. कम होती
B. अधिक होती
C. सर्दियों में बढ़ती एवं गर्मियों में घटती
D. अपरिवर्तित रहती

136. एन्टी प्रोटॉन है:
A. धनावेशित इलेक्ट्रॉन
B. ऋणावेशित प्रोटॉन
C. उदासीन
D. उपरोक्त में से कोई नहीं

137. ग्रहों की गति का नियम किसने प्रतिपादित किया?
A. न्यूटन B. केप्लर
C. गैलीलियो D. कोपरनिकस

138. लिफ्ट में व्यक्ति का भार उसके वास्तविक भार से अधिक होता है, जब लिफ्टः
A. नियत वेग से ऊपर जाती है
B. नीचे की ओर त्वरित होती है
C. नियत वेग से नीचे उतरती है
D. ऊपर की ओर त्वरित होती है

139. जब किसी वस्तु को पृथ्वी से चन्द्रमा पर ले जाया जाता है तो इसकाः
A. द्रव्यमान बदल जाता है जबकि भार अपरिवर्तित रहता है
B. भार बदल जाता है जबकि द्रव्यमान अपरिवर्तित रहता है
C. द्रव्यमान व भार दोनों बदल जाते हैं
D. द्रव्यमान व भार दोनों अपरिवर्तित रहते हैं

140. जब सेना पुल को पार करती है तो सैनिकों को कदम से कदम मिला कर न चलने का निर्देश दिया जाता है, क्योंकिः
A. दाब बढ़ने से पुल टूटने का खतरा रहता है
B. पैरों से उत्पन्न ध्वनि के अनुनाद के कारण पुल टूटने का खतरा रहता है
C. डॉप्लर प्रभाव के कारण
D. सभी सत्य हैं

141. रंगीन टेलीविजन में प्रयुक्त होने वाले रंग हैंः
A. लाल, नीला, हरा B. लाल, नीला, पीला
C. पीला, हरा, लाल D. काला, सफेद, लाल

142. साबुन के बुलबुले सफेद प्रकाश में रंगीन दिखाई पड़ते हैंः
A. परावर्तित प्रकाश के व्यतिकरण के कारण
B. प्रकाश के ध्रुवण के कारण
C. प्रकाश के अपवर्तन के कारण
D. प्रकाश के परावर्तन के कारण

143. प्रेशर कुकर में खाना जल्दी पक जाता है, क्योंकिः
A. प्रेशर कुकर के अन्दर दाब कम होता है
B. प्रेशर कुकर के अन्दर दाब अधिक होता है
C. प्रेशर कुकर के आकार के कारण
D. उपर्युक्त में से कोई नहीं

144. बिल्ली की आंखें रात में क्यों चमकती हैं?
A. विशेष लेंस के कारण
B. टेपिटम लुसीडम के कारण
C. जीन प्रभाव के कारण
D. इनमें से कोई नहीं

145. मां का दूध शिशु के लिए लाभदायक क्यों होता है?
A. यह स्वादिष्ट होता है
B. इसमें एन्टीबॉडी होते हैं
C. इसमें लोहा पाया जाता है
D. इसमें कैल्सियम होता है

146. इकोसिस्टम में खाद्य-शृंखला का सही क्रम कौनसा है?
A. अपघटक-पौधे-शाकाहारी-मांसाहारी
B. पौधे-शाकाहारी-मांसाहारी-अपघटक
C. शाकाहारी-मांसाहारी-अपघटक-पौधे
D. मांसाहारी-अपघटक-पौधे-शाकाहारी

147. दूध का दही में परिवर्तन किसके द्वारा होता है?
A. बैक्टीरिया द्वारा B. कवक द्वारा
C. विटामिन द्वारा D. इन्जाइम द्वारा

148. शिशु के विकास के लिए अधिक आवश्यक क्या है?
A. प्रोटीन B. विटामिन
C. हाइड्रोजन D. वसा

149. मनुष्य के शरीर में सबसे अधिक तत्व कौनसा पाया जाता है?
A. नाइट्रोजन B. कार्बन
C. हाइड्रोजन D. कार्बोहाइड्रेट

150. परमाणु भट्ठियों में ईंधन के रूप में प्रयुक्त होता हैः
A. कैडमियम B. प्लूटोनियम
C. एल्यूमीनियम D. ग्रेफाइट

151. निम्न युग्मों में कौनसा बेमेल है?
A. लाल रुधिर का निर्माण–अस्थिमज्जा में
B. ऊर्जा का निर्माण–माइटोकॉन्ड्रिया
C. श्वेत रक्त कणिका का निर्माण–यकृत में
D. इन्सुलिन का निर्माण–अग्नाशय में

152. निम्नलिखित में कौनसा कथन गलत है?
A. कुष्ठ रोग आनुवांशिक होता है
B. क्षय रोग संक्रामक रोग है
C. प्लेग रोग चूहे के कारण होता है
D. रतौंधी विटामिन ए की कमी से होती है

153. यदि वृक्कों में मूत्र निर्माण क्रिया न हो तो कौनसा रोग होता है?
A. एन्यूरिया B. एटकेप्टेन्यूरिया
C. क्रिटेनाइट D. हिमेटोयूरिया

154. जीव वैज्ञानिक निम्न में से किस विवाह को मना करते हैं?
A. Rh^+ पुरुष तथा Rh^+ स्त्री का
B. Rh^+ पुरुष तथा Rh^- स्त्री का
C. Rh^- पुरुष तथा Rh^+ स्त्री का
D. Rh^- पुरुष तथा Rh^- स्त्री का

155. एक दम्पत्ति के 5 लड़कियां हैं, लड़का कोई नहीं है। छठे बच्चे के लड़का होने की संभावना क्या है?
A. 1/5 B. 1
C. 1/2 D. कोई नहीं

156. कौनसा विटामिन गर्म होने पर नष्ट हो जाता है?
A. विटामिन A B. विटामिन B_6
C. विटामिन D D. विटामिन B_1

157. एक शराबी व्यक्ति में किस विटामिन की कमी हो जाती है?
A. विटामिन A B. विटामिन D
C. विटामिन K D. विटामिन C

158. निम्नलिखित में से कौनसा युग्म सही है?
A. सांप-रेप्टेलिया B. पक्षी-मैमेलिया
C. स्तनधारी-एम्फिबिया D. मेंढ़क-एवीज

159. खेसरी दाल खाने से कौनसा रोग होता है?
A. लैथाइरिज्म B. मधुमेह
C. पेचिस D. पीलिया

160. भारत में विषैले सांपों की कुल प्रतिशत संख्या है:
A. 35% B. 60%
C. 75% D. 80%

161. डायबिटीज के रोगी का कौनसा अंग सही ढंग से कार्य नहीं करता?
A. ह्रदय B. मस्तिष्क
C. अग्न्याशय D. यकृत

162. सर्प किस वर्ग से सम्बन्धित है?
A. मैमेलिया B. इकाइनोडरमेटा
C. रेप्टिलिया D. एनेलिडा

163. भारतीय मोर का वैज्ञानिक नाम क्या है?
A. पैन्थेरा टाइग्रिस B. रानी टिग्रिना
C. पैवो क्रिस्टेटस D. होमो सेपिएन्स

164. मोटापा किसकी अधिकता के कारण होता है?
A. शर्करा B. वसा ऊतक
C. प्रोटीन D. संयोजी ऊतक

165. यदि पृथ्वी पर सभी कवक और जीवाणु न रहें तो:
A. सभी जन्तु मर जाएंगे
B. मृत विघटनीय पदार्थ की मात्रा बढ़ेगी
C. प्रकाश संश्लेषण क्रिया नहीं होगी
D. ऑक्सीजन की कमी हो जाएगी

166. किस विटामिन की कमी होने पर घाव से रक्त बहना बन्द नहीं होता?
A. विटामिन E B. विटामिन D
C. विटामिन K D. विटामिन C

167. निम्नलिखित में से किनसे खसरा रोग फैलता है?
A. जीवाणु B. बैक्टीरिया
C. वाइरस D. प्रोटोजोआ

168. मनुष्य के शरीर में हड्डियां होती हैं:
A. 50 B. 206
C. 75 D. 106

169. यदि दूध से क्रीम को अलग कर लिया जाए तो दूध का घनत्व:
A. कम हो जाता है
B. वही रहता है
C. बढ़ जाता है
D. पहले कम होता है, फिर बढ़ता है

170. कृत्रिम वर्षा के लिए प्रयोग में लाया जाता है:
A. सिल्वर ब्रोमाइड
B. अमोनियम नाइट्रेट
C. सिल्वर आयोडाइड
D. उपर्युक्त सभी

171. दूध खट्टा हो जाता है:
A. ऐसीटिक अम्ल बनने के कारण
B. ऐस्कार्बिक अम्ल बनने के कारण
C. नाइट्रिक अम्ल बनने के कारण
D. लैक्टिक अम्ल बनने के कारण

172. शुद्धतम जल है:
A. समुद्र का B. वर्षा का
C. नदी का D. कुएं का

173. वे पौधे जिनमें कभी पुष्प या बीज नहीं बनते हैं:
A. आर्किडस B. जिम्नोस्पर्म
C. क्रिप्टोगैस D. एन्जियोस्पर्म

174. 'पृथ्वी तथा अन्य ग्रह सूर्य के चारों ओर चक्कर लगाते हैं' – यह सबसे पहले सिद्ध किया था:
A. कोपरनिकस ने B. अरस्तू ने
C. एडविन हबल ने D. गैलीलियो ने

175. वायुयानों के टायरों में भरने के लिए किस गैस का प्रयोग किया जाता है:
A. हाइड्रोजन B. नाइट्रोजन
C. हीलियम D. नियॉन

176. सबसे भारी धातु है:
A. लीथियम B. ओसमियम
C. आयरन D. सिल्वर

177. उगते व डूबते समय सूर्य लाल प्रतीत होता है क्योंकि:
A. लाल रंग का प्रकीर्णन सबसे अधिक होता है
B. लाल रंग का प्रकीर्णन सबसे कम होता है
C. लाल रंग का प्रकीर्णन नहीं होता
D. उगते व डूबते समय सूर्य का ताप अधिक होता है

178. चन्द्रमा पर एक बम-विस्फोट होता है। इसकी आवाज पृथ्वी पर:
A. सुनाई नहीं देगी
B. सुनाई देगी
C. 24 घंटे बाद सुनाई देगी
D. 48 घंटे बाद सुनाई देगी

179. चौराहों पर पानी के फुहारे में गेंद नाचती रहती है क्योंकि:
A. पानी का वेग अधिक होने से दाब घट जाता है
B. पानी का वेग अधिक होने से दाब अधिक हो जाता है
C. पानी के पृष्ठ तनाव के कारण
D. पानी की श्यानता के कारण

180. तारे टिमटिमाते हैं:
A. अपवर्तन के कारण B. परावर्तन के कारण
C. ध्रुवण के कारण D. प्रकीर्णन के कारण

181. निम्न में कौनसा बम जीवन को नष्ट कर देता है लेकिन भवनों को अधिक क्षति नहीं पहुंचाता?
A. न्यूट्रॉन बम B. हाइड्रोजन बम
C. परमाणु बम D. सभी असत्य हैं

182. आग बुझाने में काम आने वाली गैस है:
A. क्लोरीन B. अमोनिया
C. हाइड्रोजन D. कार्बन डाइऑक्साइड

183. निम्न में क्या असत्य है?
A. समतल दर्पण में बना प्रतिबिम्ब सदैव वस्तु के आकार का एवं दर्पण से समान दूरी पर बनता है
B. अवतल दर्पण में प्रतिबिम्ब की आकृति, दूरी, प्रकृति वस्तु की दर्पण से दूरी पर निर्भर करती है
C. उत्तल दर्पण में प्रतिबिम्ब सदैव वस्तु से छोटा, सीधा व आभासी बनता है
D. अवतल लैंस द्वारा बना प्रतिबिम्ब पर्दे पर लिया जा सकता है

184. निम्न में क्या असत्य है?
A. स्पष्ट दृष्टि के लिए आंख से वस्तु की न्यूनतम दूरी 25 से॰मी॰ होनी चाहिए
B. पदार्थ के अपवर्तनांक का मान उसके ताप पर निर्भर करता है
C. स्लिट कांच के प्रिज्म से शुद्ध स्पेक्ट्रम प्राप्त होता है
D. उपरोक्त सभी असत्य हैं

185. निम्न में से किस उर्वरक में नाइट्रोजन का प्रतिशत सर्वाधित है?
A. यूरिया
B. अमोनियम सल्फेट
C. अमोनियम नाइट्रेट
D. डाई अमोनियम फास्फेट

186. किसी ग्रह या उपग्रह की सूर्य से सबसे निकट स्थिति को क्या कहते हैं?

A. पेरिजी B. पेरीहिलीयन
C. अपोजी D. अपहीलियन

187. परमाणु बम बनाने में कौनसी विधि का प्रयोग होता हैं?
A. नाभिकीय संलयन B. नाभिकीय विखण्डन
C. दोनों का D. उपर्युक्त सभी गलत हैं

188. पृथ्वी पर वायुमण्डल बने रहने का कारण है:
A. वायुमण्डलीय दाब
B. पृथ्वी का चुम्बकीय क्षेत्र
C. पृथ्वी की घूर्णन गति
D. गुरुत्वाकर्षण

189. यदि पृथ्वी एवं सूर्य के बीच की दूरी दुगुनी हो जाये तो उनके बीच लगने वाले गुरुत्वाकर्षण बल का मानः
A. चार गुना हो जाएगा
B. दोगुना हो जाएगा
C. आधा हो जाएगा
D. चौथाई हो जाएगा

190. इलेक्ट्रॉन है:
A. अल्फाकण B. बीटा कण
C. पॉजीट्रॉन D. कोई नहीं

191. किस देश ने सर्वप्रथम अंतरिक्ष उपग्रह भेजा?
A. पूर्व सोवियत संघ B. अमेरिका
C. फ्रांस D. जापान

192. वायुमण्डल की वह सतह, जिससे रेडियो तरंगें परावर्तित होकर पृथ्वी पर वापस आती हैं, कहलाती है:
A. आइनोस्फियर B. ट्रोपोस्फीयर
C. स्ट्रेटोस्फीयर D. उपरोक्त तीनों

193. कौनसी मशीन वैद्युत ऊर्जा को यान्त्रिक ऊर्जा में परावर्तित करती है?
A. डायनमो B. विद्युत मोटर
C. ट्रांसफार्मर D. कोई नहीं

194. एक्स एम॰ पी॰-14 क्या है?
A. कैंसर की दवा B. सुपरसॉनिक विमान
C. मिसाइल D. सुपर कम्प्यूटर

195. किस रेडियो एक्टिव आइसोटोप का कैंसर के उपचार में प्रयोग होता है?
A. आयोडीन 73 B. कोबाल्ट-60
C. यूरेनियम 139 D. एल्यूमीनियम-36

196. टेलीविजन में काम आने वाली मुख्य ट्यूब होती है:
A. डायोड
B. ट्रायोड
C. टेक्नोस्कोप
D. कैथोड-रे-आसिलोग्राफ

197. इलेक्ट्रॉन वोल्ट किसकी इकाई है?
A. ऊर्जा B. विभव
C. बल D. शक्ति

198. पादप कोशिका की पहचान है:
A. जीवद्रव्य कला
B. कोशिका भित्ति व रिक्तिका
C. माइटोकॉण्ड्रिया
D. सेन्ट्रोसोम

199. प्राणी की सूक्ष्मतम इकाई है:
A. माइटोकॉण्ड्रिया B. कोशिका
C. जीवद्रव्य कला D. केन्द्रक

200. माइटोकॉण्ड्रिया का कार्य है:
A. उत्सर्जन B. प्रजनन
C. श्वसन D. पाचन

201. राइबोसोम का कार्य है:
A. डी॰ एन॰ ए॰ संश्लेषण
B. कोशिका विभाजन
C. प्रोटीन संश्लेषण
D. प्रकाश संश्लेषण

202. निम्नलिखित में कौनं वायु की नाइट्रोजन को नाइट्रेट्स में बदल देते हैं?
A. कवक
B. विशिष्ट प्रकार के जीवाणु
C. सभी प्रकार के शैवाल
D. कोई नहीं

203. निम्नलिखित में कौनसा पौधा वायुमण्डल की नाइट्रोजन का स्थिरीकरण करता है?
A. गेहूं
B. सभी प्रकार की सब्जियां
C. दाल वाले पौधे
D. कुछ प्रकार के कवक

204. ल्यूकोप्लास्ट होते हैं:

A. लाल रंग के B. हरे रंग के
C. रंगहीन D. पीले रंग के

205. भोजन का संचय करने वाली जड़ है:

A. आलू B. शकरकन्द
C. गाजर D. हल्दी

206. कभी-कभी पौधे भूमि में पर्याप्त जल रहते हुए भी सूख जाते हैं:

A. लवणों की कमी से
B. लवणों की अधिकता से
C. विशेष लवण न मिलने के कारण
D. वायु न मिलने के कारण

207. कुष्ठ रोग होता है:

A. जीवाणु द्वारा B. कवक द्वारा
C. शैवाल द्वारा D. कीटों द्वारा

208. प्रकाश संश्लेषण की क्रिया होती है:

A. सभी शैवालों में B. सभी पौधों में
C. जन्तुओं में D. हरे पौधों में

209. पौधे वायु शुद्ध करते हैं:

A. वाष्पोत्सर्जन द्वारा
B. आक्सीय श्वसन द्वारा
C. प्रकाश संश्लेषण द्वारा
D. उपरोक्त सभी द्वारा

210. वायुमण्डल की आर्द्रता प्रभावित करती है:

A. प्रकाश संश्लेषण क्रिया को
B. वाष्पोत्सर्जन क्रिया को
C. श्वसन क्रिया को
D. उपर्युक्त सभी को

211. विषाणु द्वारा होने वाला रोग है:

A. कुष्ठ रोग B. चेचक
C. प्लेग D. दमा

212. एक पीढ़ी के गुण उसकी संतानों में जाने का अध्ययन करने वाली जीव विज्ञान शाखा को कहते हैं:

A. आनुवंशिकी B. भ्रूण
C. जीवाश्म D. जैव विकास

213. मानव शरीर में ऑक्सीजन का परिवहन होता है:

A. रुधिर की श्वेत कणिकाओं द्वारा
B. हीमोग्लोबिन द्वारा
C. विस्फोसाइट द्वारा
D. मोनोसाइट द्वारा

214. जीवों का प्राकृतिक चयन सिद्धान्त दिया था:

A. लैमार्क ने B. डार्विन ने
C. ह्यूगो डी ब्रीज ने D. मेण्डल ने

215. सजीव एवं निर्जीव के बीच की कड़ी है:

A. जीवाणु B. हरे नीले शैवाल
C. विषाणु D. प्रोटोजोआ

216. हरे पौधे सूर्य से प्रकाश लेकर कार्बनिक भोजन बनाते हैं, इसलिए ये कहलाते हैं:

A. उपभोक्ता B. उत्पादक
C. उपरोक्त दोनों D. उपरोक्त कोई नहीं

217. पेचिस नामक रोग किससे फैलता है?

A. हुकवर्म B. एण्टअमीबा
C. अमीबा D. युग्लीना

218. मानव शरीर की सबसे बड़ी ग्रंथि है:

A. जठर ग्रंथि B. यकृत
C. थायराइड D. गुर्दे

219. भोजन का कौनसा अवयव यूरिया बनाता है?

A. प्रोटीन B. खनिज लवण
C. लवण D. कार्बोहाइड्रेट

220. मलेरिया रोग के परजीवी का वाहक है:

A. मादा एनाफीलिज मच्छर
B. नर एनाफीलिज मच्छर
C. क्यूलेक्स मच्छर
D. एडीज मच्छर

221. हाइड्रोफोबिया नामक बीमारी किस जानवर के काटने से होती है?

A. घोड़े B. कुत्ते
C. उल्लू D. बिल्ली

222. हैजा की बीमारी फैलने पर उससे बचाव किया जा सकता है:

A. हैजा के टीके लगवा कर
B. स्वच्छ पानी पीकर
C. ताजे फल खाकर
D. एण्टीबायोटिक दवाइयां लेकर

223. पांच वर्ष के बच्चे में दांतों की संख्या होती है:
A. 20 B. 18
C. 24 D. 32

224. शरीर में वसा संग्रहीत रहता है:
A. हड्डियों में B. प्लीहा में
C. मांसपेशियों में D. चर्बी में

225. विटामिन ''सी'' का मुख्य स्रोत है:
A. कच्चे एवं ताजे फल
B. दूध
C. घी
D. दालें

226. डी॰ पी॰ टी॰ का टीका बच्चों को किन-किन बीमारियों से बचाता है?
A. डिप्थीरिया, पोलियो, टिटनेस
B. डायरिया, पोलियो, टायफायड
C. डिप्थीरिया, काली खांसी, टायफायड
D. डिप्थीरिया, काली खांसी, टिटनेस

227. शराब का अत्यधिक मात्रा में प्रयोग करने से शरीर का कौनसा अंग विशेष रूप से प्रभावित होता है?
A. गुर्दे B. अमाशय
C. यकृत D. अग्नाशय

228. हृदय गति अचानक बन्द हो जाने पर सबसे पहले करना चाहिए:
A. मरीज को तख्त पर पैर ऊंचे कर लेटा देना चाहिए
B. कृत्रिम श्वास देना चाहिए
C. कार्डियक मसाज देना चाहिए
D. डॉ॰ को बुलाकर उचित उपचार की तैयारी करनी चाहिए

229. निम्नलिखित में से कौन-कौनसी बीमारियां बैक्टीरिया द्वारा होती हैं:
(a) टायफायड *(b)* तपेदिक
(c) कुष्ठ रोग *(d)* पोलियो
A. केवल *(a)* और *(d)*
B. केवल *(a)*, *(b)* और *(c)*
C. उपर्युक्त सभी
D. केवल *(a)* और *(b)*

230. बच्चे के लिंग का निर्धारण होता है:
A. शुक्राणु के मादा जननांग में प्रवेश के समय
B. गर्भावस्था के दूसरे सप्ताह में
C. निषेचन के समय
D. जन्म के कुछ समय पूर्व

231. बुद्धि लब्धता (I.Q.) नापी जाती है:
A. $\frac{\text{शारीरिक आयु} \times 12.5}{\text{मानसिक आयु}}$
B. $\frac{\text{मानसिक आयु} \times 100}{\text{शारीरिक आयु}}$
C. $\frac{\text{शारीरिक आयु} \times 100}{\text{मानसिक आयु}}$
D. $\frac{\text{मानसिक आयु} \times 12.5}{\text{शारीरिक आयु}}$

232. कोशिका का ''पावर हाउस'' कहलाता है:
A. केन्द्रक B. माइटोकॉण्ड्रिया
C. राइबोसोम D. कोशिका भित्ति

233. Mycology (माइकोलोजी) में अध्ययन करते हैं:
A. शैवाल का B. कवक का
C. ब्रायोफाइटा का D. विषाणु का

234. आलू है:
A. रूपान्तरित तना B. रूपान्तरित जड़
C. रूपान्तरित बीज D. एक फल

235. स्तनधारी जो अपरिपक्व शिशु को जन्म देता है:
A. कंगारू B. बिल्ली
C. गाय D. मनुष्य

236. न्यूमोनिया बीमारी है:
A. अमाशय की B. यकृत की
C. फेफड़ों की D. तिल्ली की

237. मनुष्य के लिंग का निर्धारण होता है:
A. हार्मोनों द्वारा B. वातावरण द्वारा
C. क्रोमोसोम द्वारा D. मां के रुधिर वर्ग द्वारा

238. दर्द निवारक दवाएं कहलाती हैं:
A. एण्टीसेप्टिक B. एण्टीटसिव
C. एण्टीवीनस D. एनलजेसिक

239. ल्यूकोमिया नामक रोग में:
A. अस्थिमज्जा का कैंसर होता है जिसके कारण शरीर में बहुत अधिक परन्तु असामान्य श्वेत रक्त कणिकाएं बनती हैं

B. यकृत में सूजन आ जाती है
C. वृक्क में सूजन आ जाती है
D. सफेद दाग पड़ जाते हैं

240. ''नेत्रदान'' में रोगी में प्रत्यारोपण (Transplantation) होता है:
A. पूर्ण नेत्र का
B. केवल लेन्स का
C. लेन्स व कार्निया दोनों का
D. केवल कार्निया का

241. टिटनेस के जीवाणु शरीर में प्रवेश करते हैं:
A. भोजन से
B. लैंगिक सम्बन्धों से
C. पानी द्वारा
D. कान के बहने व चोट लगने से

242. मधुमक्खियां भोजन मिलने की सूचना आपस में किस प्रकार देती है?
A. अपनी ध्वनि से
B. नाच कर
C. पंखों की गति से
D. उपरोक्त तीनों प्रकार से

243. गर्मी में बिजली के खंभों पर लगे तार नीचे को लटक जाते हैं, क्यों?
A. तार पिघलकर ढीले हो जाते हैं
B. गर्म होकर पदार्थ फैलता है अतः फैलने के कारण तारों की लम्बाई बढ़ जाती है और वे नीचे को लटक जाते हैं
C. गर्मी में आंधी आते रहने के कारण तार नीचे लटक जाते हैं
D. उपर्युक्त में से कोई कथन सही नहीं है

244. डाइनामाइट का आविष्कार किसने किया था?
A. अल्फ्रेड नोबल B. एडीसन
C. शोल्स D. रोजर बेकन

245. टेलीविजन का आविष्कार किसने किया था?
A. मारकोनी B. गैलीलियो
C. कॉपरनिकस D. जे० सी० बोस

246. ट्रांजिस्टर का आविष्कार किया था:
A. शोल्स ने B. बेब्सटर ने
C. डब्ल्यू० शोकले ने D. रौंटगेन ने

247. टेलीफोन का आविष्कार किया था:
A. ई० स्विटन ने B. ए० ग्राहम बेल ने
C. जेम्स वाट ने D. जार्ज ईस्टमैन ने

248. थर्मामीटर का आविष्कार निम्नलिखित में से किसने किया?
A. माइकेल फैराडे B. डपलप
C. गैलीलियो D. पार्किंस

249. पैराशूट का आविष्कार किसने किया?
A. गटनवर्ग B. एफ० ब्लनचार्ड
C. टी० ए० एडीसन D. अल्फ्रेड नोबेल

250. स्टीम इंजन का आविष्कार किया था:
A. जी० मारकोनी ने B. जेम्स वाट ने
C. वाल्टर हेट ने D. ग्लेन कर्टिस ने

251. मोटर कार का आविष्कार किसने किया था?
A. डेवी ने B. आस्टिन ने
C. फैराडे ने D. जिलेट ने

252. सुमेलित कीजिए:

	सूची I		***सूची II***
(a)	गैस इंजन	1.	डेमलर
(b)	बैरोमीटर	2.	टोरोसेली
(c)	रेलवे इंजन	3.	स्टीफैन्सन
(d)	साइकिल	4.	मैकमिलन

	(a)	*(b)*	*(c)*	*(d)*
A.	1	2	3	4
B.	4	3	2	1
C.	3	1	2	4
D.	2	1	3	4

253. निम्नलिखित में से कौनसा जोड़ा गलत है?
A. इलैक्ट्रिक बैटरी – बोल्टा
B. रेडियम – मैडम क्यूरी
C. लिफ्ट – ई० जी० ओटिस
D. एटम बम – मोसले

254. सुमेलित कीजिए:

सूची I	***सूची II***
(a) रेडियो	1. मारकोनी
(b) लोकोमोटिव	2. स्टीफेंसन

(c) टाइपराइटर 3. राबर्ट वाटसन वाट
(d) राडार 4. शोल्ज

	(a)	(b)	(c)	(d)
A.	1	2	3	4
B.	1	2	4	3
C.	2	3	1	4
D.	3	2	1	4

255. गलत जोड़ा इंगित कीजिए:
A. वाकिंग – अमेरिका
B. सोयुज – अमेरिका
C. एपिल – भारत
D. एरियन – फ्रांस

256. निम्नलिखित में से कौनसी खोज भारतीय वैज्ञानिक से सम्बन्धित है?
A. हृदय परिवर्तन B. टेस्ट ट्यूब बेबी
C. जेनेटिक कोड D. मलेरिया की चिकित्सा

257. जमने के बाद पानी नल का पाइप तोड़ देता है, क्यों?
A. जमने के बाद पानी का घनत्व कम हो जाता है
B. जमने के बाद पानी के पाइप की धातु गल जाती है
C. जमने के बाद पानी कठोर हो जाता है अतः उसकी वह कठोरता पाइप को तोड़ देती है
D. जमने के बाद पानी का घनत्व बढ़ जाता है जिसके दबाव के कारण पाइप फट जाते हैं

258. बन्द कमरे में कोयले (चारकोल) की जली हुई अंगीठी रखना क्यों खतरनाक है?
A. कोयले से विषैली गैस कार्बन डाइऑक्साइड निकलती है
B. कोयले से कमरे में आग लगने का डर रहता है
C. कोयले के जलने से बन्द कमरे में बहुत गर्मी पैदा हो जाती है
D. कोयले (चारकोल) के जलने पर उसमें से विषैली गैस कार्बन मोनोऑक्साइड निकलती है

259. ध्वनि की गति 760 मील प्रति घंटा है। इससे अधिक गति से उड़ने वाले वायुयानों को:
A. सुपर फास्ट वायुयान कहते हैं
B. सुपरसोनिक वायुयान कहते हैं
C. सुपर मोबाइल वायुयान कहते हैं
D. अल्ट्रा सुपर क्राफ्ट कहते हैं

260. कवक (Fungii) के अध्ययन को कहते हैं:
A. माइक्रोलॉजी B. बैक्टीरियोलॉजी
C. माइकोलॉजी D. बायरोलॉजी

261. बादलों की गरज की आवाज सुनने से पहले उसकी विद्युत चमक दिखाई पड़ जाती है, ऐसा क्यों होता है?
A. वास्तव में आवाज और प्रकाश साथ-साथ ही दिखाई तथा सुनाई पड़ते हैं, किन्तु हमको उनका अनुभव आगे-पीछे होता है
B. प्रकाश की गति आवाज की अपेक्षा अधिक तेज होने के कारण होता है
C. हमारी सुनने की प्रक्रिया इतनी तेज नहीं होती जितनी कि देखने की प्रक्रिया होती है
D. उपर्युक्त में से कोई कथन सही नहीं है

262. नदी की अपेक्षा समुद्र में तैरना सुगम है, क्योंकि समुद्र के जल का घनत्व नदी के जल के घनत्व की अपेक्षा:
A. अधिक होता है
B. थोड़ा-सा कम होता है
C. बराबर होता है
D. बहुत कम होता है

263. यदि किसी शीशे के गिलास में उबलता हुआ पानी डाला जाये तो वह टूट जाता है, क्योंकि:
A. सीसा ताप को तेजी से गुजरने नहीं देता
B. सीसे में शीघ्र टूट जाने का गुण होता है
C. उबलता हुआ पानी सीसे पर भारी दबाव डालता है
D. सीसा पारदर्शी होता है

264. मिट्टी के बर्तन में पानी ठण्डा हो जाता है किन्तु धातु अथवा कांच के बर्तन में ठण्डा नहीं होता, क्यों?
A. मिट्टी के बर्तन की दीवारें पानी के ताप को खींच लेती हैं
B. मिट्टी के बर्तन की दीवारें ताप की कुचालक होती हैं अतः गर्मी का पानी पर कोई प्रभाव नहीं पड़ता
C. मिट्टी के बर्तन की दीवारों में छिद्र होते हैं और इन छिद्रों के माध्यम से बर्तन का पानी वायु ग्रहण करता है और यह वायु पानी के ताप को खींच लेती है
D. उपर्युक्त में से कोई भी कथन सही नहीं

265. जंग लगने से लोहे का भारः

A. घट जाता है

B. बढ़ जाता है

C. न घटता है न बढ़ता है

D. कभी घटता है कभी बढ़ता है

266. 10 ग्राम तथा 100 ग्राम की दो वस्तुएं यदि किसी टावर से एक साथ नीचें डाली जायें तोः

A. वे जमीन पर एक साथ गिरेंगी

B. 10 ग्राम की वस्तु 100 ग्राम की वस्तु से पहले गिरेगी

C. 100 ग्राम की वस्तु 10 ग्राम की वस्तु से पहले गिरेगी

D. वे गिरने पर एक ही तरह ही आवाज करेंगी

267. गर्मी के मौसम में तारों भरी रात की तुलना में बादलों वाली रात ज्यादा गर्म होती है, क्योंकिः

A. बादल ठण्डी हवा को पृथ्वी तक पहुंचने नहीं देते हैं

B. बादल पृथ्वी से निकलने वाली गर्मी को ऊपर आकाश की ओर जाने से रोक देते हैं

C. बादल एक मोटे कम्बल का काम करते हैं और उनके कारण गर्मी पैदा होती है

D. बादलों के कारण गर्मी पैदा होती है और वह गर्मी पृथ्वी तक आ जाती है

268. निम्नलिखित में कौनसा जोड़ा गलत है?

A. सेक्सटेन्ट-भूकम्पन को ग्राफ पर अंकित करने वाला यंत्र

B. स्पेक्ट्रोमीटर-रिफ्रेक्टिव इन्डेक्स नापने वाला यंत्र

C. रोनाल्ड रांस-मलेरिया का कारण और चिकित्सा का अनुसंधानकर्ता ब्रिटिश वैज्ञानिक

D. पोलीनेशन-हवा, पानी या कीटों के द्वारा परागकोष गर्भाशय तक पराग कणों के पहुंचने की क्रिया

269. विटामिन डी की कमी की पूर्ति करने के लिए खुराक में निम्नलिखित में कौनसी वस्तु का अधिक सेवन करेंगे?

A. अण्डे या दूध या दूध से बनी चीजें

B. रस वाले फल

C. लाल माँस

D. ताजी सब्जियां

270. रोन्टेगन ने निम्न में से किसका आविष्कार किया?

A. परमाणु सिद्धान्त

B. क्वेन्टम सिद्धान्त

C. एक्स किरणों का

D. आपेक्षिकता सिद्धान्त का

271. हैण्डपम्प से निकाला हुआ जल जाड़ों में गर्म क्यों होता है?

A. पम्पिंग की क्रिया में पानी गर्म हो जाता है

B. क्योंकि जाड़ों में हमारा शरीर गर्म रहता है इसलिए पानी भी गर्म मालूम पड़ता है

C. क्योंकि जमीन के अन्दर का ताप वायुमण्डल के ताप से अधिक है, अतः पम्प का पानी हमको गर्म लगता है

D. यह केवल महसूस करना मात्र है

272. किसी भी वस्तु का भार विषुवत रेखा की अपेक्षा ध्रुवों पर अधिक होता है, क्यों?

A. ध्रुवों पर जमीन चपटी होती है

B. पृथ्वी की विषुवत रेखा पर परिभ्रमण की गति सबसे अधिक तेज है

C. ध्रुवों पर गहरी बर्फ के कारण आकर्षण शक्ति कम हो जाती है

D. उपर्युक्त में से कोई उत्तर सही नहीं है

273. आकाश में ऊंचाई पर उड़ते हुए पक्षी की पृथ्वी पर छाया नहीं पड़ती। इसका कारण यह है किः

A. पक्षी का आकार पृथ्वी के आकार की तुलना में बहुत छोटा होता है

B. प्रकाश की किरणें पक्षी पर अभिलम्बवत् पड़ती हैं

C. पक्षी का आकार सूर्य की तुलना में अति छोटा है

D. पक्षी आकाश में लगातार उड़ता रहता है

274. जब कोई जहाज नदी के पश्चात् समुद्र में प्रवेश करता है तो उठने लगता है, क्यों?

A. समुद्र का पानी नदी के पानी से कम गहराई पर होने के कारण

B. समुद्र की लहरों की क्रिया के कारण

C. कुछ पानी लीकेज से समुद्र में भारी हाइड्रोस्टेटिक दबाव के कारण जहाज में प्रवेश कर जाता है

D. समुद्र के पानी का घनत्व नदी के पानी के घनत्व से अधिक होता है

275. चन्द्रतल पर यदि दो व्यक्ति आपस में बातचीत करें तोः
A. वह एक-दूसरे की बात नहीं सुन सकेंगे
B. पृथ्वी पर लगने वाले समय की तुलना में जल्दी एक-दूसरे की बात सुन सकेंगे
C. पृथ्वी पर लगने वाले समय की तुलना में अधिक समय में एक-दूसरे की बात सुन सकेंगे
D. उपरोक्त तीनों ही कथन असत्य हैं

276. किस ताप पर पानी का सबसे कम आयतन होता है?
A. 0° सेन्टीग्रेड B. 4° सेन्टीग्रेड
C. पूर्ण शून्य ताप D. 100° सेन्टीग्रेड

277. जब दीवार के पीछे से तुम्हें तुम्हारा कोई मित्र आवाज देता है तो तुम उसकी आवाज पहचान लेते हो, उसकी ध्वनि में एक निश्चितः
A. तारत्व (Pitch) होता है
B. तीव्रता (Intensity) होती है
C. गुणता (Quality) होती है
D. लय (Melody) होती है

278. ऐसा देखा जाता है कि सन्तान में सदा ही अपने माता-पिता के कुछ न कुछ लक्षण अवश्य विद्यमान होते हैं। इस घटना को कहते हैं:
A. आनुवांशिकी B. जैव विकास
C. जेनेटिक्स D. जीव विज्ञान

279. निम्नलिखित में कौनसा जोड़ा सही नहीं है?
A. हारमोंस-मानव शरीर में प्रणाली रहित ग्रन्थियों से प्राप्त होने वाला रस
B. इलेक्ट्रोलाइसिस-विद्युत द्वारा द्रवयौगिकों का विश्लेषण
C. फोटोसिन्थेसिस-बहुत से फोटोग्राफों को एक फोटोग्राफ से जोड़ना
D. जीरोफाइट्स-रेगिस्तान में पायी जाने वाली वनस्पति

280. निम्नलिखित में कौनसा जोड़ा गलत है?
A. बायोनिक्स–नेत्रों के लेंस बनाने की विधि
B. हाइड्रोफोनिक्स–बिना मिट्टी के पानी द्वारा पौधे उगाने का विज्ञान
C. इकालॉजी–वनस्पति और जीवों के वातावरण या प्रकृति से सम्बन्ध का अध्ययन
D. एन्टोमोलोजी–कीट पतंगों के सूक्ष्म अध्ययन करने का विज्ञान

281. लालटेन में मिट्टी का तेल बत्ती के सहारे ऊपर चढ़ जाता है, इसका कारण है:
A. बत्ती में होकर तेल का प्रसारण
B. मिट्टी के तेल का कम घनत्व
C. मिट्टी के तेल का तल तनाव
D. बत्ती द्वारा मिट्टी के तेल को आकर्षित करना

282. प्रायः डॉक्टर अपनी सिरिंजों को इंजेक्शन देने के पहले पानी में उबालते हैं, सर्जन भी अपने औजारों को उबालते हैं, वे ऐसा करते हैं:
A. उनसे धूल के कणों को हटाने के लिए
B. उनकी सफाई करने के लिए
C. उनको स्टरलाइज करने के लिए
D. उनको हानिकारक कवकों से सुरक्षित रखने हेतु

283. निम्नलिखित में गलत जोड़ा ढूंढिए।
A. केटेरेक्ट–आंख की बीमारी
B. डिप्थीरिया–गले की बीमारी
C. प्लूरिसी–मस्तिष्क की बीमारी
D. निमोनिया–फेफड़ों की बीमारी

284. तालाब में पानी पर मिट्टी का तेल छिड़क देने पर मच्छर पानी पर बैठ नहीं पाते हैं, इसका कारण है:
A. मिट्टी के तेल के कारण पानी का तलतनाव कम हो जाता है, जिसके कारण द्रव की खिंचावयुक्त झिल्ली मच्छर के भार को सहन नहीं कर पाती
B. मच्छर मिट्टी के तेल की गंध से दूर भागते हैं
C. इससे मच्छर पानी पर तैर नहीं पाते
D. मच्छरों को मिट्टी के तेल की गंध में तैरना अच्छा नहीं लगता

285. थर्मस फ्लास्क का आविष्कार किसने किया?
A. एडवर्ड जेनर B. जेम्स डेवर
C. शोलेस D. जी॰ मारकोनी

286. यदि सामान्य पानी में कोई अण्डा डाला जाये तो वह डूब जाता है, किन्तु यदि पानी में काफी मात्रा में नमक मिला हुआ हो तोः
A. अण्डा उसमें पूरी तरह से डूब जायेगा
B. अण्डा पानी के बर्तन के बीच में रहेगा
C. अण्डा पानी पर तैरता रहेगा
D. अण्डा कभी डूबेगा, कभी तैरेगा

287. एक सन्तुलित आहार में अवश्य होना चाहिए:

A. कार्बोहाइड्रेट्स B. ऑयल और वसा
C. प्रोटीन्स D. विटामिन
E. उपर्युक्त सभी

288. बायोलॉजी शब्द है:

A. जर्मन भाषा का B. अंग्रेजी भाषा का
C. ग्रीक भाषा का D. लैटिन भाषा का

289. हवा भी ताप की उतनी ही कुचालक है जितना कि:

A. पानी B. कपास की रूई
C. चांदी D. टंगस्टन

290. चार्ल्स डार्विन ने किस सिद्धान्त का आविष्कार किया?

A. विकास सिद्धान्त का
B. गुरुत्वाकर्षण के सिद्धान्त का
C. ग्रहों की गति के सिद्धान्त का
D. हाइड्रोफोबिया के उपचार का

291. जीव विज्ञान के क्षेत्र में इस शताब्दी की सबसे महत्त्वपूर्ण खोज है:

A. एण्टीबायोटिक इकाइयों की
B. एण्टीटाक्सिक दवाइयों की
C. 'जीन' की
D. डी॰ एन॰ ए॰ मॉडल की

292. प्रायः पौधे दिन में ऑक्सीजन और रात में कार्बन डाइऑक्साइड निकालते हैं। किन्तु दिन और रात के 24 घण्टों में एक ऐसा भी समय होता है जब पौधे न तो ऑक्सीजन छोड़ते हैं और न कार्बन डाइऑक्साइड। ऐसा होता है:

A. सूर्य के प्रकाश में
B. रात्रि के अन्धकार में
C. दोपहर के समय में
D. गौधूलि की बेला में

293. मनुष्य के मस्तिष्क का कुल भार है लगभग:

A. 2 पौण्ड B. 2.5 पौण्ड
C. 3 पौण्ड D. 3.06 पौण्ड

294. निम्नलिखित में से यौगिक (Compound) कौनसा है?

A. पारा B. ओजोन
C. वायु D. अमोनिया

295. अल्कोहॉली पेयों (Alcoholic beverages) में होती है:

A. ब्युटाइल एल्कोहॉल (Butyl alcohol)
B. मिथाइल एल्कोहॉल (Methyl alcohol)
C. इथाइल एल्कोहॉल (Ethyl alcohol)
D. मिथेनॉल (Methanol)

296. मोम निम्नलिखित में से किसमें समृद्ध होता है?

A. पॉलीईथर्स (Polyethers)
B. पॉली एल्कोहॉल्स (Poly alcohols)
C. कार्बोहाइड्रेट्स (Carbohydrates)
D. हाइड्रोकार्बन्स (Hydrocarbons)

297. चावल का प्रोटीन उत्तम प्रकार का होता है। यह निम्नलिखित में से किसमें समृद्ध होता है?

A. लाइसिन (Lysine)
B. थायमिन (Thiamine)
C. ग्लूटामिन (Glutamine)
D. ग्लाइडिन (Gliadine)

298. डैडली नाइट शेड (Deadly Night Shade) नामक पौधा (Airopa Belladona) निम्नलिखित में से किस एल्कालॉइड (Alkaloid) का स्रोत है?

A. कुनैन (Quinine)
B. कोकीन (Cocaine)
C. एट्रोपिन (Atropine)
D. निकोटिन (Nicotine)

219. गैसोल (Gashol) गैसोलीन निम्नलिखित में से किसका मिश्रण है?

A. इथेनॉल
B. मिथाइल ऐल्कोहॉल
C. ब्यूटाइल ऐल्कोहॉल
D. ब्यूटेन

300. सॉक वैक्सीन (Salk vaccine) का प्रयोग किस रोग से बचाव के लिए किया जाता है?

A. टी॰ बी॰ B. चेचक
C. पोलियो D. खसरा

301. वनों के रख-रखाव एवं प्रबन्धन से सम्बन्धित विज्ञान को क्या कहते हैं?

A. सिल्वीकल्चर (Silviculture)
B. सेरीकल्चर (Sericulture)
C. पिसीकल्चर (Pisciculture)
D. एपीकल्चर (Apiculture)

302. सही जोड़ा मिलाइए:

रोग	***विटामिन की कमी***
(a) स्कर्वी	1. विटामिन A
(b) रिकेट्स	2. विटामिन C
(c) बेरी-बेरी	3. विटामिन D
(d) रतौंधी	4. विटामिन B_1

	(a)	*(b)*	*(c)*	*(d)*
A.	1	2	3	4
B.	2	3	4	1
C.	1	4	3	2
D.	2	4	3	1

303. सही जोड़ा मिलाइए:

पशु	***गर्भावस्था दिन***
(a) भैंस	1. 114 दिन
(b) बकरी	2. 337 दिन
(c) सूअर	3. 310 दिन
(d) घोड़ी	4. 151 दिन

	(a)	*(b)*	*(c)*	*(d)*
A.	2	4	1	3
B.	3	1	4	2
C.	2	1	4	3
D.	3	4	1	2

304. गाजर (Carrot) क्या है?

A. जड़ (Root) B. तना (Stem)
C. पत्ती (Leaf) D. शाखा (Branch)

305. भारी पानी (Heavy water) है:

A. D_2O
B. NaOH
C. H_2O_2
D. कैल्शियम कार्बोनेट, कैल्शियम एवं मैग्नीशियम युक्त जल

306. पोटेशियम परमैंगनेट का सामान्य उपयोग है:

A. ब्लीचिंग पाउडर के रूप में
B. जीवाणुनाशक के रूप में
C. वाइरस को मारने में
D. कीटों को मारने में

307. एथोनोल में क्या मिलाने पर यह मनुष्य के लिए विषैला है?

A. मेथानोल B. एनीलीन
C. एसेटिक एसिड D. क्लोरीन

308. वह जीन (Gene) जो दमनकर (Repressor molecule) के उत्पादन का कार्य करता है, कहलाता है:

A. ओपेरॉन (Operon)
B. नियामक (Regulator)
C. ऑपरेटर (Operator)
C. संरचनात्मक जीन (Structural Gene)

309. निम्नलिखित में से किसका क्वथनांक सबसे कम है?

A. Ar B. He
C. Ne D. Xe

310. सोडियम थायोसल्फेट, आयोडीन से अभिक्रिया करके निम्नलिखित में से क्या बनता है:

A. सोडियम डाइथायोनेट
B. सोडियम ट्राइथायोनेट
C. सोडियम टेट्राथायोनेट
D. सोडियम हेक्जाथायोनेट

उत्तरमाला

1	**2**	**3**	**4**	**5**	**6**	**7**	**8**	**9**	**10**
A	B	B	D	B	D	D	B	D	C
11	**12**	**13**	**14**	**15**	**16**	**17**	**18**	**19**	**20**
A	A	C	A	D	A	C	B	D	A
21	**22**	**23**	**24**	**25**	**26**	**27**	**28**	**29**	**30**
C	A	C	D	D	B	D	A	C	A
31	**32**	**33**	**34**	**35**	**36**	**37**	**38**	**39**	**40**
B	D	A	C	B	B	A	A	B	A

41	**42**	**43**	**44**	**45**	**46**	**47**	**48**	**49**	**50**
B	A	B	B	A	A	A	C	B	A
51	**52**	**53**	**54**	**55**	**56**	**57**	**58**	**59**	**60**
C	B	C	D	B	C	A	A	C	B
61	**62**	**63**	**64**	**65**	**66**	**67**	**68**	**69**	**70**
A	D	D	D	A	C	C	A	B	A
71	**72**	**73**	**74**	**75**	**76**	**77**	**78**	**79**	**80**
D	D	C	D	B	B	A	C	D	A
81	**82**	**83**	**84**	**85**	**86**	**87**	**88**	**89**	**90**
A	B	C	D	A	C	A	B	B	A
91	**92**	**93**	**94**	**95**	**96**	**97**	**98**	**99**	**100**
B	A	B	C	D	A	B	C	C	D
101	**102**	**103**	**104**	**105**	**106**	**107**	**108**	**109**	**110**
D	C	A	A	B	D	A	C	B	B
111	**112**	**113**	**114**	**115**	**116**	**117**	**118**	**119**	**120**
A	B	C	C	C	D	A	A	A	C
121	**122**	**123**	**124**	**125**	**126**	**127**	**128**	**129**	**130**
B	D	C	D	D	B	C	B	C	D
131	**132**	**133**	**134**	**135**	**136**	**137**	**138**	**139**	**140**
B	A	A	B	A	B	B	D	B	B
141	**142**	**143**	**144**	**145**	**146**	**147**	**148**	**149**	**150**
A	A	B	B	B	B	A	A	D	A
151	**152**	**153**	**154**	**155**	**156**	**157**	**158**	**159**	**160**
C	A	A	B	C	C	D	A	A	A
161	**162**	**163**	**164**	**165**	**166**	**167**	**168**	**169**	**170**
C	C	C	B	B	C	C	B	C	C
171	**172**	**173**	**174**	**175**	**176**	**177**	**178**	**179**	**180**
D	B	C	A	C	B	B	A	A	A
181	**182**	**183**	**184**	**185**	**186**	**187**	**188**	**189**	**190**
A	D	D	D	A	B	B	D	D	B
191	**192**	**193**	**194**	**195**	**196**	**197**	**198**	**199**	**200**
A	A	B	B	B	D	D	B	B	C
201	**202**	**203**	**204**	**205**	**206**	**207**	**208**	**209**	**210**
C	B	C	C	C	B	A	D	C	B
211	**212**	**213**	**214**	**215**	**216**	**217**	**218**	**219**	**220**
C	A	B	B	C	B	B	B	A	A
221	**222**	**223**	**224**	**225**	**226**	**227**	**228**	**229**	**230**
B	A	A	D	A	D	C	C	B	C
231	**232**	**233**	**234**	**235**	**236**	**237**	**238**	**239**	**240**
B	B	B	A	A	C	C	D	A	D

241	242	243	244	245	246	247	248	249	250
D	B	B	A	B	C	B	C	B	B
251	252	253	254	255	256	257	258	259	260
B	A	D	B	B	C	D	D	B	C
261	262	263	264	265	266	267	268	269	270
B	A	A	C	B	A	B	A	A	C
271	272	273	274	275	276	277	278	279	280
C	D	C	D	A	B	C	A	C	A
281	282	283	284	285	286	287	288	289	290
C	C	C	A	B	C	E	B	B	A
291	292	293	294	295	296	297	298	299	300
C	D	C	D	C	D	B	C	A	C
301	302	303	304	305	306	307	308	309	310
A	B	D	A	A	B	A	B	B	C

हरियाणा ग्राम सचिव
(पद संबंधित विषय)

1. गरीबी उन्मूलन कार्यक्रमों के लाभार्थियों को कौन मंजूरी देता है?

A. ग्राम सभा B. जनपद पंचायत
C. जिला पंचायत D. राज्य सरकार

2. ग्राम सभा का सदस्य कौन हो सकता है?

A. उस ग्राम के समस्त निवासी
B. सभी वयस्क निवासी
C. वे व्यक्ति ज़िनके नाम उस पंचायत की मतदाता सूची में शामिल हो
D. सरकार द्वारा निर्देशित समस्त लोग

3. निम्नलिखित में से कौन-सा किसान क्रेडिट कार्ड योजना का उद्देश्य नहीं है?

A. बीज की खरीद B. पंप सेट की खरीद
C. उर्वरकों की खरीद D. औद्योगिक विकास

4. निम्नलिखित में से कौन दिशा–द डिस्ट्रिक्ट डेवलपमेंट को-ऑर्डिनेशन एंड मॉनिटरिंग कमेटी का सचिव होगा?

A. विधान सभा के सदस्य
B. विधान परिषद के सदस्य
C. जिला कलेक्टर
D. ग्राम पंचायत सचिव

5. पंचायती राज संस्थानों में महिलाओं के लिए आरक्षण का विस्तार कितना है?

A. 20% B. 25%
C. 33% D. 37%

6. .... को उन कार्यों को सौंपा जाता है जिन्हें ब्लॉक स्तर पर किया जा सकता है और जिनके लिए कृषि, कुटिर उद्योग आदि जैसी कुछ विशेषज्ञता की आवश्यकता पड़ती है।

A. जनपद पंचायत B. जिला पंचायत
C. मोहल्ला पंचायत D. ग्राम पंचायत

7. भारी वर्षा, उच्च आर्द्रता तथा भारी मात्रा में जैविक पदार्थों की उपलब्धता वाले क्षेत्रों में निम्नलिखित में से कौन सी मिट्टी पाई जाती है?

A. दलदली (पीट) मिट्टी B. लैटेराइट मिट्टी
C. काली मिट्टी D. जंगली मिट्टी

8. मानसूनी हवाएं सबसे पहले किस पट पर पहुंचती हैं जिसके परिणामस्वरूप कृषि गतिविधियां शुरू होती हैं?

A. पश्चिम बंगाल B. ओडिशा
C. केरल D. गोवा

9. 1997 में गठित पंचायती राज पर मुख्यमंत्री समिति की निम्नलिखित में से कौन-सी एक अनुशंसा नहीं है?

A. लाभार्थियों का चयन ग्राम सभा पर छोड़ना
B. ग्राम पंचायतों के सहयोग के लिए पर्याप्त जनशक्ति प्रदान करना
C. ग्राम पंचायतों को मध्यम स्तरीय उद्योग स्थापित करने के लिए
D. ग्राम पंचायत अध्यक्ष अकेले ग्राम सभा के लिए उत्तरदायी होंगे

10. सांसद आदर्श ग्राम योजना के अंतर्गत निम्नलिखित में से कौन-सी एक प्रमुख सुविधा नहीं है?

A. पाइप वाला पेय जल
B. बिजली
C. सड़क संपर्क
D. सिनेमा थिएटर

11. सॉयल हैल्थ कार्ड स्कीम (मृदा स्वास्थ्य कार्ड योजना) का निम्नलिखित में से क्या उद्देश्य नहीं है?

A. किसानों को मृदा के पोषक घटकों के बारे में जानकारी देने में सहायता करना
B. पोषकों के सही उपयोग की सलाह देना
C. मृदा की उर्वरता में सुधार
D. किसानों को ताजी मृदा प्रदान करना

12. इनमें से वह एकमात्र कौन-सा मुक्त द्वेषी प्रोग्राम है, जिसे किसी अन्य आतिथेय प्रोग्राम की आवश्यकता नहीं होती है?

A. ट्रैप डोर B. ट्रोजन हॉर्स
C. वाइरस D. वार्म

13. नेटवर्क में कम्प्यूटर लोकल नेटवर्क से बाहर तब तक ऐक्सेस नहीं किया जा सकता है, जब तक कि इसकी अनुमति ना दी जाएः

A. इंट्रानेट B. इंटरनेट
C. मिडिलवेयर D. मॉडम

14. एमएस एक्सेल में 'मर्ज एंड सेंटर' फीचर का क्या उपयोग होता है?

A. यह दो सेलों के अंकीय मानों को जोड़ता है
B. यह दो सेलों से दो शब्दों को जोड़ता है
C. यह दो सेलों को एक सेल में जोड़ता है
D. यह सेलों की रेंज की पूर्ण गणना करता है

15. इंटरनेट क्या है?

A. हैम्बर्गर स्टैंड
B. हेयर पीस
C. वर्ल्ड वाइड वेब
D. वे कम्प्यूटर जो एक नेटवर्क के माध्यम से एक दूसरे से जुड़े होते हैं

16. यूनिफॉर्म रिसोर्स लोकेटर (URL) क्या होता है?

A. यह प्रयोक्ता के ईमेल संदेश के लिए ईमेल एड्रेस होता है
B. यह कंप्यूटर नेटवर्क में कंप्यूटर का एड्रेस होता है
C. यह एक वेबसाइट एड्रेस है, जैसे www.flipkart.com
D. यह मोबाइल फोन का सिम नंबर होता है

17. ASCII का तात्पर्य हैः

A. अमेरिकन स्टेबल कोड फॉर इंटरनेशनल इंटरचेंज
B. अमेरिकन स्टैंडर्ड केस फॉर इंस्टीट्यूशनल इंटरचेंज
C. अमेरिकन स्टैंडर्ड कोड फॉर इन्फॉर्मेशन इंटरचेंज
D. अमेरिकन स्टैंडर्ड कोड फॉर इंटरचेंज इन्फॉर्मेशन

18. निम्नलिखित में से कौन एक्सेल 2007 में मान्य जूम परसेंटेज नहीं है?

A. 10 B. 100
C. 300 D. 500

19. वह डिवाइस जो कम्प्यूटर या राउटर को ब्रॉडबैंड नेटवर्क से जोड़ती है, ... कहलाती है।

A. मॉडम B. फॉयरवॉल
C. मेमोरी कार्ड D. जम्प ड्राइव

20. एमएस वर्ड में अंतिम कार्य को पुनः करने के लिए किस शॉर्टकट कुंजी का उपयोग किया जाता है?

A. Ctrl+Z B. Ctrl+W
C. Ctrl+K D. Ctrl+Y

21. McAfee एक .... है।

A. ऑपरेटिंग सिस्टम B. वाइरस
C. एंटी-वायरस D. सिस्टम सॉफ्टवेयर

22. निम्नलिखित में से किस कुंजी का उपयोग डेस्कटॉप को जूम-इन करने के लिए किया जाता है?

A. Windoes Logo Key + Home Key
B. Windoes Logo Key + Spacebar Key
C. Windoes Logo Key + Plus Key
D. Windoes Logo Key + Minus Key

23. एमएस वर्ड में, सेलेक्ट किए गए टेक्स्ट को बोल्ड करने के लिए किस शॉर्ट-कट कुंजी का उपयोग किया जाता है?

A. Space+H B. Ctrl+B
C. Shift+B D. Alt+B

24. .... इंटरनेट की मूलभूत संचार भाषा या प्रोटोकॉल है।

A. TCTP/ITP B. TCDP/IEP
C. TCP/IP D. TCMP/IKP

25. .... छोटा क्षेत्र होता है जो छोटे भौगोलिक क्षेत्र को कवर करता है।

A. वैन (WAN) B. मैन (MAN)
C. लैन (LAN) D. ब्रिज (Bridge)

26. की-बोर्ड पर .... कुंजी का उपयोग कर्सर के बाई ओर टाइप किए गए टेक्स्ट को मिटाने के लिए किया जाता है।

A. कैप्स लॉक B. बैकस्पेस
C. डिलीट D. कर्सर कंट्रोल

27. निम्नलिखित में से कौन एमएस एक्सेल में एक्टिव सेल का कंटेन्ट प्रदर्शित करता है?

A. एक्टिव सेल B. फॉर्मूला बार
C. मेनू बार D. नेम बॉक्स

28. इंटरनेट ब्राउजर चालू करने का सबसे तेज तरीका है:
A. प्रोग्राम को सेलेक्ट करना
B. स्टार्ट बटन पर क्लिक करना
C. डेस्कटॉप पर उपलब्ध शॉर्टकट पर डबल क्लिक करना
D. विंडोज बटन दबाना

29. माउस में, रोलर बॉल का कार्य है:
A. सिस्टम तक सिग्नल मूवमेंट करना
B. सेलेक्शन करने के लिए
C. माउस का कम्प्यूटर सिस्टम से कनेक्शन के लिए
D. कम्प्यूटर सिस्टम को माउस से संलग्न करना

30. निम्नलिखित में से कौन ऑपरेटिंग सिस्टम का उदाहरण है?
A. माइक्रोसॉफ्ट विंडोज B. माइक्रोसॉफ्ट एक्सेस
C. माइक्रोसॉफ्ट वर्ड D. माइक्रोसॉफ्ट एक्सेल

31. निम्नलिखित में से क्या एक्सटर्नल मेमोरी नहीं है?
A. डीवीडी B. पेनड्राइव
C. स्कैनर D. हार्ड डिस्क

32. निम्नलिखित में से कौन-सा कार्य पंचायतों का नहीं है?
A. नीति निर्धारण
B. कार्यों की निगरानी करना
C. परियोजनाओं का पर्यवेक्षण
D. परियोजनाओं का निष्पादन

33. पंचायती राज संस्थानों के कामकाज का अध्ययन करने के लिए 1977 में नियुक्त समिति .... की अध्यक्षता के अंतर्गत थी।
A. बलवंत राय मेहता B. अशोक मेहता
C. जी.वी.के. राव D. एल.एम. सिंघवी

34. महाराष्ट्र में 1974 में .... के द्वारा शुरू किए गए आन्दोलन का नाम पानी पंचायत था।
A. ए.आर. अंतुले B. विलासराव सलुंके
C. बाबा आमटे D. अन्ना हजारे

35. मनरेगा के अंतर्गत कितने दिनों के रोजगार की गारंटी दी जाती है
A. 100 दिन B. 50 दिन
C. 25 दिन D. 70 दिन

36. सभी राज्यों में सरकार द्वारा मवेशियों के लिए जारी किए गए एनीमल हेल्थ कार्ड का नाम क्या है?
A. पशु स्वास्थ्य कार्ड
B. गौ स्वास्थ्य कार्ड
C. जानवर स्वास्थ्य कार्ड
D. नकुल स्वास्थ्य कार्ड

37. कम्प्यूटर में इंटरनेट की एक्सप्लोरिंग के लिए प्रयुक्त होने वाला सॉफ्टवेयर प्रोग्राम .... कहलाता है।
A. वेब ब्राउजर B. वेब सर्वर
C. सॉफ्टवेयर सर्विस D. डेटाबेस

38. ADD, MOVE, CMP नीमानिक्स (स्मृति संकेत) निम्न में प्रयुक्त होते हैं:
A. प्रोग्रामिंग C B. C++
C. DOS D. एसेम्ब्ली भाषा

39. इंटेल कोर क्या है?
A. एक स्मृति इकाई
B. एक विद्युत प्रदाय इकाई
C. सूचना प्रसंस्करण सॉफ्टवेयर
D. केंद्रीय संसाधन एकक

40. एम.एस. एक्सेल में, सूत्र निम्न से शुरू होता है:
A. धन (+) चिह्न से
B. ऋण (–) चिह्न से
C. से बड़ा (>) चिह्न से
D. बराबर (=) चिह्न से

41. एक वर्ड दस्तावेज में समस्त विषयवस्तु का चयन करने के लिए कौन-सी लघु रीति कुंजी है?
A. Ctrl+C B. Ctrl+V
C. Ctrl+Z D. Ctrl+A

42. आइपी एड्रेस क्या है?
A. यह प्रयोक्ता के ई-मेल संदेश के लिए ई-मेल एड्रेस होता है
B. यह कम्प्यूटर नेटवर्क में कम्प्यूटर का एड्रेस होता है
C. यह वेबसाइट का यूआरएल होता है, जैसे कि www.flipkart.com
D. यह मोबाइल फोन का सिम नंबर होता है

43. प्रोसेसर चिप की स्पीड को .... में मापा जाता है।
A. Mbps B. MHz
C. बिट्स प्रति सेकंड D. बाइट्स प्रति सेकंड

44. एमएस वर्ड में, वह अक्षर जो उठा हुआ होता है और बेसलाइन के ऊपर छोटा होता है, निम्न कहलाता है:
A. आउटलाइन्ड B. रेज्ड
C. सुपरस्क्रिप्ट D. सबस्क्रिप्ट

45. एमएस एक्सेल में, निम्न में से कौन-सी विधि सेल में डेटा की प्रविष्ट के लिए प्रयुक्त नहीं हो सकती है?
A. ऐरो कुंजी दबाना
B. टैब कुंजी दबाना
C. एस्केप कुंजी दबाना
D. फॉर्मूला बार की एंटर बटन पर क्लिक करना

46. एमएम वर्ड 2007 में, विकल्प लैंडस्केप .... ड्रॉप डाउन में उपलब्ध होता है।
A. पेज साइज B. पेज ओरिएंटेशन
C. पेपर साइज D. फॉन्ट स्टाइल

47. .... एप्पल आइफोन में प्रयुक्त होने वाला एक OS होता है।
A. iOS B. एंड्रॉयड
C. एंड्रॉयड किटकैट D. LTE

48. डेटा के मापन के लिए प्रयुक्त होने वाली सबसे छोटी इकाई निम्न है:
A. बाइट B. बिट
C. निब्बल D. बी.सी.डी.

49. निम्न में से क्या एप्लीकेशन सॉफ्टवेयर का उदाहण नहीं है?
A. वर्ड प्रोसेसिंग B. कम्प्यूटर ग्राफिक्स
C. डी.ओ.एस. D. स्प्रेड शीट

50. अरबों इंटरकनेक्टेड वेबपेजों के संग्रह इसके उपयोग द्वारा ट्रांसफर किए जाते हैं:
A. HTTP B. FTP
C. SMTP D. उपरोक्त में से कोई नहीं

51. .... विकल्प अधूरी ई-मेल को बिना भेजे इसे रक्षित करने में आपकी सहायता करता है।
A. ड्राफ्ट के रूप में रक्षित करें
B. इनबॉक्स
C. प्रेषित आइटम
D. ट्रैश

52. एमएस एक्सेल 2007 में, वर्तनी संबंधी त्रुटियों की जांच के लिए प्रूफिंग टैब में कौन-सा विकल्प प्रयुक्त होता है?
A. स्पेलिंग B. रिसर्च
C. थिसॉरस D. ट्रांसलेट

53. एक वर्ष में कम-से-कम ग्राम सभा की कितनी बैठक बुलाई जा सकती है?
A. 4 B. 3
C. 2 D. 1

54. भारतीय गेहूँ एवं जौ अनुसंधान संस्थान (Indian Institute of Wheat and Barley Research–IIWBR) का मुख्यालय किस राज्य में स्थित है?
A. पंजाब B. हरियाणा
C. मध्य प्रदेश D. राजस्थान

55. प्रधानमंत्री आदर्श ग्राम योजना का उद्देश्य निम्नलिखित गांवों का विकास है:
A. स्थानीय संसद सदस्य द्वारा गोद लिए जाने वाले गांव
B. 50% या अधिक अनुसूचित जाति आबादी वाले गांव
C. विधान सभा सदस्य द्वारा गोद लिए जाने वाले गांव
D. जिला पंचायत द्वारा चयनित गांव

56. ई–नाम के रूप में क्या जाना जाता है?
A. प्रत्येक राज्य के सर्वश्रेष्ठ किसान के लिए पुरस्कार
B. गैर-कृषि वस्तुओं के लिए ऑनलाइन बाजार (ई-व्यापार)
C. कृषि उत्पादों के लिए ऑनलाइन बाजार (ई-व्यापार)
D. जल संरक्षण करने के लिए पुरस्कार

57. निम्नलिखित की संस्तुति पर नाबार्ड की स्थापना की गई:
A. लोक लेखा समिति
B. शिवरमन कमेटी
C. नरसिम्हम कमेटी
D. उपरोक्त में से कोई नहीं

58. पीएमएवाई-जी के तहत लाभार्थियों का चयन करने के लिए एसईसीसी डेटा को मान्य करने का अधिकार किसे है?

A. आरडीए अधिकारी B. ग्राम सभा
C. पीडब्ल्यूडी इंजीनियर D. बीडीओ

59. प्रधानमंत्री नरेन्द्र मोदी द्वारा 26 मई, 2015 को किस किसान केन्द्रित टीवी चैनल का आरंभ किया गया?

A. कृषि टीवी B. हरित टीवी
C. किसान टीवी D. डीडी किसान

60. सेंट्रल सॉयल एंड मैटेरियल रिसर्च स्टेशन (केन्द्रीय मृदा एवं लवणता अनुसंधान केंद्र) निम्नलिखित स्थान पर स्थित है:

A. मुंबई B. दिल्ली
C. कोलकाता D. चेन्नई

61. श्यामा प्रसाद मुखर्जी रूर्बन मिशन का उद्देश्य .... का विकास है।

A. रूर्बन क्लस्टर का नियमित योजना
B. व्यक्तिगत गांव
C. अर्द्ध-शहरी केन्द्र
D. शहरी केन्द्र

62. इफको निम्नलिखित के लिए प्रयुक्त किया जाता है:

A. इंटरनेशनल फार्म फर्टिलाइजर कंपनी लिमिटेड
B. इंडियन फारमर्स फर्टिलाइजर कोऑपरेटिव लिमिटेड
C. इंडियन फारमर्स फाइनेंस कॉपोरेशन लिमिटेड
D. इंटरनेशनल फार्म फाइनेंस कंपनी लिमिटेड

63. प्राथमिक क्षेत्र में रोजगार मुख्य रूप से .... में पाया जाता है।

A. मैट्रोपॉलिटन शहर B. नगर
C. शहर D. ग्रामीण क्षेत्र

64. राष्ट्रीय बंजर भूमि विकास बोर्ड (नेशनल वेस्टलैंड डेवलपमेंट बोर्ड) की स्थापना .... में हुई थी।

A. 2005 B. 2001
C. 1985 D. 1991

65. कम्प्यूटर की सर्वाधिक तेज, सर्वाधिक शक्तिशाली तथा सर्वाधिक मूल्यवान श्रेणी .... कहलाती है।

A. सुपर कम्प्यूटर B. पर्सनल कम्प्यूटर
C. मेनफ्रेम कम्प्यूटर D. डेस्कटॉप कम्प्यूटर

66. .... वह शार्टकट कुंजी है जिसका उपयोग एमएस वर्ड में मार्जिन के बीच समान रूप से कंटेंट वितरित करने के लिए किया जाता है।

A. Ctrl+L B. Ctrl+E
C. Ctrl+R D. Ctrl+J

67. एक .... एक अल्गोरिथम का दृश्य या चित्रमय निरूपण है।

A. प्रोग्राम B. सिस्टम
C. डाटा D. फ्लोचार्ट

68. ....स्प्रेडशीट का निर्माण करने और फॉर्मेट करने के लिए प्रयुक्त होने वाला एक शक्तिशाली टूल है।

A. एडॉब फोटोशॉप सीएस
B. माइक्रोसॉफ्ट ऑफिस पॉवर प्वाइंट
C. माइक्रोसॉफ्ट ऑफिस एक्सेल
D. मोजिला फॉयरफॉक्स

69. वेबसाइट के पहले पेज को निम्न कहा जाता है:

A. बुकमार्क पेज B. एचटीएमएल स्क्रिप्ट पेज
C. होम पेज D. जावा स्क्रिप्ट मेज

70. 4 बिट्स का समूह इस रूप में जाना जाता है:

A. बाइट B. किलोबाइट
C. निब्बल D. मेगाबाइट

71. एमएस वर्ड में, एक शब्द की जगह उसके पर्यायी शब्द को बदलने के लिए किसका इस्तेमाल किया जाता है?

A. थिसॉरस
B. खोजो और बदलो (फाइंड और रिप्लेस)
C. कॉपी और पेस्ट
D. खोजो और ठीक करो (फाइंड और करेक्ट)

72. .... एक सिस्टम सॉफ्टवेयर है जो टेक्स्ट और डेटा की एडिटिंग को सुविधाजनक बनाता है।

A. एमएस पॉवरप्वाइंट B. एमएस पेंट
C. एमएस पब्लिशर D. एडीटर्स

73. स्मार्ट आर्ट इसका फीचर है:

A. फोटोशॉप B. टैली
C. एमएस वर्ड 2007 D. कोरल ड्रॉ

74. किस बटन का उपयोग, एक्टिव विंडो को टास्कबार तक जाने के लिए किया जाता है?

A. क्लोज B. मिनिमाइज
C. रिस्टोर D. हेल्प

75. URLs के दो मूलभूत भाग हैं:
A. ICP/IP B. TCP/IP and ISP
C. TCP and FTP D. प्रोटोकॉल और डोमेन नेम

76. एक से अधिक प्रोसेसर वाला कम्प्यूटर कहलाता है:
A. यूनिप्रोसेसर B. मल्टीप्रोसेसर
C. मल्टीथ्रेडेड D. मल्टी-मीटर

77. डेटा को लॉजिकल ऑर्डर में व्यवस्थित करना कहलाता है:
A. सॉर्टिंग B. सर्चिंग
C. क्लासीफाइंग D. रिप्रोड्यूसिंग

78. निम्नलिखित मे से कौन-सा एक हार्डवेयर है?
A. असेम्बलर B. सर्वर
C. कम्पाइलर D. इंटरप्रेटर

79. कम्प्यूटर का मुख्य प्रोसेसर इसके द्वारा संघटित किया जाता है:
A. मदरबोर्ड B. पॉवर सप्लाई
C. की-बोर्ड D. मॉनिटर

80. एक्सेल, डेटा और टाइम को इस रूप में स्टोर करता है:
A. टेक्स्ट डेटा B. नंबर्स
C. फॉर्मूला D. बूलियन

81. .... एक एंटीवाइरस सॉफ्टवेयर नहीं है।
A. डीबीएमएस B. मैकैफी
C. एवास्ट D. अवीरा

82. .... का उपयोग, डेटा और पासवर्ड की सुरक्षा के लिए किया जाता है।
A. एन्क्रिप्शन B. ऑथेटिकेशन
C. वेरिफिकेशन D. कम्प्यूटर

83. एक पेज के प्रिंटिंग ऐरिया से बाहर का रिक्त स्थान .... होता है।
A. मार्जिन B. हेडर
C. फूटर D. क्लिपआर्ट

84. आप एक बिजनेस लेटर लिखने के लिए किस एप्लीकेशन का उपयोग करेंगे?
A. एमएस वर्ड B. एमएस एक्सेल
C. एमएस पॉवरप्वाइंट D. एमएस ऐक्सेस

85. निम्नलिखित में से कौन-सा पंचायतों के लिए धन का स्रोत नहीं है?
A. कर समनुदेशन और सरकार से कर साक्षा करना
B. सरकार से अनुदान
C. स्वयं कर एवं गैर राजस्व कर
D. राष्ट्रीयकृत बैंकों से ऋण

86. ग्राम सभा के खातों की वार्षिक लेखापरीक्षा किसके द्वारा की जाती है?
A. ग्राम पंचायत की लेखा परीक्षा समिति
B. जनपद पंचायत द्वारा नियुक्त लेखापरीक्षक
C. ग्राम सभा द्वारा नियुक्त स्वतंत्र लेखा परीक्षक
D. जिला पंचायत द्वारा नियुक्त लेखापरीक्षक

87. किसान निर्माता संगठनों (एफपीओ) का प्रमुख उद्देश्य .... है।
A. रोजगार सृजित करना
B. किसानों की उत्पादन, उत्पादकता और लाभप्रदता बढ़ाने के लिए
C. कृषि सामग्री की आपूर्ति के लिए
D. उत्पादन में बढ़ोत्तरी करना

88. भारत में 'हरित क्रांति के भारतीय पिता' के रूप में किसे जाना जाता है?
A. अन्ना हजारे B. डॉ.एम.एस. स्वामीनाथन
C. डॉ. विक्रम साराभाई D. कैलाश सत्यार्थी

89. निम्नलिखित में से कौन-सा क्षेत्र भारत निर्माण योजना में शामिल नहीं है?
A. सिंचाई
B. गांवों में दूरसंचार की संयोजकता
C. शिक्षा
D. ग्रामीण विद्युतीकरण

90. बलवंत राय मेहता समिति की सिफारिशें आने के बाद, जवाहर लाल नेहरू द्वारा पहली बार 1959 में पंचायती राज का उद्घाटन .... में किया गया।
A. नागौर B. मैसूर
C. रीवा D. दिसपुर

91. नाबार्ड वर्ष .... में अस्तित्व में आया।
A. 1979 B. 1982
C. 1969 D. 1972

92. पंचायत समिति के प्रमुख कार्यों में से एक .... है।
A. पंचायत स्तर पर न्यायिक प्रशासन के साथ सौदा
B. ग्रामीण औद्योगिकीकरण के साथ सौदा
C. राज्य के वित्तीय मामलों के साथ सौदा
D. सामुदायिक विकास परियोजनाओं या योजनाओं को लागू करना

93. प्रधानमंत्री ग्राम सड़क योजना (पीएमजीएसवाई) के लिए वित्तपोषण अधिकारी कौन है?
A. राज्य सरकार
B. केन्द्र सरकार
C. भवन और निर्माण विभाग
D. जिला परिषद

94. देश में कृषि जनगणना आयोजित करने की अवधि क्या है?
A. 12 वर्ष B. 10 वर्ष
C. 5 वर्ष D. 3 वर्ष

95. निम्नलिखित में से कौन-सा एक प्रमुख संस्थान है जो प्रशिक्षण प्रदान करता है और भारत में ग्रामीण विकास पर शोध करता है?
A. नेशनल रूरल इंस्टीट्यूट
B. नेशनल रूरल डेवलपमेंट ऑर्गेनाइजेशन
C. नेशनल इंस्टीट्यूट ऑफ रूरल डेवलपमेंट एंड पंचायती राज
D. रूरल इंस्टीट्यूट ऑफ डेवलपमेंट

96. योटाबाइट (YB) इसके बराबर होता है:
A. 20^{30} B. 2^{70}
C. 2^{50} D. 2^{80}

97. एक बाइट, डेटा के एक .... को संभाल सकता है।
A. बिट B. बाइनरी डिजिट
C. कैरेक्टर D. न्यूमेरिक

98. स्प्रेडशीट, फोटो एडिटिंग, पॉवरप्वाइंट, वर्ड डॉक्यूमेंट निम्न का उदाहरण है:
A. एप्लीकेशन सॉफ्टवेयर
B. सिस्टम सॉफ्टवेयर
C. प्लेटफॉर्म सॉफ्टवेयर
D. ओएस सॉफ्टवेयर

99. स्पीकर एक .... डिवाइस होता है।
A. आउटपुट B. इनपुट
C. मेमोरी D. स्टोरेज

100. निम्नलिखित में से कौन-सी एक कम्प्यूटर लैंग्वेज है?
A. जावा B. विंडोज
C. एंड्रॉयड D. मैक ओएस

101. निम्नलिखित में से क्या एक्सेल चार्ट है?
A. टेबल ऑफ कंटेन्ट्स
B. स्मार्ट आर्ट
C. 3-D बार
D. बुकमार्क

102. मोजिला फॉयरफॉक्स निम्न के अंतर्गत आता है:
A. कम्पाइलर B. आइपी एड्रेस
C. ब्राउजर D. ऑपरेटिंग सिस्टम

103. किसी कम्युनिकेशन चैनल के माध्यम से एक कम्प्यूटर से किसी फाइल की कॉपी, दूसरे कम्प्यूटर में ले जाना निम्न कहलाता है:
A. फाइल एन्क्रिप्शन B. फाइल ट्रांसफर
C. फाइल मॉडिफिकेशन D. फाइल कॉपिंग

104. पोर्ट्रेट और लैंडस्केप मोड, ... के दो प्रकार के होते हैं।
A. पेज ओरिएंटेशन B. पेपर साइज
C. पेज लेआउट D. पेज कलर

105. PDF का पूर्ण रूप होता है:
A. प्लेटफॉर्म डिपेंडेन्ट फाइल्स
B. प्लेन डाटा फाइल्स
C. पोर्टेबल डॉक्यूमेंट फॉर्मेट
D. पोर्टेबल डिपेंडेन्ट फॉर्मेट

106. एमएस वर्ड में, Ctrl+I का क्या कार्य होता है?
A. सेलेक्ट किए गए टेक्स्ट को बोल्ड कर देता है।
B. सेलेक्ट किए गए टेक्स्ट को अगले बड़े आकार में रूपांतरित कर देता है।
C. सेलेक्ट किए गए टेक्स्ट को इटैलिक कर देता है।
D. कैरिज रिटर्न जोड़ती है।

107. फॉयरवॉल क्या है?
A. एक स्थापित नेटवर्क जोकि रिफरेंस प्वाइंट को परफॉर्म करता है।
B. सॉफ्टवेयर का इस्तेमाल एक पब्लिक नेटवर्क से प्राइवेट नेटवर्क को अलग करने में इस्तेमाल किया जाता है।
C. एक वायरस जो मैक्रोज को संक्रमित करता है।
D. एक पूर्वानिर्धारित एन्क्रिप्शन कुंजी, जिसका इस्तेमाल इनक्रिप्ट और डिक्रिप्ट डेटा ट्रांसमिशन में किया जाता है।

108. माइक्रोकम्प्यूटर में कम-से-कम एक इनपुट यूनिट, एक आउटपुट यूनिट, एक माइक्रोप्रोसेसर यूनिट तथा एक .... शामिल होता है।
A. मेमोरी यूनिट B. नेटवर्क
C. प्रिंटर D. स्टेबलाइजर

109. जब डेटा लिस्ट फॉर्मेट में हो, तब एमएस वर्ड में . ... का इस्तेमाल इसे स्पष्ट तौर पर प्रदर्शित करने के लिए होता है।
A. लाइन स्पेसिंग B. बुलेट
C. केस चेंज D. सॉर्टिंग

110. .... हर भागीदार के सहयोग को स्क्रीन पर उन लोगों के लिए दर्शाता है जो इस वार्ता में बाहरी तौर पर हिस्सेदार हैं।
A. राउटर
B. होस्ट
C. मल्टीकास्ट बैक बोन (MBONE)
D. इंटरनेट रिले चेट (IRC)

111. एक सैटेलाइट को डेटा प्रेषित करने से संबंधित शब्द निम्न है:
A. डाउनलिंक B. मॉड्यूलेट
C. डिमॉड्यूलेट D. अपलिंक

112. एमएस वर्ड 2007 में, फाइल एक्सटेंशन की चौड़ाई .... कैरेक्टर्स की होती है।
A. 4 B. 2
C. 3 D. 5

113. डॉक्यूमेंट को इसमें स्टोर किया जा सकता है:
A. केवल ड्राइव B. केवल फोल्डर
C. केवल सब-फोल्डर्स D. उपरोक्त सभी

114. स्वर्ण जयंती ग्राम स्वरोजगार योजना के अंतर्गत .... के लिए ऋण प्रदान किया जाता है।
A. व्यक्तिगत उधारकर्ता
B. दो संयुक्त उधारकर्ता
C. एक इकाई के रूप में पूरे गांव
D. स्वयं सहायता समूहों

115. सभी तीनों स्तरों पर पंचायती राज प्रणाली, उन सभी राज्यों में स्थापित की जाएगी जिनकी आबादी .... लाख से अधिक है।
A. 10 B. 20
C. 30 D. 40

116. सांसद आदर्श ग्राम योजना का सर्वाधिक महत्वपूर्ण उद्देश्य क्या है?
A. गाँवों में कृषि को बढ़ावा देना
B. ग्रामीण रोजगार में वृद्धि करना
C. एक गाँव का सर्वांगीण समग्र विकास
D. सिर्फ गाँवों में शिक्षा में सहयोग देना

117. किसानों के लिए .... स्थान पर आधुनिक प्रजाति के बीज उपलब्ध होते हैं।
A. ग्राम सहकारी केन्द्र B. खुला बाजार
C. सीड हब D. पंचायत कार्यालय

118. भारत में निम्न में से कौन-सा पुरस्कार कृषि से संबंधित है?
A. शांति स्वरूप भटनागर पुरस्कार
B. बोरलॉग पुरस्कार
C. कालिदास सम्मान
D. द्रोणाचार्य पुरस्कार

119. पंचायत स्तर की परियोजना 'स्व जलधारा' .... से संबंधित है।
A. ग्रामीण क्षेत्रों में पीने के पानी में आत्मनिर्भरता
B. नहर सिंचाई
C. लघु सिंचाई
D. प्रमुख सिंचाई परियोजनाएं

120. सांसद आदर्श ग्राम योजना के अंतर्गत परियोजना पहलों का संचयन, निम्न में से किस नाम से किया जाता है?
A. उम्मीद B. संकल्प
C. सहयोग D. संकलन

121. परंपरागत कृषि विकास योजना का निम्नलिखित में से क्या एक उद्देश्य नहीं है?
A. मृदा के स्वास्थ्य और जैविक पदार्थ सामग्री में वृद्धि करना
B. जैविक कृषि को बढ़ावा देना
C. अन्य सभी प्रकार की खेती का उन्मूलन करना
D. किसानों को शामिल करके कार्बनिक उत्पादन का प्रमाणीकरण

122. भारत में, पर्यावरण (संरक्षण) अधिनियम .... में अधिनियमित किया गया था।
A. 1947 B. 1986
C. 1991 D. 2006

123. कम्प्यूटर सुरक्षा में, ... का अर्थ है कि कम्प्यूटर सिस्टम परिसंपत्तियों को केवल अधिकृत पक्षों (पार्टियों) द्वारा संशोधित किया जा सकता है।
A. गोपनीयता B. अखंडता
C. उपलब्धता D. प्रमाणिकता

124. निम्न में से किसका उपयोग, की-बोर्ड को कम्प्यूटर से जोड़ने के लिए किया जा सकता है?
A. वीडियो ग्राफिक्स ऐरे (वीजीए) पोर्ट
B. यूनिवर्सल सीरियल बस (यूएसबी) पोर्ट
C. इथरनेट पोर्ट
D. फॉयरवॉयर पोर्ट

125. एमएस एक्सेल में, वर्तमान समय प्रविष्ट करने के लिए किस शॉर्टकट की (Key) को दबाया जाता है?
A. Ctrt+Shift+< B. Crtl+Shift+;
C. Ctrl+Alt+T D. Ctrl+Tab+T

126. एमसस एक्सेल में 'सॉर्ट' फीचर का क्या उद्देश्य होता है?
A. यह सेल्स की रेंज के लिए नाम क्रिएट करता है।
B. यह किसी मान के लिए सेल्स की रेंज को फिल्टर करता है।
C. यह रो को समूहित करता है और एक आउटलाइन को बनाता है।
D. यह सेल्स की रेंज को वर्णक्रम या अंकीय क्रम में व्यवस्थित करता है।

127. ब्राउजर क्या होता है?
A. एक एचटीएमएल सिस्टम
B. एक सर्वर
C. वह सॉफ्टवेयर प्रोग्राम जो आपको www डॉक्यूमेंट देखने में सक्षम बनाता है।
D. नेटवर्क के एक वेब पेज पर तार्किक और कभी-कभी भौगोलिक स्थिति के संकेत के लिए पदानुक्रमित योजना

128. निम्नलिखित में से क्या एक वेब ब्राउजर नहीं है?
A. गूगल क्रोम B. मोजिला फॉयरफॉक्स
C. विजुअल स्टूडियो D. इंटरनेट एक्सप्लोरर

129. इनमें से क्या अल्गोरिथम का आलेखी निरूपण है?
A. सिंटेक्स B. प्रोग्राम
C. फ्लो चार्ट D. बार ग्राफ

130. एमएस वर्ड में, कर्सर के बाईं ओर के अक्षर को डिलीट करने के लिए आप निम्न में से किस कुंजी का उपयोग करेंगे?
A. एंटर B. डिलीट
C. बैकस्पेस D. इन्सर्ट

131. .... का उपयोग, एक्सेल में एक्टिव सेल को सेल A1 में मूव करने के लिए किया जाता है।
A. Ctrl + Home B. Home
C. Page Up D. Page Down

132. WAN का पूर्ण रूप है:
A. वाइड एरिया नेटवर्क
B. वर्ल्ड एरिया नेटवर्क
C. वाइड एजेंट नेटवर्क
D. वाइड एरिया न्यूट्रल

133. निम्न में से कौन-सी कुंजियां सभी विंडोज को पारदर्शी बना देती है जिससे आप अपने डेस्कटॉप को देख सकते हैं?
A. Windows Logo Key + Home Key
B. Windows Logo Key + Spacebar Key
C. Windows Logo Key + Plus Key
D. Windows Logo Key + Minus Key

134. प्रिंट लेने से पहले डॉक्यूमेंट को देखने के लिए किस विकल्प का इस्तेमाल किया जाता है?
A. पेस्ट B. फॉर्मेट प्वाइंटर
C. कट D. प्रिंट प्रिव्यू

135. इंटरनेट को इस नाम से भी जाना जाता है:
A. NOT B. NAT
C. NET D. NFT

136. आइपी एड्रेस की लंबाई .... होती है।
A. 32 बिट B. 64 बिट
C. 8 बिट D. 16 बिट

137. मुख्य मेमोरी से डिस्क की मूविंग प्रक्रिया निम्न कहलाती है:
A. ट्रांसफरिंग B. कैचिंग
C. स्वैपिंग D. स्पूलिंग

138. यूजरनेम व पासवर्ड को सत्यापित करने की प्रक्रिया निम्न रूप में जानी जाती है:
A. लॉजिक B. चेक इन
C. प्रमाणीकरण D. प्राधिकरण

139. एक ...., वॉयस रिकॉग्निशन सिस्टम (आवाज पहचानने की प्रणाली) के लिए इनपुट प्रदान करता है।
A. ओएमआर B. ओसीआर
C. एमआईसीआर D. माइक्रोफोन

140. .... वह शॉर्टकट कुंजी है जिसका उपयोग एमएस वर्ड में लिखित सामग्री को बीच में एलाइन करने के लिए किया जाता है।
A. Ctrl + L B. Ctrl + E
C. Ctrl + R D. Ctrl + J

141. मत्स्य पालन क्षेत्र में क्षमता और संभावनाओं को पहचानते हुए, भारत सरकार ने .... नामक कार्यक्रम की परिकल्पना की है।
A. नीली क्रांति B. मत्स्य योजना
C. समुद्री क्रांति D. श्वेत क्रांति

142. ग्राम पंचायत की बैठकों की कार्यसूची कौन निर्धारित करता है?
A. जिलाधीश B. जनपद पंचायत
C. जिला पंचायत D. ग्राम पंचायत

143. निम्नलिखित में से क्या ग्राम कोष (ग्राम निधि) का घटक नहीं है?
A. अन्न कोष B. सामग्री कोष
C. श्रम कोष D. नगद कोष

144. ग्राम विकास समिति को छोड़कर ग्राम सभा की स्थायी समितियों के अध्यक्षों का कार्यकाल कितना होता है?
A. 1 वर्ष B. 2 वर्ष
C. 3 वर्ष D. 5 वर्ष

145. निम्नलिखित में से कौन-सा दिन, राष्ट्रीय पंचायती राज दिवस के रूप में मनाया जाता है?
A. 15 जनवरी B. 20 जनवरी
C. 24 अप्रैल D. 30 जनवरी

146. निम्नलिखित में से कौन-सी एक खाद्य फसल है?
A. जूट B. कपास
C. ताड़ D. मक्का

147. भारत में पंचायती राज का वास्तुकार किसे माना जाता है? वे एक भारतीय राज्य के मुख्यमंत्री भी थे?
A. कैलाश नाथ काटजू B. बलवंत राय मेहता
C. मोहनलाल सुखडिया D. गोविंद बल्लभ पंत

148. 'आवास' निम्न से संबंधित एक एंड्रॉयड एप्प है:
A. प्रधानमंत्री आवास योजना - ग्रामीण
B. इंदिरा आवास योजना
C. प्रधानमंत्री ग्राम सड़क योजना
D. दीन दयाल उपाध्याय ग्रामीण कौशल्या योजना

149. ग्राम पंचायत में लेखा प्रणाली क्या है?
A. डबल एंट्री बुक-कीपिंग सिस्टम
B. महाजनी अकाउंटिंग सिस्टम
C. रिसिप्ट एवं पेमेंट्स सिस्टम
D. को-ऑपरेटिव अकाउंटिंग सिस्टम

150. एक स्वयं सहायता समूह की मूल एवं प्रारंभिक निधि क्या होगी?
A. बैंक ऋण की राशि
B. सदस्यों द्वारा किया गया सहयोग
C. सार्वजनिक सहयोग
D. राज्य सरकार अनुदान

151. मनरेगा के अंतर्गत एक मजदूर के पारिश्रमिक खाते में संतुलन के रूप में न्यूनतम कितनी राशि की आवश्यकता है?
A. कोई न्यूनतम धनराशि नहीं
B. ₹ 20
C. ₹ 100
D. ₹ 250

152. एमएस एक्सल 2007 वर्कशीट में स्तंभों की अधिकतम सीमा .... होती है।

A. 18384 B. 16384
C. 1024 D. 256

153. डीएसएल इसका एक उदाहण है:

A. नेटवर्क B. वायरलेस डिवाइस
C. ब्रॉडबैंड D. स्पेक्ट्रा बैंड

154. शब्द 'फॉयरवॉल' निम्न में प्रयुक्त होता है:

A. घर की सुरक्षा B. इंटरनेट की सुरक्षा
C. कम्प्यूटर की सुरक्षा D. किसी भी सुरक्षा

155. मशीन कोड कम्प्यूटर की मूलभूत भाषा है, इसमें निम्न का एक लंबा अनुक्रम सम्मिलित होता है:

A. अक्षरांकीय वर्ण B. इकाई एवं शून्य
C. मशीन प्रतीक D. A's एवं B's

156. एमएस एक्सल में, सभी उपरोक्त सेलों के योग करने हेतु फॉर्मूला के निर्माण के लिए .... दबाया जाता है।

A. Ctrl + = B. Alt + =
C. Ctrl + Alt + A D. Alt + Tab + A

157. इंटरनेट एक्सप्लोरर निम्न के अंतर्गत आता है:

A. ऑपरेटिंग सिस्टम B. आइपी एड्रेस
C. कम्पाइलर D. ब्राउजर

158. निम्नलिखित में से कौन स्टोरेज का माध्यम नहीं है?

A. स्कैनर
B. डिजिटल ऑप्टिकल डिस्क
C. हार्ड डिस्क
D. कॉम्पैक्ट डिस्क

159. एमएस वर्ड में, बॉर्डर का उपयोग .... में किया जा सकता है।

A. केवल सेल्स B. केवल पैराग्राफ
C. केवल टेक्स्ट D. उपरोक्त सभी

160. एमएस वर्ड 2007 में, निम्न में से कौन-सा कमांड होम मेनू में उपलब्ध नहीं होता है?

A. फाइंड B. रिप्लेस
C. सेलेक्ट D. टेबल

161. वह मेमोरी जो वैद्युत रूप से प्रोग्राम योग्य एवं पराबैंगनी होती है, ... कहलाती है।

A. ROM B. PROM
C. EPROM D. RAM

162. DRAM निम्न के लिए प्रयुक्त होता है:

A. डाइरेक्ट रैन्डम ऐक्सेस मेमोरी
B. डायनेमिक रैन्डम ऐक्सेस मेमोरी
C. डायनेमिक रीड ऐक्सेस मेमोरी
D. डायनेमिक रीड ऐक्सेस मशीन

163. एमएस-डॉस में, आप डिस्प्ले सिस्टम डेट के लिए कौन-सा कमांड देखेंगे?

A. Ver कमांड B. डेट कमांड
C. फॉर्मेट कमांड D. डिस्क कमांड

164. .... माइक्रोप्रोसेसर आधारित एक कम्प्यूटिंग यंत्र है।

A. मेनफ्रेम B. पर्सनल कम्प्यूटर
C. सुपर कम्प्यूटर D. एनालॉग कम्प्यूटर

165. कम्प्यूटर में 'OS' का सामान्य अर्थ होता है?

A. ऑप्टिकल सेंसर
B. ओपेन सॉफ्टवेयर
C. ऑपरेटिंग सिस्टम
D. ऑर्डर ऑफ सिग्निफिकेशन

166. एमएस एक्सल में अगले वर्कशीट में जाने के लिए किस शार्टकट कुंजी का उपयोग करेंगे?

A. Alt + PgUp B. Ctrl + PgUp
C. Alt + PgDn D. Ctrl + PgDn

167. क़म्प्यूटर में 'CD' का सामान्य अर्थ होता है?

A. चेंज डेटा B. कॉपी डेंसिटी
C. कॉम्पैक्ट डिस्क D. कमांड डिस्क्रिप्शन

168. एमएस वर्ड 2007 में "सेव ऐज" फंक्शन के लिए कुंजी है:

A. F12 B. F10
C. F6 D. F11

169. निम्नलिखित में से किस योजना में पंचायतों की कोई प्रत्यक्ष भूमिका नहीं होती है?

A. महात्मा गांधी नेशनल रूरल एम्लॉयमेंट गॉरंटी प्रोग्राम
B. भारतमाला परियोजना
C. राष्ट्रीय श्रम विकास योजना
D. मध्याह्न भोजन योजना

170. 'ग्रामीण भंडारण योजना' ....के लिए एक पूंजी निवेश सब्सिडी योजना है।
A. गांवों में सेफ-डिपॉजिट लॉकर का निर्माण
B. ग्रामीण क्षेत्रों में घरों का निर्माण
C. गांवों में शीतागारों का निर्माण
D. ग्रामीण क्षेत्रों में गोदामों का निर्माण

171. बलवंत राय मेहता समिति को .... की समीक्षा करने के लिए नियुक्त किया गया था।
A. कृषि विकास
B. पंचायती राज
C. निर्वाचन प्रणाली
D. सामुदायिक विकास कार्यक्रम

172. राष्ट्रीय भूमि अभिलेख आधुनिकीकरण कार्यक्रम (एनएलआरएमपी) भारत सरकार द्वारा .... में शुरू किया गया था।
A. 1998 B. 2008
C. 2014 D. 1988

173. भारत में सितम्बर .... में राष्ट्रीय डेयरी विकास बोर्ड (एनडीडीबी) का गठन किया गया था।
A. 1949 B. 1965
C. 1966 D. 1969

174. बलवंत राय मेहता समिति ने अपनी रिपोर्ट कब प्रस्तुत की?
A. 1956 B. 1957
C. 1958 D. 1959

175. मनरेगा के कार्यान्वयन के लिए मुख्य प्राधिकारी कौन है?
A. जिला प्रशासन
B. डीआरडीए
C. पंचायती राज संस्थान
D. ग्रामीण विकास विभाग

176. कृषि में पारस्परिक सूचना प्रसार और आधुनिक प्रौद्योगिकियों को अपनाने के माध्यम से कृषि संबंधी अभ्यासों को सुधारने के लिए बनाये गए मिशन को .... नाम से भी जाना जाता है।
A. एग्रीकल्चर इन्फॉर्केशन मिशन
B. नॉलेज सेन्टर मिशन
C. नेशनल मिशन ऑन एग्रीकल्चर एक्सटेंशन एंड टेक्नोलॉजी
D. स्टेट मिशन ऑन डिसेमिनेशन ऑफ एग्रीकल्चर इन्फॉर्मेशन

177. भारत में निम्नलिखित में से कौन-सी पंचायती राज की विशेषता नहीं है?
A. त्रिस्तरीय व्यवस्था
B. ग्रामीणों से सदस्यता शुल्क का संग्रहण
C. प्रत्येक 5 साल में नियमित चुनाव
D. अनुसूचित जाति/अनुसूचित जनजाति/महिलाओं इत्यादि के लिए सीटों का आरक्षण

178. ग्रामीण स्वयं रोजगार प्रशिक्षण संस्थानों द्वारा दिए गए प्रशिक्षण में निम्नलिखित में से कौन-सा क्षेत्र नहीं है?
A. पंपसेट का रखरखाव
B. कृषि में अनुसंधान
C. कुक्कुट पालन
D. कम्प्यूटर के मूलभूत तत्व

179. दीन दयाल उपाध्याय ग्राम ज्योति योजना ने निम्नलिखित में से किस पूर्व योजना को प्रतिस्थापित किया है?
A. एकीकृत ग्रामीण विकास कार्यक्रम
B. राजीव गांधी ग्रामीण विद्युतीकरण योजना
C. संपूर्ण ग्राम रोजगार योजना
D. दीन दयाल उपाध्याय ग्रामीण कौशल्य योजना

180. मॉनिटर होता है:
A. आउटपुट डिवाइस B. इनपुट डिवाइस
C. कम्प्यूटर D. मेमोरी

181. .... एक ऑपरेटिंग सिस्टम नहीं है।
A. DOS B. Windows
C. Java D. Unix

182. निम्नलिखित में से कौन एक एंटीवाइरस सॉफ्टवेयर नहीं है?
A. Norton B. MySQL
C. Kaspersky D. McAfee

183. नोटपैड फाइल का डिफॉल्ट फाइल एक्सटेंशन क्या है?
A. PDF B. DOCX
C. TXT D. MP3

184. निम्न में से कौन एमएस एक्सेस में वर्टिकल सेल को संदर्भित करता है, जिसमें जानकारी भी हो सकती है?

A. स्तंभ B. पंक्तियां
C. होरिजॉन्टल स्कॉलबार D. इनमें से कोई नहीं

185. आप अपने प्रबंधक से ईमेल प्राप्त करते हैं। ईमेल में 5 एम.एस. वर्ड डक्यूमेंट संलग्न हैं। आप कितने संलग्न देख सकेंगे?

A. 1 B. 5
C. 3 D. 2

186. विद्यालय, कम्प्यूटर प्रयोगशाला या कार्यालयों में कम्प्यूटरों को जोड़ने के लिए किस प्रकार के नेटवर्क की आवश्यकता होती है?

A. स्थानीय क्षेत्र जालक्रम (लैन)
B. महानगरीय क्षेत्र जालक्रम (मैन)
C. चल क्षेत्र जालक्रम (मैन)
D. विस्तृत क्षेत्र जालक्रम (वैन)

187. पर्सनल कम्प्यूटर का जनक कौन है?

A. अगस्टा एडेमिंग B. एडवर्ड रॉबर्ट
C. चार्ल्स बैबेज D. एलन ट्यूरिंग

188. एमएस वर्ड 2007 में, आप किस मेनू से हेडर व फूटर इन्सर्ट कर सकते हैं?

A. इन्सर्ट मेनू B. व्यू मेनू
C. होम मेनू D. पेज लेआउट मेनू

189. एमएस वर्ड में 'undo' के लिए किस आइकॉन का उपयोग किया जाता है?

A. 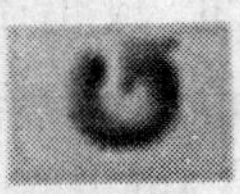 B. 
C.  D. 

190. इंटरनेट पर उपलब्ध सॉफ्टवेयर का निःशुल्क रिपेयर कहलाता है:

A. पैच B. ट्यूटोरियल
C. ऐड ऑन D. एंटी बग

191. एमएस वर्ड में, अंडरलाइन करने के लिए शॉर्टकट कुंजी है:

A. Ctrl + U B. Alt + U
C. Ctrl + Alt + U D. Alt + Ctrl + U

192. ई-मेल भेजना निम्न के समान है:

A. पत्र लिखना
B. चित्र बनाना
C. फोन पर बात करना
D. पैकेज भेजना

193. वह हार्डवेयर डिवाइस जिसका उपयोग कम्प्यूटर से टेक्स्ट व ग्राफिक्स को कागज पर प्रिंट करने के लिए किया जाता है, कहलाता है:

A. जेरॉक्स B. फैक्स
C. स्कैनर D. प्रिंटर

194. 8 बिट का संग्रह .... कहलाता है।

A. निब्बल B. बाइट
C. डबल-वर्ड D. वर्ड

195. एमएस वर्ड में, लाइन स्पेस परिवर्तित करने के लिए अपनाया जाने वाला पहला चरण है:

A. कंटेंट को पढ़ना
B. कंटेंट को सेलेक्ट करना
C. कंटेंट की स्टाइल बदलना
D. पेज लेआउट टेब पर क्लिक करना

196. निम्नलिखित में से कौन एक अग्रणी वेब ब्राउजर है?

A. HTTP B. FTP
C. इंटरनेट एक्सप्लोरर D. उपरोक्त में से कोई नहीं

197. आज तक कम्प्यूटर की कुल .... पीढ़ियां ज्ञात हैं।

A. दो B. तीन
C. चार D. पांच

198. ग्राम पंचायत स्तर पर कर/शुल्क लगाने के प्रस्ताव को कौन अनुमोदित करता है?

A. जिलाधीश B. जिला पंचायत
C. ग्राम सभा D. जनपद पंचायत

199. यदि किसी भी स्तर पर एक पंचायत का अध्यक्ष, अनुसूचित जाति/अनुसूचित जनजाति/अन्य पिछड़े वर्गों से संबंधित नहीं है, तो निम्न में से किसे आवश्यक रूप से इन वर्गों से संबंधित होना चाहिए?

A. सभी सदस्यों
B. उपाध्यक्ष
C. सचिव
D. सभी स्थायी समितियों के अध्यक्ष

200. राष्ट्रीय खाद्य सुरक्षा मिशन का प्रमुख उद्देश्य क्या है?
A. बच्चों के लिए पौष्टिक आहार उपलब्ध कराना
B. खाद्यान्नों का उत्पादन बढ़ाना
C. गर्भवती महिलाओं के लिए पौष्टिक आहार उपलब्ध कराना
D. अंडों का उत्पादन बढ़ाना

201. पंचायत के द्वारा किस कर को वसूला जाता है?
A. बिक्री कर B. सीमा शुल्क
C. भू-राजस्व D. स्थानीय मेलों पर कर

202. जिला पंचायत स्तर पर पदेन सदस्य कौन होता है?
A. केवल विधायक B. केवल सांसद
C. कैबिनेट मंत्री D. विधायक और सांसद दोनों

203. 73वां संविधान संशोधन कब नियमित किया गया था?
A. 1991 B. 1992
C. 1993 D. 1994

204. राष्ट्रीय बीज निगम को .... में स्थापित किया गया था।
A. 1943 B. 1953
C. 1963 D. 1973

205. जिला पंचायत निधि से धन को लेना और वितरित करना .... का कर्तव्य है।
A. मुख्य कार्यकारी अधिकारी
B. जिलाधीश
C. पंचायत अध्यक्ष
D. राजस्व अधिकरी

206. निम्नलिखित में से क्या प्रधानमंत्री ग्राम सड़क योजना के अंतर्गत नहीं आता है?
A. गांवों में नई सड़क कनेक्टिविटी
B. गांवों में मौजूद सड़कों का सुधार
C. शहर की सड़कों में सुधार
D. सभी मौसम वाली ग्रामीण सड़कें

207. निम्नलिखित में से कौन-सा वर्ष, देश में पहली बार ग्राम सभा वर्ष घोषित किया गया था?
A. 2005-06 B. 2007-08
C. 2008-09 D. 2009-10

208. सबसे पहले इंटरनेट का इस्तेमाल निम्न में से किसने किया था?
A. सेना
B. वित्तीय संस्थान
C. विद्यालय तथा अस्पताल
D. लोग

209. निम्नलिखित में से क्या एक ब्राउजर मेनू में उपलब्ध होता है?
A. ब्राउजर हिस्ट्री B. मेल मर्ज
C. स्मार्ट आर्ट D. पेज लेआउट

210. इनमें से क्या एक हार्ड कॉपी आउटपुट डिवाइस है?
A. प्रिंटर B. पेन ड्राइव
C. मॉनिटर D. जॉयस्टिक

211. एमएस वर्ड में, निम्न में से क्या डॉक्यूमेंट को स्क्रॉल अप और स्क्रॉल डाउन करने का सही तरीका नहीं है?
A. स्क्रॉल बार का उपयोग
B. एरो कुंजियों का उपयोग
C. एंटर कुंजी का उपयोग
D. माउस स्क्रॉल का उपयोग

212. कौन-सा प्रोटोकॉल, इंटरनेट से जुड़ने वाले क्लाइंट को आइपी एड्रेस आवंटित करता है?
A. RCP B. ASCII
C. DHDP D. DHCP

213. एमएस वर्ड में, Ctrl+C के बाद Ctrl+V दबाने से निम्नलिखित में से कौन सा कार्य होगा?
A. कॉपी एवं पेस्ट B. कट एवं पेस्ट
C. कॉपी एवं फॉर्मेट D. कॉपी एवं डिलीट

214. एमएस वर्ड में, स्क्रीन पर ब्लींकिंग सिम्बल का नाम क्या है जो दर्शाता है कि अगला अक्षर कहां दिखेगा?
A. कर्सर B. डिलीट कुंजी
C. ऐरो कुंजी D. रिटर्न कुंजी

215. ...., टेलीकम्युनिकेशन के द्वारा कम्प्यूटर स्टोर्ड मैसेज का विनिमय है।
A. ई-मेल B. ई-वेब
C. ई-चार्ट D. उपरोक्त सभी

216. डेटा को एक स्थान से दूसरे स्थान पर स्थानान्तरित करना निम्न कहलाता है:
A. डेटा प्रोसेसिंग B. डेटा एन्ट्री
C. डेटा कम्यूनिकेशन D. उपर्युक्त में से कोई नहीं

217. डेटा को एक लॉजिकल ऑर्डर में व्यवस्थित करना निम्न कहलाता है:

A. सॉर्टिंग B. सर्चिंग
C. क्लासीफाइंग D. रिप्राड्यूसिंग

218. अधिकांश वेबसाइट्स में एक मुख्य पेज होता है जो पूरी वेबसाइट के पेजों के लिए एक डोरवे के रूप में काम करता है, इसे निम्न नाम से जाना जाता है:

A. सर्च इंजन B. होम पेज
C. ब्राउजर D. यूआरएल

219. प्रोजेक्शन डिस्प्ले का उपयोग निम्न के लिए किया जाता है:

A. केवल सेमिनार B. केवल मार्केटिंग प्रेजेंटेशन
C. केवल कक्षा D. उपरोक्त सभी के लिए

220. निम्नलिखित में से कौन-सी एक स्टोरेज डिवाइस नहीं है?

A. प्लॉटर्स B. हार्ड डिस्क ड्राइव
C. पेन ड्राइव D. सीडी

221. ग्राम पंचायत स्तर पर लेखा-जोखा कौन करता है?

A. अध्यक्ष B. सदस्यों का समूह
C. सचिव D. उपाध्यक्ष

222. भारत में निम्नलिखित में से कौन-सा फसल सीजन (फसल का मौसम) नहीं है?

A. जायद B. खरीफ
C. रबी D. इंटरकॉर्प

223. प्रधानमंत्री फसल बीमा योजना का क्या मूल उद्देश्य है?

A. किसानों और उनके परिवारों के लिए जीवन बीमा
B. अधिसूचित क्षेत्रों में अधिसूचित फसलों के लिए बीमा सुरक्षा
C. चुनिंदा राज्यों में सभी प्रकार की फसलों के लिए बीमा
D. फसलों का परिवहन एवं विपणन

224. भारत में सबसे पहले फसल बीमा योजना निम्नलिखित वर्ष में लागू की गई थी:

A. 1972 B. 1979
C. 2014 D. 1997

225. प्रधानमंत्री फसल बीमा योजना (पीएमएफबीवाइ) .... में प्रारंभ हुई थी।

A. 2014 B. 2015
C. 2016 D. 2017

226. राष्ट्रीय वनस्पति स्वास्थ्य प्रबंधन संस्थान कहां स्थित है?

A. हैदराबाद B. दिल्ली
C. बंगलोर D. पुणे

227. निम्नलिखित राज्यों में से किसमें उत्तर-पूर्वी भारत का पहला किसान कॉल सेंटर 2015 में खोला गया था?

A. असम B. नगालैंड
C. मेघालय D. त्रिपुरा

228. साझा फसलें क्या है?

A. भू-स्वामी फसल उगाता है और पूरी फसल को अपने हिस्से के रूप में स्वयं रख लेता है।
B. काश्तकार फसल उगाता है और पूरी फसल को अपने हिस्से के रूप में स्वयं रख लेता है।
C. भू-स्वामी काश्तकार को खेतों का उपयोग करने देता है और बदले में फसलों में से अपना हिस्सा लेता है।
D. काश्तकार फसल उगाता है और पूरे गांव को हिस्सा देता है।

उत्तरमाला

1	2	3	4	5	6	7	8	9	10
A	C	D	C	C	A	A	C	C	D
11	**12**	**13**	**14**	**15**	**16**	**17**	**18**	**19**	**20**
D	D	A	C	D	C	C	D	A	D
21	**22**	**23**	**24**	**25**	**26**	**27**	**28**	**29**	**30**
C	C	B	C	C	B	B	C	A	A

31	32	33	34	35	36	37	38	39	40
C	A	B	B	A	D	A	D	D	D
41	**42**	**43**	**44**	**45**	**46**	**47**	**48**	**49**	**50**
D	B	B	C	C	B	A	B	C	A
51	**52**	**53**	**54**	**55**	**56**	**57**	**58**	**59**	**60**
A	A	A	B	B	C	B	B	D	B
61	**62**	**63**	**64**	**65**	**66**	**67**	**68**	**69**	**70**
A	B	D	C	A	D	D	C	C	C
71	**72**	**73**	**74**	**75**	**76**	**77**	**78**	**79**	**80**
A	D	C	B	D	B	A	B	A	B
81	**82**	**83**	**84**	**85**	**86**	**87**	**88**	**89**	**90**
A	A	A	A	D	C	B	B	C	A
91	**92**	**93**	**94**	**95**	**96**	**97**	**98**	**99**	**100**
B	D	B	C	C	D	C	A	A	A
101	**102**	**103**	**104**	**105**	**106**	**107**	**108**	**109**	**110**
C	C	B	A	C	C	B	A	B	D
111	**112**	**113**	**114**	**115**	**116**	**117**	**118**	**119**	**120**
D	A	D	D	B	C	C	B	A	D
121	**122**	**123**	**124**	**125**	**126**	**127**	**128**	**129**	**130**
C	B	B	B	B	D	C	C	C	C
131	**132**	**133**	**134**	**135**	**136**	**137**	**138**	**139**	**140**
A	A	B	D	C	A	C	C	D	B
141	**142**	**143**	**144**	**145**	**146**	**147**	**148**	**149**	**150**
A	D	B	A	C	D	B	A	A	B
151	**152**	**153**	**154**	**155**	**156**	**157**	**158**	**159**	**160**
A	B	C	B	B	B	D	A	D	D
161	**162**	**163**	**164**	**165**	**166**	**167**	**168**	**169**	**170**
C	B	B	B	C	D	C	A	B	D
171	**172**	**173**	**174**	**175**	**176**	**177**	**178**	**179**	**180**
D	B	B	B	C	C	B	B	B	A
181	**182**	**183**	**184**	**185**	**186**	**187**	**188**	**189**	**190**
C	B	C	A	B	A	B	A	B	A
191	**192**	**193**	**194**	**195**	**196**	**197**	**198**	**199**	**200**
A	A	D	B	B	C	D	D	B	B
201	**202**	**203**	**204**	**205**	**206**	**207**	**208**	**209**	**210**
D	D	C	C	A	C	D	A	A	A
211	**212**	**213**	**214**	**215**	**216**	**217**	**218**	**219**	**220**
C	D	A	A	A	C	A	B	D	A
221	**222**	**223**	**224**	**225**	**226**	**227**	**228**		
C	D	B	A	C	A	D	C		

हरियाणा सामान्य ज्ञान

हरियाणा : एक दृष्टि में

- राज्य : हरियाणा
- स्थापना दिवस : 1 नवम्बर, 1966
- क्षेत्रफल : 44,212 वर्ग किमी.
- स्थिति : भारत का उत्तर–पश्चिमी राज्य
- भौगोलिक स्थिति : 27°39′ से 30°55′5" उत्तरी अक्षांश तथा 74°27'8" से 77°36'5" पूर्वी देशान्तर
- सीमावर्ती राज्य : उत्तर–हिमाचल प्रदेश, दक्षिण और दक्षिण-पश्चिम–राजस्थान, पूर्व—उत्तर प्रदेश, उत्तराखंड और दिल्ली, उत्तर-पश्चिम–पंजाब और चण्डीगढ़

प्रशासनिक ढांचा (जनवरी 2023 तक)

- मण्डल (डिवीजन) : 6 (अम्बाला, हिसार, गुरुग्राम, रोहतक, करनाल, फरीदाबाद)
- जिले : 22
- उप-मण्डल : 74
- तहसीलें : 95
- उप-तहसीलें : 49
- खण्ड (ब्लॉक) : 143
- गाँव (गैर आबाद सहित) : 6,841
- ग्राम पंचायत : 6,083
- पंचायत समितियाँ : 119
- नगर : 154
- उच्च न्यायालय : पंजाब और हरियाणा उच्च न्यायालय (चण्डीगढ़)
- विधानमण्डल : एक सदनात्मक (विधानसभा)
- विधानसभा सदस्यों की संख्या : 90
- लोकसभा सदस्यों की संख्या : 10
- राज्यसभा सदस्यों की संख्या : 05
- प्रथम राज्यपाल : धर्मवीर
- प्रथम मुख्यमंत्री : भगवत दयाल शर्मा
- क्षेत्रफल की दृष्टि से देश के राज्यों में स्थान (2021) : 20वाँ
- सर्वाधिक क्षेत्रफल वाला जिला : सिरसा (4277 वर्ग किमी.) (भिवानी से अलग होकर चरखी दादरी के नया जिला बन जाने के बाद अब सिरसा सबसे बड़ा जिला बन गया है)
- सबसे कम क्षेत्रफल वाला जिला : फरीदाबाद (741 वर्ग किमी.)

• जनसंख्या (जनगणना 2011 के अनुसार)	:	25,351,462
• पुरुष	:	13,494,734
• महिलाएं	:	11,856,728
• जनसंख्या की दृष्टि से भारत में स्थान (2011)	:	18वाँ
• भारत की कुल जनसंख्या का प्रतिशत	:	2 प्रतिशत
• सबसे अधिक जनसंख्या वाला जिला	:	फरीदाबाद (18,09,733)
• सबसे कम जनसंख्या वाला जिला	:	पंचकुला (5,61,293)
• पन्द्रह लाख से अधिक जनसंख्या वाले जिले	:	4 (करनाल, हिसार, गुरुग्राम, फरीदाबाद)
• दस लाख से अधिक जनसंख्या वाले जिले	:	15 (अम्बाला, सिरसा, जींद, करनाल, सोनीपत, भिवानी, फरीदाबाद, गुरुग्राम, यमुनानगर, हिसार, पलवल, कैथल, पानीपत, रोहतक, नूंह)
• 0-6 वर्ष आयु वर्ग के बच्चों की जनसंख्या	:	33,80,721 (13.3 प्रतिशत)
• 0-6 वर्ष आयु वर्ग के बालक शिशुओं की जनसंख्या	:	18,43,109
• 0-6 वर्ष आयु वर्ग के बालिका शिशुओं की जनसंख्या	:	15,37,612
• दशकीय जनसंख्या वृद्धि दर (2001-2011)	:	19.90 प्रतिशत
• सबसे अधिक जनसंख्या वृद्धि दर वाला जिला	:	गुरुग्राम (73.14 प्रतिशत)
• सबसे कम जनसंख्या वृद्धि दर वाला जिला	:	झज्जर (8.73 प्रतिशत)
• साक्षर व्यक्तियों की जनसंख्या	:	16,598,988
साक्षर पुरुषों की जनसंख्या	:	9,794,067
साक्षर महिलाओं की जनसंख्या	:	6,804,921
• साक्षरता प्रतिशत	:	75.6 प्रतिशत
पुरुष	:	84.1 प्रतिशत
महिलाएं	:	65.9 प्रतिशत
• साक्षरता की दृष्टि से भारत के राज्यों/केन्द्र शासित प्रदेश में स्थान (2011)	:	22वाँ
• सबसे अधिक साक्षरता दर वाला जिला	:	गुरुग्राम (84.7 प्रतिशत)
• सबसे कम साक्षरता दर वाला जिला	:	नूंह (54.1 प्रतिशत)
• राज्य में कार्य सहभागिता दर	:	29.62 प्रतिशत
• राजकीय खेल	:	कुश्ती
• राजकीय पशु	:	काला मृग

- राजकीय पक्षी : काला तीतर
- मुख्य भाषाएं : हिन्दी व हरियाणवी
- हरियाणवी भाषा में लिखा गया प्रथम उपन्यास : झाड़ूफिरी
- हरियाणा केसरी : पं. नेकीराम शर्मा
- हरियाणा के प्रथम राज्य कवि : उदयभान हंस
- पहली हरियाणवी फिल्म : चन्द्रावल (निर्मात्री–सौभाग्य देवी शंकर)
- राज्य में स्त्री-पुरुष अनुपात (लिंगानुपात) : 879 महिलाएं प्रति हजार पुरुष
- सबसे अधिक लिंगानुपात वाला जिला : नूह (1000:907)
- सबसे कम लिंगानुपात वाला जिला : गुरुग्राम (1000:854)
- जनसंख्या घनत्व : 573 व्यक्ति प्रति वर्ग किमी.
- सबसे अधिक जनसंख्या घनत्व वाला जिला : फरीदाबाद (2442)
- सबसे कम जनसंख्या घनत्व वाला जिला : सिरसा (303)
- जनसंख्या घनत्व की दृष्टि से भारत के राज्यों/केन्द्रशासित प्रदेशों में स्थान (2011) : 11वाँ
- हवाई अड्डे : भिवानी, नारनौल, करनाल, हिसार, पिंजौर
- पर्वत : उत्तर में शिवालिक पहाड़ियाँ तथा दक्षिण-पश्चिम में अरावली पर्वत श्रेणियाँ
- प्रमुख त्योहार/पर्व : लोहड़ी तथा टिक्का
- भारत का 'बुनकरों का शहर' : पानीपत
- 'पहाड़ियों की रानी' के नाम से प्रसिद्ध : मोरनी हिल्स
- प्रमुख झीलें : बड़खल, दमदमा, खलीलपुर, सुल्तानपुर, कोटला
- प्रमुख नदियाँ : यमुना, घग्घर, मारकण्डा
- सबसे बड़ा पशु-फार्म : हिसार
- नेशनल डेयरी रिसर्च इन्सटीट्यूट : करनाल
- प्रतिव्यक्ति आय (2021-22) : ₹ 2,64,835 रुपए (वर्तमान मूल्यों के आधार पर द्रुत अनुमान)
- महाभारत कालीन कौरव-पांडव युद्ध मैदान : कुरुक्षेत्र
- प्रमुख पर्यटन स्थल : राज्य में 44 पर्यटक परिसर (टूरिस्ट कॉम्पलेक्स) हैं, जिनमें 857 रिहायशी कमरे हैं। हरियाणा में 70 लाख से ज्यादा पर्यटक प्रतिवर्ष आते हैं। इन पर्यटन केन्द्रों में प्रमुख हैः पिंजौर गार्डन (पिंजौर), फ्लेमिंगों (हिसार), मैना (रोहतक), रेड बिशप (पंचकुला), दमदमा (गुरुग्राम), सुल्तानपुर पक्षी विहार (गुरुग्राम), चीड़ वन के लिए प्रसिद्ध मोरनी हिल्स, सूरजकुंड और बड़खल झील (फरीदाबाद), दबचिक (होडल), जंगल बबलर (धारूहेड़ा), कर्णझील (उचाना), काला तीतर (अबूशहर), ब्लू बर्ड (हिसार), राजहंस (सूरजकुंड), मैगपाई (फरीदाबाद), किंगफिशर (अम्बाला), गौरैया (बहादुरगढ़), शमा (गुरुग्राम), स्काईलार्क (पानीपत), सोहना, ब्लूजे (समालखा), चक्रवर्ती लेक और ओआसिस (उचाना) और पैराकीट (पीपली)।

हरियाणा के जिले : संक्षिप्त परिचय

अम्बाला

जिले के रूप में विकसित : 1 नवम्बर, 1966

मुख्यालय : अम्बाला

क्षेत्रफल : 1574 वर्ग किमी.

उप-मण्डल : अम्बाला, नारायणगढ़, बराडा, अम्बाला छावनी

तहसील : अम्बाला, बराड़ा, नारायणगढ़, अम्बाला कन्टोनमैंट

उप-तहसील : मुलाना, साहा, शहजादपुर।

खण्ड : अम्बाला-I, अम्बाला-II, बराड़ा, नारायणगढ़, शहजादपुर, साहा।

विधानसभाई क्षेत्र : नारायणगढ़, मुलाना (अ.जा.), अम्बाला छावनी, अम्बाला शहर।

पर्यटन स्थल : किंगफिशर

जनसंख्या (2011) : 11,28,350

पुरुष : 5,98,703

महिलाएँ : 5,29,647

दशकीय वृद्धि दर (2001-2011) : 11.23 प्रतिशत

जनसंख्या घनत्व : 717 व्यक्ति प्रति वर्ग किमी.

लिंग अनुपात : 885 महिलाएं (1000 पुरुषों पर)

साक्षरता दर : 81.7 प्रतिशत

पुरुष : 87.3 प्रतिशत

महिला : 75.5 प्रतिशत

नगरीय जनसंख्या (2011) : 44.38 प्रतिशत

प्रमुख नगर : अम्बाला, अम्बाला कैंट, नारायणगढ़, बरियाल, करधन

नदियाँ : मारकण्डा, डागरी, घग्घर व उनकी सहायक नदियाँ

प्रमुख खनिज : चूना पत्थर

प्रमुख उद्योग धन्धे : चीनी, सीमेंट, सिलाई मशीन, कृषि यन्त्र, वैज्ञानिक उपकरण इलेक्ट्रॉनिक एवं विद्युत उपकरण, हैण्डलूम वस्त्र आदि।

पंचकुला

जिले के रूप में विकसित : 15 जनवरी, 1995

मुख्यालय : पंचकुला

क्षेत्रफल : 898 वर्ग किमी.

उप-मण्डल : पंचकुला, कालका

तहसील : पंचकुला, कालका, रायपुर रानी

उप-तहसील : बरवाला, मोरनी

खण्ड : बरवाला, पिंजौर, मोरनी, रायपुर रानी।

विधानसभाई क्षेत्र : कालका, पंचकुला

पर्यटन स्थल : यादवेन्द्र गार्डन पिन्जौर, मोरनी हिल्स

जनसंख्या (2011) : 5,61,293

पुरुष : 2,99,679

महिलाएँ : 2,61,614

दशकीय वृद्धि दर : (2001-2011) 19.83 प्रतिशत

जनसंख्या घनत्व : 625 व्यक्ति प्रति वर्ग किमी.

लिंग अनुपात : 873 महिलाएं (1,000 पुरुषों पर)

साक्षरता दर : 81.9 प्रतिशत

पुरुष : 87.0 प्रतिशत

महिला : 76.0 प्रतिशत

नगरीय जनसंख्या (2011) : 54.86 प्रतिशत

प्रमुख नगर : पिन्जौर, एच.एम.टी., कालका, पंचकुला नगरीय क्षेत्र, रायपुर रानी

नदी : घग्घर

प्रमुख खनिज : चूना पत्थर

प्रमुख उद्योग धन्धे : पिन्जौर एवं सूरजपुर औद्योगिक क्षेत्र इलेक्ट्रॉनिक उपकरण।

यमुनानगर

जिले के रूप में विकसित : 1 नवम्बर, 1989

मुख्यालय : यमुनानगर

क्षेत्रफल : 1,768 वर्ग किमी.

उप-मण्डल : जगाधरी, बिलासपुर, रादौर

तहसील : जगाधरी, छछरौली, बिलासपुर, रादौर

उप-तहसील : सढ़ौरा, सरस्वती नगर, खिजराबाद

खण्ड : बिलासपुर, छछरौली, जगाधरी, रादौर, सढ़ौरा, मुस्तफाबाद, खिजराबाद

विधानसभाई क्षेत्र : जगाधरी, रादौरा, यमुनानगर, सढ़ौरा (अ.जा.)

पर्यटन स्थल : पंचमुखी हनुमान मंदिर, छछरौली, चित्रा मंदिर, श्री कालेश्वर महादेवमठ यमुनानगर, गुरुद्वारा कपाल मोचन बिलासपुर, पोण्टा सहिब यमुनानगर, हथिनीकुण्ड।

जनसंख्या (2011) : 12,14,205

पुरुष : 6,46,718

महिलाएँ : 5,67,487

दशकीय वृद्धि दर : (2001-2011) 16.57 प्रतिशत

जनसंख्या घनत्वः 687 व्यक्ति प्रति वर्ग किमी.

लिंग अनुपातः 877 महिलाएं (1,000 पुरुषों पर)

साक्षरता दर : 78.0 प्रतिशत

पुरुष : 83.8 प्रतिशत

महिला : 71.4 प्रतिशत

नगरीय जनसंख्या (2011) : 38.93 प्रतिशत

अनुसूचित जाति जनसंख्या (2011) : 3,06,743

प्रमुख नगर : यमुनानगर, जगाधरी, ससौली, जगाधरी रेलवे कारखाना, सढ़ौरा, बिलासपुर, राठौर, फरखपुर, कान्सेपुर, छछरौली।

नदी : यमुना

प्रमुख उद्योग-धन्धे : कागज, चीनी, फर्नीचर, पीतल के बर्तन, रोलिंग मिल, स्टार्च, शराब, चीनी बनाने की मशीनें आदि।

कुरुक्षेत्र

जिले के रूप में विकसित : 23 जनवरी, 1973

मुख्यालय : कुरुक्षेत्र

क्षेत्रफल : 1,530 वर्ग किमी.

उप-मण्डल : थानेसर, पेहोवा, शाहबाद, लाडवा

तहसील : थानेसर, पेहोवा, शाहबाद, लाडवा

उप-तहसील : इस्माइलाबाद, बबैन

खण्ड : लाडवा, पेहोवा, शाहबाद, थानेसर, बबैन, इस्माइलाबाद, पिपली

विधानसभाई क्षेत्र : लाडवा, शाहबाद (अ.जा.), थानेसर, पेहोवा

पर्यटन स्थल : (360 तीर्थ), ब्रह्म सरोवर, ज्योतिसर, कमली वाले बाबा का डेरा, कपाल मोचन, बिरला मंदिर, थानेश्वर महादेव मंदिर, महाकाली मंदिर, लक्ष्मी नारायण मंदिर, पेहोवा, पंचवटी, चन्द्ररूप, गीता भवन, वाल्मीकि आश्रम, कमलनमा तीर्थ, कालेश्वर तीर्थ, प्राची, कुबेर तीर्थ, नरकातरी कमोदा, कुरुक्षेत्र महाभारत युद्ध एवं श्रीमद्भगवद् गीता का जन्म स्थल के रूप में प्रसिद्ध।

जनसंख्या (2011) : 9,64,655

पुरुष : 5,10,976

महिलाएँ : 4,53,679

दशकीय वृद्धि दर : (2001-2011) 16.86 प्रतिशत

जनसंख्या घनत्वः 630 व्यक्ति प्रति वर्ग किमी.

लिंग अनुपात : 888 महिलाएं (1,000 पुरुषों पर)

साक्षरता दर : 76.3 प्रतिशत

पुरुष : 83.0 प्रतिशत

महिला : 68.8 प्रतिशत

अनुसूचित जाति जनसंख्या (2011): 2,15,128

पुरुष : 1,13,311

महिला : 1,01,817

नगरीय जनसंख्या (2011) : 28.92 प्रतिशत

प्रमुख नगर : थानेसर, रतगल, पेहोवा, लाडवा, शाहबाद

नदी : सरस्वती

प्रमुख उद्योग धन्धे : हथकरघा उद्योग, चीनी, कृषि उपकरण, खाद्य उत्पाद, जलभरण।

कैथल

जिले के रूप में विकसित : 1 नवम्बर, 1989

मुख्यालय : कैथल

क्षेत्रफल : 2,317 वर्ग किमी.

उप-मण्डल : कैथल, गुहला, कलायत

तहसील : कैथल, गुहला, फतेहपुर पुण्डरी, कलायत

उप-तहसील : सीवन, राजौंद, ढाण्ड

खण्ड : गुहला स्थित चीका, कैथल, पुण्डरी, कलायत, राजौंद, सीवन, ढाण्ड

विधानसभाई क्षेत्र : कलायत, कैथल, गुहला (अ.जा.), पुण्डरी

पर्यटन स्थल : गुरुद्वारा नीम साहिब, गुरुद्वारा मनजी साहिब, नवग्रह कुण्ड, बाबा लडाना, मेला पुण्डरक।

जनसंख्या (2011) : 10,72,861

पुरुष : 5,70,595

महिलाएँ : 5,02,266

दशकीय वृद्धि दर : (2001-2011) 13.3 प्रतिशत

नगरीय जनसंख्या (2011) : 21.96 प्रतिशत

जनसंख्या घनत्व : 464 व्यक्ति प्रति वर्ग किमी.

लिंग अनुपात : 881 महिलाएं (1,000 पुरुषों पर)

साक्षरता दर : 69.2 प्रतिशत

पुरुष : 78.0 प्रतिशत

महिला : 59.2 प्रतिशत

अनुसूचित जाति जनसंख्या (2011): 2,47,513

पुरुष : 1,31,486

महिला : 1,16,027

प्रमुख नगर : कैथल, चीका, कलायत, पुण्डरी

नदियाँ : घग्घर व सरस्वती

प्रमुख उद्योग धन्धे : हथकरघा, चीनी, कृषि उपकरण आदि।

रोहतक

जिले के रूप में विकसित : 1 नवम्बर, 1966

मुख्यालय : रोहतक

क्षेत्रफल : 1,745 वर्ग किमी.

उप-मण्डल : रोहतक, महम, सांपला

तहसील : रोहतक, महम, सांपला, कलानौर

उप-तहसील : लाखन माजरा

खण्ड : कलानौर, लाखन माजरा, महम, रोहतक, सांपला

विधानसभाई क्षेत्र : गढ़ी सांपला किलोई, रोहतक, महम, कलानौर (अ.जा.)

पर्यटन स्थल : तिलयार झील, मैना और नौरंग (महम), शिवालय (चिपलगांव), गुरु कर्ण तालाब, दिनी मस्जिद, शीशे वाली मस्जिद, लाल मस्जिद आदि।

जनसंख्या (2011) : 10,61,204

पुरुष : 5,68,479

महिलाएँ : 4,92,725

जनसंख्या घनत्व : 608 व्यक्ति प्रति वर्ग किमी.

लिंग अनुपात : 867 महिलाएं (1,000 पुरुषों पर)

दशकीय वृद्धि दर : (2001-2011) 12.88 प्रतिशत

नगरीय जनसंख्या (2011) : 42.01 प्रतिशत

प्रमुख नगर : रोहतक, महम, कलानौर, एच.बी. कालोनी

साक्षरता दर : 80.2 प्रतिशत

पुरुष : 87.7 प्रतिशत

महिला : 71.7 प्रतिशत

अनुसूचित जाति जनसंख्या (2011) : 2,16,889

पुरुष : 1,15,573

महिला : 1,01,316

प्रमुख उद्योग धन्धे : खाद्य उत्पाद, कपास गिनिंग, चीनी, पॉवर लूम।

करनाल

जिले के रूप में विकसित : 1 नवम्बर, 1966

मुख्यालय : करनाल

क्षेत्रफल : 2,520 वर्ग किमी.

उप-मण्डल : करनाल, असन्ध, इन्द्री, घरौंडा

तहसील : करनाल, असन्ध, नीलोखेड़ी, इन्द्री, घरौंडा

उप-तहसील : निसिंग, बल्ला, निगधु

खण्ड : घरौंडा, इन्द्री, करनाल, नीलोखेड़ी, निसिंग स्थित चीड़ाओं, असन्ध, मुनक, कुंजुपुरा

विधानसभाई क्षेत्र : इन्द्री, नीलोखेड़ी (अ.जा.), करनाल, घरौंडा, असन्ध

पर्यटन स्थल : कर्ण झील, ओसिस (ऊचाना), पुण्का पुल मजार।

जनसंख्या (2011) : 15,05,324

पुरुष : 7,97,712

महिलाएँ : 7,07,612

दशकीय वृद्धि दर : (2001-2011) 18.14 प्रतिशत

जनसंख्या घनत्व : 597 व्यक्ति प्रति वर्ग किमी.

लिंग अनुपात : 887 महिलाएं (1,000 पुरुषों पर)

साक्षरता दर : 74.7 प्रतिशत

पुरुष : 81.8 प्रतिशत

महिला : 66.8 प्रतिशत

अनुसूचित जाति जनसख्या (2011): 3,39,604

पुरुष : 1,79,681

महिला : 1,59,923

नगरीय जनसंख्या (2011) : 30.27 प्रतिशत

प्रमुख नगर : करनाल, नीलोखेड़ी, तारौरी, इन्द्री, ऊंचा सिवान, असन्ध, घरोंडा

प्रमुख खनिज : शोरा

नदी : यमुना

प्रमुख उद्योग धन्धे : चीनी, जूता, वनस्पति घी आदि।

पानीपत

जिले के रूप में विकसित : 1 नवम्बर, 1989
मुख्यालय : पानीपत
क्षेत्रफल : 1,268 वर्ग किमी.
उप-मण्डल : पानीपत, समालखा
तहसील : पानीपत, समालखा, इसराना, बापौली, मडलौडा
उप-तहसील : –
खण्ड : पानीपत, इसराना, मडलौडा, समालखा, बापौली, सनौली खुर्द
विधानसभाई क्षेत्र : पानीपत ग्रामीण, पानीपत सिटी, इसराना (अ.जा.), समालखा।
पर्यटन स्थल : स्काई लार्क, काला अम्ब, ब्लू खे (समालखा), शिव मंदिर।
जनसंख्या (2011) : 12,05,437
पुरुष : 6,46,857
महिलाएँ : 5,58,580
दशकीय वृद्धि दर : (2001-2011) : 24.60 प्रतिशत
जनसंख्या घनत्व : 951 व्यक्ति प्रति वर्ग किमी.
लिंग अनुपात : 864 महिलाएं (1,000 पुरुषों पर)
साक्षरता दर : 75.9 प्रतिशत
पुरुष : 83.7 प्रतिशत
महिला : 67.0 प्रतिशत
अनुसूचित जाति जनसंख्या (2011): 2,06,213
पुरुष : 1,09,695
महिला : 96,518
नगरीय जनसंख्या (2011) : 45.97 प्रतिशत
प्रमुख नगर : पानीपत, असन खुर्द, समालखा
प्रमुख खनिज : गन्धक
नदी : यमुना
प्रमुख उद्योग धन्धे : सूती तथा ऊनी वस्त्र, विद्युत उपकरण, चीनी, पेट्रोलियम रासायनिक पदार्थ, कालीन

सोनीपत

जिले के रूप में विकसित : 22 दिसम्बर, 1972
मुख्यालय : सोनीपत
क्षेत्रफल : 2,122 वर्ग किमी.
उप-मण्डल : सोनीपत, गोहाना, गन्नौर, खरखौदा
तहसील : सोनीपत, गन्नौर, गोहाना, खरखौदा
उप-तहसील : खानपुर कलां, राई
खण्ड : गन्नौर, खरखौदा, राई, सोनीपत, मुण्डलाना, कथूरा, गोहाना, मुरथल
विधानसभाई क्षेत्र : गन्नौर, खरखौदा (अ.जा.), सोनीपत, राई, बड़ौदा, गोहाना
पर्यटन स्थल : चकौर
जनसंख्या (2011) : 14,50,001
पुरुष : 7,81,299
महिलाएँ : 6,68,702
दशकीय वृद्धि दर : (2001-2011) : 13.35 प्रतिशत
जनसंख्या घनत्व : 683 व्यक्ति प्रति वर्ग किमी.
लिंग अनुपात : 856 महिलाएं (1,000 पुरुषों पर)
साक्षरता दर : 79.1 प्रतिशत
पुरुष : 87.2 प्रतिशत
महिला : 69.8 प्रतिशत
अनुसूचित जाति जनसंख्या (2011) : 2,69,935
पुरुष : 1,44,516
महिला : 1,25,419
नगरीय जनसंख्या (2011) : 30.51 प्रतिशत
प्रमुख नगर : सोनीपत, कबीरपुर, बन्देपुर, सादीपुर, लहरारा, गोहाना, गन्नौर, खरखौदा
नदी : यमुना नदी
प्रमुख उद्योग धन्धे : साइकिल, मशीनी उपकरण, सूती वस्त्र, हौजरी, चीनी, सिलाई मशीन, कालीन, हैण्डलूम वस्त्र, हस्तशिल्प उद्योग, ताबें के बर्तन।

झज्जर

जिले के रूप में विकसित : 15 जुलाई, 1997
मुख्यालय : झज्जर
क्षेत्रफल : 1,834 वर्ग किमी.
उप-मण्डल : झज्जर, बहादुरगढ़, बेरी, बादली
तहसील : झज्जर, बहादुरगढ़, बेरी, मातनहैल, बादली
उप-तहसील : साल्हावास
खण्ड : झज्जर, बहादुरगढ़, बेरी, साल्हावास, मातनहेल, बादली, मछरौली
विधानसभाई क्षेत्र : बेरी, झज्जर (अ.जा.), बादली, बहादुरगढ़
पर्यटन स्थल : ठाकुरद्वारा
जनसंख्या (2011) : 9,58,405

पुरुष : 5,14,667
महिलाएँ : 4,43,738
दशकीय वृद्धि दर : (2001-2011) : 8.90 प्रतिशत
जनसंख्या घनत्व : 523 व्यक्ति प्रति वर्ग किमी.
लिंग अनुपात : 862 महिलाएं (1,000 पुरुषों पर)
साक्षरता दर : 80.6 प्रतिशत
पुरुष : 89.3 प्रतिशत
महिला : 70.7 प्रतिशत
अनुसूचित जाति जनसंख्या (2011): 1,70,448
पुरुष : 90,856
महिला : 79,592
नगरीय जनसंख्या (2011) : 25.39 प्रतिशत
प्रमुख नगर : परनाला, झज्जर, बहादुरगढ़, हसनपुर, सांखोल, बेरी तथा लाडरावास
प्रमुख उद्योग धन्धे : मशीनी उपकरण, ऑटोमोबाईल पार्ट्स, डीजल इंजन, विद्युत पम्प, कम्प्यूटर स्टेशनरी, सिरेमिक तथा इस्पात पाइप।

फरीदाबाद

जिले के रूप में विकसित : 2 अगस्त, 1979
मुख्यालय : फरीदाबाद
क्षेत्रफल : 743 वर्ग किमी.
उप-मण्डल : फरीदाबाद, बल्लभगढ़, बडखल
तहसील : फरीदाबाद, बल्लभगढ़, बडखल
उप-तहसील : मोहना, तिगांव, धोज, दयालपुर, गौंच्छी
खण्ड : फरीदाबाद, बल्लभगढ़, तिगांव
विधानसभाई क्षेत्र : पृथला, फरीदाबाद नीट, बडखल, तिगांव, फरीदाबाद, बल्लभगढ़
पर्यटन स्थल : राजा नाहरसिंह का किला (बल्लभगढ़)
जनसंख्या (2011) : 18,09,733
पुरुष : 9,66,110
महिलाएँ : 8,43,623
दशकीय वृद्धि दर : (2001-2011) : 32.54 प्रतिशत
जनसंख्या घनत्व : 2442 व्यक्ति प्रति वर्ग किमी.
लिंग अनुपात : 873 महिलाएं (1,000 पुरुषों पर)
साक्षरता दर : 81.7 प्रतिशत
पुरुष : 88.6 प्रतिशत
महिला : 73.8 प्रतिशत
अनुसूचित जाति जनसंख्या (2011): 2,23,799
पुरुष : 1,19,495
महिला : 1,04,304
नगरीय जनसंख्या (2011) : 79.44 प्रतिशत
प्रमुख नगर : फरीदाबाद, तिलपत
नदी : यमुना
प्रमुख उद्योग धन्धे : मशीन उपकरण, ट्रैक्टर, मोटर साइकिल, इस्पात, ट्यूब, पावरलूम, रासायनिक पदार्थ तथा औषधि।

गुरुग्राम

जिले के रूप में विकसित : 1 नवम्बर, 1966
मुख्यालय : गुरुग्राम
क्षेत्रफल : 2,714 वर्ग किमी.
उप-मण्डल : गुरुग्राम, सोहना, पटौदी, बादशाहपुर
तहसील : गुरुग्राम, पटौदी, सोहना, फरुख नगर, मानेसर, वजीराबाद
उप-तहसील : बादशाहपुर, कड़ीपुर, हरसारू
खण्ड : फरूख नगर, गुरुग्राम, पटौदी, सोहना
विधानसभाई क्षेत्र : सोहना, गुरुग्राम, पटौदी (अ.जा.), बादशाहपुर
पर्यटन स्थल : शामा, सुल्तानपुर पक्षी विहार, माता शीतला देवी मंदिर, सराय अलावर्दी मस्जिद, सोहना का किला।
जनसंख्या (2011) : 15,14,432
पुरुष : 8,16,690
महिलाएँ : 6,97,742
दशकीय वृद्धि दर : (2001-2011) 73.14 प्रतिशत
जनसंख्या घनत्व : 1204 व्यक्ति प्रति वर्ग किमी.
लिंग अनुपात : 854 महिलाएं (1,000 पुरुषों पर)
साक्षरता दर : 84.7 प्रतिशत
पुरुष : 90.5 प्रतिशत
महिला : 78.0 प्रतिशत
अनुसूचित जाति जनसंख्या (2011) : 1,97,937
पुरुष : 1,04,332
महिला : 93,605
नगरीय जनसंख्या (2011) : 68.82 प्रतिशत
प्रमुख नगर : गुरुग्राम, सिलोखरा, झारसा, सुखराली, हेलीमण्डी, पटौदी
नदी : साहिबी
प्रमुख उद्योग धन्धे : वस्त्र उद्योग, पावरलूम वस्त्र उद्योग, कृषि उपकरण, मारुति कार आदि।

रेवाड़ी

जिले के रूप में विकसित : 1 नवम्बर, 1989
मुख्यालय : रेवाड़ी
क्षेत्रफल : 1,594 वर्ग किमी.
उप-मण्डल : रेवाड़ी, कोसली, बावल
तहसील : रेवाड़ी, बावल, कोसली
उप-तहसील : धारूहेड़ा, डहीना, मनेठी, नाहड़, पहलावास
खण्ड : रेवाड़ी, खोल स्थित रेवाड़ी, जाटुसाना, नाहड़, बावल, डहीना, धारूहेड़ा
विधानसभाई क्षेत्र : कोसली, रेवाड़ी, बावल (अ.जा.)
पर्यटन स्थल : जंगल, बाब्लर, (धारूहेड़ा) सेन्ड पाइपर, रावतेज सिंह तालाब, बागवाला तालाब, रेड मस्जिद, हनुमान मंदिर, घण्टेश्वर मंदिर।
जनसंख्या (2011) : 9,00,332
पुरुष : 4,74,335
महिलाएँ : 4,25,997
दशकीय वृद्धि दर : (2001-2011) : 17.64 प्रतिशत
जनसंख्या घनत्व : 565 व्यक्ति प्रति वर्ग किमी.
लिंग अनुपात : 898 महिलाएं (1,000 पुरुषों पर)
साक्षरता दर : 81 प्रतिशत
पुरुष : 91.4 प्रतिशत
महिला : 69.6 प्रतिशत
अनुसूचित जाति जनसंख्या (2011) : 1,82,606
पुरुष : 95,571
महिलाएँ : 87,035
नगरीय जनसंख्या (2011) : 25.82 प्रतिशत
प्रमुख नगर : रेवाड़ी, धारूहेड़ा, बावल, रेवाड़ी (ग्रा.)
नदी : साहिबी
प्रमुख उद्योग धन्धे : दाल तथा तेल मिलें, धातु उद्योग।

महेन्द्रगढ़

जिले के रूप में विकसित : 1 नवम्बर, 1966
मुख्यालय : नारनौल
क्षेत्रफल : 1899 वर्ग किमी.
उप-मण्डल : महेन्द्रगढ़, नारनौल, कनीना
तहसील : महेन्द्रगढ़, नारनौल, नांगल चौधरी, अटेली, कनीना
उप-तहसील : सतनाली
खण्ड : अटेली नांगल, कनीना, महेन्द्रगढ़, नांगल चौधरी, नारनौल, सिहमा, निजामपुर, सतनाली
विधानसभाई क्षेत्र : महेन्द्रगढ़, अटेली, नारनौल, नांगल चौधरी
पर्यटन स्थल : धोसी तीर्थस्थल, माधोवाल मंदिर, चामुण्डा देवी मंदिर, भगवान शिव मंदिर, दरगाह हमजापीर आदि।
जनसंख्या (2011) : 9,22,088
पुरुष : 4,86,665
महिलाएँ : 4,35,423
दशकीय वृद्धि दर : (2001-2011) : 13.48 प्रतिशत
जनसंख्या घनत्व : 486 व्यक्ति प्रति वर्ग किमी.
लिंग अनुपात : 895 महिलाएं (1,000 पुरुषों पर)
साक्षरता दर : 77.7 प्रतिशत
पुरुष : 89.7 प्रतिशत
महिला : 64.6 प्रतिशत
अनुसूचित जाति जनसख्या (2011): 1,56,314
पुरुष : 82,420
महिला : 73,894
नगरीय जनसंख्या (2011) : 14.42 प्रतिशत
प्रमुख नगर : महेन्द्रगढ़, फनीना, नारनौल, नांगल चौधरी, अटेली
नदी : दोहन नदी
खनिज : लौह अयस्क, चूना पत्थर, संगमरमर, एस्बेस्टस, स्लेट
प्रमुख उद्योग धन्धे : खनन उद्योग

नूंह

जिले के रूप में विकसित : 4 अप्रैल, 2005
मुख्यालय : नूंह
क्षेत्रफल : 1,874 वर्ग किमी.
उप-मण्डल : नूंह, फिरोजपुर झिरका, पुन्हाना, तावडू
तहसील : फिरोजपुर झिरका, पुन्हाना, नूंह, तावडू
उप-तहसील : नगीना, इन्द्री
खण्ड : फिरोजपुर झिरका, पुन्हाना, नगीना, नूंह, तावडू, इन्द्री, पिंगवां
विधानसभाई क्षेत्र : फिरोजपुर झिरका, नूंह, पुन्हाना
जनसंख्या (2011) : 10,89,263
पुरुष : 5,71,162
महिलाएँ : 5,18,101
ग्रामीण जनसंख्या (2011) : 88.61 प्रतिशत
नगरीय जनसंख्या (2011) : 11.38 प्रतिशत
साक्षरता दर : 54.1 प्रतिशत

पुरुष : 69.9 प्रतिशत
महिला : 36.0 प्रतिशत
अनुसूचित जाति जनसंख्या (2011) : 75,251
पुरुष : 39,743
महिला : 35,508

हिसार

जिले के रूप में विकसित : 1 नवम्बर, 1966
मुख्यालय : हिसार
क्षेत्रफल : 3,983 वर्ग किमी.
उप-मण्डल : हिसार, हांसी, बरवाला, नारनौंद
तहसील : हिसार, आदमपुर, हांसी, नारनौंद, बरवाला, बास
उप-तहसील : उकलाना मण्डी, बालसमन्द, खेरी जलाब
खण्ड : आदमपुर, बरवाला, हांसी-I, हांसी-II, हिसार-I, हिसार-II, नारनौंद, अग्रोहा, उकलाना
विधानसभाई क्षेत्र : उकलाना (अ.जा.), नालवा, बरवाला, नारनौंद, हांसी, हिसार, आदमपुर
पर्यटन स्थल : ब्लूबर्ड
विश्वविद्यालय : चौधरी चरणसिंह कृषि विश्व- विद्यालय, गुरू जम्बेश्वर विश्वविद्यालय
राष्ट्रीय संस्थान : राष्ट्रीय अश्व शोध केन्द्र, केन्द्रीय भैंस शोध संस्थान
जनसंख्या (2011) : 17,43,931
पुरुष : 9,31,562
महिलाएँ : 8,12,369
दशकीय वृद्धि दर : (2001-2011) : 13.45 प्रतिशत
जनसंख्या घनत्व : 438 व्यक्ति प्रति वर्ग किमी.
लिंग अनुपात : 872 महिलाएं (1,000 पुरुषों पर)
साक्षरता दर : 72.9 प्रतिशत
पुरुष : 82.2 प्रतिशत
महिलाएँ : 62.3 प्रतिशत
अनुसूचित जाति जनसंख्या (2011): 4,08,785
पुरुष : 2,17,338
महिला : 1,91,447
नगरीय जनसंख्या (2011) : 31.73 प्रतिशत
प्रमुख नगर : नारनौंद, हांसी, हिसार, उलखना मण्डी, बरवाला
प्रमुख उद्योग धन्धे : कृषि यन्त्र, सिलाई मशीन, हैण्डलूम वस्त्र, कपास छंटाई

भिवानी

जिले के रूप में विकसित : 22 दिसम्बर, 1972
मुख्यालय : भिवानी
क्षेत्रफल : 3,283 वर्ग किमी.
उप-मण्डल : भिवानी, तोशाम, लोहारू, सिवानी
तहसील : भिवानी, बवानी खेड़ा, तोशाम, लोहारू, सिवानी
उप-तहसील : बेहल
खण्ड : भिवानी, बवानी खेड़ा, लोहारू, तोशाम, कैरू, सिवानी, बेहल
पर्यटन स्थल : तोशाम के पंचतीर्थ, रेड-रोबिन, दरांगो
जनसंख्या (2011) : 16,34,445 (चरखी–दादरी जिले की भी जनसंख्या शामिल है)
पुरुष : 8,66,672
महिलाएँ : 7,67,773
दशकीय वृद्धि दर : (2001-2011) : 14.70 प्रतिशत
जनसंख्या घनत्व : 342 व्यक्ति प्रति वर्ग किमी.
लिंग अनुपात : 886 महिलाएं (1,000 पुरुषों पर)
साक्षरता दर : 75.2 प्रतिशत
पुरुष : 85.6 प्रतिशत
महिलाएँ : 63.5 प्रतिशत
अनुसूचित जाति जनसंख्या (2011): 3,41,162
पुरुष : 1,81,475
महिलाएँ : 1,59,687
नगरीय जनसंख्या (2011) : 19.80 प्रतिशत
प्रमुख नगर : भिवानी खेड़ा, भिवानी, तोशाम, सिवानी, लोहारू
प्रमुख उद्योग धन्धे : वस्त्र उद्योग, कपास छंटाई व दबाई, हल्के निर्माण उद्योग, तेल मिल

फतेहाबाद

जिले के रूप में विकसित : 15 जुलाई, 1997
मुख्यालय : फतेहाबाद
क्षेत्रफल : 2,538 वर्ग किमी.
उप-मण्डल : फतेहाबाद, टोहाना, रतिया
तहसील : फतेहाबाद, टोहाना, रतिया
उप-तहसील : भूना, भट्टूकलां, जाखल, कूलां
खण्ड: फतेहाबाद, टोहाना, रतिया, भट्टूकलां, भूना, जाखल, नागपुर
विधानसभाई क्षेत्र : टोहाना, रतिया (अ.जा.), फतेहाबाद
जनसंख्या (2011) : 9,42,011

पुरुष : 4,95,360
महिलाएँ : 4,46,651
दशकीय वृद्धि दर : (2001-2011) : 16.85 प्रतिशत
जनसंख्या घनत्व : 371 व्यक्ति प्रति वर्ग किमी.
लिंग अनुपात : 902 महिलाएं (1,000 पुरुषों पर)
साक्षरता दर : 67.9 प्रतिशत
पुरुष : 76.1 प्रतिशत
महिलाएँ : 58.9 प्रतिशत
अनुसूचित जाति जनसंख्या (2011) : 2,84,357
पुरुष : 1,49,111
महिलाएँ : 1,35,246
नगरीय जनसंख्या (2011) : 19.04 प्रतिशत
प्रमुख नगर : फतेहाबाद, तोहाना, रतिया, जाखल मण्डी
प्रमुख उद्योग धन्धे : सूती धागा

सिरसा

जिले के रूप में विकसित : 26 अगस्त, 1975
मुख्यालय : सिरसा
क्षेत्रफल : 4,277 वर्ग किमी.
उप-मण्डल : सिरसा, डबवाली, ऐलनाबाद, कलांवाली
तहसील : सिरसा, डबवाली, ऐलनाबाद, रानिया, नाथूसारी चौपटा, कलावली
उप-तहसील : गौरीवाला
खण्ड : डबवाली, बढ़ागुढ़ा, ऐलनाबाद, रानिया, सिरसा, ओढ़ां, नाथूसारी चौपटा
विधानसभाई क्षेत्र : कालांवली (अ.जा.), राविया, ऐलनाबाद, सिरसा, डबवाली
पर्यटन स्थल : काला तीतर
जनसंख्या (2011) : 12,95,189
पुरुष : 6,82,582
महिलाएँ : 6,12,607
दशकीय वृद्धि दर : (2001-2011) : 15.99 प्रतिशत
जनसंख्या घनत्व : 303 व्यक्ति प्रति वर्ग किमी.
लिंग अनुपात : 897 महिलाएं (1,000 पुरुषों पर)
साक्षरता दर : 68.8 प्रतिशत
पुरुष : 76.4 प्रतिशत
महिला : 60.4 प्रतिशत
अनुसूचित जाति जनसंख्या (2011): 3,87,381
पुरुष : 2,02,430
महिलाएँ : 1,84,951
नगरीय जनसंख्या (2011) : 24.74 प्रतिशत
प्रमुख नगर : कलांवाली, रानिया, सिरसा, मण्डी डबवाली, ऐलनाबाद
नदी : घग्घर नदी
प्रमुख उद्योग धन्धे : कपास छंटाई, कागज उद्योग, पावरलूम

जींद

जिले के रूप में विकसित : 1 नवम्बर, 1966
मुख्यालय : जींद
क्षेत्रफल : 2,702 वर्ग किमी.
उप-मण्डल : जींद, सफीदों, नरवाना, उचाना
तहसील : जींद, सफीदों, नरवाना, जुलाना, उचानां, अलेवा
उप-तहसील : पिल्लूखेड़ा
खण्ड : जींद, जुलाना, पिल्लूखेड़ा, सफीदों, उचाना, नरवाना, अलेवा, उझाना
विधानसभाई क्षेत्र : नरवाना (अ.जा.), उचाना कलां, जींद, जुलाना, सफीदों
पर्यटन स्थल : हरियल (नरवाना), बुलबुल (जींद), पाण्डू-पिण्डारा, प्राचीन धर्म स्थल– पुष्कर तीर्थ, बराह, धामतन साहिब, जमनी, हत्केश्वर, हन्सडेसर आदि।
जनसंख्या (2011) : 13,34,152
पुरुष : 7,13,006
महिलाएँ : 6,21,146
दशकीय वृद्धि दर : (2001-2011) : 12.13 प्रतिशत
जनसंख्या घनत्व : 494 व्यक्ति प्रति वर्ग किमी.
लिंग अनुपात : 871 महिलाएं (1,000 पुरुषों पर)
साक्षरता दर : 71.4 प्रतिशत
पुरुष : 80.8 प्रतिशत
महिला : 60.8 प्रतिशत
अनुसूचित जाति जनसंख्या (2011): 2,82,351
पुरुष : 1,50,940
महिलाएँ : 1,31,411
नगरीय जनसंख्या (2011) : 22.81 प्रतिशत
प्रमुख नगर : जींद, नरवाना, उचाना, जुलाना, साफीडोंन आदि
प्रमुख उद्योग धन्धे : चीनी, सूती वस्त्र, कपास गिनिंग, इस्पात रिरोलिंग, पावरलूम वस्त्र उद्योग, इस्पात ट्यूब आदि।

पलवल

जिले के रूप में विकसित : 13 अगस्त, 2008
मुख्यालय : पलवल
क्षेत्रफल : 1,368 वर्ग किमी.
उप-मण्डल : पलवल, होडल, हथीन
तहसील : पलवल, होडल, हथीन
उप-तहसील : हसनपुर, बहीन
खण्ड : पलवल, होडल, हसनपुर, हथीन, पृथला, बडोली
विधानसभाई क्षेत्र : हथीन, होडल (अ.जा.), पलवल
जनसंख्या (2011) : 10,42,708
पुरुष : 5,54,497
महिलाएँ : 4,88,211
दशकीय वृद्धि दर : (2001-2011) : 25.76 प्रतिशत
जनसंख्या घनत्व : 762 व्यक्ति प्रति वर्ग किमी.
लिंग अनुपात : 880 महिलाएं (1,000 पुरुषों पर)
साक्षरता दर : 69.3 प्रतिशत
पुरुष : 82.7 प्रतिशत
महिला : 54.2 प्रतिशत
नगरीय जनसंख्या (2011) : 22.64 प्रतिशत
पर्यटन स्थल : पंचवटी मंदिर, दबचिक, सती का स्थान
अनुसूचित जाति जनसंख्या (2011): 2,03,123
पुरुष : 1,07,741
महिलाएँ : 95,382

चरखी दादरी

जिले के रूप में विकसित : 1 दिसम्बर, 2016
मुख्यालय : दादरी
क्षेत्रफल : 1,370.11 वर्ग किमी.
उप मंडल : चरखी दादरी, बादड़ा
तहसील : चरखी दादरी, बादड़ा
उप तहसील : बौंदकला
खण्ड : चरखी दादरी, बादड़ा, बौंदकला, झोंजू

जनसंख्या (2011 के अनुसार)

2011 की जनगणना के अनुसार हरियाणा की कुल जनसंख्या 2,53,51,462 है। प्रदेश की कुल जनसंख्या में 1,34,94,734 पुरुष और 1,18,56,728 महिलायें हैं।

प्रदेश में 2011 में जनसंख्या का घनत्व 573 व्यक्ति प्रति कि॰मी॰ हो गया है जबकि 2001 में यह 478 व्यक्ति प्रति कि॰मी॰ था। 2001 में हरियाणा की जनसंख्या 2,11,44,564 थी और 2011 में बढ़कर 2,53,51,462 हो गई। इस प्रकार 2001 और 2011 के बीच राज्य की जनसंख्या में 19.90 प्रतिशत की वृद्धि हुई।

इस प्रदेश की कुल जनसंख्या भारत की कुल जनसंख्या की लगभग 2.09 प्रतिशत है। प्रदेश की लगभग तीन-चौथाई जनसंख्या गाँवों में रहती है। सिरसा क्षेत्रफल की दृष्टि से तथा फरीदाबाद जनसंख्या की दृष्टि से सबसे बड़े ज़िले हैं।

हरियाणा प्रदेश में जनसंख्या का घनत्व सम्पूर्ण देश के जनसंख्या के घनत्व की तुलना में अधिक है। सम्पूर्ण देश में जनसंख्या का औसत घनत्व 382 है, जबकि हरियाणा में जनसंख्या का घनत्व 573 है। प्रदेश के अम्बाला, सोनीपत, पानीपत और फरीदाबाद जिलों में अन्य जिलों की अपेक्षा जनसंख्या का घनत्व अधिक है। जबकि प्रदेश के भिवानी, हिसार, सिरसा और फतेहाबाद जिलों में जनसंख्या का घनत्व कम है।

जनगणना 2011 : एक दृष्टि में (CENSUS 2011 : AT A GLANCE)

- **जनसंख्या** : 2,53,51,462
- **पुरुष जनसंख्या** : 1,34,94,734
- **महिला जनसंख्या** : 1,18,56,728
- **जनसंख्या घनत्व** : 573 (प्रति वर्ग किमी.)
- **दशकीय वृद्धि दर** (2001-2011) : 19.90%
- **लिंगानुपात** : 879
- **साक्षरता दर** : 75.6%
- **पुरुष साक्षरता** : 84.1%
- **महिला साक्षरता** : 65.9%
- **साक्षर (कुल)** : 1,65,98,988
- **साक्षर पुरुष** : 97,94,067
- **साक्षर महिला** : 68,04,921
- **सर्वाधिक जनसंख्या वाला जिला** : फरीदाबाद (18,09,733)

- **सबसे कम जनसंख्या वाला जिला** : पंचकुला (5,61,293)
- **दस लाख से अधिक जनसंख्या वाले जिलों की संख्या** : 15
- **सर्वाधिक दशकीय वृद्धि दर वाला जिला** : गुरुग्राम (+73.14)
- **सबसे कम दशकीय वृद्धि दर वाला जिला** : झज्जर (+8.90)
- **सर्वाधिक जनसंख्या घनत्व वाला जिला** : फरीदाबाद (2442)
- **सबसे कम जनसंख्या घनत्व वाला जिला** : सिरसा (303)
- **सर्वाधिक लिंगानुपात वाला जिला** : नूंह (907)
- **सबसे कम लिंगानुपात वाला जिला** : गुरुग्राम (853)
- **सर्वाधिक साक्षरता वाला जिला** : गुरुग्राम (84.7%)
- **सबसे कम साक्षरता वाला जिला** : नूंह (54.1%)
- **सर्वाधिक पुरुष साक्षरता वाला जिला** : रेवाड़ी (91.4%)
- **सबसे कम पुरुष साक्षरता वाला जिला** : नूंह (69.9%)
- **सर्वाधिक स्त्री साक्षरता वाला जिला** : गुरुग्राम (78.0%)
- **सबसे कम स्त्री साक्षरता वाला जिला** : नूंह (36.6%)

प्रदेश की जिलेवार जनसंख्या (2011)
(प्रतिशत दशकीय वृद्धि दर, लिंगानुपात एवं जनसंख्या घनत्व)

राज्य/ जिला	2011 में जनसंख्या			प्रतिशत दशकीय वृद्धि दर		स्त्री-पुरुष अनुपात		जनसंख्या घनत्व	
	व्यक्ति	पुरुष	स्त्री	1991-01	2001-11	2001	2011	2001	2011
हरियाणा	**2,53,51,462**	**1,34,94,734**	**1,18,56,728**	**28.43**	**19.90**	**861**	**879**	**478**	**573**
पंचकुला	5,61,293	2,99,679	2,61,614	50.91	19.83	823	873	522	625
अम्बाला	11,28,350	5,98,703	5,29,647	25.78	11.23	868	885	644	717
यमुनानगर	12,14,205	6,46,718	5,67,487	29.19	16.57	862	877	589	687
कुरुक्षेत्र	9,64,655	5,10,976	4,53,679	23.32	16.86	866	888	540	630
कैथल	10,74,304	5,71,003	5,03,301	21.02	13.55	853	881	408	464
करनाल	15,05,324	7,97,712	7,07,612	23.06	18.14	865	887	506	597
पानीपत	12,05,437	6,46,857	5,58,580	38.58	24.60	829	864	763	951
सोनीपत	14,50,001	7,81,299	6,68,702	22.39	13.35	839	856	603	683
जींद	13,34,152	7,13,006	6,21,146	21.36	12.13	852	871	440	494
फतेहाबाद	9,42,011	4,95,360	4,46,651	24.76	16.85	884	902	318	371
सिरसा	12,95,189	6,82,582	6,12,607	23.59	15.99	882	897	261	303
हिसार	17,43,931	9,31,562	8,12,369	27.11	13.45	851	872	386	438
भिवानी*	16,34,445	8,66,672	7,67,773	22.49	14.70	879	886	298	342
रोहतक	10,61,204	5,68,479	4,92,725	21.00	12.88	847	867	539	608
झज्जर	9,58,405	5,14,667	4,43,738	23.06	8.90	847	862	480	523
महेन्द्रगढ़	9,22,088	4,86,665	4,35,423	19.16	13.48	918	895	428	486
रेवाड़ी	9,00,332	4,74,335	4,25,997	25.34	17.64	899	898	480	565
गुरुग्राम	15,14,432	8,16,690	6,97,742	44.15	73.14	850	854	717	1204
नूंह	10,89,263	5,71,162	5,18,101	45.67	38.65	899	907	526	729
फरीदाबाद	18,09,733	9,66,110	8,43,623	58.88	32.54	826	873	1744	2442
पलवल	10,42,708	5,54,497	4,88,211	34.21	25.76	862	880	606	766

*चरखी दादरी जिले के आंकड़े भी शामिल हैं।

हरियाणा : जिलेवार धर्मानुसार जनसंख्या (2011)

जिला	हिन्दू	सिख	मुस्लिम	अन्य धर्म	जोड़
अम्बाला	9,55,096	1,38,202	22,143	12,909	11,28,350
पंचकुला	4,90,702	40,951	23,451	6,189	5,61,293
यमुनानगर	9,84,929	84,455	1,38,569	6,252	12,14,205
कुरुक्षेत्र	8,05,175	1,40,395	15,970	3,115	9,64,655
कैथल	9,74,520	87,558	8,232	3,994	10,74,304
करनाल	13,41,002	1,26,207	31,650	6,462	15,05,324
पानीपत	10,83,936	25,064	86,622	9,815	12,05,437
सोनीपत	13,90,149	4,484	45,100	10,268	14,50,001
रोहतक	10,43,887	3,916	8,185	5,216	10,61,204
झज्जर	9,45,693	1,042	8,247	3,423	9,58,405
फरीदाबाद	15,88,407	34,572	1,61,680	25,074	18,09,733
पलवल	8,26,342	3,971	2,08,566	3,829	10,42,708
गुरुग्राम	14,08,801	15,097	70,842	19,692	15,14,432
नूंह	2,21,846	592	8,62,647	4,178	10,89,263
रेवाड़ी	8,89,133	1,804	5,713	3,682	9,00,332
महेन्द्रगढ़	9,13,251	1,737	5,660	1,440	9,22,088
भिवानी	16,11,031	2,401	15,515	5,498	16,34,445
जींद	12,76,669	29,103	23,016	5,364	13,34,152
हिसार	17,01,061	12,270	21,650	8,950	17,43,931
फतेहाबाद	7,79,243	1,50,969	8,360	3,439	9,42,011
सिरसा	9,40,255	3,38,962	9,524	6,448	12,95,189
जोड़	2,21,71,128	12,43,752	17,81,342	1,55,240	2,53,51,462

हरियाणा : अनुसूचित जातियों की संख्या (2011)

क्र०	जिला	कुल	पुरुष	स्त्रियां
1.	पंचकुला	101830	53868	47962
2.	अम्बाला	296246	156874	139372
3.	यमुनानगर	306743	163200	143543
4.	कुरुक्षेत्र	215128	113311	101817
5.	कैथल	247513	131486	116027
6.	करनाल	339604	179681	159923
7.	पानीपत	206213	109695	96518
8.	सोनीपत	269935	144516	125419
9.	जींद	282351	150940	131411
10.	सिरसा	387381	202430	184951
11.	हिसार	408785	217338	191447
12.	भिवानी*	341162	181475	159687

क्र०	जिला	कुल	पुरुष	स्त्रियां
13.	रोहतक	216889	115573	101316
14.	झज्जर	170448	90856	79592
15.	महेंद्रगढ़	156314	82420	73894
16.	रेवाड़ी	182606	95571	87035
17.	गुरुग्राम	197937	104332	93605
18.	नूंह	75251	39743	35508
19.	फरीदाबाद	223799	119495	104304
20.	पलवल	203123	107741	95382
21.	फतेहाबाद	284357	149111	135246
	कुल	5113615	2709656	2403959

** चरखी दादरी जिले के आंकड़े भी शामिल हैं।*

हरियाणा : ग्रामीण तथा नगरीय जनसंख्या : 2011

		ग्रामीण			नगरीय		
	जिला	कुल	पुरुष	स्त्रियाँ	कुल	पुरुष	स्त्रियाँ
1.	पंचकुला	248063	133153	114910	313230	166526	146704
2.	अम्बाला	627576	331703	295873	500774	267000	233774
3.	यमुनानगर	741376	393957	347419	472829	252761	220068
4.	कुरुक्षेत्र	685430	361020	324410	279225	149956	129269
5.	कैथल	838293	445931	392362	236011	125072	110939
6.	करनाल	1050514	557110	493404	454810	240602	214208
7.	पानीपत	650352	349642	300710	555085	297215	257870
8.	सोनीपत	996637	538750	457887	453364	242549	210815
9.	जींद	1028569	550519	478050	305583	162487	143096
10.	फतेहाबाद	762423	400814	361609	179588	94546	85042
11.	सिरसा	975941	514177	461764	319248	168405	150843
12.	हिसार	1190443	634139	556304	553488	297423	256065
13.	भिवानी*	1313123	696212	616911	321322	170460	150862
14.	रोहतक	615040	332034	283006	446164	236445	209719
15.	झज्जर	715066	384219	330847	243339	130448	112891
16.	महेन्द्रगढ़	789233	416358	372875	132855	70307	62548
17.	रिवाड़ी	666902	349710	317192	233430	124625	108805
18.	गुरुग्राम	472179	251462	220717	1042253	565228	477025
19.	नूंह	965157	506086	459071	124106	65076	59030
20.	फरीदाबाद	370878	198103	172775	1438855	768007	670848
21.	पलवल	806164	428907	377257	236544	125590	110954
	हरियाणा	**16509359**	**8774006**	**7735353**	**8842103**	**4720728**	**4121375**

** चरखी दादरी जिले के आंकड़े भी शामिल हैं।*

पुरस्कार व सम्मान

हरियाणा सरकार द्वारा विभिन्न क्षेत्रों में दिए जाने वाले पुरस्कार निम्नलिखित हैं–

साहित्य पुरस्कार

सूर सम्मानः सूर सम्मान सन्त कवि सूरदास के नाम पर दिया जाता है। 5 लाख रुपए का यह हरियाणा का सर्वोच्च साहित्य सम्मान है जो प्रतिवर्ष प्रदान किया जाता है।

महर्षि वेद व्यास पुरस्कार, बाबू बालमुकुन्द पुरस्कार, महान लोककवि 'पंडित लख्मीचन्द पुरस्कार' एवं 'पंडित माधव प्रसाद मिश्र पुरस्कार' आदि अन्य महत्वपूर्ण साहित्यिक पुरस्कार हैं।

महर्षि वाल्मीकि पुरस्कारः यह पुरस्कार प्रतिवर्ष संस्कृति अकादमी प्रदान करती है। इसके अन्तर्गत एक संस्कृत विद्वान को प्रतिवर्ष 1.5 लाख रुपए के पुरस्कार से सम्मानित किया जाता है।

हाली पुरस्कारः हरियाणा उर्दू साहित्य अकादमी राष्ट्रीय स्तर पर 1 लाख रुपए का 'हाली पुरस्कार' व दो अन्य महत्वपूर्ण क्षेत्रीय पुरस्कार प्रदान करती है।

शिक्षा पुरस्कार

राज्य शिक्षक पुरस्कारः राज्य सरकार उत्कृष्ट प्रदर्शन करने वाले शिक्षकों को प्रतिवर्ष 'राज्य शिक्षक पुरस्कार' प्रदान करती है।

खेल पुरस्कार

भीम पुरस्कारः 'भीम अवार्ड' हरियाणा का सर्वोच्च खेल पुरस्कार है। इस पुरस्कार के अन्तर्गत 5 लाख रुपए नकद, प्रशस्ति प्रमाण-पत्र, रॉल ऑफ ऑनर आदि प्रदान किए जाते हैं।

कृषि पुरस्कार

जननायक देवीलाल पुरस्कारः यह पुरस्कार कृषि क्षेत्र का सबसे महत्वपूर्ण पुरस्कार है। कृषि पैदावार के क्षेत्र में जिला स्तर पर उत्कृष्ट स्थान प्राप्त करने वाले किसान को और राज्य स्तर पर उत्कृष्ट स्थान प्राप्त करने वाले किसान को 'जननायक चौधरी देवीलाल पुरस्कार' से पुरस्कृत किया जाता है।

उद्योग पुरस्कार

मुख्यमंत्री पुरस्कारः राज्य श्रम कल्याण बोर्ड द्वारा प्रतिवर्ष कर्मठ एवं प्रवीण श्रमिकों को राज्य स्तर पर एक लाख रुपए की राशि का 'मुख्यमंत्री रत्न अवार्ड' और 50-50 हजार रुपए के दो 'मुख्यमंत्री भूषण अवार्ड' दिए जाते हैं। प्रत्येक जिले में 25,000 रुपए का 'मुख्यमंत्री श्रम वीर अवार्ड' तथा 20-20 हजार रुपए के 'मुख्यमंत्री श्रम देवी/श्रम वीर' अवार्ड दिए जाते हैं।

वस्तुनिष्ठ प्रश्नोत्तर

1. प्राचीन काल में हरियाणा राज्य अन्य किस नाम से जाना जाता था?
A. ब्रह्मावर्त प्रदेश B. ब्रह्मर्षि प्रदेश
C. ब्रह्मा की उत्तरवेदी D. सभी से

2. किस भरतवंशी शासक ने हरियाणा प्रदेश से अपना विजय अभियान शुरू किया था?
A. सुदास B. अर्जुन
C. भरत D. भीष्म

3. महाभारत का प्रसिद्ध युद्ध प्रदेश में किस स्थान पर लड़ा गया था?
A. पानीपत B. कुरुक्षेत्र
C. झज्जर D. बल्लभगढ़

4. मुगलकाल में इस प्रदेश में जनपदों का स्थान किसने लिया था?
A. गण संघ ने B. गण-व्यवस्था ने
C. खापों ने D. पंचायत ने

5. बौद्धकाल के किन महाजनपदों में आधुनिक हरियाणा के भाग शामिल थे?
A. कुरु और पांचाल B. कौशल और वज्जी
C. सूरसेन और अवन्ती D. अस्सक और वत्स

6. प्रदेश का कौन-सा स्थान, अग्रेयगण की राजधानी था?
A. रिवाड़ी B. सिरसा
C. हांसी D. अग्रोहा

7. महमूद गजनवी ने थानेश्वर पर कब आक्रमण किया था?
A. 1013 ई॰ में B. 1014 ई॰ में
C. 1016 ई॰ में D. 1017 ई॰ में

8. प्रदेश का थानेश्वर नामक नगर किस प्रसिद्ध राजा की राजधानी था?
A. हर्षवर्धन B. अशोक
C. चन्द्रगुप्त विक्रमादित्य D. कनिष्क

9. बारहवीं शताब्दी में किस चौहान शासक ने हरियाणा प्रदेश पर आक्रमण कर तोमरों को पराजित किया था?
A. विग्रहराज VI B. विग्रहराज II
C. अर्णोराजा D. पृथ्वीराज चौहान

10. गुलाम वंश के शासक बलबन ने हरियाणा के शक्तिशाली मेवों की शक्ति को नष्ट करने का प्रयास कब किया था?
A. 1260 ई॰ में B. 1265 ई॰ में
C. 1266 ई॰ में D. 1267 ई॰ में

11. तुगलक शासक फिरोज तुगलक ने निम्न में से कौन-सा नगर बसाया था?

A. टोहाना B. हांसी
C. सिवानी D. फतेहाबाद

12. निम्नलिखित में से प्रदेश के किस नगर पर तैमूर ने आक्रमण किया था?
A. सिरसा B. फतेहाबाद
C. हिसार D. सभी पर

13. 1526 ई॰ में हरियाणा में किस स्थान पर बाबर और इब्राहीम लोदी के बीच प्रसिद्ध युद्ध हुआ था?
A. पानीपत B. कुरुक्षेत्र
C. तावडू D. जीन्द

14. प्रसिद्ध मुगल शासक अकबर के समय में रिवाड़ी का शासक कौन था?
A. तुलाराम B. कर्णसिंह
C. हेमचन्द्र (हेमू) D. फूलसिंह

15. अकबर और हेमचन्द्र (हेमू) के बीच पानीपत का प्रसिद्ध द्वितीय युद्ध कब लड़ा गया था?
A. 1550 ई॰ में B. 1552 ई॰ में
C. 1554 ई॰ में D. 1556 ई॰ में

16. मराठों और अहमदशाह अब्दाली के बीच प्रदेश में कौन-सा प्रसिद्ध युद्ध लड़ा गया था?
A. पानीपत का तृतीय युद्ध
B. पानीपत का द्वितीय युद्ध
C. पानीपत का प्रथम युद्ध
D. कोई नहीं

17. प्रदेश के किस स्थान को जार्ज टॉमस ने अपनी राजधानी बनाया था?
A. रानिया B. टोहाना
C. हांसी का दुर्ग D. बहरामपुर

18. 1802 ई॰ में जार्ज टॉमस की मृत्यु प्रदेश में किस स्थान पर हुई थी?
A. महेन्द्रगढ़ B. बहरामपुर
C. नारनौल D. बावल

19. सन् 1809-10 में समस्त हरियाणा किसके अधिकार में था?
A. मराठों के B. सतनामियों के
C. मुगलों के D. अंग्रेजों के

20. आधुनिक हरियाणा राज्य का निर्माण कब किया गया था?
A. 1 नवम्बर, 1966 B. 5 जनवरी, 1967
C. 1 नवम्बर, 1958 D. 15 अगस्त, 1947

21. प्राग्हड़प्पा, हड़प्पा, परवर्ती हड़प्पा आदि संस्कृतियों के प्रमाण हरियाणा में किस स्थान से प्राप्त हुए हैं?
A. वणावली B. सोसवाल
C. मिर्जापुर D. सभी से

22. महाभारत-काल से शताब्दियों पूर्व हुए आर्यवंशी कुरुओं ने इस प्रदेश में किस युग का प्रारम्भ किया था?
A. कृषि-युग B. ताम्र-युग
C. लोह-युग D. धातु-युग

23. भगवान श्रीकृष्ण द्वारा विश्व प्रसिद्ध गीता का उपदेश हरियाणा में किस स्थान पर दिया गया था?
A. रेवाड़ी B. पेहवा
C. कुरुक्षेत्र D. पानीपत

24. यौधेय-काल में हरियाणा प्रदेश को निम्नलिखित में से किस नाम की संज्ञा दी गई?
A. यौधेय गणराज्य B. बहुधान्यक-प्रदेश
C. मत्स्य प्रदेश D. गण-प्रदेश

25. प्रसिद्ध चीनी यात्री ह्वेनसांग ने अपनी पुस्तक में हरियाणा के किस नगर के वैभव और समृद्धि का वर्णन किया है?
A. स्थाण्वीश्वर (थानेश्वर) B. पानीपत
C. रोहतक D. अम्बाला

26. तोमर शासकों के शासनकाल में हरियाणा में व्यापार, कला व संस्कृति की उन्नति की जानकारी किस ग्रन्थ से मिलती है?
A. तहकीक-ए-हिन्द B. हर्षचरित
C. कादम्बरी D. यशस्तिलक चम्पू

27. 1526-27 में बाबर के आक्रमण के समय तावडू के परगने का शासक कौन था?
A. हसन खाँ B. मोहन सिंह मंढार
C. फैजल खाँ D. जलाल खाँ

28. बाबर कालीन राजपूत शासक मोहन सिंह मंढार की रियासत हरियाणा में कहाँ पर थी?
A. कैथल के परगने मंढार में
B. तावडू
C. जीन्द
D. पानीपत

29. 1756-57 में हरियाणा निम्नलिखित में से किसके अधिकार क्षेत्र में रहा?

A. मुगलों के B. सिक्खों के
C. मराठों के D. सतनामियों के

30. अहमदशाह अब्दाली ने अपने देश लौटते समय हरियाणा का उत्तरी भाग (अम्बाला, जीन्द, कुरुक्षेत्र, करनाल जिला) किसको सौंप दिया?

A. मुगलों को
B. सिक्खों को
C. सरहिन्द के गवर्नर जैन खाँ को
D. दुर्रानी के गवर्नर गेन खाँ को

31. 1857 के मेरठ-विद्रोह में जिन सैनिकों ने भाग लिया था उनमें से अधिकतर हरियाणा के किस जिले से सम्बन्धित थे?

A. गुरुग्राम B. रोहतक
C. हिसार D. सभी से

32. हरियाणा का कौन वीर सेनानी मेरठ क्रान्ति के समय मेरठ का नायब कोतवाल था?

A. अब्दुस समद खान B. विक्रमसिंह
C. रावकृष्ण गोपाल D. रामेश्वर दयाल

33. नारनौल के समीप नसीबपुर नामक गांव में लड़े गये (स्वाधीनता-संग्राम के) युद्ध में अंग्रेजों ने किन तीन शक्तियों को नष्ट किया था?

A. रिवाड़ी, झज्जर और जोधपुर
B. गुरुग्राम, रिवाड़ी और जोधपुर
C. जींद, जगादरी और पेहवा
D. पानीपत, झज्जर और तावडू

34. प्रथम स्वाधीनता संग्राम में बल्लभगढ़ के किस राजा ने दिल्ली में क्रान्तिकारी सेनाओं का नेतृत्व किया था?

A. राजा कर्णसिंह B. राजा नाहन सिंह
C. राजा सूरजभान D. राजा सत्यपाल

35. निम्नलिखित में से प्रदेश की किस रियासत ने 1857 की जन-क्रान्ति में अंग्रेजों को महत्त्वपूर्ण सहयोग दिया था?

A. बहादुरगढ़ B. तावडू
C. झज्जर D. जींद

36. कांग्रेस के दूसरे 1886 के कलकत्ता अधिवेशन में हरियाणा का प्रतिनिधित्व किसने किया था?

A. पं॰ दीनदयाल शर्मा B. लाला मुरलीधर
C. बालमुकन्द गुप्त D. सभी ने

37. लाला लाजपत राय ने हरियाणा के किस स्थान को अपना राजनीतिक और सामाजिक, कार्य-क्षेत्र बनाया था?

A. हिसार B. सोनीपत
C. गुरुग्राम D. नूह

38. सन् 1888 में इलाहाबाद में आयोजित हुए कांग्रेस के चौथे अधिवेशन में किस महत्त्वपूर्ण राष्ट्र नेता ने जिला हिसार के प्रतिनिधि के रूप में भाग लिया था?

A. लाला सुल्तान सिंह B. बलदेव सिंह
C. लाला लाजपत राय D. बैनी सिंह

39. 8 अप्रैल, 1919 के दिन गांधी जी हरियाणा में कहां से गिरफ्तार हुए थे?

A. कैथल B. पलवल
C. गुहला D. अम्बाला

40. रोहतक में पं॰ रामभजदत्त की अध्यक्षता में सम्मेलन का आयोजन कब हुआ था, जिसमें गांधीजी के असहयोग आन्दोलन को कार्यरूप देने का निर्णय लिया गया था?

A. जनवरी, 1919 में B. नवम्बर, 1919 में
C. नवम्बर, 1920 में D. सितम्बर, 1921 में

41. कांग्रेस के नागपुर में हुए वार्षिक अधिवेशन में हरियाणा प्रान्त का प्रतिनिधित्व किसने किया था?

A. सरदार बूटा सिंह B. लाला उग्रसेन
C. बाबू श्याम लाल D. पं॰ नेकीराम शर्मा

42. पंजाब प्रदेश-कांग्रेस के आदेश पर पूरे हरियाणा में स्वतंत्रता दिवस कब मनाया गया?

A. 12 जनवरी, 1932 B. 10 दिसम्बर, 1932
C. 15 अगस्त, 1935 D. 26 जनवरी, 1932

43. हरियाणा में कांग्रेस की स्वर्ण-जयन्ती कब मनाई गई थी?

A. 18 अगस्त, 1930 को
B. 30 जनवरी, 1935 को
C. 28 दिसम्बर, 1935 को
D. 10 दिसम्बर, 1936 को

44. आजाद हिन्द फौज से सम्बन्धित हरियाणा का वह शूरवीर कौन था, जिसने मणिपुर की भूमि पर सबसे पहले तिरंगा फहराया था?

A. मेजर प्रतापसिंह B. मेजर सूरजमल
C. दरबारा सिंह D. भजनलाल

45. हरियाणवी क्षेत्रों में यूनियनिस्ट पार्टी को लोकप्रिय बनाने के लिए चौधरी छोटूराम ने जोरदार अभियान चलाया। प्रदेश में इसे किस नाम से पुकारा जाता था?

A. 'जमींदारी लीग' B. जमींदारी प्रथा
C. हिन्दू-मुस्लिम D. कोई नहीं

46. सन् 1916 में चौधरी छोटूराम ने रोहतक में किस साप्ताहिक का संपादन शुरू किया था?

A. हिन्दू गजट B. सिख गजट
C. जाट गजट D. कोई नहीं

47. श्री फजली हुसैन के साथ मिलकर चौधरी छोटूराम ने पंजाब में यूनियनिस्ट पार्टी की स्थापना कब की थी?

A. 1919 में B. 1921 में
C. 1922 में D. 1923 में

48. पटियाला, जींद और नाभा रियासतों में राजनैतिक गतिविधियों पर अंकुश रखने के लिए संवत् 1988 विक्रमी में एक कानून लागू किया गया था, उसका नाम क्या रखा गया था?

A. हिदायत संवत B. हिजरी संवत
C. विक्रम संवत D. शक संवत

49. सन् 1938 में जींद प्रजामण्डल की नींव जींद की राजधानी संगरूर में किस प्रसिद्ध देशभक्त ने डाली थी?

A. राजेन्द्र कुमार जैन ने B. साधूराम ने
C. हंसराज रहबर ने D. नन्दकिशोर ने

50. गांधी जी पलवल में कब गिरफ्तार हुए थे?

A. 5 जनवरी, 1919 में B. 8 मई, 1920 में
C. 8 अप्रैल, 1919 में D. 17 अप्रैल, 1921 में

51. सनातन धर्म को पूरे उत्तर भारत में लोकप्रिय बनाने में महत्त्वपूर्ण योगदान देने वाले पं॰ दीनदयाल शर्मा हरियाणा में कहाँ के रहने वाले थे?

A. झज्जर B. कैथल
C. हिसार D. जीन्द

52. सन् 1892 के लाहौर अधिवेशन में हिसार का प्रतिनिधित्व किस प्रसिद्ध जन नेता ने किया था?

A. बालमुकुन्द गुप्त
B. लाला मुरलीधर
C. लाला लाजपत राय
D. पं॰ दीनदयाल शर्मा

53. लाला लाजपतराय और सरदार अजीतसिंह को ब्रिटिश सरकार द्वारा गिरफ्तार करके मांडले जेल में कब भेजा गया था?

A. सन् 1907 में B. सन् 1895 में
C. सन् 1902 में D. सन् 1896 में

54. महात्मा गांधी, मुहम्मद अली तथा शौकत अली के साथ रोहतक कब आये थे?

A. 10 जनवरी, 1919 को
B. 8 अक्टूबर, 1920 को
C. 1 अक्टूबर, 1920 को
D. 18 मार्च, 1920 को

55. अम्बाला मण्डल की डिवीजनल पोलिटिकल कान्फ्रेंस, जिसमें महात्मा गांधी अली भाइयों के साथ आये थे, भिवानी में कब हुई थी?

A. मार्च 1918 में B. जून 1920 में
C. अक्टूबर 1919 में D. अक्टूबर 1920 में

56. 1947 में भारत के स्वतन्त्र होने के पश्चात तक हरियाणा किस प्रान्त का भाग था?

A. दिल्ली B. पंजाब
C. उत्तर प्रदेश D. राजस्थान

57. 1955 में भारत सरकार द्वारा गठित राज्य पुनर्गठन आयोग ने किन दो स्थानों को हरियाणा क्षेत्र में शामिल करने की सिफारिश की थी?

A. महेन्द्रगढ़ व जीन्द
B. पटियाला व हिसार
C. पानीपत व कैथल
D. रोहतक व गुरुग्राम

58. हरियाणा राज्य की स्थापना कब हुई?

A. 10 नवम्बर, 1966 में
B. 26 जनवरी, 1966 में
C. 1 नवम्बर, 1966 में
D. 5 जून, 1966 में

59. हरियाणा के प्रथम राज्यपाल कौन बनाये गये?

A. श्री सत्यपाल B. श्री धर्मवीर
C. श्री देवीलाल D. श्री बंसीलाल

60. 24 मार्च, 1967 को बने हरियाणा के प्रथम गैर-कांग्रेसी मुख्यमंत्री का नाम बताइये।

A. चौधरी भजनलाल B. देवीलाल
C. बंसीलाल D. राव वीरेन्द्र सिंह

61. प्रदेश के किस प्रसिद्ध प्राचीन नगर की विस्तार से जानकारी चीनी यात्री ह्यूनसांग के वृत्तान्त से मिलती है?

A. रोहतक B. अम्बाला
C. थानेश्वर D. भिवानी

62. प्रदेश के थानेश्वर नगर की प्रसिद्धि निम्नलिखित में से किस काल में सर्वाधिक थी?

A. वर्धनकाल में B. गुप्तकाल में
C. शुंगकाल में D. मौर्यकाल में

63. 1526 ई॰ में बाबर और इब्राहिम लोदी के बीच युद्ध हरियाणा में किस स्थान पर लड़ा गया था?

A. झज्जर B. कुरुक्षेत्र
C. रोहतक D. पानीपत

64. पानीपत नगर को जिले का दर्जा कब मिला था?

A. 1 जनवरी, 1988 को B. 1 नवम्बर, 1989 को
C. 1 दिसम्बर, 1990 को D. 1 अगस्त, 1991 को

65. रेवाड़ी जिला कब बना था?

A. 10 जून, 1977 को B. 5 फरवरी, 1979 को
C. 1 नवम्बर, 1989 को D. 17 जून, 1980 को

66. हिसार नगर निम्नलिखित में से किस प्रसिद्ध शासक की जन्मभूमि है?

A. शेरशाह सूरी B. अकबर
C. मुहम्मद तुगलक D. फिरोज तुगलक

67. वर्तमान समय में प्रदेश के किस नगर में राज्य का सबसे बड़ा पशुधन फार्म स्थित है?

A. नारनौल B. हिसार
C. पानीपत D. करनाल

68. सन् 1354 में किस प्रसिद्ध मध्यकालीन शासक ने हिसार की एक दुर्ग के रूप में स्थापना की थी?

A. मुहम्मद तुगलक B. बलबन
C. फिरोज तुगलक D. अलाउद्दीन खिलजी

69. प्रदेश का महेन्द्रगढ़ नामक नगर प्राचीन काल में निम्नलिखित में से किस नाम से जाना जाता था?

A. जानोवा B. कर्णपुर
C. महिपगढ़ D. कानौड

70. बल्लभगढ़ के अन्तिम राजा का नाम बताइये जो कि सन् 1857 के स्वतंत्रता संग्राम में शहीद हुआ था?

A. नाहर सिंह B. विजय सिंह
C. प्रताप सिंह D. महर सिंह

71. बल्लभगढ़ नामक नगर प्रदेश के किस जिले के अंतर्गत आता है?

A. रोहतक B. फरीदाबाद
C. गुरुग्राम D. करनाल

72. पलवल किस जिले से अलग होकर नया जिला बना है?

A. जींद B. हिसार
C. फरीदाबाद D. करनाल

73. प्रसिद्ध गुलाम शासिका रज़िया सुल्ताना की कब्र प्रदेश के किस जिले में स्थित है?

A. कैथल B. गुरुग्राम
C. अम्बाला D. फरीदाबाद

74. प्रदेश का कौन-सा नगर विश्व के मानचित्र में ''धान का कटोरा'' तथा ''हरियाणा का पैरिस'' जैसे उपमानों से जाना जाता है?

A. रोहतक B. सोनीपत
C. फरीदाबाद D. करनाल

75. 1607 ई॰ में फरीदाबाद नगर की स्थापना किसके द्वारा की गई थी?

A. फिरोजशाह B. मुबारकशाह
C. बाबा फरीद D. मनसूब अली

76. महाभारत काल में सिरसा किस नाम से जाना जाता था?

A. शिषिरा B. शैरीषकम
C. सोरीश D. सिरसा

77. गोहाना नगर प्राचीनकाल में किस नाम से जाना जाता था?

A. गवभभवाना B. गढ़ना
C. गपत जमाना D. इनमें से कोई नहीं

78. प्राचीनकाल में बहादुरगढ़ नामक नगर किस नाम से जाना जाता था?

A. बहावलगढ़ B. शफीराबाद
C. शरफाबाद D. बलरामगढ़

79. अंग्रेजों ने बहादुरगढ़ को सिन्धिया राजा से छीन कर झज्जर के नवाब के भाई को कब जागीर के रूप में दिया था?

A. 1800 ई॰ में B. 1801 ई॰ में
C. 1805 ई॰ में D. 1803 ई॰ में

80. प्रदेश के किस नगर की स्थापना 14वीं शताब्दी में अम्बा नामक राजपूत द्वारा की गई थी?

A. झज्जर　　B. रोहतक
C. अम्बाला　　D. भिवानी

81. अब्दुररहमान खाँ, जिसने अंग्रेजों से टक्कर लेते हुए देश प्रेम के लिए अपना बलिदान दिया था, हरियाणा में किस नगर का नवाब था?

A. कुरुक्षेत्र　　B. झज्जर
C. फर्रुखनगर　　D. रेवाड़ी

82. फर्रुखनगर की स्थापना किस बिलोच शासक द्वारा की गई थी?

A. दलेल खाँ (फौजदार खाँ)
B. शफूद्दीन खाँ
C. बदरखाँ
D. जमालुद्दीन खाँ

83. बिलोच शासक दलेल खां (फौजदार खां) ने किस बादशाह के नाम पर फर्रुखनगर नगर बसाया था?

A. फखरुद्दीन अहमद　　B. फारूख अली
C. फिरोजशाह तुगलक　　D. फर्रुखसीयर

84. महर्षि वेदव्यास द्वारा अमर काव्य ''महाभारत'' की रचना हरियाणा के किस नगर में की गई थी?

A. पानीपत　　B. रेवाड़ी
C. कुरुक्षेत्र　　D. हिसार

85. शक्तिशाली वर्धन वंश का उदय हरियाणा में कहां पर हुआ था?

A. थानेसर (स्थाण्वीश्वर)　　B. रोहतक
C. पानीपत　　D. कुरुक्षेत्र

86. 1556 ई॰ में अकबर और रेवाड़ी के हेमचन्द्र (हेमू) के मध्य हरियाणा में किस स्थान पर प्रसिद्ध युद्ध हुआ था?

A. रेवाड़ी　　B. जीन्द
C. कुरुक्षेत्र　　D. पानीपत

87. 1761 ई॰ में पानीपत का तीसरा युद्ध किनके मध्य हुआ था?

A. बाबर और इब्राहिम लोदी के मध्य
B. अकबर और हेमचन्द्र (हेमू) के मध्य
C. अहमद शाह अब्दाली और मराठों के मध्य
D. अंग्रेजों और सिक्खों के मध्य

88. पानीपत नगर 31 अक्टूबर, 1989 तक हरियाणा के किस जिले के अन्तर्गत था?

A. रेवाड़ी　　B. अम्बाला
C. करनाल　　D. हिसार

89. निम्नलिखित में से प्रदेश का कौन-सा जिला 1989 से पूर्व गुरुग्राम और महेन्द्रगढ़ जिलों के अन्तर्गत था?

A. महेन्द्रगढ़　　B. फरीदाबाद
C. जीन्द　　D. रेवाड़ी

90. जीन्द को जिले का दर्जा कब मिला?

A. 1966 में　　B. 1972 में
C. 1968 में　　D. 1975 में

91. हरियाणा का ऐसा कौन-सा जिला है जिसका जिला मुख्यालय नारनौल नगर में स्थित है?

A. हिसार　　B. फरीदाबाद
C. महेन्द्रगढ़　　D. करनाल

92. सन् 1818 में राजा अनुरूप सिंह की विधवा ने अपने पति की स्मृति में कहाँ पर एक छतरी व पक्के तालाब का निर्माण करवाया था?

A. करनाल　　B. बल्लभगढ़
C. सोनीपत　　D. कैथल

93. पलवल को जिले का दर्जा किस वर्ष मिला?

A. 2006 में　　B. 2005 में
C. 2008 में　　D. 2007 में

94. महाभारत काल में राजा युधिष्ठिर द्वारा निम्नलिखित में से कौन-सा स्थान अपने धर्मगुरु द्रोणाचार्य को उपहार स्वरूप दिया गया था?

A. गुरुग्राम गांव　　B. कैथल
C. होडल　　D. सिरसा

95. 1857 के स्वतंत्रता संग्राम के समय गुड़गांव (गुरुग्राम) के कलेक्टर का नाम क्या था?

A. हेनरी　　B. सर हेली
C. जान मार्शल　　D. श्री फोर्ड

96. 1858 ई॰ में हरियाणा का कौन-सा जिला पंजाब प्रान्त में सम्मिलित कर दिया गया था?

A. फरीदाबाद　　B. गुरुग्राम
C. हिसार　　D. महेन्द्रगढ़

97. फरीदाबाद हरियाणा के 12वें जिले के रूप में कब अस्तित्व में आया?

A. 15 अगस्त, 1970 को
B. 15 अगस्त, 1979 को

C. 26 जनवरी, 1979 को

D. 8 मार्च, 1982 को

98. बहादुरगढ़ नगर हरियाणा के किस जिले के अन्तर्गत आता है?

A. झज्जर B. करनाल

C. यमुनानगर D. फरीदाबाद

99. गोहाना नामक ऐतिहासिक कस्बा हरियाणा के किस जिले में स्थित है?

A. पानीपत B. सिरसा

C. सोनीपत D. रेवाड़ी

100. हरियाणा का 22वाँ जिला कौन-सा है?

A. लोहारू B. चरखी दादरी

C. तोशाम D. बादड़ा

101. चरखी दादरी का नाम सन् 1939 में डालमिया दादरी रखा गया, इस कस्बे का नाम पुनः चरखी दादरी कब पड़ा?

A. सन् 1940 में B. सन् 1946 में

C. सन् 1958 में D. सन् 1968 में

102. जिला भिवानी में स्थित तोशाम नामक कस्बे को उपमण्डल का दर्जा कब मिला?

A. 27 अप्रैल, 1993 को B. 10 जून, 1995 को

C. 5 मार्च, 1997 को D. 27 अप्रैल, 1998 को

103. पूर्वी हरियाणा और उत्तर प्रदेश की सीमा पर निम्न में से कौन-सी नदी बहती है?

A. गंगा नदी B. सरस्वती नदी

C. घग्घर नदी D. यमुना नदी

104. हरियाणा प्रदेश भारत के उत्तर-पश्चिम में 27° 39' से 30° 55' उत्तर अक्षांश पर स्थित है। बताइये कि वह कितने पूर्व रेखांश के बीच स्थित है?

A. 74° 28' से 77° 36' B. 65° 33' से 77° 28'

C. 50° 28' से 64° 36' D. 84° 42' से 89° 41'

105. हरियाणा के उत्तर में निम्नलिखित में से कौन-सा प्रदेश स्थित है?

A. उत्तर प्रदेश B. पंजाब

C. हिमाचल प्रदेश D. राजस्थान

106. हरियाणा के पश्चिम में निम्नलिखित में से कौन-सा प्रदेश स्थित है?

A. पंजाब B. राजस्थान

C. उत्तर प्रदेश D. हिमाचल प्रदेश

107. हरियाणा में 1 नवम्बर किस रूप में मनाया जाता है?

A. गरीबी उन्मूलन दिवस

B. हरियाणा दिवस

C. हरियाणा स्वतंत्रता दिवस

D. हरियाणा पर्यावरण दिवस

108. निम्नलिखित प्रदेशों में से कौन-सा प्रदेश क्षेत्रफल की दृष्टि से हरियाणा से बड़ा नहीं है?

A. मेघालय B. बिहार

C. हिमाचल प्रदेश D. पंजाब

109. हरियाणा की आबादी निम्नलिखित में से किस प्रदेश से अधिक है?

A. अरुणाचल प्रदेश B. सिक्किम

C. नगालैंड D. सभी से

110. हरियाणा का मैदानी भाग समुद्रतल से कितनी ऊँचाई पर स्थित है?

A. 700 से 900 फीट B. 750 से 880 फीट

C. 800 से 1000 फीट D. 900 से 1100 फीट

111. हरियाणा के किस भाग में शिवालिक पर्वत श्रेणियां स्थित हैं?

A. उत्तर-पश्चिमी B. उत्तरी-पूर्वी

C. दक्षिणी-पश्चिमी D. दक्षिणी-पूर्वी

112. शिवालिक की पहाड़ियों से हरियाणा प्रदेश की कौन-सी नदी निकलती है?

A. घग्घर B. मारकण्डा

C. टांगरी D. सभी

113. हरियाणा का निम्नलिखित में से कौन-सा प्राकृतिक भाग सबसे बड़ा है?

A. शिवालिक का पहाड़ी भाग

B. रेतीला भाग

C. मैदानी भाग

D. अरावली की पहाड़ियों का शुष्क मैदानी भाग

114. प्रसिद्ध वीवीपुर व नजफगढ़ नामक झीलें हरियाणा के किस प्राकृतिक क्षेत्र में स्थित हैं?

A. मैदानी क्षेत्र

B. रेतीला क्षेत्र

C. शिवालिक का पहाड़ी क्षेत्र

D. अरावली की पहाड़ियों का शुष्क मैदानी क्षेत्र

115. हरियाणा प्रदेश में वर्षा का वार्षिक औसत कितना है?

A. 40 से॰मी॰ B. 42 से॰मी॰
C. 45 से॰मी॰ D. 55 से॰मी॰

116. हरियाणा के किस भाग में वर्षा अधिक होती है?

A. दक्षिण-पश्चिमी भाग B. उत्तरी-पूर्वी भाग
C. उत्तरी-पश्चिमी भाग D. दक्षिणी-पूर्वी भाग

117. प्रदेश के किस भाग में वर्षा कम होती है?

A. उत्तरी-पूर्वी भाग
B. दक्षिणी-पूर्वी भाग
C. उत्तरी-पश्चिमी भाग
D. दक्षिणी-पश्चिमी भाग

118. प्रदेश में मोरनी की पहाड़ियों पर किस प्रकार की मिट्टी पाई जाती है?

A. रेतीली मिट्टी B. भूरे रंग की मिट्टी
C. पथरीली मिट्टी D. बलुई दोमट मिट्टी

119. हरियाणा के मैदानी भाग में अधिकांशतः किस प्रकार की मिट्टी पाई जाती है?

A. पीले भूरे रंग की उपजाऊ मिट्टी
B. पथरीली मिट्टी
C. रेतीली मिट्टी
D. बलुई दोमट मिट्टी

120. हरियाणा के निम्नलिखित में से किस जिले में लाल चैसटनट मिट्टी पाई जाती है?

A. रोहतक जिले में B. सिरसा जिले में
C. यमुनानगर जिले में D. भिवानी जिले में

121. प्रदेश की कौन-सी नदी मुलाना के समीप मारकण्डा नदी में मिलती है?

A. साहिबी नदी B. टांगरी नदी
C. कृष्णावती नदी D. दोहन नदी

122. हरियाणा की सबसे प्राचीन व प्रमुख नहर कौन-सी है?

A. गुरुग्राम नहर B. भिवानी नहर
C. भाखड़ा नहर D. पश्चिमी यमुना नहर

123. प्रदेश की कौन-सी नहर जगाधरी-पोंटा सड़क पर स्थित ताजेवाला नामक स्थान से यमुना नदी से निकलती है?

A. भाखड़ा नहर
B. पश्चिमी व पूर्वी यमुना नहर
C. जवाहर लाल नेहरू नहर
D. कोई नहीं

124. हरियाणा की जवाहर लाल नेहरू नहर किस नहर से निकाली गई है?

A. भाखड़ा नहर से B. भिवानी नहर से
C. गुरुग्राम नहर से D. यमुना नहर से

125. निम्नलिखित में से कौन-सी झील हरियाणा में स्थित है?

A. दमदमा झील B. कोटला झील
C. खलीलपुर झील D. सभी

126. प्रदेश के फरुखनगर खण्ड में निम्नलिखित में से कौन-सी झील स्थित है?

A. सुल्तानपुर झील B. दमदमा झील
C. खलीलपुर झील D. कोटला झील

127. प्रसिद्ध बड़खल झील हरियाणा के किस जिले में स्थित है?

A. गुरुग्राम B. भिवानी
C. फरीदाबाद D. रोहतक

128. हरियाणा की कौन-सी नहर दिल्ली में ओखला नामक स्थान से यमुना नदी से निकाली गई है?

A. भाखड़ा नहर B. गुरुग्राम नहर
C. पूर्वी यमुना नहर D. कोई नहीं

129. भाखड़ा नहर द्वारा प्रदेश के किस जिले में सिंचाई कार्य किया जाता है?

A. सिरसा B. हिसार
C. रोहतक D. सभी में

130. जवाहर लाल नेहरू नहर द्वारा प्रदेश के किस जिले में सिंचाई की जाती है?

A. सिरसा जिले में B. रोहतक जिले में
C. महेन्द्रगढ़ जिले में D. जीन्द जिले में

131. प्रदेश में भिवानी नहर किस नहर से निकाली गई है?

A. भाखड़ा नहर से B. गुरुग्राम नहर से
C. पश्चिमी यमुना नहर से D. पूर्वी यमुना नहर से

132. हरियाणा की प्रसिद्ध बड़खल झील का निर्माण कब किया गया था?

A. वर्ष 1940 में B. वर्ष 1950 में
C. वर्ष 1974 में D. वर्ष 1947 में

133. हरियाणा का कुल क्षेत्रफल कितने वर्ग कि॰मी॰ है?

A. 38,150 वर्ग कि॰मी॰ B. 44,212 वर्ग कि॰मी॰
C. 50,210 वर्ग कि॰मी॰ D. 52,300 वर्ग कि॰मी॰

134. हरियाणा को कुल कितने मण्डलों में बांटा गया है?

A. 6 B. 5

C. 4 D. 8

135. हरियाणा प्रदेश में जनवरी, 2023 तक कुल उप-मण्डल कितने हैं?

A. 35 B. 37

C. 40 D. 74

136. हरियाणा में जनवरी, 2023 तक कुल कितनी तहसीलें हैं?

A. 95 B. 68

C. 77 D. 85

137. हरियाणा प्रदेश में जनवरी, 2023 तक उप-तहसीलों की कुल संख्या कितनी है?

A. 30 B. 31

C. 49 D. 40

138. हरियाणा प्रदेश में जनवरी, 2023 तक कुल कितने खण्ड हैं?

A. 95 B. 143

C. 115 D. 145

139. सम्पूर्ण हरियाणा में गाँव कितने हैं?

A. 4,390 B. 4,950

C. 5,845 D. 6,841

140. 2011 की जनगणना के अनुसार हरियाणा की कुल जनसंख्या कितनी है?

A. 2,53,51,462 B. 2,40,55,400

C. 2,25,83,912 D. 2,62,27,650

141. हरियाणा में वर्ष 2021-22 में प्रति व्यक्ति प्रतिदिन दूध की उपलब्धता कितनी तक पहुँच गई थी?

A. 400 ग्राम B. 600 ग्राम

C. 1,063 ग्राम D. 1000 ग्राम

142. हरियाणा के किस जिले में तेल शोधक कारखाना स्थित है?

A. रोहतक B. पानीपत

C. रेवाड़ी D. अम्बाला

143. जिला महेन्द्रगढ़ में निम्नलिखित में से कौन-सा खनिज पदार्थ अधिक मात्रा में मिलता है?

A. चूने का पत्थर B. चीनी मिट्टी

C. तांबा D. उपरोक्त सभी

144. जिला रेवाड़ी में किस स्थान पर स्लेट-पत्थर बहुत मात्रा में मिलता है?

A. कुण्ड नामक स्थान पर

B. बावल नामक स्थान पर

C. कुसल नामक स्थान पर

D. खोल नामक स्थान पर

145. वह कौन-सा खनिज पदार्थ है जो भारत में सिर्फ जिला चरखी दादरी के गांव कलियाणा में उपलब्ध होता है?

A. स्लेट का पत्थर B. रेत

C. हिलना पत्थर D. क्वार्ट्ज

146. जिला भिवानी में किस स्थान पर 'ग्रेनाइट' नामक पत्थर मिलता है?

A. गांव निगाणाकलां B. देल्हेड़ी

C. रिवासा D. उपरोक्त सभी में

147. जिला भिवानी में किस स्थान पर भारत की 'हिन्दुस्तान जिंक लि॰' नामक कम्पनी किसी बहुमूल्य खनिज की खोज में काम कर रही है?

A. तोशाम में B. कैरू में

C. लोहारु में D. बवानी खेड़ा में

148. हरियाणा के कितने प्रतिशत भू-भाग में वन क्षेत्र हैं?

A. 2.5 प्रतिशत B. 3.6 प्रतिशत

C. 5 प्रतिशत D. 6.5 प्रतिशत

149. किस वर्ष मॉडल के रूप में हरियाणा प्रदेश में "ग्रीनिंग ऑफ हरियाणा" नाम से वृक्षारोपण की व्यापक योजना शुरू की गई थी?

A. वर्ष 1982-83 में B. वर्ष 1985-86 में

C. वर्ष 1989-90 में D. वर्ष 1994-95 में

150. हरियाणा प्रदेश के किस जिले में सबसे ज्यादा वन हैं?

A. पंचकुला B. हिसार

C. रोहतक D. जीन्द

151. प्रदेश के किस जिले में 'चौधरी देवीलाल प्राकृतिक पार्क' विकसित किया गया है?

A. भिवानी B. रोहतक

C. पानीपत D. यमुनानगर

152. रणदीप हुड्डा की ख्याति किस विधा के कारण है?

A. अभिनय B. सांग परम्परा

C. खेलकूद D. समाज सेवा

153. हरियाणा में औषधि वृक्षों के रोपण हेतु 'वनस्पति वन योजना' कब लागू की गई?
A. 1 नवम्बर, 2002 B. 1 सितम्बर, 2005
C. 1 नवम्बर, 2003 D. 1 जून, 2005

154. हरियाणा में राष्ट्रीय खाद्य सुरक्षा योजना के तहत 'दाल-रोटी' योजना की शुरुआत किस वर्ष की गई?
A. वर्ष 2011 में B. वर्ष 2013 में
C. वर्ष 2010 में D. वर्ष 2012 में

155. जिला हिसार व करनाल में निम्नलिखित में से कौन-सा खनिज पदार्थ उपलब्ध होता है?
A. कच्चा लोहा B. अभ्रक
C. शोरा D. संगमरमर

156. जिला रोहतक में निम्नलिखित में से कौन-सा खनिज पदार्थ पाया जाता है?
A. चूना B. तांबा
C. मैंगनीज़ D. अभ्रक

157. हरियाणा के जीन्द जिले में निम्नलिखित में से कौन-से वृक्ष अधिक मात्रा में पाये जाते हैं?
A. शीशम B. कीकर
C. सफेदा D. उपरोक्त सभी

158. हरियाणा प्रदेश के कृषि विश्वविद्यालय हिसार में 'धान' पर शोधकार्य कब शुरू किया गया?
A. 1966 में B. 1970 में
C. 1974 में D. 1989 में

159. हरियाणा में सरस्वती वन्यजीव अभ्यारण्य किस जिले में स्थित है?
A. गुरुग्राम B. रेवाड़ी
C. जीन्द D. कैथल

160. हरियाणा का कौन-सा जिला खुम्बी की फसल के उत्पादन में भारत में अग्रणी है?
A. अम्बाला B. सिरसा
C. सोनीपत D. यमुनानगर

161. जिला रोहतक में प्रमुख रूप से किस चीज की खेती की जाती है?
A. बाजरा B. ज्वार
C. गन्ना D. उपरोक्त सभी की

162. कुरुक्षेत्र में किस स्थान पर गन्ना मिल है?
A. पेहवा B. शाहबाद मारकण्डा
C. लाडवा D. बबैन

163. हरियाणा के किस जिले को बासमती चावल के उत्पादन में विश्व प्रसिद्ध होने के कारण "धान का कटोरा" नाम से जाना जाता है?
A. हिसार B. कुरुक्षेत्र
C. करनाल D. जीन्द

164. हरियाणा को उन्नत किस्म के प्रमाणित बीजों के प्रयोग करने में भारत भर में कौन सा स्थान प्राप्त है?
A. प्रथम B. द्वितीय
C. तृतीय D. चतुर्थ

165. फव्वारा सिंचाई तकनीक को अपनाने में हरियाणा का भारत में कौन-सा स्थान है?
A. प्रथम B. द्वितीय
C. तृतीय D. चतुर्थ

166. हरियाणा में किस फसल का उत्पादन सबसे ज्यादा होता है?
A. चावल B. गेहूँ
C. चना D. सरसों

167. हरियाणा में किस जिले के शिवालिक क्षेत्र में होने वाले भूमि कटाव को रोकने के लिए विश्व बैंक सहायता से समन्वित जलागम विकास (कान्डी) परियोजना चलाई जा रही है?
A. अम्बाला
B. पंचकूला
C. यमुनानगर
D. उपरोक्त सभी जिलों में

168. हरियाणा प्रदेश में निम्नलिखित में से किस साधन द्वारा सिंचाई की जाती है?
A. नहरों द्वारा
B. कुओं द्वारा
C. नलकूपों द्वारा
D. उपरोक्त सभी के द्वारा

169. प्रदेश में जिला अम्बाला में नहरी सिंचाई सुविधा किस सिंचाई परियोजना के बनने से उपलब्ध हुई है?
A. नंगल उठान सिंचाई परियोजना
B. हथनी कुण्ड बैराज परियोजना
C. जवाहरलाल नेहरू सिंचाई परियोजना
D. सेवानी लिफ्ट सिंचाई परियोजना

170. हरियाणा के रेतीले भाग में सिंचाई का साधन क्या है?
A. नहरों द्वारा
B. कुओं द्वारा
C. नलकूप की सहायता से फव्वारों द्वारा
D. वर्षा द्वारा

171. पश्चिमी यमुना नहर द्वारा हरियाणा के निम्नलिखित में से किस जिले में सिंचाई की जाती है?
A. करनाल
B. सोनीपत
C. रोहतक
D. उपरोक्त सभी जिलों में

172. गुरुग्राम के अतिरिक्त किस जिले में "गुरुग्राम नहर" द्वारा सिंचाई की जाती है?
A. पानीपत B. फरीदाबाद
C. सोनीपत D. कैथल

173. हथनी कुण्ड बैराज परियोजना हरियाणा के किस जिले से सम्बन्धित है?
A. यमुनानगर B. गुरुग्राम
C. रोहतक D. फरीदाबाद

174. महेन्द्रगढ़ जिले में कृषि की उन्नति के लिए कौन-सी सिंचाई परियोजना चलाई गई?
A. लोहारू लिफ्ट सिंचाई परियोजना
B. पश्चिमी यमुना नहर योजना
C. जे॰एल॰एन॰उठान सिंचाई परियोजना
D. हथनी कुण्ड बैराज परियोजना

175. हरियाणा की कौन-सी नहर दिल्ली में ओखला नामक स्थान से यमुना नदी से निकाली गई है?
A. गुड़गाँव नहर B. भाखड़ा नहर
C. पूर्वी यमुना नहर D. इनमें से कोई नहीं

176. हरियाणा की किस सिंचाई योजना द्वारा स्वरूप कलौदा, खुर्ल कलां, भीखेवाला, खरडवाला नेहरा, फुलिया कलां आदि गांवों को सिंचाई सुविधा प्राप्त हुई थी?
A. झज्जर उत्थान सिंचाई योजना
B. नखाना की सिंचाई परियोजना
C. नंगल उठान सिंचाई परियोजना
D. जवाहरलाल नेहरू सिंचाई योजना

177. हरियाणा के अहरिवाल क्षेत्र में सिंचाई सुविधा के अन्तर्गत निम्न में कौन-सी सिंचाई स्कीम प्रारम्भ की गई है?
A. रेवाड़ी लिफ्ट सिंचाई स्कीम
B. हथनी-कुण्ड बैराज सिंचाई स्कीम
C. मेवात उठान सिंचाई स्कीम
D. भाखड़ा नहर सिंचाई स्कीम

178. हरियाणा का सबसे बड़ा पशु-फॉर्म कहाँ पर स्थित है?
A. रोहतक B. हिसार
C. पंचकुला D. जीन्द

179. हरियाणा की किस नस्ल की भैंसे सारे भारत में प्रसिद्ध हैं?
A. मुर्रा B. तुरा
C. पुस्प D. चस्सा

180. हरियाणा में निम्नलिखित में से किस स्थान पर सहकारी दूध संयन्त्र खुले हुए हैं?
A. अम्बाला
B. भिवानी
C. जीन्द
D. उपरोक्त सभी स्थानों पर

181. जिला कुरुक्षेत्र के थानेसर नगर में कुक्कुट रोग जांच प्रयोगशाला के भवन का निर्माण कब किया गया?
A. 1980-81 B. 1984-85
C. 1988-89 D. 1995-96

182. हरियाणा में नीलोखेड़ी के अतिरिक्त निम्नलिखित में से किस स्थान पर पोल्ट्री का प्रशिक्षण दिया जाता है?
A. अम्बाला B. करनाल
C. हिसार D. कैथल

183. जिला फतेहाबाद में कहाँ पर अश्व स्टेलियन केन्द्र कार्यरत है?
A. टोहाना B. रतिया
C. भट्टूकलां D. जाखल

184. जिला भिवानी में सघन पशु विकास परियोजना कब आरम्भ की गई थी?
A. वर्ष 1966 में B. वर्ष 1970 में
C. वर्ष 1972 में D. वर्ष 1978 में

185. जिला महेन्द्रगढ़ में किस स्थान पर एक वीर्य बैंक स्थित है जहाँ पर तरल नाइट्रोजन प्लांट लगा हुआ है?
A. अटेली B. नारनौल
C. नांगल चौधरी D. महेन्द्रगढ़

186. जिला भिवानी में पशु रोगों के निदान हेतु, जिला ग्रामीण विकास निकाय द्वारा, ''पशु रोग निदान प्रयोगशाला' की स्थापना कब की गई?

A. 1978 में B. 1980 में
C. 1984 में D. 1990 में

187. निम्न में कौन हरियाणा के मुख्यमंत्री नहीं रहे?

A. बंसीलाल B. देवीलाल
C. भजनलाल D. श्रीचन्द

188. कालका तहसील किस जिले में स्थित है?

A. पंचकुला B. अम्बाला
C. कैथल D. करनाल

189. वर्ष 1975 में जिला सिरसा के गठन के समय लघु औद्योगिक इकाइयों की संख्या कितनी थी?

A. 355 B. 395
C. 445 D. 483

190. जिला यमुनानगर की औद्योगिक इकाइयों द्वारा बनाया गया माल निम्नलिखित में से किस देश में निर्यात किया जाता है?

A. दुबई
B. जर्मनी
C. दक्षिण अफ्रीका
D. उपरोक्त सभी देशों में

191. सरस्वती शुगर मिल, हरियाणा के किस जिले में स्थित है?

A. रोहतक B. पानीपत
C. यमुनानगर D. फरीदाबाद

192. यमुनानगर में यमुना गैसेस लि॰ की स्थापना कब की गई?

A. 1973 में B. 1975 में
C. 1980 में D. 1981 में

193. यमुनानगर में यमुना गैसेस लि॰ कम्पनी को गैसों के उत्पादन में अग्रणी स्थान प्राप्त करने का गौरव कब मिला?

A. वर्ष 1969 में B. वर्ष 1973 में
C. वर्ष 1972 में D. वर्ष 1975 में

194. भारत स्टॉर्च कैमिकल लि॰ की स्थापना यमुनानगर में कब हुई थी?

A. 1929 में B. 1932 में
C. 1938 में D. 1948 में

195. यमुनानगर की टिम्बर मार्किट (मण्डी) वर्ष 1947 से पूर्व किस नाम से प्रसिद्ध थी?

A. अब्दुल्लापुर मण्डी
B. सादापुर मण्डी
C. यमुनानगर मण्डी
D. यमुनापुर मण्डी

196. जिला सोनीपत का एटलस साइकिल उद्योग विश्व के कितने प्रमुख साइकिल निर्माण प्रतिष्ठानों में से एक है?

A. तीन B. पाँच
C. सात D. नौ

197. हरियाणा में ''भिवानी टैक्सटाइल मिल'' की स्थापना कब हुई थी?

A. 1930 में B. 1937 में
C. 1942 में D. 1950 में

198. हरियाणा साहित्य अकादमी का मुख्यालय कहाँ है?

A. चण्डीगढ़ B. गुरुग्राम
C. रोहतक D. अम्बाला

199. 1943 में जिला भिवानी में स्थापित टी॰आई॰ मिल में तैयार माल भारत के अतिरिक्त किस देश में भेजा जाता है?

A. बंग्लादेश
B. तुर्की
C. बेल्जियम
D. उपरोक्त सभी देशों में

200. हरियाणा की सन् 1939 में चरखी दादरी स्थित सीमेंट फैक्टरी का निर्माण जर्मन-इंजीनियरों के सहयोग से किसके द्वारा किया गया था?

A. सेठ सिंघानिया
B. सेठ करोड़ीमल
C. सेठ रामकृष्ण डालमिया
D. सेठ रामकुमार बिड़ला

201. हरियाणा के चरखी दादरी स्थित, सीमेंट फैक्टरी के भारत सरकार के उपक्रम भारतीय सीमेंट निगम ने अपने अधिकार में कब लिया था?

A. 5 अप्रैल, 1980 को B. 23 जून, 1981 को
C. 10 जून, 1984 को D. 23 जून, 1988 क

202. जिला पानीपत में उत्पादित बासमती चावल किस देश में निर्यात किया जाता है?

A. कनाडा
B. आस्ट्रेलिया
C. अरेबियन देशों में
D. उपरोक्त सभी देशों में

203. हरियाणा के निम्नलिखित में से किस जिले में कैप्टिव विद्युत संयंत्र की स्थापना की गई है?

A. पानीपत में B. हिसार में
C. रोहतक में D. करनाल में

204. जिला पानीपत के बाहौली क्षेत्र में कौन-सा कारखाना स्थापित किया गया है?

A. कपड़े बनाने का कारखाना
B. कृषि यन्त्र बनाने का कारखाना
C. तेल शोधक कारखाना
D. हवाई चप्पल बनाने का कारखाना

205. हरियाणा के निम्नलिखित में से किस जिले में "अमोनिया प्लांट" स्थापित है?

A. पानीपत B. कैथल
C. गुरुग्राम D. करनाल

206. जिला महेन्द्रगढ़ का किस चीज के उत्पादन में हरियाणा राज्य में प्रथम स्थान है?

A. चावल के उत्पादन में
B. बर्तनों के उत्पादन में
C. सरसों के उत्पादन में
D. साइकिलों के उत्पादन में

207. हरियाणा के किस जिले की सीमा अन्य राज्यों से नहीं लगती?

A. रेवाड़ी B. रोहतक
C. अम्बाला D. फरीदाबाद

208. रेवाड़ी जिले का निम्नलिखित में से कौन-सा उद्योग भारत भर में प्रसिद्ध है?

A. तिल्ला जूती उद्योग
B. पीतल बर्तन उद्योग
C. हीरो होण्डा मोटर साइकिल फैक्टरी
D. उपरोक्त सभी

209. जीन्द जिले में साइकिल बनाने के अतिरिक्त अन्य किस चीज का कारखाना स्थित है?

A. बर्तन बनाने का कारखाना
B. कपड़ों का कारखाना
C. चीनी बनाने का कारखाना
D. चमड़े के जूते बनाने का कारखाना

210. हरियाणा शब्द किस कृति में प्राप्त हुआ है?

A. पासणा हचरिउ
B. महापुराण
C. A और B
D. इनमें से कोई नहीं

211. जिला फतेहाबाद में लकड़ी का विकल्प तैयार करने वाला, "न्यूवुड लकड़ी उद्योग" कहाँ पर स्थापित है?

A. रतिया में B. टोहाना में
C. भूना में D. जाखल में

212. करनाल जिले में निर्मित किस वस्तु का विदेशों में भी निर्यात किया जाता है

A. लिबर्टी जूतों का
B. पेंट का
C. लकड़ी के फर्नीचर का
D. स्टील के फर्नीचर का

213. जिला कुरुक्षेत्र की शाहबाद सहकारी चीनी मिल की स्थापना कब की गई थी?

A. 1976-77 में B. 1984-85 में
C. 1991-92 में D. 1994-95 में

214. जिला फरीदाबाद में निम्नलिखित में से किस चीज का कारखाना स्थापित है?

A. ट्रैक्टर B. रेफ्रीजरेटर
C. रबड़ टायर D. उपरोक्त सभी

215. राजदूत मोटर साइकिल बनाने की फैक्टरी हरियाणा के किस जिले में स्थित है?

A. फरीदाबाद B. पानीपत
C. रोहतक D. करनाल

216. मारुति कारों का निर्माण कार्य हरियाणा में कहां पर होता है?

A. गुरुग्राम B. अम्बाला
C. फरीदाबाद D. हिसार

217. दिव्यावदान में किन नगरों का उल्लेख हुआ है?

A. रोहतक B. अग्रोहा
C. A और B D. सोनीपत

218. हरियाणा सरकार द्वारा स्वतंत्रता सेनानियों को सम्मानित करने का निर्णय किस वर्ष लिया गया था?
A. वर्ष 1980 में
B. वर्ष 1981 में
C. वर्ष 1985 में
D. वर्ष 1997 में

219. हरियाणा राज्य में स्वतंत्रता सेनानियों तथा आई॰एन॰ए॰ के सदस्यों की विधवाओं को उनकी लड़की तथा आश्रित बहन की शादी हेतु कितनी धनराशि अनुदान के रूप में दी जाती है?
A. ₹ 51,000
B. ₹ 15,000
C. ₹ 20,000
D. ₹ 5,000

220. प्रदेश में परमवीर चक्र प्राप्त सैनिकों को कितनी धनराशि एकमुश्त प्रदान की जाती है?
A. ₹ 1 करोड़
B. ₹ 3 करोड़
C. ₹ 2 करोड़
D. ₹ 5 करोड़

221. युद्ध सेवा मैडल प्राप्त करने वाले सैनिकों को नकद राशि, वार्षिकी और भूमि के बदले नकद राशि देने की स्कीम 1988 में बंद कर दी गई थी, उसे बंसी लाल की सरकार द्वारा पुनः कब चालू किया गया?
A. अप्रैल, 1995 में
B. अप्रैल 1997 में
C. अप्रैल, 1996 में
D. अप्रैल, 1998 में

222. किस वेद में हरियाणा की दो प्राचीन नदियों का उल्लेख है जो आज लुप्त हैं?
A. सामवेद
B. यजुर्वेद
C. अथर्ववेद
D. ऋग्वेद

223. अशोक का तोपरा स्तम्भ किस जिले में प्राप्त हुआ है?
A. अम्बाला
B. रोहतक
C. सोनीपत
D. हिसार

224. हरियाणा में वर्ष 2021-22 तक लगभग कितने वृद्ध नागरिकों को वृद्धावस्था सम्मान भत्ता दिया जा रहा है?
A. लगभग 10 लाख
B. लगभग 20 लाख
C. लगभग 12.62 लाख
D. लगभग 15.5 लाख

225. 'इंदिरा गांधी सुपर थर्मल शक्ति परियोजना हरियाणा के किस जिले में स्थित है?
A. झज्जर
B. यमुनानगर
C. फरीदाबाद
D. भिवानी

226. प्रदेश में अस्वच्छ व्यवसाय में लगे अनुसूचित जाति के बच्चों के लिए किस स्थान पर छात्रावास है?
A. करनाल
B. फरीदाबाद
C. अम्बाला
D. सभी में

227. विमुक्त जाति के बच्चों के लिए प्रदेश में किस स्थान पर छात्रावास खोला गया है?
A. रोहतक
B. जीन्द
C. फरीदाबाद
D. गुरुग्राम

228. हरियाणा में शराबबन्दी कानून कब लागू किया गया था?
A. 1 दिसम्बर, 1991 में
B. 1 जून, 1993 में
C. 1 जुलाई, 1996 में
D. 1 मई, 1997 में

229. प्रदेश सरकार द्वारा शराबबन्दी कानून कब समाप्त किया गया?
A. 1 मार्च, 1996 में
B. 1 मई, 1997 में
C. 1 फरवरी, 1996 में
D. 1 अप्रैल, 1998 में

230. निम्नलिखित में से कौन-सी बाल विकास परियोजना हरियाणा राज्य से सम्बन्धित है?
A. समेकित बाल विकास परियोजना
B. बाल स्वास्थ्य परियोजना
C. शिशु पोषण परियोजना
D. असहाय बाल विकास परियोजना

231. हरियाणा में गरीब लड़कियों के कल्याण हेतु निम्नलिखित में से कौन-सी परियोजना चलाई जा रही है?
A. पराया धन पराई बेटी
B. अपनी बेटी पराया धन
C. अपनी बेटी अपना धन
D. कोई नहीं

232. हरियाणा में रैपिड मेट्रो की शुरुआत सर्वप्रथम किस शहर में हुई?
A. फरीदाबाद
B. गुरुग्राम
C. पानीपत
D. सोनीपत

233. हरियाणा राज्य में प्रत्येक गांव में बिजली पहुँचाने का कार्य कब पूर्ण किया गया?
A. 10 जून, 1966 को
B. 25 मार्च, 1971 को
C. 15 अप्रैल, 1968 को
D. 29 नवम्बर, 1970 को

234. हरियाणा में नवम्बर 2022 तक विद्युत उपभोक्ताओं की कुल संख्या लगभग कितनी है?

A. 75.79 लाख B. 50 लाख
C. 65 लाख D. 80 लाख

235. अशोक के स्तम्भ लेख की लिपि कौन-सी थी?
A. फारसी B. देवनागरी
C. ब्राह्मी D. इनमें से कोई नहीं

236. दक्षिणी हरियाणा में बिजली की उपलब्धता में सुधार लाने के लिए कहाँ से कहाँ तक 220 के॰वी॰ की 50 कि॰मी॰ लम्बी नई सिंगल सर्किट लाइन बिछाई गई है?
A. गुरुग्राम से बादशाहपुर तक
B. बादशाहपुर से रेवाड़ी तक
C. फरीदाबाद से रेवाड़ी तक
D. जीन्द से कैथल तक

237. हरियाणा में निम्नलिखित में से किस तरल स्थान पर आधारित 25-25 मैगावाट के बिजली संयन्त्र की स्थापना की गई है।
A. गुरुग्राम में B. फरीदाबाद में
C. करनाल में D. रोहतक में

238. हरियाणा में अपने बिजली उत्पादन संयन्त्रों से बिजली का उत्पादन वर्तमान समय में लगभग कितने मेगावाट है?
A. 1500 मेगावाट B. 1800 मेगावाट
C. 2582.4 मेगावाट D. 3000 मेगावाट

239. किसानों की मांग पर नलकूपों की गहराई के आधार पर बिजली की कौन-सी प्रणाली पूरे प्रदेश में लागू की गई है?
A. स्टैव प्रणाली
B. विद्युत नापन प्रणाली
C. टैस्ट प्रणाली
D. इनमें से कोई नहीं

240. हरियाणा में निम्नलिखित में से किस स्थान पर ताप बिजलीघर स्थित है?
A. हिसार B. कैथल
C. जीन्द D. फरीदाबाद

241. प्रदेश में एन॰टी॰पी॰सी॰ द्वारा गैस पर आधारित 432 मैगावाट का पावर प्लान्ट कहाँ पर लगाया गया?
A. गुरुग्राम B. फरीदाबाद
C. पानीपत D. करनाल

242. हरियाणा में अक्टूबर 2022 तक सड़कों की कुल लम्बाई किलोमीटर में कितनी है?
A. 31,263 कि॰मी॰ B. 24,065 कि॰मी॰
C. 25,074 कि॰मी॰ D. 40,500 कि॰मी॰

243. प्रदेश में बड़े परिवहन बस डिपो की संख्या कितनी है?
A. 12 B. 13
C. 24 D. 30

244. हरियाणा के राष्ट्रीय राजमार्ग नं 1 को करनाल से शाहबाद तक यातायात के लिए कब खोल दिया गया?
A. दिसम्बर, 1991 में B. अक्टूबर, 1996 में
C. सितम्बर, 1998 में D. सितम्बर, 1999 में

245. हरियाणा सरकार द्वारा यात्री-परिवहन का सम्पूर्ण राष्ट्रीयकरण कब किया गया?
A. सन् 1972 में B. सन् 1976 में
C. सन् 1980 में D. सन् 1985 में

246. हरियाणा को किस साल खुले में शौच मुक्त घोषित किया गया?
A. 2014 B. 2015
C. 2016 D. 2017

247. दिल्ली से अमृतसर जाने वाला राष्ट्रीय राजमार्ग नं. 1 किसके द्वारा बनवाया गया था?
A. शेरशाह सूरी द्वारा
B. शाहजहाँ द्वारा
C. फिरोज तुगलक द्वारा
D. बाबर द्वारा

248. दिल्ली से फिरोजपुर राष्ट्रीय मार्ग पर यात्रा करने पर हरियाणा का कौन-सा प्रमुख नगर पड़ता है?
A. रोहतक B. सिरसा
C. हिसार D. उपरोक्त सभी

249. हरियाणा में राष्ट्रीय राजमार्गों की कुल लम्बाई अक्टूबर 2022 तक कितने किमी है?
A. 900 किमी B. 1200 किमी
C. 1600 किमी D. 3,216 किमी

250. निम्नलिखित में से किस स्थान पर हरियाणा सिविल विमानन संस्थान का फ्लाइंग प्रशिक्षण केन्द्र स्थित है?
A. करनाल B. पिंजौर
C. A और B दोनों जगह D. इनमें से कोई नहीं

251. निम्नलिखित में से किस स्थान पर सिविल विमानन विभाग हरियाणा की सिविल हवाई पट्टी स्थित है?

A. करनाल B. पिंजौर
C. हिसार D. उपरोक्त सभी जगह

252. हरियाणा के राष्ट्रीय राजमार्ग नं. 2 को बल्लभगढ़ से किस प्रदेश की सीमा तक चार मार्गी बनाया गया है?

A. उत्तर प्रदेश B. पंजाब
C. हिमाचल प्रदेश D. राजस्थान

253. हरियाणा में भारी वाहन चालक प्रशिक्षण संस्थान निम्नलिखित में से किस स्थान पर स्थित है?

A. मुरथल B. चरखी दादरी
C. अम्बाला D. तावडू

254. हरियाणा की शिवालिक पहाड़ियों में पिंजौर-कालका के निकट किस काल के उपकरण प्राप्त हुए हैं?

A. पाषाण काल B. उत्तरवैदिक काल
C. हड़प्पा काल D. पूर्ववैदिक काल

255. मानव-जाति के जनक माने जाने वाले वैवस्त मनु को "अवन्ति सुन्दरी कथा" नामक ग्रन्थ में, किस स्थान का निवासी माना गया है?

A. पानीपत B. रोहतक
C. स्थाण्वीश्वर D. पंचकुला

256. हरियाणा के वणावली, सीसवाल, कुणाल, मिर्जापुर, दौलतपुर और भगवानपुरा नामक स्थानों के उत्खननों से किस काल की संस्कृतियों के प्रमाण मिले हैं?

A. आद्यौतिहासकालीन-प्रागहड़प्पा
B. हड़प्पा
C. परवर्ती हड़प्पा
D. उपरोक्त सभी कालों के

257. हरियाणा में पुरातात्विक अन्वेषण, सर्वप्रथम किसने आरम्भ किया था?

A. जॉनसर
B. एलेक्जेण्डर कनिंघम
C. लार्ड मुनरो
D. जॉन मार्शल

258. हरियाणा में पुरातात्विक अन्वेषण का आरम्भ कब हुआ?

A. 1862 ई. में B. 1892 ई. में
C. 1900 ई. में D. 1905 ई. में

259. डॉ सूरजभान के निर्देशन में हरियाणा में किस स्थान की खुदाई से महत्त्वपूर्ण ऐतिहासिक सामग्री प्राप्त हुई है?

A. मिथाथल (जिला भिवानी)
B. दादरी (जिला चरखी दादरी)
C. ऐलनाबाद (जिला सिरसा)
D. सफीदों (जिला जीन्द)

260. हरियाणा में हड़प्पा परवर्ती संस्कृति व चित्रित स्लेटी पात्र सभयताओं के लोगों के साथ-साथ रहने का सर्वप्रथम प्रमाण कहाँ मिला है?

A. नारनौल B. भगवानपुरा
C. सिरसा D. महेन्द्रगढ़

261. हरियाणा में हड़प्पा संस्कृति का एक विराट टीला जीन्द के समीप किस स्थान पर है?

A. सफीदों B. उचाना
C. नरवाना D. राखीगढ़ी

262. जगाधरी से तीन कि.मी. पूर्व की ओर चनेती में एक स्तूप के अवशेष मिले हैं, इस स्तूप की ऊँचाई 8 मीटर है। बताइये इसकी परिधि कितने मीटर है?

A. 20 मीटर B. 30 मीटर
C. 45 मीटर D. 50 मीटर

263. आमीन जिला कुरुक्षेत्र से प्राप्त दो स्तम्भ किस काल की कला को दर्शाते हैं?

A. मौर्यकाल B. वर्धनकाल
C. गुप्तकाल D. शुंगकाल

264. समुद्रगुप्त का एक परशु प्रकार का सोने का सिक्का हरियाणा में कहाँ पर मिला है?

A. कोसली (रेवाड़ी) B. हांसी (हिसार)
C. मिथाथल (भिवानी) D. रानिया (सिरसा)

265. हरियाणा के किस इलाके में तीसरी शताब्दी में यौधेयों का बोलबाला था?

A. पानीपत के इलाके में
B. रोहतक के इलाके में
C. हिसार के इलाके में
D. अम्बाला के इलाके में

266. जगाधरी से किस शासक की सोने की मुद्रा प्राप्त हुई है?

A. कनिष्क B. कुमारगुप्त
C. पुष्पमित्रशुंग D. समुद्रगुप्त

267. हरियाणा के किस स्थान से हर्षवर्धन की तांबे की मुद्रा मिली है जिसमें थानेश्वर के पुष्पमूर्ति वंशावली का वृत्तान्त मिलता है?
A. सोनीपत B. सिरसा
C. गुरुग्राम D. कैथल

268. भारतीय पुरातत्व सर्वेक्षण के एच.एल. श्रीवास्तव द्वारा हिसार में किस स्थान पर खुदाई कार्य करवाया गया था?
A. उकलाना B. बरवाला
C. अग्रोहा D. आदमपुर

269. हरियाणा प्रदेश में वर्ष 2021-22 तक मान्यता प्राप्त प्राथमिक/पूर्व प्राथमिक स्कूलों की संख्या कितनी है?
A. 9,896 B. 9,399
C. 11,582 D. 8,780

270. प्रदेश में वर्ष 2021-22 तक मान्यता प्राप्त माध्यमिक स्कूलों की संख्या कितनी है?
A. 1,215 B. 2,312
C. 5,883 D. 3,850

271. हरियाणा में वर्ष 2021-22 तक मान्यता प्राप्त उच्च/वरिष्ठ माध्यमिक विद्यालयों की संख्या कितनी है?
A. 3,780 B. 9,023
C. 5,940 D. 3,460

272. हरियाणा में वर्ष 2021-22 तक मान्यता प्राप्त इंजीनियरिंग महाविद्यालयों की संख्या कितनी है?
A. 91 B. 250
C. 305 D. 410

273. प्रदेश में वर्ष 2021-22 तक कला तथा विज्ञान महाविद्यालयों की संख्या कितनी है?
A. 190 B. 200
C. 400 D. 364

274. हरियाणा प्रदेश में वर्ष 2021-22 तक कितने मान्यता प्राप्त अध्यापक प्रशिक्षण महाविद्यालय हैं?
A. 491 B. 400
C. 300 D. 297

275. प्रदेश में कुल साक्षर जनसंख्या कितनी है?
A. 1,66,25,728 B. 1,65,98,988
C. 78,10,882 D. 1,32,58,652

276. प्रदेश में वर्ष 2021-22 तक मान्यता प्राप्त कितने विश्वविद्यालय हैं?
A. 57 B. 40
C. 35 D. 38

277. प्रदेश में निम्नलिखित में से किस स्थान पर नवोदय विद्यालय स्थित है?
A. तितरम B. ओढ़ा
C. देवराला D. उपरोक्त सभी में

278. हरियाणा सरकार द्वारा किस वर्ष 10+2+3 शिक्षा प्रणाली लागू की गई?
A. 1980-81 में B. 1976-77 में
C. 1988-89 में D. 1985-86 में

279. "महर्षि दयानन्द विश्वविद्यालय" हरियाणा के किस नगर में स्थित है?
A. रोहतक B. हिसार
C. फरीदाबाद D. रेवाड़ी

280. "चौधरी चरणसिंह कृषि विश्वविद्यालय" प्रदेश के किस नगर में स्थित है?
A. जीन्द B. गुरुग्राम
C. हिसार D. कुरुक्षेत्र

281. हरियाणा में पंजाबी भाषा को बढ़ावा देने के उद्देश्य से पंजाबी भाषा को किस स्थान पर रखा गया है?
A. प्रथम B. द्वितीय
C. तृतीय D. चतुर्थ

282. हरियाणा में चौधरी देवीलाल विश्वविद्यालय निम्नलिखित में से किस स्थान पर स्थित है?
A. कुरुक्षेत्र B. हिसार
C. रोहतक D. सिरसा

283. हरियाणा में खेलों को बढ़ावा देने के उद्देश्य से प्रदेश सरकार द्वारा कौन-सी महत्त्वपूर्ण योजना चलाई जा रही है?
A. खेल संस्थाओं को अनुदान
B. प्रशिक्षण योजना
C. खेल स्टेडियम
D. उपरोक्त सभी

284. खिलाड़ियों को आधुनिक और वैज्ञानिक ढंग से प्रशिक्षण देने के लिए हरियाणा में किस स्थान पर खेल छात्रावास की स्थापना की गई है?
A. गुरुग्राम में B. रोहतक में
C. फरीदाबाद में D. पानीपत में

285. हरियाणा के सोनीपत जिले के राई नामक स्थान पर एक खेलकूद स्कूल है, उसका नाम बताइये?
A. जवाहरलाल नेहरू खेलकूद स्कूल
B. इन्दिरा गांधी खेलकूद स्कूल
C. मोतीलाल नेहरू खेलकूद स्कूल
D. राजीव गांधी खेलकूद स्कूल

286. सोनीपत जिले के राई नामक स्थान पर स्थित मोतीलाल नेहरू खेलकूद स्कूल में स्थित कमला नेहरू नामक स्कूल की स्थापना कब की गई थी?
A. वर्ष 1970 में B. वर्ष 1974 में
C. वर्ष 1982 में D. वर्ष 1986 में

287. अगस्त-सितम्बर 2018 में इंडोनेशिया के जकार्ता में हुए 18वें एशियाई खेलों में हरियाणा के निम्न में से किस खिलाड़ी ने कुश्ती में स्वर्ण पदक प्राप्त किया था?
A. योगेश्वर दत्त B. बबिता कुमारी
C. गीता फोगाट D. बजरंग पुनिया

288. टोक्यो ओलंपिक 2020 में हरियाणा के किस पहलवान ने रजत पदक प्राप्त किया था?
A. बजरंग पुनिया B. विनेश फोगाट
C. रवि कुमार दहिया D. बबिता कुमारी

289. अप्रैल 2018 में गोल्ड कोस्ट में हुए 21वें राष्ट्रमंडल खेलों में हरियाणा के खिलाड़ियों ने कितने स्वर्ण पदक प्राप्त किए थे?
A. 9 B. 12
C. 15 D. 20

290. हरियाणा की प्रसिद्ध खिलाड़ी गीता और बबीता फोगाट किस खेल से सम्बन्धित हैं?
A. जिमनास्टिक B. कुश्ती
C. बैडमिंटन D. टेनिस

291. हरियाणा की प्रसिद्ध महिला खिलाड़ी ममता खरब का सम्बन्ध किस खेल से है?
A. हॉकी B. कबड्डी
C. जूडो D. हैंडबाल

292. हिन्दी के प्रसिद्ध कहानीकार श्री विशम्भरनाथ कौशिक का जन्म हरियाणा में कहां पर हुआ था?
A. अम्बाला छावनी में B. सिरसा में
C. पंचकूला में D. रोहतक में

293. हरियाणा के प्रसिद्ध लेखक पं॰ नेकीराम शर्मा ने भिवानी से कौन-सा पत्र हिन्दी में प्रकाशित किया था?
A. संवाहक B. सन्देश
C. निवारण D. वाणी

294. निम्नलिखित में से भारतीय क्रिकेट का कौन-सा पूर्व खिलाड़ी हरियाणा से सम्बन्धित है?
A. कपिल देव B. सुनील गावस्कर
C. अजय जडेजा D. अजहरुद्दीन

295. हरियाणा के किस जिले में कालेसर वन्यजीव अभयारण्य स्थित है?
A. फरीदाबाद B. नूंह
C. यमुनानगर D. गुरुग्राम

296. वर्ष 2016 में हुए रियो ओलंपिक खेलों में हरियाणा की किस महिला पहलवान ने कांस्य पदक जीता था?
A. बबीता कुमारी
B. साक्षी मलिक
C. माया रानी
D. जिया जुत्सी

297. टोक्यो ओलंपिक 2020 में हरियाणा के किस खिलाड़ी ने स्वर्ण पदक जीता?
A. बजरंग पुनिया B. बबिता कुमारी
C. जितेन्द्र कुमार D. नीरज चोपड़ा

298. निम्नलिखित में से किस प्रमुख आदिकवि को हरियाणा का माना जाता है?
A. गोस्वामी तुलसीदास B. कबीरदास
C. कवि चन्दबरदाई D. रहीम दास

299. निम्नलिखित में से हरियाणा के किस मुस्लिम संत ने हिन्दी साहित्य के विकास में महत्त्वपूर्ण योगदान दिया?
A. शेख-यू-अलीशाह कलन्दर
B. सन्त सादुल्ला
C. शेख बहाउदीन चिश्ती
D. उपरोक्त सभी ने

300. निम्नलिखित में से कौन-सा प्राचीन कवि हरियाणा से सम्बन्धित नहीं है?
A. वीरभान B. महात्मा हरिदास
C. बनारसीदास D. नरोत्तम दास

301. हरियाणा राज्य को पूर्ण राज्य का दर्जा कब मिला?
A. 1 नवम्बर, 1964 को
B. 10 दिसम्बर, 1965 को
C. 1 नवम्बर, 1966 को
D. 15 जून, 1968 को

302. हरियाणा की राजधानी कौन-सा नगर है?
A. चण्डीगढ़ B. रोहतक
C. करनाल D. यमुनानगर

303. राज्यपाल जिलाधीश की नियुक्ति करता है–
A. केन्द्रीय सरकार की सलाह पर
B. राज्य की मंत्रिपरिषद की सलाह पर
C. राष्ट्रपति की सलाह पर
D. प्रधानमंत्री की सलाह पर

304. वर्तमान समय में हरियाणा में कितने जिले हैं?
A. 16 B. 17
C. 18 D. 22

305. प्रसिद्ध भोंडसी आश्रम हरियाणा के किस जिले में स्थित है?
A. पानीपत B. फतेहाबाद
C. गुरुग्राम D. कैथल

306. 'नरवाना' विधान सभा क्षेत्र किस जिले में स्थित है?
A. जींद B. फरीदाबाद
C. नूंह D. गुरुग्राम

307. 'किलोई' विधान सभा क्षेत्र किस जिले में स्थित है?
A. सोनीपत B. पानीपत
C. रोहतक D. करनाल

308. हरियाणा का 22वाँ जिला कौन सा है?
A. डबवाली B. चरखी दादरी
C. होडल D. नरवाना

309. निम्न में से कौन लोकसभा क्षेत्र अनुसूचित जाति के लिए आरक्षित हैं?
A. अम्बाला B. भिवानी
C. फरीदाबाद D. हिसार

310. निम्न में से कौन लोकसभा क्षेत्र अनुसूचित जाति के लिए आरक्षित हैं?
A. सोनीपत B. महेन्द्रगढ़
C. रोहतक D. सिरसा

311. हरियाणा प्रदेश में पुरुषों द्वारा पहनी जाने वाली पगड़ी क्या कहलाती है?
A. खंडवा B. पग्गड़
C. तोडा D. पगड़ी

312. प्रदेश में राजपूती ढंग की बड़ी पगड़ी को क्या कहते हैं?
A. साफा B. टोपी
C. पाग D. दोहरा

313. हरियाणा में चार नीले तथा चार लाल धागों की बुनाई वाले खद्दर से बना बिना कली का घाघरा क्या कहलाता है?
A. धारणा B. खारा
C. थारा D. कचारा

314. प्रदेश में प्रचलित निम्नलिखित में से कौन-सा आभूषण गले में नहीं पहना जाता है?
A. हंसला B. फूल
C. गलश्री D. बटन

315. प्रदेश में निम्नलिखित में से कौन-सा आभूषण मुंह और सिर पर पहना जाता है?
A. सिंगार पट्टी B. तग्गा
C. बेस्सर D. उपरोक्त सभी

316. प्रदेश में प्रचलित आभूषणों में निम्नलिखित में से कौन-सा आभूषण नाक में नहीं पहना जाता है?
A. नांथ B. पुरली
C. ढेडे D. कोक्का

317. प्रदेश में प्रचलित निम्नलिखित में से कौन-सा आभूषण हाथों में नहीं पहना जाता है?
A. पौंह्ची B. कडूल्ला
C. पछेल्ली D. बांकड़ी

318. प्रदेश में प्रचलित शकुन-अपशकुनों में निम्नलिखित में से किसे शकुन माना जाता है?
A. पानी भरा घड़ा B. हिरण दर्शन
C. मेहतर (झाडू लिए हुए) D. उपरोक्त सभी

319. प्रदेश में प्रचलित शकुन-अपशकुनों में निम्नलिखित में से किसे अपशकुन माना जाता है?
A. खाली घड़ा
B. दूब का दर्शन
C. पैर का खुजाना
D. भिस्ती का जल लिए मिलना

320. प्रदेश में पारम्परिक आभूषणों में निम्नलिखित में से कौन-सा आभूषण पुरुषों द्वारा पहना जाता है?
A. गोफ B. तागड़ी
C. नाड़ा D. कड़ी

321. हरियाणा में निम्नलिखित में से किस धार्मिक स्थान पर, सूर्य ग्रहण के अवसर पर भारत भर से लाखों यात्री स्नान व धर्मानुष्ठान के लिए आते हैं?

A. गुरुग्राम B. कुरुक्षेत्र
C. जगाधरी D. इनमें से कोई नहीं

322. गुरुग्राम जिले में इस्लामपुर नामक स्थान पर भादों मास के नौवें दिन कौन-सा मेला लगता है?
A. गूगा नौमी B. नागपूजा
C. यमुना स्नान D. शिव मेला

323. गुरुग्राम में चैत्र व आषाढ़ मास में प्रत्येक सोमवार व मंगलवार को निम्नलिखित में से कौन सा प्रसिद्ध मेला लगता है?
A. बुद्धो माता का मेला B. शिवजी का मेला
C. शीतला माता का मेला D. मेला बाबा बूढ़ा

324. हरियाणा के किस जिले में रामसराय और भूतेश्वर के प्रसिद्ध मेले लगते हैं?
A. फरीदाबाद जिले में B. जीन्द जिले में
C. रोहतक जिले में D. झज्जर जिले में

325. रोहतक के अस्थल बोहर में मठ में फरवरी-मार्च के महीने में कौन-सा मेला लगता है?
A. बाबा मस्तनाथ का मेला
B. कपाल मोचन का मेला
C. देवी मेला
D. पाथरी माता का मेला

326. जगाधरी के समीप बिलासपुर नामक स्थान पर कार्तिक पूर्णिमा के दिन कौन-सा मेला लगता है?
A. आदि बद्री मेला B. मेला काली माई
C. कपाल मोचन का मेला D. पंचमुखी मेला

327. रोहतक जिले में लाखन माजरा नामक स्थान पर ''मंजी साहब का गुरुद्वारा'' स्थित है यहां पर निम्नलिखित में से कौन-सा त्यौहार मनाया जाता है?
A. मेला सत्वा तीज
B. मोहोला हल्ला का त्योहार
C. बावन द्वादशी
D. माणु मेला

328. जिला पानीपत के पाथरी नामक स्थान पर चैत्र व आषाढ़ मास के हर बुधवार को कौन-सा मेला लगता है?
A. माता का मेला
B. शिव मेला
C. मेला देहाती
D. पाथरी माता का मेला

329. जीन्द जिले के खरक रामजी नामक स्थान पर होली के दिन कौन-सा मेला लगता है?
A. माता का मेला
B. नागदेवता का मेला
C. बाबा भालूनाथ का मेला
D. मेला सच्चा सौदा

330. रोहतक जिले के दुबलधन माजरा नामक स्थान पर फाल्गुन सुदी द्वादशी (फरवरी- मार्च) को कौन-सा मेला लगता है?
A. मेला माता B. मेला देवी
C. मेला श्यामजी D. मेला बाबा बूढ़ा

331. जिला गुरुग्राम के खोरी नामक स्थान पर अप्रैल, मई में कौन-सा मेला लगता है?
A. शाहचोखा खोरी मेला
B. शिव का मेला
C. नागपूजा मेला
D. बाबा मस्तनाथ का मेला

332. जिला सोनीपत में किस स्थान पर फाल्गुन सुदी-9 (फरवरी, मार्च) में डेरा नग्न बालकनाथ का मेला लगता है?
A. बेगा (तहसील सोनीपत)
B. मेहरीपुर (तहसील सोनीपत)
C. रभड़ा (तहसील गोहाना)
D. चुलकाना (तहसील सोनीपत)

333. जिला सोनीपत के खुबडु नामक स्थान पर फाल्गुन की पूर्णमासी (फरवरी, मार्च) को कौन-सा मेला लगता है?
A. सतकुम्भा मेला
B. मेला बाबा शमकशाह
C. मेला सांझी
D. देवी मेला

334. फरीदाबाद जिले के अलावलपुर नामक स्थान पर स्थित बाबा उदासनाथ की समाधि पर मेला कब लगता है?
A. भादों सुदी नवमी को
B. चैत्र बदी दूज को
C. लगते फाल्गुन बदी चौदस को
D. फाल्गुन बदी अमावस्या को

335. जिला भिवानी में किस स्थान पर रक्षा बंधन के दिन बाबा खेडेवाला का मेला लगता है?

A. नौरंगाबाद B. खरक कलां
C. रिवासा D. तोशाम

336. हरियाणा प्रदेश में मंगलमय ''पीलिया'' लोकगीत किस अवसर पर गाया जाता है?
A. सावन के महीने पर
B. पुत्र-जन्म के अवसर पर
C. विवाह के अवसर पर
D. फागुन के महीने में

337. हरियाणा प्रदेश में निम्नलिखित में से किस अवसर पर लोकगीत गाये जाते हैं?
A. पुत्र जन्म के समय
B. सावन के महीने में
C. पर्व-त्यौहार के अवसर पर
D. उपरोक्त सभी अवसरों पर

338. प्रदेश में पुरुषों द्वारा बीनों, खंजरी, तुम्बे, बांसुरी, खड़ताल पर, चांदनी रात में खुले मैदान में निम्नलिखित में से कौन-सा नृत्य किया जाता है?
A. धमाल नृत्य B. मंजीरा नृत्य
C. लूर नृत्य D. डमरु नृत्य

339. हरियाणा के मेवात क्षेत्र में बड़े-बड़े नक्कारों, डफ और मंजीरों के साथ निम्नलिखित में से कौन-सा नृत्य प्रचलित है?
A. घोड़ा नृत्य B. धमाल नृत्य
C. मंजीरा नृत्य D. छठी नृत्य

340. हरियाणा के बागर क्षेत्र में होली के मौसम में निम्नलिखित में से कौन-सा नृत्य किया जाता है?
A. डमरु नृत्य B. मंजीरा नृत्य
C. घोड़ा नृत्य D. लूर नृत्य

341. हरियाणा में प्रचलित घोड़ा लोकनृत्य का आयोजन प्रमुख रुप से किस अवसर पर किया जाता है?
A. विवाह के अवसर पर B. फागुन माह में
C. पुत्र-जन्म के अवसर पर D. सावन माह में

342. प्रदेश में भादों के महीने की नौमी के दिन गुग्गापीर की पूजा के बाद निम्नलिखित में से कौन-सा नृत्य किया जाता है?
A. धमाल नृत्य B. छड़ी नृत्य
C. लूर नृत्य D. डमरु नृत्य

343. प्रदेश में प्रचलित लोकनृत्यों में से कौन-सा नृत्य स्त्रियों द्वारा किया जाता है?
A. तीज नृत्य B. धमाल नृत्य
C. डमरु नृत्य D. मंजीरा नृत्य

344. प्रदेश में प्रचलित लोक नृत्यों में से कौन-सा नृत्य पुरुषों द्वारा किया जाता है?
A. छठी नृत्य B. तीज का नृत्य
C. डमरु नृत्य D. खोडिया नृत्य

345. हरियाणा में प्रचलित लोकनृत्यों में से कौन-सा नृत्य स्त्री-पुरुष दोनों के द्वारा किया जाता है?
A. तीज नृत्य B. लूर नृत्य
C. खोडिया नृत्य D. फाग नृत्य

346. हरियाणा के कैथल नगर में प्रताप गेट के निकट निम्नलिखित में से कौन-सा गुरुद्वारा स्थित है?
A. गुरुद्वारा नीम साहिब
B. गुरुद्वारा नौवीं पातशाही
C. रागधार गुरुद्वारा
D. गुरुद्वारा छठी पातशाही

347. गुरुद्वारा मंजी साहिब हरियाणा के किस नगर में स्थित है?
A. करनाला B. पानीपत
C. कैथल D. अम्बाला

348. हरियाणा में किस स्थान को, ''नवग्रह कुण्डों'' के स्थित होने के कारण ''छोटी काशी'' भी कहा जाता है?
A. नारनौल को B. कैथल को
C. गुरुग्राम को D. कुरुक्षेत्र को

349. हरियाणा में कैथल से कुछ दूरी पर किस महापुरुष की समाधि स्थित है, जिस पर प्रत्येक वर्ष दशहरे से अगले दिन भारी मेला लगता है?
A. बाबा काली कमली वाले की
B. बाबा हरिदास की
C. बाबा लदाना की
D. बाबा रामदास की

350. कुरुक्षेत्र में थानेसर सिटी स्टेशन के समीप निम्नलिखित में से कौन-सा प्रसिद्ध तीर्थ स्थल है?
A. ब्रह्म सरोवर B. हटकेश्वर
C. ढोसी तीर्थ स्थल D. पुण्डरीक सरोवर

351. कुरुक्षेत्र रेलवे स्टेशन के समीप कुरुक्षेत्र-पेहवा रोड पर निम्नलिखित में से कौन-सा तीर्थ स्थल स्थित है, जिसे भगवान विष्णु का स्थाई निवास स्थल माना जाता है?

A. ब्रह्म सरोवर
B. कालेश्वर तीर्थ
C. सन्निहित तीर्थ
D. मारकाण्डेय तीर्थ

352. जिला कुरुक्षेत्र में किस तीर्थ स्थान पर श्रीकृष्ण ने अर्जुन को गीता का उपदेश दिया था?

A. ब्रह्म सरोवर
B. कमल नाभ तीर्थ
C. प्राचीतीर्थ
D. ज्योतिसर सरोवर

353. जिला कुरुक्षेत्र में स्थित ज्योतिसर सरोवर के समीप स्थित अक्षयवट के चारों ओर पक्के चबूतरे का निर्माण महाराज दरभंगा द्वारा कब करवाया गया था?

A. सन् 1924 में
B. सन् 1930 में
C. सन् 1932 में
D. सन् 1949 में

354. जिला कुरुक्षेत्र में स्थित ज्योतिसर सरोवर के निकट एक कृष्ण-अर्जुन रथ तथा शंकराचार्य के मन्दिर का निर्माण किसने करवाया था?

A. महाराज दरभंगा ने
B. कामकोटि पीठ के शंकराचार्य ने
C. कश्मीर के राजा ने
D. स्वामी विशुद्धानन्द महाराज ने

355. जिला कुरुक्षेत्र में स्थित प्रसिद्ध तीर्थ ज्योतिसर सरोवर की लम्बाई कितनी है?

A. 1000 फुट
B. 1500 फुट
C. 2000 फुट
D. 2500 फुट

356. जिला कुरुक्षेत्र में स्थित ''बाबा काली कमली वाले का डेरा' नामक धार्मिक स्थल के संस्थापक कौन थे?

A. स्वामी रामतीर्थ
B. श्री स्वामी विशुद्धानन्द महाराज
C. कामकोटि पीठ के शंकराचार्य
D. स्वामी परमानन्द महाराज

357. भक्तिकाल से सम्बन्धित गौड़ीय मठ नामक धार्मिक स्थल हरियाणा के किस जिले में स्थित है?

A. अम्बाला जिले में
B. जीन्द जिले में
C. कुरुक्षेत्र जिले में
D. महेन्द्रगढ़ जिले में

358. कुरुक्षेत्र जिले में वह कौन-सा धार्मिक स्थल है जहां पर बाबा लक्ष्मण गिरि महाराज द्वारा जीवित समाधि ली गई थी?

A. बाण गंगा
B. प्राची ..र्थ
C. गौड़ीय मठ
D. बाल्मिकि आश्रम

359. राजघाट गुरुद्वारा हरियाणा में कहाँ पर स्थित है?

A. कुरुक्षेत्र में
B. यमुनानगर में
C. कैथल में
D. भिवानी में

360. निम्नलिखित में से कौन-सा तीर्थस्थल हरियाणा के जिला कुरुक्षेत्र में स्थित नहीं है?

A. कालेश्वर तीर्थ
B. प्राची तीर्थ
C. ढोसी तीर्थ
D. कुबेर तीर्थ

361. जिला कुरुक्षेत्र के कुरुक्षेत्र विश्वविद्यालय के उत्तर-पश्चिम में एक कि॰मी॰ की दूरी पर से कौन-सा प्राचीन तीर्थ स्थल स्थित है?

A. मारकाण्डेय तीर्थ
B. नरकातारी (अनरक तीर्थ)
C. प्राची तीर्थ
D. कुबेर तीर्थ

362. हरियाणा में थानेसर से 25 कि॰मी॰ पश्चिम में कौन-सा महत्त्वपूर्ण तीर्थ स्थल स्थित है जिसको हरियाणा और उसके समीपवर्ती क्षेत्रों में वही स्थान प्राप्त है जो पूर्व में गया तीर्थ को है?

A. पेहोवा
B. पंचवटी
C. सफीदों
D. पाण्डू-पिण्डारा

363. जिला पलवल के होडल क्षेत्र में निम्नलिखित में से कौन-सा धार्मिक स्थल स्थित है?

A. पंचवटी
B. रामराय
C. सती का स्थान
D. कालेश्वर महादेव मठ

364. 'पंचवटी' नामक तीर्थस्थल कहां पर स्थित है?

A. बल्लभगढ़ में
B. मोहाना में
C. तिगांव में
D. पलवल में

365. जिला जीन्द के समीप जीन्द-गोहाना मार्ग पर कौन-सा प्राचीन धर्म-स्थल है जहां पर प्रत्येक वर्ष सोमवती अमावस्या के दिन मेला लगता है?

A. पाण्डू-पिण्डारा
B. सफीदों
C. हंसडैहर
D. उपरोक्त में से कोई नहीं

366. थानेसर नगर से कुछ दूर स्थित स्थानेश्वर महादेव मन्दिर का निर्माण सम्राट हर्षवर्धन के किस पूर्वज राजा द्वारा करवाया गया था?

A. पुष्यभूति B. आधित्यवर्धन
C. नरवर्धन D. प्रभाकरवर्धन

367. महमूद गजनवी अपने भारत आक्रमण के दौरान हरियाणा के निम्नलिखित में से किस प्राचीन मन्दिर की मूर्ति को अपने साथ गजनी ले गया था?
A. दुखभंजनेश्वर मन्दिर (कुरुक्षेत्र)
B. भगवान शिव मन्दिर (नारनौल)
C. सर्वेश्वर महादेव मन्दिर (कुरुक्षेत्र)
D. स्थानेश्वर महादेव मन्दिर (थानेसर)

368. हरियाणा के स्थानेश्वर मन्दिर का पुनर्निर्माण निम्नलिखित में से किसके द्वारा करवाया गया था?
A. मराठा सदाशिव राव द्वारा
B. चन्द्रगुप्त विक्रमादित्य द्वारा
C. हर्षवर्धन द्वारा
D. नरवर्धन द्वारा

369. देवीकूप (भद्रकाली मन्दिर) भारत के 51 शक्तिपीठों में से एक है यह मन्दिर प्रदेश में कहाँ पर स्थित है?
A. रोहतक B. कुरुक्षेत्र
C. पानीपत D. थानेसर

370. कुरुक्षेत्र में सन्निहित सरोवर के समीप निम्नलिखित में से कौन-सा मन्दिर स्थित नहीं है?
A. नारायण मन्दिर
B. लक्ष्मी नारायण मन्दिर
C. दुखभंजनेश्वर मन्दिर
D. बिरला मन्दिर

371. कुरुक्षेत्र का निम्नलिखित में से कौन-सा मन्दिर गिरि सम्प्रदाय के सिद्ध फकीर बाबा शिव गिरि महाराज द्वारा बनवाया गया था?
A. सर्वेश्वर महादेव मन्दिर
B. नारायण मन्दिर
C. लक्ष्मी नारायण मन्दिर
D. दुखभंजनेश्वर मन्दिर

372. कुरुक्षेत्र के प्रसिद्ध 'सर्वेश्वर महादेव मन्दिर' को किसने बनवाया था?
A. बाबा श्रवण नाथ ने
B. बाबा शिवगिरि ने
C. बाबा तारकनाथ ने
D. श्री जुगल किशोर बिरला ने

373. कुरुक्षेत्र-पेहोवा मार्ग पर स्थित बिरला मन्दिर को श्री जुगल किशोर बिरला द्वारा कब बनवाया गया था?
A. 1950 में B. 1955 में
C. 1965 में D. 1978 में

374. ग्यारह रुद्री शिव मन्दिर हरियाणा के किस नगर में स्थित है?
A. जीन्द B. पानीपत
C. हिसार D. कैथल

375. मराठा सरदार मंगल रघुनाथ जी ने पानीपत की तीसरी लड़ाई के बाद पानीपत में निम्नलिखित में से कौन-सा मन्दिर बनवाया था?
A. देवी तालाब का शिव मन्दिर
B. हनुमान मन्दिर
C. देवी मन्दिर
D. रुद्र मन्दिर

376. अमीन नामक गांव में निम्नलिखित में से कौन-सा प्राचीन मन्दिर स्थित है?
A. पंचवटी मन्दिर B. शिव मन्दिर
C. अदिति का मन्दिर D. दाऊ जी का मन्दिर

377. फरीदाबाद से लगभग 55 कि॰मी॰ की दूरी पर स्थित वंचारी गांव में निम्नलिखित में से कौन-सा प्राचीन मन्दिर स्थित है?
A. दाऊजी का मन्दिर
B. अदिति का मन्दिर
C. पंचवटी मन्दिर
D. चामुण्डा देवी का मन्दिर

378. माता शीतला देवी का प्रसिद्ध और प्राचीन मन्दिर हरियाणा में कहां पर स्थित है?
A. रेवाड़ी में B. गुरुग्राम में
C. नारनौल में D. जीन्द में

379. गुरुग्राम ग्राम में स्थित माता शीतला देवी का मन्दिर महाराज भरतपुर द्वारा कब बनवाया गया था?
A. सन् 1620 में B. सन् 1645 में
C. सन् 1648 में D. सन् 1650 में

380. प्राचीन शिव मन्दिर जहां पर बाबा ठण्डीपुरी की समाधि भी है प्रदेश में कहां स्थित है?
A. पूण्डरीक तीर्थ B. गुरुग्राम
C. हिसार D. रोहतक

381. निम्नलिखित में से कौन-सा प्राचीन मन्दिर झज्जर जिले के बेरी गांव में स्थित है?
A. पुराना शिव पार्वती मन्दिर
B. माता शीतला देवी का मन्दिर
C. लाल रूढ़मल मन्दिर
D. दाऊजी का मन्दिर

382. झज्जर जिले में स्थित बेरी गांव के लाल रूढ़मल मन्दिर में स्थित शिवालय की ऊँचाई कितनी है?
A. 116 फुट B. 122 फुट
C. 132 फुट D. 140 फुट

383. झज्जर जिले के बेरी गांव के लाल रूढ़मल मन्दिर में स्थित शिवालय का निर्माण कब करवाया गया था?
A. सन् 1842 में B. सन् 1850 में
C. सन् 1892 में D. सन् 1899 में

384. झज्जर जिले में स्थित बेरी गांव के लाल रूढ़मल मन्दिर के शिवालय का पहली बार जीर्णोद्धार कब करवाया गया था?
A. सन् 1943 में B. सन् 1945 में
C. सन् 1950 में D. सन् 1953 में

385. नारनौल नगर में स्थित चामुण्डा देवी के मन्दिर का निर्माण व जीर्णोद्धार किसके द्वारा करवाया गया था?
A. राजा परीक्षत द्वारा B. राजा दिलीप द्वारा
C. राजा नूरकरण द्वारा D. पांडवों द्वारा

386. हरियाणा में चिश्ती सम्प्रदाय की स्थापना किसके द्वारा की गई थी?
A. बू अलीशाह कलंदर
B. शेख फरीद (फरीदुद्दीन शकरगंज)
C. अल्ताफ हुसैन
D. इब्राहिम अबीदुल्ला

387. चिश्ती सम्प्रदाय के प्रमुख सूफी संत बू अलीशाह कलंदर ने प्रदेश में किस स्थान को अपनी साधना का प्रमुख केन्द्र बनाया था?
A. पानीपत B. रोहतक
C. सोनीपत D. गुरुग्राम

388. सूफी संत अल्ताफ हुसैन हाली की दरगाह हरियाणा में कहां पर स्थित है?
A. झज्जर B. रेवाड़ी
C. पानीपत D. रोहतक

389. पानीपत की किस दरगाह पर श्रद्धालुओं द्वारा माथा टेकने पर ही अजमेर के ख्वाजा का उर्स पूरा होता है? ऐसी धारणा है–
A. ख्वाजा शम्सुद्दीन मख्दूम जलालुद्दीन की दरगाह
B. शेख उसमान जिंदापीर की दरगाह
C. गौस अलीशाह की दरगाह
D. बू अलीशाह कलंदर की दरगाह

390. नारनौल से करीब दस कि॰मी॰ दूर गांव धरसूं में किस प्रसिद्ध संत की दरगाह स्थित है?
A. हजरत शाह कलमुद्दीन हमज़ापीर हुसैन
B. मीर शाह (बाबा शाहखान)
C. शेख निजामुद्दीन
D. शेख जुनैद

391. फतेहाबाद में स्थित किस सूफी संत की मज़ार के प्रांगण में एक पत्थर पर बादशाह हुमायूं का अभिलेख उत्कीर्ण है?
A. मीरतकी खान
B. मीर जुनैदी
C. शेख निज़ामुद्दीन
D. मीरशाह (बाबा शाहखान)

392. हरियाणा के किस मकबरे को पुरातत्वीय स्थल और अवशेष अधिनियम, 1958 के अधीन राष्ट्रीय महत्त्व का स्मारक घोषित किया गया है?
A. शेख चेहली
B. बू अलीशाह कलंदर
C. शेख फरीद (फरीदुद्दीन शकरगंज)
D. पीर जमाल

393. बाबा शाह कमाल की मज़ार प्रदेश में कहां पर स्थित है?
A. गोहाना में B. फतेहाबाद में
C. कैथल में D. रोहतक में

394. प्रदेश में किस स्थान पर निम्नलिखित चार सूफी संतों (कुतुबशेख जमालुद्दीन अहमद, कुतुब मौलाना, बसोहद्दीन सूफी कुतुबद्दीन मन्नवर, कुतुब नुरुद्दीन) की मज़ार एक स्थान पर स्थित है?
A. करनाल में B. हिसार में
C. पलवल में D. हांसी में

395. शाहाबाद और अम्बाला के बीच किसकी मज़ार है, जिस पर मनोकामना पूरी होने पर घड़ी चढ़ाई जाती है?

A. पीर नागौजी B. हमज़ा पीर

C. पीर नौगज़ा D. इब्राहिम अबीदुल्ला

396. रोहतक में स्थित किस मस्जिद को, जो पहले मन्दिर था, औरंगजेब के शासनकाल में मस्जिद का रूप दिया गया था?

A. काज़ी की मस्जिद B. दीनी मस्जिद

C. लाल मस्जिद D. इनमें कोई नहीं

397. रोहतक में स्थित लाल मस्जिद को प्रसिद्ध व्यापारी हाजी आशिक अली द्वारा कब बनवाया गया था?

A. सन् 1930 में B. सन् 1931 में

C. सन् 1935 में D. सन् 1939 में

398. गुरुग्राम जिले में स्थित सराय अलावरदी गांव की मस्जिद किस शासक के काल में बनवायी गई थी?

A. बाबर B. जहाँगीर

C. शाहजहाँ D. अलाउद्दीन खिलजी

399. झज्जर जिले के गांव दुजाना में कौन-सी प्राचीन, ऐतिहासिक मस्जिद स्थित है?

A. लाल मस्जिद B. काजी की मस्जिद

C. करीम जी की मस्जिद D. जामा मस्जिद

400. रेवाड़ी की प्रसिद्ध ऐतिहासिक लाल मस्जिद किस मुगल शासक के काल में बनवाई गई थी?

A. बाबर B. हुमायूं

C. अकबर D. जहाँगीर

401. नारनौल, पानीपत, अम्बाला के अतिरिक्त सूफी संतों ने हरियाणा के किस नगर को सूफी विचारधारा का इस्लाम प्रचार केन्द्र बनाया?

A. कैथल B. थानेसर

C. करनाल D. सोनीपत

402. हरियाणा में रहकर सूफी मत का प्रचार करने वाले अधिकांश सूफी संत निम्नलिखित में से किस सम्प्रदाय के थे?

A. चिश्ती B. नक्शबंदी

C. कादरी D. उपरोक्त सभी

403. हरियाणा का ताजमहल कहा जाने वाला, प्रसिद्ध सूफी संत शेख चेहली का मकबरा किस नगर में स्थित है?

A. हिसार B. फतेहाबाद

C. थानेसर D. पानीपत

404. चरखी दादरी जिले के कलियाणा गांव में किस संत की दरगाह स्थित है, जिस पर प्रत्येक बुधवार को मेला लगता है?

A. पीर मुबारकशाह

B. शेख उसमान जिंदापीर

C. शेख निज़ामुद्दीन

D. मुहम्मद अफज़ल

405. मीरां साहब का मकबरा हरियाणा के किस नगर में स्थित है?

A. अम्बाला B. पानीपत

C. करनाल D. कैथल

406. भगवान कृष्ण ने अर्जुन को गीता का प्रेरणादायक संदेश हरियाणा में किस स्थान पर दिया था?

A. पानीपत B. कुरुक्षेत्र

C. होडल D. थानेश्वर

407. प्रदेश का निम्नलिखित में से कौन-सा नगर प्राचीन काल में श्रीकंठ जनपद की राजधानी था?

A. थानेश्वर B. चण्डीगढ़

C. रोहतक D. गुरुग्राम

408. यमुनानगर जिले में स्थित 'सढौरा' नामक ऐतिहासिक कस्बे में निम्नलिखित में से कौन-सा प्रसिद्ध मन्दिर है?

A. मनोकामना B. गागरवाला

C. तोरांवाला D. उपरोक्त तीनों

409. जिला यमुनानगर के किस ऐतिहासिक कस्बे में 'पीर बुद्धुशाह' का गुरुद्वारा है, जिन्होंने भागनी युद्ध में गुरु गोविन्द सिंह की सहायता की थी?

A. सढौरा B. रादौर

C. बिलासपुर D. छछरौली

410. हरियाणा के बहादुरगढ़ नामक ऐतिहासिक कस्बे का प्राचीन नाम क्या था?

A. चरखाबाद B. हसीनपुर

C. शरफाबाद D. बेतवाबाद

411. महम नामक ऐतिहासिक कस्बा प्रदेश के किस जिले में स्थित है?

A. भिवानी जिले में B. रोहतक जिले में

C. यमुनानगर जिले में D. झज्जर जिले में

412. जिला रोहतक में स्थित महम नामक कस्बे का पुनः निर्माण बनिया जाति के पेशोरा नामक व्यक्ति द्वारा कब करवाया गया था?

A. सन् 1266 में B. सन् 1295 में
C. सन् 1298 में D. सन् 1299 में

413. जिला सिरसा में स्थित ऐलनाबाद नामक कस्बा पहले किस नाम से जाना जाता था?

A. एलिसाबाद B. चाविपुर
C. कलिसाबाद D. खड़ियल

414. सिरसा जिले में स्थित 'रानियां' नामक ऐतिहासिक कस्बे का प्राचीन नाम क्या था?

A. राजबपुर B. साजूपुर
C. रजिपुर D. रतिपुर

415. जिला अम्बाला में स्थित किस कस्बे को सिरमौर (हिमाचल प्रदेश) के राजा लक्ष्मी नारायण ने बसाया था?

A. बराड़ा B. मुलाना
C. नारायणगढ़ D. रायपुर रानी

416. सोनीपत जिले में स्थित किस प्राचीन ऐतिहासिक कस्बे में की गई खुदाई से महाभारत कालीन मिट्टी के बर्तन प्राप्त हुए हैं?

A. राई B. खेड़ी गुज्जर
C. गन्कौर D. गोहाना

417. आदि बद्री नामक पौराणिक गांव किस जिले में स्थित है?

A. यमुनानगर B. भिवानी
C. सिरसा D. रेवाड़ी

418. जिला यमुनानगर में स्थित किस ऐतिहासिक गांव का सम्बन्ध महाभारत कालीन राजा शान्तनु से माना जाता है?

A. छछरौली B. आदिबद्री
C. बसन्तर D. किसी का नहीं

419. 'जननायक देवीलाल पुरस्कार' का संबंध है–

A. पशुधन विकास B. कृषि पैदावार
C. उद्योग D. शिक्षा

420. जिला करनाल के अन्तर्गत आने वाले किस स्थान को पानीपत के तीसरे युद्ध से पूर्व अहमदशाह अब्दाली ने अपने सरदारों के लिए एक शक्तिशाली केन्द्र बनाया था?

A. घरौडा B. नील्पेखेड़ी
C. असन्ध D. कुन्जपुरा

421. जिला करनाल में स्थित किस स्थान पर मध्यकाल में सन् 1191 व 1192 में मुहम्मद गौरी व पृथ्वीराज चौहान के बीच युद्ध हुआ था?

A. तरावड़ी B. निसिंग
C. असन्ध D. घरौड़ा

422. फरीदाबाद के निकट स्थित 'गांव सीही' किस प्रसिद्ध भक्त कवि की जन्म स्थली माना जाता है?

A. रामदास B. रैदास
C. सूरदास D. तुलसीदास

423. गुरुग्राम के समीप स्थित 'सराय अलावरदी' नामक गांव में किस मुस्लिम शासक के काल की मस्जिद विद्यमान है?

A. अलाउद्दीन खिलजी B. बाबर
C. फिरोजतुगलक D. हुमायूं

424. यमुनानगर से 12 कि॰मी॰ की दूरी पर स्थित बूड़िया नामक ऐतिहासिक कस्बे की नींव किस मुगल शासक के काल में रखी गई थी?

A. बाबर B. हुमायूं
C. अक़बर D. जहाँगीर

425. यमुनानगर के समीप स्थित बूड़िया नामक प्राचीन कस्बे का सम्बन्ध अकबर कालीन किस प्रसिद्ध व्यक्ति से माना जाता है?

A. बीरबल B. टोडरमल
C. मानसिंह D. तानसेन

426. 36वें राष्ट्रीय खेलों (2022) में हरियाणा को कौन-सा स्थान प्राप्त हुआ?

A. चौथा B. तीसरा
C. पहला D. दूसरा

427. बेरी नामक प्राचीन कस्बा हरियाणा के किस जिले में स्थित है?

A. यमुनानगर B. कुरुक्षेत्र
C. झज्जर D. करनाल

428. महाभारत काल से सम्बन्धित अमीन नामक प्राचीन गांव किस जिले में स्थित है?

A. फरीदाबाद जिले में B. पानीपत जिले में
C. सोनीपत जिले में D. कुरुक्षेत्र जिले में

429. हरियाणा के किस नगर में इब्राहिम लोदी का मकबरा स्थित है?

A. गुरुग्राम B. पानीपत

C. जीन्द D. फरीदाबाद

430. पानीपत में इब्राहिम लोदी और बाबर के बीच प्रसिद्ध युद्ध कब हुआ था जिसमें इब्राहिम लोदी पराजित होकर मारा गया था?

A. 1526 B. 1527

C. 1528 D. 1530

431. पानीपत के समीप वह कौन-सा स्थान है जहाँ पर सन् 1761 ई॰ में पानीपत का तीसरा युद्ध हुआ था?

A. समालखा B. बापौली

C. काला अम्ब D. इसराना

432. पानीपत के समीप किस स्थान को 'वार-हीरो मैमोरियल' के रूप में विकसित किया गया है?

A. इसराना B. काला अम्ब

C. मडलौडा D. समालखा

433. पानीपत के निकट बाबर ने अपनी प्रिय रानी मुसम्मत काबुली बेगम की याद में और पानीपत के प्रथम युद्ध में विजय की खुशी में किस चीज का निर्माण करवाया था?

A. काबुली बाग B. मदरसा

C. मस्जिद D. किला

434. सलारगंज गेट हरियाणा के किस नगर में स्थित है?

A. रोहतक B. पानीपत

C. हिसार D. अम्बाला

435. होडल में भरतपुर के राजा सूरजमल ने निम्नलिखित में से किस चीज का निर्माण करवाया था?

A. तालाब B. सराय

C. बावडी D. उपरोक्त सभी का

436. मुगलकालीन 'मटिया किला' हरियाणा में कहाँ पर स्थित है?

A. पलवल B. रेवाड़ी

C. गुरुग्राम D. फरीदाबाद

437. पलवल जिले के गांव मूलवाना में स्थित 'मीनार' किस प्रसिद्ध मुस्लिम शासक के काल में बनवाई गई थी?

A. बाबर B. हुमायूं

C. शेरशाह सूरी D. मुहम्मद तुगलक

438. बल्लभगढ़ के राजा अनुरूप सिंह की विधवा ने अपने पति की स्मृति में एक तालाब व छतरी का निर्माण कब करवाया था?

A. सन् 1810 में B. सन् 1818 में

C. सन् 1824 में D. सन् 1835 में

439. फरीदाबाद जिले में किस स्थान पर तीन सौ वर्ष पुरानी एक सराय स्थित है?

A. गांव सराय ख्वाजा B. हसनपुर

C. हथीन D. बल्लभगढ़

440. जिला पलवल के किस नगर में किशोरी महल स्थित है, जिसका निर्माण 1754 से 1764 में कराया गया था?

A. पृथला B. हसनपुर

C. होडल D. हथीन

441. जिला करनाल में किस स्थान पर छोटी-छोटी ईंटों से बना हुआ एक किला है जहां पर अब सैनिक स्कूल चल रहा है?

A. कुन्जपुरा B. इन्द्री

C. नीलोखेड़ी D. चीड़ाओं

442. जिला गुरुग्राम में स्थित सोहना नगर 18वीं शताब्दी में किसके द्वारा बसाया गया था?

A. गजपत सिंह द्वारा

B. राजा सूरजमल द्वारा

C. शेरशाह सूरी द्वारा

D. राजा सोहनसिंह द्वारा

443. हरियाणा के जीन्द नगर को जीतकर गजपत सिंह द्वारा एक विशाल किले का निर्माण कब करवाया गया?

A. सन् 1725 में B. सन् 1775 में

C. सन् 1788 में D. सन् 1995 में

444. पुरानी तहसील कार्यालय रेवाड़ी के समीप स्थित बांगवाला तालाब का निर्माण किसने करवाया था?

A. राव गूजरमल के पुत्र नन्दराम अहीर ने

B. रावतेज सिंह ने

C. सोहन सिंह ने

D. गजपत सिंह ने

445. रेवाड़ी के पुराने टाऊन हॉल के समीप स्थित 'राव तेज सिंह तालाब' का निर्माण कब करवाया गया था?

A. सन् 1802 से 1805 के बीच

B. सन् 1825 से 1830 के बीच

C. सन् 1810 से 1815 के बीच
D. सन् 1840 से 1845 के बीच

446. कैथल नगर के निकट बाबालदाना रोड पर गुलामवंश के किस प्रसिद्ध शासक का मकबरा स्थित है?
A. रजिया सुल्तान B. इल्तुतमिश
C. बलवन D. रूकनुद्दीन

447. नारनौल नगर के समीप जलमहल नामक ऐतिहासिक स्मारक का निर्माण नारनौल के जागीरदार शाह कुली खान द्वारा कब करवाया गया था?
A. सन् 1530 में B. सन् 1591 में
C. सन् 1598 में D. सन् 1600 में

448. रायमुकन्द दास का छत्ता (बीरबल का छत्ता) नामक ऐतिहासिक स्मारक का निर्माण दीवान राय मुकन्द दास ने हरियाणा के किस नगर में करवाया?
A. पानीपत B. करनाल
C. कैथल D. नारनौल

449. श्रीकृष्ण संग्रहालय हरियाणा में कहाँ पर स्थित है?
A. कुरुक्षेत्र में B. रोहतक में
C. पानीपत में D. फरीदाबाद में

450. श्रीकृष्ण संग्रहालय की स्थापना कुरुक्षेत्र में कब की गई थी?
A. सन् 1970 में B. सन् 1987 में
C. सन् 1989 में D. सन् 1995 में

451. श्रीकृष्ण संग्रहालय भवन का कुल क्षेत्रफल कितने वर्गमीटर है?
A. 8764 वर्ग मीटर B. 8129 वर्ग मीटर
C. 8885 वर्ग मीटर D. 8649 वर्ग मीटर

452. राजा नाहर सिंह का किला हरियाणा में कहां पर स्थित है?
A. महेन्द्रगढ़ में B. रोहतक में
C. यमुनानगर में D. बल्लभगढ़ में

453. गऊकर्ण नामक तालाब किस जिले में स्थित है?
A. रोहतक जिले में B. झज्जर जिले में
C. सोनीपत जिले में D. रेवाड़ी जिले में

454. पानीपत से 18 कि॰मी॰ की दूरी पर समालखा नगर में कौन-सा पर्यटक स्थल स्थित है?
A. ब्लूजे B. स्काई लॉर्क
C. पैराकीट D. शमा

455. पानीपत के समीप सनौली रोड पर कौन-सा पर्यटक स्थल स्थित है?
A. ज्योतिसर B. दमदमा झील
C. काला अम्ब D. किंग फिशर

456. कर्णझील तथा ओयसिस नामक पर्यटक स्थल प्रदेश के किस जिले में स्थित हैं?
A. जिला पानीपत B. जिला करनाल
C. जिला सोनीपत D. जिला रेवाड़ी

457. कुरुक्षेत्र रेलवे स्टेशन से कुछ दूर पेहोवा मार्ग पर निम्नलिखित में से कौन-सा पर्यटक स्थल स्थित है?
A. ज्योतिसर B. कर्णझील
C. ब्लूजे D. ऑसिस

458. पिपली नगर के मुख्य केन्द्र तथा कुरुक्षेत्र जाने वाले मार्ग पर कौन-सा पर्यटक स्थल है?
A. दमदमा झील B. ऑसिस
C. किंग फिशर D. पैराकीट

459. 'शमां' नामक पर्यटक केन्द्र हरियाणा के किस नगर में स्थित है?
A. फरीदाबाद B. कैथल
C. गुरुग्राम D. जीन्द

460. गुरुग्राम-फरुखनगर मार्ग पर हरियाणा का कौन-सा पर्यटक स्थल स्थित है?
A. डबबिच
B. सुल्तानपुर पक्षी विहार
C. ऑसिस
D. रैड रोबिन

461. गुरुग्राम-फरुखनगर मार्ग पर स्थित हरियाणा के सुल्तानपुर पक्षी विहार की खोज किसने की थी?
A. पीटर जैक्सन B. थामस रो
C. सर जॉन मार्शल D. रोबिन हुड

462. दिल्ली-अलवर मार्ग पर अरावली की पहाड़ियों के मध्य हरियाणा का कौन-सा प्रसिद्ध पर्यटक स्थल है?
A. शमा B. ब्लूजे
C. सोहना D. डैरगों

463. फरीदाबाद के पश्चिम में फैले विशाल चट्टानी क्षेत्र के मध्य दिल्ली-मथुरा राष्ट्रीय राजमार्ग के समीप कौन-सा पर्यटक स्थल है?
A. दमदमा झील B. बड़खल झील
C. किंग फिशर D. डबचिक

464. दिल्ली से लगभग 20 कि॰मी॰ की दूरी पर हरियाणा का कौन-सा प्रसिद्ध पर्यटक स्थल स्थित है?
A. सूरजकुण्ड B. रैड रोबिन
C. पैराकोट D. दमदमा झील

465. ऑसिस नामक पर्यटक स्थल हरियाणा में कहाँ पर स्थित है?
A. फरीदाबाद B. भिवानी
C. उच्छाना D. रेवाड़ी

466. हरियाणा के बहादुरगढ़ नामक कस्बे में निम्नलिखित में से कौन-सा पर्यटक स्थल स्थित है?
A. डैरंगों पर्यटक स्थल
B. गोरैया पर्यटक स्थल
C. जल तरंग
D. तिलियर पर्यटक स्थल

467. 'ताजेवाला हैडवर्क्स' नामक प्रसिद्ध पर्यटक स्थल हरियाणा के किस जिले में स्थित है?
A. रोहतक जिले में B. फरीदाबाद जिले में
C. गुरुग्राम जिले में D. यमुनानगर जिले में

468. तिलियर नामक पर्यटक स्थल हरियाणा के किस जिले में स्थित है?
A. जिला जींन्द B. जिला महेन्द्रगढ़
C. जिला रोहतक D. जिला कैथल

469. श्रीकंठ जनपद किस जिले को कहा जाता था?
A. अम्बाला B. महेन्द्रगढ़
C. कुरुक्षेत्र D. सोनीपत

470. सतनामियों का विद्रोह कब हुआ था?
A. 1672 ई. में B. 1675 ई. में
C. 1680 ई. में D. 1690 ई. में

471. पानीपत की तीसरी लड़ाई में किसकी जीत हुई थी?
A. जाट B. मराठे
C. अहमदशाह अब्दाली D. इनमें से कोई नहीं

472. राज्य सरकार का संवैधानिक प्रधान होता है–
A. राज्यपाल B. मुख्यमंत्री
C. मुख्यन्यायाधीश D. इनमें से कोई नहीं

473. प्राचीन कला केन्द्र नामक संस्था कहाँ पर है?
A. चण्डीगढ़ B. अम्बाला
C. हिसार D. यमुनानगर

474. जीन्द का प्राचीन नाम क्या था?
A. जीन नगर B. जयन्तपुरी
C. जयन्तीगढ़ D. इनमें से कोई नहीं।

475. गुड़गांव जिले का नया नाम क्या है?
A. गुड़पुर B. गुरुपुर
C. गुरुनगर D. गुरुग्राम

476. हरियाणा में किस धर्म के लोग सबसे ज्यादा रहते हैं?
A. हिन्दू B. मुस्लिम
C. सिख D. ईसाई

477. हरियाणा विधान सभा का प्रथम अध्यक्ष कौन था?
A. शन्नो देवी B. राव वीरेन्द्र सिंह
C. श्रीचन्द D. मनफूल सिंह

478. हरियाणा का सर्वोच्च पुरस्कार कौन-सा है?
A. सूर पुरस्कार B. हंस पुरस्कार
C. व्यास पुरस्कार D. ज्ञान पुरस्कार

479. हरियाणा के राज्य पक्षी का क्या नाम है?
A. तोता B. मोर
C. काला तीतर D. कौआ

480. कैथल का प्राचीन नाम क्या था ?
A. कलासल B. कलायत
C. कपिलस्थल D. कपिलभूमि

481. वह नगर कौन-सा है जिसका नामकरण फकीर पर हुआ है ?
A. महेन्द्रगढ़ B. झज्जर
C. दुजाना D. फर्रुखनगर

482. अग्रोहा का संबंध किस जाति से है?
A. गुर्जर B. जाट
C. ब्राहमण D. अग्रवाल

483. भारतीय संविधान के किस अनुच्छेद में प्रान्तीय लोक सेवा आयोग की व्यवस्था का प्रावधान है?
A. अनुच्छेद 317 B. अनुच्छेद 315
C. अनुच्छेद 319 D. अनुच्छेद 323

484. हरियाणा के प्रथम हिन्दी समाचार-पत्र का क्या नाम है?
A. जाट समाचार B. जैन प्रकाश
C. हरियाणा तिलक D. संदेश

485. हरियाणा के प्रथम हिंदी संपादक व पत्रकार कौन थे?
A. नेकीराम B. कन्हैया लाल
C. जियालाल जैन D. श्रीराम शर्मा

486. हरियाणा साहित्य अकादमी की मुख्य पत्रिका कौन-सी है?

A. हरियाणा निधि B. हरिभूमि
C. हरिगन्धा D. हरियाणा सन्देश

487. हरियाणा की प्रथम महिला अन्तरिक्ष यात्री का क्या नाम है?

A. कल्पना चावला B. सुनीता देवी
C. दीपिका चौहान D. इनमें से कोई नहीं

488. राज्य विधान मण्डल में अगले वर्ष का बजट किसके नाम से पेश किया जाता है?

A. मुख्यमंत्री B. विधानसभा अध्यक्ष
C. राज्यपाल D. इनमें से कोई नहीं

489. हरियाणा में पहली बार राष्ट्रपति शासन कब लागू हुआ?

A. 21 नवम्बर, 1967 को B. 30 अप्रैल, 1977 को
C. 2 दिसम्बर, 1989 को D. 6 अप्रैल, 1991 को

490. हरियाणा विधान सभा में कुल कितनी सीटें हैं?

A. 70 B. 80
C. 90 D. 100

491. हरियाणा में लोक सभा में कुल कितनी सीटें आवंटित हैं?

A. 5 B. 10
C. 15 D. 20

492. हरियाणा में राज्य सभा में कुल कितनी सीटें आवंटित है?

A. 5 B. 7
C. 2 D. 4

493. राज्यपाल निम्न में से किसकी नियुक्ति नहीं कर सकता है?

A. महाधिवक्ता
B. राज्य उच्च न्यायालय के न्यायाधीश
C. राज्य लोक सेवा आयोग के सदस्य
D. मुख्यमंत्री

494. हरियाणवी भाषा में लिखा गया प्रथम उपन्यास कौन-सा है?

A. झाड़ूफिरी B. सुरही गइया
C. हीरू के कहिनी D. दानलीला

495. राज्य लोक सेवा आयोग के अध्यक्ष की नियुक्ति कौन करता है?

A. राज्यपाल B. मुख्यमंत्री
C. राष्ट्रपति D. प्रधानमंत्री

496. हरियाणा के राज्य विधानसभा में धन विधेयक किसकी पूर्व मंजूरी पर पेश होता है?

A. मुख्यमंत्री B. अध्यक्ष
C. राष्ट्रपति D. राज्यपाल

497. हरियाणा की सीमा किस केन्द्रशासित राज्य की सीमाओं को स्पर्श करती है?

A. नई दिल्ली
B. लक्षद्वीप
C. पुडूचेरी
D. इनमें से कोई नहीं

498. हरियाणा राज्य भारत का

A. दक्षिणी-पूर्वी राज्य है B. पूर्वी राज्य है
C. उत्तर-पश्चिमी राज्य है D. दक्षिणी राज्य है

499. 2011 की जनसंख्या के अनुसार हरियाणा के किस जिले की जनसख्या का घनत्व सर्वाधिक है?

A. फरीदाबाद B. गुरुग्राम
C. पानीपत D. पंचकुला

500. 2 1 की जनगणना के अनुसार हरियाणा के किस जिले की जनसंख्या का घनत्व सबसे कम है?

A. रेवाड़ी B. झज्जर
C. सिरसा D. करनाल

501. हरियाणा के किस शहर को 'बुनकरों का शहर' कहा जाता है?

A. पानीपत B. करनाल
C. फतेहाबाद D. महेन्द्रगढ़

502. हरियाणा कितने राज्यों की सीमाओं को स्पर्श करता है?

A. 2 B. 3
C. 4 D. 5

503. हरियाणा में दरी बनाने का केन्द्र कहाँ है?

A. पिंजौर B. सिरसा
C. पानीपत D. झज्जर

504. हरियाणा तिलक का संस्थापक कौन था?

A. सेठ महेश चन्द्र B. मांगेराम वत्स
C. पं. श्रीराम शर्मा D. नेकीराम शर्मा

505. हरियाणा का प्रथम राजकवि होने का श्रेय किसको जाता है?

A. उदयभानु हंस B. कृष्ण चन्द्र
C. धर्मवीर सिंह D. हेमचन्द निर्मम

506. साप्ताहिक पत्रिका 'भारत निर्माण' के संपादक कौन थे?

A. छोटूराम B. चन्द्रभान गुप्ता
C. पं॰ श्रीराम शर्मा D. कन्हैया लाल

507. 'ग्रिनिंग ऑफ हरियाणा' के अन्तर्गत क्या किया जा रहा है?

A. धान लगाना B. वृक्षारोपण
C. हरा चारा उत्पादन D. मछली पालन

508. 'जाट गजट' समाचार-पत्र किसने निकाला था?

A. कन्हैया लाल B. पं॰ श्रीराम शर्मा
C. बालमुकुन्द गुप्त D. छोटूराम

509. सर छोटूराम को किस वर्ष 'सर' की उपाधि मिली थी?

A. 1937 B. 1938
C. 1939 D. 1940

510. हरियाणा में सर्वाधिक जनसंख्या वाला जिला कौन-सा है?

A. महेन्द्रगढ़ B. हिसार
C. फरीदाबाद D. रोहतक

उत्तरमाला

1	2	3	4	5	6	7	8	9	10
D	A	B	C	A	D	B	A	C	B
11	**12**	**13**	**14**	**15**	**16**	**17**	**18**	**19**	**20**
D	D	A	C	D	A	C	B	D	A
21	**22**	**23**	**24**	**25**	**26**	**27**	**28**	**29**	**30**
D	A	C	B	A	D	D	A	C	C
31	**32**	**33**	**34**	**35**	**36**	**37**	**38**	**39**	**40**
D	C	A	B	D	D	A	C	B	C
41	**42**	**43**	**44**	**45**	**46**	**47**	**48**	**49**	**50**
D	A	C	B	A	C	D	A	C	C
51	**52**	**53**	**54**	**55**	**56**	**57**	**58**	**59**	**60**
A	C	A	B	D	B	A	C	B	D
61	**62**	**63**	**64**	**65**	**66**	**67**	**68**	**69**	**70**
C	A	D	B	C	A	B	C	D	A
71	**72**	**73**	**74**	**75**	**76**	**77**	**78**	**79**	**80**
B	C	A	D	C	B	A	C	D	C
81	**82**	**83**	**84**	**85**	**86**	**87**	**88**	**89**	**90**
B	A	D	C	A	D	C	C	D	A
91	**92**	**93**	**94**	**95**	**96**	**97**	**98**	**99**	**100**
C	B	C	A	D	B	B	A	C	B
101	**102**	**103**	**104**	**105**	**106**	**107**	**108**	**109**	**110**
C	A	D	A	C	A	B	A	D	A
111	**112**	**113**	**114**	**115**	**116**	**117**	**118**	**119**	**120**
B	D	C	A	C	B	D	C	A	C
121	**122**	**123**	**124**	**125**	**126**	**127**	**128**	**129**	**130**
B	D	B	A	D	A	C	B	D	C

131	132	133	134	135	136	137	138	139	140
A	D	B	A	D	A	C	B	D	A
141	142	143	144	145	146	147	148	149	150
C	B	D	A	C	D	A	B	C	A
151	152	153	154	165	156	157	158	159	160
D	A	C	B	C	A	D	B	D	C
161	162	163	164	165	166	167	168	169	170
A	B	C	A	A	B	D	D	A	C
171	172	173	174	175	176	177	178	179	180
D	B	A	C	A	B	A	B	A	D
181	182	183	184	185	186	187	188	189	190
C	B	A	C	B	A	D	A	D	D
191	192	193	194	195	196	197	198	199	200
C	A	D	C	A	A	B	A	D	C
201	202	203	204	205	206	207	208	209	210
B	D	A	C	A	C	B	D	C	A
211	212	213	214	215	216	217	218	219	220
B	A	B	D	A	A	C	B	A	C
221	222	223	224	225	226	227	228	229	230
B	D	A	C	A	D	B	C	D	A
231	232	233	234	235	236	237	238	239	240
C	B	D	A	C	B	A	C	A	D
241	242	243	244	245	246	247	248	249	250
B	A	C	C	A	D	A	D	D	C
251	252	253	254	255	256	257	258	259	260
D	A	A	A	C	D	B	A	A	B
261	262	263	264	265	266	267	268	269	270
D	A	D	C	B	D	A	C	A	C
271	272	273	274	275	276	277	278	279	280
B	A	D	A	B	A	D	D	A	C
281	282	283	284	285	286	287	288	289	290
B	D	D	A	C	B	D	C	A	B
291	292	293	294	295	296	297	298	299	300
A	A	B	A	C	B	D	C	D	D
301	302	303	304	305	306	307	308	309	310
C	A	B	D	C	A	C	B	A	D
311	312	313	314	315	316	317	318	319	320
A	C	B	B	D	C	D	D	A	A
321	322	323	324	325	326	327	328	329	330
B	A	C	B	A	C	B	D	C	C

331	**332**	**333**	**334**	**335**	**336**	**337**	**338**	**339**	**340**
A	C	B	D	A	B	D	A	C	D
341	**342**	**343**	**344**	**345**	**346**	**347**	**348**	**349**	**350**
A	B	A	C	D	A	C	B	C	A
351	**352**	**353**	**354**	**355**	**356**	**357**	**358**	**359**	**360**
C	D	A	B	A	B	C	D	A	C
361	**362**	**363**	**364**	**365**	**366**	**367**	**368**	**369**	**370**
B	A	C	D	A	A	D	A	B	D
371	**372**	**373**	**374**	**375**	**376**	**377**	**378**	**379**	**380**
C	A	B	D	A	C	A	B	D	A
381	**382**	**383**	**384**	**385**	**386**	**387**	**388**	**389**	**390**
C	A	C	D	C	B	A	C	D	A
391	**392**	**393**	**394**	**395**	**396**	**397**	**398**	**399**	**400**
D	A	C	D	C	B	D	D	B	C
401	**402**	**403**	**404**	**405**	**406**	**407**	**408**	**409**	**410**
B	D	C	A	C	B	A	D	A	C
411	**412**	**413**	**414**	**415**	**416**	**417**	**418**	**419**	**420**
B	A	D	A	C	B	A	C	B	D
421	**422**	**423**	**424**	**425**	**426**	**427**	**428**	**429**	**430**
A	C	A	B	A	B	C	D	B	A
431	**432**	**433**	**434**	**435**	**436**	**437**	**438**	**439**	**440**
C	B	A	B	D	A	C	B	A	C
441	**442**	**443**	**444**	**445**	**446**	**447**	**448**	**449**	**450**
A	D	B	A	C	A	B	D	A	B
451	**452**	**453**	**454**	**455**	**456**	**457**	**458**	**459**	**460**
C	D	A	A	C	B	A	D	C	B
461	**462**	**463**	**464**	**465**	**466**	**467**	**468**	**469**	**470**
A	C	B	A	C	B	D	C	C	A
471	**472**	**473**	**474**	**475**	**476**	**477**	**478**	**479**	**480**
C	A	A	B	D	A	A	A	C	C
481	**482**	**483**	**484**	**485**	**486**	**487**	**488**	**489**	**490**
C	D	B	B	C	C	A	C	A	C
491	**492**	**493**	**494**	**495**	**496**	**497**	**498**	**499**	**500**
B	A	B	A	A	D	A	C	A	C
501	**502**	**503**	**504**	**505**	**506**	**507**	**508**	**509**	**510**
A	D	C	C	A	B	B	D	A	C